Über den Verfasser

Prof. Dr. Manfred Brauneck, Jahrgang 1934, lehrt seit 1973 Neuere Deutsche Literaturwissenschaft und Theaterwissenschaft an der Universität Hamburg. Seit 1986 Leiter des Zentrums für Theaterforschung. Seine Forschungsschwerpunkte sind: Theatergeschichte und -theorie, Grenzbereiche zwischen Theater und bildender Kunst.

Wichtigste Veröffentlichungen: Die Lieder Konrads von Würzburg, 1964/ Wolfram von Eschenbachs ‹Parzifal›, 1967/Deutsche Literatur des 17. Jahrhunderts – Revision eines Epochenbildes. Forschungsbericht 1945–1970, 1971/Literatur und Öffentlichkeit im ausgehenden 19. Jahrhundert. Zur Rezeption des naturalistischen Theaters in Deutschland, 1974/Religiöse Volkskunst, 1978/Theater im 20. Jahrhundert. Programmschriften, Stilperioden, Reformmodelle, 1982, 1986/Volkstümliche Hafnerkeramik im deutschsprachigen Raum, 1984/(mit Gérard Schneilin) Drama und Theater, 1987. – *Herausgebertätigkeit:* Heinrich Julius von Braunschweig. Von einem Weibe. Von Vincentio Ladislao, 1967/Sixt Birck. Sämtliche Dramen. 3 Bde., 1969ff/Spieltexte der Wanderbühne des 17. Jahrhunderts. 4 Bde., 1970ff/Das deutsche Drama vom Expressionismus bis zur Gegenwart, 1970/Die Rote Fahne. Theorie, Kritik, Feuilleton 1918–1933, 1973/Der deutsche Roman im 20. Jahrhundert. 2 Bde., 1976/Film und Fernsehen. Materialien zur Theorie, Soziologie und Geschichte, 1980/Hanns Otto Münsterer. Mancher Mann. Gedichte, 1980/ Weltliteratur im 20. Jahrhundert. 5 Bde., 1981/Autorenlexikon deutschsprachiger Literatur des 20. Jahrhunderts, 1984; 3. Aufl. 1988/(mit Gérard Schneilin) Theaterlexikon. Begriffe und Epochen, Bühnen und Ensembles, 1986/(mit Christine Müller) Naturalismus. Manifeste und Dokumente zur deutschen Literatur 1880–1900, 1987.

Manfred Brauneck

KLASSIKER DER SCHAUSPIELREGIE

Positionen und Kommentare
zum Theater
im 20. Jahrhundert

rowohlts enzyklopädie

rowohlts enzyklopädie
Herausgegeben von Burghard König

Alle Abbildungen, soweit nicht anders angegeben,
Hamburger Theatersammlung und Privatarchive

Originalausgabe
Veröffentlicht im Rowohlt Taschenbuch Verlag GmbH,
Reinbek bei Hamburg, Dezember 1988
Copyright © 1988 by Rowohlt Taschenbuch Verlag GmbH,
Reinbek bei Hamburg
Umschlaggestaltung Werner Rebhuhn
(Vignette: Edward Gordon Craig)
Satz Times (Linotron 202)
Gesamtherstellung Clausen & Bosse, Leck
Printed in Germany
2280-ISBN 3 499 55477 1

INHALT

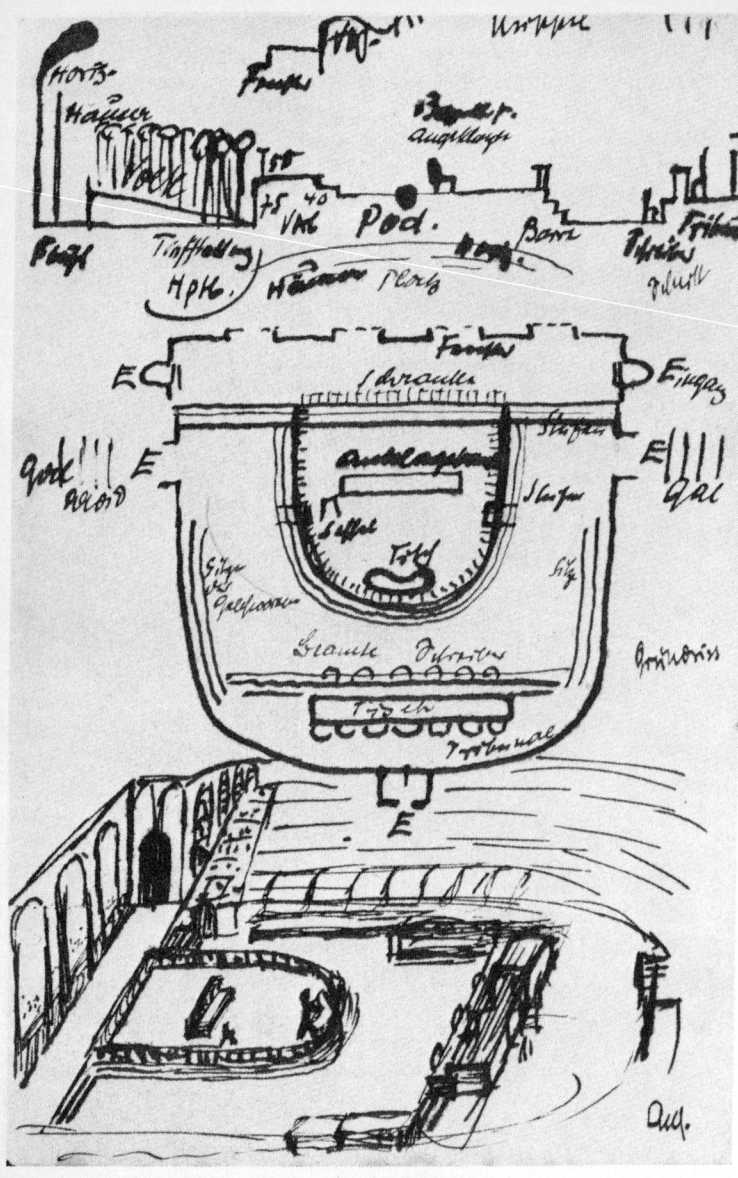

«Das Revolutionstribunal» – Skizze aus Max Reinhardts Regiebuch zu
Romain Rollands «Danton». Großes Schauspielhaus Berlin 1920

VORWORT

Regie als eigenständige, künstlerisch inspirierende und ordnende Instanz der Schauspielinszenierung wurde – unabhängig von stilistischen Richtungen und Positionen – zu einem wesentlichen Merkmal des Theaters im 20. Jahrhundert. Der Regisseur ist der jüngste der Theaterberufe in der mehr als 2500 Jahre alten Geschichte des europäischen Theaters.

Drei Persönlichkeiten vor allem haben diese Entwicklung eingeleitet und den Handlungsraum des Regisseurs abgesteckt:

- Otto Brahm, der den analytischen, interpretierenden Zugriff auf das literarische Werk zum konzeptionellen Ausgangspunkt und integrierenden Moment der Inszenierung machte.
- Konstantin Sergejewitsch Stanislawski, der die Erforschung des schauspielerischen Aktes, die «Arbeit des Schauspielers an sich selbst» und die «Arbeit des Schauspielers an der Rolle», in den Mittelpunkt seiner inszenatorischen und pädagogischen Arbeit stellte und damit die Grundlagen der modernen Schauspielkunst schuf.
- Edward Gordon Craig, der die Autonomie der theatralen Zeichen, des theatralen Raums durchsetzte und dieses Zeichensystem experimentell erforschte; der die Bühnenkunst aus einer bloßen Vermittlerrolle, der Illustration literarisch-dramatischer Werke, löste und zur selbständigen Kunstform werden ließ.

Bis ins 19. Jahrhundert hinein fehlte dem Theater eine künstlerisch gestaltende Kraft im Sinne heutiger Regie. Die Inszenierungsarbeit
war keine künstlerische Aufgabe, eher eine pädagogische, und bestand
im Einüben und Überprüfen der Deklamation des dramatischen Textes,
im Arrangement und in der Koordination der Schauspielerauftritte,
der Bühnendekoration und gegebenenfalls von Musik- und Tanzeinla-
gen.

Im antiken Theater übernahmen die Autoren der Stücke zumeist auch
deren szenische Einrichtung; dabei spielte das Einstudieren der Chöre
eine besondere Rolle. Der szenische Rahmen und der Vortrag (Intonation, Rhythmisierung, Gestik) der Texte waren durch tradierte Auffüh-
rungskonventionen festgelegt. Die bühnenmäßige Inszenierung eines
Stücks war in erster Linie ein organisatorisches und ein finanzielles Unternehmen.

Die geistlichen Spiele des Mittelalters wurden von sogenannten Spiel-
ordnern geleitet; diese Funktion hatten in der Regel die Priester und ihre
Helfer inne. Schultheater war Sache der Pädagogen.

Mit dem Aufkommen des neuzeitlichen Berufstheaters der Renaissance und des Barock entwickelte sich der Stand der Prinzipale. Dies waren die Leiter der wandernden Schauspieltruppen, Theaterunternehmer,
Eigentümer des Fundus an Kostümen und Dekoration, vor allem auch
der Rollenbücher; mit ihrem Namen verbanden sich die für öffentliche
Auftritte erforderlichen Privilegien und Lizenzen der Truppe. Vielfach
waren die Prinzipale auch ihre ersten Schauspieler; sie bestimmten das
Repertoire und waren zuständig für alle Belange der Aufführung.

Mit der Einrichtung stehender Bühnen und dem Beginn aufkläreri-
scher Theaterformen im 18. Jahrhundert setzte sich ein neuer Typus des
Prinzipals durch. Persönlichkeiten wie Friederike Caroline Neuber
(1697–1760), Konrad Ekhof (1720–1778) oder Friedrich Ludwig Schröder (1744–1816) erweiterten die Aufgaben des Theaterleiters durch ihr
Engagement an den zeitgenössischen Reformbestrebungen, die vor allem
auf eine Verbesserung der schauspielerischen Ausbildung, auf die Hebung
von Moral und Disziplin und somit des öffentlichen Ansehens des Berufs-
standes der Schauspieler zielten und durch eine literarisch anspruchsvolle
Repertoiregestaltung dem Theater als kultureller Institution mehr Geltung verschaffen wollten; Entwicklungen, für die Lessings Forderung nach
einem Nationaltheater oder Friedrich Schillers Pathosformel von der
«Bühne als moralischer Anstalt» die Perspektiven vorgaben.

Anfang des 19. Jahrhunderts zeigten sich erste Ansätze, der künstlerischen Konzeption der Aufführung größere Bedeutung beizumessen.
Der Probenbetrieb wurde strenger, intensiver, der Umgang mit den aufzuführenden Werken verantwortlicher im Sinne von Werktreue. Das
Weimarer Hoftheater unter der Leitung Goethes spielte für diese Ent-

wicklung eine wesentliche Rolle und auch die Arbeit von Joseph Schrey-
vogel (1768–1832) am Wiener Burgtheater, die Heinrich Laube
(1806–1884) fortsetzte; desgleichen Ernst August Klingemann
(1777–1831) am Braunschweiger National- bzw. Hoftheater; Karl Lebe-
recht Immermann (1796–1840) am Stadttheater Düsseldorf; Eduard
Devrient (1801–1877) am Hoftheater Karlsruhe; Franz von Dingelstedt
(1814–1881) an den Hoftheatern Stuttgart, München, Weimar und Wien.
Vergleichbare Entwicklungen vollzogen sich in England. Gemeinsam war
diesen Reformern die Bemühung um eine Disziplinierung der schauspielerischen Arbeit, vor allem um eine größere formale Einheitlichkeit der
Spielanlage.

Diese Tendenzen fanden ihren Höhepunkt in den Aufführungen des
Meininger Hoftheaters unter der Leitung von Georg II. von Meiningen
(1826–1914). Im Geiste des Historismus, orientiert an der zeitgenössischen Historienmalerei, rekonstruierten die Meininger Inszenierungen
mit einer bis dahin nicht gekannten Perfektion Bühnenbilder und Kostüme exakt nach den Vorgaben der Stücke. Die Statisterie fand größte
Beachtung, auch kleinste Rollen wurden mit ersten Schauspielern besetzt; besondere Sorgfalt wurde auf die Choreographierung von Massen-
szenen gelegt; das szenische Arrangement erhielt eine neue Dynamik;
dem deklamatorischen Virtuosentum war der Kampf angesagt.

Der Meiningerstil, der freilich bald in kunstgewerbliche Erstarrung
verfiel, wurde durch zahlreiche Gastspiele (vor allem Shakespeare-Auf-
führungen) in ganz Europa bekannt und bewundert und war von nachhal-
tiger Wirkung für die Entwicklung eines realistischen Bühnenstils. Für
die Inszenierungsästhetik steht diese Entwicklung unmittelbar vor dem
Aufkommen der Regie im heutigen Sinne. In Frankreich erhielt André
Antoine (1858–1943), Gründer des Théâtre libre (1887) und einer der
Förderer des naturalistischen Theaters, entscheidende Anregungen
durch die Meininger. Otto Brahm wie auch Craig oder Stanislawski standen am Beginn ihrer Laufbahn unter dem Einfluß des Meininger Reform-
theaters.

Der Zeitpunkt, zu dem die von den «Klassikern der Schauspielregie»
initiierte Entwicklung einsetzt, ist nahezu identisch mit dem Aufkommen
des Films. Wenngleich dieser in den ersten beiden Jahrzehnten des
20. Jahrhunderts das Theater nur wenig zu tangieren schien, wurde damit
jedoch eine höchst folgenreiche Struktur- und Funktionsänderung im kulturellen Bereich eingeleitet, ein Prozeß, der das Theater als exponierteste
Institution traditionsgebundener Repräsentationskultur zunehmend veränderten Konditionen kultureller Produktion und Rezeption aussetzte.

Zunächst wurde das Theater als perfektestes Illusionsmedium abgelöst, bald auch als populärste Einrichtung der öffentlichen Unterhaltung.
Dennoch, in dem Zeitraum, in dem sich jene Form von Theaterkultur

entwickelt hat, die von den hier vorgestellten «Klassikern» getragen und gestaltet wurde, blieben diese Probleme noch marginale Erscheinungen. Der Kinematograph und sein randständiges Umfeld wurden von den Hütern der traditionellen Bildungskultur kaum zur Kenntnis genommen. Erst Ende der 20er Jahre wurden Klagen der Theaterleiter laut; das Kino werbe die Schauspieler ab und zerstöre die Kontinuität der Ensemblearbeit, eines der höchsten Güter jener Theaterkultur. Zahllose Debatten zur vermeintlichen Konkurrenz von Kino und Theater wurden geführt und füllten die Feuilletons der Zeitungen.

Grundsätzlich jedoch blieb der hohe gesellschaftliche Rang der Theaterinstitution unangefochten; vielmehr erhielt die Theaterdiskussion durch die Festspielbewegung um 1900 einen programmatischen Impuls im Sinne von Traditionsbewahrung und kulturkonservativer Gemeinschaftsideologie.

Theater galt stets als eine Institution, die ein hohes Maß an gesellschaftlichem Konsens und kultureller Konditionierung voraussetzt. Die immer wieder beschworene Einheit von Publikum und Bühne ist kein inszenatorisches Problem, ist nicht durch das formale Überspielen der Rampe herzustellen. Diese Einheit verhindert auch nicht die Guckkastenbühne; denn sie stellt sich erst in der geistigen Auseinandersetzung her, in der gemeinschaftlichen Verständigung, im gemeinsamen Lachen und Weinen. Diese soziale Kraft aber gewinnt das Theater nur aus seiner Einbindung in den sozialen Lebenszusammenhang; es läßt vorhandene Bedürfnisse sich artikulieren, verschafft ihnen Ausdruck, Sprache und Bilder. Insofern spiegelt die Bühne den Zustand einer Gesellschaft mit seismographischer Genauigkeit wider. Zu Recht nannte es Lessing 1768 einen «gutherzigen Einfall», «den Deutschen ein Nationaltheater zu verschaffen, da wir Deutschen noch keine Nation sind!» So reflektieren aber auch Stagnation und Gesichtslosigkeit des Theaters nichts mehr und nichts weniger als die Stagnation und Verödung des geistigen Lebens einer Gesellschaft. Für die Periode, in der das Schaffen der «Regie-Klassiker» liegt, galt freilich noch unangefochten das Wort Otto Brahms von der «großen Kulturmacht», die das Theater darstelle.

Die Art und Weise, wie Theater in der Öffentlichkeit wahrgenommen wird, ist, im weitesten Sinne verstanden, mithin ein Prozeß subtiler Wechselwirkung von künstlerischer Innovation und der Bedeutung des Theaters als kultureller Institution, als ein Moment der kulturellen und politischen Identität einer Gesellschaft. Hier aber haben sich seit Ende der 60er Jahre tiefgreifende Veränderungen vollzogen; ein Wandel des kulturellen Wertesystems, der unter dem Begriff der Postmoderne diskutiert wird, von dem aus sich der Zusammenhang von Kunst (Theater) und Lebenswelt anders darstellt als aus der Sicht der klassischen (Theater-)Moderne, als deren Repräsentanten die «Klassiker der Schauspielregie» gelten.

Die Generation von Regisseuren, die dem Theater der 70er und 80er Jahre das künstlerische und soziale Profil gaben, hatte sich dieser Problematik zu stellen und reagierte darauf aus der sie prägenden historischen Erfahrung, zu der auch die Reibung an der künstlerischen «Vätergeneration», den Theaterherren der 50er und 60er Jahre, gehörte.

Was hebt nun diese Periode ab von der Theaterentwicklung der letzten beiden Jahrzehnte? Unabhängig von künstlerischen Richtungen oder Bewertung ist es eine Form der Arbeitskontinuität, die der heutige Theaterbetrieb offenbar nicht mehr zuläßt, die in dieser Form aber wohl auch nicht mehr zum künstlerischen Selbstverständnis der neuen Regisseursgeneration gehört. Diese Arbeitskontinuität schlug sich nieder im Aufbau und in der Pflege der Ensemblearbeit und in einer langfristigen Repertoiregestaltung, die in der Auseinandersetzung mit den großen Werken der klassischen Literatur und in der Herausforderung durch die zeitgenössische Dramatik die Akzente setzte. Die großen Regie-Praktiker waren auch engagierte Lehrer, einige auch ambitionierte Theoretiker ihrer Kunst; die meisten hinterließen ein beachtliches Werk an «Schriften zum Theater».

So verstellt vor allem die Rede vom «modernen Regietheater», mit der zur Charakterisierung, oft zur Kritik des Theaters der 70er und der frühen 80er Jahre ein vermeintlich zu freier Umgang mit den klassischen Texten und eine zu assoziative Bildhaftigkeit bei der szenischen Gestaltung herausgestellt werden, die Sicht auf die hier vorliegende Problematik. Daß der Regisseur die Inszenierung durch seine künstlerische Handschrift, seinen analytischen Zugriff auf das dramatische Werk prägt, ist ein wesentliches Merkmal der Theaterentwicklung dieses Jahrhunderts. Die «Hamlet»-Inszenierung von Edward Gordon Craig 1911 in Moskau, die legendäre «Tell»-Inszenierung Leopold Jeßners 1919 in Berlin, ebenso die «Räuber»-Inszenierung Erwin Piscators oder Bertolt Brechts Bearbeitung des «Hofmeisters» von Jakob Michael Reinhold Lenz waren im Eingriff in die dramaturgische Struktur und das gedankliche Gefüge der Stücke weit radikaler als jede Inszenierung des sogenannten Regietheaters der 70er Jahre. Wo schaffte sich Betroffenheit durch zeitgeschichtliche Erfahrung radikaler und insistierender Geltung als in den Inszenierungen von Jürgen Fehling oder Fritz Kortner, setzten sich die theatralen Bild- und Raumentwürfe eigenmächtiger in Bewegung als bei Tairow oder Meyerhold? Seit Otto Brahm die Klassiker «mit frischem Wirklichkeitssinn», wie er es nannte, inszenierte, gab es immer wieder Schwierigkeiten mit dem Wiedererkennen; an dessen Stelle trat die Entdeckung. Die «Klassiker der Schauspielregie» waren in der ersten Hälfte des 20. Jahrhunderts Veranlasser von weit mehr Theaterskandalen als die Regisseure jenes Jahrzehnts, über das Günther Rühle die Frage stellt «Anarchie in der Regie?».

Theater heute hat sich – gegenüber der klassischen Theater-Moderne –

nicht von seinem kritischen Anspruch, wohl aber von jeder aufklärerischen Ambition verabschiedet. Es hat sich in einem gesellschaftlichen Raum zu behaupten, der durch einen kulturellen Wandel von epochaler Auswirkung geprägt ist; höchst brüchig geworden ist seine Legitimation durch den Konsens bürgerlichen Bildungsbewußtseins oder eine politische Kultur, die des Theaters als kritischen Forums noch bedarf; Medienindustrie und kulturpolitisches Strategiedenken haben die Spielräume verengt. Regie als konzeptionelle Instanz der Theaterarbeit ist von dieser Entwicklung in besonderer Weise betroffen. Die Auseinandersetzung mit den «Klassikern der Schauspielregie», mit der Radikalität ihrer Selbstbehauptung, vermag in dieser Situation zur Klärung des Standorts des Theaters beizutragen.

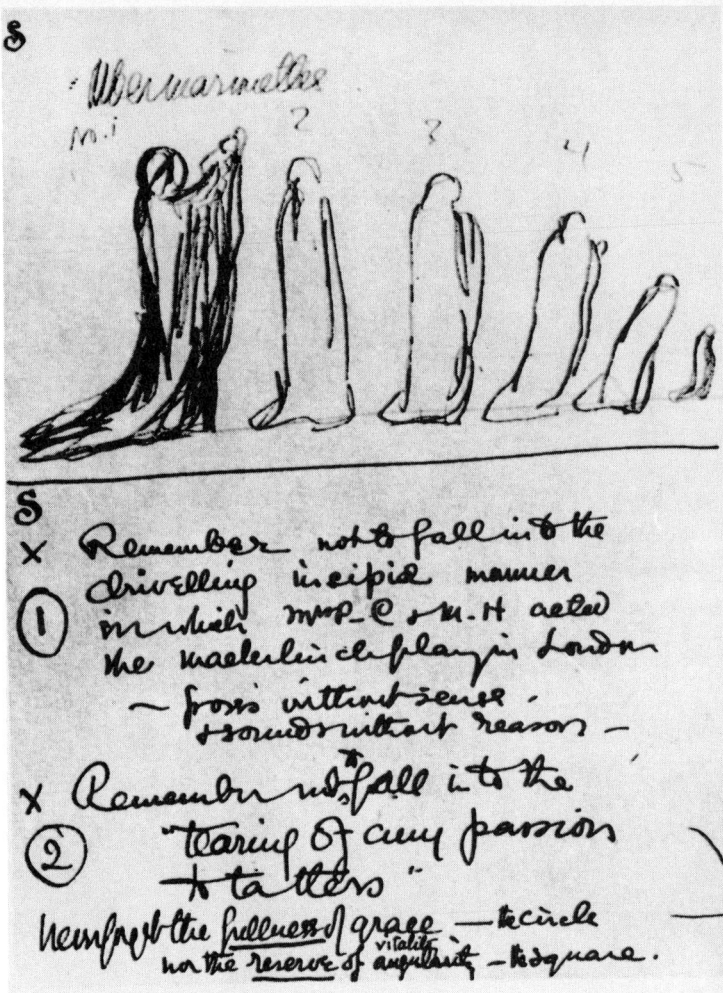

Edward Gordon Craig: Regie-Notizen

Otto Brahm

1

OTTO BRAHM

(1856–1912)

«Bühnenleiter, wenn sie in einem ersten Theater ihren
Mann stehen wollen, müssen zwei Fähigkeiten in sich tragen: zugleich über die Kunst der Inszenierung und die Kunst
des literarischen Entdeckens müssen sie gebieten.»

Otto Brahm, 1885

«Der Bannerspruch der neuen Kunst… ist das eine Wort:
Wahrheit.»

Otto Brahm, 1890

«Der Begriff Otto Brahm wird überall dort leben, wo das
Theater dieser Erde seelenhaft, ernst, stark ist.»

Alfred Kerr, 1917

Otto Brahm wurde am 5. Februar 1856 in Hamburg als Sohn des jüdischen Kaufmanns Julius Abrahamson geboren. In Perleberg besuchte er die Realschule, die er 1871 mit dem Zeugnis zum einjährigen
freiwilligen Militärdienst verließ. Am 1. Januar 1872 begann er auf
Wunsch des Vaters eine Lehre in einem Hamburger Bankhaus. Ostern
1875 jedoch brach er die Ausbildung ab, um sich dem Beruf des Schriftstellers zuzuwenden. Julius Rodenberg, Herausgeber der «Deutschen
Rundschau» und ein Freund der Familie, war bei diesem Entschluß sein
Mentor.

Im Herbst 1876 immatrikulierte sich Brahm – trotz fehlender Reifeprüfung – an der Universität Berlin und studierte Germanistik. Nach kurzem
Aufenthalt in Heidelberg, wo er Paul Schlenther kennenlernte, mit dem
ihn eine lebenslange Freundschaft verband, schloß er sich an der Berliner
Universität dem Kreis um den Literaturwissenschaftler Wilhelm Scherer
an. Scherer galt als Programmatiker einer positivistischen Literaturwissenschaft, der methodologische Exaktheit und naturwissenschaftliches
Objektivitätsdenken in die Geisteswissenschaften eingeführt hatte.
Brahm erarbeitete sich hier ein solides wissenschaftliches Fundament,
das seine gesamte spätere Theaterarbeit prägte – «jene Objektivität, die
verlangte, ein Kunstwerk aus seinen geschichtlichen und individuellen

Daseinsbedingungen zu begreifen, bevor es gewertet wurde» (Fritz Martini). Studienaufenthalte in Straßburg und 1879 in Jena folgten; dort promovierte Brahm bei dem Sprachwissenschaftler Eduard Sievers zum Doktor der Philosophie.

Schon in den Kinder- und Jugendjahren besuchte Brahm regelmäßig das Hamburger Thalia Theater, das unter Charles Maurice (1805–1896) zu einer der bedeutendsten deutschsprachigen Bühnen geworden war, mit einem Aufführungsstil, der allem Virtuosentum und billigen Bühneneffekten abgeschworen hatte und sich durch Lebensechtheit und realistische Situationszeichnung auszeichnete. Brahms jüngerer Bruder Ludwig, der die Schauspielerlaufbahn eingeschlagen hatte, war an dieser Bühne lange Jahre als Charakterkomiker engagiert.

Erste journalistische Arbeiten von Otto Brahm erschienen in der «Nationalzeitung», der «Augsburger Allgemeinen», der «Deutschen Rundschau» und dem «Deutschen Monatsblatt». Von 1882 bis 1885 war Brahm Kritiker bei der bedeutenden «Vossischen Zeitung», für die auch Theodor Fontane schrieb, der den jungen Kollegen hoch schätzte: «Sie sind zum Kritiker geboren, scharf, klar, fein und, was bei dieser glücklichen Dreiheit kaum ausbleiben kann, ein brillanter Stilist. Alles, was Sie schreiben, les' ich mit Vergnügen . . .»

1885 wechselte Brahm zu der Wochenzeitschrift «Die Nation», nachdem er 1884 den «Preis des Vereins für deutsche Literatur» erhalten hatte. Brahm war nun als Kritiker etabliert. Bei der «Nation» erweiterte sich auch sein Tätigkeitsfeld. Hatte er bei der «Vossischen Zeitung» vornehmlich die Aufführungen der Berliner Privatbühnen rezensiert, so griffen seine publizistischen Arbeiten nun über die Einzelbesprechung hinaus; Brahm wurde zum engagierten Analytiker der zeitgenössischen Literatur- und Theaterszene.

Ein wesentlicher Schritt in dieser Richtung war die Entdeckung des Werks von Henrik Ibsen, der Brahm von Julius Hoffory, einem gebürtigen Dänen, der an der Berliner Universität germanische Sprachwissenschaften lehrte, nahegebracht wurde. Brahm lernte Norwegisch, um Ibsen im Original lesen zu können. Wilhelm Scherers «Germanistenkneipe» war der Treffpunkt jener jungen Berliner Intellektuellen, die sich bedingungslos für den literarischen Naturalismus engagierten; Otto Brahm war ihr Vordenker. Bis dahin standen Gottfried Keller, Ludwig Anzengruber, Heinrich von Kleist und vor allem Paul Heyse in seiner Gunst. In einer Besprechung (1884) von Ibsens Drama «Gespenster», die in der «Frankfurter Zeitung» erschien, artikulierte sich Brahms neue Position zum erstenmal; 1890 schreibt er: «. . . so ist kein neuerer Dramatiker kühner und großartiger nach vorwärts geschritten als der Verfasser der ‹Gespenster›». –

1889 begegnete Otto Brahm dem jungen Schriftsteller Gerhart Hauptmann (1862–1946). Die Durchsetzung von dessen Werk auf der Bühne und die Entwicklung eines naturalistischen Inszenierungsstils auf der Grundlage einer wissenschaftlich fundierten Dramaturgie sind Brahms wesentliche Leistungen für die Literatur- und Theatergeschichte.

Entscheidend für die öffentliche Wirksamkeit Brahms war die von ihm initiierte Gründung des Theatervereins Freie Bühne am 28. August 1889, dessen erster Vorsitzender und wichtigster Programmatiker er wurde. Die Freie Bühne war, nach dem Vorbild des Théâtre Libre in Paris, ein privater Theaterverein, der sich durch seinen Vereinsstatus den Zensurbestimmungen entzog und Stücke zur Aufführung brachte, die auf den öffentlichen Bühnen noch nicht durchsetzbar waren.

Das erste Stück, das die Freie Bühne vorstellte, waren Ibsens «Gespenster» am 29. September 1889; am 20. Oktober wurde Hauptmanns «Vor Sonnenaufgang» uraufgeführt. Am Tage zuvor schrieb Brahm an Hauptmann:

«[...] Was auch heute der Bildungspöbel über Sie verhängen mag, mir wird es stets ein Stolz sein, zur Darstellung dieses Stückes beigetragen zu haben; und ich vertraue, daß Sie diesen Kampfesstunden mit demselben Gefühl entgegengehen wie ich: daß nur das Publikum sich heute blamieren kann, nicht Sie und wir.

Herzlich Ihr Otto Brahm» (vgl. P. Sprengel: Otto Brahm – Gerhart Hauptmann. Briefwechsel 1889–1912).

Im Dezember 1889 wurde die Zeitschrift «Freie Bühne für modernes Leben» gegründet; Otto Brahm war ihr Chefredakteur. Die Zeitschrift entwickelte sich zum wichtigsten publizistischen Sprachrohr des Berliner Naturalismus.

Das Programm der «Freien Bühne» formulierte Brahm in einer redaktionellen Erklärung im ersten Heft:

«Im Mittelpunkt unserer Bestrebungen soll die Kunst stehen; die neue Kunst, die die Wirklichkeit anschaut und das gegenwärtige Dasein.

Einst gab es eine Kunst, die vor dem Tage auswich, die nur im Dämmerschein der Vergangenheit Poesie suchte und mit scheuer Wirklichkeitsflucht zu jenen idealen Fernen strebte, wo in ewiger Jugend blüht, was sich nie und nirgends hat begeben. Die Kunst der Heutigen umfaßt mit klammernden Organen alles, was lebt, Natur und Gesellschaft; darum knüpfen die engsten und die feinsten Wechselwirkungen moderne Kunst und modernes Leben aneinander, und wer jene ergreifen will, muß streben, auch dieses zu durchdringen in seinen tausend verfließenden Linien, seinen sich kreuzenden und bekämpfenden Daseinstrieben.

Der Bannerspruch der neuen Kunst, mit goldenen Lettern von den führenden Geistern aufgezeichnet, ist das eine Wort: Wahrheit; und Wahrheit, Wahrheit auf jedem Lebenspfade ist es, die auch wir erstreben und fordern. Nicht die objektive Wahrheit, die dem Kämpfenden entgeht, sondern die individuelle Wahrheit, welche aus der innersten Überzeugung frei geschöpft ist und frei ausgesprochen: die Wahrheit des unabhängigen Geistes, der nichts zu beschönigen und nichts zu vertuschen hat. Und der darum nur einen Gegner kennt, seinen Erbfeind und Todfeind: die Lüge in jeglicher Gestalt.

[...]

Die moderne Kunst, wo sie ihre lebensvollsten Triebe ansetzt, hat auf dem Boden des Naturalismus Wurzel geschlagen. Sie hat, einem tiefinnern Zuge dieser Zeit gehorchend, sich auf die Erkenntnis der natürlichen Daseinsmächte gerichtet und zeigt uns mit rücksichtslosem Wahrheitstriebe die Welt, wie sie ist. Dem Naturalismus freund, wollen wir eine gute Strecke Weges mit ihm schreiten, allein, es soll uns nicht erstaunen, wenn im Verlauf der Wanderschaft, an einem Punkt, den wir heute noch nicht überschauen, die Straße plötzlich sich biegt und überraschende neue Blicke in Kunst und Leben sich auftun. Denn an keine Formel, auch an die jüngste nicht, ist die unendliche Entwicklung menschlicher Kultur gebunden; und in dieser Zuversicht, im Glauben an das ewig Werdende, haben wir eine freie Bühne aufgeschlagen für das moderne Leben.»

Brahm zog sich bereits im Herbst 1890 von der Redaktion der Zeitschrift zurück, sein Nachfolger wurde der Literat Wilhelm Bölsche.

Nur ein Jahr nach Gründung der Freien Bühne wurde in Berlin die Freie Volksbühne Berlin gegründet, deren sechsköpfigem Vorstand Brahm ebenfalls angehörte. Die Freie Volksbühne Berlin verfolgte künstlerisch ähnliche Ziele wie die Freie Bühne, verstand sich aber im Gegensatz zu der bürgerlichen «Versuchsbühne» (Brahm) als Institution sozialdemokratischer Kulturpolitik.

Neben der Leitung der Freien Bühne war Brahm vornehmlich als Kritiker und Publizist tätig und focht auf diesem Terrain mit unbeirrbarem Engagement für die literarische Moderne. Es ging ihm um die Durchsetzung einer neuen Literatengeneration auf der Bühne, insbesondere von Gerhart Hauptmann, und um die Öffnung des deutschen Theaters für Ibsen, Strindberg, Tolstoi. Daneben war die Entwicklung einer neuen Schauspielkunst als realistische psychologische Menschengestaltung das Ziel der Brahmschen Theaterpolitik. Als Voraussetzung dafür entwickelte er eine neue Form der Erarbeitung der Bühneninszenierung. Auf der Grundlage einer wissenschaftlichen Dramenanalyse wurde ein konzeptionelles Gerüst, die «Grundstimmung» (Brahm), des Stücks erarbeitet, auf die hin alle Elemente der Aufführung konsequent organisiert wurden und die die Inszenierung zu einer bis dahin nicht gekannten künstlerischen Geschlossenheit und inhaltlichen Vertiefung brachte. Kurzum: «die Revolutionierung der Bühne und der Schauspielkunst» war Otto Brahms Programm.

1904 entschied er sich für eine wesentliche Erweiterung seiner Wirkungsmöglichkeiten; Brahm übernahm das 1883 von Adolph L'Arronge (1838–1908) gegründete Deutsche Theater in Berlin auf Pacht, zunächst für fünf Jahre, verlängerte dann nochmals um fünf Jahre, bis 1904.

Seine erste Inszenierung am Deutschen Theater war Schillers «Kabale und Liebe»; auch L'Arronge hatte am 29. September 1883 mit diesem Stück sein Haus eröffnet. Brahm brachte den Klassiker in einem aufreizend unpathetischen Stil auf die Bühne und irritierte damit Publikum und Kritik, die an eine deklamatorische, in der theatralen Form weitgehend standardisierte Aufführungsform der Klassiker gewöhnt waren.

Ein unübersehbares Zeichen setzte Brahm jedoch mit der ersten öffentlichen Aufführung von Gerhart Hauptmanns sozialem Drama «Die Weber», am 25. September 1894; dieses Stück hatte den größten Skandal in der deutschen Theatergeschichte ausgelöst (vgl. M. Brauneck: Literatur und Öffentlichkeit im ausgehenden 19. Jahrhundert). Der Kritiker und Publizist John Schikowski resümierte diesen denkwürdigen Abend folgendermaßen:

«Das Berliner Publikum hat in den letzten fünf Jahren Fortschritte gemacht. Die schnoddrigen Witze aus Blumenthals witzreichem Munde und die moralische Entrüstung des tugendhaften Lindau haben die neue Kunst nicht tot machen können – das hat der Beifall am 25. bewiesen. Das Publikum hat Fortschritte gemacht, und die Mimen auf hohem Kothurn haben ebenfalls zu- und umgelernt. Und das war allerdings notwendig. Sie sahen sich plötzlich einer Dichtkunst gegenüber, die ihnen keine ‹Rollen› bietet, sondern die Aufgabe, handelnde Menschen darzustellen, einer Kunst, die keine ‹Schauspieler› brauchen kann, sondern Menschendarsteller verlangt. Da war denn freilich die Not zuerst groß, und mancher herrliche Histrione, der sich daran gewöhnt hatte, mit wollüstigem Tremolo und schwellenden Beinmuskeln dem keuschen Backfisch im Parkett Verständnis und Schwärmerei für ‹die Kunst› beizubringen, mußte vor der neuen Dichtung die stolz geblähten Segel streichen» (vgl. M. Brauneck/Chr. Müller: Naturalismus. Manifeste und Dokumente zur deutschen Literatur 1880–1900).

Das Wort von der «Menschendarstellung» charakterisierte künftig das Brahm-Theater. Der Kaiser kündigte nach der «Weber»-Aufführung die Hofloge im Deutschen Theater, die Offiziere der Marine und des Heeres erhielten Besuchsverbot.

Dem zeitgenössischen Theater galt Otto Brahms besonderes Engagement als Theaterdirektor und maßgeblicher dramaturgischer Mitgestalter der Inszenierungen an seinem Hause, auch wenn andere (Emil Lessing oder Cord Hachmann) offiziell für die Regie verantwortlich zeichneten. Die Inszenierungen am Deutschen Theater trugen unverkennbar die Handschrift von Otto Brahm. Als der junge Max Reinhardt (vgl. Kap. 4) 1894 an das Deutsche Theater als Schauspieler engagiert wurde, schrieb er: «Es weht durch das Ganze, sowohl durch die administrative, wie durch die künstlerische Gebarung ein ungemein vornehm

Gerhart Hauptmann
«Fuhrmann Henschel».
Deutsches Theater
Berlin, 1898

links: Else Lehmann
als Hanna Schäl

rechts: Rudolf Rittner
in der Titelrolle

rein künstlerischer Geist mit ausgesprochen modern realistischer Färbung. Ich werde ja hier sehr viel lernen können.» Reinhardt sollte recht
behalten.

Die Pflege des Ensembles, die Arbeit mit den Schauspielern prägten
den Geist am Deutschen Theater. So war das Brahm-Theater verbunden
mit den Namen großer Schauspielerpersönlichkeiten, die in der Zusammenarbeit mit Brahm ihren Stil realistischer Menschengestaltung entwik-
kelten. Zu erwähnen sind vor allem Else Lehmann (1866–1940), Rudolf
Rittner (1869–1943), Albert Bassermann (1867–1952), Agnes Sorma
(1865–1927), Oscar Sauer (1856–1918), Emanuel Reicher (1849–1924),
schließlich auch Max Reinhardt, die Brahm zu einer Intensität und Vertiefung der Rollenauffassung führte, wie sie charakteristisch für die neue
Bühnenkultur wurden.

Die Arbeit an der Dialogführung und die Entwicklung des szenischen
Gefüges von einer alles bestimmenden «Grundstimmung» aus standen im

Zentrum von Brahms Arbeit, die Treue zum literarischen Werk war sein künstlerisches Credo. So saß er während der Proben im Parkett, beobachtete und machte sich Notizen, oft über kleinste Details der Vorgänge auf der Bühne. Die Eintragungen las er in den Pausen den Schauspielern vor, ließ die Szene wiederholen, bis sie seiner Vorstellung von Stimmigkeit entsprach. Fast nie spielte er etwas vor. Der Schauspieler sollte die Rolle erfassen und eigenständig die Ausdrucksmittel finden. Der Kritiker Emil Faktor erläutert:

«Otto Brahm war in unseren Zeiten der beste Regisseur des Wortes, aber ein haushälterischer Schilderer des szenischen Bildes, er war der klarste und mutigste Interpret von Situationen, in welchen sich Leidenschaften und Reflexionen von Mensch zu Mensch abspielten, aber ein sparsamer Arrangeur des Massenbildes, ein Andeuter in allem, was über das wahrnehmbare Bild der Sinne hinausging. Der freien Empfindung stand er hilfloser gegenüber als der naturwahren Schilderung, das

Gedankliche war ihm näher als das Phantastische, die Dialektik wichtiger als Glanz
und Schwärmerei der Rede» (vgl. O. Seidlin: Arthur Schnitzler–Otto Brahm. Der
Briefwechsel).

Oskar Seidlin schreibt: «Brahms Leistung war nicht Bühnenkunst, es war
die Kunst der Seelenenthüllung.» Diese Form der Inszenierungsarbeit
war völlig neu und wurde richtungweisend für die gesamte europäische
Theaterentwicklung; es war die Entdeckung der Regie als ein den gesamten künstlerischen Gestaltungsvorgang auf der Bühne organisierendes,
ordnendes und deutendes Arbeitsprinzip.

Daß Otto Brahm sich so bedingungslos dem Naturalismus verschrie-
ben hatte, wurde – bei aller Hochschätzung seiner inszenatorischen Arbeit – von manchen seiner Schauspieler freilich auch als Beengung
empfunden, zumal als in den Jahren um 1900 neue künstlerische Strömungen aufkamen. Max Reinhardt, den seine explosive Theaterphan-
tasie sehr bald mit seinem Lehrer in ein Spannungsverhältnis brachte,
eröffnete 1901 eine eigene Kabarettbühne mit dem Namen Schall und
Rauch, die 1902 in Kleines Theater umbenannt wurde. 1903 löste sich
Reinhardt endgültig von Otto Brahm und wurde Direktor des Kleinen
Theaters und des Neuen Theaters, ein Schritt, den Brahm als Treulo-
sigkeit empfand. 1905 übernahm Reinhardt die Direktion des Deutschen Theaters.

Von größter Bedeutung für Otto Brahms Theaterarbeit war seine Zusammenarbeit mit den zeitgenössischen Bühnenautoren, vor allem mit
Gerhart Hauptmann und Arthur Schnitzler. Nur die zeitgenössische dramatische Literatur bot seiner Meinung nach die Voraussetzung für jene
authentische und lebensechte Wirklichkeitsgestaltung auf der Bühne, um
die es ihm ging. So nahm Brahm auch an der Entstehung der Stücke ‹seiner› Autoren großen Anteil, als erster kritischer Leser, oft auch schon im
Stadium der Konzeption, intensiv aber bei der dramaturgischen Durch-
formung: Er rät, macht Vorschläge, bestärkt Tendenzen, die ihm wichtig
sind. Die Briefwechsel mit Hauptmann und Schnitzler legen beredtes
Zeugnis von dieser heimlichen Mitautorenschaft ab.

Das Theater hatte für Brahm eine aufklärerische, vor allem eine «nationale Mission»; dennoch war die Bühne für ihn keine politische Platt-
form. Brahm schreibt: «Die Bühnenkunst, wie alle Kunst, hat keine anderen unmittelbaren Zwecke als ästhetische; die Schaubühne ist keine
Anstalt der Moral, sondern eine Anstalt der Geschmacksbildung.» Daß
aber ästhetische Bildung – im Sinne Friedrich Schillers – stets mit sitt-
licher und sozialer Verantwortung einherzugehen hatte, war für Brahm
freilich eine Voraussetzung aller kulturellen Manifestationen.

Gerhart Hauptmann
«Der Biberpelz».
Deutsches Theater
Berlin, 1898.
(Oscar Sauer als
von Wehrhahn)

Die wichtigsten Inszenierungen am Deutschen Theater unter der Direktion von
Otto Brahm waren:
1894   Hauptmann: «Die Weber»
1894/95   Ibsen: «Nora», «Gespenster», «Klein-Eyolf»
1895   Hauptmann: «Florian Geyer»
1895/96   Ibsen: «Stützen der Gesellschaft»
1896   Hauptmann: «Die versunkene Glocke», «Einsame Menschen»;
           Schnitzler: «Liebelei», «Freiwild»
1896/97   Ibsen: «Die Wildente», «John Gabriel Borkman»

Leo Tolstoi «Die Nacht der Finsternis». Deutsches Theater Berlin, 1899

Hermann Sudermann «Johannisfeuer». Lessing Theater Berlin, 1900

1897/98	Ibsen: «Hedda Gabler»;
	Sudermann: «Johannes»
1898	Hauptmann: «Fuhrmann Henschel»;
	Schnitzler: «Das Vermächtnis»
1898/99	Rostand: «Cyrano de Bergerac»
1899	Hauptmann: «Das Friedensfest», «Schluck und Jau»;
	Schnitzler: «Die Gefährtin», «Der grüne Kakadu», «Paracelsus»
1899/1900	Ibsen: «Rosmersholm», «Wenn die Toten erwachen»;
	Dreyer: «Der Probekandidat»
1900	Hauptmann: «Michael Kramer»
1900/01	Ibsen: «Der Volksfeind»;
	Hartleben: «Rosenmontag»
1901	Hauptmann: «Der rote Hahn»
1901/02	Sudermann: «Es lebe das Leben»
1902	Hauptmann: «Der arme Heinrich»;
	Schnitzler: «Lebendige Stunden»
1902/03	Maeterlinck: «Monna Vanna»
1903	Hauptmann: «Rose Bernd»;
	Schnitzler: «Der Schleier der Beatrice», «Der Puppenspieler»
1904	Schnitzler: «Der einsame Weg».

1904 wurde von L'Arronge der Pachtvertrag für das Deutsche Theater nicht mehr verlängert, da Brahm sich geweigert hatte, L'Arronges Sohn als Regisseur zu engagieren. Für ein Jahr wurde Paul Lindau Brahms Nachfolger; 1905 übernahm Max Reinhardt die Direktion des Deutschen Theaters. Brahm pachtete daraufhin das Lessing-Theater und setzte dort seine Arbeit fort; das Ensemble folgte ihm. 1909 zeigte er an dieser Bühne einen Zyklus von 13 Stücken von Henrik Ibsen. Von Schnitzler brachte er 1906 «Der Ruf des Lebens», 1910 den «Anatol-Zyklus» (ohne «Denksteine» und «Agonie») und 1911 «Das weite Land» als Uraufführungen heraus. Besondere Erfolge am Lessing-Theater waren 1909 die Uraufführung von Hermann Bahrs Komödie «Das Konzert» und 1910 Schönherrs «Glaube und Heimat». Für eine Inszenierung von Hofmannsthals Schauspiel «Das gerettete Venedig» (1905) engagierte er den Engländer Edward Gordon Craig (vgl. Kap. 3) für Bühne und Ausstattung. Unter Brahm wurde das Lessing-Theater ein Haus der zeitgenössischen Autoren, vornehmlich der Realisten: Ibsen mit 26 Inszenierungen, Hauptmann mit 23, Schnitzler mit neun, Bahr mit sechs, Hartleben mit vier, Sudermann mit drei; außerdem standen Stücke von Holz, Hartleben, Hardt, Rosmer, Hirschfeld, Keyserling, Eulenberg, Fulda, Salten, Dreyer, Schönherr, Tolstoi, Björnson, Rittner, Shaw und Heinrich Mann auf dem Spielplan; nur eine Schiller-Inszenierung (1905 «Demetrius»), kein Shakespeare. In Wien gastiert das Brahm-Ensemble 1906, 1907, 1909 und 1912; in Budapest 1905; in Dresden 1907 und 1912; in Hamburg 1910; in Breslau 1912 und 1913, in München 1913.

Mit Max Reinhardt spitzte sich in der Mitte des ersten Jahrzehnts des
20. Jahrhunderts die Konkurrenz zu, zumal dieser voll im Trend der
neuen Theatermoden lag. 1909 ging auch Bassermann, ein wesentlicher
Protagonist des Brahm-Ensembles, zu Reinhardt, um dort die großen
Klassikerrollen zu spielen, für die die Brahm-Bühne keine Gelegenheit
bot.

Otto Brahms Theater hatte sich offenbar überlebt, zumindest seine Re-
pertoire-Gestaltung, wohl auch der strenge Bühnennaturalismus. Reinhardts phantastisch aufwendiger Inszenierungsstil, vor allem seine großen Klassiker-Reihen standen hoch in der Gunst des Publikums, das sich
– am Vorabend des Ersten Weltkriegs – offenbar nur zu bereitwillig von
diesem Theater-Zauber gefangennehmen ließ. Otto Brahm geriet in finanzielle Schwierigkeiten. An eine Verlängerung des Pachtvertrags für
das Lessing-Theater über 1914 hinaus war nicht gedacht.

Am Abend der Uraufführung von Schnitzlers «Professor Bernhardi»,
am 28. November 1912 am Kleinen Theater, starb Otto Brahm. Er hatte
zunächst gezögert, das Stück nach Berlin zu holen; noch am 19. September 1912 schrieb er an Schnitzler: «Die Berliner jüdischen Ärzte sind nicht
verfolgt, sie dominieren; wir sind nicht katholisch – ich auch nicht – und so
wird der Ausgangspunkt des Stückes und sein Verlauf bei uns weniger
fesseln als im Lande des Eucharistischen-Kongresses.» Auch dies sollte
sich wenige Jahre später ändern.

Für den jungen Fritz Kortner (vgl. Kap. 13), der 1910 von Wien kom-
mend am Lessing-Theater Brahms Inszenierung von Ibsens «Gespenster» sah, mit Albert Bassermann als Oswald, wurde dies zum bestimmenden Theatererlebnis; er schreibt in «Aller Tage Abend»: «Wenige
Minuten nach Aufgehen des Vorhangs sprang der nie bisher erlebte Begriff ‹Regie› in mein Bewußtsein, packte mich und ließ mich nicht mehr
los... Menschendarsteller wie diese Brahmschauspieler wollte ich sein.»

Ludwig Fulda «Maskerade». Deutsches Theater Berlin, 1904

Gerhart Hauptmann «Und Pippa tanzt». Lessing Theater Berlin, 1906

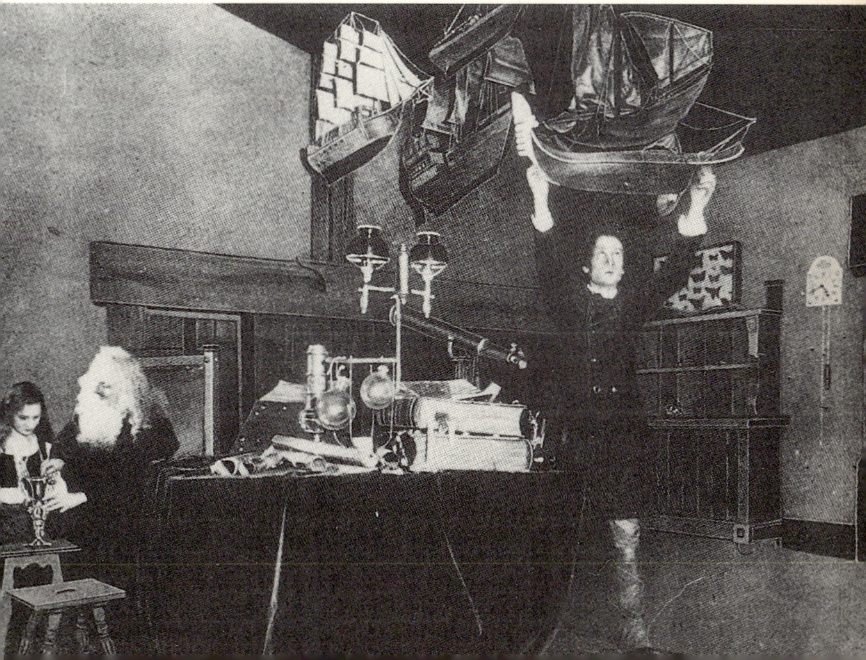

Bibliographie

G. Adler: ... aber vergessen Sie nicht die chinesischen Nachtigallen. Erinnerungen an Max Reinhardt. München/Wien 1980.

J. Bab (Hg.): Agnes Sorma – Ein Gedenkbuch – Zeugnisse ihres Lebens und ihrer Kunst. Heidelberg 1927.

ders.: Albert Bassermann – Weg und Werk eines deutschen Schauspielers um die Wende des 20. Jahrhunderts. Leipzig 1929.

H. Bang: Josef Kainz. Berlin 1910.

O. Brahm: Das deutsche Ritterdrama des 19. Jahrhunderts (1880).

ders.: Ibsen (1887).

ders.: Schiller. 2 Bde. (1888/92).

ders.: Heinrich von Kleist. Berlin 1892.

ders.: Kainz – Gesehenes und Gelebtes. Berlin 1910.

ders.: Kritische Schriften. Hg. v. Paul Schlenther. Bd. 1: Über Drama und Theater. Bd. 2: Literarische Persönlichkeiten aus dem neunzehnten Jahrhundert. Berlin 1913–1915 (mit Bibliographie).

ders.: Theater – Dramatiker – Schauspieler. Hg. v. H. Fetting. Berlin (DDR) 1961.

ders.: Kritiken und Essays. Hg. v. F. Martini. Zürich/Stuttgart 1964.

H. Braulich: Die Volksbühne. Theater und Politik in der deutschen Volksbühnen-bewegung. Berlin (DDR) 1976.

M. Brauneck: Literatur und Öffentlichkeit im ausgehenden 19. Jahrhundert. Studien zur Rezeption des naturalistischen Theaters in Deutschland. Stuttgart 1974.

M. Brauneck/Chr. Müller (Hg.): Naturalismus. Manifeste und Dokumente zur deutschen Literatur 1880–1900. Stuttgart 1987.

W. Buth: Das Lessingtheater in Berlin unter der Direktion von Otto Brahm (1904–1912). Phil. Diss. (FU) Berlin 1965.

H. Claus: The Theatre Director Otto Brahm. Ann Arbor (Mich.) 1981 (Theatre and Dramatic Studies 10).

B. Deutsch (Hg.): Josef-Kainz-Gedenkbuch. Wien 1924.

A. Dreifuss: Deutsches Theater Berlin Schumannstraße 13 a. Fünf Kapitel aus der Geschichte einer Schauspielbühne. Berlin (DDR) 1983.

S. Fischer: Otto Brahm. In: Neue Rundschau, 1913, Bd. 1, S. 1.

E. Hardt: Otto Brahm – Gesprochen von Lina Lossen bei der Gedächtnisfeier im Lessingtheater am 22. Dezember 1912. Leipzig/Weimar 1913.

H. Henze: Otto Brahm und das Deutsche Theater Berlin. Berlin 1929.

ders.: Otto Brahm und das «Deutsche Theater» in Berlin. In: Mitteilungen des Vereins für die Geschichte Berlins 47 (1930), S. 81–101 u. 132–145.

G. Hirschfeld: Otto Brahm. In: Das Literarische Echo. 15. Jg., Heft 32 (1913), Sp. 1601 ff.

ders.: Otto Brahm. Briefe und Erinnerungen. Berlin 1925.

H. Ihering: Albert Bassermann. Berlin 1920 (= Der Schauspieler).

ders.: Berliner Dramaturgie. Berlin 1947.

S. Jacobsohn: Das Theater der Reichshauptstadt. München 1904.

A. Kerr: Welt im Drama. Gesammelte Schriften. Band 5. Berlin 1917.

O. Koplowitz (d. i. Oskar Seidlin): Otto Brahm als Theaterkritiker – Mit Berücksichtigung seiner literar-historischen Arbeiten. Zürich/Leipzig 1936.

K. Krause: Die Schauspielerin Agnes Sorma – Versuch zur Analyse und Wertung ihrer Darstellungskunst. Diss. Phil. (FU) Berlin 1969.

M. Kuschnia (Hg.): 100 Jahre Deutsches Theater Berlin 1883–1983. Berlin (DDR) 1983.

M. Liljeberg: Otto Brahm. Versuch einer kulturhistorischen Monographie. Diss. Berlin (DDR) 1980.

A. I. Miller: The Independent Theatre in Europe 1887 to the Present. New York 1931.

M. Newmark: Otto Brahm – The man and the critic. Leipzig 1938.

I. Richter-Haaser: Die Schauspielkunst Albert Bassermanns, dargestellt an seinen Rollenbüchern. Berlin 1964 (Theater und Drama 27).

R. Rohmer: Otto Brahm. In: M. Kuschnia: 100 Jahre Deutsches Theater Berlin 1883–1983. Berlin (DDR) 1983, S. 39–44.

K. Samimi-Tork: Otto Brahm als «Regisseur» des naturalistischen Dramas. Mag. Arbeit. (FU) Berlin 1977.

H. Schanze: Theater – Politik – Literatur. Zur Gründungskonstellation einer «Freien Bühne» zu Berlin 1889. In: H.-P. Bayerdörfer u. a. (Hg.): Literatur und Theater im Wilhelminischen Zeitalter. Tübingen 1978, S. 275–291.

H. Scherer: Bürgerlich-oppositionelle Literaten und sozialdemokratische Arbeiterbewegung nach 1890. Die «Friedrichshagener» und ihr Einfluß auf die sozialdemokratische Kulturpolitik. Stuttgart 1974.

H. Scheufler: Otto Brahms theoretische Anschauungen über Drama und Theater in seinen Schriften. Staatsexam. Arbeit. Humboldt Universität Berlin 1958.

P. Schlenther: Theater im 19. Jahrhundert. Ausgewählte theatergeschichtliche Aufsätze. Hg. v. H. Knudsen. Berlin 1930 (Schriften der Gesellschaft für Theatergeschichte 40; darin S. 53–91: Otto Brahm [1913]).

ders.: Otto Brahm (1856–1912). In: Neue Rundschau, 1913, Bd. 1, S. 186 ff u. 323 ff.

G. Schley: Die Freie Bühne in Berlin. Der Vorläufer der Volksbühnenbewegung. Berlin o. J. (1967).

E. Schmidt: Otto Brahm. In: Deutsche Rundschau, 1913, Bd. 154, S. 147 f.

A. Schnitzler / O. Brahm: Der Briefwechsel. Vollständige Ausgabe. Hg. v. O. Seidlin. Tübingen 1975 (deutsche texte 35).

H. A. Schultze: Der Schauspieler Rudolf Rittner (1869–1943). Ein Wegbereiter Gerhart Hauptmanns auf dem Theater. Phil. Diss. (FU) Berlin 1961.

W. Seidl: Die geistige Haltung der neueren deutschen Theaterkritik, entwickelt an Otto Brahm u. a. Diss. Phil. München 1951.

O. Seidlin: Der Theaterkritiker Otto Brahm. 2. Aufl. Bonn 1978 (Studien zur Literatur der Moderne 6) (1. Aufl. Basel 1936 unter dem Namen Oskar Koplowitz).

ders. (Hg.): Arthur Schnitzler – Otto Brahm. Der Briefwechsel. Berlin 1953 (Schriften der Gesellschaft für Theatergeschichte, Bd. 57).

W. Simon (Hg.): Otto Brahm – Kundgebungen zu seinem Gedenken. Berlin 1913.

Chr. Br. Skinner: Artist and City. Berlin Literary Culture. 1880–1914. Ph. D. Harvard University Cambridge (Mass.) 1979.

P. Sprengel (Hg.): Otto Brahm – Gerhart Hauptmann. Briefwechsel 1889–1912. Tübingen 1985 (Deutsche Text Bibliothek, Bd. 6).

P. Wellert: Oscar Sauer (1856–1918) – Eine Untersuchung über Wesen und Wirkung seiner Schauspielkunst. Diss. Phil. (FU) Berlin 1963.

E. Westphal-Wolf: Otto Brahm und seine Beziehungen zu Max Halbe (1978).

A. Winds: Geschichte der Regie. Stuttgart 1925.

G. Wunberg (Hg.): Die literarische Moderne. Dokumente zum Selbstverständnis der Literatur um die Jahrhundertwende. Frankfurt/M. 1971.

A. Zweig: Juden auf der deutschen Bühne. Berlin 1928.

Der Naturalismus und das Theater (1891)

[...]

Die neue Literatur ist revolutionär, das Theater ist konservativ – das ist der entscheidende Punkt für unser Problem. Unter allen Faktoren hält keiner zäher fest an dem Bestehenden, ist keiner seinem ganzen Wesen nach Neuerungen so feindlich wie die Bühne. Ob sie nun, im guten Sinne, der Tradition anhängt und schöne Überlieferungen gewesener Zeiten einem neuen Geschlecht pietätvoll zuträgt oder ob sie, dem Theaterschlendrian verfallend, allem Werdenden sich entgegenstemmt in altersschwachem Eigensinn – konservativ ist sie immer, in jeder Form, zu jeder Zeit. Die Literatur aber, jede lebensvolle Literatur, ist revolutionär, nicht im politischen, sondern im geistigen Sinne: In der Poesie, sagt Heine einmal, geht es zu wie bei den Wilden; wenn die Jungen erwachsen sind, schlagen sie die Alten tot. In der Tat bewegt der Gegensatz der Alten und der Jungen, wenn wir auf unsere eigene literarische Entwicklung zurückblicken, alle großen und fruchtbaren Perioden der deutschen Poesie. [...] Auch die Periode, in der wir gegenwärtig stehen, ist, literarisch gesprochen, die Zeit der Auflebung, der Revolution: und um das viel umdeutete, viel umfochtene Schlagwort Naturalismus sammelt sich, was an einen starken Fortschritt in der modernen Poesie noch glaubt.

[...]

[...] Wenn wir die Geschichte der Kunst, von Anbeginn aller Zeiten her bis auf diesen Tag, überblicken, so wird inmitten aller sich folgenden oder sich widersprechenden Strömungen, in den sich bald ergänzenden und bald sich durchkreuzenden Bestrebungen der Menschheit *ein* Gesetz der Entwicklung vor allem deutlich: wie nämlich die Kunst sich die Kunst aneignet, immer mehr Natur in sich aufzunehmen. Einen stets größer werdenden Kreis der menschlichen Daseinsformen zu umschreiben und mit immer tieferer Erkenntnis einzudringen in Geschautes und Erlebtes – das ist es, was den Fortschritt in der Kunst so gut wie in der Wissenschaft ausmacht. In den Anfängen der menschlichen Kultur stehen künstlerisches Bilden und die Natur sich noch am fernsten – denken wir an die Götzenbilder der Asiaten, an die verzerrten Mythen der Wilden. Aber wie dem weisesten der Griechen nachgerühmt ward, er habe die Philosophie von den Göttern herabgeholt zu den Menschen, so wird die Vermenschlichung der Kunst ihr größter Triumph: und was heißt Vermenschlichung anderes als Annäherung an die Natur? Auf diesem Wege fortschreitend, auf diesem vor allem, haben die großen Führer ein stets sich erweiterndes Machtgebiet der Kunst erobert; und nicht derjenige gewann den Preis, welcher auf altem, oft durchackertem Boden von neuem mit Fleiß und Geschick den Pflug ansetzte, sondern der kühnere Mann, der poetisches Neuland fand, der dem Leben unentdecktes künstlerisches Gebiet abzugewinnen verstand, gleichwie Faust Neuland abgewann dem Meere. Nur wer die Grenzen der Kunst erweiterte, nicht wer innerhalb der festgesteckten Linien ängstlich verblieb, ward in die goldenen Bücher der Poesie eingetragen.

[...] Förderung und Hemmung der neuen Richtung, [...] beides ist von der Kritik ausgegangen. Von der Hemmung noch im einzelnen zu reden, verzichte ich; von der Förderung vielmehr möchte ich reden, von den Versuchen, die man neuerdings gemacht hat, den Naturalismus auf die deutsche Bühne zu bringen. Noch einmal bitte ich den Leser, sich mit Mißtrauen zu wappnen; denn ich spreche jetzt wirklich von dem Unternehmen, zu dessen Begründern und Leitern ich selber gehöre, ich spreche von der Freien Bühne in Berlin.

Ausgegangen ist dieses Unternehmen von einem französischen Vorbild: dem Théâtre-libre in Paris. Wie immer in theatralischen Dingen, sind auch diesmal wir Deutschen nicht originell gewesen und haben uns gerade aus Paris die Waffen geholt – um Pariser Einflüsse zu bekämpfen. Denn, daß wir es deutlich heraussagen: wenn die neue Richtung sich den Boden erkämpfen soll auf unserem Theater, so kann sie es nur, indem sie ihn Zoll um Zoll dem französischen Theater abgewinnt. Das Gesellschaftsstück, wie es die Dumas und Sardou ausgebildet und eine Anzahl deutscher Autoren nachgeahmt haben, dieses einst lebendige, aber heute zur bloßen Mache herabgesunkene Gesellschaftsstück ist der Feind des Naturalismus nach Inhalt und Form. Es erlügt eine Welt, die nicht ist: in der man liebt, nicht hungert, in der die soziale Sorge totgeschwiegen wird und das bloße erotische Spiel die Existenz lebendiger Menschen zu beherrschen scheint. Es erlügt eine flache Seelenkunde, die allen Fortschritten der neueren Psychologie zuwiderläuft: es läßt seine Personen im Handumdrehen sich ändern und vollführt radikale, abrupte «Besserungen» – während wir vielmehr wissen, daß es in der Natur nur eine mähliche Ausbildung und Umbildung der Charaktere gibt, bewirkt durch eine Fülle kleinerer Erlebnisse, durch den zähen Einfluß der Umgebungen, des Milieus. Kurz, es ignoriert dieses altmodische französische Gesellschaftsstück alle Fortschritte der neueren Poesie, die ganzen verfeinerten Methoden der Analyse und der Beobachtung, und es war schuld, daß bis vor kurzem eine tiefe Kluft bestand zwischen der Auffassung des Romans und des Theaters; dort hatten wir Entwicklung, hier den Stillstand, dort die Wahrheit und hier die Konvention.

Auf dem Boden von Frankreich selber ist dieser Kunst der Gegner er-

wachsen: Emile Zola hat in mehr als hundert Aufsätzen, in unermüd-
lichen Variationen des einen Seelenwunsches «le naturalisme au théâtre»
gefordert, und eben diesem zu dienen, hat Antoine sein Théâtre-libre
aufgeschlagen. Eine persönliche Schöpfung, die des geschäftlichen Charakters nicht entbehrt, ist dieses Pariser Théâtre-libre; unsere Freie
Bühne ist das auf Erwerb nicht berechnete Unternehmen einer Gruppe
von Schriftstellern, von Kritikern vorwiegend, welche die Sache des Naturalismus zu fördern wünschen, indem sie ihm zunächst nur einmal die
Zunge lösen; hier ist Rhodus, hier tanzet, riefen wir den jungen deutschen Schriftstellern zu. Und sie kamen und tanzten.

Nicht um eine Aufzählung des auf unserer Freien Bühne Geleisteten
handelt es sich hier; ich will nur die Einrichtung des Ganzen zu entwickeln
suchen und dann an einem charakteristischen Beispiel die Bedeutung dieser Vorstellungen erläutern. Ihrem äußeren Wesen nach stellt sich die
Freie Bühne als ein Verein dar: eine Form, die zumeist deshalb gewählt
wurde, um Zensurfreiheit zu erlangen. Da unsere Vorstellungen keine
öffentlichen sind, sondern nur für die Vereinsmitglieder gegeben werden,
so durften wir zum Beispiel Henrik Ibsens «Gespenster» zur Darstellung
bringen – ein Werk, dessen Aufführung den Berliner Theatern im übrigen
bis auf den heutigen Tag verboten ist; und so brauchen wir auch sonst uns
die mancherlei Sorgen nicht aufzuerlegen, welche den öffentlichen Bühnen durch die Zensur erwachsen. Auch auf diesen heiklen Punkt habe ich
hier nicht einzutreten: der Fall von «Sodoms Ende», Verbot und Frei-
gabe, ist noch in aller Gedächtnis.

Nicht ein Publikum also, Vereinsmitglieder sind es, die sich in den Ma-
tineen der Freien Bühne, an Sonntagvormittagen im Residenz-Theater,
einfinden. Ein kleiner Kreis von noch nicht tausend Menschen, immer die
nämlichen, Freunde und Gegner des Unternehmens. Denn keineswegs
ist es eine Gemeinde von Gleichgesinnten, die sich hier zusammengetan
hat: Lauter sind nirgends die Gegensätze, heftiger treffen in keinem
Theatersaal die Meinungen aufeinander als in diesen Vorstellungen der
Freien Bühne. Und wenn schon hierdurch die erwünschte «Auffri-
schung» unseres Publikums gegeben ist, wenn sich die einseitige Sekten-
bildung, sonst die gefährlichste Begleiterin der nicht öffentlichen Kunst-
bestrebungen, in unserem Falle ausschließt, so gewinnt das Unternehmen
noch an Bedeutung durch die eigentümliche, weithinaus strahlende Wirkung aller theatralischen Vorgänge: nicht nur zu tausend Hörern, zu Hun-
derttausenden von Lesern gelangt die Kenntnis von demjenigen, was wir
auf die Bühne gestellt haben – eine oft oberflächliche, einseitige, ver-
fälschte Kunde, aber doch eine Kunde.

Denn noch heute ist das Theater, trotz allem, was Routine und Schlen-
drian an ihm gesündigt haben, trotz der öden Mittelmäßigkeit, die sich
hier spreizt, und dem Hauch des Ewiggestrigen, der uns aus der Kulissen-

welt anweht – noch heute ist das Theater die große Kulturmacht, die geheimnisvolle Macht, die die Seelen bezwingt und an die Herzen der Menschheit rührt. Nicht nur was wir selber auf den Brettern sehen, auch was die anderen sehen und genießen, weckt unsere Teilnahme auf – zumal wenn dies Geschaute etwas Neues, Ungeahntes ist. Eine einzige Vorstellung der «Gespenster», im Berliner Residenz-Theater vor vier Jahren unternommen, hat mehr für die Verbreitung und das Verständnis Ibsenscher Dichtungen getan, als alle literarische Agitation je vermocht hätte: denn nun erst gelangte an ein weites Publikum die Kenntnis von dieser kühnen Dichtung, und nun erst gingen im Geschwindschritt über unsere Bühnen Henrik Ibsens lebensvolle Schöpfungen, in Deutschland, in Frankreich, in England.

Und dieselbe weittragende Wirkung des Theaters hat ein junger Dramatiker auch erleben können, den die Freie Bühne auf die Bretter zuerst gestellt hat und dessen Talent – wiederum nach meiner subjektiven Auffassung – alle Mitstrebenden an Tragkraft und an Tiefe übertrifft: der Schlesier Gerhart Hauptmann, dessen soziales Drama «Vor Sonnenaufgang» am 20. Oktober 1889 zuerst über die Freie Bühne gegangen ist, dessen «Familienkatastrophe» «Das Friedensfest» dann schnell gefolgt ist, und dessen neuestes Trauerspiel «Einsame Menschen» eben den Weg gefunden hat von der geschlossenen Bühne auf die offene. Fast wie Byron konnte Hauptmann von sich sagen: Ich erwachte eines Morgens und fand mich berühmt – berühmt oder berüchtigt: denn wie der Beifall, so heftete sich, lauter noch und tobender, der Widerspruch an seine Fersen, und berüchtigter konnte einst der Dichter der kecken «Räuber» den harmlosen Stuttgartern nicht erscheinen, berüchtigter nicht der sittenlose Byron den auf Anstand dringenden Damen der englischen Gesellschaft als in jenen lärmvollen Tagen Gerhart Hauptmann deutscher Prüderie und Heuchelei. Er hatte – shocking! most shocking! – die Verhältnisse seiner schlesischen Heimat, die Versumpfung reichgewordener Bauern mit grellen Farben gemalt, und mit einer heiligen, jugendlichen Unbefangenheit, deren Ernst nur der Unverstand verkennen konnte, auch die heikelsten Dinge in aller Deutlichkeit herausgesagt. Ohne die Bühne und ihre Wirkungen genau zu kennen, aber doch mit jener Treffsicherheit des Dramatikers, der das Theater noch fühlt, auch wo er sich von ihm keck entfernt, hatte er seine bei aller Kraßheit lebensvollen Schilderungen entworfen; und so verstand es sich von selbst, daß ihm der Vorwurf nicht erspart blieb, der sich gegen so manchen modernen Poeten richtet: daß er die Darstellung der geschlechtlichen Beziehungen mit unlauterer Absicht in den Vordergrund dränge. Hat doch gerade auf diesem Gebiet die Tradition, die konventionelle Lüge es sich am bequemsten gemacht: sie hat sich ein abstraktes Ding konstruiert, welches sie «die Liebe» nennt, ein in seiner Entstehung unerklärliches, seinem Wesen nach unvergängliches und unveränderliches Ding, kurz, ein Ding, das *über* allen Naturgesetzen ist in seiner sublimen Unwahrheit. Wenn gegenüber dieser idealistischen Verfälschung des Lebens der Naturalismus den Blick richtet auf die wirklich treibenden Kräfte im Dasein der Geschlechter, wenn er den physiologischen Bedingungen mit scharfen Sinnen nachspürt und vielleicht dabei ebenso zur Einseitigkeit der Auffassung gelangt wie sein geschätzter Vorgänger, so erklärt sich die Übertreibung von selbst aus dem Gesetz von Wirkung und Gegenwirkung; das eine Extrem ruft das andere hervor, und bald genug wird die Zeit des Ausgleiches herankommen. Nur lasse man die Moralität beiseite, die nicht bedroht ist, und verdächtige nicht den Menschen, wenn man das Kunstwerk tadeln will.

[...]

[...] Realistisch wie die Szene, wie die Dichtung muß die Schauspielkunst werden – vielmehr sie ist es schon, und immer eifriger schreitet sie auf diesem Wege fort. Der idealistische Stil in der Darstellungskunst, die plastische Pose, die Deklamation, sie traten zurück vor dem Streben nach beseelter Natürlichkeit; und wenn heute die Dichtungen der Weimarer Blütezeit von der Bühne herab zu uns reden, so reden sie nicht mehr im Stile von Weimar, sondern in der realistischen Kunstsprache unserer Zeit. Auch nach dieser Seite hin hat der moderne Naturalismus auf dem Theater seine Mission zu erfüllen, eine bedeutsame, weittragende Mission: Er wird die deutsche Schauspielkunst vor neue große Aufgaben stellen, und einen neuen Darstellungsstil wird er, mit ihr im Bunde, schaffen helfen. Die ersten Anfänge dazu haben wir in den Aufführungen Ibsenscher Stücke und in denen unserer Freien Bühne gesehen. Wie die Kräfte auch des minderen Schauspielers wachsen, wenn er vor Aufgaben von wirklicher Eigenart gestellt wird, konnten wir dort beobachten: eine Lustspielwitwe und einen Attaché gut oder besser zu spielen, ja selbst, nach so vielen großen Vorbildern, die Gestalten der Klassiker nachzuschaffen, kann nicht das letzte Ziel der Schauspielkunst sein; erst wo sie produktiv wird, wo sie Gestalten aus Eigenem schaffen hilft, wo sie nicht Rollen, sondern wirkliche Menschen zum erstenmal aufleben läßt im Licht der Szene, erst da reicht sie an ihre höchsten Aufgaben heran. Und gerade dort wird sie ihre herrlichsten Triumphe erleben, wo sie das Wesen unserer Zeit, Geist von unserem Geist und Fleisch von unserem Fleisch aufzufassen und wiederum mitzuteilen weiß dem bezwungen lauschenden Hörer. Welch große Aufgaben liegen hier bereit, in den Gestalten voll feinsten modernen Lebens, wie sie etwa Henrik Ibsen geschaffen, wie viele Talente werden ihr Eigenstes erst dann entdecken, wenn sie vor das Ziel gestellt werden: Menschen darzustellen, nicht Lustspielpuppen, die irgendein witziger Kopf vor uns tanzen läßt. [...]

Der Naturalismus und das Theater – noch stehen sie sich fern, noch haben sie einander nicht gefunden; und gerade wir, die wir ihre Verbin-

dung zu knüpfen suchen, wir empfinden sehr wohl, daß wir erst in den
Anfängen einer Bewegung stehen, deren näheren Verlauf zu erkennen
wir noch außerstande sind. Je enger die beiden Großmächte einander
berühren, je fester der Bund zwischen ihnen geschlossen wird zu Trutz
und Schutz, desto größer wird der Vorteil sein, für die eine wie für die
andere: das Theater wird aus dem Stillstand wieder in die Bewegung geraten, dem Körper, der vor der Gefahr der Erstarrung jüngst stand, wird
frisches Blut zugeführt werden; und der Naturalismus wird, in der Berührung mit der konservativsten der Künste, die Extreme abtun und Mäßi-
gung lernen und gerechte Beschränkung. Nicht plötzlich wird die Entwicklung sein; und wohin sie führt, kann niemand vorhersagen; an keine
Formel wird sie sich binden, und keinem Zwang der Meinungen wird sie
untertan sein. Aber wie auch die Bewegung verlaufen mag, an das eine
glauben wir fest: nur durch die Schule der Natur hindurchschreitend,
kann das Theater wieder die große geistige Macht werden über dem Leben der Deutschen: nur diesen Weg sehe ich, keinen anderen.

[...] das moderne Theater wird naturalistisch sein – oder es wird gar
nicht sein.

In: Westermanns illustrierte deutsche Monats-Hefte, Bd. 70, Juli 1891,
S. 488–499 (gekürzt).

Von alter und neuer Schauspielkunst (1892)

[...]

Nicht allgemein Bekanntes brauche ich hier zu wiederholen. Wie aus
der Steifheit der Alexandrinertragödie, aus der Pose und Tanzmeistergra-
zie des Rokokos die erste große deutsche Schauspielkunst sich in Ekhof
und Schröder heraushob, den genialen Hamburger Realisten, wie der
niederdeutsche Stil sich nach dem Süden verpflanzte durch Beil und Iffland, wie die auf charakteristische Wahrheit und Natur gerichtete Bewegung Wien eroberte durch Schröder und in Berlin sich gipfelte in Fleck
und der Unzelmann – das weiß der Verfasser der «Berliner Dramaturgie»
(Karl Frenzel; M. B.) so gut und besser als ich. Kam auf, mit dem Ende
des Jahrhunderts, die große Gegenbewegung der Klassik: der Theaterdirektor Goethe stiftete und der Theaterdichter Schiller stützte die Weimarer Schule. Sie zu überwinden, sie aufzulösen und den Weg zur Natur
zurückzufinden – das ist bis heute nicht die «wahre Aufgabe», im Sinne
einer gebietenden Ästhetik, wohl aber der instinktive Drang unserer großen Schauspieler gewesen.

Klar und scharf hat der Geschichtsschreiber des deutschen Theaters,

Eduard Devrient, den Widerspruch ausgerufen, den der Bühnenkünstler gegen die ihn meistern wollenden Poeten der Weimarer Richtung empfinden muß. Man braucht nicht jede Devrientsche Doktrin zu unterschreiben, man kann die relative, historische Berechtigung der klassizistischen Bewegung gut begreifen, die dichterische Verklärung, die sie gebracht hat, und die seelische Vertiefung – und wird doch die volle Erkenntnis des einen, was not tut, bei dem verständigen Schauspieler finden, nicht bei dem größten unserer Dichter. Goethe selbst hatte einst ausgesprochen, daß die charakteristische Kunst dem nordischen Geiste innerlich kongenialer sei als die schöne Kunst der Antike; aber von der Besonderheit der Natur, die der Dichter des «Götz» und des «Werther» aufzufassen gewußt wie kein anderer, zog es ihn fort zum Allgemein-Menschlichen, zum Typischen, das die Schlacken der Individualität ausgeworfen hatte – und diesem Trieb mußte die deutsche Schauspielkunst widersprechen, wollte sie nicht sich selber aufgeben. Menschendarstellung mußte ihre erste und ihre letzte Pflicht sein, und durch die reich entwickelte Persönlichkeit nur, durch die feinste, natürliche Differenzierung im Ausdruck des Körperlichen wie des Seelischen konnte sie sie lösen. Goethe aber setzte willkürlich erfundene Stilregeln an Stelle der Wahrheit, Maximen für Beobachtung; und wie er Natur knechtete auf der Bühne, so wollte er sie womöglich auch im Leben seiner Schauspieler noch knechten: nicht nur im Theater mußte dieser Weimaraner den Ton so tief als möglich halten und «jedes Wort mit einem gewissen Gewicht aussprechen» – auch draußen unter den Leuten sollten sie eine würdige Haltung und ein stilvolles Gebärdenspiel weislich bewahren. Die Steifheit und Gespreiztheit der Mimen, selbst am Kneipentisch, welche wir heute im Aussterben sehen, entstammt noch aus dieser Zeit.

Das Gefährlichste jedoch am Weimarer Stil wurden die aus benachbarten Künsten entlehnten Ausdrucksmittel: das Statuarische und das Musikalische. Die verweilenden, schönen Posen, wo die Natur und das Drama gebieten fortzueilen – wir sehen sie noch heute in der Wiener und Dresdner Schule [...]; und auch das musikalische Element wirkt noch nach, in jener Vorliebe für künstlich tiefe Töne und alle meßbaren, wie mit dem Metronom einstudierten dynamischen Effekte. Ob wahr oder erfunden – unendlich bezeichnend bleibt es, was die Weimarer Tradition erzählt: daß Goethe beim Einstudieren sich eines Taktstockes bedient habe. [...]

Dies also sind die Grundlagen, auf welchen die deutsche Schauspielkunst des 19. Jahrhunderts erwuchs und welche «abenteuerliche Theorien» zu überwinden suchen; dies ist die «schöne» Menschlichkeit der Bühne, die vielleicht Anno 1800 ein Gebot der Zeit war, aber es für uns Heutige nimmermehr sein kann. Oft und oft ist der Widerspruch gegen Goethe, der aus dem Wesen der Schauspielkunst selbst kommen mußte, seither laut geworden, und gleich der große Schröder hat geäußert, daß «manche sehr bewunderte, dichterisch glänzende Stelle ihm Kampf und Anstrengung koste, um sie mit der Natur auszugleichen; daß er sie darum gleichsam verwischen müsse, damit sie dem Charakter nicht widerspreche». Mit der Natur «auszugleichen», zu prüfen an der Natur und das bloß deklamatorisch Glänzende umzuprägen, im Feuer der Menschendarstellung, in das greifbar Individuelle – das ist die Aufgabe, welche, gegenüber der klassischen Dichtung, dem Modernen erwächst, so gut wie sie dem Schröder und Fleck erwuchs; denn nicht einen Stil der Vergangenheit kann er in sich konservieren wollen; er ist ein lebender Künstler, kein Kunsthistoriker und Antiquar; und was mit den Ausdrucksmitteln der Gegenwart nicht kann ergriffen werden – das hat kein Recht, auf der Bühne zu leben, welche unserer Zeit gehört, keiner anderen. Für das Ehemals das Jetzt opfern und das Recht der Lebendigen – der Preis wäre allzu teuer.

Nur Schritt für Schritt war, zufolge der Macht der Poetisch-Großen, der Weg zu gewinnen zu dieser neuen, dieser alten Schauspielkunst, und deutlich sehen wir einen Praktiker wie etwa Heinrich Laube mitteninne stehen zwischen den Parteien: «Ob und wie weit sich die Hamburgische und die Weimarische Schule vereinigen lassen», sagt er, «ist der eigentliche Inhalt alles dessen, was seit Anfang des Jahrhunderts die ehrlichen und denkenden Freunde des Theaters beschäftigt.» Zwar er selbst scheint ganz zu den Hamburgern sich stellen zu wollen, denn er sagt treffend: «Für mich ist die Darstellung des Menschen auf der Bühne die Hauptsache. Wahrhaftig ist mir also die Grundregel. Für mich haben Lessing und Schröder das Gesetzbuch unserer Schauspielkunst angeregt. Ich halte es für unseren Beruf, dies Gesetzbuch zu achten, einzuführen und weiterzuführen.» Von Goethe und dem Schönen, Allgemein-Menschlichen ist hier, wie man sieht, nicht die Rede. Aber so klare Einsicht wird dann doch durchkreuzt durch den Druck noch lebender Traditionen; und wie Laube als Dichter ein knorriger Schiller-Schüler blieb, so übersah seine Theorie die theatralische Anschauung und rechnete einseitig mit dem hörenden, nicht mit dem sehenden Zuschauer: obgleich das Ding Schauspiel heißt, erklärte er, daß das Ohr «das wichtigere Organ» für das Theater sei, und er installierte demgemäß einen expressen «Vortragsmeister», im Sinne goethescher musikalischer Einübungen, und verpönte die reichere Ausstattung. Erst die Meininger haben hier Wandel geschaffen und nur leider das eine versäumt: in die naturgetreuen Räume, in die echten Gewänder auch Menschen zu bringen, welche natürlich agierten.

[...]

Denn die Natur suche der Schauspieler, nichts darüber. Er suche sie ganz, in ihrer seelenvollen Fülle: so wird er vor Flachheit bewahrt sein und vor Trivialität. Er suche sie außer sich und in sich, in der Welt und in der eigenen Brust: und je reiner und reicher er dann seine Persönlichkeit

entwickelt, je stärker das Temperament ist, durch das er, nach Zolas all-
gültiger Zauberformel, die Natur betrachtet, desto tiefer auch wird er
Leben fassen und Leben geben. Wie jener Riese, wenn er die Erde berührt, wird er, vom Theater zur Natur, von der Konvention der Bretter
zur menschlichen Wahrheit zurückkehrend, Kraft sich immer von neuem
gewinnen; und alles Stilisieren wird er so meiden lernen, alle willkürliche
Manier und aufgeputzte Kulissenempfindung. Das Ideale aber, das
Schöne kann er nur in einem finden, das innerhalb der Sache liegt, nicht
außer ihr in Geboten des Herkommens: er finde es in der Treue gegen das
künstlerische Ganze, dem er angehört, gegen das Ganze des Charakters,
den er verwirklicht, des Dramas, in dem er steht. Hier soll er sich harmonisch, «schön» der Ökonomie des Kunstwerkes einfügen; mutet ihm aber
jemand zu, auf seine eigenen schauspielerischen Kosten «schöne Menschlichkeit» wiederzugeben, schön auszusehen, schön sich zu bewegen,
schön zu sprechen – so entgegne er ihm nur, in guter Zuversicht, mit den
Worten Schillers gegen Goethe: «Mir deucht, daß die Analytiker den Begriff des Schönen beinahe ausgehöhlt und in einen leeren Schall verwandelt haben. Möchte es doch einer einmal wagen, den Begriff und selbst
das Wort Schönheit, an welches einmal alle jene falschen Begriffe unzer-
trennlich geknüpft sind, aus dem Umlauf zu bringen und, wie billig, die
Wahrheit in ihrem vollständigsten Sinn an seine Stelle zu setzen.»

In: Die Nation, 9. Jg. 1892/93 (14. Mai 1892), S. 504–507 (gekürzt).

Konstantin S. Stanislawski, 1912

2

KONSTANTIN
SERGEJEWITSCH
STANISLAWSKI
(1863–1938)

«Die Arbeit der Regie und der Schauspieler mag realistisch,
abstrakt, links- oder rechtsgerichtet, impressionistisch oder
futuristisch sein – ganz gleich, Hauptsache, sie ist überzeu-
gend...»

Konstantin S. Stanislawski, 1925

«Der Schauspieler soll nie vergessen, vor allem nicht in einer
dramatischen Szene, daß man immer von seinem eigenen
Wesen und nicht von der Rolle aus *leben* muß und von dieser
nur die gegebenen Umstände nimmt.»

Konstantin S. Stanislawski

«Schauspielen wird im allgemeinen, ob auf der Bühne, im
Film oder beim Fernsehen, weniger als eine Sache der Verstellung, des Exhibitionismus oder der Nachahmung verstanden, sondern als die Fähigkeit, auf vorgestellte Reize zu
reagieren...»

Lee Strasberg, 1974

Mit dem Namen Stanislawski verbinden sich in erster Linie eine
schauspielpädagogische Methode, das sogenannte Stanislawski-System, und sein künstlerisches Lebenswerk, das Moskauer Künstlertheater, auch MChT oder MChAT (aus: Moskowski chudoshestwennyj teatr;
1920 kam noch der Zusatz akademitscheski hinzu). Das Künstlertheater
ist noch heute die renommierteste Schauspielbühne der Sowjetunion. Ihr
Emblem ist die Silhouette einer fliegenden Möwe: Die Inszenierung von
Anton Tschechows Stück «Die Möwe» am 17. Dezember 1898 war der
künstlerische Durchbruch Stanislawskis und dieser Bühne.
    Stanislawski hat seine Schauspieltheorie in zahlreichen Schriften veröf-
fentlicht, von denen die wichtigsten auch in deutscher Übersetzung vor-
liegen; sie beruht – auf den knappsten Nenner gebracht – auf dem Prinzip der Einfühlung des Schauspielers in die Rolle und des Publikums in

die Bühnenfigur. Das Sich-einleben des Schauspielers in die Bühnenfigur will Stanislawski durch eine Reihe von Techniken erreichen, die diesen Vorgang in den Phasen der «Arbeit des Schauspielers an sich selbst» und der «Arbeit des Schauspielers an der Rolle» organisieren (vgl. M. Brauneck: Theater im 20. Jahrhundert; F. Rellstab: Stanislawski-Buch).

Stanislawskis Schauspieltheorie ist heute eine der wesentlichen Grundlagen der Schauspielausbildung, insbesondere – in den westlichen Ländern – in ihrer Weiterentwicklung («The Method») durch den amerikanischen Regisseur und Theaterpädagogen Lee Strasberg (1901–1982). Dieser charakterisiert die Grundidee von Stanislawskis Schauspielpädagogik folgendermaßen:

«[...] Stanislawski war kein Ästhetiker, sondern in erster Linie mit dem Problem der Entwicklung einer brauchbaren Technik beschäftigt. Er beschäftigte sich mit eben den Problemen, von denen Diderot und andere geglaubt hatten, daß sie unlösbar seien: die Wiederherstellung und Wiederholung von Momenten der Spontaneität oder Inspiration, die selbst von vielen der größten Schauspieler nicht kontrolliert und willentlich wiederholt werden konnten. Stanislawski widmete sich dem zentralen Problem, wie die schauspielerische Kreativität zu kontrollieren sei.

Schon zu Beginn seiner Karriere hatte er bei den Vorstellungen großer Schauspieler festgestellt, daß alle etwas gemeinsam hatten, etwas, was er nur bei überaus begabten Schauspielern fand. In seiner späteren Arbeit als Regisseur und Leiter des Moskauer Künstlerischen Theaters erlebte er oft dieses Aufblitzen von Inspiration oder Intuition, das die schöpferische Einbildung stimuliert und etwas, das man mit dem Geist erfaßt, in emotionale Realität und Erfahrung umzuwandeln in der Lage ist. Stanislawski beschreibt einen solchen Moment während eines Tiefpunktes bei den Proben zu Anton Tschechows *Drei Schwestern*, als ‹die Schauspieler in der Mitte des Stückes aufhörten zu spielen und keinen Sinn mehr in der Arbeit sahen›. Plötzlich geschah etwas Unfaßbares: Das zufällige Geräusch von jemand, der nervös mit seinen Fingernägeln über die Bank kratzte, auf der er saß, erinnerte Stanislawski an das Kratzen einer Maus, was wiederum eine ganze Folge von bis dahin unbewußten Erinnerungen freisetzte, die sofort die Arbeit in einen neuen geistigen Zusammenhang stellte.

Als er später viele der Rollen untersuchte, die er gespielt hatte, besonders diejenige des Dr. Stockmann in Henrik Ibsens *Ein Volksfeind*, die seiner Meinung nach besser zu ihm paßte als jede andere in seinem Repertoire, bemerkte er, wie weitgehend seine Verkörperung unbewußt auf eigenen Erinnerungen beruht hatte. Im Laufe der Zeit jedoch gingen die Erinnerungen und die aus ihnen erwachsenen Gefühle verloren und er begann, die fixierten Abläufe der Rolle mechanisch zu wiederholen – Bewegungen der Muskeln, die Ausdrucksbewegungen der Augen, der Arme, des Körpers, all jene physischen Zeichen einer nicht vorhandenen Emotion.

Auf Grund dieser Beobachtung stellte er fest, daß Kreativität auf der Bühne einen Zustand erfordert, den er die ‹kreative Stimmung› nannte. Dem Genie auf der Bühne widerfährt dieser Zustand fast immer von selbst, doch weniger begabte

Leute erfahren ihn weniger oft. Obwohl jeder auf der Bühne irgendwann einmal diesen kreativen Zustand erreicht, schien keiner zu dessen bewußter Kontrolle in der Lage zu sein.

Damit hatte Stanislawskis Beschreibung des Problems den Punkt erreicht, an dem alle vorherigen Untersuchungen nicht weitergekommen waren. Indem er darüber hinausging und die technischen Mittel zur Kontrolle dieser kreativen Stimmung untersuchte, schuf er die Grundlage für die moderne Beschäftigung mit dem Problem des Schauspielens. Stanislawski hatte nicht die Absicht, Inspiration durch künstliche Mittel zu erzeugen, vielmehr wollte er die günstigsten Bedingungen für *bewußt herbeigeführte Inspiration* erkunden. Er betonte, daß sich dieses Problem für andere Künstler nicht stelle, weil diese immer dann schaffen können, wenn sie sich inspiriert fühlen. Aber ‹der Bühnenschauspieler muß Herr seiner eigenen Inspiration sein, muß sie zu dem Zeitpunkt hervorrufen können, der auf dem Theaterplakat angekündigt ist›. Wenn er es nicht schafft, einen bewußten Weg zu seiner Kreativität zu finden, ist der Schauspieler gezwungen, sich auf die oberflächlichen Aspekte des szenischen Handwerks und der theatralischen Klischees zu verlassen.

Stanislawski glaubte, daß dieses Problem durch die Fortschritte der Psychologie gelöst werden könne, besonders durch die Annahme der Existenz eines ‹affektiven Gedächtnisses› (affective memory), beschrieben von dem großen französischen Psychologen Théodule Ribot in den 90er Jahren des letzten Jahrhunderts. Obwohl es eine große Verwirrung und Mißverständnisse darüber gab und sein Vorhandensein überhaupt in Frage gestellt wurde, ist dies Konzept des affektiven Gedächtnisses von hervorragender Bedeutung für das Verständnis vom inneren Ablauf spontaner und emotionaler Erfahrung und deren Wiederholbarkeit auf der Bühne.

Die affektive Erinnerung ermöglicht das erneute Durchleben vergangener Erfahrungen – angenehmer wie unangenehmer – in einer entsprechenden Situation. Ein früherer Schmerz wird auch beim zweiten Mal mit Unlustgefühlen wahrgenommen. Diese Unlustgefühle, eher unmittelbar empfunden als erinnert, sind wie ein Rückstand von früheren Bewertungen. Die affektive Erinnerung mag direkt mit der Erinnerung an traumatische Erfahrungen während einer gleichen oder ähnlichen Situation zusammenhängen, oder auch mit einer Erfahrung, die scheinbar wenig Beziehung zur ursprünglichen Situation hat, wenn die Erinnerung verdrängt worden ist. Natürlich muß eine Erfahrung nicht notwendigerweise traumatisch sein, um im affektiven Gedächtnis haften zu bleiben. Das Konzept des affektiven Gedächtnisses hat seinen Platz in mehreren psychologischen Schulen, einschließlich der Freudschen und der Pawlowschen, obwohl es mehrere Deutungen gibt. Das Konzept umfaßt sowohl das *sensorische Gedächtnis* als auch das *emotionale Gedächtnis*. Der letztere Begriff bezog sich in Stanislawskis späteren Arbeiten auf Erfahrungen von intensiver und explosiver Natur, die so notwendig für die meisten dramatischen Momente auf dem Theater sind. Die Annahme des affektiven Gedächtnisses ist von grundlegender Bedeutung für das Verständnis, wie ein Schauspieler funktioniert und welche Fähigkeiten trainiert werden müssen, um sein Talent zu entwickeln. Daß ein Schauspieler fähig ist, auf bloß vorgestellte Geschehnisse auf der Bühne zu reagieren und seine Darstellung zu wiederholen, liegt an seinem ungewöhnlichen sensiblen affektiven Gedächtnis. [...]

Die ‹*Method*› ist die Bezeichnung, unter der die Gesamtheit von Stanislawskis

Ideen weiteste Verbreitung fand. Die ‹Method› stellt eine Weiterentwicklung seiner Arbeitsweisen dar, basierend nicht nur auf seinen Schriften, sondern auf der sichtbaren Umsetzung in seinen wichtigsten Inszenierungen. Sie schließt auch das Werk von Wachtangow ein, der bewies, daß Stanislawskis Ideen auf die grundlegenden Probleme des Schauspielers in *jedem* Stil angewendet werden können, und nicht nur im realistischen Darstellungsstil, der meist mit ihnen in Zusammenhang gebracht wird.

Die ‹Method› wurde weithin bekannt in der Mitte des 20. Jahrhunderts vor allem durch die Filmarbeit von Schauspielern wie Marlon Brando, Rod Steiger und Geraldine Page, die im Actors Studio in New York studiert hatten. Diese Schauspieler machten einen nachhaltigen Eindruck und bewiesen die ungewöhnliche Fähigkeit, die Kluft zwischen Bühne, Leinwand und Fernsehen zu überbrücken, in einem Maße, das in der übrigen Welt größtes Interesse aufkommen ließ. Die Verschmelzung von Darsteller und Rolle war so stark, daß viele Charakterzüge der Rolle mit denen des Darstellers verwechselt wurden, was zu ernsthaften Mißverständnissen führte. Aber in der Mitte des 20. Jahrhunderts war ein amerikanischer Schauspielstil geboren worden» (vgl. W. Wermelskirch [Hg.]: Lee Strasberg).

Hat diese pädagogische Methode, die auf subtilste mimisch-gestische Umsetzung psychischer Vorgänge hinarbeitet, für den Schauspielrealismus des Films sicherlich ihre besondere Eignung erwiesen, so ging doch die Theaterentwicklung andere Wege. Die Kategorie der Einfühlung ist als Fundamentalkategorie der Schauspielkunst vor allem durch Bertolt Brecht (vgl. Bertolt Brecht, Kap. 15) in Frage gestellt worden; die sie tragende Ästhetik des Bühnenrealismus wurde durch eine facettenreiche Entwicklung anti-illusionistischer Theaterkonzepte abgelöst. Brecht akzentuiert seine Kritik am «System» Stanislawskis gerade auch im Hinblick auf seinen Entwurf eines epischen Theaters und dessen verfremdender Spielweise:

«Stanislawskis und seiner Schüler System studierend, konnte man sehen, daß Schwierigkeiten nicht geringer Art bei der Herbeizwingung der Einfühlung aufgetreten waren: der betreffende psychische Akt war schwerer und schwerer herbeizuführen. Eine ingeniöse Pädagogik mußte erfunden werden, damit der Schauspieler nicht ‹aus der Rolle fiel› und der suggestive Kontakt zwischen ihm und dem Zuschauer nicht Störungen ausgesetzt wurde. Stanislawski behandelte diese Störungserscheinungen ganz naiv nur als rein negative, vorübergehende Schwächezustände, die unbedingt behoben werden konnten. Die Kunst wurde ganz deutlich immer mehr zur Kunst, die Einfühlung herbeizuzwingen. Der Gedanke, die Störungen könnten von nicht mehr abstellbaren Veränderungen im Bewußtsein des modernen Menschen herrühren, tauchte nicht auf, und war um so weniger zu erwarten, je mehr die Bemühungen zunahmen und zu aussichtsreich erschienen, welche die Herbeiführung der Einfühlung garantieren sollten. Das andere Verhalten angesichts solcher Unstimmigkeiten wäre gewesen, die Frage aufzuwerfen, ob überhaupt die Herbeiführung der totalen Einfühlung noch wünschbar war.

Die Theorie des epischen Theaters stellte diese Frage. Es nahm die Störungen ernst, führte sie auf gesellschaftliche Veränderungen historischer Art zurück und bemühte sich, eine Spielweise zu finden, welche auf die totale Einfühlung verzichten konnte. Der Kontakt zwischen Schauspieler und Zuschauer mußte auf eine andere Art zustande gebracht werden als auf die suggestive. Der Zuschauer mußte aus der Hypnose entlassen, der Schauspieler der Aufgabe entbürdet werden, sich total in die darzustellende Figur zu verwandeln. In seine Spielweise mußte, auf irgendeine Art, eine gewisse Distanz zu der darzustellenden Figur eingebaut werden. Er mußte Kritik üben können. Neben dem Handeln seiner Figur mußte sichtbar gemacht werden können ein anderes Handeln, so daß Auswahl und eben Kritik möglich war.

Der Prozeß mußte schmerzhaft sein. Ein riesiger Aufbau von Vorstellungen und Vorurteilen brach zusammen und lag zumindest noch als Schutt der Entwicklung im Weg. Eine nüchterne Betrachtung des Vokabulars des Stanislawkischen Systems förderte seinen mystischen, kultischen Charakter zutage. Die menschliche Seele kam hier nicht viel anders als in jedem beliebigen religiösen System vor, da gab es ‹Priestertum› der Kunst. Da gab es eine ‹Gemeinde›. Da wurden die Zuschauer ‹in Bann gezogen›. ‹Das Wort› hatte etwas mystisch Absolutes an sich. Der Schauspieler war ‹ein Diener der Kunst›, die Wahrheit war ein Fetisch und dabei etwas ganz Allgemeines, Nebuloses, Unpraktisches. Da gab es ‹impulsive› Gesten, die einer ‹Rechtfertigung› bedurften. Die Fehler, die gemacht wurden, waren eigentlich Sünden, und die Zuschauer hatten ein ‹Erlebnis› wie die Jünger Jesu an Pfingsten.

Der Ernst und die Ehrlichkeit dieser Schule war nicht zu bezweifeln. Sie stellt einen Höhepunkt des bürgerlichen Theaters dar. Aber gerade durch ihren Ernst trieb sie alle Fehler auf die Spitze. Dieses Theater stand durchaus im Gegensatz zu den herrschenden Klassen seiner Zeit, es vertrat die Ideale der jungen bürgerlichen Intellektuellen, freilich war die rechtlich politische Form dieser Ideale die bürgerliche Demokratie und war dies zu einem sehr späten Zeitpunkt» (vgl. B. Brecht: Schriften zum Theater 3).

Zur Biographie: Konstantin Sergejewitsch Stanislawski wurde – mit dem bürgerlichen Namen Alexejew – am 5. Januar 1863 in Moskau geboren. Er starb dort am 7. August 1938. Das großbürgerliche Milieu, in dem er aufwuchs, sein Vater war Fabrikant, brachte ihn schon früh mit Kunst, Literatur und Theater in Verbindung. Die von ihm zusammen mit einem Komponisten und einem Regisseur 1888 gegründete «Gesellschaft für Kunst und Literatur» führte auch Theaterstücke auf; Stanislawski spielte auf der Bühne (z. B. den Ferdinand in Friedrich Schillers «Kabale und Liebe») und führte Regie. Seine Biographin Elena Iwanowna Poljakowa schreibt: «Der Kreis des Aleksejews war ohne Zweifel der beste Theater-Liebhaberkreis Moskaus, sein Hauptdarsteller ohne Zweifel der beste Laienspieler im Moskau der achtziger Jahre. Er besaß alles, wovon sogar Berufsschauspieler nur träumen können. Zu seiner Verfügung standen zwei ausgezeichnete Bühnen und viel Geld...» Die Truppe machte sich bald einen Namen in Moskau; gespielt wurden u. a. Ostrowski, Tolstoi, Molière, Shakespeare, Hauptmann, Sutzkow, Dostojewski und Schiller.

Stanislawski betrieb, wie die anderen Mitglieder der Truppe auch, diese Theaterarbeit in seiner Freizeit. Er war in die Firma seines Vaters eingetreten und führte als Direktor die Geschäfte der Alexejewschen Handelsgesellschaft. Dennoch wurden die Aufführungen dieser Laienspieler von der Moskauer Kritik sehr bald als denen der Kaiserlichen Bühnen überlegen herausgestellt. Bewundert wurden vor allem die Geschlossenheit der Ensemblearbeit, die Präzision der Spielweise und der Bühnengestaltung, Kennzeichen des Stanislawski-Theaters auch in den Jahren seiner späteren künstlerischen Entfaltung.

Zu Beginn 1896 wurde Stanislawski erstmals zu einer Arbeit mit professionellen Schauspielern eingeladen; er inszenierte «Hanneles Himmelfahrt» von Gerhart Hauptmann. Die Aufführung wurde ein sensationeller Erfolg: «Sogar die Statisten des Theaters, die sonst nur gleichgültig an die abendliche Entlohnung dachten, vergossen bei der Himmelfahrt der sterbenden Hannele echte Tränen» (Poljakowa). Stanislawski träumte von einem Theater mit dem größten moralischen und künstlerischen Anspruch und plante die Gründung einer eigenen Bühne. Bei seiner zweiten Inszenierung (1896) eines Stücks von Hauptmann («Die versunkene Glocke») lernte er den Maler Viktor Andrejewitsch Simov (1858–1935) kennen, der als Bühnenbildner einer seiner wichtigsten Mitarbeiter am Künstlertheater wurde.

Von entscheidender Bedeutung für Stanislawskis weitere Entwicklung wurde die Begegnung mit dem im Moskauer Theaterleben hochgeachteten Autor, Dramaturgen, Regisseur und Theaterlehrer Wladimir Iwanowitsch Nemirowitsch-Dantschenkow (1858–1943) am 2. Juni 1897. Erörtert wurden bei diesem ersten Treffen «Fragen der reinen Kunst, unsere künstlerischen Ideale, die Bühnenethik, Technik, Organisationspläne, Projekte für das zukünftige Repertoire und unsere gegenseitigen Beziehungen» (K. S. Stanislawski).

Das neue Theater, um dessen Gründung es den beiden gleichgesinnten Reformern ging, sollte «Künstlertheater für alle» heißen. Zu seiner Finanzierung – es ging zunächst um die Gründung eines von Amateuren betriebenen Theaters – wurde die «(Aktien)Gesellschaft auf Treu und Glauben zur Gründung eines für alle zugänglichen Moskauer Theaters» ins Leben gerufen. Geldgeber waren Moskauer Kaufleute, eine beantragte Unterstützung durch den Staat war abgelehnt worden. Am 14. Oktober 1898 wurde das in der Eremitage gelegene Theater mit «Zar Fjodor

Anton Tschechow «Die Möwe». Moskauer Künstlertheater, 1898 (Regie: K. S. Stanislawski und V. Nemirowitsch-Dantschenkow. 1. Akt *oben*, 2. Akt *unten*)

Anton Tschechow «Der Kirschgarten». Moskauer Künstlertheater, 1904

Ivannowitsch» von A. K. Tolstoi eröffnet. Der entscheidende künstlerische Durchbruch kam jedoch erst mit der Inszenierung von Anton Tschechows (1860–1904) Stück «Die Möwe» am 17. Dezember 1898, das zwei Jahre zuvor bei der Uraufführung in Petersburg durchgefallen war. Die Aufführung am Künstlertheater wurde zu einer «Theaterlegende» (Poljakowa) und begründete die enge Zusammenarbeit Tschechows (bis zu dessen Tode 1904) mit dem Künstlertheater. In der Auseinandersetzung mit dem nuancierten psychologischen Realismus der Tschechowschen Stücke entwickelte Stanislawski den Realismus seiner Schauspielästhetik.

Eine neue künstlerische Etappe wurde eingeleitet durch die Inszenierungen der Stücke von Maxim Gorki (1868–1936), dem großen kritischen Realisten der russischen Dramatik. 1902 bereitete Stanislawski die Inszenierung der «Kleinbürger» vor, er war Gorki im Frühjahr 1900 begegnet; ebenfalls 1902 begannen seine Vorbereitungen für «Nachtasyl».

Im gleichen Jahr konnte das Künstlertheater in ein neues Haus wechseln, das vor allem eine technisch verbesserte Bühneneinrichtung hatte. Auch wirtschaftlich war das Unternehmen inzwischen ein Erfolg. Der Industrielle Morosow brachte 1902 zusätzlich Kapital ein und wurde neben Stanislawski und Nemirowitsch-Dantschenkow einer der Direktoren.

Seit 1901 fuhr das Künstlertheater jährlich zu Gastspielen nach Petersburg, in den Folgejahren wurden zahlreiche Tourneen ins Ausland unternommen, u. a. 1906 nach Deutschland (Aufführungen in Berlin, Düsseldorf, Wiesbaden, Frankfurt, Köln) und Polen (Warschau).

1904 begann eine Zeit der Krisen; der künstlerische Weg Stanislawskis schien in eine Sackgasse geraten zu sein, die Gefahr der Wiederholung und einer kunstgewerblichen Sterilität drohte der Arbeit des Künstlertheaters (vgl. Kap. 1: Otto Brahm). Stanislawski suchte nach Auswegen und wandte sich der Dramatik Maurice Maeterlincks (1862–1949) zu. Er richtete ein Studio ein (1904), dessen Ziel die Entwicklung eines Darstellungsstils für das symbolistische Theater sein sollte. Zum Leiter des Studios wurde Meyerhold (vgl. Kap. 5) berufen, der sich 1902 von Stanislawski getrennt hatte. Meyerhold bereitete zwar eine Inszenierung (Maeterlincks «Der Tod des Tintagiles») vor, sie kam aber nicht zur öffentlichen Aufführung. Auch die weiteren Arbeiten Meyerholds (u. a. Hauptmanns «Schluck und Jau») entsprachen nicht den Erwartungen Stanislawskis, der 1905 das Studio wieder schloß. Meyerhold ging nach Petersburg zurück.

1905 war das Jahr der russischen Februar-Revolution; die Theatersaison mußte in Petersburg und Moskau abgebrochen werden: «Die Lage war katastrophal» (Poljakowa).

Die Spielzeit 1906/07 wurde für Stanislawski eine Zeit der Suche und

Maxim Gorki «Nachtasyl». Moskauer Künstlertheater, 1902

des Experimentierens. Die wichtigste Inszenierung dieser Phase war
«Der blaue Vogel» (1908) von Maeterlinck; Stanislawski und Sulerschitzki faszinierte vor allem der Märchencharakter dieses Stücks.

Die neue Periode des Künstlertheaters, die Stanislawski 1908 anläßlich
des zehnjährigen Bestehens der Bühne einzuleiten bestrebt war, war in
der Konzeption zunächst noch offen. «Der Blaue Vogel» galt als «Ver-
suchsstück»; es ging ihm, wie er in einem Brief an Alexander Blok
schreibt, um einen «verfeinerten, veredelten und geläuterten Realismus». 1908 lud er Gordon Craig (vgl. Kap. 3) ein, der am Künstlertheater
Shakespeares «Hamlet» inszenieren sollte; im Dezember 1911 wurde das
Stück schließlich aufgeführt. Eine künstlerische Annäherung der beiden
so unterschiedlichen Regisseure war in der Zeit der Zusammenarbeit jedoch nicht erfolgt. Craigs Desinteresse an der Arbeit mit den Schauspielern irritierte das Ensemble aufs schwerste.

1912 gründete Stanislawski das Erste Studio am Künstlertheater. Leiter
wurde der Regisseur Leopold Antonowitsch Sulerschitzki (1872–1916);
es war eine Einrichtung, die die experimentelle Weiterentwicklung von
Stanislawskis «System» zum Zweck hatte. 1913 wurde dieses Studio, an
dem auch Wachtangow arbeitete, eröffnet. Ein Zweites Studio wurde

1916 gegründet, das Dritte Studio 1920, seine Leitung übernahm Wachtangow (vgl. Kap. 7), als Viertes Studio wurde 1922 die 1917 gegründete
jüdische Theatertruppe Habima dem Künstlertheater angeschlossen.
Der Oktoberrevolution schloß sich Stanislawski nur zögernd an. Sein
Künstlertheater galt als Hort bürgerlicher, vorrevolutionärer Kultur-
pflege und sollte geschlossen werden. Sein Antipode Meyerhold war zur
Leitfigur der revolutionären Theaterbewegung geworden.

Eine längere Auslandstournee, 1922 bis 1924 nach Deutschland,
Frankreich, in die USA, in die Tschechoslowakei und nach Jugoslawien,
brachte das Ensemble vor vandalierenden Kulturrevolutionären in Sicherheit. 1924 erschien Stanislawskis Buch «My Life in Art» auf englisch
in Boston, erst 1926 auf russisch in einem Moskauer Verlag.

Die wichtigsten Inszenierungen Stanislawskis am Künstlertheater waren (nach
Claudine Amiard-Chevrel, dort vollständig bis 1917):

1898 Am 14. Oktober (Eröffnung) «Zar Fjodor Ivannowitsch» von A. K. Tolstoi
(Ko-Regisseur: A. A. Sanin; bis 1938 666 Aufführungen); am 19. Oktober
«Die versunkene Glocke» von Gerhart Hauptmann (Ko-Regisseur: A. A.
Sanin); am 21. Oktober «Der Kaufmann von Venedig» von Shakespeare
(Ko-Regisseur: A. A. Sanin); am 2. Dezember «La Locandiera» von Carlo
Goldoni; am 17. Dezember «Die Möwe» von A. Tschechow (Ko-Regisseur:
V. J. Nemirowitsch-Dantschenkow);

1899 am 19. Februar «Hedda Gabler» von H. Ibsen; am 16. Dezember «Einsame
Menschen» von G. Hauptmann (Ko-Regisseur: V. J. Nemirowitsch-Dantschenkow); am 3. Oktober «Die zwölfte Nacht» von Shakespeare (Ko-Regisseur: V. V. Luschski); am 5. Oktober «Fuhrmann Henschel» von G.
Hauptmann (Ko-Regisseur: V. V. Luschski); am 28. Oktober «Onkel
Wanja» von A. Tschechow (Ko-Regisseur: V. J. Nemirowitsch-Dantschenkow; bis 1938 316 Aufführungen);

1900 am 24. September «Schneeflöckchen» von A. N. Ostrowski (Ko-Regisseur:
A. A. Sanin); am 24. Oktober «Ein Volksfeind» von Ibsen (Ko-Regisseur:
V. V. Luschski);

1901 am 31. Januar «Drei Schwestern» von Tschechow (Ko-Regisseur: V. J. Nemi-
rowitsch-Dantschenkow; bis 1938 299 Aufführungen); am 19. September
«Die Wildente» von H. Ibsen (Ko-Regisseur: A. A. Sanin); am 27. Oktober
«Michael Kramer» von Hauptmann (Ko-Regisseur: V. V. Luschski);

1902 am 26. März «Kleinbürger» von M. Gorki (Ko-Regisseur: V. V. Luschski);
am 5. November «Die Macht der Finsternis» von L. N. Tolstoi (Ko-Regisseur: I. A. Tikhomirow); am 18. Dezember «Nachtasyl» von Gorki (Ko-
Regisseur: V. J. Nemirowitsch-Dantschenkow; bis 1938 908 Aufführungen);

1904 am 17. Januar «Der Kirschgarten» von Tschechow (Ko-Regisseur: V. J.
Nemirowitsch-Dantschenkow; bis 1938 757 Aufführungen); am 2. Oktober
von Maeterlinck «Die Blinden» (Ko-Regisseure: G. S. Burdschalow und
N. G. Alexandrow); am 21. Dezember «Miniaturen» von Tschechow;

1905 am 31. März «Die Gespenster» von H. Ibsen (Ko-Regisseur: V. J. Nemiro-

Wsewolod Iwanow «Panzerzug 14-69». Moskauer Künstlertheater, 1927

Maurice Maeterlinck «Der blaue Vogel». Moskauer Künstlertheater, 1908 (Szene aus dem 2. Akt)

witsch-Dantschenkow); am 24. Oktober «Kinder der Sonne» von Gorki (Ko-Regisseur: V. J. Nemirowitsch-Dantschenkow);
1906 am 26. September «Verstand schafft Leiden» von A. S. Gribojew (Ko-Regisseur: V. J. Nemirowitsch-Dantschenkow; bis 1938 205 Aufführungen);
1907 am 8. Februar «Spiel des Lebens» von K. Hamsun (Ko-Regisseur: L. A. Sulerschitzki);
1908 am 30. September «Der blaue Vogel» von Maeterlinck (Ko-Regisseure: L. A. Sulerschitzki und I. M. Moskwin; bis 1938 818 Aufführungen); am 18. Dezember «Der Revisor» von N. Gogol (Ko-Regisseure: V. J. Nemirowitsch-Dantschenkow und I. M. Moskwin);
1911 am 23. September «Der lebende Leichnam» von L. Tolstoi (Ko-Regisseur: V. J. Nemirowitsch-Dantschenkow); am 23. Dezember «Hamlet» von Shakespeare (Regie: E. G. Craig, Ko-Regisseure: K. S. Stanislawski, L. A. Sulerschitzki; Bühne: E. G. Craig; Kostüme: K. N. Sapunow; Musik: J. A. Satz; 47 Aufführungen);
1912 am 5. März «Die Provinzialin» und «Ein Monat auf dem Lande» von Turgenjew (Ko-Regisseur: V. J. Nemirowitsch-Dantschenkow);
1913 am 27. März «Der eingebildete Kranke» von Molière;
1915 am 26. März «Mozart und Saleri» von A. S. Puschkin (Ko-Regisseur: A. N. Benois);
1917 am 13. September «Das Dorf Stepantschikow» nach Dostojewski (Ko-Regisseur: V. J. Nemirowitsch-Dantschenkow).
Für die meisten Inszenierungen am Künstlertheater entwarf V. A. Simov das Bühnenbild.

Nach der Oktoberrevolution inszenierte Stanislawski nur noch selten im Schauspieltheater: neben den Autoren des vorrevolutionären Repertoires, z. B. 1926 «Ein heißes Herz» von Ostrowski; 1927 «Der tolle Tag oder Figaros Hochzeit» von Beaumarchais (Ko-Regisseur: A. J. Golowin); gelegentlich auch Stücke der neuen Sowjetdramatik, z. B. 1926 «Die Tage der Turbins» von M. Bulgakow, 1927 zum zehnten Jahrestag der Oktoberrevolution «Panzerzug 14-69» von W. Iwanow (Ko-Regisseure: I. J. Sudakow und Litowzewa). Stanislawskis neuer Arbeitsschwerpunkt wird die Opernregie; er übernahm die Leitung des im Dezember 1918 gegründeten Opernstudios des Staatlichen Bolschoi Theaters. 1924 löst sich das Studio vom Bolschoi Theater und wird umbenannt in Opern-Studio Stanislawski, 1926 wird daraus das Staatliche Opern-Studio-Theater, 1928 das Stanislawski-Opern-Theater (vgl. K. Stanislawski/P. J. Rumyantsev).

Das erste Opernstudio hatte Stanislawski in zwei Räumen seines Wohnhauses eingerichtet. Am 15. Juni 1922 wurde dort die erste Produktion einer ganzen Oper gezeigt, Tschaikowskis «Eugen Onegin»; zuvor waren in konzertanter Form jeweils nur Szenen aus Verdis «Rigoletto», Massenets «Werther» und Rimski-Korsakows «Das Märchen vom Zaren Saltan» öffentlich aufgeführt worden. In die Frühphase der Studioarbeit

Tschaikowski «Eugen Onegin», Stanislawski inszenierte 1924 die Oper im Saal seines Privathauses in der Leontjew-Gasse.

fällt auch die Einstudierung von Cimarosas Buffo-Oper «Die heimliche Ehe» (1924). Ein neuer Abschnitt setzte 1926 ein mit der Inszenierung von Rimski-Korsakows «Die Zarenbraut» (28. November 1926). Zugleich wurde Puccinis «La Bohème» einstudiert; diese Oper kam am 12. April 1927 zur Aufführung. Es folgten weitere Inszenierungen: von Rimski-Korsakow «Die Mai-Nacht» (1928), von Mussorgski «Boris Godunow» (1928/29), von Tschaikowski «Pique Dame» (1928/29) und wieder von Rimski-Korsakow «Der goldene Hahn» (4. Mai 1932). Einen genauen Bericht der jeweiligen Inszenierungs-Konzepte gibt Stanislawskis langjähriger Mitarbeiter im Opernstudio Pavel J. Rumyantsev (vgl. K. Stanislawski/P. J. Rumyantsev).

1937 gab das Künstlertheater ein Gastspiel in Paris. Ein halbes Jahr vor seinem Tode, am 7. August 1938, wurde Stanislawski mit dem Lenin-Orden ausgezeichnet. Sein pädagogisches Werk wurde weitergeführt und von Jewgeni B. Wachtangow weiterentwickelt.

Stanislawskis schauspieltheoretisches «System», dessen tragende Idee und schöpferische Kraft die «Wahrheit des Erlebens» ist, wurde sehr bald schon zur wissenschaftlichen Grundlage des Theaters des Sozialistischen Realismus erklärt, wie es seit Anfang der 30er Jahre in der Sowjetunion

vorherrschte. Stanislawskis Vorstellungen über den schöpferischen Prozeß der Theaterhandlung verfielen dabei zunehmend einer dogmatischen
Verengung und dienten in erster Linie zur theoretischen Legitimation
einer theater- und kulturpolitischen Doktrin. Erst die vom 17. bis 19. Oktober 1953 in Berlin (DDR) durchgeführte Stanislawski-Konferenz setzte
gegenüber dieser Sicht deutliche Korrekturen.

Bibliographie

Acting. A Handbook of the Stanislawski-Method. Hg. v. T. Cole. London/New
York 1955.

C. Adams: Lee Strasberg. The Imperfect Genius of the Actors Studio. New York
1980.

U. Albakin: Das Stanislawski-System und das Sowjettheater. Schriftenreihe:
Bühne der Wahrheit. Berlin (DDR) 1953.

C. Amiard-Chevrel: Le théâtre artistique de Moscou (1898–1917). Paris 1979.

H. Andl: Die Entwicklung der modernen Bühnenkunst im Moskauer Künstlertheater. Diss. Wien 1948.

K. Antarowa: Studioarbeit mit Stanislawski. Berlin 1950.

D. Bablet: Le décor de théâtre de 1870 à 1914. Paris 1965.

S. D. Balukhaty: The Seagull Produced by Stanislavski. New York 1952.

K. Bednarz: Chinesische Kampagne gegen das Stanislawski-Theatersystem. In:
Neue Züricher Zeitung vom 16. 11. 1969.

M. Brauneck: Theater im 20. Jahrhundert. Programmschriften, Stilperioden, Reformmodelle. Reinbek bei Hamburg 1982 u. 1986.

B. Brecht: «Über das Stanislawski-System». In: ders.: Schriften zum Theater 3.
Frankfurt/M. 1963, S. 206–217.

T. Cole/H. Krich Chinoy (Hg.): Actors on Acting. The Theories, Techniques and
Practices of Great Actors of All Times As Told in Their Own Words. New York
1970.

E. Cor: Begegnung zweier Großen. Vom Treffen Stanislawskis und Moissis in
Nizza. In: Theater der Zeit 4 (1958), S. 21 f.

N. N. Cuskin: Moskovskij Khudostvennyj Teatr. Moskau 1955.

Ch. Edwards: The Stanislawski Heritage (1965).

A. Engel-Braunschmidt: MChAT. In: M. Brauneck/G. Schneilin (Hg.): Theater-
Lexikon. Reinbek bei Hamburg 1986, S. 567–569.

N. N. Evreinow: Histoire du théâtre russe. Paris 1947.

J. Fiebach: Das Verhältnis des Theaters zur gesellschaftlichen Wirklichkeit und die
Spielweise in Stanislawskis Theaterkonzeption bis zur Oktoberrevolution. In:
Wissenschaftliche Zeitschrift der Humboldt-Universität zu Berlin (Gesell-
schafts- und sprachwissenschaftliche Reihe), Jg. XVIII, 1969, Heft 1, S. 53–76.

ders.: Von Craig bis Brecht. Studien zu Künstlertheorien in der ersten Hälfte des
20. Jahrhunderts. Berlin 1975.

O. Gaillard: Das deutsche Stanislawski-Buch. Berlin 1946.

D. Garfield: A Player's Place. The Story of the Actors Studio. New York 1980.

J. Gassner: Producing the Play (1953).

H. Gebhart: Über die Kunst des Schauspielers. München 1948.

A. Gidorni: Stanislawski oder Meyerhold? In: Die Volksbühne, Jg. 5, Mai 1930, Nr. 2, S. 49–58.

N. Gortschakow: Stanislawski über den Aufbau der Rolle durch Handlungen. In: Sowjetwissenschaft. Kunst und Literatur 1956, S. 131–148.

ders.: Regie. Unterricht bei Stanislawski. Berlin 1959.

ders.: Stanislawski über das Wort. In: Theater der Zeit, 1954, Heft 7.

ders.: The Vakhtangov School of Stage Art (1961).

N. Gourfinkel: Stanislawski. Paris 1955.

J. Gregor/R. Fülöp-Miller: Das russische Theater. Zürich 1928.

H. Hellmich: Begriffe bei Stanislawski. Zum Problem der Übersetzung von Fachausdrücken. In: Theater der Zeit, 1954, Heft 3.

R. Hethmon (Hg.): Strasberg at the Actors Studio (1965).

F. Hirsch: A Method to Their Madness. The History of the Actors Studio. New York 1984.

D. Hoffmeier: Das literarische Spätwerk Stanislawskis. In: Theater hier und heute. Berlin 1968, S. 52–108.

C. Just: Stanislawski und das deutschsprachige Theater. Daten, Texte und Interpretationen bis 1940. Diss. Phil. Nürnberg 1970.

M. Kesting: Stanislawski–Meyerhold–Brecht. In: Die Deutsche Bühne, 1973, Heft 10ff.

H. Kindermann: Theatergeschichte Europas. Band IX Naturalismus und Impressionismus, 2, Teil Salzburg 1970.

O. Kristi: Stanislawskis Weg zur Oper. Berlin 1954.

ders.: K. S. Stanislawski. Kurze Skizze seines Lebens und Schaffens. Kunst und Literatur. In: Zeitschrift für sowjetrussische Kultur. Berlin 1963, Jg. 11, S. 171.

D. Magarshack: Stanislawski. A Life. London 1950.

V. Meyerhold: Theaterarbeit 1917–1930. Hg. v. R. Tietze. München 1974.

O. Nekrasowa: V. A. Simov (1858–1935). Moskau 1952.

E. J. Poljakowa: Stanislawski: Leben und Werk des großen Theaterregisseurs. Bonn 1981.

W. Prokofjew: K. S. Stanislawski und seine Theorie der schauspielerischen Erziehung. In: K. S. Stanislawski: Theater, Regie und Schauspieler. Hamburg 1958, S. 131–159.

Protokolle der Stanislawski-Konferenz vom 17.–19. April 1953 in Berlin. Hg. von der Deutschen Akademie der Künste zu Berlin. Berlin (DDR) 1953.

F. Rellstab: Stanislawski-Buch. Theorie und Praxis der Schauspielkunst nach dem «System» des K. S. Stanislawski. Wädenswil 1976.

O. Rohl: Regie und Dichtung im Moskauer Künstlertheater und im Moskauer Kammertheater zu Beginn des zwanzigsten Jahrhunderts. Diss. München 1956.

J. Rühle: Theater für die Republik. Frankfurt/M. 1967.

ders.: Theater und Revolution. München 1963.

K. Rülicke: Die Arbeitsweisen Stanislawskis und Brechts. T. 1 u. 2. In: Theater der Zeit 1962, Heft 11. S. 54ff, Heft 12, S. 53ff.

K. Rülicke-Weiler: Die Dramaturgie Brechts. Theater als Mittel der Veränderung. Berlin 1966.

Schauspielhaus Bochum (Hg.): Lee Strasberg. Schauspieler-Seminar 9.–22. Januar 1978. Bochum 1979.

P. Simhandl: Konzeptionelle Grundlagen des heutigen Theaters. Berlin 1985.

C. Stanislavski/P. Rumyantsev: Stanislavski on Opera. New York 1975.

K. S. Stanislawski: Das Geheimnis des schauspielerischen Erfolges. Zürich o. J. (1938).

ders.: Ethik. Berlin 1950.

ders.: Mein Leben in der Kunst. Berlin 1951.

ders. (zus. mit W. Prokofjew/W. Toporkow/B. Sachawa/G. Gurjew): Der schauspielerische Weg zur Rolle. Berlin (DDR) 1952.

ders.: Über das Theater. In: Neue Welt, Jg. 8 (1953), S. 131–133.

ders.: Die Arbeit des Schauspielers an der Rolle. Fragment eines Buches. Zusammengest. v. J. N. Semjanowskaja. Red., komm. u. eingel. v. G. W. Kristi. Berlin 1955.

ders.: Theater, Regie und Schauspieler. Hamburg 1958.

ders.: Die Arbeit des Schauspielers an sich selbst. 2 Bde. Berlin 1961 u. 1963.

ders.: Aus Notizbüchern 1919–1938. In: Sowjetwissenschaft. Kunst und Literatur 1963, S. 510–518.

ders.: Tagebuchnotizen. Veröffentlicht v. A. Junemann. In: Mitteilungen der Fachsektionen der Österreichisch-Sowjetischen Gesellschaft. Literatur, Theater, Film. Nr. 20 (1963), Sonderheft, S. 11–14.

ders.: Die Aufgaben des Künstlertheaters. In: Das neue Rußland. Nr. 7/8, 1966, S. 17–21.

ders.: Aus Reden und Aufsätzen 1924–1938. In: Sowjetwissenschaft. Kunst und Literatur 1967, S. 293–313.

ders.: Briefe 1886–1938. Hg. v. H. Hellmich. Mit einem Essay v. J. Fiebach. Berlin 1975.

Stanislawski-Tagung (Berlin 17. – 19.4.1953), in: Theater der Zeit 1953, Heft 5–8.

J. Surkow: Der Weg zu Brecht. In: Sowjetwissenschaft. Kunst und Literatur 1965, S. 1133–1150.

A. Tairow: Das entfesselte Theater. Köln/Berlin 1964 (Neudruck von 1923).

W. Toporkow: K. S. Stanislawski bei der Probe (1952).

C. Trepte: Leben und Werk des großen Künstlers K. S. Stanislawski. Berlin 1948.

W. Wermelskirch (Hg.): Lee Strasberg. Schauspielen und das Training des Schauspielers. Beiträge zur «Method». Berlin 1988.

—————— *Konstantin S. Stanislawski* ——————

Das Geheimnis des schauspielerischen Erfolges (gedr. 1938)

Bühnenkunst und -handwerk

Heute haben wir uns versammelt, um die Bemerkungen Torzows über unser Spiel auf der Probevorstellung zu hören.

Arkadij Nikolajewitsch sagte:

«In der Kunst muß man vor allem alles Schöne sehen und verstehen können. Deswegen werden wir uns in erster Linie an die beachtenswertesten Momente der Vorstellung erinnern und diese vermerken. Solche Momente gab es nur zwei: der erste, als Maloletkowa mit dem verzweifelten Schrei: ‹Retten Sie!› von der Treppe stürzte. Und der zweite war Naswanow in der Szene ‹Blut, Jago, Blut!›. In beiden Fällen erstarrten sowohl Sie als Spieler wie wir als Zuschauer, die wir uns ganz dem hingegeben hatten, was auf der Bühne geschah, und wir begannen in einer für alle gemeinsamen Erregung zu leben.

Diese gelungenen Momente, vom Ganzen getrennt genommen, könnte man als *Kunst des Erlebens* bezeichnen, die in unserem Theater gepflegt und hier in der Schule studiert wird.»

«Was ist die ‹Kunst des Erlebens›?» Diese Frage begann mich zu interessieren.

«Sie haben Sie aus eigener Erfahrung kennengelernt. Nun erzählen Sie uns, wie diese Momente des echten Schaffensprozesses von Ihnen empfunden wurden!»

«Nichts weiß ich, und an nichts erinnere ich mich», sagte ich, von dem Lobe Torzows betäubt. «Ich weiß nur, daß dies unvergeßliche Momente waren, daß ich nur so spielen möchte, und daß ich bereit bin, für solche Kunst mich ganz und gar zu opfern.»

Ich mußte schweigen, sonst wären mir die Tränen gekommen.

«Wie?! Sie erinnern sich nicht an Ihre seelische Unruhe auf der Suche nach etwas Furchtbarem? Sie erinnern sich nicht, daß Ihre Hände, Augen und Ihr ganzes Wesen bereit waren, irgendwohin zu stürzen und etwas zu fassen? Sie erinnern sich nicht, wie Sie die Lippen zusammenbissen und kaum die Tränen zurückhalten konnten?» fragte eindringlich Arkadij Nikolajewitsch.

«Nun jetzt, wo Sie mir davon erzählten, was war, beginne ich, mich an meine Empfindungen zu erinnern», gab ich zu.

«Ohne mich hätten Sie das nicht verstehen können?»

«Nein, ich hätte es nicht gekonnt.»

«Das heißt, Sie haben das unterbewußt getan?»

«Ich weiß nicht, vielleicht. Und ist das gut oder schlecht?»

«Es ist sehr gut, wenn das Unterbewußtsein Sie auf den richtigen Weg geleitet, und schlecht, falls es sich geirrt hat. Aber bei der Probevorstellung hat es Sie nicht irregeführt, und das, was Sie uns in diesen wenigen gelungenen Minuten gegeben haben, war ausgezeichnet, besser als alles, was man sich wünschen kann.»

«Ist es wahr?» fragte ich, atemlos vor Glück.

«Ja! Weil es das Beste ist, wenn der Schauspieler ganz vom Werke erfüllt ist. Dann lebt er, von eigenem Willen unbeeinflußt, das Leben der Rolle, ohne zu merken, wie er fühlt, ohne daran zu denken, was er tut, und alles kommt von selbst im Unterbewußtsein. Aber, leider können wir ein solches Schaffen nicht immer lenken.»

«Es ergibt sich, wissen Sie, eine verzweifelte Lage: man muß begeistert schaffen und kann das nur unterbewußt tun. Und wir, sehen Sie, haben es nicht immer in unserer Macht. Entschuldigen Sie, bitte, wo ist da der Ausweg?» wunderte sich Goworkow, ein wenig ironisierend.

«Zum Glück gibt es einen Ausweg!» unterbrach ihn Arkadij Nikolajewitsch. «Es besteht kein direkter, sondern ein indirekter Einfluß des Bewußten auf das Unterbewußte. In der Tat gibt es in der Seele des Menschen einige Gebiete, die dem Bewußten und dem Willen untergeordnet sind. Diese können auf unsere unwillkürlichen psychischen Vorgänge wirken. Es ist wahr, das verlangt eine ziemlich komplizierte Schaffensarbeit, die nur zum Teil unter der Kontrolle und unmittelbaren Wirkung des Bewußten geschieht. Zum größten Teil erscheint diese Arbeit unterbewußt und unwillkürlich. Sie ist nur möglich für die Kräfte einer sehr geschickten, genialen, feinen, unerreichbaren, Wunder vollbringenden Künstlerin, unserer organischen Natur. Mit ihr kann man nicht die äußerst raffinierte schauspielerische Technik vergleichen. Die Natur mag uns lehren! Solche Anschauung und Einstellung zu unserer schauspielerischen Natur ist sehr typisch für die Kunst des Erlebens», sagte eifrig Torzow.

«Und wenn die Natur Kapricen machen wird?» fragte jemand.

«Man muß sie anregen und führen können. Dafür existieren ganz besondere Methoden der Psychotechnik, die zu erlernen uns möglich ist. Ihre Aufgaben bestehen darin, daß wir das Schaffen des Unterbewußtseins auf bewußtem, indirektem Wege wecken und reizen. Es ist kein Zufall, daß eins unserer wichtigsten Fundamente unserer Kunst des Erlebens das Prinzip ist: ‹*Unterbewußtes Schaffen der Natur durch die bewußte Psychotechnik des Schauspielers.*› (Unterbewußtes – durch Bewußtes, Unwillkürliches – durch Willkürliches.) [...]

«Was heißt ‹richtig› die Rolle spielen?» wollte ich wissen.

«Das heißt: In dem Leben der Rolle mit allen ihren Bedingungen und in voller Analogie auf der Bühne richtig, logisch, folgerichtig, menschlich denken, wünschen, streben, handeln. Wenn der Schauspieler das erworben hat, wird er sich sofort der Rolle nähern und wird mit ihr übereinstimmend zu fühlen beginnen.

In unserer Sprache nennt man das: die Rolle erleben. Dieser Prozeß und das ihn bestimmende Wort bekommen in unserer Kunst eine ganz außerordentliche, grundsätzliche Bedeutung.

Das Erleben hilft dem Schauspieler, das Hauptziel der Bühnenkunst zu erreichen, die besteht: *in der Schöpfung des ‹Lebens des menschlichen Geistes› der Rolle und in der Wiedergabe dieses Lebens auf der Bühne in künstlerischer Form.*

Wie Sie sehen, besteht unsere Hauptaufgabe nicht nur darin, die Rolle des Lebens in ihrer äußerlichen Form zu zeigen, sondern hauptsächlich darin, das innere Leben der dargestellten Person und ihr ganzes Tun auf der Bühne darzustellen, mit ihren eigenen menschlichen Gefühlen, die diesem fremden Leben angepaßt sind, mit Dreingabe aller organischen Elemente der eigenen Seele.

Halten Sie ein für alle Male fest, daß Sie sich nach diesem wichtigen Hauptziel unserer Kunst in allen Augenblicken Ihres Schaffens und Ihres Lebens auf der Bühne zu richten haben. Deswegen denken wir vor allem an die innere Seite der Rolle, das heißt an ihr psychisches Leben, das mit Hilfe des inneren Prozesses des Erlebens entsteht. Es erscheint als Hauptmoment des Schaffens und als erste Sorge des Schauspielers. Die Rolle muß man erleben, das heißt: analog mit ihr Gefühle empfinden, jedesmal und bei jeder ihrer Wiederholung.»

[...]

«Das Ziel unserer Kunst ist nicht die Schöpfung des ‹Lebens des menschlichen Geistes› der Rolle, sondern auch ihre äußere Wiedergabe in der künstlerischen Form», verbesserte Torzow den Schustow. «Deswegen muß der Schauspieler nicht nur innerlich die Rolle erleben, sondern auch die erlebte äußerlich verkörpern. Dabei merken Sie sich, daß die Abhängigkeit der äußeren Wiedergabe von dem inneren Erleben besonders stark gerade in unserer Kunstrichtung ist. Um das feine und oft unterbewußte Leben widerzuspiegeln, muß man eine ausnahmsweise empfängliche und vortrefflich geschulte Stimme und Körper besitzen. Die Stimme und der Körper müssen mit großer Feinfühligkeit und Unmittelbarkeit sofort und ganz genau die allerfeinsten, fast ungreifbaren inneren Empfindungen wiedergeben. Dann muß der Schauspieler nach unserer Lehre viel mehr als in einer andern Kunstrichtung nicht nur für den inneren Apparat sorgen, der den Prozeß des Erlebens schafft, sondern auch für den äußeren, körperlichen Apparat, der richtig die Ergebnisse der Schaffensarbeit des Gefühls wiedergibt, seine äußere Form der *Verkörperung.*»

[...]

«Zum Schluß war bei Ihnen eine bestimmte Form der Bühneninterpretation für die gelungenen Stellen der Rolle ausgearbeitet, und Sie haben ganz gut die Technik ihrer Verkörperung beherrscht?»

«Anscheinend ja.»

«Und Sie haben diese Form jedesmal benutzt, bei jeder Wiederholung des Schaffens zu Hause und auf der Probe?» prüfte Torzow.

«Wahrscheinlich aus Gewohnheit», gestand Pascha.

«Jetzt sagen Sie noch: ist diese einmal festgelegte Form von sich selbst entstanden, jedesmal vom inneren Erleben, oder ist sie, einmal geboren, für immer erstarrt, wiederholte sie sich mechanisch, ohne jegliche Gefühlsteilnahme?»

«Mir schien, daß ich es jedesmal erlebte.»

«Nein, auf der Probevorstellung haben das die Zuschauer nicht empfunden. In der Kunst der Vorstellung macht man dasselbe, was Sie auch getan: man bemüht sich, die typischen menschlichen Züge zu erzeugen und in sich selbst zu vermerken, die das innere Leben der Rolle darstellen. Hat der Schauspieler ein für allemal für jede von ihnen die beste Form gefunden, so lernt er natürlich, sie mechanisch, ohne jegliche Anteilnahme des Gefühls, in dem Augenblick seines öffentlichen Auftretens zu verkörpern. Das erreicht man mit Hilfe der geschulten Muskeln des Körpers, des Gesichts, mit Hilfe der Stimme, der Intonation, mit der ganzen virtuosen Technik und der Ausdrucksweise der ganzen Kunst, mit Hilfe der unendlichen Wiederholungen. Das Muskelgedächtnis ist bei solchen Schauspielern der Kunst der Vorstellung bis zum äußersten entwickelt.

An die mechanische Wiedergabe der Rolle gewöhnt, wiederholt der Schauspieler seine Arbeit ohne Verbrauch von Nerven- und seelischer Kraft. Die letztere betrachtet man nicht nur als nötig, sondern sogar als schädlich bei dem öffentlichen Schaffen, weil jede Aufregung die Selbstbeherrschung des Schauspielers stört und die für immer festgelegte Zeichnung und Form verändert. Unklarheit der Form und Unsicherheit in ihrer Wiedergabe schaden dem Eindrucke.

Alles das bezieht sich in diesem oder jenem Maße auf die vermerkten Stellen Ihrer Darstellung des Jago.

Erinnern Sie sich jetzt, was bei Ihrer weiteren Arbeit geschah?»

«Die anderen Stellen der Rolle und selbst die Gestalt des Jago befriedigten mich nicht. Davon war ich auch mit Hilfe des Spiegels überzeugt», erinnerte sich Schustow. «Während ich in meinem Gedächtnis nach einem passenden Modell suchte, erinnerte ich mich an einen Bekannten, der keine Beziehung zu meiner Rolle hatte, aber, wie es mir schien, gut die List, Boshaftigkeit und Hinterlist verkörperte.»

«Und Sie schielten auf ihn und ahmten ihn nach?»

«Ja.»

«Was haben Sie dann mit Ihren Erinnerungen gemacht?»

«Bei der Wahrheit zu bleiben, ich kopierte einfach die äußeren Manieren des Bekannten», gestand Pascha. «Ich sah ihn in Gedanken neben mir. Er ging, stand, saß, und ich schielte auf ihn und wiederholte alles, was er machte.»

«Das war ein großer Fehler! In diesem Augenblick sind Sie der Vorstellungskunst untreu geworden und zur einfachen Nachäffung, Kopiererei, Imitation, die keine Beziehung zum Schaffen haben, übergegangen.»

«Und was mußte ich machen, um dem Jago die zufällige, von außen genommene Gestalt aufzupfropfen?»

«Sie hätten in sich selbst das neue Material durchgehen, es mit entsprechenden Empfindungsvorstellungen beleben müssen, wie es in unserer Kunstrichtung des Erlebens gemacht wird.

Nachdem das lebendig gewordene Material Ihnen eingeimpft und die Gestalt der Probe in Gedanken geschaffen worden war, hätten Sie an die neue Arbeit herangehen müssen, über die so bildlich einer unserer besten Vertreter der Darstellungskunst, jener berühmte französische Schauspieler Coquelin der Ältere, spricht.

Der Schauspieler schafft sich ein Modell in seiner Phantasie, dann ‹zieht er, ähnlich einem Maler, jeden einzelnen Strich und überträgt ihn nicht auf die Leinwand, sondern auf sich selbst›», las Arkadij Nikolajewitsch aus der Broschüre Coquelins vor, die ihm Iwan Platowitsch hingeschoben hatte. «Er sieht auf dem Tartüffe irgendein Kostüm und zieht es an, beobachtet seinen Gang und kopiert ihn, merkt sich den Gesichtszug und übernimmt ihn. Er paßt diesem sein eigenes Gesicht an, formt sozusagen seine eigene Haut, zerschneidet und näht sie zusammen, bis der Kritiker, der in seinem ersten *Ich* sich verbirgt, sich befriedigt fühlt und vollkommene Ähnlichkeit mit dem Tartüffe findet. Aber das ist noch nicht alles. Das wäre nur eine äußerliche Ähnlichkeit, ein Ebenbild der dargestellten Person, aber nicht der Typ selbst. Es ist auch nötig, daß der Schauspieler den Tartüffe mit der Stimme zu sprechen zwingt, welche er bei Tartüffe hört. Und um den ganzen Gang der Rolle zu bestimmen, muß man ihn zwingen, sich zu bewegen, zu gehen, zu gestikulieren, zu hören, zu denken wie Tartüffe. Man muß in ihn die Seele des Tartüffe legen. Erst dann ist das Porträt fertig. Man kann es in den Rahmen stellen, das heißt auf die Bühne, und der Zuschauer sagt: ‹Das ist Tartüffe›... oder der Schauspieler hat ganz schlecht gearbeitet.»

«Aber das ist doch furchtbar schwer und kompliziert!» regte ich mich auf.

«Ja, selbst Coquelin gibt das zu. Er sagt: Der Schauspieler lebt nicht, sondern spielt. Er bleibt dem Gegenstand seines Spiels gegenüber kalt, aber seine Kunst muß vollkommen sein.»

«Und es ist wahr», fügte Torzow hinzu, «die Kunst der Vorstellung verlangt Vollkommenheit nur soweit, um Kunst zu bleiben.»

«Wäre es nicht einfacher, Vertrauen zur Natur zu haben, zum natürlichen Schaffen und echten Erleben?» fragte ich ihn prüfend.

«Darüber sagt Coquelin voll Selbstvertrauen: ‹Die Kunst ist kein reales Leben und sogar nicht ihre Widerspiegelung. Die Kunst – ist selbst Schöpferin. Sie schafft ihr eigenes Leben, ohne Zeit und Raum, herrlich in ihrer Abstraktion.› Selbstverständlich können wir nicht einer solchen selbstbewußten Herausforderung an die einzige, vollkommene und unerreichbare Künstlerin – die schaffende Natur – zustimmen.»

«Wirklich, glaubt man in der Tat, daß die Technik stärker als selbst die Natur ist? Was für eine Verirrung!» konnte ich mich nicht beruhigen.

«Man glaubt daran, daß man auf der Bühne sein eigenes, besseres Leben schafft? Nicht dieses reale, menschliche, das wir in Wirklichkeit kennen, sondern ein anderes – für die Bühne verbessertes.

Deswegen erleben die Schauspieler der Vorstellung ihre Rolle richtig, menschlich nur noch im Anfang in der vorbereitenden Periode der Arbeit, aber in dem Augenblick des Schaffens selbst, auf der Bühne, gehen sie zu konventionellem Erleben über. Dabei führen sie zu ihrer Rechtfertigung solche Beweise an: das Theater und seine Vorstellungen sind verabredet, die Bühne aber ist zu arm in den Mitteln, die Illusion vom echten Leben zu geben: Deswegen soll das Theater nicht nur den Konventionen ausweichen, sondern sie lieben.

Solches Schaffen ist schön, aber nicht tief. Es ist effektvoller als stark. In ihm ist die Form interessanter als der Inhalt. Es wirkt mehr auf das Ohr und Auge als auf die Seele und entzückt deshalb mehr als es erschüttert. Es ist wahr, daß man auch in dieser Kunst größere Eindrücke erzwingen kann. Sie ergreifen, so lange man sie empfängt. Von ihnen bewahrt man die schönen Erinnerungen. Aber das sind nicht dieselben Eindrücke, welche die Seele wärmen und sich tief in ihr einprägen. Die Wirkung einer solchen Kunst ist stark, aber nicht dauerhaft. Man bewundert sie mehr, als daß man ihr glaubt. Deswegen ist nicht alles für sie erreichbar. Das, was durch Überraschung und szenische Schönheit in Erstaunen setzen muß, oder das, was bildhaftes Pathos verlangt, liegt in der Möglichkeit dieser Kunst. Aber für den Ausdruck tiefer Leidenschaften sind ihre Mittel entweder zu prächtig oder zu oberflächlich. Die Feinheit und Tiefe des menschlichen Gefühls sind für die technischen Mittel unerreichbar. Sie bedürfen der unmittelbaren Hilfe der Natur selbst in dem Augenblick des natürlichen Erlebens und seiner Verkörperung.»

[...]

[...]   *Handlung, «Als ob», «vorgeschlagene Situationen»*

Das Wort «Als ob» gefiel allen. Man sprach darüber bei jedem passenden Fall. Man sang ihm Dithyramben, und fast die ganze Unterrichtsstunde war ihm heute gewidmet.

Kaum hatte Arkadij Nikolajewitsch Zeit gehabt einzutreten und sich niederzusetzen, als die Schüler ihn umringten und aufgeregt ihr Entzücken ausdrückten.

«Sie haben verstanden und selbst aus geschickter Erfahrung kennen gelernt, wie durch das ‹Als ob› normal, natürlich, organisch von sich selbst die inneren und äußeren Handlungen entstehen.

Gehen wir an diesem lebendigen Beispiel der Funktion eines jeden von den Erregern und Faktoren unserer Erfahrung nach.

Fangen wir mit dem ‹Als ob› an.

Vor allem ist es dadurch bewundernswert, daß mit ihm jedes Schaffen beginnt», erklärte Arkadij Nikolajewitsch. «‹Als ob› erscheint für den Schauspieler als der Hebel, der uns aus der Wirklichkeit in die Welt versetzt, in der nur das Schaffen vollbracht wird.

Es gibt einige ‹Als ob›, die nur den Anstoß für die weitere, allmähliche, logische Entwicklung des Schaffens geben, so zum Beispiel...»

Torzow streckte die Hand in der Richtung zu Schustow und wartete auf irgend etwas. Beide sahen sich verwundert an.

«Wie Sie sehen», sagte Arkadij Nikolajewitsch, «haben wir mit Ihnen keine Handlung. Deswegen führe ich das ‹Als ob› ein und sage: Das ‹Als ob› besteht darin, daß das, was ich Ihnen gebe, kein Nichts, sondern ein Brief war. Was hätten Sie getan?»

«Ich hätte ihn genommen und nachgesehen, an wen er adressiert ist.»

«*Wenn* an mich, so hätte ich ihn mit Ihrer Erlaubnis geöffnet und zu lesen begonnen. Doch weil er vertraulich ist und ich meine Erregung beim Lesen verraten könnte...»

«*Weil* es vernünftiger ist herauszugehen, um das zu vermeiden», unterstützte ihn Torzow.

«... so wäre ich in das andere Zimmer gegangen und hätte dort den Brief gelesen.»

«Sehen Sie, wie viele bewußte und aufeinanderfolgende Gedanken, logische Stufen – *wenn, weil, so* – und verschiedene Handlungen das Wörtchen ‹Als ob› verursachte. So offenbart es sich gewöhnlich.

Aber es kommt vor, daß das ‹Als ob› seine Rolle allein erfüllt, sofort, ohne Verlangen nach Ergänzung und Hilfe. So zum Beispiel...»

Arkadij Nikolajewitsch gab mit der einen Hand an Maloletkowa den metallenen Aschbecher und mit der anderen der Weljaminowa den wildledernen Handschuh, wobei er sagte:

«Für Sie – einen kalten Frosch und für Sie – eine weiche Maus.»

Er konnte den Satz nicht beenden, als beide Frauen mit Widerwillen zurückwichen.

«Dymkowa, trinken Sie Wasser!» befahl Arkadij Nikolajewitsch.

Sie hob das Glas an die Lippen.

«Dort ist Gift!» unterbrach sie Torzow.

Dymkowa erstarrte instinktiv.

«Sehen Sie!» triumphierte Arkadij Nikolajewitsch.

«Alles das ist nicht mehr das einfache, sondern das ‹magische Als ob›, das im Augenblick instinktiv die Handlung selbst erregt. Ein nicht so scharfes und effektvolles, aber nicht weniger starkes Ergebnis haben Sie in der Übung mit dem Wahnsinnigen erzielt. Dort rief sofort die Annahme einer Anormalität große echte Erregung und sehr lebhafte Handlung hervor. Ein solches ‹Als ob› könnte man auch als ‹magisches› bezeichnen.

Bei sich fortsetzender Untersuchung der Qualitäten und Eigenschaften des ‹Als ob› ist es notwendig, darauf aufmerksam zu werden, daß sozusagen *einstöckige und vielstöckige ‹Als ob›* existieren. Zum Beispiel haben wir jetzt in der Erfahrung mit dem Aschbecher und Handschuh das einstöckige ‹Als ob› benutzt. Es brauchte nur gesagt zu sein: als ob der Aschbecher ein Frosch und der Handschuh eine Maus wäre, und sofort war die Gegenwirkung in der Handlung da.

Aber in den komplizierten Schauspielen verflicht sich eine große Zahl vom Dichter geschaffener und anderer möglicher ‹Als ob›, die dieses oder jenes Verhalten, diese oder jene Taten des Helden rechtfertigen. Dort haben wir es mit den einstöckigen und mehrstöckigen ‹Als ob› zu tun, das heißt mit einer großen Zahl von Vorschlägen und sie ergänzenden Erfindungen, geschickt zwischeneinander verflochten. Dort sagt der Dichter, der das Schauspiel schafft: ‹Als ob die Handlung in solcher Epoche, in solchem Staate, an solchem Platze oder in solchem Hause geschähe, als ob dort solche Menschen lebten, mit solcher seelischen Struktur, mit solchen Gedanken und Gefühlen, als ob sie miteinander unter solchen Umständen zu tun hätten› usw.

Der Regisseur, der das Schauspiel inszeniert, ergänzt die wahrscheinliche Erfindung des Dichters mit seinen ‹Als ob› und sagt: ‹Als ob zwischen den handelnden Personen solche Beziehungen zueinander wären, als ob sie solche typische Gewohnheit hätten, als ob sie in solcher Umwelt lebten usw. Wie hätte unter all diesen Umständen der an ihrer Stelle auftretende Schauspieler gehandelt?›

Von sich aus ergänzt auch der Bühnenbildner, der den Ort der Schauspielhandlung abbildet, der Bühnentechniker, der diese oder jene Beleuchtung gibt, und die anderen Mitarbeiter an der Vorstellung die Lebensbedingungen des Stückes mit ihren künstlerischen Erfindungen.

Schätzen Sie ferner das, daß in dem Wort ‹Als ob› irgendeine Eigenschaft versteckt ist, irgendeine Kraft, die Sie während der Übung mit dem Wahnsinnigen erfahren haben. Diese Eigenschaften und Kraft des ‹Als ob› haben in Ihrem Inneren eine augenblickliche Umstellung – Umschwung – verursacht.»

[...]

«Das Geheimnis der Wirkungskraft des ‹Als ob› liegt auch darin, daß es nicht über die wirkliche Tatsache spricht, nicht darüber, was ist, sondern nur darüber, was ‹als ob› sein könnte. Dieses Wort bestätigt nichts. Es nimmt nur an, es stellt die Frage nach der Lösung. Auf sie zu antworten, bemüht sich der Schauspieler.

Deswegen erreicht man den Umschwung und den Entschluß ohne Gewalt und Übung. In der Tat: ich überzeugte Sie nicht, daß hinter der Tür der Wahnsinnige stand. Ich habe nicht gelogen, sondern im Gegenteil mit dem Wort ‹Als ob› selbst offen erklärt, daß von mir die Annahme nur vorgeschlagen war, und daß in Wirklichkeit niemand hinter der Tür ist. Ich wünschte nur, daß Sie mir getreu antworteten, wie hätten Sie gehandelt, wenn die Annahme des Wahnsinnigen Wirklichkeit geworden wäre. Ich habe Ihnen auch nicht vorgeschlagen, etwas vorzutäuschen, und drängte nicht meine Gefühle auf, sondern gab allen volle Freiheit, das zu erleben, was von jedem von Ihnen natürlich, von sich selbst aus ‹erlebt wurde›. Und Sie, Ihrerseits, taten sich keinen Zwang an und nötigten sich nicht, meine Erfindungen mit dem Wahnsinnigen für reale Wirklichkeit hinzunehmen, sondern nur als Annahme. Ich zwang Sie nicht, an die Wirklichkeit des ausgedachten Geschehnisses mit dem Wahnsinnigen zu glauben. Sie selbst nahmen freiwillig die Möglichkeit der Existenz dieser Faktoren im Leben an.»

[...]

«Hier ist noch eine neue Eigenschaft des ‹Als ob»», erinnerte Arkadij Nikolajewitsch. «Es verursacht in dem Schauspieler eine innere und äußere Aktivität und erkämpft sich das ohne Vergewaltigung, auf natürlichem Wege. Das Wort ‹Als ob› ist ein Puffer, ein Erreger unserer inneren schöpferischen Aktivität. Wirklich sollten Sie sich sagen: ‹Was hätte ich getan und wie gehandelt, wenn die Erfindung mit dem Wahnsinnigen sich als Wirklichkeit herausgestellt hätte?› Und sofort entstand in Ihnen eine Aktivität. Statt einer einfachen Antwort auf die gestellte Frage entstand in Ihnen aus der Eigenschaft Ihrer schauspielerischen Natur heraus der Drang nach Handlung. Unter seinem Druck konnten Sie sich nicht halten und begannen, die vor Ihnen entstandene Arbeit zu tun. Dabei hat der reale, menschliche Selbsterhaltungstrieb Ihre Handlungen genau so geleitet, wie es auch im wahren Leben selbst ist...»

[...]

«Das ist die Fabel des Stückes, seine Tatsachen, Ereignisse, Epoche, Zeit und Ort der Handlung, Lebensbedingungen, unsere schauspielerische und regieliche Auffassung des Stückes, Ergänzungen von uns selbst, dramaturgische Bearbeitung, Inszenierung, Dekorationen und Kostüme des Bühnenbildners, Requisiten, Beleuchtung, Geräusche und Laute und anderes mehr, das den Schauspielern vorgeschlagen wird, und auf das sie bei ihrem Schaffen achten müssen.

‹Vorgeschlagene Situationen› wie auch selbst das ‹Als ob› erscheinen als Annahme, ‹Erfindung der Vorstellung›. Sie sind von einer Herkunft: ‹Vorgeschlagene Situationen› sind dasselbe wie ‹Als ob›, und ‹Als ob› ist dasselbe wie ‹Vorgeschlagene Situationen›. Das eine – Annahme (‹als ob›) und das andere – Ergänzung zu ihm (‹Vorgeschlagene Situationen›). Das ‹Als ob› beginnt immer das Schaffen, die ‹vorgeschlagenen Situationen› entwickeln es. Das eine kann ohne das andere nicht existieren und nicht die notwendige erregende Kraft erhalten. Aber ihre Funktionen sind etwas verschieden: Das ‹Als ob› gibt der schlummernden Vorstellung den Anstoß, und die ‹vorgeschlagenen Situationen› begründen selbst das ‹Als ob›. Sie, zusammen und getrennt, tragen dazu bei, den inneren Anstoß zu geben.»

Einbildungskraft

[...]

«Die Aufgabe des Schauspielers und seiner Schaffenstechnik besteht darin, die Erfindung des Schauspiels in die künstlerische szenische ‹wahre Geschichte› zu verwandeln. In diesem Vorgang spielt unsere Einbildungskraft eine angenehme Rolle. Deswegen verweilen wir länger bei ihm und betrachten genau seine Funktion im Schaffen.»

[...]

«Und wofür braucht nach Ihrer Meinung der Schauspieler die Einbildungskraft?» stellte Arkadij Nikolajewitsch die Gegenfrage.

«Wieso wofür? Um das magische ‹Als ob›, die ‹vorgeschlagenen Situationen› zu schaffen», antwortete Schustow.

«Sie schuf schon ohne uns der Autor. Sein Schauspiel ist Erfindung.»

Schustow schwieg.

«Gibt der Schauspieldichter den Schauspielern alles, was man über das Schauspiel wissen muß?» fragte Torzow.

«Ist es möglich, auf hundert Seiten das Leben aller auftretenden Personen ausführlich zu enthüllen? Oder bleibt vieles ungesagt? So zum Beispiel: spricht der Autor immer genügend und ausführlich davon, was bis zum Anfang des Schauspiels gewesen ist? Spricht er erschöpfend darüber, was nach seiner Beendigung sein wird, darüber, was hinter den Kulissen geschieht, woher die auftretende Person kommt, wohin sie geht? Der Autor ist in solcher Art von Kommentaren geizig. In seinem Text vermerkt er nur: ‹Diese und Petrow› oder: ‹Petrow geht ab›. Aber wir können nicht aus dem unbewußten Raum kommen und in ihn gehen, ohne an den Zweck einer solchen Ortsveränderung zu denken. Solcher Handlung ‹allgemein› zu glauben, ist nicht möglich. Wir kennen auch die anderen Bemerkungen des Autors: ‹Er ist aufgestanden›, ‹geht in Erregung›, ‹lacht›, ‹stirbt›. Uns werden lakonische Charakteristiken der Rolle gegeben, ähnlich wie: ‹Der junge Mensch angenehme Erscheinung. Raucht viel.›

Ist das dafür genug, die ganze äußere Gestalt, Manieren, Gang, Gewohnheiten zu schaffen?

Aber der Text und die Worte der Rolle? Genügte es, sie nur einzupauken und auswendig zu sprechen?

Und alle Bemerkungen des Autors und Forderungen des Regisseurs, sein Entwurf und die ganze Inszenierung? Genügte es, sich nur an sie zu halten und dann formell sie auf der Bühne auszuführen?

Bezeichnet etwa das alles den Charakter der auftretenden Person, deutet es alle Nuancen seiner Gedanken, Gefühle, Motive und Taten?

Nein, das alles muß von dem Schauspieler selbst ausgefüllt, vertieft werden. Erst dann wird alles uns von dem Autor und von den anderen schaffenden Künstlern des Schauspiels Gegebene lebendig und erwärmt die verschiedenen Winkelchen der Seele des auf der Bühne Schaffenden und des Zuschauers im Parterre. Erst dann wird der Schauspieler selbst mit der ganzen Fülle des inneren Lebens der dargestellten Person aufleben und so handeln können, wie uns der Autor, Regisseur und unser eigenes lebendiges Gefühl befehlen.

In dieser ganzen Arbeit erscheint als unser nächster Gehilfe die Einbildungskraft mit seinem magischen ‹Als ob› und den ‹vorgeschlagenen Situationen›. Sie ergänzt nicht nur das, was der Autor, Regisseur und die anderen nicht ausgesprochen haben, sondern belebt die Arbeit aller am Schauspiel Schaffenden, deren Schaffenskraft vor allem durch den Erfolg der Schauspieler selbst bis zu den Zuschauern dringt.

Begreifen Sie jetzt, wie wichtig es für den Schauspieler ist, über eine starke und grelle Einbildungskraft zu verfügen? Sie ist ihm in jedem Augenblick seiner künstlerischen Arbeit und Lebens auf der Bühne, wie bei der Erlernung und Wiedergabe der Rolle unentbehrlich.

In dem Schaffensprozeß erscheint die Einbildungskraft als die Führerin, die hinter sich den Schauspieler selbst leitet.»

[...]

Das Ende der Stunde widmete Torzow der Gesamtbetrachtung unserer Arbeit an der Entwicklung der schaffenden Einbildungskraft. An einzelne Stufen dieser Arbeit erinnernd, schloß er die Rede so: «Jede Erfindung der Einbildungskraft muß genau begründet und fest aufgestellt sein. Die Fragen: *wer, wann, wo, warum, wofür, wie,* die wir uns stellen, um die Einbildungskraft zu lockern, helfen uns, ein mehr und mehr bestimmtes

Bild des eingebildeten illusorischen Lebens zu schaffen. Es kommen natürlich Fälle vor, wo es sich selbst, ohne Hilfe unserer bewußten geistigen
Tätigkeit, ohne einführende Fragen, sondern – intuitiv bildet. Aber Sie
haben sich selbst überzeugen können, daß man sich auf die Aktivität der
Einbildungskraft, die sich selbst überlassen ist, sogar in den Fällen nicht
verlassen kann, wenn Ihnen ein bestimmtes Thema für das Weiterausspinnen gegeben ist. Das ‹allgemeine› Weiterausspinnen ohne ein bestimmtes und fest gestelltes Thema ist fruchtlos.»
[...]

Wahrheitsgefühl und Glaube

[...]
Arkadij Nikolajewitsch sagte:
«Wissen Sie, daß die kleinen physischen Handlungen, die kleinen physischen Wahrheiten und Augenblicke des Glaubens an sie auf der Bühne
die große Bedeutung nicht nur an den einfachen Stellen der Rolle, sondern auch an den ganz großen Höhepunkten beim Erleben der Tragödie
und des Dramas bekommen? So zum Beispiel: [...]
Womit beschäftigt sich Lady Macbeth in dem Höhepunkt der Tragödie? Mit einfachen physischen Handlungen: sich mit der Hand den Blutfleck abzuwischen.»
«Entschuldigen Sie, bitte», eilte Goworkow für Shakespeare einzutreten, «hat wirklich der große Dichter seine Meisterwerke dafür geschaffen, verstehen Sie, daß seine Helden sich die Hände waschen und andere
naturalistische Handlungen machen?»
«Nicht wahr, was für eine Enttäuschung!» ironisierte Torzow. «Nicht an
das ‹Tragische› denken, auf die von Ihnen so geliebten spannendsten,
schauspielerischen Geburtswehen, auf das schmierenhafte Spiel, auf das
‹Pathos› und die ‹Eingebung› in Klammern verzichten! Den Zuschauer
vergessen und den auf ihn ausgeübten Eindruck und statt aller ähnlicher
schauspielerischer Reize sich auf die kleinen physischen, realistischen
Handlungen begrenzen, auf die kleinen physischen Wahrheiten und den
aufrichtigen Glauben an ihre Echtheit!
Mit der Zeit werden Sie verstehen, daß dieses nicht nötig ist für den
Naturalismus, sondern für die Wahrheit des Gefühls, für den Glauben an
seine Echtheit, daß im Leben selbst die erhabenen Erlebnisse nicht selten
sich in den gewöhnlichsten kleinen naturalistischen Handlungen offenbaren.
Uns Schauspielern ist es nötig, in vollem Umfange dahin zu streben,
daß diese physischen Handlungen, die zwischen die richtigen, vorgeschlagenen Situationen eingeschoben sind, eine große Kraft bekommen. Unter diesen Bedingungen entsteht die Wechselwirkung von Körper und
Seele, Handlung und Gefühl, wodurch das Äußere dem Inneren hilft,

und das Innere das Äußere hervorruft: das Abwischen des Blutflecks hilft der Erfüllung der ehrgeizigen Absichten der Lady Macbeth, und die ehrgeizigen Absichten zwingen, den Blutfleck abzuwischen. Nicht ohne Grund wechselt in dem Monolog der Lady Macbeth die ganze Zeit die Sorge um den Fleck mit den Erinnerungen an die einzelnen Momente der Ermordung Bankos. Die kleine, reale, physische Handlung des Fleckabwischens gewinnt große Bedeutung in dem weiteren Leben der Lady Macbeth, und der große innere Drang (die ehrgeizigen Absichten) benötigt die Hilfe der kleinen physischen Handlung.

Aber es gibt auch noch eine einfachere und praktischere Ursache, weshalb die Wahrheit der physischen Handlungen wichtige Bedeutung in den Minuten der tragischen Steigerung erlangt. Es liegt daran, daß in der gewaltigen Tragödie der Schauspieler sich bis zu dem Höhepunkt der Schaffensanstrengung steigern muß. Das ist schwer. Wirklich, was für eine Gewalttätigkeit, in sich die Ekstase ohne das selbstverständliche Verlangen hervorzurufen! Ist das leicht, ohne Willen dasjenige erhebende Erleben zu erkämpfen, das nur aus der schöpferischen Begeisterung entsteht! Bei solcher natürlichen Einstellung ist es nicht schwer, sich zu verkrampfen und statt echten Gefühls einfaches, handwerkliches schauspielerisches Schmierenspiel und Muskelkrampf zu erzeugen. Das Schmierenspiel ist einfach, bekannt, bis zur mechanischen Bewegung abgeleiert. Das ist der Weg des allerkleinsten Widerstandes.

Um sich vor solchen Fehlern zu bewahren, muß man nach etwas Realem, Festem, Organischem, Fühlbarem greifen. Hier brauchen wir eine klare, deutliche, anregende, aber leicht ausgeführte physische Handlung, die für den erlebten Moment typisch ist. Sie führt uns natürlich, mechanisch auf der richtigen Straße und gestattet uns nicht, in schweren Schaffensaugenblicken auf den falschen Weg abzubiegen.

Gerade in diesen Minuten des gesteigerten Erlebens der Tragödie und des Dramas bekommen die einfachen, echten, physischen Handlungen, an die es leicht ist sich anzuklammern, eine außerordentliche Ausnahmebedeutung von Wichtigkeit. Je einfacher, zugänglicher und erfüllbarer sie sind, desto leichter ist es, an sie sich in schweren Augenblicken zu halten. Die richtige Aufgabe wird zum richtigen Ziele führen. Das bewahrt den Schauspieler vor dem Weg des allerkleinsten Widerstandes, das heißt vor der Schablone, vor dem Handwerk.

Es gibt noch eine außerordentlich wichtige Bedingung, die noch größere Kraft und Bedeutung der einfachen, kleinen physischen Handlung verleiht.

Die Bedingung besteht in folgendem: Sagen Sie dem Schauspieler, daß seine Rolle, Aufgabe, Handlung psychologisch, tief, tragisch ist, und sofort wird er beginnen sich anzustrengen, die Leidenschaft selbst im schmierenhaften Spiel auszudrücken, sie in Fetzen zu zerreißen oder in seiner Seele zu wühlen und umsonst das Gefühl zu zwingen. Aber wenn Sie dem Schauspieler die einfachste physische Aufgabe geben und sie mit interessanten, aufregenden vorgeschlagenen Situationen umhüllen, dann fängt er an, die Handlungen auszuführen, ohne sich daran zu erschrecken und ohne daran zu denken, ob in dem, was er macht, Psychologie, Tragödie oder Drama verborgen ist.

Dann tritt das Gefühl der Wahrheit in seine Rechte, und das ist eins der wichtigsten Schaffensmomente, zu dem die schauspielerische Psychotechnik führt. Durch solche Einstellung entgeht das Gefühl dem Zwange und entwickelt sich natürlich, vollständig.

[...]

Wir lieben die physischen Handlungen deswegen, weil sie uns leicht und unauffällig in das Leben der Rolle selbst, in ihre Gefühle führen. Wir lieben die physischen Handlungen auch deswegen, weil sie uns helfen, die Aufmerksamkeit des Schauspielers in dem Gebiet der Szene, des Schauspiels, der Rolle festzuhalten und seine Aufmerksamkeit auf die stete, fest und wahrhaft gezogene Linie der Rolle zu lenken.»

[...]

Emotionales Gedächtnis

Die heutige Stunde begann mit der Prüfung meines emotionalen Gedächtnisses.

«Erinnern Sie sich», sagte Arkadij Nikolajewitsch, «Sie haben mir im Schauspieler-Foyer über den großen Eindruck erzählt, den Moskwin auf Sie gemacht hatte, als er als Gastspieler nach * * * gekommen war? Ist es nicht möglich, daß Sie sich noch jetzt an seine Vorstellungen so klar erinnern, daß bei einem einzigen Gedanken an sie sich Ihrer derselbe begeisterte Zustand bemächtigt, den Sie damals vor fünf oder sechs Jahren erlebten?»

«Vielleicht, daß er sich jetzt nicht mit der früheren Deutlichkeit wiederholt, aber ich lebe von diesen Erinnerungen sehr auf.»

«So stark, daß, wenn Sie an diese Erinnerungen denken, Ihr Herz schneller schlägt?»

«Wahrscheinlich, wenn ich mich ihnen sehr hingebe.»

«Und was fühlen Sie seelisch und physisch, wenn Sie sich an den tragischen Tod Ihres Freundes erinnern, von dem Sie mir damals im Foyer erzählten?»

«Ich vermeide diese schweren Erinnerungen, weil sie auf mich bis heute niederdrückend wirken.»

«Gerade dieses Gedächtnis, das hilft, alle bekannten, früher von Ihnen erlebten Gefühle, die Sie bei dem Gastspiel Moskwins und bei dem Tod des Freundes empfanden, zu wiederholen, ist das emotionale Gedächtnis.

Ebenso wie in dem visuellen Gedächtnis vor Ihrem inneren Blick eine lang vergessene Sache, Landschaft oder Gestalt eines Menschen aufersteht, genau so leben in dem emotionalen Gedächtnis früher erlebte Gefühle wieder auf. Sie schienen ganz vergessen zu sein. Aber plötzlich ist irgendeine Anspielung, Gedanke, bekannte Gestalt da, und wieder erfassen die Erlebnisse Sie, manchmal genau so stark wie beim ersten Male, manchmal etwas schwächer, manchmal stärker, genau dieselben oder in etwas verändertem Aussehen.

Wenn Sie veranlagt sind, allein bei der Erinnerung an das Erlebte blaß, rot zu werden, wenn Sie sich fürchten, an längst erlebtes Unglück zu denken, dann haben Sie das Gedächtnis für Gefühle oder das emotionale Gedächtnis.» [...]

[...] «Der Schauspieler kann nur seine eigenen Emotionen erleben. Oder wünschen Sie, daß der Schauspieler von irgendwo alle neuen und neuen fremden Gefühle und sogar die Seele für jede von ihm dargestellte Rolle nehme? Ist denn das möglich? Wieviel Seelen muß er doch in sich tragen? Es ist doch unmöglich, aus sich selbst die eigene Seele zu reißen und für sie eine leihweise zu nehmen, die mehr für die Rolle paßt. Woher sie nehmen? Von einer selbst toten, noch nicht aufgelebten Rolle? Aber sie selbst wartet, daß man ihr eine Seele gibt. Man kann zum Gebrauch ein Kleid, eine Uhr nehmen, aber man kann nicht bei einem anderen Menschen oder bei einer Rolle Gefühle nehmen. Man soll mir sagen, wie das gemacht wird! Mein Gefühl gehört untrennbar mir, und Ihres – Ihnen. Man kann verstehen, mit der Rolle mitzuempfinden, sich an ihre Stelle zu setzen und genau so wie die dargestellte Person zu handeln zu beginnen. Diese schöpferische Handlung erweckt auch in dem Schauspieler selbst mit der Rolle übereinstimmende Gefühle. Aber diese Gefühle gehören nicht der dargestellten Person, die von dem Dichter geschaffen ist, sondern dem Schauspieler selbst.

Was Sie nicht ausdichteten, was Sie nicht in der Wirklichkeit oder in der Einbildungskraft erlebten, Sie bleiben immer derselbe. Verlieren Sie niemals sich selbst auf der Bühne! Sie handeln immer aus Ihrer Person des Schauspieler-Menschen. Sich selbst kann man nirgends entgehen. Wenn man sich aber von sich selbst lossagt, dann wird man den Boden verlieren, und das ist das Fürchterlichste. Der Verlust seiner selbst auf der Bühne ist der Augenblick, nach dem auf einmal das Erleben endet und das Schmierenspiel beginnt. Deswegen, wieviel Sie nicht spielten, was Sie nicht darstellten, immer werden Sie ohne jegliche Ausnahme Ihr eigenes Gefühl gebrauchen müssen! Der Bruch dieses Gesetzes ist gleich dem Morde, den der Schauspieler an der von ihm ausgeführten Gestalt verübt, gleich dem Verlust seiner zitternden, lebendigen, menschlichen Seele, die allein Leben der toten Rolle verleiht.»

[...]

«Diejenigen Rollen, die nicht aufgenommen werden, spielen Sie auch niemals gut. Sie sind nicht aus Ihrem Repertoire. Nicht nach dem Rollenfach soll man die Schauspieler unterscheiden, sondern nach ihrem inneren Wesen.»

«Wie kann ein einziger Mensch Arkaschka und Hamlet sein?» staunten wir.

«Vor allem ist der Schauspieler weder der noch der. Er ist, für sich allein, ein Mensch mit einer deutlich oder blaß ausgedrückten inneren und äußeren Individualität. In der Natur des gegebenen Schauspielers kann nicht die schwindlerische Neigung eines Arkaschka Stschastliwzew und der Edelsinn eines Hamlet sein. Aber der Kern, der Keim fast aller menschlichen guten Eigenschaften und Laster sind in ihn gelegt.

Die Kunst und die seelische Technik des Schauspielers müssen darauf gerichtet sein, daß sie auf natürlichem Wege in sich den Kern der natürlichen menschlichen guten Eigenschaften und Laster finden und dann sie für diese oder jene ausgeführte Rolle aufziehen und entwickeln.

Auf diese Weise wird die Seele der auf der Bühne verkörperten Gestalt durch den Schauspieler aus lebenden menschlichen Elementen der eigenen Seele, aus seinen emotionalen Erinnerungen u. a. geformt und verdichtet.»

Höhere Aufgabe, durchgehende Handlung

«Die innere szenische Einstellung ist geschaffen!

Das Schauspiel ist nicht nur mit dem trockenen Intellekt (Verstand), sondern auch mit dem Begehren (Wille) und der Emotion (Gefühl) und allen Elementen erlernt! Die schöpferische Armee ist in eine noch größere Kampfordnung gebracht!

Man kann ausrücken!»

«Wohin soll man sie führen?»

«Zu dem Hauptzentrum, zu der Hauptstadt, zu dem Herzen des Stückes, zu dem Hauptziel, dessentwegen der Dichter sein Werk schuf, der Schauspieler aber eine von seinen Rollen hervorbrachte.»

«Wo soll man dieses Ziel suchen?» Wijunzow verstand nicht.

«In dem Werk des Dichters und in der Seele der Schauspieler-Rolle.»

«Wie geschieht das?»

«Bevor man auf die Frage antwortet, muß man über einige wichtige Momente in dem schöpferischen Vorgang sprechen. Hören Sie mich!

Gleichwie aus dem Samen die Pflanze wächst, genau so wächst aus dem einzelnen Gedanken und Gefühl des Dichters sein Werk.

Diese einzelnen Gedanken, Gefühle, Lebensschwärmereien des Dichters gehen wie ein roter Faden durch sein ganzes Leben und leiten ihn während des Schaffens. Sie setzt er in den Untergrund des Stückes ein und züchtet aus diesem Samen sein literarisches Werk. Alle diese Gedanken, Gefühle, Lebensschwärmereien, die beständigen Leiden oder Freuden des Dichters werden zur Grundlage des Stückes: ihretwegen greift er zur Feder. Die Übertragung der Gefühle und Gedanken des Dichters auf die Bühne, seiner Schwärmereien, Leiden und Freuden erscheint als die wichtige Aufgabe der Aufführung.

Vereinbaren wir, künftig dieses Grund-, Haupt-, allumfassende Ziel, das alle Aufgaben ohne Ausnahme an sich zieht, welches das schöpferische Streben der Beweger des psychischen Lebens und der Elemente der inneren Einstellung zu der Schauspieler-Rolle verursacht, als

DIE HÖHERE AUFGABE DES WERKES DES DICHTERS

zu bezeichnen.»

Arkadij Nikolajewitsch zeigte auf die Überschrift des Plakates, das vor uns hing.

«Die höhere Aufgabe des Werkes des Dichters?!» dachte Wijunzow mit tragischem Gesicht in sich hinein.

«Ich erkläre es Ihnen», eilte Torzow ihm zur Hilfe. «Dostojewskij suchte das ganze Leben in den Menschen Gott und Teufel. Das gab ihm den Anstoß, ‹Die Brüder Karamasow› zu schreiben. Deswegen erscheint das Gottsuchen als die höhere Aufgabe dieses Werkes.

Leo Nikolajewitsch Tolstoi strebte das ganze Leben zur Selbstvollkommenheit, und viele von seinen Werken erwuchsen aus diesem Samen, der als ihre höhere Aufgabe erscheint.

Anton Pawlowitsch Tschechow kämpfte mit der Abgeschmacktheit, mit dem Bürgerstand und träumte von einem besseren Leben. Dieser Kampf darum und das Streben danach wurden zur höheren Aufgabe seiner vielen Werke.

Fühlen Sie nicht, daß solche großen Lebensziele der Genies imstande sind, eine anregende, anlockende Aufgabe für das Schaffen des Schauspielers zu werden, und daß sie alle einzelnen Teile des Stückes und der Rolle an sich ziehen können?

Alles, was in dem Stück geschieht, alle seine einzelnen großen oder kleinen Aufgaben, alle schöpferischen Vorhaben und Handlungen des Schauspielers, übereinstimmend mit der Rolle, streben zu der Erfüllung der höheren Aufgabe des Stückes. [...]»

In: Konstantin Sergejewitsch Stanislawski: Das Geheimnis des schauspielerischen Erfolges (1938). Übersetzung aus dem Russischen von Alexandra Meyenburg. Zürich (Seientia AG) o. J., Seite 17–19, 20, 21–22, 27–30, 55–57, 58–59, 59, 60–61, 69, 71–72, 98, 197, 198–200, 201, 240–241, 253–254, 254, 374–375.

Edward Gordon Craig, 1911

3

EDWARD GORDON CRAIG

(1872–1966)

«Dagegen wäre diese Linie wieder, von einer anderen Seite,
etwas sehr Geheimnisvolles. Denn sie wäre nichts
anderes, als der *Weg der Seele des Tänzers*; und er zweifle,
daß sie anders gefunden werden könne, als dadurch, daß
sich der Maschinist in den Schwerpunkt der Marionette versetzt, d. h. mit andern Worten, *tanzt.*»
Heinrich von Kleist, Über das Marionettentheater, 1810

«Mit lässigen Muskeln stehn und mit abgeschirrtem Willen:
das ist das Schwerste euch allen, ihr Erhabenen!»
Friedrich Nietzsche, Also sprach Zarathustra, 1887

«Die Über-marionette, das ist der Schauspieler plus Feuer
minus Egoismus – mit dem Feuer der Götter und Dämonen,
ohne den Rauch und den Qualm der Sterblichkeit.»
Edward Gordon Craig, 1924

*A*m 16. Januar 1872 wurde Edward Gordon Craig in Stevenage in der
englischen Grafschaft Herfordshire geboren. Sein Vater, der Bühnenbildner und Regisseur Edward William Godwin, hatte eine Reihe von
Studien zur Theaterarchitektur (1875) und Kostümgeschichte veröffentlicht; seine Mutter war eine der berühmtesten Schauspielerinnen Eng-
lands, Ellen Terry (1847–1928).
   Schon seine Kindheit verbrachte Craig im Theatermilieu. 1887 hielt er
sich in einem englischen Internat in Heidelberg auf, wo er mit der deutschen Sprache in Berührung kam. Bereits in jungen Jahren las er mit
Begeisterung Shakespeare; erste Theatereindrücke gewann er am Londoner Globe und am Lyceum Theatre. 1884 war er Statist bei einer «Hamlet»-Aufführung während einer Tournee seiner Mutter in den USA; 1885
hatte er in Chicago seine erste Sprechrolle. Dies war der Beginn einer
außergewöhnlichen Theaterkarriere. Craig schrieb später über diese
Zeit: «Das Lyceum Theatre und Henry Irving – sie waren meine wahre
Schule und meine wahren Lehrmeister... Ich wurde Schauspieler. Die
einfache Tatsache, in einem Theater, dem besten in England, mit dem
größten Schauspieler in Europa und meiner Mutter, der Schauspielerin,

aufzutreten – das genügte. Es war ein Anfang. Ich verstand noch nicht viel. Ich war ein aufnahmefähiger Organismus. Das ist alles» (vgl. D. Bablet: Edward Gordon Craig).

Am Lyceum Theatre blieb Craig von 1889 bis 1897. Er spielte in diesen Jahren – gelegentlich auch bei kleineren Truppen – zahlreiche Rollen; 1896 erstmals den Hamlet. Es wurde die Schlüsselrolle seines Lebens. Als Regisseur war Henry Irving (1838–1905) sein großes Vorbild, dessen Inszenierungen durch ihren Realismus, akribische Genauigkeit im szenischen Detail und künstlerische Geschlossenheit – ganz an den Reformen (seit 1866) der Truppe des Herzogs Georg II. von Sachsen-Meiningen orientiert – das Londoner Publikum faszinierten.

Nachdem sich Craig vom Lyceum gelöst hatte, trat die Schauspielerei für eine Zeitlang in den Hintergrund. Er widmete sich dem Zeichnen, besuchte Museen, trieb kunsttheoretische und philosophische Studien. Er las Goethe, Tolstoi, Wagner, Nietzsche, Ruskin und Coleridge. Doch schon 1899 gründete er die Purcell Operatic Society, einen Amateurtheaterverein zur Pflege des traditionellen Musiktheaters. Hier begann seine Laufbahn als Regisseur. Craigs erste Inszenierung war «Dido und Äneas» von Purcell, im Mai 1900. Er machte sich bereits in dieser ersten Arbeit frei von dem Bühnenrealismus, wie ihn noch sein Vorbild Irving praktizierte. Entsprechend seiner umfassenden künstlerischen Begabung gestaltete er die Aufführung in allen ihren Elementen, führte Regie, entwarf die Dekoration und die Kostüme und konstruierte die Beleuchtungsanlagen. Seine nächste Inszenierung (1901) war «The Masque of Love». Über beide Aufführungen schreibt der irische Dichter William Butler Yeats:

«Gordon Craig hat entdeckt, wie man einen Raum mit nüchternen, schönen und einfachen Farbeffekten dekorieren kann, die das Vorstellungsvermögen freisetzen, sich der Suggestivität des Stücks überlassen. Die realistische Dekoration hält die Vorstellung gefangen und ist bestenfalls eine schlechte Landschaftsmalerei: sie kann nur auf dem Theater existieren, und man kann sie selbst nicht von den Gestalten trennen, die sich vor ihr bewegen. Es wird der Tag kommen, davon bin ich überzeugt, an dem man die Inszenierungen von ‹Dido und Äneas› und ‹The Masque of Love› im Zusammenhang mit den bedeutendsten Ereignissen unserer Zeit nennen wird» (vgl. D. Bablet: Edward Gordon Craig).

Während der Arbeit an diesen Inszenierungen wuchs zugleich sein zeichnerisches Werk. Craig entwarf Bühnenskizzen, manche für bestimmte Stücke, andere unabhängig von einer literarischen Vorlage: «szenische Hinweise», «szenische Visionen» nannte er sie, Entwürfe szenischer Räume.

1902 folgte die Inszenierung von Händels Pastorale «Acis und Galathea», im gleichen Jahr noch das Weihnachtsspiel «Bethlehem» (Text: von Laurence Housman, Musik: Joseph Moorat). Ein Jahr später mietete Ellen Terry das Imperial Theatre in London. Ihr Sohn arbeitete hier erstmals als Regisseur an einem professionellen Theater. Am 15. April 1903 fand die Premiere von Ibsens «Nordische Heerfahrt» statt. Die Inszenierung zeigte deutliche Bezüge zu Wagners «Parsifal», wurde aber kommerziell kein Erfolg und bald abgesetzt.

Craig studierte in nur 25 Tagen Shakespeares «Viel Lärm um nichts» ein. Es war seine letzte Inszenierung in England. Ein Kritiker schrieb in der «Modern Society» über die Kirchenszene:

«Bühne und Zuschauerraum sind zunächst in völliges Dunkel getaucht. Aus den Tiefen der Bühne schwillt Orgelmusik an. Plötzlich erhellt ein Lichtstrahl das Kreuz... und eine geheimnisvolle, dunstige, gleichsam transparente Helle, ähnlich dem bläulichen Licht der Atmosphäre, taucht aus dem Dunkel hinter dem Altar. Dann durchflutet ein noch wärmeres Leuchten die ganze Bühne. Die verschwommenen Silhouetten der Gläubigen gewinnen Form und Farbe. Zu beiden Seiten werden mosaikgeschmückte Säulen sichtbar. Und so entwächst der Dunkelheit allmählich – mit dem Kreuz, dem Altar, dem Priester, Claudio und Hero als Mittelgruppe – eine Szene von byzantinischer Pracht. Alles spielt sich so ab, als befänden wir uns in einem unendlichen Raum. Die Szene ist ein Triumph, auf den Craig stolz sein kann» (vgl. D. Bablet: Edward Gordon Craig).

Craig hatte seinen Stil gefunden. Die Lösung von der realistischen Bühnenästhetik war endgültig vollzogen, eine neue Ästhetik des Theaters in ihre vollendete Form gebracht. Die Bühne gewann ihre Imagination aus der Bewegung des Lichts, aus der choreographischen Führung der Figuren, aus einer Raumarchitektur, die die Szene entgrenzt und zum visionären Ort verwandelt.

Craigs Bühnen- und Kostümentwürfe wurden in zahlreichen Ausstellungen in England, später auch in einer Reihe von Städten des Kontinents gezeigt. Er experimentierte (schon 1902) mit Formen des Renaissancetheaters, den Masques, kleinen symbolischen Spielformen, die Tanz, Schauspiel und Musik im Sinne von Richard Wagners Idee des Gesamtkunstwerks integrieren. Der zeichnerische Entwurf ersetzte ihm dabei das szenische Experiment. Im Reflexionsmedium der Skizze befreite sich Craig von aller Begrenztheit, die ihm die Bühnenrealisation abverlangt hätte. In der Schrift «The Art of the Theatre» (1905) wurde der Schritt zur Theoriebildung vollzogen.

1904 besuchte Craig auf Vermittlung des Grafen Kessler den Weimarer Hof. Ein intensiver Gedankenaustausch mit dem Jugendstil-Architekten Henry van de Velde kam zustande, ebenso mit Joseph Hoffmann, dem Gründer der Wiener Werkstätten, der 1903 in Brüssel das Stoclet Palais gebaut hatte. Die Vorstellung von Theater und Architektur als Lebens-

szenarien verband die Geister. In Berlin lernte Craig Otto Brahm (vgl.
Kap. 1) kennen, für dessen Inszenierung des «Geretteten Venedig»
(Hugo von Hofmannsthal; nach Otway) am Lessingtheater Craig die
Bühne gestalten sollte. Es gab «einige kleine Mißverständnisse» (Craig)
zwischen den beiden. Brahm stand irritiert vor Craigs Bühnendekoration. «Brahm: ‹Es gibt keine Tür.› Craig: ‹Es gibt einen Eingang und einen
Ausgang.› Brahm: ‹Ich sehe aber weder Türgriff noch Schloß. Es gibt
keine Tür ohne Türgriff›» (nach Bablet). Zu groß waren die künstlerischen Differenzen zwischen dem Bühnennaturalisten Brahm und dem
Symbolisten Craig. Nur zwei Szenen waren in der Inszenierung nach
Craigs Entwürfen gestaltet, aber auch die erheblich verändert. Es war
alles in allem eine enttäuschende Erfahrung, die Craig in Berlin gemacht
hatte. Im Dezember 1904 wurde jedoch eine umfassende Ausstellung seiner Bühnenentwürfe eröffnet; als «Niederschriften eines in anderen Materialien erst auszuführenden Kunstwerks» charakterisierte sie Harry
Graf Kessler, der in den 1905 in deutscher Übersetzung erscheinenden
Dialogen «Die Kunst des Theaters» im Vorwort schreibt:

«Craig spricht bestimmt aus, daß er für das Theater im nächsten Jahrhundert eine
völlig veränderte Rolle sieht. Er verachtet nicht den Dichter, aber er protestiert
gegen die Art, wie die Männer des Theaters, Direktoren, Schauspieler, Thea-
termaler auf den Dichter sich verlassen. Er will die Bühne ihrer eigenen Kunst
zurückgeben. Er hat die Bedingungen dieser von so vielen erhofften reinen Kunst
der Bühne klar erkannt und in seiner Person, wie es scheint, verwirklicht. Das
Gesamtkunstwerk, das Wagner von Musik und Dichtung aus in Angriff nahm,
wird von ihm, oder durch ihn angeregt, vielleicht heute von Malerei, Tanz und
Gebärde aus neu verwirklicht werden» (vgl. E. G. Craig: Die Kunst des Theaters).

Wenige Tage nach der Eröffnung der Ausstellung, am 3. Dezember 1904
in Berlin, begegnete Craig der amerikanischen Tänzerin Isadora Duncan
(1877–1927). Es entwickelte sich zwischen beiden eine von tiefer Leidenschaft und kongenialer künstlerischer Partnerschaft geprägte Lebensge-
meinschaft. Craig begleitete 1905 und 1906 die Tänzerin auf ihren Tourneen durch ganz Europa. Ihre Tanzkunst inspirierte ihn zu seiner Vision
einer neuen Schauspielkunst: der Tänzer als Akteur eines «Theaters der
Zukunft» (1907). Die »Über-marionette» (1907) wurde zur programmatischen Metapher, in der der Gegensatz von Mensch und Automat aufgehoben ist.
  Der Tänzer als ideale Kunstfigur war das Paradigma einer neuen
Kunstphilosophie spätestens seit Richard Wagner. Heinrich von Kleist
hatte bereits 1810 in seiner Schrift «Über das Marionettentheater» die
Rückgewinnung des Paradieses, die Wiederkehr der Grazie in der Har-

Edward Gordon Craig «The Steps».
Skizzen, 1902

monie einer symbolischen Ordnung gefeiert; die Marionette, der Tänzer, wurde für Kleist zu einer heilsgeschichtlichen, grenzüberschreitenden Chiffre:

«Ich erkundigte mich nach dem Mechanismus dieser Figuren, und wie es möglich wäre, die einzelnen Glieder derselben und ihre Punkte, ohne Myriaden von Fäden an den Fingern zu haben, so zu regieren, als es der Rhythmus der Bewegungen, oder der Tanz, erfordere?

Er antwortete, daß ich mir nicht vorstellen müsse, als ob jedes Glied einzeln, während der verschiedenen Momente des Tanzes, von dem Maschinisten gestellt und gezogen würde.

Jede Bewegung, sagte er, hätte einen Schwerpunkt; es wäre genug, diesen, in dem Innern der Figur, zu regieren; die Glieder, welche nichts als Pendel wären, folgten, ohne irgendein Zutun, auf eine mechanische Weise von selbst.

Er setzte hinzu, daß diese Bewegung sehr einfach wäre; daß jedesmal, wenn der Schwerpunkt in einer graden Linie bewegt wird, die Glieder schon Kurven beschrieben; und daß oft, auf eine bloß zufällige Weise erschüttert, das Ganze schon in eine Art von rhythmische Bewegung käme, die dem Tanz ähnlich wäre.

Diese Bemerkung schien mir zuerst einiges Licht über das Vergnügen zu werfen, das er in dem Theater der Marionetten zu finden vorgegeben hatte. Inzwischen ahndete ich bei weitem die Folgerung noch nicht, die er späterhin daraus ziehen würde.

Ich fragte ihn, ob er glaubte, daß der Maschinist, der diese Puppen regierte, selbst ein Tänzer sein, oder wenigstens einen Begriff vom Schönen im Tanz haben müsse?

Er erwiderte, daß wenn ein Geschäft, von seiner mechanischen Seite, leicht sei, daraus noch nicht folge, daß es ganz ohne Empfindung betrieben werden könne.

Die Linie, die der Schwerpunkt zu beschreiben hat, wäre zwar sehr einfach, und, wie er glaube, in den meisten Fällen, gerad. In Fällen, wo sie krumm sei, scheine das Gesetz ihrer Krümmung wenigstens von der ersten oder höchstens zweiten Ordnung; und auch in diesem letzten Fall nur elliptisch, welche Form der Bewegung den Spitzen des menschlichen Körpers (wegen der Gelenke) überhaupt die natürliche sei, und also dem Maschinisten keine große Kunst koste, zu verzeichnen.

Dagegen wäre diese Linie wieder, von einer andern Seite, etwas sehr Geheimnisvolles. Denn sie wäre nichts anders, als der Weg der Seele des Tänzers; und er zweifle, daß sie anders gefunden werden könne, als dadurch, daß sich der Maschinist in den Schwerpunkt der Marionette versetzt, d. h. mit andern Worten, tanzt» (vgl. Heinrich von Kleists Werke 7).

Richard Wagner formulierte 1850 in «Das Kunstwerk der Zukunft» den utopischen Entwurf einer ästhetischen Lebensinszenierung im Gesamtkunstwerk, die Vision eines in seiner Sinnlichkeit befreiten Menschen, für den Kunst nicht mehr die Herstellung eines Artefakts ist, sondern die lebenspraktische Verwirklichung seiner «wahren Natur». Und auch für Wagner wurde die Tanzkunst zur «realsten aller Kunstarten»:

«Ihr künstlerischer Stoff ist der wirkliche leibliche Mensch, und zwar nicht ein Theil desselben, sondern der ganze, von der Fußsohle bis zum Scheitel, wie er dem Auge sich darstellt. Sie schließt daher in sich die Bedingungen für die Kundgebung aller übrigen Kunstarten ein: der singende und sprechende Mensch muß nothwendig leiblicher Mensch sein; durch seine äußere Gestalt, durch das Gebahren seiner Glieder gelangt der innere, singende und sprechende Mensch zur Anschauung; Ton- und Dichtkunst werden in der Tanzkunst (Mimik) dem vollkommenen kunstempfänglichen Menschen [...] erst verständlich» (vgl. R. Wagner: Das Kunstwerk der Zukunft).

Es ist der Rhythmus, der den Tanz zur Kunst werden läßt und der Tanzkunst und Tonkunst eint. Da sich im Rhythmus das Ordnungsprinzip des Maßes manifestiert als Voraussetzung der Kunst schlechthin, ist der Rhythmus «der Geist der Tanzkunst». So wird für Wagner der tanzende Mensch selbst zum Kunstwerk. Im Begriff des Tanzes sah Wagner den höchsten Ausdruck des Künstlerischen, indem Geistigkeit und Sinnlichkeit sich im Tanz zur vollendeten Einheit zusammenfinden.

Friedrich Nietzsche veranschaulichte seine Philosophie des neuen Menschen und des Künstlers im Bilde des Tänzers. Der dionysische Dithyrambos, als Medium der Verwandlung, ist Gesang und Tanz in einem. In der «Geburt der Tragödie aus dem Geiste der Musik» (1872) heißt es:

«Im dionysischen Dithyrambus wird der Mensch zur höchsten Steigerung aller seiner symbolischen Fähigkeiten gereizt; etwas Nieempfundenes drängt sich zur Äußerung, die Vernichtung des Schleiers der Maja, das Einssein als Genius der Gattung, ja der Natur. Jetzt soll sich das Wesen der Natur symbolisch ausdrücken; eine neue Welt der Symbole ist nötig, einmal die ganze leibliche Symbolik, nicht nur die Symbolik des Mundes, des Gesichts, des Wortes, sondern die volle, alle Glieder rhythmisch bewegende Tanzgebärde... Um diese Gesamtentfesselung aller symbolischen Kräfte zu fassen, muß der Mensch bereits auf jener Höhe der Selbstentäußerung angelangt sein, die in jenen Kräften sich symbolisch aussprechen will: der dithyrambische Dionysus wird somit nur von seinesgleichen verstanden! [...] denn in jenem Zustande ist er, wunderbarerweise, dem unheimlichen Bild des Märchens gleich, das die Augen drehn und sich selber anschaun kann; jetzt ist er zugleich Subjekt und Objekt, zugleich Richter, Schauspieler und Zuschauer» (vgl. F. Nietzsche: Werke in zwei Bänden 1).

In der Kunstfigur des Tänzers inkarniert sich das Subjekt des Nietzscheschen Weltentwurfs; Zarathustra in der Apotheose seiner seinsberauschten Existenz: «Es trägt mich dahin, meine Seele tanzt.»

Die Philosophie Nietzsches war von weitreichendem Einfluß auf das Werk von Gordon Craig. Als dieser 1905 in Weimar mit Nietzsches Schwester bekannt wird, stiftet er 60 Pfund für ein geplantes Nietzsche-Denkmal.

Auch für Adolphe Appia (1862–1928), den großen Schweizer Bühnen-reformer, dem Craig im Februar 1914 in Zürich begegnet war, versetzt die Tanzkunst den menschlichen Akteur in die Lage, zum wahrhaft künstle-rischen Element in einem Bühnengesamtkunstwerk, dem «Wort-Ton-drama» (Appia), zu werden (vgl. M. Brauneck: Theater im 20. Jahrhun-dert). Im Tanz unterwirft sich der Akteur der abstrakten Ordnung des Rhythmischen, entfaltet seine Ausdrucksfähigkeiten um ihrer selbst wil-len «in ganz willkürlichen, fiktiven Verhältnissen», jenseits aller Nachah-mung und äußeren Lebensbeobachtung, die der Ausgangspunkt der Kunst des Schauspielers im Wortdrama ist. Im Tanz erreicht der Akteur den «höchstmöglichen Grad von Entpersönlichung…, wenn sein Körper den allerverwickeltsten Führungen des Rhythmus, sein Vortrag den seinem Seelenleben am fremdartigsten gegenüberstehenden Zeitmaßen wie von selbst gehorcht, dann kann er zu seinen darstellerischen Mitarbeitern: der Aufstellung, der Beleuchtung, der Malerei, in Beziehung treten und An-teil nehmen an ihrem gemeinschaftlichen Leben.» Mit der Wendung «Wie-von-selbst» umschreibt Appia den inneren Bewegungsimpuls des Bühnen-akteurs in der gleichen Intention, wie Kleist es im Bilde der Marionette, die aus ihrem mechanischen Schwerpunkt heraus, sich mit höchster Grazie be-wegt, ausdrückt. Craig formuliert diese Idee in der Metapher der «Über-marionette».

Gemeint ist die autonome Kunstfigur, die auch die Abbildhaftigkeit der Marionette hinter sich gelassen hat, das autonome Zeichen, Element einer reinen Kunstwelt, die der Regisseur entwirft, die auch ihre Sinnkonstitu-tion in sich trägt, ohne Verweisungsbezug auf ein anderes, ein Dahinter, ein Wesen, dessen bloße Erscheinung es wäre. Craig schreibt: «Die Über-Ma-rionette wird nicht mit dem Leben wetteifern, sie wird über das Leben hin-ausgehen. Ihr Vorbild wird nicht der Mensch aus Fleisch und Blut, sondern der Körper in Trance sein; sie wird sich in eine Schönheit hüllen, die dem Tode ähnlich ist, und doch lebendigen Geist ausstrahlen.» So steht auch die Reflexion auf den Materialwert des Schauspielers am Ausgangspunkt der Craigschen Auseinandersetzung mit einem «Theater der Zukunft». Es heißt in dem Essay «Der Schauspieler und die Übermarionette» von 1907:

«Die Schauspielkunst ist keine echte Kunst. Es ist deshalb unrichtig, vom Schau-spieler als von einem Künstler zu sprechen. Kunst ist das genaue Gegenteil des Chaotischen, und Chaos entsteht aus dem Zusammenprall vieler Zufälle. Kunst beruht auf Plan. Es versteht sich daher von selbst, daß zur Erschaffung eines Kunstwerks nur mit Materialien gearbeitet werden darf, über die man planend ver-fügen kann. Der Mensch gehört nicht zu diesem Material. Die menschliche Natur ist ganz auf Freiheit gerichtet; so erbringt der Mensch mit seiner eigenen Person den Beweis, daß er als Material für das Theater untauglich ist. Da im heutigen Theater der menschliche Körper als Material verwendet wird, trägt alles, was dort geboten wird, den Charakter des Zufälligen.»

Mit dieser Ausgrenzung des menschlichen Körpers (und damit der rollen- und charaktergestaltenden Schauspielkunst) aus dem Kunstbereich formuliert Craig eine fundamentale Kritik an jeder Form der Abbildästhetik und an deren repräsentationistischem Zeichenverständnis, das ihre Elemente (z. B. den Schauspieler auf der Bühne, szenische Licht- und Raumgestaltung) auf den Status von Imitation und Wiederholung reduziert – «Wetteiferer» mit dem Leben, was nach Craig nur zur «armseligen Parodie» geraten kann.

In seinem theoretischen Hauptwerk «Die Musik und die Inszenierung» von 1899 definierte Appia den Tanz als das «rhythmische Leben des Menschenkörpers»:

«Im Tanz schafft sich der Körper ein fiktives Milieu. Um dies zu ermöglichen, opfert er dem musikalischen Zeitmaß die begriffliche Bedeutung seines persönlichen Lebens und gewinnt dafür den lebendigen Ausdruck seiner Formen. Was die reine Musik für unser Empfinden, das ist der Tanz für den Körper: eine fiktive, ohne Rücksicht auf den Verstand sich bekundende Form» (vgl. A. Appia: Die Musik und die Inszenierung).

Es liegt auf der Hand, welche weitreichenden Konsequenzen daraus für die Schauspielkunst resultieren. Der Schauspieler wird hier nicht mehr als Rollengestalter beansprucht im Sinne der Brahmschen «Menschendarsteller», jener Linie, die insbesondere von Stanislawski aufgenommen und zu einem komplexen schauspielpädagogischen Untersuchungszusammenhang ausgebaut wurde: «Arbeit des Schauspielers an sich selbst» als «Arbeit des Schauspielers an der Rolle». Der Bühnenakteur wird hier als Kunstfigur, als reines Zeichen, verstanden, frei disponibles Material in der Hand des Gesamtgestalters, des Regisseurs; konstitutives Element – neben anderen (Licht, Raum, Bewegung, Musik etc.) – einer autonomen Kunstwelt.

Die von Craig und Appia aus dem geistigen Umfeld der Philosophie von Friedrich Nietzsche entworfene Vision eines «Theaters der Zukunft» wird vor allem von der neuen Tanzbewegung zu einer weltanschaulich fundierten neuen künstlerischen Bewegungskultur weiterentwickelt, insbesondere von Isadora Duncan, Rudolf von Laban (1879–1958) und Mary Wigman (1886–1973).

Laban sieht im Rhythmus eine Grundkategorie allen Lebens und auch der Geschichte der Menschheit. Tanz wird ihm vor diesem lebensphilosophischen Hintergrund zur «Weltanschauungsform».

In der Ästhetik Mary Wigmans, vorbereitet in der Tanzphilosophie der Duncan, emanzipiert sich der Tanz von der Musik. Im heutigen Tanz, schreibt sie 1921, seien Tänzer und Tänzerinnen nur «musikalische Instrumente, Ausdeuter einer fertig übernommenen Sprache». Der neue

Tanz, wie er vor allem durch die Arbeit Rudolf von Labans entwickelt
worden sei, versteht sich als «absolute Kunst»: «Sein Wesen ist Raum».
Mithin ist die Raumlehre der Ausgangspunkt allen tänzerischen Schaf-
fens, vergleichbar der Harmonielehre für die Musik; eine ästhetische
Raumlehre systematisiert und erforscht die Gesetze des Tanzes. Mary
Wigman schreibt: «Raum heißt das Reich des Tänzers. Abbild des
Unendlichen, Symbol des ewig flutenden Raumes wird dem Tänzer der
Raum um sich. Herr über den Raum ist der Tänzer, Kämpfer im Raum
um den Raum [...] Zerstörer des Raumes. Gestalter des Raumes, Schöp-
fer. Seele des Raumes wird der Tänzer. Empfänger der räumlichen
Schwingung, die sich in ihm zu innerer Bewegtheit verdichtet und sich als
Schwung vom Körper löst [...] Empfangen und Geben, der urewige
Wechsel! Aus dem Nichts, das Raum ist, gestalten, schaffen, tanzen.»
Das Bild der an dieser Stelle weitergeführten Raumvision gebraucht die
Topoi des Kristallinen und der Strahlung, des in die Höhe schwingenden
Tempels, Bilder, die die Utopiedimension dieses Entwurfs verdeutlichen
und zugleich dessen Rückbindung an die Bildersprache Nietzsches erken-
nen lassen. Die Bewegung des «Tänzers wird Baustein der bewegten Ar-
chitektur», der Raum des Tänzers erscheint transzendiert zum «Symbol
des Allraums».

Konsequenterweise entwickelt Wigman diese Reflexionen weiter in
die praktischen Probleme einer modernen Tanzarchitektur: «Es gibt
noch keine Tanzräume, weder für den Einzeltänzer, noch für die
Gruppe. Setzt sich der Tanz als selbständige Kunst durch, so wird man
ihm in absehbarer Zeit eigene Räume, Tanztempel bauen. Der Konzert-
saal, auf den die Tänzer heute noch angewiesen sind, ist ein schlechter
Notbehelf. Vorläufig ist das Theater noch der geeignetste Tanzraum.
Die Bühne betont zwar im allgemeinen Bild- und Flächenwirkung stärker als Raumwirkung. Bei geschickter Handhabung der Beleuchtung
aber ist es möglich, den Bühnenraum in einen rein räumlich wirksamen
Tanzraum umzuwandeln [...] Viele unserer jungen Architekten beschäftigen sich bereits mit der Idee des Tanztempels. In den Skizzenbüchern
Rudolf von Labans würden sie die Vorarbeiten zu diesem Bau finden.»
Alle Tanzkunst aber erhält ihren letzten Sinn in einer «Kultur der Fest-
lichkeit». Wigman zitiert Rudolf von Laban: «Der Mensch braucht das
Fest, nicht als Betäubung des Alltags, sondern als Prüfstein und Grad-
messer seiner sittlichen Kräfte». Im Fest aber manifestiert sich, was
Wigman als den «gemeinsamen Ton» allen fortschrittlichen Schaffens ihrer Zeit bezeichnet, als die «bewußte oder unbewußte Sehnsucht aller»:
«das Werden des neuen Mythos».

Auch im Umfeld der Stilbühnenbewegung (vgl. M. Brauneck: Theater
im 20. Jahrhundert) manifestiert sich die Suche nach einem neuen Theater in einer Vielzahl von Architekturkonzepten, die den Theaterbau als

Festspielhaus, vielfach von visionär monumentaler Dimension, die Bühne aber als eine Art Mysterienraum entwerfen, frei von allen Elementen konkreter Ortsbestimmung.

So entwirft auch Craig seit 1902 eine Reihe von Skizzen für imaginäre Szenen, abstraktes Raum-Licht-Bewegungs-Theater, das den Kunstraum der Bühne in ein geistiges Raumgefüge hin transparent hält. Die Serie von 1902 trägt den Titel «The Steps». Es sind Szenenentwürfe, die nicht auf ein bestimmtes Stück bezogen sind: szenische Konstellationen von Mensch, Raum und Licht als Grundideen eines «kinetischen Theaters». Die Schauspieler-Regie tritt hier zugunsten einer Raum-Licht-Regie zurück.

Craig setzt sich zu dieser Zeit mit den theoretischen Schriften («Regole generali di Architettura», 1545) des italienischen Renaissance-Architekten Sebastiano Serlio (1475–1554) auseinander, die von größter Bedeutung für den Bühnenbau des Barocktheaters waren. Von Serlios idealtypischen Szenenkonstruktionen ausgehend, entwickelt Craig die Konzeption eines alle Raumdimensionen erschließenden Totaltheaters. Monumentale Architekturelemente – zwischen denen die menschliche Figur fast verschwindet – werden zu den eigentlichen Akteuren der Szene. Craigs Skizzen zeigen lichtdurchflutete Räume, die sich ins Unendliche zu weiten scheinen, mit Tiefen und Höhendimensionen, die die kosmischen Raumideen der Theaterphantasien von Paul Scheerbart (1863–1915) und Bruno Taut (1880–1938) vorwegnehmen. Craig, der zu sehr Theaterpraktiker ist, als daß er sich nicht auch um die Realisierbarkeit seiner Entwürfe bemüht hätte, beschäftigt sich eingehend mit zeitgenössischen Architekturtheorien, insbesondere mit dem «Handbuch der Architektur» von Manfred Semper, das 1904 in Stuttgart erschienen war. Dort lernte er das sogenannte Asphaleia-System kennen, das eben in diesen Jahren an einer Reihe europäischer Theater als neueste bühnentechnische Errungenschaft installiert wurde. Dieses System ermöglichte es, mit Hilfe einer hydraulischen Technik einzelne Segmente des Bühnenbodens zu heben bzw. zu senken, so daß ein Ensemble unterschiedlich hoher und leicht variabler Spielplateaus eingerichtet werden konnte. Mit dieser Konstruktion schienen Craig nun Serlios idealtypische Bühnenräume realisierbar; das heißt der Bühnenraum wurde auch in der Vertikalen – und damit eben erst wirklich als Raum, nicht nur als Fläche – bespielbar.

In dieser Zeit brachte ihm Isadora Duncan ihre vom antiken Theater abgeleiteten Tanzchoreographien nahe. Craig war seither klar, daß Bewegung als abstrakte Raumbewegung für das Theater als Ordnungsprinzip die gleiche Bedeutung hatte wie die Musik für den Tanz. Die bewegte Szene erschien ihm als eine Art «visuelle Musik» (Craig).

1907 entwarf Craig Skizzen für bewegte Szenen, die sogenannten «moving scenes», die den Regisseur in die Lage versetzen sollten, die architektonischen Elemente, Körper und Flächen vom Bühnenboden in die Höhe des Raums zu heben bzw. aus der Höhe herabzulassen, kurzum in jede beliebige Richtung zu bewegen. Craig entwickelte damit ein total disponibles, in jeder Geschwindigkeit und Richtung variables szenisches Environment. Farbiges Licht bzw. farbige Lichtprojektionen waren die wesentlichen Gestaltungsmomente; erst in der Lichtgestaltung, in der Lichtbewegung, wurde der szenische Raum geschaffen. Diese Skizzen, «frozen moments of action» genannt, entstanden in seiner Theaterwerkstatt in Florenz, in der Arena Goldoni, einem nach antikem Vorbild gebauten Freilichttheater, das Craig seit September 1908 gemietet hatte.

Die Idee der total in Bewegung versetzten Bühnenarchitektur ließ sich technisch freilich zu der Zeit noch nicht realisieren. Als praktische Nutzanwendung entstanden statt dessen die sogenannten «screens» als eine Art Kompromißmodell. Dies waren paraventartige, beidseitig verwendbare und monochrom farbige Leinwandschirme, die bis zur Höhe des ganzen Bühnenraums reichten und mit denen die verschiedensten Raumkonstellationen gestellt werden konnten. Craig ließ sich dieses System im Januar 1910 patentieren. 1911 kamen die «screens» erstmals im Londoner Albey Theatre auf die Bühne. Die zeichnerischen Vorstudien dazu lassen die Verbindung zu den Raumutopien der «Scenes»-Skizzen noch deutlich erkennen. Craig löst sich in den Entwürfen völlig von der in der praktischen Ausführung später eingeführten Rechteckform und entwirft die Stellwände noch in den unterschiedlichsten Formaten, in riesigen, steilen Hochformaten, in Quadratformen oder Kreisen, die der Raumerfindung kaum Grenzen setzten. Alle diese Überlegungen gehen ein in die Bühnengestaltung von Craigs Moskauer «Hamlet»-Inszenierung, für die er die Vorarbeiten seit Mai 1908 betrieb (vgl. Kap. 2, K. S. Stanislawski).

Kein Zweifel, das ideale Theater ist für Craig in diesen Jahren die perfekte Theatermaschine, und die technische Perfektionierung der Bühne ist eine wesentliche Voraussetzung seiner Theaterreform. In «Die Kunst des Theaters» schreibt er deswegen auch folgerichtig: «Wenn das Theater ein Meisterstück von Mechanismus geworden ist, wenn es eine Technik erfunden hat, wird es ohne jede Anstrengung eine schöpferische Kunst aus sich selbst entwickeln.»

Die Faszination an einer Ästhetik des Mechanischen bestimmt noch Anfang der 20er Jahre die Theaterexperimente der sowjetrussischen Avantgarde und im Umkreis des Dessauer Bauhauses. Was alle diese Richtungen verbindet, ist vor allem die Vorstellung einer Regisseursgestalt, eines omnipotenten Spielleiters, eines Totalkünstlers von geradezu barockem Welttheaterformat, aber auch Nietzschescher Hypertrophie: perfekter Bühnentechniker und lebensphilosophischer Reformer in einem.

Einer der konzeptionell ausgearbeitetsten Entwürfe in diesem Zusammenhang ist das von Walter Gropius (1883–1969) zusammen mit Erwin Piscator (vgl. Kap. 14) 1928 entwickelte «Totaltheater». Gropius fordert dafür den «überragenden Spielleiter, dessen universelle Begabung alle künstlerischen Schaffensgebiete umspannen muß. Er muß ein umfassender Mensch sein. Die Totalität seiner Begabung und seines Könnens bleibt absolut entscheidend für die Größe seiner Gesamtleistung [...] Ich sehe die Aufgabe des heutigen Theaterarchitekten darin, diesem universellen Spielleiter das große Licht- und Raumklavier zu schaffen, so unpersönlich und veränderbar, daß es ihn nirgends festlegt und allen Visionen seiner Vorstellungskraft fügsam bleibt, ein Bauwerk also, das schon vom Raum her den Geist umbildet und erfrischt.» Im Prinzip ähnliche Vorstellungen leiteten den Ungarn László Moholy-Nagy (1895–1946), den neben Schlemmer bedeutendsten Theatertheoretiker und Experimentator am Bauhaus, bei der Konstruktion seines «Licht-Raum-Modulators» – oder dem, wie es auch heißt, «Lichtrequisit einer elektrischen Bühne» von 1922. Auch dieser Apparat stellte für den Regisseur praktisch uneingeschränkte Möglichkeiten der Licht-Raum-Gestaltung bereit, freilich für ein Theater ohne den Menschen als Schauspieler. Das humane Moment dieser mechanischen Theaterkunst ist gewissermaßen hinter die Kulissen zurückgenommen, manifestiert in der Person des Regie-Ingenieurs als eines entfernten Nachfahren des Kleistschen Marionettenspielers.

Friedrich Kieslers (1890–1965) Modell eines «Universal-Theaters» verkörpert die perfekte, multifunktionale Theatermaschine, eine Folgeentwicklung seines 1923 entwickelten Konzepts eines «endlosen Theaters». Kiesler spielte bereits mit der Vision einer Totalbespielung der Welt in einer für die damalige Zeit typischen Science-fiction-Manier, nämlich durch TV-Satellitenübertragung.

Als 1920 in Moskau die Aufführung einer Neufassung der futuristischen Oper «Sieg über die Sonne» (von Alexei Krutschonych, 1913 in Petersburg uraufgeführt, mit Dekorationen von Kasimir Malewitsch) vorbereitet wird, entwirft der Konstruktivist El Lissitzky (1890–1941) dazu das gigantische Inszenierungskonzept einer «elektromechanischen Schau»:

«Wir bauen auf einem Platz, der von allen Seiten zugänglich und offen ist, ein Gerüst auf, das ist die Schaumaschinerie. Dieses Gerüst bietet den Spielkörpern alle Möglichkeiten der Bewegung. Darum müssen seine einzelnen Teile verschiebbar, drehbar, dehnbar usw. sein. Die verschiedenen Höhen müssen schnell ineinander übergehen. Alles ist Rippenkonstruktion, um die im Spiele laufenden Körper nicht zu verdecken. Die Spielkörper selbst sind je nach Bedarf und Wollen gestaltet. Sie gleiten, rollen, schweben auf, in und über dem Gerüst. Alle Teile des Gerü-

William Shakespeare «Hamlet». Moskauer Künstlertheater, 1911
links: Claudio und Gertrud
rechts: Laertes und Hamlet

stes und alle Spielkörper werden vermittels elektro-mechanischer Kräfte und Vor-
richtungen in Bewegung gebracht, und diese Zentrale befindet sich in den Händen
eines einzigen. Dies ist der Schaugestalter. Sein Platz ist im Mittelpunkt des Gerü-
stes an den Schalttafeln aller Energien. Er dirigiert die Bewegungen, den Schall
und das Licht. Er schaltet das Radiomegaphon ein, und über den Platz tönt das
Getöse der Bahnhöfe, des Rauschen des Niagara-Falles, das Gehämmer eines
Walzwerkes. An Stelle der einzelnen Spielkörper spricht der Schaugestalter in ein
Telefon, das mit einer Bogenlampe verbunden ist, oder in andere Apparate, die
seine Stimme je nach dem Charakter der einzelnen Figuren verwandeln. Elektri-
sche Sätze leuchten auf und erlöschen. Lichtstrahlen folgen den Bewegungen der
Spielkörper, durch Prismen und Spiegelungen gebrochen. So bringt der Schaugestalter den elementarsten Vorgang zur höchsten Steigerung» (vgl. Raumkonzepte).

Der Regisseur also als omnipotenter Schöpfer einer total technifizierten
Kunstwelt. «Weltbaumeister» nennt Bruno Taut, einer der Wortführer
der utopischen Architektur in Deutschland, 1920 sein «Architektur-
schauspiel», in dem der Vorgang des Weltentwurfs Thema des Spektakels ist.

   In einer von Théo van Doesburg, dem Mitbegründer der holländischen De Stijl-Gruppe, von El Lissitzi und dem deutschen Experimen-
talfilmer Hans Richter unterzeichneten «Erklärung der internationalen
Fraktion der Konstruktivisten» anläßlich des Düsseldorfer Konstruktivi-
stenkongresses im Mai 1922 heißt es lapidar: «Die Kunst... ist eine Or-
ganisationsmethode des allgemeinen Lebens.» Dem hätten die Programmatiker der Theaterreform um 1900 zustimmen können; Theater als
«Feste des Lebens und der Kunst», so lautet der Titel eines Manifests
von Peter Behrens von 1900 (vgl. M. Brauneck: Theater im 20. Jahrhundert).

   Dieser Exkurs zum Umfeld und zu einigen Aspekten der Rezeption
jener theaterästhetischen Vorstellungen, die im Werk Gordon Craigs
ihre erste und reinste Ausformung gefunden haben, macht die Komple-
xität des Neuansatzes der Jahre um 1900 deutlich, der zum Bruch mit
dem Illusionstheater jedweder Provenienz geführt hatte. Zugleich
wurde hier eine neue Idee der Schauspielkunst entwickelt, die sich von
der psychologischen Rollenverkörperung frei macht und die Bühnenfigur aus den Gesetzen von Raum und Bewegung als reine Kunstfigur
entwirft.

   Im Mittelpunkt der Schauspieltheorie, wie Craig sie um 1907, dem Jahr
seiner Übersiedlung nach Florenz, konzipiert, steht der Begriff der Bewegung. Craig sieht darin den Ursprung der Musik und des Theaters, und er
stellt Bewegung über das Wort als die wesentliche, die Kunst des Theaters
konstituierende Kraft. Mit Bewegung ist eine elementare, universelle
Ausdrucksform gemeint. Bewegung als Grundidee aller Schauspielkunst

zielt auf abstrakte Bewegungsmuster; Craig schreibt: «Ich glaube, es lassen sich zwei verschiedene Bereiche der Bewegung unterscheiden: die Bewegung von zwei und vier, das Quadrat; und die Bewegung von eins und drei, der Kreis. Im Quadrat herrscht immer mehr das Element des Männlichen vor, im Kreis das Element des Weiblichen. Und erst wenn der weibliche Geist sich selbst aufgibt, um den männlichen in der Suche nach diesem unendlichen Reichtum zu folgen, erst dann ist die vollkommene Bewegung entdeckt.» Es geht ihm um eine archetypische Deutung von Grundformen der Bewegung im Sinne elementarer Lebenserscheinungen, zum Beispiel von Männlichkeit und Weiblichkeit, sowie um die Vergegenwärtigung dieser Lebensmuster in der Kunst, um das Erfahrbarmachen ihres Sinns. Bewegung wird zum Symbol des unmittelbaren Lebensvollzugs. Der Theaterbegriff wird damit freilich an seine Grenze gebracht. Craig: «Sie werden nicht das Theater revolutionieren, sie werden sich über das Theater erheben und einen neuen Bereich jenseits des Theaters entdecken.» Er formuliert hier die Utopie eines ästhetischen Daseins jenseits der Antagonismen des alltäglichen Lebens, jenseits des geschichtlichen Raums: die Befreiung des Menschen aus seinem entfremdeten Dasein als ästhetische Fiktion.

Bewegung ist für Craig – ähnlich wie dies für die Tanzphilosophie von Isadora Duncan gilt – die Manifestation eines metaphysischen Lebensbegriffs im Sinne der Lebensphilosophie. Manifestationen dieses Lebensbegriffs sind jene archetypischen, die Persönlichkeit transzendierenden Konfigurationen des Lebens, wie Craig sie etwa in Bewegungsmustern, wie sie oben beschrieben sind, zu erkennen vermeint: «Ich glaube nicht an eine Magie der Persönlichkeit, aber ich glaube an die Magie des Unpersönlichen im Menschen.» So ist auch der Craigsche Begriff der Übermarionette nur in diesem philosophischen Umfeld angemessen zu interpretieren. Der Begriff verweist auf den Ursprung der Kunst, den Craig in der Ordnung der Natur begründet sieht, einer Ordnung, die der Künstler nur nachschaffe. Von dieser Position aus ist auch Craigs Kritik an der Zufälligkeit aller realistischen Kunst zu verstehen. Er schreibt: «Kunst darf [...] keine Zufälle dulden. Was der Schauspieler darbietet, ist also kein Kunstwerk; es ist eine Folge vom Zufall gelenkter Bekenntnisse; beseitigt das lebensnahe Spiel» und – mit Anspielung auf Gerhart Hauptmanns «Vor Sonnenaufgang» – den «Geburtszangenrealismus». Dagegen steht die Übermarionette als reine Kunstfigur, Metapher für eine neue Schauspielästhetik.

Craigs bedeutendste Inszenierung war Shakespeares «Hamlet» am Moskauer Künstlertheater; Stanislawski hatte ihn 1908 zu dieser Arbeit eingeladen. Nach dreijähriger intensiver Vorbereitung fand die Premiere am 23. Dezember 1911 statt. Zwischen Stanislawski und Craig kam es zwar zu einem intensiven Gedankenaustausch; doch blieben sich die bei-

den im Grunde fremd, zu unterschiedlich waren die künstlerischen Aus-
gangspunkte. Bis zuletzt war die Premiere wegen heftiger Kontroversen
Craigs mit dem als Ko-Regisseur fungierenden L. A. Sulerschitzki gefährdet (vgl. Stanislawski: Briefe; Mein Leben in der Kunst).

Craig inszenierte den «Hamlet» als abstraktes, symbolisches Drama,
als den Kampf der Elemente Feuer und Wasser. So versucht er die Deutung des Stücks in seiner Inszenierung über die Interpretation des Textes
hinauszuführen. Eine eingehende Analyse der Moskauer Inszenierung
bietet Denis Bablet in seiner Craig-Monographie. Die Bühnengestaltung
hatte Craig ganz auf dem Einsatz seiner «screens» (in den Farben Creme
und Gold) aufgebaut.

Für Craig hatte diese Inszenierung auch den Zweck, seine Theorie zu
erproben. Gleich nach der «Hamlet»-Arbeit verstärkte er seine Bemühungen um die Finanzierung einer eigenen Theaterakademie. Am 27. Februar 1913 gab er schließlich die Gründung eines Experimentaltheaters in
der Arena Goldoni in Florenz bekannt. Sein Ziel war die Erforschung der
Gesetze der Bühnenkunst. Aufgenommen wurden ca. 30 Schüler, die
einen exklusiv-elitären Zirkel bildeten. Im Mittelpunkt des Schulungs-
und Forschungsprogramms stand die Auseinandersetzung mit allen Formen der Bewegung, nach Craigs Ansicht, dem Ursprung allen Theaters.
Als der Erste Weltkrieg ausbrach, wurde es für Craig schwer, seine Theaterschule weiter zu finanzieren; Ende 1916 wurde die Arena Goldoni von
der italienischen Armee beschlagnahmt.

Für zehn Jahre konzentrierte sich Craig auf seine publizistischen Arbeiten. Er begegnete Adolphe Appia 1914 in Zürich, hatte 1915 Kontakt mit
Jacques Copeau (1879–1949). Den Schwerpunkt seiner Studien bildete in
diesen Jahren die Erforschung der Marionetten, ihrer Ästhetik und der
Geschichte des Marionettentheaters. Craig veröffentlichte zahlreiche
Aufsätze zu diesem Thema. 1922 wurden seine und Appias Bühnenentwürfe in einer großen internationalen Theaterausstellung im Stedelijk
Museum in Amsterdam präsentiert. Erst 1926 arbeitete Craig wieder für
das Theater. Er wird von Johannes Poulsen eingeladen, am Königlichen
Theater zu Kopenhagen zu Ibsens «Kronprätendenten» die Bühnenaus-
stattung zu entwerfen und sich an der Inszenierung zu beteiligen. Craig
verwendete hier erstmals Licht-Projektionen als Bühnendekoration. Die
Inszenierung wird als bahnbrechendes Ereignis für die Entwicklung der
modernen Theaterkunst gefeiert. 1928 entwarf Craig das Bühnenbild
für eine Inszenierung von Shakespeares «Macbeth» am Knickerbocker
Theatre in New York.

In einer 1919 in Boston erschienenen Essaysammlung schreibt Craig,
die Intention aller seiner Arbeiten zusammenfassend: «Mein Platz auf
dem Theater wäre besser definiert, wenn man es so ausdrücken würde,
daß ich jemand bin, der Ordnung schafft. Ich weiß nicht, ob man wirklich

L. Housman/J. Moorat «Bethlehem». London, 1902.
(Regie und Ausstattung. E. G. Craig)

versteht, daß die Aufgabe des Künstlers darin besteht, die Dinge zu ord-
nen, während der Reformer zu zerstören versucht; daß dieses Ordnung-
schaffen, das vor allem in der Eliminierung des Wertlosen besteht, die
wesentliche Aufgabe des Künstlers ist.»

Aus heutiger Sicht ist die überragende Bedeutung Craigs für die Entwicklung der Schauspielkunst im 20. Jahrhundert längst erkannt. Hatte er
in den ersten Jahrzehnten des Jahrhunderts, in denen er seine theateräs-
thetischen Neuerungen entwickelte, kaum Gelegenheit, an größeren
Bühnen zu inszenieren, so zog er sich in späteren Jahren weitgehend aus
dem praktischen Theaterleben zurück. Jedoch hatte Craig bis zu seinem
Tode am 29. Juli 1966 in Vence in Südfrankreich, wo er seit Mitte der 40er
Jahre seßhaft geworden war, regen Kontakt mit Theaterleuten aus aller
Welt. Die letzten Jahrzehnte seines Lebens waren dem Schreiben und
Forschen gewidmet, gelegentlich hielt er Vorträge auf internationalen
Theaterkongressen. Der neunzigjährige Craig war eine Legende gewor-
den. Seine Ideen, seine Arbeitsmethode, insbesondere seine Vorstellun-
gen von der Rolle des Regisseurs hatten sich über alle stilistischen Facet-
ten der Theaterentwicklung hinweg durchgesetzt.

Bibliographie

A. Appia: Die Musik und die Inszenierung. München 1899.

ders.: Comment réformer notre mise en scène. In: La Revue 3, 1. Juni 1904.

A. Appia and G. Craig. In: The Forum 54. New York, Oktober 1915.

B. Arnott: Edward Gordon Craig & Hamlet. Towards a New Theatre. Ottawa 1975.

D. Bablet: Edward Gordon Craig. Köln/Berlin 1965.

M. Beerbohm: Mr. Craig's Experiment. In: Saturday Review 5, April 1902.

E. Bentley (Hg.): The Theory of the Modern Stage; an introduction to modern theatre and drama (1968).

M. Brauneck: Theater im 20. Jahrhundert. Programmschriften, Stilperioden, Reformmodelle. Reinbek bei Hamburg 1982 u. 1986.

ders.: Theater-Utopien am Jahrhundertbeginn. Zum Verhältnis von Theater und utopischer Architektur bei Bruno Taut. In: TheaterZeitSchrift II/1987, S. 17 – 31.

E. G. Craig: The Art of the Theatre. Edinburgh/London 1905.

ders.: Die Kunst des Theaters. Berlin/Leipzig 1905.

ders.: On the Art of Theatre. London 1911.

ders.: Towards a New Theatre. Forty designs for stage scenes. London/Toronto 1913.

ders.: Hamlet in Moscow. Notes for a short adress to the actors of the Moscow Theatre. In: The Mask, Mai 1915, Bd. 7, Nr. 2.

ders.: Screens. The Thousand Scenes in one Scene – some notes and facts relative to the ‹Scene› invented and patented by Edward Gordon Craig. In: The Mask, Bd. 7, Nr. 2, Mai 1915.

ders.: The Theatre and the new Civilization. In: Theatre Arts Magazine, Januar 1918, Bd. 3, Nr. 1, S. 3–7.

ders.: The Theatre Advancing. Boston 1919.

ders.: The Theatre Advancing. London 1921.

ders. (Hg.): The Mask. Florenz 1908–1915, 1918–1919, 1923–1929.

ders.: Henry Irving. London 1930.

ders.: Ellen Terry and Her Secret Self. London 1931.

ders.: Licht auf der Straße und Licht auf der Bühne. In: Theater der Welt, Mai–Juni 1937, Bd. 1, Nr. 5/6.

ders.: Stanislavsky's System. In: Drama, Juli–September 1937, Bd. 15, Nr. 10, S. 159–161.

ders.: Index to the Story of My Days. Some memoirs. London 1957.

ders.: Über die Kunst des Theaters. Berlin 1969.

Gordon Craig et le renouvellement du théâtre. (Ausstellungskatalog der Bibliothèque Nationale). Bearb. v. J. Cain. Paris 1962.

C. Dodgson: E. G. Craig. Woodcuts and Some Words. London/Toronto 1924.

I. Duncan: Der Tanz der Zukunft. Leipzig 1903.

dies.: My Life. New York 1927.

J. Fiebach: Von Craig bis Brecht. Studien zu Künstlertheorien in der ersten Hälfte des 20. Jahrhunderts. Berlin 1975.

I. K. Fletcher/A. Rood: Edward Gordon Craig. A Bibliography. London 1967.

J. Hermand: Der Schein des schönen Lebens. Frankfurt/M. 1972.

B. Hewitt: Gordon Craig and Post-Impressionism. In: The Quarterly Journal of Speech 30, 1, Januar–Februar 1944.

U. Kartaus: Impressionismus. Symbolismus. Jugendstil. Stuttgart 1977.

H. Kessler: Edward Gordon Craig's Entwürfe für Theater-Dekorationen und Kostüme. In: Katalog über verschiedene Entwürfe für Scenen und Kostüme für das Theater und einige Zeichnungen englischer Landszenen von Edward Gordon Craig. Berlin 1904.

D. Kreidt: Kunsttheorie der Inszenierung. Zur Kritik der ästhetischen Konzeptionen Adolphe Appias und Edward Gordon Craigs. Diss. Phil. (FU) Berlin 1968.

J. Leeper: Edward Gordon Craig. Designs for the Theatre. London 1948.

M. P. Löffler: Gordon Craigs frühe Versuche zur Überwindung des Bühnenrealismus. Bern 1969.

H. Macfall: Réflexions sur l'art de Gordon Craig dans ses rapports avec la mise en scène. In: The Studio 23, 102, September 1901, Ergänzungsband Nr. 36.

F. Marotti: Edward Gordon Craig. Bologna 1961.

ders.: Appia e Craig. Le Origini della Scena Moderna. Venedig 1963.

S. Melchinger: Der zornige Prophet – Edward Gordon Craig und das moderne Welttheater. In: Theater heute, 1966, Heft 9, S. 10 ff.

R.-M. Moudouès: Jacques Rouché et Edward Gordon Craig. In: Revue de la Société d'Histoire du Théâtre, 10. 3. 1958.

M. Niehaus: Isadora Duncan. Leben. Werk. Wirkung. Wilhelmshaven 1981.

Raumkonzepte. Konstruktivistische Tendenzen in Bühnen- und Bildkunst 1910–1930. Katalog. Bearb. v. H. Kersting u. R. Vogelsang. Frankfurt/M. 1986.

W. H. Romstöck: Die antinaturalistische Bewegung in der Szenengestaltung des europäischen Theaters zwischen 1890 und 1930. Diss. Phil. München 1956.

E. Rose: Gordon Craig and the Theatre. A Record and an Interpretation. London o. J. (1931).

W. Rothenstein: Men and Memories. Bd. 1. London 1931.

J. Rouché: L'Art Théâtral Moderne. Paris 1910.

Sang-Kyong Lee: Edward Gordon Craig und das spanische Theater. In: Deutsche Vierteljahresschrift für Literaturwissenschaft und Geistesgeschichte, 55 (1981), 216–237.

L. Simonson: The Stage Is Set. New York (7. Aufl.) 1970.

P. Szondi: Das lyrische Drama des Fin-de-Siècle. Frankfurt/M. 1975.

H. van de Velde: Geschichte meines Lebens. Hg. u. übers. v. H. Curjel. München 1962.

—— *Edward Gordon Craig* ——

Die Kunst des Theaters (1905)

erster dialog

[...]

Regisseur

Ja, es wäre leicht, viele unangenehme dinge über das theater und seine verständnislose einstellung zur kunst aufzuzählen. Aber man soll jemand, der schon darnieder liegt, nicht auch noch schlagen, ausser vielleicht, wenn ein schlag ihn wieder auf die beine bringen kann. Und unser westliches theater liegt sehr tief darnieder. Der osten kann sich noch eines theaters rühmen. Unser theater hier im westen liegt in den letzten zügen. Aber ich erwarte eine renaissance.

Theaterbesucher

Wie wäre sie herbeizuführen?

Regisseur

Durch das erscheinen eines mannes, der alle eigenschaften, die zu einem meister der theaterkunst gehören, in sich vereinigt, und durch die umformung des theaters zu einem instrument. Wenn das vollbracht ist, wenn das theater ein meisterstück der mechanik geworden ist, wenn es seine eigene technik erfunden hat, dann wird es ohne jede anstrengung aus sich selbst eine *schöpferische kunst* entwickeln. – Aber wir haben jetzt nicht zeit, die frage, wie sich aus dem handwerk eine eigenständige schöpferische kunst entwickeln kann, gründlich zu erörtern. Es gibt schon einige theaterleute, die an der erneuerung des theaterbaus arbeiten; andere wollen die schauspielkunst, wieder andere die ausstattung reformieren. All das hat seinen bestimmten, wenn auch kleinen wert. Aber als erstes und wichtigstes müssen wir einsehen, dass wir nichts oder nur wenig damit erreichen, wenn wir einen einzelnen arbeitsbereich des theaters reformieren und nicht gleichzeitig, im selben theater, die reform aller anderen arbeitsbereiche vornehmen. *Die ganze renaissance der theaterkunst hängt davon ab, in welchem ausmaass man dies erkennen wird.* Die kunst des theaters ist, wie ich ihnen ja schon sagte, in so viele einzelbereiche aufgespalten – in schauspielkunst, dekoration, kostüm, beleuchtung, technik, gesang, tanz usw. –, dass wir zu allererst einsehen müssen, dass eine *totale* reform, nicht eine *teil*-reform notwendig ist; und wir müssen erkennen, dass *jeder* teil, jedes einzelne handwerk in *direkter* beziehung zu jedem anderen handwerk des theaters steht und dass wir also mit unbeständigen, ungleichmäßigen reformen überhaupt nichts erreichen, sondern nur mit systematischem vorgehen zu einem ergebnis kommen können. Deshalb kann die reform der kunst des theaters nur von den männern durchgeführt werden, die alle einzelnen handwerke des theaters erforscht und ausgeübt haben.

Theaterbesucher
Das heisst also, von ihrem idealen regisseur?

Regisseur
Ja, sie erinnern sich vielleicht an das, was ich ihnen zu beginn unserer unterhaltung sagte, dass sich nämlich mein glaube an eine renaissance der theaterkunst auf den glauben an eine renaissance des regisseurs gründet; und dass der regisseur, wenn er von der schauspielkunst, von dekoration, kostüm, beleuchtung und tanz den richtigen gebrauch zu machen verstünde und mit diesen mitteln alle bereiche der interpretation beherrschte, – dass er dann allmählich ein meister in der beherrschung der bewegung, der linie, der farbe, des rhythmus und des wortes würde, wobei die beherrschung des wortes sich aus dem übrigen ergäbe ... dann, so sagte ich, würde die kunst des theaters ihre alten rechte wieder zurückerobern, und ihre arbeit würde eine eigenständige und schöpferische kunst sein und nicht länger ein interpretierendes handwerk.

Theaterbesucher
Vorhin verstand ich nicht ganz, was sie meinten. Aber obwohl ich jetzt verstehe, worauf sie hinauswollen, kann ich mir doch ein theater ohne seinen dramatiker nicht richtig vorstellen.

Regisseur
Wie? Glauben sie, dass etwas fehlen würde, wenn der dramatiker einmal nicht mehr für das theater schriebe?

Theaterbesucher
Das stück würde fehlen.

Regisseur
Sind sie sicher?

Theaterbesucher
Ja, ganz sicher wird es kein stück mehr geben, wenn der dichter oder dramatiker keins mehr schreibt.

Regisseur
Es wird nur kein stück mehr geben in dem sinne, wie sie es meinen.

Theaterbesucher
Aber sie wollen doch dem publikum etwas vorführen, und ich nehme an, dass sie, bevor sie ihm etwas vorführen können, es erst selbst in händen haben müssen.

Regisseur
Natürlich, sie hätten gar keine richtigere bemerkung machen können. Sie begehen nur einen fehler, indem sie nämlich annehmen, dass dieses *etwas* aus worten bestehen muss, als wäre das ein ehernes gesetz.

Theaterbesucher
Was ist dieses etwas denn aber, das nicht aus worten besteht und doch dem publikum vorgeführt werden kann?

Regisseur
Erst sagen sie mir einmal: Ist eine idee nicht auch etwas?

Theaterbesucher
Doch, aber sie hat keine form.

Regisseur
Ist es denn nicht zulässig, dass der künstler eine idee in die form kleidet, die er für richtig hält?

Theaterbesucher
Doch, das ist natürlich erlaubt.

Regisseur
Und ist es ein unverzeihliches verbrechen, wenn der künstler des theaters ein anderes material verwendet als der dichter?

Theaterbesucher
Nein.

Regisseur
Dann ist uns also der versuch gestattet, einer idee in jedem material, das wir finden oder erfinden können, form zu verleihen, vorausgesetzt, dass es kein material ist, das man besser zu anderen zwecken verwenden sollte.

Theaterbesucher
Ja, das ist zulässig.

Regisseur
Sehr gut. Hören sie jetzt bitte genau zu, was ich ihnen in den nächsten fünf minuten zu sagen habe, und dann denken sie zu hause noch einmal darüber nach. Da sie mir in allem, worin ich um ihre zustimmung bat, zugestimmt haben, will ich ihnen jetzt sagen, aus welchem material ein künstler des theaters der zukunft seine meisterwerke schaffen wird. Und zwar aus *bewegung, szenengestaltung* und *stimme*. Ist das nicht ganz einfach?

Wenn ich *bewegung* sage, so verstehe ich darunter sowohl die geste als auch den tanz, welche die prosa und die poesie der bewegung darstellen.

Wenn ich *szenengestaltung* sage, so verstehe ich darunter alles, was das auge wahrnehmen kann, also beleuchtung und kostüm ebenso wie die dekoration.

Wenn ich *stimme* sage, so verstehe ich darunter das gesprochene oder gesungene wort, im gegensatz zum gelesenen wort. Denn das zum sprechen und das zum lesen geschriebene wort sind zwei völlig verschiedene dinge.

Ich habe jetzt nur wiederholt, was ich ihnen zu beginn unserer unterhaltung gesagt habe, aber es freut mich, dass sie jetzt nicht mehr so bestürzt aussehen.

In: Edward Gordon Craig: über die kunst des theaters. Berlin (Gerhardt Verlag) 1969, S. 124–126.

Die Künstler
des Theaters der Zukunft (1907)

[…]

Daraus folgt, dass der schauspieler, der beispielsweise Othello spielen möchte, nicht nur die reiche natur haben muss, aus der er schöpfen kann, sondern dazu auch die phantasie braucht, sich etwas lebhaft vorzustellen, und ebenso den verstand, uns dies in der richtigen weise wiederzugeben. Deshalb wird der ideale schauspieler derjenige sein, der zugleich eine reiche natürliche begabung und hohen verstand besitzt. Von seiner begabung brauchen wir nicht weiter zu sprechen, sie ist umfassend. Von seinem verstand aber lässt sich sagen, dass er, je vortrefflicher er ist, sich desto weniger freiheiten gestatten wird, da er weiss, wieviel von seinem mitstreiter, dem gefühl abhängt, und um so weniger freiheit wird er auch dem gefühl einräumen, da er weiss, wie wichtig hier seine strengste kontrolle ist. Schliesslich wird der verstand sich selbst und die gefühle zu einer so feinen disziplin erziehen, dass die darstellung sich nicht mehr in rastloser aktivität bis zum siedepunkt erhitzt, sondern dass ein zustand vollkommen gemässigter glut geschaffen wird, den der verstand jederzeit aufrechterhalten kann. Der ideale schauspieler wäre der, dessen verstand vollkommene symbole für seine ganze natur finden und uns vorweisen könnte. Er würde nicht als Othello auf der bühne umhertoben und -wüten, mit den augen rollen und die hände ringen, um uns den eindruck von eifersucht zu geben; er würde vielmehr seinem verstande befehlen, in den eigenen tiefen alles, was dort verborgen liegt, zu erforschen und sich dann in die sphäre der phantasie zu begeben und dort symbole zu formen, die, ohne die unverhüllte leidenschaft zur schau zu stellen, doch einen deutlichen eindruck von ihr vermitteln.

Und der vollkommene schauspieler, der so vorginge, würde irgendwann erkennen, dass solche symbole vorwiegend aus materialien gemacht werden müssen, die ausserhalb seiner person liegen. Aber darüber werde ich mich am ende unserer unterhaltung genauer äussern. Denn dann will ich ihnen darlegen, dass der schauspieler, wie er heute ist, endlich verschwinden und in etwas anderem aufgehen muss, wenn wir in unserem reich des theaters kunstwerke sehen wollen.

Inzwischen vergessen sie nicht, dass keiner dem idealen schauspieler – und damit der vollkommenen kontrolle des verstandes über das gefühl – näher gekommen ist als Henry Irving. Es gibt viele bücher, die von ihm berichten; das beste buch aber ist sein gesicht. Beschaffen sie sich soviel sie können bilder, fotografien und zeichnungen von ihm und versuchen sie, darin zu lesen. Als erstes werden sie eine maske finden, und das ist von grosser bedeutung. Wenn sie dies gesicht betrachten, werden sie schwerlich sagen können, dass es etwas von den schwächen verrät, die vielleicht in seiner natur gelegen haben mögen. Versuchen sie, sich dieses gesicht in bewegung vorzustellen, einer bewegung, die völlig der mächtigen kontrolle des geistes unterworfen ist. Können sie nicht sehen, dass der mund sich auf befehl des verstandes bewegt und dass diese selbe bewegung, die man ausdruck nennt, jeden gedanken so sicher und endgültig formt, wie ein zeichner seine linie auf das papier bringt oder die saite einen ton erzeugt? Sehen sie nicht, wie sich die augen langsam wenden und dann erweitern? Allein diese beiden bewegungen lehrten uns soviel für die zukunft der theaterkunst, waren so klar angelegt für den richtigen gebrauch des ausdrucks und eindeutig entfernt von einem falschen gebrauch, dass ich immer wieder sehr erstaunt bin, warum so viele leute nicht klarer erkannt haben, wie die zukunft aussehen muss. Ich möchte sagen, das gesicht Henry Irvings war das bindeglied zwischen jener lächerlichen und verkrampften gesichtsmimik der letzten jahrhunderte und der maske, die anstelle des menschlichen gesichtes in der nahen zukunft wieder verwendet werden wird.

Versuchen sie, an all dieses zu denken, wenn sie die hoffnung verlieren, dass sie jemals ihre natur, wie sie sich in ihrem gesicht und ihrem körper ausdrückt, ausreichend unter kontrolle bringen können. Lassen sie es sich gesagt sein: es gibt etwas anderes als ihr gesicht und ihren körper, etwas, das sie handhaben können und das leichter unter kontrolle zu bringen ist. Nehmen sie es zur kenntnis, aber versuchen sie vorläufig noch nicht, sich darauf einzustellen. Bleiben sie weiterhin schauspieler und lernen sie weiterhin alles, was gelernt werden muss, auch wie man es anfängt, das gesicht unter kontrolle zu halten; dann lernen sie schliesslich auch, dass es überhaupt nicht vollständig unter kontrolle zu halten ist.

Ich gebe ihnen diese hoffnung, damit sie in diesem verzweifelten augenblick nicht dasselbe tun wie die anderen schauspieler. Auch ihnen ist diese schwierigkeit begegnet, aber sie sind ihr ausgewichen, haben kompromisse geschlossen und sind vor der schlussfolgerung zurückgeschreckt, zu der ein künstler kommen muss, wenn er sich selbst treu bleiben will. Nämlich: dass die maske das einzig richtige mittel ist, den seelischen ausdruck im gesichtsausdruck gestalt werden zu lassen.

[...]

Zunächst möchte ich folgendes betonen: das wertvollste mittel, das ihnen zur verfügung steht, ist der mächtige und faszinierende eindruck, der von der szenengestaltung und der bewegung der figuren ausgeht. Ich sage ihnen das nur nach vielen eigenen bedenken und auf grund einer langen erfahrung; sie müssen immer daran denken, dass ich von meiner eigenen erfahrung ausgehe und dass diese erfahrung das beste ist, was ich ihnen zu bieten habe. Sie wissen, ich habe mich gegen die allgemeine auffassung gewandt, dass das *geschriebene* stück einen hohen und bleibenden wert für die theaterkunst haben soll; doch diesmal wollen wir nicht so weit gehen und nicht ganz auf die stücke verzichten. Wir lassen gelten, dass das stück immer noch einen bestimmten wert für uns hat; wir wollen ihn nicht brach liegen lassen, sondern ihn im gegenteil steigern. Und dazu, wie gesagt, bedarf es allgemein verständlicher, gross angelegter optischer wirkungen, um das stück, das seinen eigenen wert schon durch den grossen dichter besitzt, im wert noch zu steigern.

Zuerst und vor allem die gestaltung der *szene*. Es ist müssig, davon zu sprechen, dass das bühnenbild ablenkt oder verwirrt, denn es geht hier nicht darum, ein verwirrendes bühnenbild zu schaffen, sondern darum, einen raum zu erfinden, der mit den vorstellungen des dichters harmoniert.

[...]

Mit hilfe der szenengestaltung sind sie in der lage, auch die bewegungen der schauspieler zu gestalten; ausserdem müssen sie es verstehen, die massenwirkung der schauspieler zu steigern, ohne in wirklichkeit einen mann hinzuzufügen. Sie dürfen also nicht einen einzigen mann verschwenden oder ihn an einem platz unterbringen, wo auch nur ein zentimeter von ihm verloren geht. Deshalb muss der boden, auf dem der schauspieler sich bewegt, der am sorgfältigsten behandelte teil des ganzen szenenbildes sein. Wenn ich sagte, sie sollten keinen zentimeter des schauspielers vergeuden, so wollte ich damit nicht unbedingt sagen, dass sie jeden zentimeter von ihm *zeigen* müssen. Das versteht sich von selbst. Durch das mittel suggestiver andeutung können sie auf der bühne alle erdenklichen dinge – ob regen, sonne, wind, schnee, hagel oder glühende hitze – zu bewusstsein bringen; aber niemals wird ihnen das gelingen, wenn sie versuchen, der natur irgendwelche schätze abzuringen und abzutrotzen, um diese dann vor den augen der menge auszubreiten. Durch suggestion in der bewegung können sie alle leidenschaften und gedanken einer riesigen menschenmenge wiedergeben; und auf dieselbe weise können sie dem schauspieler helfen, die gedanken und gefühle des besonderen charakters auszudrücken, den er darzustellen hat. Wirklichkeitstreue und genauigkeit im detail sind auf der bühne zu nichts nütze.

[...]

Ich entwickle meine bühnenbilder nicht bloss aus dem stück, sondern aus den grossen assoziationsbereichen, die das stück oder sogar auch andere stücke desselben dichters in mir hervorgerufen haben.

[...]

Wenn sie bei der vorbereitung einer inszenierung sich mit dem bühnenbild beschäftigen, dann geben sie immer wieder ihren gedanken schnell eine andere wendung und betrachten sie spiel, bewegung und stimme des schauspielers. Entscheiden sie noch nichts, springen sie sofort weiter und gewinnen sie immer wieder einen anderen blickpunkt für diese einheit. Betrachten sie die bewegung, losgelöst vom bühnenbild, vom kostüm, als bewegung an sich. Verbinden sie auf irgendeine weise die bewegung des schauspielers mit der, die sie vor ihrem geistigen auge im bühnenbild sehen. Jetzt giessen sie ihre ganze farbe darüber aus. Jetzt waschen sie die ganze farbe wieder ab. Nun beginnen sie von neuem. Betrachten sie nur die worte. Durchdringen sie mit ihnen die grenzenlosen, unwirklichen bilder ihrer phantasie und versuchen sie, diese bilder durch die worte möglich werden zu lassen. Verstehen sie, was ich meine? Besehen sie sich ihre aufgabe von jedem standpunkt aus und in bezug auf jedes element, und übereilen sie sich nicht, mit ihrem werk zu beginnen, bevor nicht eins der elemente sie dazu *zwingt*. Sie dürfen allem, was ihren willen und ihre hand beeinflusst, eher trauen als ihrem eigenen kleinen menschenverstand. Dies sind wahrscheinlich nicht die methoden, die auf der schule gelehrt werden. Aber was bei den schulmethoden herauskommt, ist hinlänglich bekannt und nicht eben rühmlich.

[...]

Vermeiden sie all dies. Vermeiden sie alles, was man «naturalistisch» nennt, sowohl in der bewegung als auch in der szenengestaltung und im kostüm. Das naturalistische hat sich auf dem theater breit gemacht, weil das künstliche immer geschraubter und abgeschmackter geworden ist. Aber vergessen sie nicht, dass es auch eine *edle* künstlichkeit gibt.

Irgend jemand, der über natürliche bewegung und gestik schrieb, hat gesagt: «Wagner hatte lange das system des *natürlichen* spiels angewandt, welches in den letzten jahren von einem französischen schauspieler im Théâtre Libre in Paris ausprobiert wurde, ein system, das glücklicherweise immer allgemeinere verbreitung findet.» Sie sind da, um zu verhindern, dass solche dinge geschrieben werden.

Diese tendenz zur natürlichkeit hat nichts mit kunst zu tun und ist ebenso abgeschmackt, wenn sie sich in der kunst zeigt, wie die künstlichkeit abgeschmackt ist, wenn man ihr im täglichen leben begegnet. Wir müssen endlich begreifen, dass die beiden dinge voneinander getrennt sind und dass wir jedes für sich belassen müssen. Dabei dürfen wir nicht erwarten, dass wir uns von dieser tendenz zur «natürlichkeit», zur «natürlichen» szene, zum «natürlichen» sprechen augenblicklich befreien können, aber wir können dagegen ankämpfen und am besten dadurch, dass wir die anderen künste studieren.

So müssen wir also den gedanken an natürliches oder unnatürliches spiel, an natürliche oder unnatürliche gedanken gänzlich aus unserer vorstellung vertreiben und stattdessen die *notwendige oder nicht notwendige bewegung* beachten. Man kann sagen, dass die notwendige bewegung manchmal zugleich die natürliche bewegung ist, und wenn das mit «natürlich» gemeint ist, dann ist alles in ordnung. Wenn etwas am rechten platz ist, ist es auch natürlich; man darf sich nur nicht einbilden, dass jede natürliche bewegung am rechten platz ist. Im gegenteil gibt es kaum eine solche richtige bewegung, die in dieser weise natürlich wäre. Bewegung ist eine zerstörende kraft, sagt Rimbaud.

Mit einem schauspielerensemble aktionen und bewegungen einzustudieren, die man in jedem salon, in jedem clubhaus, in jeder wirtschaft, in jeder dachstube zu sehen bekommt, muss jedem nur albern erscheinen. Dass schauspielern solcherlei eingeübt wird, ist bekannt, aber es bleibt in seiner naivität nahezu unglaublich. So wie sie eben kostüme mit bestimmtem bedeutungsgehalt zeichnen sollten, so müssen sie jetzt eine reihe von bewegungen erfinden, die eine bestimmte bedeutung haben, und dabei immer an den grossen unterschied denken, der zwischen den bewegungen einer masse und den bewegungen eines einzelnen besteht, und daran, dass gar keine bewegung besser ist als eine zu kleine.

[...]

Es gibt etwas, worüber der mensch noch nicht herr geworden ist; etwas, von dessen gegenwart er sich nichts träumen liess und das doch darauf wartete, dass er sich ihm liebevoll näherte; etwas unsichtbares und doch stets gegenwärtiges; etwas von überwältigendem zauber, schnell bereit, sich zurückzuziehen, und nur in der erwartung verharrend, dass sich die rechten menschen nähern, um mit ihnen sich emporzuschwingen über die erde hinaus durch alle sphären – die bewegung.

Es ist irgendwie eine allgemein verbreitete vorstellung, dass nur durch worte wahrheiten offenbart werden können. Selbst eine chinesische weisheit sagt: «Geistige wahrheit ist tief und umfassend, von unendlicher vortrefflichkeit, doch schwer zu fassen. Ohne worte wäre es unmöglich, ihre lehre zu erklären; ohne bilder könnte ihre form nicht sichtbar gemacht werden. Worte erklären das gesetz von zwei und sechs; bilder beschreiben das verhältnis von vier und acht. Ist sie nicht tief, unendlich wie der raum und von unvergleichlicher schönheit?»

Aber wie steht es mit dem, was nicht weniger schön ist und unendlich und ebenso im raume wohnt, bewegung genannt? Aus dem ton ist das wunder der wunder, musik, entstanden. Musik – man könnte von ihr sprechen, wie der Heilige Paulus von der liebe spricht. Sie ist ganz liebe, denn sie ist ganz so, wie Paulus wahre liebe beschreibt. «Die liebe ist langmütig und freundlich; sie eifert nicht, sie stellet sich nicht ungebärdig, sie glaubet alles, sie hoffet alles...» – wie unendlich edel ist das! Und wie eine sphäre der anderen ähnlich ist, so gleichen sich bewegung und musik. Ich denke gerne, dass alle dinge aus der bewegung entstehen, selbst die musik; und ebenso, dass es die höchste ehre für uns sein muss, diener dieser höchsten kraft, der bewegung, zu sein. Und sie sehen wohl, an welcher stelle das theater (selbst das arme, verwirrte und chaotische theater von heute) in ihrem dienste steht. Das theater in allen ländern, im osten und westen, hat sich aus der bewegung, aus der bewegung des menschlichen körpers entwickelt (obwohl es eine entwicklung zum verfall hin war). So-

viel wissen wir, denn es ist überliefert. Und bevor der mensch die schwer-
wiegende verantwortung übernahm, seine eigene person als instrument
zu gebrauchen, durch das die schönheit sich ausdrücken sollte, gab es ein
anderes, weiseres geschlecht, das sich anderer instrumente bediente.

Ursprünglich waren der tänzer und die tänzerin priester und priesterin,
doch hatten sie deswegen nichts düsteres an sich. Allzu schnell entarteten
sie, sanken zum seiltänzer und seinesgleichen herab und erfuhren
schliesslich die auszeichnung, ballett-tänzer zu sein. In der gesellschaft
des fahrenden sängers trat dann der schauspieler auf den plan. Ich bin
nicht der ansicht, dass mit einer wiedergeburt des tanzes auch eine wiedergeburt der altehrwürdigen kunst des theaters sich einstellen wird,
denn ich bin der meinung, dass nicht einmal der ideale tänzer das vollkommene instrument ist, mit dem alles, was in der bewegung vollkommen ist, auszudrücken wäre. Der ideale tänzer, ob männlich oder weib-
lich, kann mit der kraft und grazie seines körpers zwar vieles von der kraft
und grazie der menschlichen natur zum ausdruck bringen, aber er kann
nicht alles ausdrücken, nicht den tausendsten teil des ganzen. Denn für
den tänzer und alle anderen, die ihre eigene person als instrument einsetzen, gilt die gleiche wahrheit: der menschliche körper weigert sich, instrument zu sein, und verweigert es selbst dem geiste, der in diesem körper
wohnt. Die söhne des Lot lehnen sich auch heute noch gegen ihren vater
auf. Die alte göttliche einheit, das vollkommene quadrat und der unvergleichliche kreis – grundharmonie unserer natur, ist unbarmherzig von
unseren launen zerstört worden, und unser natürlicher instinkt vermag
nicht mehr, das quadrat, den kreis an die graue wand vor sich zu zeichnen.
Aber mit bedeutungsvoller gebärde zwingen wir unsere seele abermals
dazu, ohne unseren körper auf neuem wege voran zu schreiten und alles
verlorene wiederzugewinnen. Das ist eine wahrheit, über die sich nicht
streiten lässt; sie tut der schönheit keinen abbruch, die von den liebens-
werten sängern und tänzern aller zeiten ausstrahlt.

Mir erscheint es stets angemessener, wenn der mensch ein instrument
erfindet, das ausserhalb seiner person existiert, und durch dieses instrument seine botschaft übersendet. Ich habe mehr bewunderung übrig für
die orgel, für die flöte und die laute als für die menschliche stimme, wenn
diese als instrument gebraucht wird. Ich halte eine flugmaschine für be-
wundernswerter und angemessener als einen mann, der sich vogelschwin-
gen umbindet. Denn der mensch kann mit seiner person nur wenige geringe dinge erobern; mit seinem geiste aber vermag er für alles, was es zu
erobern gibt, mittel und wege zu erdenken und zu erfinden.

Ich glaube nicht an die magie der persönlichkeit, aber ich glaube an die
magie des unpersönlichen im menschen. Wir sollten nicht vergessen, dass
wir in einer zeit nicht vor, sondern nach dem sündenfall leben. Einen
anhaltspunkt entnehme ich der alten sage; und obwohl es vielleicht nur

eine geschichte ist, meine ich, dass es doch genau die richtige geschichte für den künstler ist. In jener erhabenen zeit vor dem sündenfall können wir vor unserem geistigen auge den menschen in einem zustand solcher vollkommenheit erblicken, dass sein wunsch zu fliegen genügte, um wirklich zu fliegen, dass das streben nach dem unmöglichen, wie wir es nennen, genügte, um es zu erreichen. Wir vermeinen den menschen zu sehen, wie er in der luft fliegt, wie er in die tiefen hinabtaucht und doch keinen schaden nimmt. Er braucht keine lächerlichen kleider, er weiss nichts von hunger und durst. Aber nun, da uns bewusst wird, dass das «göttliche quadrat» zerstört worden ist, müssen wir erkennen, dass der mensch nicht länger vortreten und verkünden kann, seine person sei das vollkommene und angemessene medium, um den vollkommenen gedanken auszudrücken.

So müssen wir uns den gedanken aus dem sinn schlagen, dass der menschliche körper als ein instrument aufgefasst werden darf, das sich zur übertragung von *bewegung* gebrauchen liesse. Wir werden ohne ihn um so stärker sein. Wir werden nicht länger unsere zeit verschwenden und uns nicht länger in leeren hoffnungen wiegen. Der name, unter dem diese kunst bekannt werden wird, lässt sich noch nicht genau bestimmen, doch es wäre ein fehler, rückwärts zu schauen – nach den namen, die in China, Indien, Griechenland galten. Wir haben worte genug in unserer englischen sprache, und das englische wort möge in den wortschatz anderer nationen eingehen. An anderer stelle habe ich über diese sache mehr geschrieben und werde weiter über sie schreiben, je mehr sie sich in meinem geiste entwickelt; und sie werden von zeit zu zeit lesen, was ich schreibe. Aber ich will ihnen die schwierigkeit nicht vorenthalten, in der ja gerade die quelle ihres vergnügens liegen wird. Ich möchte alles offen lassen und noch keine festen regeln aufstellen, wie und mit welchen mitteln diese bewegungen gezeigt werden sollen. Nur dies eine lassen sie mich sagen. Ich habe über mein instrument nachgedacht und es anzufertigen begonnen, und mit diesem instrument will ich mich bald auf die suche nach der schönheit begeben. Wie kann ich wissen, ob ich sie wirklich erreiche? Und wie kann ich ihnen daher endgültig sagen, welches die ersten regeln sind, die sie erlernen müssen? Allein und ohne hilfe kann ich keine bleibenden ergebnisse erzielen. Ich brauche die kraft des ganzen künftigen geschlechts, um alle schönheiten zu entdecken, die in jener grossen quelle verborgen liegen, – dieses ganze geschlecht neuer künstler, zu dem sie gehören. Wenn ich mein instrument gebaut und ihm die erste probe abgenommen habe, dann rechne ich damit, dass andere ähnliche instrumente nss andere ähnliche instrumente konstruieren. Allmählich wird dann – gemäss den gesetzen, die alle diese instrumente bestimmen – ein besseres instrument entwickelt werden.

Bei der herstellung des meinigen lasse ich mich von den ersten und einfachsten prinzipien leiten, die ich in dem phänomen bewegung zu erkennen vermag. Die feinheiten und komplizierten schönheiten, die in der bewegung, die die natur zeigt, enthalten sind, wage ich nicht zu betrachten; ich darf nicht hoffen, dass ich mich ihnen jemals nähern werde. Doch das nimmt mir nicht den mut, einige der elementarsten, reinsten und einfachsten bewegungen zu erproben, ich meine solche, die mir als die einfachsten vorkommen. Und wenn ich diese ins leben gerufen habe, werde ich wohl auch fortfahren dürfen und andere, ähnliche ins leben rufen. Aber ich bin mir vollkommen bewusst, dass sie nur die einfachsten rhythmen, noch lange nicht die grossen bewegungen umfassen werden, nein, diese nicht einmal in tausend jahren. Wenn sie aber einstmals erkannt werden, wird mit ihnen grosses heil erscheinen, denn dann sind wir dem gleichgewicht näher als jemals zuvor.

Ich glaube, es lassen sich zwei verschiedene bereiche der bewegung unterscheiden: die bewegung von zwei und vier, das quadrat; und die bewegung von eins und drei, der kreis. Im quadrat herrscht immer mehr das element des männlichen vor, im kreis das element des weiblichen. Und erst wenn der weibliche geist sich selbst aufgibt, um dem männlichen in der suche nach diesem unendlichen reichtum zu folgen, erst dann ist die vollkommene bewegung entdeckt; wenigstens stelle ich es mir gerne so vor.

Und ich stelle mir gerne vor, dass diese aus der bewegung geborene kunst der erste und der bleibende universalglaube ist. Und ich träume gerne davon, dass zum erstenmal in der weltgeschichte männer und frauen dies zusammen erreichen werden. Wie neuartig, wie schön wäre das! Und dieser neue anfang liegt als unerschöpfliches feld von möglichkeiten vor den menschen der nächsten jahrhunderte. Die menschen haben einen viel ausgeprägteren sinn für bewegung als für musik. Kann es sein, dass dieser gedanke, der mir gerade gekommen ist, eines künftigen tages mit der hilfe der frau verwirklicht werden wird? Oder wird es, wie immer, des mannes teil sein, dies allein zu erreichen? Der komponist, der maler, der baumeister und der dichter – sie alle sind männlichen geschlechts. Hier ist die gelegenheit, das alles zu ändern! Aber ich kann diesen gedanken hier nicht weiter nachgehen, und sie werden es auch nicht können.

Denken sie weiter nach über die erfindungen eines instruments, mit dem sie bewegung anschaubar machen können. Wenn sie diesen punkt in ihrer entwicklung erreicht haben, dann brauchen sie sich nicht mehr darum zu sorgen, ihre gefühle oder ihre ansichten zu verbergen, sondern sie werden hervortreten und mir bei meinen nachforschungen helfen. Sie werden nicht das theater revolutionieren, sie werden sich über das theater erheben und einen neuen bereich jenseits des theaters betreten. Vielleicht werden sie bei ihren nachforschungen eine wissenschaftliche methode verfolgen, und das wird sie zu sehr wertvollen ergebnissen führen.

Es müssen hundert wege zu diesem ziel führen, nicht bloss einer; und eine wissenschaftliche art, ihre entdeckungen darzulegen, kann der sache in keiner weise schaden.

Sehen sie irgendeinen wert in dem, was ich ihnen übermittelt habe? Wenn es ihnen nicht gleich gelingt, so wird es schon nach und nach kommen. Ich kann nicht erwarten, dass mich auch nur hundert oder fünfzig menschen verstehen werden, ja nicht einmal zehn. *Aber einer?* Es ist möglich – oder vielmehr: es ist nicht unmöglich. Und *dieser* eine wird verstehen, dass ich hier von dingen spreche, die sich auf heute beziehen, die sich auf morgen und auf die ferne zukunft beziehen, – und er wird darauf achten, diese drei verschiedenen zeitperioden nicht zu verwechseln. Ich glaube an jede dieser perioden und an die notwendigkeit, durch die erfahrung hindurchzugehen, die jede von ihnen anzubieten hat.

Ich glaube an die zeit, in der wir kunstwerke im theater schaffen können, ohne von geschriebenen stücken, ohne von schauspielern gebrauch zu machen, aber ich glaube auch an die notwendigkeit, die tägliche arbeit unter den bedingungen zu verrichten, die uns heute geboten sind.

Das wort *heute* ist gut, und das wort *morgen* ist gut, und die worte *die zukunft* sind göttlich – aber das wort, das diese verbindet, ist vollkommener als alle; es ist das balancierende wort *und*.

In: Edward Gordon Craig: über die kunst des theaters, S. 20–21, 28, 31–32, 33, 34, 37–39, 45–49.

Konstantin S. Stanislawski und Max Reinhardt, Berlin 1928

4

MAX REINHARDT

(1873–1943)

«Was mir vorschwebt, ist ein Theater, das den Menschen wieder Freude gibt. Das sie aus der grauen Alltagsmisere über sich selbst hinausführt in eine heitere und reine Luft der Schönheit.»

Max Reinhardt, 1901

«Der Schauspieler ist ein Mondwandler.»

Max Reinhardt, ca. 1914

«Das Heil kann nur vom Schauspieler kommen, denn ihm und keinem anderen gehört das Theater.»

Max Reinhardt, 1929

«...es gehört heute viel Tapferkeit und Liebe zu diesem Beruf.»

Max Reinhardt, 1933

«Heutzutage ernsthaft Theater zu spielen, ist im Grunde genommen eine Donquichoterie.»

Max Reinhardt, 1943

Max Reinhardt war kein Theoretiker des Theaters, aber der wohl exponierteste Repräsentant einer spätbürgerlichen Theaterkultur, die in seinem Lebenswerk zur glanzvollsten Entfaltung kam, deren Endzeitcharakter aber gleichermaßen unübersehbar ist. Für Reinhardt war Theater ein Fest der Schönheit, dem Alltag entrückt und entgegengesetzt, ein Ort des Einverständnisses, nicht des Widerspruchs. In seiner Gedenkrede, gehalten am 15. Dezember 1943 in Los Angeles, zeichnet Thomas Mann ein Porträt von Max Reinhardt, das dessen Wort von seiner Vermittlerschaft «zwischen Traum und Wirklichkeit» aufnimmt; und auch Heinrich Braulich gebraucht leitmotivisch die Formel «Theater zwischen Traum und Wirklichkeit» in seiner Reinhardt-Monographie. Er nennt Reinhardt den «spielfreudigsten Experimentator der Theatergeschichte», und es ist in der Tat kaum ein Superlativ zu hochgegriffen, um das Phänomen Reinhardt zu beschreiben. Bernhard Reich nennt Reinhardt ein «Genie des Suchens, Findens und Schaffens» und spricht vom «synthetischen Theater» Reinhardts, das die «schöpferische Ganzheit der Vorstellung» aus der Vision entwickelt habe. Dennoch hat Reinhardt keinen Stil hinterlassen, keine Richtung oder Schule geprägt, wie dies etwa mit Namen wie Brahm, Craig, Stanislawski oder Brecht verbunden ist. Das Wesen des Theaters als eines transitorischen Ereignisses wird gerade am Werk von Max Reinhardt manifest. Sein Theater war Schauspielertheater par excellence, und nichts ist vergänglicher als jene Kunst, die so ganz im Ereignis des Spiels aufgeht. Reinhardts Arbeit mit dem Schauspieler hat sich auch nicht wie die von Stanislawski in einem pädagogischen «System» oder wie bei Brecht in einer «Technik» niedergeschlagen, viel eher in einem künstlerischen Ethos des Umgangs mit dem Schauspieler, «seinen geliebten Kindern», wie Thomas Mann diese Beziehung zu Recht genannt hat.

Die Daten der Biographie Reinhardts vermitteln einen Eindruck von der Einzigartigkeit dieses Theaterlebens:

Reinhardt wurde – als Max Goldmann – am 9. September 1873 in Wien geboren. Sein Vater war Kaufmann in der Textilbranche. Wirtschaftliche Schwierigkeiten zwangen die Mutter und bald auch den Sohn Max zur Erwerbstätigkeit, der aus diesem Grunde eine begonnene Banklehre abbrach. 1888 nahm Max Goldmann Schauspielunterricht. Sein erster nachgewiesener Bühnenauftritt am Fürstlich Sulkowskyschen Eleventheater in Matzleinsdorf bei Wien im April 1890 erfolgte bereits unter dem Künstlernamen Reinhardt (nach der Hauptfigur in Theodor Storms Novelle «Immensee»). Die Namensänderung war eine Reaktion auf den in Wien besonders hochbrandenden Antisemitismus (vgl. auch Kap. 13, Fritz Kortner). 1892/93 erhielt Reinhardt ein erstes Engagement am Neuen Volkstheater in Rudolfsheim, in der Wiener Vorstadt. Für die Spielzeit 1893/94 wurde er ans Stadttheater Salzburg engagiert. Er spielte dort 49 Rollen; in den Sommermonaten Tourneen im Salzburger Land. In Wien (Frühjahr 1893) lernte er Otto Brahm (vgl. Kap. 1) kennen, der ihn zum 1. September 1894 ans Deutsche Theater Berlin engagierte.

Mit dem Engagement im Brahm-Ensemble war der entscheidende Schritt in Reinhardts Laufbahn vollzogen. Zunächst auf Episodenrollen spezialisiert, vornehmlich auf alte Männer und Greise, avancierte er bald durch seine außerordentlich präzise Rollengestaltung zum «Lieblingsschauspieler Brahms» (Max Epstein) und wurde auch in großen Rollen eingesetzt. Seinen Durchbruch hatte er 1897 in der Rolle des Wilhelm Foldal in Ibsens «John Gabriel Borkman».

Am 9. März 1895 schreibt Reinhardt an seinen Jugendfreund Berthold Held, der wenige Jahre später einer seiner wichtigsten Mitarbeiter werden sollte, über die Berliner Theaterverhältnisse schon mit einigem Sarkasmus:

«Das ist übrigens auch merkwürdig. Früher gab es gute und schlechte Schauspieler. Heute gibt es pathetische, naturalistische, deklamatorische, moderne, realistische,

ideale, pathologische, äußerliche und innerliche Schauspieler, Stimmungsschau-
spieler, Gefühlsschauspieler u. Vernunftschauspieler etc. etc. etc. etc. Früher gab's
Menschendarsteller. Heute existieren Ibsen-Darsteller, Hauptmann-Darsteller,
Stilschauspieler u.s.w. [...] So gibt es hier beispielsweise Spezies von Idioten- und
Kretindarstellern. Menschen, die im Leben tatsächlich beschränkt sind und den
Stempel dieser Eigenschaft in ihrem Gesichte auffallend ausgeprägt tragen. Sie
stehen als Darsteller von Kretins und Idioten, wie sie z. B. in Halbes ‹Jugend› vorkommen, hoch in Ansehen. Individualitäten!!! – Das ist wohl eine der possierlich-
sten Blüten des Verismus! Es ist z. B. Tatsache, daß Dr. Brahm ausschließlich für
die ‹Weber› Leute engagiert hat, die entweder in andern Stücken gar nicht beschäftigt sind oder wenn ihre totale Unfähigkeit erwiesen. Aber in den ‹Webern› sind sie
vorzüglich. – Welch' glänzende und verheißungsvolle Perspektive eröffnet sich da
vor unsern Augen. Freut euch, ihr Stiefkinder der Natur, ihr alle, die ihr mit leibli-
chen oder geistigen Schäden behaftet seid. Freut euch der Zukunft! Ihr seid allein
berufen, unsere hypermoderne Literatur zu interpretieren» (vgl. Max Reinhardt
Schriften).

Die Lösung von Otto Brahm zeichnete sich hier schon klar ab. Reinhardt
ging seinen eigenen künstlerischen Weg.

1895: Reinhardt, noch im Ensemble von Otto Brahm, regt die Gründung einer Versuchsbühne für Schauspieler an. Die Motivation dazu
kommt aus Widerständen gegenüber der Theaterauffassung Otto
Brahms, gegen dessen Fixierung auf den Bühnennaturalismus und eine
realistische Spielweise, die Reinhardt, wie andere Mitglieder des Brahm-
Ensembles auch, als Beengung empfinden.

1898/99: Zusammen mit Josef Kainz (1858–1910), Richard Vallentin
(1874–1908), Friedrich Kayßler (1874–1945), Paul Biensfeldt, Christian
Morgenstern, Martin Zickel u. a. gründet Reinhardt eine gesellige Vereinigung, der sie den Namen «Die Brille» geben. Man trifft sich im Café
Monopol; die Gruppe inszeniert kleine humoristisch-satirische und parodistische Szenen und Einakter.

1900: Max Epstein berichtet:

«Der künstlerische Ulk, den man hier trieb, wurde Sylvester 1900 zum ersten Mal
einem kleine Kreis geladener Gäste vorgespielt. Der Erfolg dieser Scherzspiele
veranlaßte die Veranstalter, das Programm vor einem größeren Kreise zu wiederholen. Das geschah am 23. Januar 1901, wenige Tage nach der Eröffnung des Wolzogenschen ‹Bunten Theaters›, im Saal des Künstlerhauses. Die Vereinigung selbst
war eigentlich in dem Gedanken einig, daß man, im Gegensatz zu Brahm, der
Einbildungskraft und frohen Laune, dem Eigenartigen und Neuartigen wieder
zum Rechte verhelfen müsse. In der ersten Aufführung vor geladenem Publikum
applaudierte Otto Brahm, der für Ironie und Satire ein besonders feines Ohr hatte,
seinen jungen Künstlern lebhaft. Reinhardt, Kayßler und Zickel empfingen die
Gäste in Pierrot-Kostümen und erklärten nach Eröffnung der Veranstaltung durch
Fanfarenstöße in einem launigen Terzett, daß es auf den Namen gar nicht an-
komme. ‹Name ist Schall und Rauch›. Mit diesem Einfall war der Titel des Unter-

nehmens gegeben. Mia Werber trat als Brunhilde auf, und der eigentliche Schlager des Abends war die Pantomime ‹Die zehn Gerechten›, welche die Wirkung einer Premiere auf eine Parkettreihe von Kritikern und Premierenbesuchern vor Augen führte. Dann gab es Szenen am Kassenschalter des Intimen Theaters und die ‹Tetralogie der Spielarten›, die am ‹Don Carlos› demonstriert wurden. Man sah ‹Don Carlos› im alten Darstellungsspiel auf der Schmiere, dann im naturalistischen Stil als ‹Carle, eine Diebskomödie›, darauf als Produkt der symbolistischen Richtung unter dem Titel ‹Carleas und Elysande› und schließlich ‹Don Carlos auf dem Brettl›» (vgl. M. Epstein: Max Reinhardt).

1901: Für die neugegründete Schall-und-Rauch-GmbH wird Reinhardts Bruder Edmund (1875–1929) als Verwaltungschef engagiert. Ein weiterer Helfer ist Reinhardts Jugendfreund Berthold Held. Der Architekt Peter Behrens («Feste des Lebens und der Kunst») baut die angemieteten Räumlichkeiten zu einer den Theaterbau-Reformideen der Zeit entsprechenden Spielstätte um. Am 9. Oktober 1901 ist die Eröffnung. Hans Oberländer zeichnet offiziell als Direktor, da Reinhardt noch bei Brahm unter Vertrag steht. Die Bühne bringt eine Art kabarettistisches Programm: «Überbrettl»-Nummern, Couplets, Grotesken, Einakter, Ballettauftritte und Tanzszenen.

1902: Ausweitung der Konzession von Schall und Rauch auf abendfüllende Stücke. Umbenennung in Kleines Theater (19. August 1902) und erneuter Umbau. Ein künstlerischer Durchbruch wird die Inszenierung von Oscar Wildes «Salome» mit Gertrud Eysoldt (1870–1955) in der Titelrolle.

1903: Am 23. Januar 1903 Richard Vallentins legendäre Inszenierung von Maxim Gorkis «Nachtasyl». Reinhardt, der zum 1. Januar 1903 aus dem Brahm-Ensemble ausscheidet und offiziell die Direktion des Kleinen Theaters übernimmt, spielt den Luka. Der Erfolg ermutigt Reinhardt; er fand entsprechende Geldgeber zum Kauf des Neuen Theaters (später Theater am Schiffbauerdamm). Eröffnet wird mit dem von Hans Oberländer inszenierten Lustspiel von Ludwig Thoma «Die Lokalbahn». Am 3. April Max Reinhardts erste Berliner Inszenierung: Maeterlincks «Pelleas und Melisande» am Neuen Theater; am 29. September Oscar Wildes «Salome» am Neuen Theater; am 30. Oktober am Kleinen Theater Hofmannsthals «Elektra».

1904: Reinhardts Reihe der Inszenierungen deutscher Klassiker wird eingeleitet mit Lessings «Minna von Barnhelm» (14. Januar 1904 am Neuen Theater mit Agnes Sorma in der Titelrolle, Eduard von Winterstein als Tellheim, Lucie Höflich als Franziska). Das Neue Theater wird umgebaut und technisch auf den neuesten Stand gebracht, insbesondere für die Aufführung von Musiktheater; Einbau einer Drehbühne. Technisch wird der Bau betreut von Berthold Held, Gustav Knina und Max

Kruse. Letzterer perfektioniert die Drehbühnentechnik im Hinblick auf die Optimierung der Illusionsmöglichkeiten und der Beleuchtungseffekte («Kruse-Effekt»). Für die Inszenierung von Shakespeares «Lustigen Weibern von Windsor» (21. Oktober 1904) setzt Reinhardt erstmals die Drehbühne ein. Die Änderung seines Namens Goldmann in Reinhardt wird von den zuständigen ungarischen Behörden bewilligt. Ein erster großer Erfolg an dem neuen Haus wird, von Reinhardt inszeniert, Beer-Hofmanns Trauerspiel «Der Graf von Charolais» (23. Dezember 1904; Max Reinhardt spielt den Roten Itzig).

1905: Reinhardts Inszenierung von Shakespeares «Ein Sommernachtstraum» (31. Januar 1905) wird als Theaterereignis gefeiert. Gustav Knina entwirft die Waldszenerie auf der Drehscheibe. Gertrud Eysoldt spielt den Puck. Reinhardt pachtet das Deutsche Theater. Adolphe L'Arronge, der Besitzer, hatte 1904 den Vertrag mit Otto Brahm nicht mehr verlängert. Paul Lindau (1839–1919) war Direktor in der Spielzeit 1904/05. Eröffnet wird, nach einer vollständigen Modernisierung des Hauses, am 19. Oktober 1905 mit Reinhardts Inszenierung von Kleists «Das Käthchen von Heilbronn» mit der Musik von Hans Pfitzner. Reinhardt eröffnet am 2. Oktober 1905 die «Schauspielschule des Deutschen Theaters zu Berlin». Ende des Jahres kauft Reinhardt das Deutsche Theater.

Von L'Arronge vorgegebene Bedingung für den Kauf war allerdings, daß sich Reinhardt vom Kleinen und dem Neuen Theater trennen mußte. Dennoch war damit der entscheidende Schritt zum Aufbau des Reinhardtschen Theaterkonzerns getan.

1906: Reinhardt inszenierte im Deutschen Theater die Uraufführung von Hofmannsthals «Ödipus und die Sphinx» (2. Februar 1906); Alfred Roller (1864–1935), der hier erstmals für Reinhardt arbeitet, entwirft Bühne und Kostüme. Im Neuen Theater inszeniert Reinhardt am 13. Mai 1906 Offenbachs «Orpheus in der Unterwelt». Die Ausstattung entwirft erstmals Ernst Stern (1876–1954), der lange Jahre für die Ausstattung der Reinhardt-Bühnen zuständig sein wird. Reinhardt kann ein unmittelbar neben dem Deutschen Theater gelegenes Tanzlokal erwerben und läßt es zu einer intimen, eleganten Studiobühne umbauen. Mit der Inszenierung von Ibsens «Gespenster» am 8. November 1908 (Edvard Munch hatte das Bühnenbild geschaffen) wurden die Kammerspiele des Deutschen Theaters eröffnet. Agnes Sorma (1865–1927) spielt die Frau Alving, Alexander Moissi (1879–1935) den Oswald, Friedrich Kayßler den Manders, Lucie Höflich Regine und Reinhardt selbst Jakob Engstrand. Am 20. November 1906 inszeniert Reinhardt die Uraufführung von Frank Wedekinds Kindertragödie «Frühlings Erwachen» in den Kammerspielen. Wedekind spielt den vermummten Herrn. Reinhardt hatte inzwischen seinen Arbeitsstil zur Perfektion entwickelt. Die Regiekonzeption wurde von ihm vor Beginn der Proben bis in die letzte Einzelheit festgelegt. Heinz Herald schreibt über Reinhardts Arbeitsweise:

«Es soll Regisseure geben, die ihre Ausarbeitung nicht schriftlich festzuhalten brauchen und die auf keine Probe etwas anderes mitbringen als den Dramentext: ich kann mir nicht denken, daß das innere Gebäude ihrer Aufführung von der gleichen Festigkeit, von der gleichen architektonischen Vollendung ist wie bei Reinhardt, dessen Regiebücher das Durchgearbeitetste sind, was man sich in dieser Art denken kann. Das Regiebuch stellt bei Reinhardt, wie einmal treffend gesagt wurde, ‹eine vollständige, bis in alle Details ausgeführte Paraphrase des Werkes dar in der Sprache des Regisseurs›. Neben den Text des Dichters, der hier schon die für das Spiel geeignete Fassung erhalten hat, das heißt der auf das vorsichtigste gestrichen und unter Umständen aus den verschiedensten Übersetzungen zusammengefügt wurde (Bearbeitungen und Umstellungen, die den dichterischen Rhythmus verfälschen, vermeidet Reinhardt stets), tritt nun ein besonderer Text, der Text des Regisseurs, der oft den Dramentext in bezug auf Ausführlichkeit um ein Vielfaches übertrifft. Hier hat das Größte wie das Kleinste Beachtung gefunden, die Stimmung jeder Szene und innerhalb dieser Szene jeder Rede und innerhalb dieser Rede jedes Satzes ist angedeutet. Ausdruck, Lautstärke, Stellung des Schauspielers, innere Empfindung, Ausdeutung der Pausen, Wirkung auf die Mitspielenden sind in knappen, treffenden Worten festgelegt. Am Anfang jeder Szene findet sich eine bis ins kleinste gehende Beschreibung der Dekoration, der meist Zeichnungen und immer ein Grundrißplan zur Erläuterung beigegeben sind, für jeden Neuauftretenden ist eine genaue Beschreibung des Kostüms vorhanden, alle Gänge innerhalb einer Szene sind nicht nur erwähnt, sondern auch, in Form von Bewegungsskizzen, eingezeichnet, das Licht, der Wechsel des Lichtes ist beschrieben, Bemerkungen über Bedeutung, Ausdruck, Stärke, Länge der Begleitmusik und über die Geräusche finden sich, die Art der Verwandlungen ist hier schon angegeben.

Hier ist alles vermerkt, was irgendwie für die Darstellung in Frage kommt. Das Regiebuch, das alle diese Bestandteile wie zu einem festen, dichten Teppich verwebt enthält, ist in seiner andeutenden Form schon ein vollkommen fertiges Werk, rund, ohne Lücken. Freilich ist es in der ‹Sprache des Regisseurs› abgefaßt und wird daher für den Laien unverständlich sein. Es zeigt die Spielform des Regisseurs, die er, wie der Schiffer sein Boot durch Wind, Wellen und Klippen, durch die tausend entgegenwirkenden Widerstände hindurchzuführen hat: bis zur endlichen Aufführung» (vgl. H. Herald: Max Reinhardt – Ein Versuch über das Wesen der modernen Regie).

Für die «Gespenster»-Inszenierung übermittelte Reinhardt an Munch genaueste Vorstellungen von Atmosphäre und Ausstattung der Bühne, an denen sich der Maler orientieren sollte.

1909: Im Deutschen Theater inszeniert Reinhardt Goethes «Faust I» (am 25. März 1909; Friedrich Kayßler als Faust, Rudolf Schildkraut [1862–1930] als Mephisto, Lucie Höflich als Magarethe; Bühne und Ausstattung Alfred Roller). Reinhardt übernimmt die Leitung der Som-

William Shakespeare «Ein Sommernachtstraum».
Neues Theater am Schiffbauerdamm Berlin, 1905

Jacques Offenbach «Orpheus in der Unterwelt», 1922

merfestspiele des Münchner Künstlertheaters. Gezeigt werden seine Inszenierungen von Shakespeares «Hamlet», «Ein Sommernachtstraum», Goethes «Faust I», Shakespeares «Was ihr wollt», Schillers «Die Räuber», Aristophanes' «Lysistrata», Shakespeares «Der Kaufmann von Venedig», Schillers «Braut von Messina», Hebbels «Judith», Ibsens «Gespenster», Nestroys «Revolution in Krähwinkel» und Hauptmanns «Hanneles Himmelfahrt». Im August Gastspiele am Ausstellungstheater der 1. Internationalen Luftfahrt-Ausstellung in Frankfurt am Main.

1910: An den Kammerspielen inszeniert Reinhardt am 26. April 1910 Friedrich Freksas orientalische Märchenpantomime «Sumurun». Ausstattung: Ernst Stern. Reinhardt überspielt hier erstmals die Rampe mit einem Blumensteg. Die Aufführung wird am 17. August 1910 am Münchner Künstlertheater gezeigt. Am 25. September 1910 inszeniert Reinhardt in der Münchner Musikfesthalle die Uraufführung «König Ödipus» von Sophokles/Hofmannsthal (Ödipus: Paul Wegener [1874–1948], Jokaste: Tilla Durieux [1880–1971]), sein erstes großes Massentheater. Am 7. November 1910 wird die Inszenierung im Berliner Zirkus Schumann (5000 Plätze) aufgeführt. Waren die Kammerspiele als elitäre Kunstinstitution (Frackzwang, hoher Einheitspreis) konzipiert, so will Reinhardt zugleich Theater für die Massen («Theater der Fünftausend») machen, eine Idee, die von vielen Seiten der Theaterreformbewegung dieser Jahre verfolgt wird (vgl. M. Brauneck: Theater im 20. Jahrhundert).

1911: Reinhardt inszeniert am 26. Januar 1911 die Uraufführung von Strauss' «Der Rosenkavalier» am Königlichen Opernhaus Dresden. Bühne: Alfred Roller. Am 15. März 1911 am Deutschen Theater Goethes «Faust II» (Mephisto: Albert Bassermann). Im August erscheinen erstmals die «Blätter des Deutschen Theaters». Uraufführung von Hofmannsthals «Jedermann» (1. Dezember 1911) im Zirkus Schumann Berlin. Reinhardt entwickelt Pläne für den Bau eines Großraumtheaters. Die Konzeption solcher Häuser wird auch von verschiedenen Architekten diskutiert; Ziel ist ein Deutsches Festspielhaus, ein Theater als «nationale Anstalt», Erneuerungsort wertkonservativer Ideen und «national-kultische Weihestätte», Theater als «soziale Wohlfahrtsanstalt». Am 23. Dezember 1911 inszeniert Reinhardt die Uraufführung von Karl Gustav Vollmoellers Mysterienspiel «Das Mirakel» in der Olympia Hall in Kensington in London. Bühne und Kostüme gestaltet Ernst Stern.

1912: Erstmals gastiert Reinhardt in den USA. In New York wird im Casino Theatre und im Lyric Theatre Freksas «Sumurun» mit großem Erfolg gezeigt. Pläne für einen weltweiten Theaterkonzern (Berlin – New York) werden diskutiert.

1913: Reinhardt dreht die Filme «Die Insel der Seligen» und «Eine venetianische Nacht». Am 31. Mai 1913 inszeniert er die Uraufführung von Hauptmanns «Festspiel in deutschen Reimen» in der Jahrhundert-

Molière «Der Geizige».
Berlin, 1917
(Max Pallenberg als Harpagon)

Maxim Gorki «Nachtasyl».
Kleines Theater Berlin, 1903
(Gertrud Eysoldt als Nastja)

Friedrich Hebbel «Judith».
Deutsches Theater Berlin,
1910 (Tilla Durieux als Judith,
Paul Wegener als Holofernes)

halle in Breslau. Mit einer Inszenierung des «Sommernachtstraums» am Deutschen Theater (14. November 1913) leitet Reinhardt seinen Shakespeare-Zyklus ein.

1915: Reinhardt übernimmt am 1. September 1915 die Direktion der in eine Krise geratenen Neuen Freien Volksbühne Berlin, die 1914 am Bülowplatz ein neues Haus erhalten hatte. Diskussionen und organisatorische Bemühungen um die Gründung eines deutschen Nationaltheaters setzen verstärkt ein. Zusammenarbeit mit Georg Fuchs (1868–1949; vgl. M. Brauneck: Theater im 20. Jahrhundert).

1916: Am 13. Oktober 1916 leitet Reinhardt mit seiner Inszenierung von Lenz' «Die Soldaten» am Deutschen Theater den Deutschen Zyklus ein.

1917: Reinhardt verfaßt eine Denkschrift zur «Errichtung eines Festspielhauses in Hellbrunn» bei Salzburg. Es geht ihm um die Einrichtung von Theaterfestspielen, die an die «stammesgeschichtliche» Theatertradition des österreichisch-bajuwarischen Kulturraums anschließen:

«Die Welt des Scheines, die man sich durch die furchtbare Wirklichkeit dieser Tage ursprünglich aus allen Angeln gehoben dachte, ist völlig unversehrt geblieben, sie ist eine Zuflucht geworden für die Daheimgebliebenen, aber ebenso für viele, die von draußen kommen und auch für ihre *Seele* Heilstätten suchten. Es hat sich gezeigt, daß sie nicht nur ein Luxusmittel für die Reichen und Saturierten, sondern ein *Lebensmittel* für die Bedürftigen ist.

Nie zuvor sah das Theater seine oft bezweifelte Würde vor eine ernstere Probe gestellt und niemals hat es irgendeine Probe so ehrenvoll bestanden. Nach dem Kriege wird seine Aufgabe zum Mindesten nicht geringer werden, ganz besonders dann nicht, wenn, wie man glauben darf, die kommende Zeit noch lange den Ernst in ihrem Antlitz bewahren wird. Sosehr die Kunst ein Himmelskörper für sich ist, der unbeirrt seine Kreise zieht und sich um seine eigene Achse dreht, so empfängt er doch sein Licht von dieser Welt der Wirklichkeit, und wenn die guten Geister der Kunst ihre Spiegel für den heutigen Tag auch streng verhüllen, so ist doch nicht anzunehmen, daß der ungeheure Weltenbrand für die Dauer ohne dichterischen Widerschein bleiben wird. Ganz gewiß wird die Zukunft ihr neues Licht, neue Liebe und neues fruchtbares Leben schenken.

In diesem Glauben trachten ihre Führer, sich und ihre Welt für die Anforderungen einer kommenden Zeit zu rüsten.

Ihre Bestrebungen, so mannigfaltig sie auch sein mögen und sein sollten, müssen naturgemäß in dem Wunsch gipfeln, dem Theater wieder seine ursprüngliche und seine letzte Form zu geben – *das Festspielhaus.* – Nicht das städtische Spielhaus für die alltäglichen Feste und Zerstreuungen, die ganz gewiß ebenso notwendig sind und bleiben werden (und deren Aufgabe hier keineswegs unterschätzt werden soll), sondern das Haus für jene hohen Feste, die einmal im Jahre, mit aller künstlerischen Weihe gefeiert werden sollen, abseits vom städtischen Alltagsgetriebe und an einem Ort, der durch natürliche und künstlerische Schönheit so ausgezeichnet erscheint, daß die Menschen in den sommerlichen Ruhetagen, befreit von ihren Sorgen und Mühen, gerne hinpilgern» (vgl. Max Reinhardt Schriften).

Salzburger Bürger gründen eine Festspielhausgemeinde (1. August 1917). Am 23. Dezember 1917 beginnt mit Sorges «Der Bettler» der Zyklus «Das junge Deutschland».

1918: Die «Deutsche Nationaltheater Aktiengesellschaft», an der Reinhardt auch finanziell mit 500000 Mark beteiligt ist, kauft den Zirkus Schumann. Der Architekt Hans Poelzig wird mit dem Umbau beauftragt. Es wird die bühnentechnisch aufwendigste Theateranlage in dieser Zeit, nicht zuletzt um dem neuen, hoffähig gewordenen Illusionsmedium Kino wirkungsvoll Konkurrenz machen zu können. Reinhardt legt die Direktion der Neuen Freien Volksbühne nieder. Er kauft das Barockschloß Leopoldskron bei Salzburg und verhandelt mit Hugo von Hofmannsthal und Freiherr von Andrian über Festspiele in Salzburg. Für die Festspiele wird ein Kunstrat bestellt (15. August 1918), dem neben Reinhardt noch Richard Strauss, Franz Schalk, Hugo von Hofmannsthal und Alfred Roller angehören.

1919: Nichtöffentliche Eröffnungsvorstellung (geladene Gäste) am 28. November 1919 des zum Großen Schauspielhaus (3200 Plätze) umgebauten Zirkus Schumann mit Aischylos' «Orestie» in der Inszenierung von Max Reinhardt, Werner Krauß (1884–1959) als Agamemnon, als Klytämnestra Agnes Straub (1890–1941), Kassandra spielt Else Heims (1878–1958).

1920: Reinhardt inszeniert für die Ersten Salzburger Festspiele Hofmannsthals «Jedermann» (22. August 1920) am Domplatz zu Salzburg. Alexander Moissi spielt die Titelrolle, Heinrich George (1893–1946) den Mammon, Werner Krauß den Teufel. Hans Poelzig legt Entwürfe für den Bau eines Festspielhauses vor.

Reinhardt gibt am 1. Oktober 1920 die Direktion seiner Berliner Bühnen ab und verläßt Deutschland:

«Eine neue Zeit ist angebrochen, eine Zeit des Umsturzes und des Neubaus. Wenn ich Ihnen sage, daß ich damit auf mehr als die Hälfte meines bisherigen Einkommens verzichte, werden Sie mir glauben, daß ich meinen Entschluß wohl überlegt habe und daß materielle Gründe nicht ausschlaggebend waren.

Die Erschütterungen, unter denen die ganze Welt leidet, haben das Theater nicht unberührt gelassen. Alte Gesetze wurden zerbrochen. Sie waren gewiß verwittert, wurden auch kaum noch irgendwo dem Buchstaben nach befolgt und konnten naturgemäß vor den Forderungen der Zeit nicht mehr bestehen. Aber man hat sie verworfen, ohne Kraft, neue lebendige Gesetze an ihre Stelle zu setzen. So entsteht zwischen Umsturz und Aufbau eine verhängnisvolle Zeit der Anarchie und Rechtsunsicherheit, und ich brauche Ihnen nicht zu sagen, wie sehr auch unsere Welt davon bedroht ist.

Ohne Regeln gibt es auch kein Spiel. Durch alle Risse des schwankenden Gebäudes dringt der Film mit seinen materiellen Lockungen und verführt selbst die besten Elemente. Sie verkaufen ihre Seele um viel schmutziges Papier und haben nicht einmal Zeit, den Besitz zu genießen. Sie weisen die größten Rollen zurück, sie verlassen die Proben und kommen abends vollkommen erschöpft und übermüdet zu den Vorstellungen, wenn sie überhaupt kommen. Sie wissen, daß ich nicht übertreibe, es steht schlimmer, als ich es hier und heute sagen mag.

Zuletzt besinnt sich die Stadt, daß sie, im Gegensatz zu allen anderen Städten, noch nichts für ihre Theater getan hat (die ihrerseits nicht ohne Bedeutung für die Stadt waren), packt sie an der Gurgel, wirft sie in einen Topf mit Bierwirtschaften, nimmt ihnen einfach ein Drittel der täglichen Gesamteinnahme weg, ohne sich um die andauernd steigenden Ausgaben und die ebenso sinkenden Einnahmen zu kümmern und tut das gerade diesen Theatern, während z. B. die Theater in Charlottenburg oder die mit Millionen subventionierten Stadttheater von der Steuer bis heute befreit bleiben. Diese und andere Dinge sind in ihrem Ernst wohl angetan, die unerläßliche Freude an der Arbeit zu dämpfen» (vgl. Max Reinhardt Schriften).

Felix Hollaender (1867–1931) übernimmt die Leitung der Berliner Reinhardt-Bühnen.

1922: Reinhardt inszeniert die Uraufführung von Hofmannsthals «Das Salzburger große Welttheater» (13. August 1913) im Rahmen der Salzburger Festspiele in der Kollegienkirche; Bühne: Alfred Roller.

1923: In den USA verhandelt Reinhardt wegen der Errichtung eines Festspielhauses und verschiedener Inszenierungsprojekte. Am 22. Juni 1923 übernimmt er in Wien das Theater in der Josefstadt, nachdem zuvor Verhandlungen (1921/22) über die Übernahme der Leitung des Burgtheaters gescheitert waren. Reinhardt verankert über die Gründung der Gesellschaft «Die Schauspieler im Theater in der Josefstadt unter Führung von Max Reinhardt» die Mitbestimmung des Ensembles bei wesentlichen Fragen der Theaterarbeit (Proben- und Spielplan, Disziplinarfragen). Auf Schloß Leopoldskron inszeniert er (20. August) Molières «Der eingebildete Kranke» mit Max Pallenberg (1877–1934) als Aragon. Gleichzeitig orientiert sich Reinhardt wieder nach Berlin, nachdem sich dort die wirtschaftlichen Verhältnisse stabilisiert haben.

1924: Eröffnung des Theaters in der Josefstadt mit Reinhardts Inszenierung von Carlo Goldonis (1707–1793) «Diener zweier Herren» (1. April 1924). Am Deutschen Theater inszeniert er Shaws «Die heilige Johanna» (14. Oktober) mit Elisabeth Bergner in der Titelrolle (Bühne: Oskar Strnad [1879–1935]). Die Aufführung wird ein großer Erfolg. Die Komödie am Kurfürstendamm, als typisches Boulevardtheater konzipiert, wird am 1. November ebenfalls mit «Diener zweier Herren» eröffnet. Reichskanzler und Außenminister erscheinen zur Eröffnungsvorstellung. Am 30. Dezember inszeniert Reinhardt in der Komödie Pirandellos «Sechs Personen suchen einen Autor» (Bühne: Hermann Krehan; Max Pallenberg spielt den Theaterdirektor).

1925: In Salzburg wird am 13. August das neue Festspielhaus mit Reinhardts Inszenierung des «Salzburger großen Welttheaters» von Hugo von Hofmannsthal eröffnet (Bühne: Eduard Hütter). Caspar Neher (1897–1962) entwirft das Bühnenbild zu Reinhardts Inszenierung des «Kreidekreises» von Klabund am Deutschen Theater (20. Oktober; Elisabeth Bergner als Tschang-Haitang).

1926: Als Reaktion auf die hohe Steuerverschuldung der Berliner Privattheater schließen sich die Direktoren des Deutschen Theaters, der Kammerspiele, des Theaters in der Königgrätzer Straße, der Tribüne und des Komödienhauses (Max Reinhardt, Victor Barnowsky [1875–1952] und Eugen Robert) im März zu einer Abonnement-Organisation, der «Reibaro», zusammen und treten aus dem Deutschen Bühnenverein aus. Der Grund ist die unterschiedliche Interessenlage der überwiegend kommunal bzw. staatlich subventionierten Bühnen gegenüber den Privatunternehmen. Die Reinhardt-Bühnen schulden der Stadt Berlin 100 000 Mark an Steuern.

1928: Die Berliner Theater GmbH Edmund Reinhardtsche Erben, wie das Reinhardt-Unternehmen offiziell heißt, übernimmt das Berliner Theater und eröffnet am 6. September mit Tolstois «Der lebende Leichnam» (Bühne: Ernst Schütte; Alexander Moissi [1879–1935] als Fedor Protasov, Gustaf Gründgens [vgl. Kap. 16] als Afremor). Gründung (13. November) der Schauspiel- und Regieschule der Hochschule für Musik und Darstellende Kunst in Wien-Schönbrunn («Max-Reinhardt-Seminar»). Reinhardt in der Rede zur Eröffnung: «Ich habe ja in meinem ganzen Leben nichts anderes getan, als meine Träume verwirklicht. Nicht restlos natürlich und mit dem wechselnden Glück, das sterblichen Menschen eben beschieden ist. Aber wenn Träume so stark lebendig sind, daß sie andere Menschen in ihren Bann ziehen und zum Mitträumen verführen können, so entsteht jene zauberhafte Wirklichkeit, die für mich Theater heißt.»

1929: Am 24. April wird im Schönbrunner Schloßtheater das von Reinhardt geleitete Schauspiel- und Regieseminar eröffnet. Zu den Wiener Festwochen (2. Juni) inszeniert Reinhardt im Arkadenhof des Wiener Rathauses Büchners «Dantons Tod» (Bühne: Oskar Strnad; Paul Hartmann als Danton, Gustaf Gründgens als St. Just). Edmund Reinhardt, der führende Kopf des Reinhardt-Konzerns in allen finanziellen und organisatorischen Belangen, stirbt am 18. Juli 1929 überraschend. Max Reinhardt übernimmt erneut die Leitung seiner Berliner Bühnen und gewinnt zunehmend Einfluß auch auf die Staatstheater, die der «Reibaro» beitreten.

1930: Reinhardt pachtet das Theater am Kurfürstendamm und läßt es umbauen. Am 30. Mai feiert er das 25. Direktionsjubiläum am Deutschen Theater und inszeniert dazu «Die Fledermaus» von Johann Strauß (Hans Moser [1880–1964] spielt den Frosch). Reinhardt wird Ehrendoktor der Universität Kiel.

1931: Eröffnung (27. Januar) des Theaters am Kurfürstendamm mit Bourdets «Das schwache Geschlecht».

Die wirtschaftlichen Schwierigkeiten des Reinhardt-Konzerns (2,5 Millionen Mark Schulden) spitzen sich infolge der allgemeinen Wirtschaftskrise und der politischen Verhältnisse zu. Die meisten Berliner Theater können ihren Betrieb nicht mehr aufrechterhalten; Massenentlassungen bei den Ensembles. Reinhardt trennt sich von seinen beiden Bühnen am Kurfürstendamm.

1932: Am 20. April verpachtet Reinhardt des Deutsche Theater und die Kammerspiele an Rudolf Beer und Karlheinz Martin (1888–1948) für fünf Jahre. Reinhardt erklärt dazu: «Meine Absicht, die Direktion des Deutschen Theaters aufzugeben, kommt nicht von gestern und vorgestern [...] Mein Abschied hat mit der äußeren Konjunktur überhaupt sehr wenig zu tun. Mein Entschluß wurzelt vielmehr in einer tiefen und mehr und mehr unüberwindlich gewordenen Abneigung gegen das Unternehmertum. Am Anfang war es ein notwendiges Übel, weil kein anderer das unternommen hatte, was ich machen wollte. Aber ich hatte nie Eignung für die Geschäfte des Theaters, die mein Bruder durch seine Sachlichkeit, seine Selbstlosigkeit und Lauterkeit geadelt hatte. Als er starb, wurde mir die Last vollends unerträglich.»

Reinhardt inszeniert Kleists «Prinz von Homburg» am Deutschen Theater (19. Oktober). Die Aufführung wird vom Rundfunk aufgezeichnet und am 29. November gesendet. Erstmals wird damit eine Theateraufführung an ein Millionenpublikum vermittelt. Im November stellt das Kleine Theater, Reinhardts erste Bühnengründung, den Betrieb ein.

1933: Im Deutschen Theater kommt es am 14. Januar bei einer Aufführung von Háys «Gott, Kaiser und Bauer» (Regie: Karl-Heinz Martin) zu Tumulten und Krawallszenen durch antisemitische Gruppen. Das Haus wird geschlossen, die Direktoren treten zurück. Eine Schauspielergemeinschaft wird gegründet, die bis zur Findung einer neuen Leitung des Hauses den Betrieb aufrechterhält. Heinrich Neft und Carl Ludwig Achaz, der Sohn des Aufsichtsratsvorsitzenden der I. G. Farben, übernehmen das Theater. Max Reinhardt inszeniert zur Neueröffnung am 1. März Calderón/Hofmannsthals «Das große Welttheater» (Bühne: Oskar Strnad). Wenige Tage danach verläßt Reinhardt Berlin und geht in die Emigration. Wilhem Furtwängler bemüht sich bei Goebbels darum, Reinhardt (ebenso Bruno Walter und Klemperer) «für Deutschland» zu erhalten. Goebbels läßt Reinhardt im Sommer 1933 (durch Werner Krauß übermittelt) die Ehren-Arierschaft antragen; doch Reinhardt lehnt ab. Am 31. Mai inszeniert er in Florenz in den Boboli-Gärten, Palazzo Pitti, Shakespeares «Ein Sommernachtstraum»; es ist seine erste Inszenierung im Exil. Reinhardt arbeitet in den Folgejahren als Gastregisseur ohne engere Bindung an ein Theater oder Ensemble. Das Theater in der Josefstadt wird weitgehend von den dortigen Direktoren geführt. In einem Brief (16. Juni) an die Nationalsozialistische Regierung Deutschlands übereignet Reinhardt seine Berliner Theater dem Nationalvermögen Deutschlands:

«Meine Arbeit auf der Bühne ist mir immer die wesentlichste Aufgabe gewesen. Ich habe alle Ursache, anzunehmen, daß ich mit meiner Tätigkeit dem Theater auch in schwerer Zeit hätte entscheidend helfen können. Das neue Deutschland wünscht jedoch Angehörige der jüdischen Rasse, zu der ich mich selbstverständlich uneingeschränkt bekenne, in keiner einflußreichen Stellung. Ich könnte aber auch, selbst wenn diese geduldet werden würde, in solcher Duldung niemals die Atmosphäre finden, die meiner Arbeit notwendig ist. Ohne Wohlwollen kann ein künstlerisches Theater gerade unter den heutigen Umständen nicht bestehen. Die lebendige Kultur des Theaters ist ja nicht abhängig vom Können, sondern auch vom Gönnen.

Da es mir aber zugleich im Innersten widerstrebt, etwa irgendeine der auf Grund gewisser Protestbewegungen sich andrängenden internationalen Möglichkeiten wahrzunehmen, sehe ich mich auch wirtschaftlich nicht in der Lage, das Deutsche Theater von außen her in entsprechendem Maße zu stützen.

Deshalb bleibt mir, als bisherigem Eigentümer des Deutschen Theaters, der Kammerspiele und als Anteilhaber des Großen Schauspielhauses, nur die eine Möglichkeit, die Übernahme meines Lebenswerkes Deutschland anzutragen. Das ist der Zweck dieses Schreibens und zugleich der einzige Grund, weshalb ich mich bemüßigt fühle, darin Rechenschaft über meine Theaterführung abzulegen.

Der Entschluß, mich endgültig vom Deutschen Theater zu lösen, fällt mir natürlich nicht leicht. Ich verliere mit diesem Besitz nicht nur die Frucht einer siebenunddreißigjährigen Tätigkeit, ich verliere vielmehr den Boden, den ich ein Leben lang bebaut habe und in dem ich selbst gewachsen bin. Ich verliere meine Heimat. Was das bedeutet, brauche ich denen nicht zu sagen, die diesen Begriff über alles stellen.

Da jedoch der Wille des Staates eine Lage geschaffen hat, in der es mir unmöglich geworden ist, mein Lebenswerk weiter zu betreuen und die mit ihm verbundenen Verpflichtungen zu erfüllen, so muß ich es als eine Selbstverständlichkeit erkennen, dieses Werk in seinem ganzen Umfang dem Staat zu überlassen.

Das Deutsche Theater ist nunmehr ein halbes Jahrhundert lang nicht nur für Berlin, sondern für ganz Deutschland die Stätte gewesen, an der die künstlerischen Entwicklungskämpfe der deutschen Bühne ausgetragen und zum Sieg geführt wurden. Während die staatlichen Bühnen, wie überall, vornehmlich Werke der Vergangenheit pflegen, eine Tradition zu wahren und ein Ensemble zu erhalten haben, das naturgemäß nur schwer auswechselbar bleibt, kann sich das Deutsche Theater auf eine Tradition berufen, die Dichter der Gegenwart und immer wieder neue Schauspieler entdeckt und durchgesetzt zu haben. Die Entwicklung dieses Hauses ist selbstverständlich nicht abgeschlossen, sie hat meinen Vorgänger, Otto Brahm, über die Sozietät erster Schauspieler, für deren Ensemble das Theater ursprünglich gegründet wurde, in die Epoche des deutschen Naturalismus geführt und mich über sein außerordentlich verdienstvolles Werk hinaus zu den Aufgaben getragen, die meine Zeit mir gestellt hat. Sie wird auch der künftigen Leitung des Deutschen

Theaters auferlegen, nach Shakespeares Wort der Spiegel ihrer Zeit zu sein und deren künstlerische Ausstrahlungen in seinem Brennpunkt zu sammeln. Insofern steht das Theater auch über der Person seines jeweiligen Leiters und ist letzten Endes unabhängig von ihr. Neben der Erfüllung der Hauptaufgabe, den lebendigen Strömungen der Zeit erschlossen zu bleiben und die nationalen dramatischen Werke ans Licht zu heben, hat das Deutsche Theater sich durch zahlreiche Gastspiele in allen Hauptstädten der Welt einen unvergleichlichen internationalen Ruf geschaffen.

Diese Geltung nach außen und innen, die dem Deutschen Theater eine Vorrangstellung in der Welt und als einzigem Privattheater vor sechs Jahren die staatliche Zuerkennung als Gemeinnützigkeit einbrachte, ist ein hoher Wert, der unter allen Umständen seine Pflege und Erhaltung rechtfertigt.

Er gehört zum Nationalvermögen Deutschlands.

Die Genugtuung, dazu mit der besten Kraft meines Lebens beigetragen zu haben, mildert die Bitterkeit meines Abschieds» (vgl. Max Reinhardt Schriften).

1934: Im Teatro Excelsior in Mailand inszeniert Reinhardt am 17. Februar «Die Fledermaus» von Johann Strauß in der Bearbeitung von Erich Wolfgang Korngold. Am 18. Juli findet in Venedig die Premiere von Shakespeares «Der Kaufmann von Venedig» auf dem Campo San Trovaso statt, am 17. September die Inszenierung von Shakespeares «Ein Sommernachtstraum» in der Hollywood Bowl bei Los Angeles vor circa 20 000 Zuschauern.

«Diese Bowl liegt, anderthalb Fahrminuten vom Hollywood Boulevard entfernt, in einem *riesigen Felskessel, aus dessen Tiefe man ringsum nichts als kahle, sehr hohe Felswände und Bergketten sehen kann.* In diesem Felskessel entsteht der Drehbühnenwald des Neuen Theaters ohne Drehbühne, in Maßstab und Aufwand potenziert analog der griechischen Zuschauerkulisse von 20 000 Besuchern. Eine Orchestermuschel samt Künstlerzimmer und sonstigen Räumen wird abgehoben und für die Zeit der Festspielveranstaltung hinter einem Felsen versteckt. Der seichte Erdhügel, der damit frei wird, verwandelt sich zum Hain. Es entsteht *Raum für den Zauberwald und, im Vordergrund, für den Palast des letzten Aktes. Nahezu hundert große Bäume, Eichen, Ulmen und Espen, waren ein paar Meilen weit transportiert worden, um in der Bowl eingesetzt zu werden.* Wie bei der Anlage moderner Sportarenen verwendet man vorgezogenen Naturrasen zur Abdeckung der Spielfläche, entsteht inmitten der Baumgruppe ein von Naturschilf umgebener Wasserspiegel. Ein in den Erdboden verlegtes Röhrensystem ermöglicht den zeitlich gezielten Einsatz von Nebel in für die Beleuchtungstechnik jeweils stimmiger Konzentration. Tausende Glühwürmchen werden ‹abrufbar›. Hatten sie Reinhardt im florentinischen ‹Sommernachtstraum› der Boboli-Gärten genarrt – als unbeabsichtigter Regieeinfall während der Generalprobe in Massen einzuschwärmen und bei der Premiere auszubleiben – in der Bowl beherrscht der Beleuchtungsmeister den Einsatz artifizieller Leuchtkäfergruppierungen, Farblämpchen an kilometerlangen Elektroleitungen. Praktikabler Hintergrundprospekt der Naturkulisse, ergibt ein locker bestandener Bergwald als Abgrenzung des Talkessels eine einzigartige szenische Tiefenwirkung. Diesen Hintergrund, den ein tieferer

Felseinschnitt vom Spielhügel trennt, bindet Reinhardt durch eine massive Brücke an den Feenwald an. *Im Dunkel hatte der Berg gelegen, bis das Spiel der Irrlichter begann – kleine Flämmchen im Ungewissen auf und ab leuchtend. Und schließlich hoch oben am Bergesrand, ein einsames Licht: die Fackel in den Händen Pucks, der damit wie eine Rakete herunterschoß und lief, wie nur ein übermütiges Kind laufen kann – im Zickzack auf gewundenem Pfad, getragen von Musik.* Das Echo der Bergwand moduliert die Töne. Pucks Lachen füllt *den Märchenwald der Bowl.* *Reinhardt hatte ihm diese Skala des Lachens gegeben: vom Koboldhaften, Kichernden, Kindlichen, Wiehernden zum Elementaren eines Naturgeistes, der keine Schranken kennt.* Das Schauspiel vereinzelter Irrlichter verdichtet sich zum zitternden Lichtband des Hochzeitszuges. *Von der Höhe des Berges herab bewegte sich der Zug der Fackeln. 1200 Fackeln! Winzige Flämmchen zuerst, die hoch oben gegen den Nachthimmel flimmerten, dann wie ein Feuerstrom, der sich langsam über den Bergeshang herab ergoß. Zehn Minuten dauerte dieser Zug. Ununterbrochen prasselte während dieser Zeit der Applaus der 20000 Zuschauer in das Crescendo des Mendelssohnschen Hochzeitsmarsches»* (vgl. H. Huesmann: Welttheater Reinhardt).

An seinem Josefstädter Theater inszeniert Reinhardt die Einakter «Geliebte Stimme» von Jean Cocteau und «Wir wollen träumen» von Sacha Guitry.

1935: Reinhardt beantragt die amerikanische Staatsbürgerschaft. Am 9. Oktober wird in New York und London sein «Sommernachtstraum»-Film uraufgeführt. Ernst Lothar (1890–1974) übernimmt die Direktion des Theaters in der Josefstadt. Als Regisseure arbeiten an diesem Theater neben Lothar vorwiegend Paul Kalbeck und Otto Ludwig Preminger.

1936: Der König von Schweden, Edvard Munch und Albert Einstein schlagen Max Reinhardt für den Friedensnobelpreis vor.

1937: Am 7. Januar inszeniert Reinhardt in der Manhattan Opera New York Franz Werfels «The Eternal Road», eine Monumentaltheaterfassung des Stoffes des Alten Testaments, von Meyer W. Weisgal bereits 1933 zur Propagierung der Idee eines zionistischen Staats konzipiert. Das Stück wird mit großem Erfolg über fünf Monate aufgeführt, es sollte eine Art »jüdische Antwort an Hitler» sein. «Stück und Inszenierung entstanden in manchmal qualvoller und von materiellen Katastrophen unterbrochener Zusammenarbeit zwischen Werfel, Reinhardt, Kurt Weill, dem Bühnenbildner und Architekten Norman Bel Geddes und Meyer Weisgal. Auf fünf übereinandergelagerten Ebenen einer Simultanbühne sollte sich vor den Augen ‹einer zeitlosen Gemeinde Israel in einer zeitlosen Nacht der Verfolgung›, so Werfel, und vor denen des amerikanischen Theaterpublikums die Leidensgeschichte des jüdischen Volkes szenisch vollziehen. Bel Geddes baute das Manhattan Opera House vollkommen um. Es wurde die bis dahin teuerste Broadway-Inszenierung» (vgl. L. M. Fiedler).

Reinhardts letzte Inszenierung in Europa findet am Theater in der Josefstadt am 5. Oktober statt: die Uraufführung von Franz Werfels «In einer Nacht». Reinhardt emigriert endgültig in die USA.

1938: Reinhardts Schloß Leopoldskron wird von den Nazis enteignet. In Hollywood gründet Reinhardt im Sommer den «Workshop of Stage, Screen and Radio», der Idee nach eine Theater- und Filmakademie. Engste Mitarbeiterin am Workshop wurde seine Frau Helene Thimig (1889–1974). Es ging Reinhardt darum, seine Vorstellung eines künstlerischen Ensembletheaters zu realisieren; er versprach sich davon eine Reform des amerikanischen, ganz auf dem Star-System aufgebauten Theaterbetriebs: «Den Regisseur und künstlerischen Theaterleiter in Reinhardts Sinn gab es in den USA nicht. Es ist bezeichnend, daß in Kritiken von amerikanischen Reinhardt-Inszenierungen der Name des Regisseurs überhaupt nicht erwähnt wird» (vgl. M. Fiedler). Neben seinen europäischen Repertoire-Autoren bemüht sich Reinhardt in den Workshop-Inszenierungen besonders um die zeitgenössische amerikanische Theaterliteratur. Am 23. August inszeniert er in Los Angeles im Pilgrimage Outdoor Theatre «Faust I». Die Inszenierung wird im September auch in San Francisco gezeigt. Am 28. Dezember inszeniert er am New Yorker Guild Theatre die Uraufführung von Thornton Wilders Farce «Die Heiratsvermittlerin» (Bühne: Boris Aronson).

1940: Reinhardt erhält die amerikanische Staatsbürgerschaft.

1942: Übersiedlung von Hollywood nach New York. Es gelingt Reinhardt auch hier nicht, ein ständiges Theater zu bekommen. Der Workshop hatte sich als Fehlschlag erwiesen (letzte Aufführung im Februar 1941). Die finanziellen Schwierigkeiten häufen sich. Am 28. Oktober inszeniert Reinhardt am Forty-fourth Street Theatre New York «Rosalinde», die amerikanische Version der «Fledermaus».

1943: Reinhardts letzte Inszenierung war Irwin Shaws «Sons and Soldiers» am 4. Mai am Morosco Theatre in New York.

Am 31. Oktober stirbt Max Reinhardt in einem New Yorker Hotelzimmer nach einem Schlaganfall. Bertold Brecht, ebenfalls im amerikanischen Exil, notiert am 1. November 1943 in sein Tagebuch: »max reinhardt gestorben in neu york. sah in berlin anfangs der zwanziger jahre beinahe alle proben zum ‹traumspiel› im deutschen theater. die stilelemente bei ihm alterten so rasch wie bei andern in unserer epoche, die einen klaffenden gegensatz zwischen kunst und leben hat, so daß im leben wenig kunst, in der kunst wenig leben ist. kunst ist da nichts natürliches, wo leben etwas künstliches ist.»

Die Reinhardt-Bühnen repräsentierten auf der Höhe ihrer künstlerischen Entwicklung, vor allem in den 10er Jahren, ein Theaterunternehmen, das durch seine Tourneen in aller Welt bekannt war und mit der Reinhardtschen Inszenierungsper-

Die Fauststadt. Felsenreitschule. Salzburger Festspiele, 1933
(Bühne: Clemens Holzmeister)

Franz Werfel / Kurt Weill «The Eternal Road». New York, 1937

fektion neue Maßstäbe der Schauspielkunst gesetzt hatte. So wurde Reinhardts Inszenierung von Sophokles' «König Ödipus» in der Fassung von Hugo von Hofmannsthal gezeigt: 1911 am Neuen Deutschen Theater Prag, im Beketow Cirkusz Budapest, im Gebouw voor Kunsten en Dentenschappen Den Haag, Stadsschouwburg Amsterdam, im Interimstheater in Riga, im Zirkus Ciniselli St. Petersburg, Zirkus Niktin Moskau, in Charkow, Odessa, im Zirkus Hippo-Palace Kiew, im Cirkus Orlando Stockholm, im Stadttheater Zürich; 1912 und 1936 im Royal Opera House Covent Garden London. – Vollmoellers Mysterienspiel «Das Mirakel», das in der Olympia Hall Kensington/London am 23. Dezember 1911 uraufgeführt wurde, wurde auf außerdeutschen Bühnen (dort von Reinhardt jeweils an den Theatern neu eingerichtet) gezeigt: 1913 am Neuen Deutschen Theater in Prag, 1917 am Kungeliga Teatern Stockholm, 1927 am Városi Szinház Budapest, in Amsterdam und im Divadlo Varieté Prag, 1932 am Lyceum Theatre London. Sensationellen Erfolg hatte Reinhardts Inszenierung vor allem in den USA, wo er mit dem bedeutenden amerikanischen Bühnenbildner Norman Bel Geddes (1893 – 1958) zusammenarbeitete. Dort wurde «Das Mirakel» gezeigt: 1924 am Century Theatre New York, in der Music Hall Cincinnati, im Public Auditorium Cleveland; 1925 im Boston Opera House Boston, in The New Coliseum St. Louis; 1926 im Auditorium Chicago, am Metropolitan Opera House Philadelphia, in der Convention Hall Kansas City, im Civic Auditorium San Francisco; 1927 im Shrine Auditorium Los Angeles; 1929 im Olympia Theatre Detroit, im Auditorium Milwaukee, im Auditorium St. Paul und im State Fair Auditorium Dallas.

Von den Europatourneen der Reinhardt-Bühnen sind besonders hervorzuheben die Inszenierung von Goldonis «Diener zweier Herren» (eine Produktion der Salzburger Festspiele): 1931 und 1932 in der Schweiz, 1932 in Italien, 1934 in Belgien und den Niederlanden. Schillers «Maria Stuart» (eine Produktion des Theaters in der Josefstadt): 1934 in Italien, den Niederlanden und in der Tschechoslowakei und Pirandellos «Sechs Personen suchen einen Autor» (eine Produktion des Theaters in der Josefstadt): 1934 in Italien, den Niederlanden, der Schweiz und der Tschechoslowakei. – Gastspiele der Reinhardt-Bühnen gab es in Dänemark 1920; in Frankreich 1912; in England 1911 und 1912; in den Niederlanden 1911, 1916, 1927; in Norwegen 1915, 1920; in Rußland 1911 und 1912; in Schweden 1911, 1915, 1917, 1920; in der Schweiz 1917, 1923, 1926; in der Tschechoslowakei 1911, 1912, 1913, 1926, 1927; in Ungarn bereits 1903, 1907, 1908, 1909, 1911, 1912, 1916, 1926, 1927, 1933 (vgl. H. Huesmann: Welttheater Reinhardt; dort die Daten und Besetzungslisten sämtlicher Inszenierungen der Reinhardt-Bühnen).

Darüber hinaus arbeitete Reinhardt (auch in den Jahren vor 1933) immer wieder als Gastregisseur auch außerhalb seiner Bühnen im nicht deutschsprachigen Ausland. Von besonderem Reiz durch die Örtlichkeiten waren dabei 1934 (18. Juli) die Inszenierung von Shakespeares «Der Kaufmann von Venedig» auf dem Campo di San Trovaso in Venedig und die Inszenierung von Shakespeares «Ein Sommernachtstraum» am 17. September 1934 in der Hollywood Bowl bei Los Angeles mit circa 22 000 Zuschauern. Diese Inszenierung wurde anschließend noch in San Francisco, Berkeley, Chicago, Milwaukee und St. Louis gezeigt. Mickey Rooney spielte den Puck.

Auf Reinhardts Filmarbeiten soll hier nicht weiter eingegangen werden. Realisiert wurden folgende Filme: «Das Mirakel» (gedreht 1912); «Eine venetianische Nacht» (Buch: Karl Gustav Vollmoeller, Uraufführung: 16. April 1914); «Die Insel der Seligen» (Buch: Arthur Kahane, Uraufführung: 3. Oktober 1913); «Sumurun» (Buch: Hanns Kräly, Ernst Lubitsch, Uraufführung: 1. September 1920); «Ein Sommernachtstraum» (Uraufführung: 9. Oktober 1935). Zahlreiche weitere Filmprojekte wurden konzipiert, konnten aber nicht realisiert werden.

Bis Anfang der 20er Jahre ist Max Reinhardt die dominante Regie-Persönlichkeit an seinen Berliner Bühnen. Weiter Regisseure, die seit den Jahren von Schall und Rauch an seinen Bühnen inszenierten, sind Gustav Beaurepaire (vor allem an Schall und Rauch 1901/02), Hans Oberländer, Berthold Held und Richard Vallentin, dessen Inszenierung von Gorkis «Nachtasyl» 1903 am Kleinen Theater Furore gemacht hatte. Frank Wedekind inszenierte, vornehmlich an den Kammerspielen des Deutschen Theaters, seine eigenen Stücke; vor allem am Neuen Theater arbeiten als Regisseure Oberländer, Vallentin, Held, auch Friedrich Kayßler und Felix Hollaender, der neben Max Reinhardt zum meistbeschäftigten Regisseur am Deutschen Theater wird. Um 1911 kommt Eduard von Winterstein (1871–1961) hinzu. Anfang der 20er Jahre tritt eine neue Mitarbeiter-Gruppe auf: Gustav Hartung (1887–1946), Bernhard Reich (1880–1972), vor allem Berthold Viertel (1885–1955), Iwan Schmith, Karl Heinz Martin (1888–1948), der sich für die expressionistischen Autoren engagiert und in der proletarisch-revolutionären Theaterbewegung mitarbeitet, besonders auch Heinz Hilpert (1890–1967), der Reinhardts Nachfolge übernehmen sollte und von 1934 bis 1944 Intendant des Deutschen Theaters Berlin, von 1938 bis 1944 auch des Josefstädter Theaters in Wien wurde. 1927 wird Gustav Gründgens engagiert; seine erste Inszenierung ist 1927 Klaus Manns «Revue zu Vieren».

Am Theater in der Josefstadt inszeniert neben Reinhardt vor allem Paul Kalbeck. Im amerikanischen Exil ist Helene Thimig (1889–1974), Reinhardts Lebensgefährtin, zumeist die Regisseurin am Max Reinhardt Workshop in Los Angeles.

Bibliographie

G. Adler: Max Reinhardt – Sein Leben. Biographie unter Zugrundelegung seiner Notizen für eine Selbstbiographie, seiner Briefe, Reden und persönlichen Erinnerungen. Salzburg 1964.

ders.: ... aber vergessen Sie nicht die chinesischen Nachtigallen – Erinnerungen an Max Reinhardt. München 1981.

K. Boeser/R. Vatková: Max Reinhardt in Berlin. Berlin 1984.

H. Braulich: Max Reinhardt – Theater zwischen Traum und Wirklichkeit. Berlin 1969.

M. Brauneck: Theater im 20. Jahrhundert. Programmschriften, Stilperioden, Reformmodelle. Reinbek bei Hamburg 1982 u. 1986.

M. Epstein: Max Reinhardt. Berlin 1918.

H. Fetting (Hg.): Max Reinhardt – Schriften, Briefe, Reden, Aufsätze, Interviews, Gespräche, Auszüge aus Regiebüchern. Berlin (DDR) 1974.

L. M. Fiedler: Max Reinhardt und Molière – Text- und Bilddokumentation. Salzburg 1972.

ders.: Reinhardt-Renaissance? Eine Bilanz des Reinhardt-Jahres. In: Theater heute. März 1974, S. 52–57.

ders.: Hugo von Hofmannsthals Molière-Bearbeitungen. Die Erneuerung des comédie-ballet auf Max Reinhardts Bühnen. Darmstadt 1974.

ders.: Max Reinhardt in Selbstzeugnissen und Bilddokumenten. Reinbek bei Hamburg 1975.

E. Fuhrich-Leisler/G. Prossnitz (Hg.): Max Reinhardt und die Welt der Commedia dell'arte. Salzburg 1970.

dies.: Die Reinhardt-Bühnen – Spiegel der Gesellschaft. Max-Reinhardt-Forschungs- und -Gedenkstätten Salzburg/Schloß Arenberg 1971.

dies.: Max Reinhardt in Europa. Salzburg 1973.

dies.: Max Reinhardt in Europa und Amerika. Max-Reinhardt-Forschungs- und -Gedenkstätten Salzburg/Botschaft der USA in Wien/Kulturamt der Stadt Wien 1976.

dies.: Max Reinhardt in Amerika. Salzburg 1976.

M. Großmann (Hg.): Max Reinhardt: Regiebuch zu «Macbeth». Basel/Hamburg/Wien 1966.

F. Hadamowsky: Reinhardt und Salzburg. Salzburg o. J.

ders. (Hg.): Max Reinhardt – Ausgewählte Briefe, Reden, Schriften und Szenen aus Regiebüchern. Wien 1963.

H. Herald: Max Reinhardt – Ein Versuch über das Wesen der modernen Regie. Berlin 1916.

ders.: Max Reinhardt – Bildnis eines Theatermannes. Hamburg 1953.

H. Huesmann: Max Reinhardts Berliner Theaterbauten. In: EMUNA Jahrgang 9 (1974), Nr. 1 (S. 38–46).

ders.: Welttheater Reinhardt. Bauten – Spielstätten – Inszenierungen. Mit einem Beitrag «Max Reinhardts amerikanische Spielpläne» von L. M. Fiedler. München 1983.

P. W. Jacob: Max Reinhardt. Dortmund 1974.

S. Jacobsohn: Max Reinhardt. Berlin 1910 u. 1921.

H. Kindermann: Max Reinhardts Weltwirkung – Ursachen, Erscheinungsformen und Grenzen. Wien/Köln 1969.

M. Kuschina (Hg.): 100 Jahre Deutsches Theater Berlin 1883–1983. Berlin 1983.

C. Niessen: Max Reinhardt und seine Bühnenbildner. Köln 1958.

W. Passow: Max Reinhardts Regiebuch zu «Faust I» – Untersuchungen zum Inszenierungsstil auf der Grundlage einer kritischen Edition. München 1971.

B. Reich: Im Wettlauf mit der Zeit. Erinnerungen aus fünf Jahrzehnten Deutscher Theatergeschichte. Berlin 1970.

G. Reinhardt: Der Liebhaber – Erinnerungen seines Sohnes Gottfried Reinhardt an Max Reinhardt. München/Zürich 1973.

M. Reinhardt: Über Schauspielkunst (Auswahl: H. Fetting). Berlin (DDR) 1973.

Max-Reinhardt-Forschungsstätte Salzburg (Hg.): Max Reinhardt – Sein Theater in Bildern (Einführung von S. Melchinger). Velber/Wien 1968.

Max Reinhardt und Shakespeare (Red.: H. Fetting/H. Massanek). Berlin (DDR) 1968.

Reinhardt und seine Bühne – Bilder von der Arbeit des Deutschen Theaters (Mitarb. E. Stern/H. Herald). Berlin 1918.

H. Rothe (Hg.): Max Reinhardt – 25 Jahre Deutsches Theater (ein Tafelwerk). München 1930.

H. Thimig-Reinhardt: Wie Max Reinhardt lebte. Percha 1973.

O. Waelterlin (u. a.): In memoriam Max Reinhardt (Ansprachen) – Schriftenreihe des Schauspielhauses Zürich. Zürich/New York 1944.

R. Wagner (Hg.): Der Briefwechsel Arthur Schnitzlers mit Max Reinhardt und dessen Mitarbeitern. Salzburg 1971.

———————— *Max Reinhardt* ————————

Über ein Theater, wie es mir vorschwebt (1901)

Was mir vorschwebt, ist ein Theater, das den Menschen wieder Freude gibt. Das sie aus der grauen Alltagsmisere über sich selbst hinausführt in eine heitere und reine Luft der Schönheit. Ich fühle es, wie es die Menschen satt haben, im Theater immer wieder das eigene Elend wiederzufinden und wie sie sich nach helleren Farben und einem erhöhten Leben sehnen.

Das heißt nicht, daß ich auf die großen Errungenschaften der naturalistischen Schauspielkunst, auf die nie vorher erreichte Wahrheit und Echtheit verzichten will! Das könnte ich nicht, auch wenn ich wollte. Ich bin durch diese Schule durchgegangen und bin dankbar, daß ich es durfte. Die strenge Erziehung zu unerbittlicher Wahrheit ist aus der Entwicklung nicht mehr wegzudenken, und es gibt keine, die an ihr vorübergehen kann. Aber ich möchte ihre Entwicklung weiterführen, sie auf anderes anwenden als auf Zustands- und Umweltschilderung, über Armeleutgeruch und die Probleme der Gesellschaftskritik hinaus, möchte denselben höchsten Grad von Wahrheit und Echtheit an das rein Menschliche wenden, in einer tiefen und verfeinerten Seelenkunst, und möchte das Leben auch von seiner anderen Seite zeigen als der pessimistischer Verneinung, aber ebenso wahr und echt auch im Heitern und erfüllt von Farbe und Licht.

Ich denke nicht daran, mich auf ein bestimmtes literarisches Programm festzulegen, auf den Naturalismus so wenig wie auf ein anderes. Ich fühle freilich, daß die mir höchste Kunst unserer Zeit, die Tolstois, weit über den Naturalismus hinausgewachsen ist, daß im Ausland Strindberg, Hamsun, Maeterlinck, Wilde ganz andere Wege gegangen sind, in der deutschen Kunst Wedekind und Hofmannsthal andere Wege gehen; und ich spüre überall neue, junge Kräfte im Wachsen, auf neuen Wegen. Was es in unserer Zeit an neuen Begabungen gibt, von welcher Seite sie mir zuströmen, sie sollen mir willkommen sein. Ich werde auch das Experiment nicht scheuen, wenn ich an seinen Wert glaube: Was ich *nicht* machen werde, ist das Experiment um des Experimentes willen, Literatur um der Literatur willen. Ich kann nur machen, woran ich glaube. Mit dem Mißerfolg, mit dem Achtungserfolg ist weder dem Autor, noch dem Theater gedient, und nicht der hilft einem Dichter, der ihn spielt, sondern nur der, der ihm zum Siege über das Publikum verhilft, der ihn durchsetzt.

Freilich ist mir das Theater mehr als eine Hilfskunst anderer Künste. Es gibt nur *einen* Zweck des Theaters: *das Theater*, und ich glaube an ein Theater, das dem Schauspieler gehört. Es sollen nicht mehr, wie in den letzten Jahrzehnten, die rein literarischen Gesichtspunkte die allein herrschenden sein. Es war so, weil Literaten das Theater beherrschten; ich bin Schauspieler, empfinde mit dem Schauspieler, und für mich ist der Schauspieler der natürliche Mittelpunkt des Theaters. Er war es in allen großen Zeiten des Theaters. Das Theater schuldet dem Schauspieler sein Recht, sich von allen Seiten zu zeigen, nach vielen Richtungen zu betätigen, seine Freude am Spiel, an der Verwandlung. Ich kenne die spielerischen, die schöpferischen Kräfte im Schauspieler, und ich hätte manchmal nicht übel Lust, etwas von der alten Commedia dell'arte in unsere allzu disziplinierte Zeit zu retten, nur um dem Schauspieler wieder von Zeit zu Zeit die Gelegenheit zu geben, zu improvisieren und über die Stränge zu schlagen.

Ich werde an meine Schauspieler die höchsten Ansprüche stellen. Wahrheit und Echtheit verstehen sich von selbst: aber ich verlange mehr. Ich will schöne Menschen um mich haben; und ich will vor allem schöne Stimmen hören. Eine gepflegte Kunst der Sprache, wie es sie einmal am alten Burgtheater gab, nur nicht mit dem Pathos von damals, sondern mit dem Pathos von heute. Ich werde mir den besten Vortragsmeister holen, und ich werde selbst nicht müde werden, an dieser Aufgabe zu arbeiten, bis ich es erreicht habe, daß man wieder die Musik des Wortes hört.

Ich denke mir ein kleines Ensemble der besten Schauspieler. Intime Stücke, deren Qualität sich von selbst versteht, von guten Schauspielern gut gespielt; bis in die kleinste Rolle nicht mit einem guten, sondern mit dem dafür besten Schauspieler besetzt und so sorgfältig einstudiert, daß die stärksten und auseinanderstrebendsten Individualitäten wie in einem Akkord zusammenklingen. Das ist es, was ich mir zum Ziel gesetzt habe.

[...]

Und dann, wenn ich mein Instrument so weit habe, daß ich darauf spielen kann wie ein Geiger auf seiner kostbaren alten Geige, wenn es mir gehorcht, wie ein gut gespieltes Orchester dem Dirigenten, dem es blindlings vertraut, dann kommt das Eigentliche: Dann spiele ich die *Klassiker*. Sie sehen mich erstaunt an? Ja, ich halte die Klassiker für den heiligsten Besitz des Theaters. Ich sehe in den Werken der klassischen Dichter den naturgegebenen eisernen Grundbestand des Repertoires. Und für mich beginnt Schauspielkunst erst da, wo sie sich in den großen klassischen Aufgaben bewährt. Alles andere ist Kinderspiel dagegen: Sie ahnen nicht, wie leicht es im Grunde ist, die naturalistischen Stücke gut darzustellen: ich getraue mir, auch begabte Dilettanten so weit zu bringen. Schauspieler ist einer erst, wenn er bewiesen hat, daß er Shakespeare spielen kann. Ich will *Shakespeare* spielen, und ich bin meiner Sache vollkommen sicher. Gewiß, ich kenne den Geruch von Langeweile, der den üblichen Klassikeraufführungen anhaftet, und ich verstehe das Publikum, wenn es draußen bleibt; ich weiß, welche Patina von Pathos und leerer Deklamation eine erstarrte Hoftheatertradition über diese Werke gelegt hat. Dieser Staub muß weg. Man muß die Klassiker neu spielen; man muß sie so spielen, wie wenn es Dichter von heute, ihre Werke Leben von heute wären. Man muß sie mit neuen Augen anschauen, mit derselben Frische und Unbekümmertheit anpacken, wie wenn es neue Werke wären, man muß sie aus dem Geiste unserer Zeit begreifen, mit den Mitteln des Theaters von heute, mit den besten Errungenschaften unserer heutigen Schauspielkunst spielen. Der edle, alte Wein muß in neue Schläuche gegossen werden. Und, glauben Sie mir, er wird schmecken.

Von den Klassikern her wird ein neues Leben über die Bühne kommen: Farbe und Musik und Größe und Pracht und Heiterkeit. Das Theater wird wieder zum festlichen Spiel werden, das seine eigentliche Bestimmung ist. Theater ist Reichtum und Fülle, man wird wieder den Mut haben, sich auszubreiten, man wird aufatmen, von der strengen Zucht der Sparsamkeit, von der engen Kunst des Sich-verkneifen-müssens für eine Weile befreit zu sein. Ich kann Ihnen nicht sagen, wie ich mich nach Musik und Farbe sehne. Ich habe die Absicht, die besten Maler heranzuziehen, ich weiß, wie sie darauf warten und wie sehr sie die Sache des Theaters beschäftigt, und ich möchte, wie man für jede Regieaufgabe den geeigneten Regisseur sucht, jede Rolle mit dem geeignetsten Schauspieler besetzen, für jedes einzelne Werk den geeignetsten, womöglich den einzig geeigneten Maler ausfindig machen.

Man müßte eigentlich *zwei Bühnen nebeneinander* haben, eine große für die Klassiker und eine kleinere, intime, für die Kammerkunst der modernen Dichter. Schon damit die Schauspieler in keinem Stil erstarren und sich an beiden Darstellungsarten abwechselnd erproben können. Und weil es in manchen Fällen notwendig sein wird, moderne Dichter wie Klassiker und gewisse klassische Werke mit der ganzen Intimität moderner Seelenkunst zu spielen.

Und eigentlich müßte man noch eine dritte Bühne haben, lachen Sie nicht, ich meine es in vollem Ernst, und ich sehe sie schon vor mir, eine ganz große Bühne für eine große Kunst monumentaler Wirkungen, ein *Festspielhaus*, vom Alltag losgelöst, ein Haus des Lichts und der Weihe, im Geiste der Griechen, aber nicht bloß für die griechischen Werke, sondern für die große Kunst aller Zeiten bestimmt, in der Form des Amphitheaters, ohne Vorhang, ohne Kulissen, vielleicht sogar ohne Dekorationen, und in der Mitte, ganz auf die reine Wirkung der Persönlichkeit, ganz aufs Wort gestellt, den Schauspieler, mitten im Publikum, und das Publikum selbst, Volk geworden, mit hineingezogen, selbst ein Teil der Handlung, des Stückes. Mir war der Rahmen, der Bühne und Welt trennt, nie etwas Wesentliches, meine Phantasie hat sich seiner Despotie nur ungern gefügt, ich sehe in ihm nur einen Notbehelf der Illusionsbühne, des Guckkastentheaters, aus den spezifischen Bedürfnissen der italienischen Oper hervorgegangen und nicht für alle Zeiten gültig, und alles, was diesen Rahmen sprengt, die Wirkung erweitert und steigert, den Kontakt mit dem Publikum verstärkt, ob nach der intimen oder nach der monumentalen Seite hin, wird mir immer willkommen sein. Wie mir alles willkommen sein wird, was die ungeahnten Möglichkeiten des Theaters zu vermehren geeignet ist.

Zwischendurch müssen wir natürlich, von Zeit zu Zeit, aber immer wieder, reisen; müssen das im engen Kreise Erworbene uns in anderen Städten, anderen Ländern, anderen Kontinenten bestätigen lassen. Um nicht in der sicheren Anerkennung eines allzu vertrauten Publikums auszuruhen und zu erstarren; um gezwungen zu sein, vor neuen Ohren, neuen Menschen, die nichts von uns wissen als ihren unmittelbaren Eindruck, uns zu erneuen; um das fremdsprachige Echo zu hören, das Schauspielkunst braucht, wenn sie sich reif fühlt, die Welt zu erobern. Und dann auch, weil ich persönlich mich nirgends so wohl fühle wie auf Reisen.

In: Max Reinhardt Schriften. Briefe, Reden, Aufsätze, Interviews, Gespräche, Auszüge aus Regiebüchern. Hg. v. Hugo Fetting. Berlin (DDR) (Henschelverlag Kunst und Gesellschaft) 1974, S. 64–66, 66–67.

Das Theater der Fünftausend (1911)

Nach meiner Überzeugung liegt die Aufgabe des Regisseurs im wesentlichen darin, jedem Werke die Bedingungen zu schaffen, die dem Dichter selbst vorgeschwebt haben mögen. Wenn ich für meine Inszenierung des «König Oedipus» den Zirkus wählte, so konnte es sich hierbei naturgemäß nicht um eine äußerliche Kopie des antiken Theaters handeln. Für mich kam es darauf an, die Tragödie des Sophokles aus dem Geiste unserer Zeit wieder aufleben zu lassen, sie den Bedingungen und Verhältnissen der heutigen Zeit anzupassen. Es konnte mir nicht in den Sinn kommen, jene antike Szene wieder hinstellen zu wollen, zu deren Voraussetzungen der freie Himmel und die Masken gehören. Das Wesentliche des Zusammenhanges zwischen der heutigen und der alten Bühne sah ich für mein Teil darin, ob es gelingen könnte, die Dimensionen wieder zu schaffen, mit denen die großen Wirkungen des antiken Theaters so eng verknüpft waren. Bei diesem meinem ersten Versuche hat sich als wertvolle Bereicherung eines klar und deutlich ergeben: jene Werke, bei denen das dekorative Detail in den Hintergrund treten muß, geben dem

Schauspieler wieder die ersehnte Gelegenheit, mitten im Publikum zu stehen, losgelöst von den Illusionen der Dekoration.

Ein Kontakt zwischen Publikum und Darsteller ergibt sich, der ungeahnte, anonyme Wirkungen auslöst. Der Zuhörer wird in weit höherem Grade als sonst mit den Geschehnissen verbunden. Für die Schauspielkunst kommt wieder der Satz zu Ehren: Am Anfang war das Wort. So leitet sich eine Entwicklungsmöglichkeit der Sprechkunst des Schauspielers ein, der wieder lediglich auf die Kraft des Wortes gestellt wird. Wohlklang der Stimme wird für ihn zu einem unbedingten Postulat, wenn er der wesentlichen Unterstützung des Dekorativen entraten muß. Aber auch die Kultur des Ausdrucks und der Bewegung wird eine Steigerung erfahren müssen, wenn der Schauspieler nicht wie bisher ausschließlich im Rahmen en face dem Publikum gegenübersteht, sondern sich mitten unter den Zuschauern befindet.

Und damit wären wir meiner Überzeugung nach auf dem Wege, für diese Kunst wieder jenen großen Stil zu finden, der an das antike Theater anknüpft und der nach meinem Wissen von keinem bewußter, von keinem mit klarerer Einsicht und größerem Nachdruck gefordert wurde als von Goethe.

[...]

Sollte es gelingen, das «Theater der Fünftausend» ins Leben zu rufen, so wäre damit die Möglichkeit gegeben, weite Kreise der Bevölkerung als Besucher heranzuziehen, denen heute aus wirtschaftlichen Gründen der Eintritt versperrt ist. Und würden sich Tausenden und aber Tausenden die verschlossenen Tore öffnen, so könnte das Theater auch in unseren Tagen wieder zu einem sozialen Faktor werden.

In: Max Reinhardt Schriften, S. 330, 331.

Von der modernen Schauspielkunst und der Arbeit des Regisseurs mit dem Schauspieler (1915)

[...]

Theater ist eine zusammengesetzte Kunst und kann nicht wie andere Künste für sich selbst existieren. Es besteht überhaupt nur, wenn es aufgenommen wird und gut aufgenommen wird.

Das mächtige, aufwühlende Erlebnis, zu dem sich (unter glücklichen Umständen) ein Theaterabend verdichten kann, das sogar im Stande ist, die gewaltigsten Ereignisse des Tages für einige Stunden zu verdrängen, das braucht nicht nur einen großen Dichter, gute Schauspieler, einen vernünftigen Spielleiter, sondern auch ein erlesenes Publikum. Es braucht Talent, die Dinge zu erzeugen und Talent, sie zu empfangen. Fehlt die

Zeugungskraft oder die Kraft der Empfängnis, so kann nichts Lebendiges entstehen und das Ganze schrumpft zusammen zu einem körperlosen leeren Schattenspiel.

Es gibt Abende, an denen nicht das Schauspiel, sondern das Publikum durchfällt. Der Schauspieler braucht den Kontakt und er spürt ihn an tausend geheimnisvollen und beglückenden Zeichen.

Man wende nicht ein, daß der Schauspieler so restlos in seiner Rolle aufgeht, daß er das Publikum, ja sich selbst vergißt und nicht mehr weiß, daß er auf der Bühne steht. Ja – vielleicht der schlechte Schauspieler, der Dilettant. Der gute gewiß nicht.

[...]

Der wahre Künstler kann nie vergessen, daß er berufen ist, die Geister und Herzen seiner Zuhörer zu entzünden, zu entflammen. Er ist sich in seinen höchsten Momenten der Wirkung durchaus bewußt, und er braucht dieses Bewußtsein wieder, um eben zum Höchsten zu gelangen.

[...]

Diese Bewußtheit ist auch der natürliche Schutz für den Schauspieler. Wie könnte er sonst die tausend Schicksale ertragen, von denen ein einziges hinreicht, ein Menschenleben zu zerstören.

Auf den Proben, die der Aufführung vorangehen, ist der Regisseur der einzige Zuhörer und Zuschauer, jener unentbehrliche Partner im Spiel. Nur daß hier die Wechselwirkung sich noch stärker, konkreter, aktiver gestaltet. Er muß feminin empfangen und zugleich maskulin befruchten können und zuletzt noch, ganz neutral, sich als Spiegel verhalten, der dem Schauspieler ein getreues Bild seiner Leistung zurückwirft. Denn der Schauspieler kann sich selbst nicht hören und sehen und da er ganz persönlich der wesentlichste Teil seines Werkes ist, kann er nicht davor zurücktreten, wie der Maler vor sein Bild, der Musiker, der Bildhauer, der Dichter vor seiner Schöpfung.

Aber der einzelne Schauspieler ist nur ein Teil des Ganzen und der Regisseur muß alle Teile in seiner Hand haben und sie harmonisch ineinander fließen lassen.

Er soll die Ströme und Bäche und auch die stillen Wässerlein in ein einziges großes Bett leiten. Er muß die Tiefen und Untiefen genau kennen und das Schiff der Dichtung ungefährdet hindurchzusteuern wissen.

Er muß sie alle unter einen Hut kriegen, und es kommt bisweilen vor, daß das nicht so ganz leicht ist.

Wir wollen sehen, wie er es anfängt.

Zuerst empfängt er die Dichtung bei sich zu Hause, im stillen Kämmerlein. Voll Andacht und mit inbrünstiger Liebe gibt er sich restlos dem Werke hin und lauscht auf jedes Wort und auch auf das, was hinter den Worten steht. Er versetzt sich ganz in die Zeit des Dichters und bleibt dabei doch ein Kind seiner eigenen Zeit, unbewußt mit ihren Kräften erfüllt *(ein Instrument, das der Tag gebaut hat)*. Gleichwohl können sich auf seinen Seiten tausendjährige Werke wie die antiken Dramen beleben. Denn das ist unser Beruf: die Werke, die wir geerbt haben, immer wieder von Neuem zu erwerben, um sie zu besitzen. Das heißt: sie aus dem Geiste unserer Zeit wieder neu zu gebären. Unser Shakespeare ist ein *anderer* als der vor 400 Jahren, und schon der heutige Ibsen hat ein anderes Antlitz als der vor zwanzig Jahren, da der Naturalismus noch in voller Blüte stand. Werke jedoch auszugraben und auszustellen, ohne sie wieder beleben zu können, ist Leichenschändung oder, um es höflicher auszudrükken, die Sache von Museen oder Hoftheatern. Das lebendige Theater kann nur lebende Werke brauchen, gleichviel, ob sie der Gegenwart oder der Vergangenheit angehören. Doch wir wollen, wenn Sie einverstanden sind, zu dem Regisseur zurückkehren. Der hat sich inzwischen mit seiner Phantasie, denn das ist der Universalschlüssel, die Pforten der Dichtung aufgeschlossen und ist in tiefe Schächte hinabgestiegen, dort, wo die Mütter hausen, an den geheimnisvollen Ort, wo alles Lebende entsteht und wo auch der Dichter sein Werk empfangen hat, denn nur dort ist es mit allen Wurzeln auszugraben.

Er starrt lange ins Dunkel. Dann hellt es sich allmählich auf. Weite Landschaften werden sichtbar, tiefe Wasser und schneebedeckte Berge, dann wieder endlose Gänge und düstere Zimmer, steile Treppen, mondbeschienene Wiesen mit weißen wallenden Nebeln, die wie Elfen am Boden hingleiten, und Wälder mit gespenstischen Schatten. Die Schatten lösen sich, bewegen sich, kommen auf ihn zu, nehmen menschliche Gestalt an. Er hält den Atem an, diese zauberische Welt nicht zu trüben. Das Herz des Suchers klopft hörbar und findet ein zartes, aber vielfältiges Echo in den Gestalten, die ihn umgeben. Da bewegen sich die blassen Lippen, fangen an zu sprechen, erst wie von ferne, dann immer näher, vernehmlicher. Die Sprache klingt fremd, und doch errät er sie.

Mit einem Mal erkennt er jubelnd, daß sie Fleisch von seinem Fleisch, Blut von seinem Blut sind und daß sie fühlen wie er selbst. Die trennenden Zeiten schwinden, der Tag bricht herein.

Plötzlich sind seine Schauspieler da, seine eigenen Schauspieler, die er kennt wie seine Tasche. Sie drängen sich in seine Gedanken, greifen nach den geisterhaften Wesen, wollen sich mit ihnen befreunden, vermählen, stoßen sich wieder ab, gruppieren sich anders, ziehen die Gestalten nach oben ins Licht.

Seine geistige Bühne bevölkert sich, füllt sich, kreißt und gebiert mit einem Zauberschlag eine neue, wundervolle Welt. Noch ist sie in zarte Schleier gehüllt, aber sie atmet bereits, singt, schwatzt und jubiliert. Mit trunkenen Augen, mit zitternden Händen, die Augen voll von sphärischer Musik, schleicht er an seinen Tisch und schreibt seine Visionen nieder, ins Buch neben die Worte, die sich mit Blut füllen. Er schreibt

fieberhaft, gejagt, gehetzt, was er erlebt hat: neben jeden Satz eine Bemerkung, eine Note, einen Tonfall, und dann wie alles aussehen und wie
alles klingen soll. Eine vollkommene Partitur – sein Regiebuch. Da steht
das Werk plastisch aufgebaut. (Vor seinem geistigen Auge.) Das ist die
Glückseligkeit der Konzeption. Jetzt kommt das Umsetzen in die Wirklichkeit, die Verkörperung. Nun beginnen die Wehen und Ängste, die
Widerstände.

Tief erregt und beklommen setzt er sich vorne auf die Bühne, sein Buch
in den bebenden Händen. Trübe leuchtet die Lampe am Regiepult. Im
frühen Zwielicht stehen Kulissen aus verschiedenen vergangenen Stücken
da, lächerlich sinnlos zusammengestellt, bunt bemalt wie alte Kokotten,
mit gefällig grinsendem Flitter behangen, bereit, sich dem Nächsten hinzu-
geben. Der Regisseur fröstelt, er starrt hoffnungslos in Staub und Moder.

Alles hat er sich wieder einmal so groß ausgedacht. Unbarmherzig
dumm engen die drei Wände den Schauplatz ein, und statt der vierten
Wand gähnt der leere Zuschauerraum.

Wie soll hier seine Geisterwelt erstehen, der rauschende Wald, der ra-
gende Dom, die endlose Heide? Der *Maler* sagt: einfach malen. Die Leinwand ist geduldig. Ja, aber der lebendige, plastische Mensch vor der toten
Fläche! Der bewegliche Körper vor einem unveränderlichen Bild. Das
geht nie zusammen. Der Schauspieler soll sich an die Wand drücken können, an die Säule lehnen, seine Stirn an die Fensterscheibe pressen. Die
kleinen Elfen müssen zwischen hohen Bäumen schweben. Der Thea-
termeister wendet sich ab und verbirgt ein infames Lächeln. Der Kassie-
rer steckt seinen Bleistiftstumpf in den Mund und schmiert lächerliche
Zahlen auf einen Zettel, und der Regisseur beißt die Zähne zusammen
und schluckt und schluckt.

Er zieht feindselig seine Uhr. Die Schauspieler kommen.

Morjen! Dumm, vergnügt, ahnungslos. Andere fröstelnd, mißver-
gnügt, verschlafen. Feinde. Alles Feinde. Da rotten sich schon einige Un-
zufriedene hinter einer durchlöcherten Wand zusammen. Sie tuscheln
und blättern verächtlich in ihren Rollen. Natürlich wollen sie just die anderen Rollen spielen, müssen es selbstverständlich, wenn es mit rechten
Dingen zuginge. Ja, unbegreiflich diese Besetzung! Alle sind klüger, alle
würden es besser machen als der da vorne, am Pult. Die Tragik des Schau-
spielerloses steigt aus der Versenkung auf. Er darf sich nicht wie andere
Künstler seine Aufgaben selbst wählen, nicht spielen, wozu er Lust hat,
nicht schaffen, wenn er in Stimmung ist. Alles wird ihm kommandiert von
dem da vorne.

Nicht nur *sein* Erfolg oder Mißerfolg regen ihn auf, auch der Erfolg der
Kollegen hat entscheidende Bedeutung für ihn, kann ihn schädigen, entwerten unter Umständen.

Niemals kann er an eine Gerechtigkeit glauben, die zu seinen Ungunsten entscheidet, ohne den Glauben an sich zu verlieren. *Den* aber braucht er, sonst ist er *selbst* verloren!

In allen Ecken zischelt es, flüstert es, und der da vorn hört alles, ach, er kennt ja das alles. Das alte Lied. Er schluckt und schluckt. Aus allen Himmeln ist er gefallen und sitzt tief im Staube. Er würgt an seinem Ekel. Rückwärts gähnt einer ostentativ und kaschiert es durch eine gesungene Tonleiter.

Er bezwingt sich und fängt an. Der Inspizient ruft die Schauspieler zusammen. Sie kommen aus den Winkeln hervor, mit kühlem, vornehmen Erstaunen, als wüßten sie nicht, wozu, fangen an zu lesen, ohne die blasseste Ahnung oder auch mit ostentativer Gleichgültigkeit und niederschmetternder Überlegenheit. Alles wird wieder kalt, tot, ferne.

Der da vorne bleibt, beginnt zu sprechen, vorzusprechen, zu erläutern, sein Bild ein wenig zu enthüllen. Schweigend hört der Schauspieler zu. Sein Feind spricht, will ihm wieder was aufoktroyieren, was ihm nicht liegt.

Er bedauert, leider eine andere Auffassung zu haben.

Aha. Was denn für eine.

Nun kommt ein Schwall törichter Worte. Sie werden höflich angehört. Das irritiert ihn, er bleibt stecken, zuckt verlegen die Achseln.

Ein anderer zeigt sich dankbarer, beflissener, es ist zufällig der, der die große Rolle hat.

Er erkennt freudig, daß sein eigenes Wesen da aufgebaut ist, daß die Sache aus ihm heraus gedacht ist. Ein glückliches Lachen steckt ihm in der Kehle, kitzelt ihn in der Nase. Kinder, Kinder! Ein Fußbreit gewonnen. Hoffnung keimt auf. Er nimmt einen Anlauf, wird wärmer, den Einen überredet, den Anderen zwingt er, den Mißvergnügten überzeugt er von der Wichtigkeit der verachteten Rolle. Dem Vierten geht von selbst langsam ein Licht auf.

Der da vorne redet sich in Hitze, arrangiert, erklärt, spielt vor, malt aus, begeistert sich, reißt die Anderen *mit sich fort*.

Er sucht vor allem Freude zu verbreiten, denn das ist die Atmosphäre, die er braucht, Heiterkeit, Spiellust, Übermut. *Er lobt und schmeichelt, das wirkt wie warmer Regen auf die Gemüter. Sie tauen langsam auf.* Schon lächeln sie, dehnen sich, strecken sich, legen sich ins Zeug, lassen sich willig führen. Er stellt sich zufrieden, überrascht, sagt, es wäre wundervoll, vollkommen! Höchstens das eine Detailchen wäre eventuell noch zu bemerken: Dieses eine Detailchen ist nichts weniger als Alles. Er schlüpft in jeden hinein, sucht ihn aus sich herauszutreiben, ihn zu steigern, hier mit vielen Listen, da mit Bitten, dort mit Strenge. Dazwischen muß auch geschnauzt werden, Krach gemacht werden, ein richtiges Theaterdonnerwetter. Sie spitzen die Ohren, auch die Anderen natürlich, die sich getroffen fühlen.

Der Träge erhitzt sich noch nicht für die Rolle, aber über die schlechte Behandlung, tut nichts. – Hauptsache ist, daß er endlich in Hitze ist; so kann er gebogen, gemodelt werden. Denn nur in der Glut ist er zu formen, gleichviel auf welchem Wege sie erzeugt wird.

Ein satter Bürger ist da, hat gut gefrühstückt, seine Steuern bezahlt, sein rundes Sümmchen auf der Bank. Er trägt eine tadellose Krawatte und neue Lackschuhe, in denen er sich wohlgefällig spiegelt. Er soll einen wahnsinnigen König spielen. Er sieht auf die Uhr, sein Mittagbrot wartet. O glückliche Zeit, da der Komödiant noch ausgeschlossen von der bürgerlichen Gesellschaft ein abenteuerliches Leben führte, das ihn leicht bereit machte, den Sprung in eine phantastische Welt zu machen. Wie soll dem wohlbeleibten Herrn in den engen Lackschuhen dieser Sprung gelingen, da er, wie Sie vielleicht schon erraten haben werden, nicht gerade ein Genie ist. Es kann ja nicht lauter Genies geben. Und gäbe es nur solche, so würde niemals gemeldet werden, daß die Pferde gesattelt sind und der Wagen schon vorgefahren ist, und das wollen wir doch erfahren.

Auch kleinere, bescheidenere, dienende Talente sind notwendig auf diesen Brettern, die die Welt bedeuten. Der Komiker tritt auf, er macht seine Kiste auf und zieht die ofterprobten alten Mätzchen hervor, um seine neue Rolle damit zu schmücken. Dem da vorne fährt der Schreck in die Glieder, aber er muß sich kugeln vor Lachen. Der Komiker braucht das Gelächter. Es wirkt auf ihn wie Alkohol, wie ein Narkotikum. Er muß immer dieses Geräusch im Ohr haben, und er verschafft es sich um jeden Preis. Steht er nicht auf der Bühne, reißt er unausgesetzt Witze, nur um der Menschen Lachen zu hören. An dem Tage, an dem dieses Haha, Hoho, Hihi verstummte, würde es mit ihm zu Ende sein. Ein anderer alter Herr kommt, ein kostbares Original, wie ein seltsam funkelnder Stein, jedes Geschmeide zierend und belebend. Aber er hat kein Gedächtnis mehr. Er steuert gerade auf den Souffleurkasten los, erfindet tausend Listen und Ausreden, um seine Schwäche zu verbergen, die doch stadtbekannt ist. Ihm ist jedoch die alte, ausgestorbene Gabe des früheren Schauspielers zu eigen. Er kann blendend improvisieren, wenn er in Not ist. Sein Hirn wuchert und erzeugt ein Extempore nach dem anderen.

Zwischen diesen Menschen, von denen eben jeder natürlich auch seine entscheidenden Vorzüge hat, gehen die Proben dahin, wochenlang. Der Spielleiter schwirrt unermüdlich zwischen ihnen herum, wie eine Biene, er summt und brummt und sticht und saugt. In diese Schwächen, Lächerlichkeiten und seltsamen Fehler ebenso wie in alle Vorzüge und in die tausend Eigentümlichkeiten, an denen die menschliche Natur so verschwenderisch reich ist, muß er sich versenken und *das* daraus nehmen, was zum Bau seiner Welt notwendig ist.

Und sie entfalten sich alle in der Wärme der Arbeit und geben willig ihr

Bestes, und manche, die Auserwählten, entwickeln Dinge von überraschender, betäubender Schönheit (und je stärker die Sonne der Freude leuchtet, desto glühender werden die Farben). Und er zieht Fäden von einem zum andern, er baut luftige Brücken und Bogen und Gänge in die Tiefe. Er hebt und fördert, versenkt, befestigt und erleuchtet. Hundert Hände strecken sich plötzlich aus dem Dunkel und bauen und bauen. Der Scheinwerfer blitzt auf, seine grüne Glasscheibe ernüchtert *keinen* da oben. Im Gegenteil! Sie zeugt Leben wie das göttliche Licht und gewährt dem Theatermenschen alle Schauer und alle Traumseligkeit wirklicher Mondnächte. Der Beleuchter zieht seine Hebel, wirft wie in guten Bildern sein Licht auf das Wesentliche, Wichtige; läßt vieles im Halbdunkel und manches ganz im Finstern. Es muß noch Platz für die Phantasie der Zuschauer bleiben, denn *der* muß auch mitspielen, erraten, ergänzen, ausgestalten. Und der Mensch stolpert nun in kindlicher Glückseligkeit zwischen diesem Spielzeug herum und wähnt sich *gerade* im Mittelpunkt der Welt. Verstummt ist Krieg und Kriegsgeschrei. Nichts ist im Augenblick wichtiger als er! Die ganze Welt blickt mit gespannter Erwartung nur auf ihn, weckt ihn aus dieser Somnambulität, – stößt ihn aus diesem Schlafwandel – und er fällt ohnmächtig zu Boden. Ja, wie der Bildhauer seinen Stein, so muß der Regisseur sein Material kennen, seine Tücken und Schönheiten. Und wo gäbe es wohl ein schwierigeres, wo aber auch ein herrlicheres Material als den Menschen, wenn er menschlich und individuell behandelt wird. Dann blüht zwischen allem Tand das Schönste auf, was die Erde hervorzubringen vermag, die menschliche Seele. Selbst noch im *Statisten*, der nur im Halbdunkel wirken darf, zittert eine *Seele*, wenn die Fieber der Entstehung in den Nerven aller Mitwirkenden rasen, und *sein* Wille vereint sich *unbewußt* mit dem *bewußten* Willen der *Anderen*, und dieser Wille haucht unserer Scheinwelt lebendigen Odem ein und siehe da – sie bewegt sich! Sie bewegt sich wirklich! dreht sich um sich selbst – und zugleich um die Sonne, von des Dichters Gnaden. Sein Sachwalter hienieden aber – der Spielleiter – rennt nun ruhelos um diesen kleinen Erdball im Kreise herum, er hängt noch durch tausend Stränge mit ihm zusammen, spürt jede Erschütterung, alle Lust und alles Weh am eigenen Leibe.

[...]

In: Max Reinhardt Schriften, S. 307–308, 308, 309–313.

Mein Programm (1924)

[...]

Als das wichtigste Ziel eines künstlerischen Theaters darf wohl die Pflege des Ensemblespiels betrachtet werden, das Bestreben, Schauspieler nicht bloß vorübergehend als Gäste in ein Ensemble zu stellen, sondern ein Ensemble zu bilden und zu erhalten. Dies ist heutzutage gewiß schwieriger als früher. Ich bin ja in Wien aufgewachsen und habe die wundervollsten Erinnerungen an das alte Burgtheater, auf dessen vierter Galerie ich entscheidende Eindrücke für meine gesamte spätere Arbeit empfangen habe. Damals war die Idealforderung des Ensemblespiels wirklich in vollstem Maße erfüllt. Später hatte ich das Glück, nach Berlin in das von Brahm gebildete Ensemble zu kommen, das aus zahlreichen hervorragenden Künstlern bestand. Aus diesen Impulsen erklärt es sich, daß mir in den etwa zwanzig Jahren meiner Berliner Tätigkeit immer das Ensemblespiel die Hauptsache war. [...]

Die eigentliche künstlerische Arbeit, die ja früher an vielen Bühnen, auch in Berlin, gepflegt wurde, ist hauptsächlich durch den Film zerstört worden. Die Bedürfnisse der Schauspieler sind in diesen wirtschaftlich unsicheren Zeiten naturgemäß immer größer geworden, und das Theater konnte ihnen nicht in entsprechender Weise nachkommen. Ich kenne die Entwicklung in Wien nicht genau, glaube jedoch, daß der Film hier keine so entscheidende Rolle gespielt hat wie in Berlin. Dort allerdings war der Film der gefährlichste Feind des Theaters, und zwar nicht etwa durch seine Konkurrenz gegenüber dem Publikum, sondern weil er die Schauspieler von ihrer eigentlichen Arbeit abgezogen hat. Doch haben sich die Verhältnisse auch in Berlin bereits gebessert, und der Film nimmt weniger Kräfte in Anspruch als früher, was auf das Theater günstig wirkt.

Aber wenn ich auch den Film für den stärksten Feind des Theaters halte, weil er die Probenarbeit zerstört hat, so bin ich mir dennoch der ungeheuren Entwicklungsmöglichkeiten des Films vollkommen bewußt. Ich selbst habe auf diesem Gebiete noch nichts gearbeitet und weiß auch nicht, ob ich es tun werde, obwohl mir in Amerika verschiedene Vorschläge gemacht wurden. Auch die Entwicklung des Films hängt meiner Ansicht nach vor allem von der Entwicklung der Schauspielerei ab. Auch beim Film gibt es nichts Wichtigeres, Kostbareres, Interessanteres und Unerschöpflicheres als den Menschen. Natürlich spielt beim Film die technische Frage eine viel größere Rolle als beim Theater, und aus dem Fortschritte der Technik ergeben sich unabsehbare Entwicklungsmöglichkeiten. Aber das kommt erst in zweiter Linie in Betracht, und wenn ich nicht nur in Europa, sondern auch in Amerika einen gewissen Stillstand, ja Rückgang des Filmwesens beobachten konnte, so liegt die Ursache meiner Ansicht nach im Mangel an geeigneten Darstellern. Die

Schauspielerei ist beim Film natürlich etwas ganz anderes als im Theater. Aber es hat sich deutlich gezeigt, daß auch im Lichtbilde die stärkere Persönlichkeit die entscheidende Rolle spielt. Deshalb sehen wir auch auf diesem Gebiete die Jagd nach der interessanten Persönlichkeit. Nun ist ja schließlich die schauspielerische Begabung durchaus keine Seltenheit. Ich halte sie sogar für sehr verbreitet. Sie kommt wahrscheinlich viel häufiger vor als sichtbar wird, weil ja viele Menschen mit Schauspielertalent gar nicht in die Lage kommen, sich diesem Berufe zu widmen. Aber selten ist die Persönlichkeit. [...]

In: Max Reinhardt Schriften, S. 212–213, 213–214.

Vom heutigen Theater (1929)

[...]

Der Regisseur hat heute nur deshalb eine so starke Position, weil wir wenig dramatische Produktion im eigentlichen Sinne des Wortes haben. Die meisten Stücke sind Literatur, die nicht aus dem Bühnenboden gewachsen ist. Bei solchen Stücken ist ein Mittler, der Spielleiter, unbedingt nötig. Er wird um so entbehrlicher, je theaternäher der Dichter ist. Shakespeare und Molière haben ebensowenig Regisseure gebraucht wie Nestroy und Raimund. Dieser Zustand scheint mir die höchste Erfüllung des Theaterspielens.

In: Max Reinhardt Schriften, S. 345.

Wsewolod E. Meyerhold, 1922/23

5

WSEWOLOD EMILJEWITSCH MEYERHOLD

(1874–1940)

«Blitz – auf – Volt!
Mey – er – hold!»
Sergej Tretjakow, 1922

«Dieses erbärmliche und sterile Etwas, das den Namen Sozialistischer Realismus beansprucht, hat mit Kunst nichts zu tun.»
Wsewolod E. Meyerhold, 1939

«Das bürgerliche Theater ist bis an seine Grenze gegangen
... (die Fortschrittlichkeit) der Meyerhold-Methode:
1. Bekämpfung des Privaten.
2. Betonung des Artistischen.
3. Die Bewegung in ihrer Mechanik.
4. Das Milieu abstrakt.»
Bertolt Brecht

Der Name Meyerhold steht als Synonym für experimentelles Theater, für die linke Theateravantgarde des 20. Jahrhunderts; und dies zu Recht. Das künstlerische und theoretische Werk des russischen Regisseurs, Schauspielers, Theaterleiters und Theaterlehrers, der eigentlich Karl Theodor Kasimir Meiergold hieß, umfaßt in seiner experimentellen Dynamik alle Bereiche der Theaterkunst von der Regiearbeit bis zur Schauspielpädagogik, von der Szenographie bis zur institutionellen Neuorganisation des Theaterwesens (vgl. M. Brauneck: Theater im 20. Jahrhundert).

Meyerholds Biographie und Werkgeschichte skizziert A. W. Fewralski im Band 2 der «Schriften»:

«Wsewolod Emiljewitsch Meyerhold wurde am 10. Februar (28. Januar alten Stils) 1874 in Pensa als Sohn eines Schnapsfabrikanten deutscher Herkunft geboren.
Im Jahre 1895 beendete er das Zweite Gymnasium in Pensa und wurde an der

Rechtsfakultät der Moskauer Universität immatrikuliert, gab jedoch bald darauf das Studium auf. 1896 wurde er ins zweite Studienjahr der Dramatischen Schule der Moskauer Philharmonischen Gesellschaft aufgenommen, die er 1898 zusammen mit Olga Knipper und Iwan Moskwin absolvierte; ihr Lehrer war dort W. Nemirowitsch-Dantschenko.

Schon mit 18 Jahren wirkte er in Laienaufführungen mit, und zwar schon in der ersten von diesen (Gribojedows *Verstand schafft Leiden*) nicht nur als Schauspieler (Repetilow), sondern auch als Regieassistent. Während der Sommerferien 1896 und 1897 in Pensa spielte er am dortigen Volkstheater, wodurch er mit politisch Verbannten bekannt wurde.

1898 trat er der Truppe des damals gegründeten Moskauer Künstlertheaters bei. Bei der Eröffnung des Theaters spielte er den Wassili Schuiski in *Zar Fjodor Ioannowitsch* von A. K. Tolstoi. Dem Künstlertheater gehörte er bis 1902 an und spielte dort 18 Rollen, darunter den Prinzen von Aragon in Shakespeares *Kaufmann von Venedig*, den Marchese di Forlipopoli in *Mirandolina* von Goldoni, den Treplew in Tschechows *Möwe*, den Teiresias in *Antigone* von Sophokles, den Iwan Grosny in *Iwan der Vierte* von A. K. Tolstoi (alternierend mit Konstantin Stanislawski), den Johannes Vockerat in *Einsame Menschen* von Hauptmann, den Tusenbach in Tschechows *Drei Schwestern*, den Pjotr in Gorkis *Die Kleinbürger*. Er war auch als Regisseur tätig.

In dieser Zeit stand er mit Sozialdemokraten in Verbindung. Im Sommer 1902, während des Aufenthalts in Italien, las er intensiv die Leninsche ‹Iskra› und brachte dann auch einige Nummern nach Rußland mit. Schon vorher hatte er literarische Prosaversuche unternommen, die von A. Tschechow gutgeheißen wurden (Meyerhold übertrug u. a. Hauptmanns ‹Vor Sonnenaufgang›); nun trat er auch in der Presse hervor: Seine Reportage *Mailand*, in der sich seine Interessen für das Arbeiterleben äußerten, erschien in der Moskauer Zeitung ‹Kurier›.

1902 gründete er eine Truppe, die bald danach als Gesellschaft des Neuen Dramas bekannt wurde und in den Spielzeiten 1902/03 und 1903/04 in Cherson und 1904/05 in Tiflis auftrat; Meyerhold brachte 170 Inszenierungen, darunter die Stücke: *Drei Schwestern, Onkel Wanja, Die Möwe, Iwanow, Der Kirschgarten* von Tschechow, *Die Kleinbürger, Nachtasyl, Sommergäste* von Gorki, *Macht der Finsternis* von Lew Tolstoi, *Iwan der Vierte* und *Zar Fjodor* von A. K. Tolstoi. *Talente und Verehrer, Belsaminos Hochzeit, Es bleibt ja in der Familie, Späte Liebe, Wassilissa Melentjewa* und andere Stücke Ostrowskis, *Verstand schafft Leiden* von Gribojedow. *Ein Sommernachtstraum* und *Der Kaufmann von Venedig* von Shakespeare, *Ein Volksfeind, Hedda Gabler, Die Wildente, Nora, Gespenster* und andere Werke Ibsens, Stücke von Hauptmann, Sudermann, Schnitzler, Przybyszewski, Maeterlinck, Hejermans u. a. Auf der gleichen Bühne wirkte er als Schauspieler in vielen Rollen, darunter als Astrow (*Onkel Wanja*), Iwanow (*Iwanow*), Trofimow (*Der Kirschgarten*), Narokow (*Talente und Verehrer*), Tschazki (*Verstand schafft Leiden*), Shylock (*Der Kaufmann von Vendig*), Zettel (*Ein Sommernachtstraum*), Løvborg (*Hedda Gabler*), Oswald (*Gespenster*), Crampton (*Kollege Crampton*), Landowski (*Die Akrobaten*), außer den im Künstlertheater verkörperten und vielen anderen Rollen.

Im Jahre 1905 wurde unter der Leitung Stanislawskis und Meyerholds in Moskau ein Bühnenstudio gegründet, das als Versuchsbühne des Künstlertheaters gedacht war. Meyerhold bereitete die Inszenierungen von *Der Tod des Tintagiles* (Maeterlinck), *Schluck und Jau* (Hauptmann), *Der Schnee* (Przybyszewski) und die *Komödie der Liebe* (Ibsen) vor. Die Aufführungen fanden nicht statt, da die Bühne nicht eröffnet wurde.

Im Jahre 1906 leitete Meyerhold aufs neue die Gesellschaft des Neuen Dramas (in Tiflis und dann in Poltawa), wo er *Kinder der Sonne* und *Die Barbaren* von Gorki, Stücke von Ibsen, Maeterlinck, Hauptmann, Strindberg, Schnitzler u. a. inszenierte und viele Rollen spielte, darunter den Rank (*Nora* von Ibsen) und den Finke (*Die Juden* von Tschirikow).

1906 ging er nach Petersburg, wo er bis November 1907 Chefregisseur am Theater der Komissarshewskaja war; dort inszenierte er 13 Stücke: *Hedda Gabler, Nora* und *Komödie der Liebe* (Ibsen), *In der Stadt* (Juschkewitsch), *Schwester Beatrix, Das Wunder des Heiligen Antonius* und *Pelleas und Melisande* von Maeterlinck, *Balagantschik* von Blok, *Die Liebestragödie* von Heiberg, *Die Hochzeit der Zobäide* von Hofmannsthal, *Ein Menschenleben* von Andrejew, *Frühlings Erwachen* von Wedekind und *Sieg des Todes* von Sologub.

Von 1907 an erschienen seine Beiträge über das moderne Theater, namentlich über seine Theaterversuche, in Zeitschriften. Diese Beiträge wurden später in einem Buch zusammengefaßt, das 1913 mit dem Titel *Über das Theater* erschien.

1908 inszenierte Meyerhold einige Aufführungen mit einer Truppe, die er für Gastspiele nach West- und Südrußland zusammengestellt hatte; dann wurde er Regisseur der Petersburger Kaiserlichen (seit 1917 Staatlichen) Bühnen, denen er zehn Jahre angehörte. Im Alexandrinsker Theater inszenierte er die folgenden Stücke: *Vor dem Königstor* von Hamsun (in dem er den Careno spielte), *Tantris der Narr* (Hardt), *Don Juan* (Molière), *Die rote Kneipe* (Belajew), *Der lebende Leichnam* (Lew Tolstoi), *Die Geiseln des Lebens* (Sologub), *Auf halbem Wege* (Pinero), *Zwei Brüder* (Lermontow), *Der grüne Ring* (Sinaida Hippius), *Der standhafte Prinz* (Calderón), *Pygmalion* (Shaw), *Das Gewitter* (Ostrowski), *Die Romantiker* (Mereshkowski) u. a., die Trilogie *Kretschinskis Hochzeit, Der Prozeß* und *Tarelkins Tod* von Suchowo-Kobylin, *Maskerade* von Lermontow, *Die Frau vom Meere* von Ibsen, *Pjotr Chlebnik* von Lew Tolstoi, im Marjinsker Theater inszenierte er die Opern *Tristan und Isolde* von Wagner, *Boris Godunow* von Mussorgski (mit Schaljapin), *Orpheus und Eurydike* von Gluck, *Elektra* von Richard Strauss, *Der steinerne Gast* von Dargomyshski, *Schneeflöckchen* von Rimski-Korsakow, *Die Nachtigall* von Strawinski, *Die Stumme von Portici* von Auber. Zu den meisten dieser Aufführungen schuf A. Golowin die Ausstattung. Von den Darstellern dieser Meyerhold-Inszenierungen im Alexandrinsker Theater sind besonders hervorzuheben: J. Jurjew (Don Juan und Arbenin), M. Sawina, K. Warlamow, W. Dawidow, B. Gorin-Gorjanow und J. Kortschagina-Alexandrowskaja.

Während seines Wirkens an den Kaiserlichen Bühnen inszenierte Meyerhold 1910 bis 1916 eine Reihe von Stücken, vor allem experimenteller Natur, auf kleineren Bühnen Petersburgs und in der Sommerfrische Terioki (heute Selenogorsk). Unter diesen Inszenierungen waren: *Die Andacht zum Kreuz* von Calderón, *Eine Frau ohne Bedeutung* von Oscar Wilde, *Schuld* von Strindberg, *Mademoiselle Fifi* nach Maupassant und einige Pantomimen (deren Szenarien Meyerhold teils selber verfaßte). Im Jahre 1913 inszenierte er in Paris im Theater Châtelet für die Schauspielerin Ida Rubinstein D'Annunzios *Pisanella* (in französischer Sprache). 1915–1916 drehte er die Filme *Das Bildnis des Dorian Gray* (nach Wilde, Drehbuch: Meyerhold) und *Der starke Mensch* (nach Przybyszewski), in ersterem spielte er den Lord Henry, im letzteren die Hauptrolle des Dichters Garski.

Seit 1906 wirkte er systematisch als Theaterpädagoge. Diese Tätigkeit übte er ab 1913 aus, als das Meyerhold-Studio gegründet wurde, das bis 1918 bestand. Es hatte folgende Grundfächer: Technik der Bühnenbewegung (Dozent: Meyerhold), Studium der italienischen Commedia dell'arte und musikalischer Vortrag im Schauspiel. Öffentlich führte das Studio *Die Unbekannte* und *Balagantschik* von Blok in der Inszenierung Meyerholds von 1914 und andere Stücke auf. Er gab ferner die Zeitschrift ‹Die Liebe zu den drei Orangen› heraus, die unter der Redaktion von Meyerhold von 1914–1916 erschien. Sie brachte einige seiner Beiträge unter dem Pseudonym ‹Dr. Dapertutto›. 1915–1917 unterrichtete Meyerhold an der Theaterschule, mit deren Eleven er die Komödie Oscar Wildes *Ein idealer Gatte* inszenierte.

1917, in der Zeit zwischen der Februar- und der Oktoberrevolution leistete er aktive gesellschaftliche Arbeit im Verband der Kunstschaffenden, im Verband der Regisseure und im Verband der Theaterschaffenden.

Nach der Oktoberrevolution arbeitete Meyerhold aktiv in der ersten sowjetischen Behörde für Theaterangelegenheiten mit – dem Theaterrat (später Theaterabteilung) beim Volkskommissariat für Bildungswesen (1918), und als sie nach Moskau übersiedelte, wurde er der Leiter ihrer Petrograder Abteilung (1918–1919). In derselben Zeit gab er die Zeitschrift ‹Wremennik teatralnowo otdela› heraus. Er leitete 1918 das Petrograder Theater im ‹Haus der Arbeiter› und inszenierte dort Ibsens *Nora*.

Im August 1918 trat er der Kommunistischen Partei Rußlands bei.

Zum ersten Jahrestag der Oktoberrevolution (7. November 1918) inszenierte Meyerhold in Petrograd (im Theater des Musikdramas) gemeinsam mit Majakowski dessen Stück *Mysterium Buffo*. Somit war er der erste Regisseur des ersten sowjetischen Bühnenstücks. Die Rollen wurden von Schauspielern verschiedener Bühnen dargestellt.

Meyerhold unterrichtete an den auf seine Initiative gegründeten Lehrgängen für Bühnentechnik (1918), später Lehrgängen für Regie und der Schauspielschule (1918–1919). Im Jahre 1919 erschien das Kinderstück *Alinur*, das Meyerhold gemeinsam mit dem Bühnenbildner J. Bondi geschrieben hatte.

Während eines Kuraufenthaltes im Süden im Sommer 1919 fiel er den Weißgardisten in die Hände und wurde in Noworossisk ins Gefängnis gesperrt. Nach der Befreiung Noworossisks durch die Rote Armee leitete er die dortige Kunstabteilung und inszenierte Ibsens *Nora* (1920).

Im Herbst 1920 wurde Meyerhold nach Moskau berufen und zum Leiter der Theaterabteilung im Volkskommissariat für Bildungswesen ernannt. (Dieses Amt bekleidete er bis Frühjahr 1921.) In dieser Zeit erschienen von ihm Artikel und Notizen in der Zeitschrift der Abteilung ‹Westnik teatra›.

Er übernahm die Leitung des neugegründeten Ersten Theaters der RSFSR und inszenierte dort gemeinsam mit W. Bebutow Verhaerens *Morgenröte* (für die Eröffnung der Bühne am 7. November 1920), Majakowskis *Mysterium Buffo* (zweite Fassung, 1921) und Ibsens *Bund der Jugend* (1921).

1921 gründete Meyerhold die Staatlichen Höheren Regie-(später Theater-) Werkstätten (GWRM-GWM), wo er die Methodik und die Übungen der Biomechanik einführte und andere Theaterprobleme untersuchte, besonders die, welche in seinen Vorlesungen gestellt wurden. Mit einer Gruppe von Schauspielern des im Herbst 1921 aufgelösten Ersten Theaters der RSFSR, von denen die Freie Meyerhold-Werkstatt bei den Staatlichen Höheren Theaterwerkstätten gegründet wurde, trat er dem Anfang 1922 entstandenen ‹Theater des Schauspielers› bei. Dort inszenierte er Ibsens *Nora* (seine fünfte Inszenierung dieses Stücks, 1922) sowie den *Gewaltigen Hahnrei* von Crommelynck als Aufführung der Freien Werkstatt (1922). Die GWTM und die Freie Werkstatt wurden 1922 der neuen Staatlichen Theaterhochschule (GITIS) angeschlossen; sie zog in das Gebäude des Theaters des Schauspielers ein. Die neue Bühne nannte sich nun GITIS-Theater. Dort inszenierte Meyerhold, wiederum mit den Kräften der Freien Werkstatt, *Tarelkins Tod* von Suchowo-Kobylin (1922).

Im selben Jahr kam es jedoch in der GITIS zu einem Zerwürfnis; Meyerhold trat mit seinen Schülern aus der Hochschule aus und gründete eine eigene Werkstatt. Dieser schloß sich auch das GITIS-Theater, nunmehr als Meyerhold-Theater, an. Dort inszenierte Meyerhold 1923 *Die Erde bäumt sich* (von Tretjakow nach Martinets *Nacht*). Bald danach entwickelte sich die Meyerhold-Werkstatt zur Lehranstalt; sie nannte sich 1923–1931 Staatliche Experimentierwerkstatt für Theater (GEKTEMAS) ‹W. Meyerhold›, 1932–1934 Staatliche Experimentelle Theaterfachschule ‹W. Meyerhold› (GEKTETIM) und 1934–1938 (bis zu ihrer Schließung) Staatliche Bühnenschule ‹W. Meyerhold›.

1923 wurde Meyerhold der Titel Volkskünstler der RSFSR verliehen. Er wurde mehrmals in den Moskauer Sowjet der Arbeiter und Rotarmistendeputierten sowie ins ZK und in die Leitung der Moskauer Gouvernementabteilung des Künstlerverbandes gewählt.

1922–1924 war Meyerhold, ohne die Leitung seines Theaters aufzugeben, künstlerischer Leiter des Moskauer Theaters der Revolution (heute Moskauer Akademisches Majakowski-Theater), wo er 1923 die Stücke *Ein einträglicher Posten* von Ostrowski und *Der Ljul-See* von Faiko inszenierte.

Im Meyerhold-Theater, das ab 1923 Theater ‹W. Meyerhold› (TIM) und ab 1926 Staatliches Meyerhold-Theater (GosTIM) hieß, inszenierte er die folgenden Stücke: *Der Wald* von Ostrowski (1924), *D. E.* nach Ehrenburg und Kellermann (1924), *Der Lehrer Bubus* von Faiko (1925), *Das Mandat* von Erdman (1925), *Der Revisor* von Gogol (1926), *Verstand schafft Leiden* von Gribojedow (1928), *Die Wanze* von Majakowski (1929), *Armeekommandeur II* von Selwinski (1929), *Das Schwitzbad* von Majakowski (1930), *D. C. E.* (Neufassung von *D. E.*, 1930), *Die letzte Entscheidung* von Wischnewski (1931), *Liste der Wohltaten* von Olescha (1931), *Wstuplenije* von German (1933), *Kretschinskis Hochzeit* von Suchowo-Kobylin (1933), *Die Kameliendame* von Dumas-Sohn (1934), *Dreiunddreißig Ohnmachten* (*Jubiläum, Der Bär* und *Der Heiratsantrag* von Tschechow, 1935), *Verstand schafft Leiden* von Gribojedow (zweite Bühnenfassung, 1935). Meyerhold leitete die Regiearbeiten der Aufführung von Tretjakows *Brülle, China!* (1926), Besymenskis *Der Schuß* (1929) und der Revue *Ein Fenster zum Dorf* (1927). 1936–1937 arbeitete Meyerhold intensiv an der Inszenierung von Puschkins *Boris Godunow* und des Ostrowski-Romans *Wie der Stahl gehärtet wurde* (mit dem Titel *Ein Leben* von J. Gabrilowitsch für die Bühne eingerichtet). *Boris Godunow* blieb unvollendet und *Ein Leben* kam nicht zur Aufführung.

Im Jahre 1926 gab Meyerhold den Almanach *Teatralny oktjabr* des Meyerhold-Theaters heraus. Im Jahre 1930 erschien seine Broschüre *Die Rekonstruktion des*

Theaters. 1928 wurde der Film *Der weiße Adler* mit Meyerhold in der Rolle des Senators erstaufgeführt.

Im Jahre 1933 schuf er die zweite Fassung seiner Inszenierung von Lermontows *Maskerade* im Leningrader Schauspieltheater ‹Alexander Puschkin›; 1938 folgte die dritte Fassung. 1936 inszenierte er im Leningrader Kleinen Opernhaus Tschaikowskis *Pique Dame*. Von ihm stammten Hörspiele nach den Puschkin-Stücken *Der steinerne Gast* (1935) und *Rusalka* (1937).

Zwischen 1924 und 1936 reiste er nach Deutschland, Frankreich, Italien, England und der Tschechoslowakei (in einige dieser Länder mehrmals).

Nach der Schließung des Staatlichen Meyerhold-Theaters (1938) war er Regisseur und nach dem Tode Konstantin Stanislawskis Chefregisseur des Staatlichen Stanislawski-Opernhauses (1938–1939).

Am 20. Juni 1939 wurde Meyerhold rechtswidrig verhaftet. Am 2. Februar 1940 kam er ums Leben.

Am 26. November 1955 wurde Meyerhold vom Militärkollegium des Obersten Gerichts der UdSSR rehabilitiert» (vgl. Wsewolod E. Meyerhold: Schriften 2).

In Deutschland wurde Meyerholds Theaterarbeit insbesondere von der linken Intelligenz der 20er Jahre zur Kenntnis genommen. Die Nähe zu wesentlichen Elementen des Brecht-Theaters ist offenkundig. Brecht erfuhr über die in Moskau arbeitende Asja Lacis, die sich gelegentlich in Berlin aufhielt, über Meyerhold: «Brecht fragte mich wiederum genau aus, wie Meyerhold und Tairow inszenieren, über Majakowski, über Tretjakow, über marxistische Kritik und Kunsttheorie und natürlich über das Leben in der Sowjetunion.» Asja Lacis hatte auch Meyerholds Arbeit an den Kaiserlichen Theatern in Petersburg (vor 1917) kennengelernt.

Zu Meyerhold nehmen auch die beiden bedeutendsten politischen Regisseure dieser Zeit Stellung, Leopold Jeßner und Erwin Piscator. Jeßner verteidigt 1925 in einem Beitrag der Zeitschrift «Die Scene» (Heft 6/7/8) Meyerhold gegen den Vorwurf der «Vergewaltigung des Dichtwerks», ein Kritikaspekt, der auch gegen Jeßners Theaterarbeit immer wieder erhoben wurde:

«Bei aller Freiheit des Regisseurs und bei aller Anerkennung für den ersten Platz des Autors muß dem *Regisseur* das Recht zuerkannt werden, aus seinem Gefühl, aus den Nerven seiner Zeit, aus dem Nerv seines Ichs heraus zu inszenieren. Ich behaupte, daß das, was Taïrow und Meyerhold schaffen, durchaus keine Vergewaltigung der von ihnen dargestellten Dichter bedeutet; sondern sie inszenieren lediglich aus dem Nerv ihres Landes. Dieses expansionsfähige Gefühl, das sich nach dem Volksliedmäßigen Stanislawskis in Rußland gezeigt hat, und zwar nach der großen Umwälzung, das kommt in den Inszenierungen Taïrows und Meyerholds zum Ausdruck – genau, wie auch hier, 1919, der allgemeine *politische* Akzent in der Theater-Darstellung in Deutschland zum Ausdruck gekommen ist. Dieses Recht und diese Pflicht hat der Regisseur: den Nerv seiner Zeit zu beobachten –

Fernand Crommelynck «Der großmütige Hahnrei».
Moskauer Künstlertheater, 1922 (Bühne und Kostüm: L. Popova)

oder vielmehr: der Regisseur wird ihn nicht ‹beobachten› – *ist* er der Regisseur, so wird er den Nerv seiner Zeit fühlen – und, meine Damen und Herren, in einer solchen Zeit wie der unsrigen, *fühlt* er ihn» (vgl. Jessner: Schriften. Theater der zwanziger Jahre).

Vor allem aber nahm Erwin Piscator zu Meyerholds politischem Theater Stellung, nicht zuletzt um – dem großen Namen gegenüber – seinen Anspruch auf Eigenständigkeit zu behaupten. Am 1. Januar 1928 schreibt Piscator in der «Roten Fahne»:

«Die Leere oder Rückständigkeit eines Bühnenwerkes durch Konzessionen in der äußeren Form, durch geistreiche Experimente verbergen zu wollen, muß heute schneller als je unmittelbar zu einem vernichtenden Fiasko führen. Wenn wir in Berlin so Theater spielen wollten, wie es in Moskau geschieht, so würde das bedeuten, die Äußerlichkeiten des russischen Theaters epigonenhaft zu übernehmen, ohne daß hier dessen soziale Basis gegeben ist. Wenn zwischen den Inszenierungen Meyerholds und meinen eigenen irgendwelche Ähnlichkeit besteht – ich kann das nicht beurteilen, weil ich Meyerholds Arbeit nicht kenne –, so kann das nur die Folge davon sein, daß die Inhalte und die Weltanschauung der hier und dort gespielten Werke die gleichen sind, also auch eine ähnliche Übertragungs- und Ausdrucksform verlangen. Aber wie die deutsche Revolution keine russische, das Proletarische Theater Berlins nicht die Meyerhold-Bühne in Moskau sein kann, so kann auch der Regisseur nur aus seinem Erlebnis schöpfen und seine Inszenierung nur auf den Erlebnissen, Erfahrungen und Anschauungen der deutschen revolutionären Bewegung fußen. Damit erledigt sich auch die kindische Auffassung, als mache etwa die Verbindung von Bühne und Film oder eine gewisse Technik das Wesen des politischen Theaters aus. Nur wenn diese Mittel nicht um ihrer selbst willen, als interessanter Aufputz verwendet werden, sondern aus einer bestimmten weltanschaulichen Idee heraus, die zu ihrer Manifestierung der Verbreiterung und Vertiefung jedes Einzelschicksals ins Kollektive verlangt, durch die Einbeziehung der ganzen Umwelt die Sprengung der verengenden Guckkastenbühne erzwingt – nur dann vermögen diese Mittel den Absichten der Inszenierung gerecht zu werden. Alles andere bleibt artistischer Bluff, der sich schon dadurch erledigt, daß ihn jeder durch einfache Kopie zu diskreditieren vermag. Das gleiche gilt von der dramaturgischen Bearbeitung des Bühnenwerkes, des klassischen oder des modernen. Das bewegende Prinzip des Regisseurs kann nicht aus einem zufälligen Einfall gewonnen werden, sondern ist die Frucht einer Idee, als deren Vollstrecker sich der Regisseur fühlt, die ihm die Richtung seines Weges diktiert und die Gesichtspunkte aufzwingt, unter denen er das Werk sieht, sehen *muß*» (vgl. M. Brauneck: Die rote Fahne).

In Piscators Argumentation zeichnete sich bereits im Ansatz eine Konstellation der Kritik ab, die das künstlerische Experiment von der politischen Sicht aus als Formalismus verwirft. In diese Schußlinie geriet Meyerhold zunehmend in der Sowjetunion, insbesondere auch durch die linke Kritik in Deutschland anläßlich seines Berlin-Gastspiels im April 1930.

So schreibt der Kritiker und Essayist Oto Bihalji-Merin unter dem Pseudonym O. Biha in der Mai-Nummer der Zeitschrift «Die Linkskurve» über das Meyerhold-Gastspiel eine vernichtende Kritik:

«Es muß klar ausgesprochen werden: das Proletariat hat nichts zu tun mit den unzähligen Experimenten der ‹revolutionären Form›. Diese Experimente sind formal-ästhetische Angelegenheiten des rebellierenden Kleinbürgertums, die hinter neudrapierter Gewandung alte Inhalte verbergen.

Für das Theater des klassenbewußten Proletariats sind die Begriffe Zeittheater und politisches Theater selbstverständliche Voraussetzungen. Diese Begriffe geben allgemeinen und komplizierten Deutungen keinen Raum. Ihr Sinn kann auf die Alltagsformel unseres Kampfes reduziert werden: das Theater des bewußten Klassenkampfes.

Eine solche revolutionäre Waffe ist das Meyerhold-Theater trotz seiner rebellisch funkelnden Maske nicht.

‹Ideen können nie über einen alten Weltzustand, sondern immer nur über die Ideen des alten Weltzustandes hinausführen. Ideen können überhaupt nichts ausführen. Zum Ausführen der Ideen bedarf es der Menschen, welche eine praktische Gewalt aufbieten.› (Karl Marx: Heilige Familie. S. 225.)

Nun, die Ideen, deren Träger Meyerhold ist, führen keineswegs über die Ideen des alten Weltzustandes hinaus; viel weniger noch beeinflussen sie den Menschen zum Klassenkampf des Proletariats.

Im Gegenteil. Meyerhold wurzelt in der Welt von gestern, auf deren Trümmern er unbewußt hinter einer neuen Architektur ihre Daseinsinhalte auferstehen läßt.

Es ist eine Selbstverständlichkeit, daß die Kunst der Arbeiterklasse auch ihre eigenen Formen schaffen wird. Aber diese Formen resultieren aus dem Inhalt und können nicht ‹an sich› geschaffen werden.

Weder Stanislawskis klassisches Theater des ausbalancierten Naturalismus, noch die virtuose Artistik des ‹entfesselten Theaters› Tairoffs erschließen die Ausdruckswelt der Arbeiterklasse. Beiden hat die siegreiche proletarische Revolution ihre Spannkraft geliehen. Sie hat ihnen die ökonomische Grundlage geboten, unbegrenzt zu experimentieren, sie gab ihnen das Selbstbewußtsein, hemmungslos mit der Tradition zu brechen.

Wsewolod Meyerhold ist eine überragende Gestalt in der Entwicklungsgeschichte des modernen Theaters. Die ungeheuren Triebkräfte der sozialen Umwälzung haben sein Schaffen beflügelt. Der radikale Bruch mit den Gesetzen der dramatischen Tradition, die Sprengung aller hergebrachten Formen und Methoden der Regie haben bis zu einer gewissen Grenze auch auf den Inhalt revolutionierend gewirkt.

Was ist der Leitgedanke der umwälzenden Regiemethode Meyerholds? Worin besteht dieses ‹biomechanische› System, mit dem er den neuen Schauspieler zu schaffen vergibt? Er läßt ihn die Skala der Gefühlserlebnisse einüben. In rhythmisch-spielerischer Form betreibt er neben einer planmäßigen Durchbildung der Muskeln ein Training der Nerven. Er produziert serienweise, sozusagen am laufenden Band, die Gefühlssituationen menschlicher Katastrophen, Erschütterungen und psychologischer Erlebnisse. Desillusionierung individualistischer Konflikte und schicksalhafter Probleme mit dem Mittel einer materialistischen Analyse. Wie weit sind diese Mittel revolutionär? Jahre hindurch konnte der Heroismus der Kriegs- und Bürgerkriegsjahre eingekleidet werden in die pathetischen, spielerischen Formen seines Theaters. Mit der fortschreitenden Normalisierung jedoch, dem bedingungslosen Abblenden aller Jupiterlampen der Romantik und der in Funktion tretenden nüchternen Wirklichkeit des Sowjet-Alltags weiß er nichts mehr anzufangen. Hier hört das Verständnis des radikalen Kleinbürgers auf. Auch die Entwicklungsmöglichkeit. Aber nur auf dieser Linie gibt es eine Entwicklung.

Der Anschluß muß gefunden werden an die Ideenwelt der Arbeiterklasse. Es ist für den schöpferischen Künstler eine zwangsmäßige Notwendigkeit, sich einzureihen in den Mechanismus der Klasse, aufzuräumen mit den Vorurteilen kleinbürgerlicher idealistischer Aesthetik, die Fiktion des individualistischen Experiments der kollektiven Wirklichkeit zu opfern. Diesen Weg hat Meyerhold nicht beschritten. Noch nicht.

Seine gegenwärtige Rolle in der Sowjetunion ist eine konservative. Er konnte im Sturmwind der Revolution große Dinge vollbringen. In der entstehenden neuen Gesellschaft wird er abgelöst von jungen proletarischen Kräften (Tram, Gewerkschaftstheater usw.).

Jahre hindurch hat er in der bürgerlichen Kritik als der bahnbrechende Regisseur der Gegenwart gegolten. Stanislawski, Tairoff und vor allem Meyerholds Inscenierungen waren die Maßstäbe, an denen ihre Zeitgenossen gemessen wurden. Selbst seine Epigonen (Granowsky, Habima und andere) fanden überall begeisterte Aufnahme.

Jahre hindurch haben die armseligen und blutarmen Theatermänner des Westens ihn mehr oder weniger glücklich imitiert. Aber sie konnten gerade so wenig ihren Lehrmeister erreichen wie die Kollegen vom Film die gigantischen Werke der Sowjetproduktion.

Das Sowjet-Theater und der Sowjet-Film sind Dokumente der entfesselten Kräfte der sozialen und kulturellen Revolution, der frei gewordenen schöpferischen Energie der Arbeiterklasse.

Das Berliner Gastspiel des Meyerhold-Theaters ist keine Angelegenheit des revolutionären Proletariats.

Das satirische zeitkritische Stück Gogols ‹Der Revisor› erfährt bei Meyerhold keine klassenmäßige Vertiefung. Im Gegenteil. Aus der Gogolschen Perspektive einer grauenhaften Ordnung brutaler Bürokraten und Tyrannen wird ein Panoptikum allgemein-menschlicher armseliger Torheit.

Ostrowskis ‹Wald› wird unter der ekstatischen Künstlerhand Meyerholds zu einer formal überragenden Posse kleinbürgerlicher Scheinwelt, in der nur augenblicksweise das Bild zeitkritischer Analyse aufleuchtet.

Crommelincks ‹Gewaltiger Hahnrei› kreist um selbst für das bürgerliche Theater bereits überwundene Probleme spießbürgerlicher Gefühlswelt. Eine Satire, die Schatten angreift und an uns vorübergeht.

Selbst ‹Brülle China›, diese wunderbare Gestaltung der Leiden und Kämpfe chinesischer Kulis, kann uns nicht zufrieden stellen. Irgendwie steht das Geschehen, die treibende inhaltliche Kraft im Hintergrund und wird zum Vorwand für eine selbstherrliche, um ihrer selbst willen bestehenden Ausdrucksmöglichkeit, die trotz – vielleicht wegen ihrer Virtuosität ihren Sinn vergessen läßt.

Wo ist das Stück des Aufbaues der neuen sozialistischen Welt?

Das revolutionäre Proletariat übt Kritik an Meyerhold. Es übt sogar Kritik an

Biomechanische Übung

den einzigartigen Filmwerken der Sowjetunion (die keine annähernde Parallelerscheinung in der bürgerlichen Filmwelt finden), denn auch sie erreichen es noch nicht, in den Formen ihrer Kunst einen Ausdruck zu finden, der der alles umwälzenden Wirklichkeit des sozialistischen Aufbauwerkes gerecht wird.

Sollte es uns aber nicht zu denken geben, wenn plötzlich die bürgerliche Kritik so kühl und ablehnend Meyerhold gegenübersteht? Wurde seine reale Erscheinung von dem Schatten, den er seit einem Jahrzehnt vorauswarf, überholt?

Wir wollen nicht mißverstanden werden: es wird kein Gewicht auf die Kritik gelegt, die der armselige Stab der Kulturagenten von Ullstein, Mosse und Hugenberg produziert, – die Kritik, die für jeden Pariser oder New Yorker Boulevardsschmarren in die Fanfare bläst und hinter komplizierten Phrasen verbirgt, daß sie überhaupt nichts zu sagen hat.

Uns interessiert lediglich der ursächliche Zusammenhang. Diese einheitliche Ablehnung des Künstlers, vor dessen Epigonen sie sich verbeugen, hat mehr als zufällige Bewandtnis. Es erweist sich wieder einmal, daß auch aus dem jämmerlichsten aller Tempel, dem der ‹reinen Kunst›, im Namen des Profites der Bann über alles verhängt wurde, was aus dem Lande der Arbeiter und Bauern kommt» (vgl. Die Linkskurve II/1930).

Auch die Kritiker der «Roten Fahne», des Zentralorgans der KPD, berichten über das Meyerhold-Gastspiel in Berlin: Unter dem Pseudonym

Durus ist Alfred Kamen (1. April 1930) offenbar bemüht, zwischen der begeisterten Aufnahme des Meyerhold-Ensembles durch das Berliner Arbeiterpublikum und den Tendenzen der kulturpolitischen Linie der Partei zu vermitteln. Ein zweiter Bericht Kamens (25. April) geht genauer auf die Inszenierung «Brülle, China» ein und kritisiert, daß Meyerhold seine Inszenierung politisch nicht aktualisiert habe im Hinblick auf die Ereignisse in China: «Eine ständige politische Aktualisierung der revolutionären Aufführungen wäre doch Aufgabe für einen nicht nur formal-, sondern revolutionär-dynamischen Regisseur [...] An eine revolutionäre Bühne sind aber nicht nur artistische, sondern politische Forderungen zu stellen.» Dennoch bestätigt Kamen den «starken revolutionären Kontakt», der zwischen Publikum und Aufführung da war, die mit dem gemeinsamen Absingen der Internationale endete.

Herbert Jhering, einer der führenden Berliner Theaterkritiker, nimmt das Meyerhold-Gastspiel von 1930 zum Anlaß einer Analyse der Ästhetik des politischen Theaters dieser Jahre:

«Meyerholds zweiter Abend, oder beinah ein Abend seiner Schule. Also noch lehrreicher, also noch wichtiger. Denn nun sieht man, was Meyerhold selbst und seine jüngeren Regisseure für verwendungsfähig, was sie für erledigt, was sie für entwicklungsmöglich halten. ‹Brülle, China!› ist unter Meyerholds Oberleitung von W. Fjodorow inszeniert worden. Ein politisches Gebrauchsstück und – ein Stilexperiment.

Zuerst: das politische Gebrauchsstück. Man versteht die Worte nicht und kann also die Einzelheiten nicht nachprüfen. Aber die Anlage und die Handlung sind zu übersehen. Es ist verblüffend, wie schwach, wie banal, fast könnte man sagen: wie privat der ganze Vorgang der beginnenden Kulirevolution, des chinesischen Erwachens aufgezogen ist. Das Stück von Tretjakow ist für Deutschland, in dieser Bearbeitung und Form, unmöglich. Einfach, weil wir dramaturgisch weiter sind. Man hat oft Piscator Abhängigkeit von Meyerhold vorgeworfen. Das ist, nach dem ‹Revisor› und nach ‹Brülle, China!›, Unsinn. Schon im ‹Gewitter über Gottland› hat Piscator dramaturgisch nach entgegengesetzten Prinzipien gearbeitet. Man denke etwa an seine Filmeinschaltungen der chinesischen Revolution. Meyerhold ist gerade da schwach, wo Piscator stark ist: in der Hinaufgipfelung der Szenen, im hinreißenden Furor, also im Dynamischen. Alles ‹Dramatische› im Sinne des zugespitzten Effekts, alles ‹Unmittelbare› ist unzulängliches Pathos. Die ganze Europäerpartei ist darstellerisch an der Grenze der Komik. Die Seeoffiziere, aber schlimmer, auch der ideologische Gegenspieler: der chinesische Student, fallen aus.

Die Frage ist also: sind diese Mittel der direkten, der unmittelbaren Darstellung so erschöpft, daß sie selbst in einem ideologisch angespannten Lande, in einem durch eine ungeheure Revolution umgeschmolzenen, umgeschichteten, umgebildeten Volke nicht mehr gebrauchsfähig sind? Daß sie entweder in eine hohle Rhetorik oder in einen Stil abgleiten, der von uns bei der erledigten «Oh-Mensch»-Dramatik angewendet wurde? Ist die Kraft der Rhetorik in der politischen Wirklichkeit Rußlands verbraucht, so daß die Bühne schon darüber hinwegwill? Stellt sie sich am Abend ein, wenn im Moskauer Staatstheater, das eine viel größere Bühne, einen viel größeren Zuschauerraum haben soll als das Haus Barnowskys, eine riesige Masse auf jedes Wort, auf jede Anspielung reagiert? Oder liegt schon ein bewußter künstlerischer Akt vor, eine harte Formabsicht, ein Wille zur ‹Einfrostung› (nach dem Wort Strawinskys)?

Es ist zu unterscheiden zwischen den Resten des Expressionismus, der auf Bewegung, Explosion, Überschärfung des Ausdrucks hinwollte (wie er in manchen Partien des ‹Revisor› sich noch anzeigt), und einer vielleicht daraus und daneben entwickelten, im Ziel aber entgegengesetzten Form (wie sie die Kuliszenen in ‹Brülle, China!› darstellen). Der Expressionismus spukt auf dem Kanonenboot, wenn Frauen in Schlangenwindungen sich drehen, wenn Offiziere sich umwenden, und selbst der chinesische Student sich wie die Marionette aus einem deutschen ekstatischen Drama bewegt. Eine Form kündigt sich an, wenn die Kulis am Hafen sitzen, wenn sie arbeiten, wenn sie Nachrichten aufnehmen, wenn die Revolution sich vorbereitet. Diese Szenen gehören in ihrer maskenhaften Starre, in der unheimlichen Ruhe zu dem Außerordentlichsten, was ich jemals auf einer Bühne gesehen habe. Wie diese Chinesen gehen, wie sie sprechen – alles komponiert, alles unterschieden, alles zusammengefaßt. Ein Alter, ein Junger, eine Alte, dann, auf dem Kanonenboot, ein chinesischer Boy – Schreie und Klagen, Getuschel und Ausbruch, gebändigt, kalt, eisig, drohend. Erregung durch Stille. Bewegung durch Ruhe. Die Auslosung zweier zum Tode bestimmter Geiseln, die Hinrichtung; vorher im unterirdisch schwelenden Tumult, in der ansteigenden Revolte die Ruhe eines Bäckers bei der Arbeit – unglaubliche Momente, Gipfel des Theaters.

Hier deutet sich ein Stil an, der entwicklungsfähig ist, eine kalte, unsentimentale Art des Theaters. Fast ein Nummerntheater (wie aus dem krampfig unruhigen ‹Revisor› etwa die köstliche Szene der Bestechung als höhnisch ironische Gebrauchsanweisung für Bestechung dramatisch einzubauen ist). Erkennen wir, was von den Meyerhold-Abenden auch für uns zu verwenden ist, und was uns rückständig und veraltet erscheint. [...]

2. April 1930» (vgl. H. Jhering: Von Reinhardt bis Brecht).

Damit waren Stärken und Schwächen des Meyerhold-Theaters aus der Sicht der zeitgenössischen Kritik benannt. In der Sowjetunion fiel Meyerhold den stalinistischen Säuberungsaktionen zum Opfer. Der Sozialistische Realismus, 1934 als staatliche Kunstdoktrin verordnet, ließ eine Weiterentwicklung der experimentellen Ansätze Meyerholds nicht zu. In Deutschland erstickte der Faschismus die künstlerischen Aufbruchbewegungen der 10er und 20er Jahre. Bertolt Brecht, der der künstlerischen Position Meyerholds zeitweilig in vielem nahestand, ging eigene Wege. In den 60er Jahren wurde Meyerhold neu rezipiert, aber mehr im Kontext einer allgemeinen Politisierungstendenz des kulturellen Bereichs als in der Übernahme der theaterästhetischen Konzepte oder Techniken (z. B. Biomechanik). Erst in den 70er Jahren (1972, 1974 und 1979) wird Meyerholds umfangreiches theoretisches Werk in deutscher Übersetzung zugänglich.

Bibliographie

B. Arvatov: Kunst und Produktion. Hg. v. H. Günter u. K. Hielscher. München 1972.

M. Bradshaw (Hg.): Soviet Theatre 1917–1941. New York 1954.

E. Braun (Hg.): Meyerhold on Theatre. London 1969.

ders.: Constructivism in the Theatre. In: Art in Revolution: Soviet Art and Design since 1917 (Ausstellungskatalog). London 1971, S. 60–81.

M. Brauneck: Theater im 20. Jahrhundert. Programmschriften, Stilperioden, Reformmodelle. Reinbek bei Hamburg 1982 und 1986.

ders. (Hg.): Die rote Fahne. Kritik, Theorie, Feuilleton. München 1973.

H. Brenner (Hg.): Asja Lacis. Revolutionär im Beruf. Berichte über proletarisches Theater, über Meyerhold, Brecht, Benjamin und Piscator. München 1971.

N. N. Evreinov: Le Théâtre en Russie Soviétique. In: Les Publications techniques et artistiques. Paris 1946.

ders.: Histoire du Théâtre Russe. Paris 1947.

A. W. Fewralski (Hg.): Wsewolod E. Meyerhold. Schriften. Aufsätze. Briefe. Reden. Gespräche. 2 Bde. Berlin 1979.

N. A. Gorchakow: The Theatre in Soviet Russia. New York 1957.

M. Gordon: Meyerhold's Biomechanics. In: The Drama Review 18 (1974). T 63, S. 73–89.

P. Gorsen/E. Knödler-Bunte (Hg.): Proletkultur 1: System einer proletarischen Kultur. Dokumentation; Proletkult 2: Zur Praxis und Theorie einer proletarischen Kulturrevolution in Sowjetrußland 1917–1925. Dokumentation. Stuttgart/Bad Cannstadt 1974.

N. Gourfinkel: Théâtre Russe Contemporain. Paris 1931.

ders.: Le théâtre théâtral. Paris 1963.

C. Gray: Das große Experiment. Die russische Kunst 1863–1922. Köln 1974.

J. Gregor/R. Fülöp-Miller: Das russische Theater. Leipzig/Wien 1928.

L. Hoffmann/D. Wardetzki: Wsewolod E. Meyerhold. Alexander I. Tairow. Jewgeni B. Wachtangow. Theateroktober. Beiträge zur Entwicklung des sowjetischen Theaters. Frankfurt/M. 1972.

H. Jhering: Von Reinhardt bis Brecht. Reinbek bei Hamburg 1967.

P. M. Kerschenjew: Das schöpferische Theater (1918). Hamburg 1922.

M. Kesting: Meyerhold mit Maulkorb. In: Die Zeit Nr. 13 (22. März 1974), S. 25–26.

Les voies de la création théâtrale VII. Mise en scène années 20 et 30, ed. D. Bablet. Paris 1979.

J. Macleod: The New Soviet Theatre. London 1943.

K. Martinec: Meyerhold. Prag 1963.

J. Paech: Das Theater der russischen Revolution. Kronberg/Ts. 1974.

J. Rühle: Theater und Revolution. München 1963.

Sovjet-Theatre (= Drama Review T 57, 1973).

R. Tietze (Hg.): Vsevolod Meyerhold. Theaterarbeit 1917 bis 1930. München 1974.

Tretjakov/Eisenstein. Theater der Attraktionen (= Ästhetik und Kommunikation 13, 1973, Heft 13).

S. Tretjakov: Die Arbeit des Schriftstellers. Hg. v. H. Boehncke. Reinbek bei Hamburg 1972.

Zur Geschichte und Technik des Theaters (1907)

Erste Versuche zur Schaffung eines stilisierten Theaters

[...]

Bevor ich an die Nennung der neuen Techniken gehe, die intuitiv gefunden wurden, und so lange die Erinnerung an die Zusammenarbeit zwischen Regisseur und Schauspielern noch frisch ist, möchte ich auf z w e i M e t h o d e n der schöpferischen Regiearbeit hinweisen, welche das Verhältnis Regisseur–Schauspieler unterschiedlich gestalten: Die eine Methode raubt nicht nur dem Schauspieler, sondern auch dem Zuschauer die schöpferische Freiheit, die andere macht nicht nur den Schauspieler, sondern auch den Zuschauer frei, indem sie ihn zwingt, nicht allein eine betrachtende Haltung, sondern eine eigene schöpferische einzunehmen (anfangs nur in der Sphäre seiner Phantasie aktiv).

Anschaulich erfaßbar werden diese beiden Methoden, wenn man sich die v i e r G r u n d l a g e n d e s T h e a t e r s (Autor, Regisseur, Schauspieler und Zuschauer) graphisch folgendermaßen vorstellt:

1. als Dreieck: die obere Spitze ist der Regisseur, Autor und Schauspieler bilden die beiden unteren Punkte. Der Zuschauer rezipiert das Schaffen der beiden letzteren über d a s S c h a f f e n d e s R e g i s s e u r s (auf der Zeichnung muß der «Zuschauer» über dem Regisseur stehen). Das ist die eine Form des Theaters: das «Dreieck-Theater».

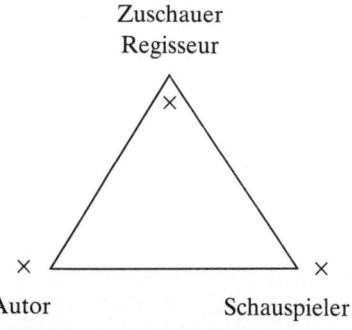

Zuschauer
Regisseur

Autor   Schauspieler

2. als (horizontale) Gerade: die vier Grundlagen des Theaters werden von links nach rechts mit vier Punkten gekennzeichnet: Autor, Regisseur, Schauspieler, Zuschauer. Das ist die andere Form des Theaters: das «Theater der Geraden». Der Schauspieler öffnet dem Zuschauer seine Seele, nachdem er das Schaffen des Regisseurs und dieser das des Autors in sich aufgenommen hat.

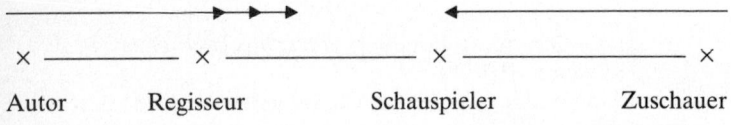

| × | × | × | × |
| Autor | Regisseur | Schauspieler | Zuschauer |

Zu 1. Im «Dreieck-Theater» enthüllt der Regisseur seinen Plan in allen Einzelheiten, bestimmt die Figuren, wie er sie sieht, legt alle Pausen fest und geht dann an die Proben, die so lange dauern, bis seine Konzeption aufs genaueste und in allen Einzelheiten realisiert ist, bis er das Stück so hört und sieht, wie er es hörte und sah, als er allein daran arbeitete.

Solch ein «Dreieck-Theater» ist mit einem Sinfonieorchester vergleichbar – der Regisseur ist hier der Dirigent.

[...]

Sich mit einem Sinfonieorchester vergleichend, muß das «Dreieck-Theater» einen Schauspieler mit virtuoser Technik bejahen, der aber, mehr oder weniger seiner Individualität beraubt, nur in der Lage ist, die vom Regisseur suggerierte Konzeption auszuführen.

Zu 2. Im «Theater der Geraden» läßt der Regisseur sein Schaffen, in das vorher das Schaffen des Autors eingeflossen ist (Regisseur und Autor sind hier eine Einheit), auf den Schauspieler übergehen. Nachdem der Schauspieler über den Regisseur das Schaffen des Autors in sich aufgenommen hat, stellt er sich dem Zuschauer (hinter dem Schauspieler stehen Autor und Regisseur) und öffnet ihm seine Seele, wodurch er die Wechselwirkung zwischen zwei Grundlagen des Theaters, dem Schauspieler und dem Zuschauer, vertieft.

Damit aus der Geraden keine Wellenlinie wird, muß einzig der Regisseur Ton und Stil des Werkes angeben – und trotzdem ist die schöpferische Arbeit des Schauspielers im «Theater der Geraden» weiterhin frei.

In einer Aussprache über das Stück legt der Regisseur seine Intentionen dar. Das Werk erhält Farbe durch die Sicht des Regisseurs. Indem er die Schauspieler mit seiner Verliebtheit in das Werk ansteckt, läßt der Regisseur die Seele des Autors und seine eigene Deutung auf sie übergehen. Nach der Aussprache jedoch sind alle vollständig sich selbst überlassen. Danach versammelt der Regisseur alle aufs neue, um eine Harmonie der einzelnen Teile zu schaffen. Doch wie? Nur durch das Angleichen aller Teile, die von all den anderen Künstlern in gemeinsamer Arbeit frei

geschaffen wurden. Hat er die Harmonie hergestellt, ohne die Aufführungen undenkbar wären, strebt er keine exakte Reproduktion seiner Idee an, die nur für die Harmonie der Aufführung wichtig wäre, damit das kollektive Schaffen nicht zerfällt, sondern wartet auf den Augenblick, wo er sich in den Kulissen verstecken darf. Dann überläßt er es den Schauspielern, entweder «alle Schiffe hinter sich zu verbrennen», wenn sie mit Regisseur und Autor uneinig sind (...), oder aber ihre Seele in fast improvisierten Ergänzungen (natürlich nicht des Textes, sondern dessen, was der Regisseur nur angedeutet hat) zu öffnen, so daß das Publikum Autor und Regisseur über das Prisma des schauspielerischen Schaffens akzeptiert. Theater ist personifiziertes Spiel.
[...]

Das stilisierte Theater

[...]
Das Neue Theater fühlt sich wieder zum Dynamischen hingezogen. So ist es bei Ibsen, Maeterlinck, Verhaeren und Wagner. Wie der heilige Kult der Tragödie sich in den dionysischen «Läuterungen» darstellte, so fordern wir auch heute vom Künstler Heilung und Läuterung.

Äußere Handlung und Charaktere werden im neuen Drama unnötig. «Wir wollen hinter der Maske und hinter der Handlung den Charakter der Figur ergründen und seine ‹innere Maske› erfassen.»

Das neue Drama geht im Interesse des Inneren vom Äußeren ab, tut das jedoch nicht, um durch Ausloten seelischer Tiefen den Menschen zur Abkehr von der Erde zu bringen und in die Wolken zu entführen (théâtre ésoterique), sondern um ihn mit dem dionysischen Rausch des ewigen Opfers trunken zu machen.

«Wenn das neue Theater wieder dynamisch ist, möge es das bis zu Ende sein.» Das Theater soll konsequent sein dynamisches Wesen offenbaren; und so muß es aufhören, nur ‹Theater› im Sinne von ‹Schauspielerei› zu sein. Wir wollen zusammenkommen, um gemeinsam schöpferisch zu arbeiten und nicht, um nur zu betrachten.
[...]
Der Kampf gegen naturalistische Methoden, den die Experimentier-Theater und einige Regisseure führen, ist nicht zufällig, sondern folgerichtig in der historischen Entwicklung. Die Suche nach neuen szenischen Formen ist keine Modeangelegenheit, die Einführung einer neuen (stilisierten) Inszenierungsmethode kein gefälliges Eingehen auf die eifrig nach stärkeren Eindrücken verlangende Masse.

Die Experimentier-Theater und seine Regisseure arbeiten an der Schaffung eines stilisierten Theaters, um das Aufspalten unseres Theaters in intime Theater aufzuhalten und das einheitliche Theater wiedererstehen zu lassen.

Das stilisierte Theater schlägt eine vereinfachte Technik vor, die es ermöglicht, Maeterlinck neben Wedekind, Andrejew neben Sologub, Blok neben Przybyszewski, Ibsen neben Remisow zu inszenieren.

Das stilisierte Theater befreit den Schauspieler von der Dekoration, indem es ihm den dreidimensionalen Raum schafft und ihm die Möglichkeit natürlicher körperlicher Bewegung gibt.

Durch die stilisierten Mittel der Technik erübrigt sich die komplizierte Theatermaschinerie, die Inszenierungen werden so einfach, daß der Schauspieler auf einen Marktplatz gehen und sein Werk unabhängig von Dekorationen und Dingen, die speziell fürs Theater eingerichtet wurden, frei von allem Äußerlich-Zufälligen vorführen könnte.

In Griechenland führte während der Sophokles-Euripides-Zeit der Wettbewerb der Tragödien zur selbständigen schöpferischen Tätigkeit des Schauspielers. Später wurden durch die Entwicklung der szenischen Technik die schöpferischen Kräfte des Schauspielers geringer. Durch die komplizierter werdende Technik sank natürlich bei uns die Eigeninitiative der Schauspieler. Daher hat Tschechow recht, wenn er sagt: «Große Begabungen gibt es jetzt wenig, das ist wahr, aber der Durchschnittsschauspieler ist jetzt besser.» Indem der Schauspieler vom zufälligen, überflüssigen Beiwerk befreit und die Technik auf ein mögliches Minimum beschränkt wird, stellt das stilisierte Theater die schöpferische Eigeninitiative des Schauspielers wieder in den Vordergrund. Das stilisierte Theater tut alles für die Wiedergeburt der Tragödie und der Komödie (wobei es das Schicksal bzw. die Satire in den Vordergrund stellt) und vermeidet dadurch die «szenischen Stimmungen» des Tschechow-Theaters, das den Schauspieler zum passiven Erleben verleitet und ihn weniger schöpferisch sein läßt.

Durch den Wegfall der Rampe bringt das stilisierte Theater die Bühnenfläche auf die Höhe des Parterres und indem es Diktion und Bewegung der Schauspieler auf den Rhythmus aufbaut, kommt es dem tänzerischen Element wieder näher, während das Wort hier leicht in melodisches Schreien und Schweigen übergehen kann.

Der Regisseur des stilisierten Theaters macht es sich zur Aufgabe, den Schauspieler nur zu führen, nicht aber zu regieren (im Gegensatz zum Meininger Regisseur). Er ist nur eine Brücke, die Autor und Schauspieler verbindet. Hat der Schauspieler die künstlerischen Vorstellungen des Regisseurs in sich umgesetzt, steht er dem Publikum allein gegenüber, und aus der Reibung zweier freier Elemente – dem Schaffen des Schauspielers und der schöpferischen Phantasie des Zuschauers – entsteht eine echte Flamme.

So wie der Schauspieler frei vom Regisseur ist, ist es der Regisseur vom

Autor. Regiebemerkungen des Autors sind für den Regisseur nur eine Notwendigkeit, die durch die Technik jener Zeit, in der das Stück geschrieben wurde, entstanden ist. Hat der Regisseur den inneren Dialog erfaßt, bringt er ihn im Rhythmus der Diktion und in der körperlichen Bewegung des Schauspielers zum Ausdruck und berücksichtigt nur Regieanweisungen des Autors, die sich nicht aus technischen Notwendigkeiten ergeben.

Die Stilisierung verlangt schließlich neben Autor, Regisseur und Schauspieler noch nach einem vierten Schöpfer – dem Zuschauer. Das stilisierte Theater schafft Inszenierungen, in denen der Zuschauer mit seiner Vorstellungskraft schöpferisch beendet, was die Bühne nur andeutet.

Es will, daß der Zuschauer «nicht einen Augenblick vergißt, daß vor ihm ein Schauspieler steht, der nur spielt, und der Schauspieler nicht vergessen soll, daß er den Zuschauerraum vor, die Bühne unter und die Dekorationen neben sich hat. Wie bei einem Bild: Während man es betrachtet, vergißt man doch nicht einen Augenblick, daß dazu Farben, Leinwand und Pinsel nötig sind, empfindet jedoch höchstes und erhabenes Lebensgefühl. Oft ist es sogar so, je mehr es Bild ist, um so stärker ist das Lebensgefühl.» Die Stilisierung bekämpfte die Illusion. Es braucht die Illusion nicht wie apollinische Träumerei. Das stilisierte Theater fixiert den skulpturhaften körperlichen Ausdruck und festigt dadurch im Gedächtnis des Zuschauers einzelne Gruppierungen, damit neben den Worten das Schicksalhafte der Tragödie zur Wirkung kommt.

Das stilisierte Theater sucht nicht nach Verschiedenartigkeit der Arrangements, wie es das naturalistische Theater immer tut, bei dem eine Vielzahl von Gruppierungen ein Kaleidoskop sich schnell verändernder Haltungen schafft. Es erstrebt eine geschickte Beherrschung von Linien, Gruppenaufbau und Kostümkolorit und gibt in seiner Starrheit tausendmal mehr Bewegung als das naturalistische Theater. Bewegung auf der Bühne entsteht nicht durch Bewegung im buchstäblichen Sinne des Wortes, sondern durch Verteilung von Linie und Farbe und dadurch, inwieweit sich diese Farben und Linien leicht und kunstvoll kreuzen und vibrieren.

Wenn das stilisierte Theater die Abschaffung der Dekoration, die gleichrangig neben Schauspieler und Requisiten steht, verlangt, wenn es die Rampe ablehnt, das Spiel des Schauspielers dem Rhythmus der Diktion und der körperlichen Bewegung unterordnet, wenn es die Wiedergeburt des Tanzes will und den Zuschauer zur aktiven Teilnahme an der Handlung heranzieht, führt das dann nicht zur Wiedergeburt des antiken Theaters?

Ja.

Das antike Theater ist in seiner Architektur genau das Theater, das alles hat, was unser heutiges Theater braucht: Hier ist keine Dekoration,

der Raum dreidimensional, da wird der skulpturhafte körperliche Ausdruck verlangt.

[...]

In: Wsewolod E. Meyerhold: Schriften. Aufsätze. Briefe. Reden. Gespräche. Erster Band 1891–1917. Hg. v. A. W. Fewralski. Berlin (DDR)
(Henschelverlag Kunst und Gesellschaft) 1979, S. 121–123, 123–125,
132–133, 133–136.

Balagan (1912)

Zwei Puppentheater.

Der Direktor des einen will, daß seine Puppe dem Menschen in all
seinen Alltagszügen und Eigenarten ähnele. So war es für den Heiden
eine Notwendigkeit, daß der Götze mit dem Kopfe nickte, und der Spiel-
zeugmacher will, daß die Puppe Laute von sich gibt, die der menschlichen
Stimme ähneln. Im Streben, die Wirklichkeit «so wie sie ist» wiederzugeben, vervollkommnet der Direktor seine Puppe fortwährend; er vervollkommnet sie so lange, bis ihm die einfachere Lösung der schwierigen
Aufgabe einfällt: die Puppe durch den Menschen zu ersetzen.

Der andere Direktor sieht, daß das Publikum in seinem Theater nicht
nur durch die von seinen Puppen gespielten geistreichen Geschichten be-
lustigt wird, sondern auch dadurch (und vielleicht hauptsächlich), daß es
in den Bewegungen und Situationen der Puppen bei all ihrer Bemühung,
auf der Bühne das Leben wiederzugeben, keine absolute Ähnlichkeit mit
dem gibt, was das Publikum im Leben sieht.

Wenn ich das Spiel der zeitgenössischen Schauspieler ansehe, ist mir
immer klar, daß ich das vervollkommnete Marionettentheater des ersten
Direktors vor mir habe, in dem also der Mensch die Puppe abgelöst hat.
Hier entfernt sich der Mensch keinen Schritt vom Streben der Puppe, das
Leben nachzuahmen. Der Mensch ist deshalb herangezogen worden, die
Puppe abzulösen, weil in der Kopie der Wirklichkeit nur er erreichen
konnte, wozu die Puppe nicht in der Lage war: die genaueste Überein-
stimmung mit dem Leben.

Der andere Direktor, der auch versucht hatte, mit seiner Puppe den
lebenden Menschen nachzuahmen, merkte bald, daß sie bei der Vervoll-
kommnung ihres Mechanismus einen Teil ihres Reizes einbüßt. Ihm
schien sogar, als ob das Wesen der Puppe diesem barbarischen Umbau
widerstrebe. Dieser Direktor besann sich rechtzeitig eines Besseren, als
er sah, daß es beim Umgestalten eine Grenze gibt, die man nur über-
schreiten kann, wenn man die Puppe durch den Menschen ersetzt.

Konnte er sich aber von der Puppe trennen, nachdem sie in seinem Theater eine solche bezaubernde Welt geschaffen hatte, eine Welt mit so ausdrucksvollen Gesten, die einer besonderen, zauberhaften Technik unterliegen, mit einer Eckigkeit, die schon wieder plastisch ist, und derart unvergleichlichen Bewegungen?

Ich habe die beiden Puppentheater beschrieben, um den Schauspieler anzuregen, sich über folgendes Gedanken zu machen: Will er die Puppe ablösen und deren Rolle übernehmen, ohne dem persönlichen Schaffen Freiheit zu gewähren, oder will er ein Theater schaffen, das von der Puppe als solcher verteidigt werden konnte, ohne dem Direktor darin nachzugeben, ihre Natur zu ändern? Die Puppe wollte kein vollkommenes Ebenbild des Menschen sein, da die von ihr dargestellte Welt eine wundervolle Welt der Erfindung, der von ihr vorgestellte Mensch ein erdachter Mensch und die Bühne, auf der sie sich bewegt, ein Resonanzbogen ist, über den die Saiten ihrer Meisterschaft gespannt sind. Auf ihrer Bühne ist es so und nicht anders, nicht etwa, weil es in der Natur so ist, sondern weil sie es so will; was sie aber will, das ist schöpferisch sein und nicht kopieren.

Wenn die Puppe weint, hält die Hand das Taschentuch, ohne die Augen zu berühren; wenn die Puppe tötet, sticht sie ihren Gegner so vorsichtig, daß die Spitze des Degens seine Brust nicht berührt; wenn die Puppe eine Ohrfeige gibt, fällt die Farbe nicht von der Wange des Geschlagenen, und in den Umarmungen der verliebten Puppen ist so viel Vorsicht, daß der sich an ihren Liebkosungen in respektvollem Abstand ergötzende Zuschauer seinen Nachbarn nicht fragt, wie die Umarmung wohl enden möge.

Als auf der Bühne der Mensch erschien, warum hat er sich da blind dem Direktor unterworfen, der seinen Schauspieler in einer Puppe der naturalistischen Schule verwandelte?

Der Mensch wollte nicht auf der Bühne die Kunst des Menschen schaffen.

Der zeitgenössische Schauspieler will nicht begreifen, daß der Komödiant und Mime berufen ist, den Zuschauer in das Land der Dichtung zu führen und ihn auf diesem Weg durch den Glanz seiner künstlerischen Techniken zu ergötzen.

Die nur für den Schauspieler taugliche erdachte Geste, die nur im Theater denkbare konventionelle Bewegung und die absichtliche Bühnensprechweise werden nur deshalb vom Publikum und von der Kritik verurteilt, weil der Begriff des «Theatralischen» noch nicht von den fremden Zügen der Grimassenschneiderei sogenannter «Schauspieler der Innerlichkeit» gereinigt ist. Der «Schauspieler der Innerlichkeit» will nur von der eigenen Stimmung abhängen. Er will seinen Willen nicht zu technischen Verfahren zwingen.

Der «Schauspieler der Innerlichkeit» ist darauf stolz, daß er, wie er glaubt, der Bühne den Glanz der Improvisationen zurückgegeben hat.

Naiv wie er ist, glaubt er, diese Improvisationen hätten irgend etwas mit denjenigen der altitalienischen Komödie zu tun. Der «Schauspieler der Innerlichkeit» weiß nicht, daß die Darsteller der Commedia dell'arte ihre Improvisationen nur auf der Grundlage ihrer raffinierten Technik entfalteten. Der «Schauspieler der Innerlichkeit» lehnt jede Technik ab. «Die Technik behindert die Freiheit des Schaffens», sagt er immer. Für ihn ist nur das Moment des unbewußten Schaffens auf emotionaler Grundlage von Wert. Ist dies Moment gegeben, dann tritt auch der Erfolg ein, ist es nicht gegeben, bleibt er aus.

Verhindert wirklich die Ratio des Schauspielers den Ausdruck des Emotionellen? Am Altar des Dionysos handelt in eleganten und fließenden Bewegungen ein lebendiger Mensch. Seine Emotionen glühten unbändig, wie es schien; das Feuer des Opfertisches gab den Anlaß für seine Ekstase. Das Ritual aber, das dem Gott der Fruchtbarkeit und des Weines geweiht war, legte im voraus bestimmte Versmaße und Rhythmen, bestimmte Techniken bei den Übergängen und Gesten fest. Hier ein Beispiel dafür, daß die Ratio des Schauspielers die Äußerung des Temperaments nicht hindert: Obwohl der tanzende Grieche eine ganze Reihe von traditionellen Regeln zu beachten hatte, konnte er in seinen Tanz beliebig viele selbständige Einfälle der Phantasie aufnehmen.

Der zeitgenössische Schauspieler verfügt bis jetzt nicht nur über keine Regeln der komödiantischen Meisterschaft (aber Kunst ist doch nur, was Gesetzen unterworfen ist; Voltaires Gedanke: «Der Tanz ist eine Kunst, weil er Gesetzen unterworfen ist»), sondern er hat in seiner Kunst auch das schrecklichste Chaos geschaffen. Das genügt ihm aber noch nicht: Er hält es auch für seine unbedingte Pflicht, das Chaos auf andere Kunstgebiete zu übertragen, sobald er mit ihnen in Berührung kommt. Will er sich mit der Musik verbinden, dann verletzt er deren Grundgesetze und erfindet eine Melodeklamation. Wenn er auf der Bühne Verse spricht, mißt er nur ihrem Inhalt Bedeutung bei und beeilt sich, logische Akzente zu setzen; von Metrik und Rhythmus, von Zäsuren und Pausen oder von musikalischen Intonationen will er nichts wissen.

Da die Schauspieler der Gegenwart nach Verkörperung streben, stellen sie sich die Aufgabe, ihr Ich zu vernichten und auf der Bühne die Illusion des Lebens zu schaffen. Warum werden nur auf den Theaterzetteln die Namen der Schauspieler aufgeführt? Als das Moskauer Künstlertheater Gorkis *Nachtasyl* inszenierte, brachte es statt eines Schauspielers einen echten Landstreicher auf die Bühne. Das Streben nach Verkörperung geht bis zu der Grenze, wo es vorteilhafter wird, den Schauspieler von der seine Kraft übersteigenden Aufgabe der Erzielung einer vollkommenen Illusion zu befreien. Wozu ist auf den Theaterzetteln der Name des Darstellers des Teterew angegeben? Kann etwa «Darsteller» genannt werden, wer in Natur auf der Bühne erscheint? Warum führt man das Publikum irre?

Das Publikum kommt ins Theater, um die Kunst des Menschen zu sehen. Was ist das aber schon für eine Kunst, wenn man selbst über die Bühne geht! Das Publikum erwartet Erfindung, Spiel und Meisterschaft. Statt dessen gibt man entweder das Leben selbst oder dessen sklavische Nachahmung.

Besteht die Kunst des Menschen auf der Bühne nicht darin, daß er die Hülle des ihn umgebenden Milieus abwirft, geschickt eine Maske und ein dekoratives Gewand wählt und vor dem Publikum mit der künstlerischen Technik glänzt, bald in der Technik des Tänzers, bald in der des Intriganten, wie auf einem Maskenball, bald in der des Einfaltspinsels der altitalienischen Komödie und in der des «jongleurs»?

Wenn man aufmerksam die halbvergilbten Seiten von Szenariensammlungen – meinetwegen die von Flaminio Scala (1611) – liest, dann begreift man die magische Kraft der Maske.

Harlekin, gebürtig aus Bergamo und Diener des knausrigen Doktors, ist wegen des Geizes seines Herrn gezwungen, ein Kleid mit bunten Flikken zu tragen. Harlekin ist ein einfältiger Tropf, als Diener ein durchtriebener Bursche, und immer macht er den Eindruck eines lustigen Vogels.

Aber sehen Sie, was sich hinter seiner Maske verbirgt?

Harlekin ist ein mächtiger Magier, ein Zauberer und Hexenkünstler; er ist Repräsentant infernalischer Kräfte.

[...]

Dieser Chamäleoncharakter, der unter der nicht wechselnden Larve dieses Komödianten verborgen ist, gibt dem Theater ein bezauberndes Spiel von Licht und Schatten.

Hilft die Maske nicht dem Zuschauer, in das Reich der Dichtung zu eilen? Die Maske läßt den Zuschauer nicht nur den einen Harlekin sehen, sondern alle Harlekine, die ihm in Erinnerung geblieben sind. In ihnen aber sieht der Zuschauer alle Menschen, die auch nur annähernd dem Wesen dieser Gestalt entsprechen. Ist aber allein die Maske die Haupttriebfeder der faszinierenden Wirkung des Theaters? Nein.

Der Schauspieler ist es, der durch die Kunst seiner Geste und Bewegung das Publikum in das Märchenreich versetzt, wo der blaue Vogel fliegt, wo die Tiere reden und der Faulenzer und Schurke Harlekin, der seinen Ursprung von unterirdischen Kräften ableitet, sich in den Einfaltspinsel verwandelt, der erstaunliche Streiche vollführt. Harlekin ist ein Balancekünstler, beinahe ein Seiltänzer. Seine Sprünge offenbaren eine außergewöhnliche Gewandtheit. Seine improvisierten Scherze verblüffen den Zuschauer durch gesteigerte Unwahrscheinlichkeit; den Herren Satirikern wären sie nicht einmal im Traume eingefallen. Der Schauspieler ist ein Tänzer. Tanzen kann er sowohl einen graziösen Monferrini als auch eine grobe englische Gigue. Der Schauspieler ist imstande, das Publikum zum Weinen und einige Sekunden danach zum Lachen zu bringen.

Er hält auf seinen Schultern den dicken Doktor und springt dennoch auf der Bühne umher, als ob das nichts wäre. Bald ist er geschmeidig und gelenkig, bald plump und schwerfällig. Der Schauspieler beherrscht tausend verschiedene Tonfälle, doch ahmt er mit ihrer Hilfe nicht bestimmte Personen nach – er bedient sich ihrer nur, um seine mannigfaltigen Gesten und Bewegungen auszuschmücken und zu bereichern. Der Schauspieler kann schnell sprechen, wenn er einen Spitzbuben spielt; langsam und langgezogen spricht er dagegen als Pedant. Mit seinem Körper kann er auf der Bühne geometrische Figuren beschreiben, zuweilen aber springt er so lustig und übermütig, als ob er durch die Luft fliege.

Auf dem Gesicht des Schauspielers liegt eine tote Maske, doch versteht er es, sie mit Hilfe seiner Meisterschaft so anzubringen und seinem Körper durch Biegung eine solche Haltung zu geben, daß die tote Maske lebendig wirkt.

Seit dem Auftreten der Isadora Duncan und erst recht, seitdem die rhythmische Theorie von Jacques-Dalcroze erschienen ist, beginnt der zeitgenössische Schauspieler über die Bedeutung der Geste und Bewegung auf der Bühne nachzudenken. Die Maske aber interessiert ihn nach wie vor wenig. Wenn man auf die Masken zu sprechen kommt, fragt der Schauspieler sofort: Ist es wirklich möglich, daß auf der heutigen Bühne Maske und Kothurn des antiken Theaters erscheinen? In der Maske sieht der Schauspieler immer nur das Element einer Hilfsdienerrolle: Für ihn ist sie nur das, was einmal dazu beitrug, den Charakter der Rolle hervorzuheben und die Schwierigkeiten der Akustik zu überwinden.

Wir werden es noch erleben, daß das Auftreten des Schauspielers auf der Bühne ohne Maske beim Publikum Entrüstung hervorruft, wie das unter Ludwig XIV. der Fall war, als der Tänzer Gardel es wagte, zum ersten Male ohne Maske zu erscheinen. Vorläufig aber will der zeitgenössische Schauspieler die Maske um nichts in der Welt als Symbol des Theaters anerkennen.

[...]

Das Maskentheater war immer ein Balagan; die Idee einer Schauspielkunst, die auf der Vergöttlichung der Maske, der Geste und der Bewegungen beruht, ist untrennbar mit der Idee des Balagans verbunden.

Wer die Reformierung des heutigen Theaters betreibt, träumt davon, die Prinzipien des Balagans zu verwirklichen. [...]

Die aus dem zeitgenössischen Theater verbannten Prinzipien des Balagans haben vorläufig eine Zufluchtsstätte in den französischen cabarets, dem deutschen Überbrettl, in den englischen Music-halls und den in der ganzen Welt verbreiteten Varietés gefunden.

Lesen Sie das Manifest des Wolzogenschen «Überbrettl» und Sie werden sehen, daß es im wesentlichen eine Verteidigung der Prinzipien des Balagans ist.

Man darf die Bedeutung des Varietés nicht unterschätzen. So lautet dieses Manifest. Seine Wurzeln liegen tief im Schoße unserer Zeit. Es wäre nicht richtig, wollte man diese Kunst als eine «vorübergehende Entartung des Geschmacks» ansehen.

Die Varietés – fährt der Autor des Manifests fort – ziehen wir den großen Bühnen mit ihren abendfüllenden Stücken und ihren schwerfällig und schwülstig dargestellten traurigen Ereignissen vor. Der Grund für diese Bevorzugung besteht keineswegs darin, daß etwa unser Geist verkümmert sei, wie uns gewisse Pseudo-Catos und «laudatores temporis acti» vorwerfen möchten. Gerade das Gegenteil ist der Fall. Wir streben nach Kürze und Vertiefung, nach Klarheit und einer gesunden Konzentriertheit.

Die großen Entdeckungen und vierlerlei Umwälzungen im Geistesleben und in der Technik unserer Zeit haben den Weltpuls wieder beschleunigt. Uns reicht die Zeit nicht, deshalb wollen wir in allem Kürze und Genauigkeit. Als kühnes Gleichgewicht zur Dekadenz, deren Kennzeichen Verschwommenheit und Maßlosigkeit in der Beschreibung von Einzelheiten ist, wählen wir Knappheit, Tiefe und Prägnanz, suchen wir in allem die großen Maßstäbe.

[...]

Dies Manifest enthält eine Apologie der Lieblingstechnik des Balagans – der Groteske.

«Groteske (ital.: grotesco) ist die Bezeichnung für ein grobkomisches Genre in Literatur, Musik und in den bildenden Künsten. Die Groteske stellt hauptsächlich etwas Häßlich-Seltsames dar, ein Werk des Humors, der ohne sichtbare Gesetzmäßigkeit verschiedenartigste Begriffe miteinander verbindet, weil sie – *Einzelheiten ignorierend und nur die eigene Originalität spielend* – sich überall nur das aneignet, was ihrer Lebensfreude und launisch-spöttischen Einstellung zum Leben entspricht.»

Das ist eine Gestaltungsweise, die dem schaffenden Künstler die wunderbarsten Horizonte eröffnet.

Zuvorderst steht mein Ich, mein ureigenstes Verhältnis zur Welt.

Alles, was ich für meine Kunst als Material wähle, entspricht nicht der Wahrheit der Wirklichkeit, sondern der Wahrheit meiner künstlerischen Laune.

«Die Kunst ist nicht imstande, die Fülle der Wirklichkeit wiederzugeben, das heißt die Vorstellungen und ihren Wechsel in der Zeit. Sie zerlegt die Wirklichkeit, indem sie diese bald in räumlichen, bald in zeitlichen Formen darstellt. Deshalb verweilt sie entweder bei der Vorstellung oder beim Wechsel von Vorstellungen: Im ersten Fall entstehen räumliche Kunstformen, im zweiten zeitliche. *In der Unmöglichkeit, mit der Wirklichkeit in ihrer Fülle fertig zu werden, liegt der Grund für die Schematisierung der Wirklichkeit (insbesondere für die Stilisierung).*»

Die Stilisierung trägt noch einer gewissen Wahrscheinlichkeit Rechnung. Infolgedessen ist der Stilisierende noch Analytiker par excellence (Kusmin, Bilibin).

«Schematisierung». In diesem Worte klingt gleichsam eine gewisse Verarmung der Wirklichkeit an. Es ist, als ob ihre Fülle irgendwohin verschwände.

Die Groteske, sie ist die zweite Etappe auf dem Wege der Stilisierung, hat mit der Analyse schon gründlich Schluß gemacht. Ihre Methode ist streng synthetisch. Kompromißlos setzt sich die Groteske über alle Kleinigkeiten hinweg und erschafft (natürlich in «konventioneller Unwahrscheinlichkeit») die ganze Fülle des Lebens.

Die Stilisierung dagegen macht das Leben arm: Sie reduziert den Reichtum der Erfahrung auf das Typisch-Einheitliche.

Die Groteske kennt nicht n u r das Niedrige oder n u r das Hohe. Sie vermischt die Gegensätze, spitzt die Widersprüche bewußt zu und läßt mit ihrer Originalität spielen.

[...]

Die Groteske geht auf andere Weise an das Alltagsleben heran.

Die Groteske vertieft das Alltagsleben bis zu der Grenze, wo es aufhört, das nur Natürliche zu sein.

Im Leben gibt es außer dem, was wir sehen, noch das riesige Gebiet des Nichtenträtselten. Die Groteske, die das Übernatürliche sucht, verbindet in einer Synthese die Extrakte der Gegensätze, schafft ein Bild des Phänomenalen und läßt den Zuschauer das Rätsel des Unbegreiflichen erraten.

[...]

Besteht die Aufgabe der Bühnengroteske nicht darin, den Zuschauer ständig im Zustand dieses zwiefachen Verhältnisses zur Bühnenhandlung zu halten, die sich in Kontrasten entwickelt?

Die Hauptsache bei der Groteske ist das ständige Streben des Künstlers, das Publikum aus einer gerade von ihm begriffenen Sphäre in eine andere zu führen, die es absolut nicht erwartet hat.

[...]

Die Kunst der Groteske beruht auf dem Kampf zwischen Inhalt und Form. Die Groteske trachtet danach, die Psychologie der dekorativen Aufgabe unterzuordnen. Deshalb hatte in allen Theatern, in denen die Groteske herrschte, die dekorative Seite im weitesten Sinne des Wortes (japanisches Theater) eine große Bedeutung. Dekorativ waren nicht nur Einrichtung und Architektur der Bühne und des ganzen Theaters; dekorativ waren auch: die Mimik, die Körperbewegungen, die Gesten und die Haltungen der Schauspieler; durch das Dekorative waren sie ausdrucksvoll. Deshalb sind in der Groteske Elemente des Tanzes verborgen; nur mittels des Tanzes ist es möglich, die grotesken Ideen der dekorativen Aufgabe unterzuordnen. Nicht umsonst suchten die Griechen den Tanz in jeder rhythmischen Bewegung, sogar im Marschieren. Nicht umsonst erinnert der Japaner, der auf der Bühne seiner Geliebten eine Blume überreicht, mit seinen Bewegungen an eine Dame aus der japanischen Quadrille mit ihrem Schaukeln des Oberkörpers, mit leichtem Neigen und Wenden des Kopfes und dem graziösen Ausstrecken der Arme nach rechts und nach links.

[...]

Das Phantastische im Spiel durch die eigene Originalität; das Lebensfrohe sowohl im Komischen als auch im Tragischen; das Dämonische in der tiefsten Ironie; das Tragikomische im Alltäglichen; das Streben nach «stilisierter Überhöhung», nach geheimnisvollen Anspielungen, Unterschiebungen und Verwandlungen; die Unterdrückung des Sentimental-Schwachen im Romantischen; die Dissonanz, erhoben zum Harmonisch-Schönen, und die Überwindung des Alltagslebens im Alltagsleben.

In: Wsewolod E. Meyerhold: Schriften. Erster Band 1891–1917, S. 205–209, 211, 214, 215–216, 216, 217, 219–220.

Die Kunst des Regisseurs (1927)

[...]

Und in der Tat haben wir in letzter Zeit gesehen, das Wichtigste ist, die Vorstellung in der angemessenen Zeit unterzubringen, sie zu chronometrieren, sie in Fragmente aufzuteilen, die mit bestimmten Zeitabschnitten zusammenfallen. Und wenn die Schauspieler ihre Rolle, ihre Bedeutung in der Aufführung als die großer Improvisatoren begreifen, imstande, jedes einzelne Teil von Aufführung zu Aufführung stärker zu entwickeln – dann ist das sehr gut. Eine äußerst notwendige Sache, eine äußerst notwendige Arbeit – diese ständigen Korrekturen von Vorstellung zu Vorstellung. Darüber sollte gesondert gesprochen werden. Natürlich wird der Gesamtaufbau eines Schauspiels von der gemeinsamen Arbeit der Schauspieler und der Zuschauer bestimmt: da ist eine ständige Rücksichtnahme auf den Ermüdungsgrad der Zuschauer beispielsweise, eine stete Beobachtung der Stellen, die ankamen oder nicht ankamen, die ständige Berücksichtigung des Kampfes, den der Zuschauer gegen ein falsch gestelltes Problem führt, Fragen und Antwort auf Fragen. Im Zuge dieser Auseinandersetzung geschieht, was nötig ist, um irgendeine zwanzigste, hundertzwanzigste oder dreihundertste Vorstellung zu einem abgerundeten Schauspiel werden zu lassen, zu dem man Freunde, Bekannte und Kritiker laden kann. Dieses Schauspiel wird einem Urteilsspruch erst dann unterzogen, wenn wir sagen: «Diese Vorstellung können wir verantworten, weil sie in der Konfrontation mit dem Zuschauer korrigiert wurde.»

Wenn der Regisseur das Glück hat, mit einer Truppe, einem Schauspieler zu arbeiten, der während der Vorstellung einzelne Stellen ändert, sich dabei aber an die Grundkonzeption, die Grundidee der Aufführung hält, über die er sich mit dem Regisseur vorher verständigt und zu der er sich verpflichtet hat, wenn also unter diesen Umständen die geschilderte freie – «frei» in Anführungszeichen – Arbeit eines improvisierenden Schauspielers verläuft, so muß dieser Schauspieler eingedenk des komplizierten, mit dem Regisseur gemeinsam erarbeiteten Aufbaus auch darauf achten, daß sich Zweitrangiges ja nicht in Erstrangiges verwandle, daß ein Fragment, welches Sprungbrett war, nun nicht zum Sprung selbst werde. Berücksichtigt der Schauspieler das nicht, verändert sich die Art des Schauspiels, verlagern sich seine Proportionen – und sind die Proportionen erst einmal verschoben, passiert etwas anderes: vielleicht entsteht ein gutes Schauspiel, aber es ist nicht mehr dasjenige, über das wir uns verständigt hatten, nicht dasjenige, das in der Zusammenarbeit von Regisseur und Schauspieler geschaffen wurde. Wenn es daher möglich wäre, ein Klopfsystem wie im japanischen Theater einzuführen – das heißt, jeder Abschnitt beginnt und endet auf ein Klopfzeichen –, dann könnte der Schauspieler innerhalb des Ausschnitts, den er verändert, ihn mit dem Zuschauer umarbeiten, weil er in den Grenzen der ihm gegebenen Zeit verbleibt.

[...]

Ich erzähle Ihnen das, um zu zeigen, daß die Arbeit des Schauspielers, wenn auch auf die Zusammenarbeit mit dem Publikum bauend, der Grundkonzeption der Aufführung unterworfen werden muß. Alle Abschnitte des Stücks sind so aufzuführen, daß keine Sekunde verrutschen darf. Ich meine ein kompliziertes Gebilde, das keineswegs die Möglichkeit eines Schauspiels ohne Dirigenten ausschließt, wie es sich Jewreinow gewünscht hat. Aber täglich alle von mir inszenierten Vorstellungen beobachtend, sehe ich, daß der Schauspieler ohne ein bestimmtes Signalsystem, das ihn zeitlich orientiert, einer gewissen Anarchie ausgeliefert ist (denn nicht jedem ist Zeitgefühl gegeben; beim Schauspieler ist es allerdings stärker entwickelt, er weiß besser als jeder Fachmann, was Zeit auf der Bühne bedeutet). Wenn wir uns jetzt der gesamten Schauspielerarbeit zuwenden, sehen wir, daß das Theater den Regisseur insoweit braucht, insoweit einer «Anordnungen geben» muß. Allein die Summe der Schwierigkeiten, die den Schauspieler auf der Bühne erwartet, macht die unmittelbare Teilnahme eines Organisators notwendig, der eine Konzeption mitbringt, eine komplizierte Partitur schafft. Sollte man ihm nicht wie am Musiktheater ein Dirigentenpult aufbauen, von dem aus er Signale geben könnte?

[...]

(...) Würde man mich fragen, worin die Schwierigkeiten der Regiekunst liegen, würde ich sagen: «Daß der Regisseur Unfaßbares fassen muß.» Der Regisseur muß vor allem Musiker sein, gerade er hat mit einem der schwierigsten Gebiete der Musik zu tun – er muß die Bühnenbewegung stets kontrapunktisch aufbauen. Das ist sehr schwer.

Neulich war ich bei der Probe eines großen Meisterregisseurs, der vor meinen Augen einige Takte aus der *Mainacht* von Rimski-Korsakow aufbaute. Daran, wie er die Partitur abhörte, wurde mir sofort klar, daß das musikalische Material hier in allzu primitiver Weise aufgeschlüsselt wird. Macht beispielsweise ein Instrument fünf Takte lang «bum-bum», sucht er unter den handelnden Personen einen Dicken heraus, der die Bewegung dieses «bum-bum» illustriert. Kommt dann ein Stückchen Flöte, die vor diesem «bum-bum» quasi in verspielte Lachtriller ausbricht, sucht er eine Person, die diesem verspielten Lachen entspricht. So primitiv wurde das Musikmaterial hier erschlossen.

Ich hingegen habe den Eindruck – und ich bin fast sicher, die Anwesenden werden mir zustimmen –, daß die Aufgabe beim Aufbau der Bühnenbewegungen durchaus nicht darin besteht, einzelne kleine Partikelchen einer komplizierten Partitur aufzuschlüsseln, sondern darin, daß eine neue Partitur der Bewegung aufgebaut wird. In einer solchen Bewegung wird es kein einziges «bum-bum» und kein Flötengelächter geben. Hier geht es um die Aufbereitung eines neuen musikalischen Stoffes. Das ist ungeheuer schwer, und ebenso schwer ist auch die Aufteilung des berühmten Ensembles, wo Ihnen fünfundneunzig oder hundertfünfzig Personen zur Verfügung stehen. Eine neue Masse muß aufgebaut werden, die Sie der Partitur nicht gemäß finden werden – und doch werden Sie sehen, daß gerade das das Gesuchte ist. Sehr wichtig ist das, aber wie zum Teufel das machen? Es ist verflucht schwer.

Und wenn Sie mich fragen: «Wer nimmt diesen ersten Aufbau auf sich?», würde ich sagen: «Nur ein Regisseur, der ein Musiker ist.» Wenn Sie mich fragen: «Was muß das Hauptfach an der Regiefakultät einer zukünftigen Theateruniversität sein?», würde ich antworten: «Natürlich die Musik.» Ist der Regisseur kein Musiker, kann er keine echte Aufführung aufbauen, denn eine echte Vorstellung kann nur ein Regisseur aufbauen, der Musiker ist (ich rede nicht vom Operntheater, vom Theater des Musikdramas oder der Musikkomödie – ich rede vom Sprechtheater, wo eine Vorstellung sogar ohne Musikbegleitung läuft). Etliche Probleme erscheinen nur deshalb unlösbar, weil nicht bekannt ist, wie man diese Sache musikalisch zu erschließen hat.

In: Wsewolod E. Meyerhold: Schriften. Zweiter Band 1917–1939, S. 145–146, 146, 151–152.

Leopold Jeßner, ca. 1910

6

LEOPOLD JESSNER
—————— *(1878–1945)* ——————

«Ich bin ein Regisseur des Worts und nicht der Dekoration.»
Leopold Jeßner, 1913

«Eine unserer Hauptaufgaben wird die Darstellung unserer
Klassiker bleiben müssen. Hier liegen die starken Wurzeln
unserer Kraft, und mit ihnen kommen wir dem Volke am
nächsten.» *Leopold Jeßner, 1919*

«Es geht mir um Komprimierung, Sachlichkeit, Weglassen
alles Überflüssigen, stärkste Betonung des Wesentlichen,
des Überzeitlichen. Die Reinigung des Wortes ist die vor-
nehmlichste Aufgabe des Regisseurs...»
Leopold Jeßner, 1927

12. Dezember 1919; am Staatlichen Schauspielhaus Berlin stellt sich der
neue Intendant Leopold Jeßner mit seiner ersten Inszenierung vor: «Wilhelm Tell» von Friedrich Schiller, mit Albert Bassermann in der Titelrolle, Fritz Kortner als Geßler, Arthur Kraußneck als Attinghausen; die
Bühne gestaltete Emil Pirchan (1884–1957). Diese Inszenierung ist Legende geworden, nicht wegen der politischen Tumulte, die in der Premiere ausbrachen und die Polizei (erstmals in der neuen Republik) zum
Einschreiten zwangen, sondern durch die unerhörte Provokation der
künstlerischen Form, mit der die Regie hier einen Klassiker an den Puls-
schlag der Zeitgeschichte heranführte. Politisches Theater hatte eine
neue Qualität gewonnen. Fritz Kortner (vgl. Kap. 13) schildert in seinen
Lebenserinnerungen den denkwürdigen Abend:

«Wir vom Theater waren erschüttert und empört, als Karl Liebknecht und Rosa
Luxemburg ermordet und in den Landwehr-Kanal geworfen wurden. Die Mörder
waren rechtsradikale Offiziere. Wir Theaterleute, bis auf geringe Ausnahmen, waren gegen die Mörder. Wären aber rechtsradikale Offiziere ermordet worden, so
wären wir wohl für die Mörder gewesen. Wir fingen also an, den politischen Mord
zur Kenntnis zu nehmen und unser Gewissen für den Gebrauch von zweierlei Maßstäben zu adjustieren, für Attentate im Sinne unserer Überzeugung, und gegen sie
verübte. Das alles wußten wir damals noch nicht, wir Anfänger im Kampfe bis aufs
Messer.

Das Theater also gebärdete sich noch ‹links›, als die Rechte geheimbündlerisch schon ihren Sieg vorbereitete. Aus diesem chaotischen Gewoge wuchs die Jessnersche ‹Wilhelm-Tell›-Inszenierung. Sie war unzweideutig revolutionär und antinationalistisch. Attinghausens Satz: ‹Ans Vaterland, ans teure, schließ dich an› war demzufolge gestrichen. Mir war nicht wohl bei dem Strich. Die Masse, das Volk, bäumte sich gegen den Unterdrücker revolutionär auf. Tell, der Eigenbrötler, der Einschichtige, wurde im Laufe des Abends zum bejubelten politischen Attentäter.

Es sah am Premierenabend so aus, als ob die Vorstellung gar nicht bis zum Tell-Schluß gedeihen würde. Im Publikum waren Links und Rechts vertreten. Höhnende Zwischenrufe von dem reaktionären Teil, der schon das Bühnenbild laut beanstandete, wurden bereits am Anfang der Vorstellung hörbar. Ein Treppenrechteck, dessen vierte, dem Publikum zugewandte Längsseite fehlte, nahm die Breite der Bühne ein. Die ziemlich erhöhten Treppen führten – von hinten oben, rechts und links oben – hinunter auf die so eingekesselte Spielfläche. Der jeweilige Schauplatz wurde durch nur winzige Veränderungen angedeutet. Das erregte, damals neu, gegnerische Heiterkeitsstürme.

[...]

Als ich am Abend ins Theater kam, um den Geßler, der erst spät im Stück erscheint, zu spielen, war die Vorstellung schon lange im Gange. Ich ging in großer Premierenspannung zunächst hinter die Bühne, um mich nach der bisherigen Reaktion auf diese erste Berliner Inszenierung Jessners zu erkundigen. Jessner kam mir gleich entgegen und sagte erregt, mit Bezug auf den Lärm im Zuschauerraum: ‹Sie brauchen sich gar nicht erst zurechtzumachen. Wir müssen ja doch gleich aufhören.›

Ich hielt ihn für geistesgestört. Albert Florath, Jessners Regieassistent und inspiratorischer Geheimrat, kam unternehmungslustig und alkoholbeschwingt zu mir: ‹Zieh dich an, wir spielen weiter. Unter allen Umständen.› Was er sonst noch sagte, war nicht mehr vernehmbar. Der Protestlärm im Zuschauerraum und die gegen ihn ankämpfenden, immer wilder ihren Text brüllenden Schauspieler machten ein Gespräch unmöglich.

Nachdem ich genauer hinhörte, merkte ich, daß das Getöse im Zuschauerraum nicht einheitlich war. Man konnte zwei gegeneinander tobende Gruppen unterscheiden. Seit Minuten spürte ich, wie sich der Kampfhahn in mir regte. Einige Schauspieler verließen die Bühne: sie wollten aufgeben. Florath, wie ein wachsamer Herdenhund, jagte sie zurück. Der Lärm wurde orkanartig.

‹Schluß›, schrie Jessner. ‹Vorhang! Vorhang herunter!›

Gegen die wilden handgreiflichen Proteste Floraths sich wehrend, konnte der Vorhangzieher endlich den Vorhang mitten in der Szene fallen lassen. Jessner war ernsthaft entschlossen, die Vorstellung abzubrechen. Florath, Steinhäger konsumierend, opponierte:

‹Lassen Sie doch noch den Kortner auf sie los.›

‹Ja, lassen Sie mich 'raus! Spielen wir weiter!›

‹Sie sind wohl auch betrunken›, schrie Jessner. ‹Schauen Sie sich doch das mal an!› Er führte mich zum Guckloch im Vorhang, durch das ich ein Schauspiel sah, so wild, so fanatisch, wie ich es in diesem Ausmaß nie wieder erlebt habe. Jessner, Florath und ich machten einander in Intervallen den Platz beim Guckloch streitig. –

Siegfried Jacobsohn, der Herausgeber und Theaterkritiker der Zeitschrift ‹Die

Weltbühne›, bis 1918 ‹Schaubühne›, stand auf seinem Sitzplatz im Parkett und hatte eine Crescendoauseinandersetzung mit dem wild gehässigen Teil der Galerie, der simultan in einer kreischenden Beschimpfungsorgie mit den enthusiastischen Galerie-Besuchern sich erging.

Das Fortissimo-Meinungsaustausch-Geheul tobte von Rang zu Rang, hinab ins Parkett und wieder zurück, hin und her und kreuz und quer. Julius Bab sprang ebenfalls auf seinen Sitz und schrie mit. Kerr hielt sich die Ohren zu, der Kritiker einer rechtsgerichteten Zeitung schrie auf ihn ein. Wer von uns gerade Herr des Gucklochs war, berichtete im dramatischen Tonfall eines Sportreporters am Mikrophon.

[...]

Florath hatte sich verdrückt und auf eigene Faust den Vorhang aufziehen lassen. Das Unerwartete dieses Coups bewirkte eine momentane Stille. Das Publikum auf der Bühne, vom plötzlichen Aufgehen des Vorhangs überrumpelt, stob, zum Amüsement des Zuschauerraum-Publikums, auseinander und floh nach allen Richtungen von der Bühne weg.

Die Vorstellung wurde wiederaufgenommen. Ich ging in meine Garderobe. Als ich kurz danach, angezogen und geschminkt für meinen nun nahen Auftritt als Geßler, hinter die Bühne kam, war der Skandal wieder in vollem Gange. Irgendein Zuruf von der Galerie hatte ihn entfesselt. In wenigen Minuten werde ich auftreten müssen, vorausgesetzt, daß weitergespielt und im Getöse das Auftritts-Stichwort vernehmbar sein würde. Der völlig aufgelöste Jessner sah mich mit brechenden Augen an:

‹Wenn die Leute Sie erst sehen, dann ist es ganz aus.›

Das war ein Hinweis auf meinen drastischen Aufzug und auf mein zornrot geschminktes Gesicht. Ich hatte so ziemlich alle Waffengattungen irgendwo an meinem Geßler baumeln. Und Orden hingen an ihm, wie an einem vorgeahnten Göring.

‹Nehmen Sie doch wenigstens die Orden ab›, rief der nicht nur in Verzweiflung kompromißbereite Jessner. Ich hielt schützend meine Hände über die Orden. Jessner schrie noch etwas, was aber von den Trompetensignalen, die an das Hupsignal des ehemaligen kaiserlichen Autos anklangen, übertönt wurde. Diese Trompetensignale lösten einen ohrenbetäubenden Skandal bei den Anhängern des davongelaufenen Kaisers aus. Gegendemonstrationen erfolgten.

Ich raste, übererregt, von allen nur möglichen Leidenschaften erhitzt, voll bewaffnet, ordengeschmückt, peitschenknallend, das «Treibt sie auseinander!» brüllend, auf die Bühne. Mir voran liefen Hellebardenträger, deren Eisenspitzen in die Volksmenge hineingestoßen wurden, um eine Gasse für den Landvogt Geßler zu erzwingen. Dabei gab es, inszenierterweise, Verwundete und Ohnmächtige, um die Grausamkeit des Fronvogts zu demonstrieren. Entrüstungsgebrüll aus dem Zuschauerraum über die, wie es dem Klüngel schien, übertrieben krasse Darstellung despotischer Gewalt. Meine damals heller Schmettertöne fähige Stimme fegte über diesen Lärm hinweg. Ich stürmte, peitschenknallend, nun bis an die Rampe vor, übersteigerte den schon höchstgesteigerten Ton und schrie, die Gegenschreie ignorierend, so lange in die Zuschauerhölle hinein, das ‹Treibt sie auseinander!› unzählige Male wiederholend, bis die Radaubande wie vor einem Vorgesetzten kuschte.

[...] Ich wurde wie ein Dompteur bejubelt. Die Siegesfreude erwies sich als verfrüht. Der Lärm der Opposition erwachte wieder und erreichte eine alles bisher übersteigende Klimax. [...]

Endlich griff die Polizei ein und machte den Fortgang der Vorstellung möglich. Bassermann betrat wieder die Bühne und begann den Monolog: ‹Durch diese hohle Gasse muß er kommen...› ‹Wo ist sie?› schrie einer schrill, dem die Andeutung nicht genügte. Darauf Gelächter der Übel-, Empörungsrufe der Wohlgesinnten. Einer schrie: ‹Jüdischer Schwindel!› – ‹Jüdischer Schwindel!› wurde nun im Chor gerufen. Dann begann eine Saalschlacht. Die Liberalen und die Linken kämpften hart und erfolgreich. Sie waren die geborenen Saalkämpfer. Ein paar Jahre später, draußen auf der Straße, vergaßen sie die Waffen zu Hause und verloren die große Schlacht. Die Horde wurde von Publikum und Polizei aus dem Theater gejagt. Bassermann konnte nun fortfahren, bald seine Armbrust heben und Geßler mit einem wohlgezielten Schuß töten. Ich aber, der Geßler spielte, war von dem Zuruf ins Herz getroffen und rollte die vielstufige Treppe hinunter. Geßler war tot! Das an der Leiche vorbeiziehende Bauernvolk jubelte, sang, jauchzte und mit ihm das liberale Bürgertum und die intellektuellen Linken im Publikum. Nach dem letzten Vorhangfallen wurden Leopold Jessner und seine Schauspieler gefeiert, als wäre die an diesem denkwürdigen Abend zum erstenmal so unmißverständlich artikulierte Gefahr endgültig von uns niedergekämpft worden» (vgl. F. Kortner: Aller Tage Abend).

Ein knappes Jahr später, am 5. November 1920, folgte «Richard III.» von Shakespeare (mit Fritz Kortner als Richard, für die Bühnengestaltung zeichnete wieder Emil Pirchau verantwortlich). Jeßners politische Regieführung hatte seinen künstlerischen Höhepunkt erreicht: Politische Machtgier wurde – im zeitgeschichtlichen Umfeld des aufkommenden Faschismus – in Theaterbildern von bisher nie gesehener Konzentration und expressiver Verknappung an den Pranger gestellt.

Jeßners politisches Theater stand in der Tradition sozialdemokratischen Kunst- und Kulturverständnisses, wie es sich Ende des 19. Jahrhunderts in der Auseinandersetzung mit der literarischen Moderne herausgebildet hatte (vgl. M. Brauneck, Literatur und Öffentlichkeit im ausgehenden 19. Jahrhundert). Parteilichkeit in der künstlerischen Gestaltung grenzt sich in diesem Zusammenhang eindeutig ab von Tendenzkunst, vom Bekenntnis für eine Partei, von direkter Agitation mit den Mitteln der Kunst. Mit diesem Verständnis politischen Theaters unterscheidet sich Jeßner deutlich von seinem Antipoden Erwin Piscator (vgl. Kap. 14), der sich mit seiner Theaterarbeit unmißverständlich für die Politik der KPD engagierte, der dieser Partei auch als Mitglied angehörte (vgl. M. Brauneck: Theater im 20. Jahrhundert).

1926 schreibt Leopold Jeßner zum Thema «Theaterpolitik»:

«Wir leben in einer politischen Zeit. Kaum gibt es einen Zweig heutigen Lebens oder heutigen Wissens, der sich dieser Atmosphäre entziehen könnte. Die Kunst

aber – so fordert man – bleibe unpolitisch. Mit Recht: sofern Politik gleichbedeutend ist mit Parteigesinnung. Mit Unrecht: sofern Politik allgemeine Zeiteinstel-
lung bedeutet, die immer in menschlichen Ideen und Regungen ihren Ursprung
hat.

In diesem Sinne einer prinzipiellen Verbundenheit mit seiner Zeit ist auch das
Theater von politischen Einflüssen nicht unberührt. Vielleicht hat sich sogar die
Umwälzung der Nachkriegsepoche nirgends so konsequent erwiesen, wie gerade
in der Leistung des heutigen Theaters.

[...]

Wenn sich nun das Theater aus einer feudal-gesellschaftlichen Einstellung zur
Gemeinschaftsbühne gewandelt hat und der künstlerische Schwerpunkt aus privaten Unternehmungen in die öffentlichen Stätten übergegangen ist (wobei die
Rückkehr Max Reinhardts nach Berlin als eine neue Blütemöglichkeit des kultur-
vollen Privattheaters begrüßt sei), so bedeutet dies eine Wendung im Sinne der
allgemeinen politischen Situation. Dieser Vorgang aber ist nicht mit einer von mancher Seite angestrebten *Politisierung* des Theaters zu verwechseln, in jenem Sinne,
daß das Theater der schwankenden Tagesmeinung unterworfen oder gar in den
Dienst einer Partei gestellt werden soll. Das Theater im Sinne der heutigen Staats-
auffassung führen heißt nicht Parteipolitik treiben. In seinen Spielplan gehört
ebenso Kleists ‹Prinz Friedrich von Homburg› wie Büchners ‹Dantons Tod›. Nicht
um einer nationalen oder revolutionären Richtung gerecht zu werden, sondern
weil sich in beiden Fällen eine menschlich-politische Idee in Dichtung umgesetzt
hat. Und dies ist die erste und letzte Frage, die der Theaterleiter an ein Werk zu
richten hat» (vgl. L. Jessner: Schriften).

Leopold Jeßner (auch die Schreibweise Jessner ist üblich) wurde am
3. März 1878 in Königsberg geboren. Er begann als Schauspieler im Juni
1895 in Graudenz; 1897/98 erhielt er ein Engagement am Stadttheater
Cottbus, 1898/99 am Berliner Gesamt-Gastspiel, einem Reisetheater;
1899/1901 am Deutschen Theater Breslau; 1901/02 am Ibsen-Theater,
einem Tourneetheater mit Carl Heine als Regisseur, unter Leitung von
Gustav Lindemann, der 1905 mit seiner Frau Louise Dumont das Düsseldorfer Schauspielhaus gründete; 1902/03 am Deutschen Theater in Hannover (hier auch als Regisseur); 1903/04 am Residenztheater Dresden
(auch als Regisseur). Der Wechsel vom Schauspieler zum Regisseur kündigte sich also in Jeßners Engagements in Hannover und Dresden an. Carl
Heine hatte ihn schon in dieser Richtung gefördert; Jeßner bezeichnet ihn
später als seinen «Lehrer».

Mit dem Engagement als Regisseur an das Hamburger Thalia Theater
im Jahre 1904 (seit 1908 Oberregisseur) begann ein neuer Abschnitt in
Jeßners künstlerischer Entwicklung. Sein «Lehrer» Heine war zur gleichen Zeit am Deutschen Schauspielhaus in Hamburg verpflichtet. Jeßner
bleibt in Hamburg bis 1915. Von 1911 bis 1914 hatte er auch die künstlerische Leitung der Volksschauspiele inne, die von der Zentralkommission
für das Arbeiterbildungswesen in Hamburg-Altona veranstaltet wurden.

Außerdem leitete er eine Schauspielschule, die dem Konservatorium Krüß-Färber angegliedert war. Zu Gastinszenierungen kam Jeßner auch in den Jahren 1926 bis 1931 regelmäßig an das Altonaer Stadttheater

In Hamburg fand Jeßner sehr bald seine Linie als Regisseur und Theaterpolitiker. Der gesellschaftskritischen Dramatik der Moderne galt sein ganzes Engagement. Er inszenierte die Russen Andrejew, Gorki, Tolstoi und Tschechow, daneben Hauptmann und Wedekind, immer wieder Ibsen, aber auch Maeterlinck und Strindberg – eine Tradition, die in den 20er Jahren in Hamburg durch Erich Ziegels «Kammerspiele» (seit 1918) fortgesetzt werden sollte.

Am Thalia Theater inszenierte Jeßner 150 Stücke; u. a.: als erste Arbeit, noch als Gastinszenierung «Yvette» von Pierre Berton am 15. Mai 1904; am 1. September 1904 «Die deutschen Kleinstädter» von August von Kotzebue; am 6. Oktober 1904 «Der Biberpelz» von Gerhart Hauptmann; am 9. März 1905 «Der G'wissenswurm» von Ludwig Anzengruber; am 9. Mai 1905 «Kabale und Liebe» von Schiller; am 18. Mai 1905 «Hanneles Himmelfahrt» von Hauptmann; am 1. September 1905 «Ein Sommernachtstraum» von Shakespeare; am 26. Oktober 1905 «Die Frau vom Meere» von Ibsen; im Dezember 1905 «Die Ehre» von Sudermann; am 13. September 1906 «Ein Volksfeind» von Ibsen; am 27. September 1906 «Erdgeist» von Frank Wedekind; am 2. März 1907 «Nachtasyl» von Maxim Gorki; am 4. Mai 1907 «Das Friedensfest» von Hauptmann; am 1. September 1907 «Figaros Hochzeit» von Beaumarchais; am 19. September 1907 «Frühlings Erwachen» von Wedekind; am 30. Januar 1908 «Die Kronprätendenten» von Ibsen; am 9. April 1908 «Pelleas und Melisande» von Maurice Maeterlinck; am 17. November 1908 «Hedda Gabler» von Ibsen; am 20. März 1909 «Revolution in Krähwinkel» von Johann Nestroy; am 23. Mai 1909 «Zu den Sternen» von Leonid Andrejew; am 24. Februar 1910 «Peer Gynt» von Ibsen; am 8. Mai 1910 «Dantons Tod» von Georg Büchner; am 8. September 1910 «Klein Eyolf» von Ibsen; am 9. März 1911 «So ist das Leben» von Wedekind; am 23. April 1911 «Die Büchse der Pandora» von Wedekind; am 27. April 1912 «Der lebende Leichnam» von Leo Tolstoi; am 16. Mai 1912 «Vor Sonnenaufgang» von Hauptmann; am 31. August 1912 «Die Laune des Verliebten» von Goethe; am 31. August 1912 «Der Kammersänger» von Wedekind; am 3. September 1912 «Komödie der Liebe» von Ibsen; am 12. September 1912 «Tartuffe» von Molière; im März 1913 «Maria Magdalena» von Friedrich Hebbel; am 10. April 1913 «Onkel Wanja» von Anton Tschechow; am 31. August 1913 «Lulu» von Wedekind; am 1. September 1913 «Kameraden» von August Strindberg; am 11. Dezember 1913 «Maß für Maß» von Shakespeare; am 25. Mai 1914 «Der Marquis von Keith» von Wedekind; am 1. September 1914 «Offiziere» von Fritz von Unruh; am 12. November 1914 «Die Wildente» von Ibsen; am 16. Januar 1915 «Florian Geyer» von Hauptmann; am 12. März 1915 «Cäsars Abfall», der 1. Teil von «Kaiser und Galiläer» von Ibsen; am 18. April 1915 – Jeßners letzte Inszenierung am Thalia Theater – «Der Andere» von Paul Lindau.

Jeßner übernahm 1915 (bis 1919) die Leitung des Neuen Schauspielhauses in seiner Vaterstadt Königsberg. Sein Repertoire dort entsprach der

Arno Holz «Sonnenfinsternis». Thalia Theater Hamburg, 1913

Hamburger Linie: neben Schiller (am 13. November 1915 «Don Carlos»; am 25. November 1916 «Wilhelm Tell»), Kleist (am 2. September 1916 «Robert Guiskard»), Shakespeare, Goethe (am 21. Dezember 1918 «Faust»), vornehmlich die Modernen, Ibsen, Hauptmann, Wedekind, Gorki und Georg Kaiser, am 27. Mai 1919 war «Gas 1» Jeßners letzte Inszenierung in Königsberg.

Als Jeßner 1919 in Berlin die Intendanz des Preußischen Staatstheaters, zu dem das Königliche Hoftheater nach der Novemberrevolution 1918 «vergesellschaftet» worden war, übernahm, war der Widerstand in der antisemitischen Presse groß. Der Jude Jeßner hatte «die letzte christliche Theaterdirektion Berlins» besetzt; zudem war Jeßner Sozialdemokrat. Hugo Fetting, der Jeßners «Schriften zum Theater der zwanziger Jahre» herausgegeben hat, schreibt:

«Die Front gegen Jeßner formierte sich gleich am Anfang seiner Berliner Tätigkeit. Die Reaktion nahm seine Berufung an die Spitze des Staatstheaters sofort zum Anlaß, um von der weiteren ‹Verjudung› des deutschen Theaters zu sprechen [...] In Jeßners Spielplan vermißte man die nationalistische Komponente, das Vaterländische und Patriotische, ebenso wie das Kulinarische, das vom Alltag und damit von gesellschaftspolitisch notwendig gewordenen Veränderungen ablenkte.

Seine Aufführungen wurden als wirklichkeitsfremd und die Dichtungen verzerrend verleumdet. Das Neue, Vorwärtsweisende nicht sehend oder es bewußt verschweigend, forderte man unverhohlen das Überwundene, Gestrige zurück. Das gesellschaftskritische Element seiner Inszenierungen wurde als parteipolitische Propaganda für die Sozialdemokratie, die Erneuerung der Klassiker als Mißachtung wertvollen Kulturguts diffamiert» (vgl. L. Jessner: Schriften).

Bereits mit seiner ersten Inszenierung am Staatstheater hatte Jeßner seinen antirealistischen Regiestil voll entwickelt: äußerste szenische Verknappung und Konzentration, rigorose Verdichtung der Stücke auf einen programmatischen Sinngehalt hin, expressive Dynamik in der szenischen Sequenzbildung, exakte Komposition der Gänge und Positionen, die raumrhythmische Akzentuierung von Sprache und Mimik, eindeutige Symbolsetzungen in einem kulissenlosen Bühnenraum. Wesentliche Unterstützung erhielt Jeßner dabei durch seinen Bühnenbildner Emil Pirchan, der für Jeßners Inszenierungen die Treppe zum raum-symbolischen Bühnenrequisit entwickelte. K. Th. Beuth schreibt zur bühnenästhetischen Funktionen der Treppe in Jeßners Inszenierungen:

«Man sprach von der Jessnerschen ‹Treppe›. Weil das Auge nur wieder auch in der Treppe eine reale Kulisse anzutreffen vermeinte. Aber diese Treppe, die man in fast jeder nachfolgenden Inszenierung Jessners zu sehen bekam und welche lange Zeit als ‹Witz› ausgedeutet wurde, war in all ihrer Gewolltheit nichts als die penetrante Sichtbarkeit eines neuen, raumtheatralischen Prinzips. Sie wollte nichts anderes als den Bühnenraum als ‹reinen Raum› fühlbar machen. Ähnlich vielleicht, wie sich in der Malerei der Kubismus um das Erfühlen des reinen Raumes bemühte. Aber diese Treppe war gleichwohl auch wieder mehr als Versuch einer bloß optischen Gliederung, sie wollte den Raum nur optisch betonen und zur Bewußtheit bringen, um ihn jenseits einer lediglich visuellen Erfaßtheit als theatralischen Raum auswerten zu können. Diese Treppe war ein Programm und wirkte folglich, in ihrer unmittelbaren Anwendung, vielleicht primitiv. Wie etwa ein untergelegtes Linienblatt einem schreibenden Kinde als Leitbild und Unterlage für eine sich späterhin emanzipierende Handschrift prinzipielle Voraussetzungen gibt. Denn der eigentliche Raum, soweit er von Jessner empfunden wird, wurde ja nicht von dieser Treppe gebildet, vielmehr, selbst in diesen programmatischen Aufführungen, bereits von der Leibhaftigkeit seiner Schauspieler, die ihn zusammentrugen, ballten und kneteten, indem sie sich auseinander und widereinander bewegten, ihn markierend und festlegend wie mathematische Punkte. Aber die Treppe ermöglichte eben diesen Punkten, den Raum zu markieren und theatralisch auszuwerten in seiner dreifachen Dimensionalität. Denn diese Treppe betonte ja nicht nur die breite Frontfläche des konventionellen Bühnenraums, sondern sie machte die Tiefe sinnfällig, indem sie Stufe um Stufe das Auge des Beschauers in den Hintergrund sog. Sie gab gleichzeitig mit jeder einzelnen Stufe, die der Schauspieler nehmen, auf oder abschreiten mußte, eine fühlbare Bewußtheit der Höhe. So wurde – rein optisch gesehen – die Tiefendimension des ehemalig verpönten Guckkastens gegliedert, wurde gleichzeitig der Luftraum über den Brettern erobert und der festen Statik des platten Spielbodens organisch eingebaut. Der Schauspieler, der herab von einer Postierung über dem Plateau der Bretter sprach, schwebte – mit schwerer Leiblichkeit lächerlich – nicht mehr in den Lüften, wie in den vielen, räumlich unerträglichen Balkonszenen. Und wenn, etwa im Richard III., ganze Szenen auf einer Mauer gespielt werden konnten, so war das optisch gut empfunden. Denn das Auge fand von den Vordergründen zum Hintergrund und gleichzeitig von unten zu den oberen Plazierungen der Schauspieler einen stetigen Übergang.

Übrigens verlor Jessners Treppengliederung sehr bald ihre ursprüngliche Primitivität. Wenn sie noch in den ersten Aufführungen, im Tell und im Richard III. frontal eingebaut war, tatsächlich also dem theatralischen Raum untergelegt war wie ein Linienblatt, so wurde sie in den folgenden Inszenierungen, etwa im Fiesko oder im Don Carlos, umgebaut, modifiziert, vertikal eingesetzt, brückenartig über die Bretterebene geführt und auf jede Weise in ihrer penetranten Gewolltheit gemildert. Die Treppe, Hilfsmittel ursprünglich, gewann einen ästhetischen Eigenwert, wurde wohltuende Architektur. Gleichwohl erschöpfte sie sich in dieser Weiterbildung nicht in ihrer Funktion, an die Stelle der Kulissenpappe wieder ein neues, wenn auch differenzierteres Ausstattungsetwas zu setzen. Vielmehr trieb sie mit jeder Weiterbildung den Gedanken des beseelten Bühnenraums vorwärts. Nicht nur in seinen optischen Grundlagen, wenn von rechts und links ansteigend sich die Stufen über dem tiefliegenden Spielboden verbanden, oder wenn sie schief oder als Kurven gesetzt Profil- und Schräg- und Seitenansicht der Schauspieler akzentuierten, steigerten, räumlich ermöglichten. So daß eine Wendung dieses oder jenes Mitspielenden nicht als zufällig zerflatterte, sondern theatralisch als bedeutsam sich auswirkte, weil seine Wendung gleichsam aus der Wendung des Bodens hervorwuchs. Mit solcher Lösung des Optischen etwa gewann Jessner die Plastik des Schauspielerkörpers. Die Leiber der Mitspieler waren nicht mehr – wie die Holzplastiken des Mittelalters – reliefartig angelegt, auf die Frontalschau berechnet und angewiesen. Sie konnten sich, auf der optischen Voraussetzung eines gerundeten, kurvenartig gewendeten Unterbaues drehen und von allen Seiten als stilgehaltene, durchgearbeitete Plastik gesehen, empfunden werden. Wenn Kortner als Richard III. die frontal geführten Jessnerstufen der bekannten Aufführung hinunterschritt, parallel mit ihnen gerichtet, mit seiner reliefartig gesehenen Mimik, so war optisch die Einheit von architektonischem Unterbau mit der figuralen Bewegung des Schauspielers gewährleistet. Aber diese Einheit mußte zerbrechen, sobald er sich wendete. Sofort widersprachen sich Profil und Schrägstellung seiner Schultern mit der Eigenwilligkeit der nur frontal gezogenen Stufen. Man kann auch sagen: der Bühnenraum machte seine Flankenbewegung nicht mit. Es kam zu einer Diskrepanz in den Linien. Der ‹reine› Raum, der plastisch die Schauspieler in den späteren Aufführungen einbarg und überwölbte, wölbte sich nicht mehr als ein Atmosphärisches über ihn, verfing sich nicht mehr sein Seelisches zusammen, das sich in den reliefartig gehaltenen Posen grandios auszuleben vermochte. All diese Brüche, Mängel, optisch gesehen linearer, theatralisch gesehen stilistischer Diskrepanzen wurden mit der Differenzierung der Treppe überwunden. Wenn die Treppe zur Brücke ward, so verloren die Stufen, einst frontal geführt, ihre massive Schwere. Die brückenartige Treppe (im Fiesko) betonte ganz anders den wirksamen Raum, indem sie eine materielle Unausgefülltheit freigewann für das Ausschwingen des Seelischen. Der Ausbau der Treppe bedeutete für Jessner den Übergang von der Reliefbühne zur plastischen. So erst gewann er für seine Visionen endgültig den reinen Raum» (vgl. K. Th. Beuth: Leopold Jeßner).

Für Jeßner war die Treppe zu einer Art theatralischer Weltanschauung geworden.

Am Preußischen Staatstheater inszenierte Jeßner u. a. (die folgenden Daten sind übernommen aus H. M. Müllenmeisters Dissertation «Leopold Jessner – Geschichte eines Regiestils» und H. Fettings Dokumentation in den «Schriften» von Leopold Jeßner (vgl. auch Fritz Kortner, Kap. 13): am 12. Dezember 1919 «Wilhelm Tell» von Friedrich Schiller; am 12. März 1920 «Der Marquis von Keith» von Frank Wedekind (Fritz Kortner in der Titelrolle, Tilla Durieux als Gräfin Werdenfels; Lothar Müthel als Dr. Scholz; Bühne: Emil Pirchan); am 5. November 1920 «Richard III.» von Shakespeare; am 1. April 1921 «Die echten Sedemunds» von Ernst Barlach; am 6. Mai 1921 «Die Verschwörung des Fiesco von Genua» von Schiller (Arthur Kraußneck als Andrea Doria; Fritz Kortner als Verinna); am 11. November 1921 «Othello» von Shakespeare (Fritz Kortner in der Titelrolle, Albert Steinrück als Jago, Johanna Hofer als Desdemona); am 13. Februar 1922 «Don Carlos» von Schiller (Bühne: Oskar Strnad); 5. Mai 1922 «Napoleon oder Die hundert Tage» von Dietrich Christian Grabbe (Bühne: César Klein); am 10. November 1922 «Macbeth» von Shakespeare (Fritz Kortner in der Titelrolle; Bühne: Walter Reimann); am 16. Februar 1923 «Wilhelm Tell» von Schiller (Robert Taube in der Titelrolle, Fritz Kortner als Landvogt Geßler; Bühne: Emil Pirchan).

Fritz Kortner schreibt über die zweite «Tell»-Inszenierung, in der sich Jeßners Kompromißbereitschaft gegenüber der neuen politischen Machtkonstellation deutlich abzeichnet:

«Als Verbeugung vor der an Einfluß auch im kulturellen Leben zunehmenden Reaktion breitete Jessner realistische Grasteppiche auf die Treppen, die nur etwas niedriger waren als die originalen. Auf diese Weise glaubte er den noch nicht völlig entmachteten fortschrittlichen Intellektuellen entgegenzukommen, mit denen er es nicht ganz verderben wollte, aber auch das ihn dirigierende Kultusministerium zu besänftigen. Über die Treppen war Gras gewachsen. – ‹Ans Vaterland, ans teure, schließ dich an›, diese in der ersten Inszenierung gestrichene Stelle des Attinghausen wurde nicht nur wieder gesprochen, sondern der Sprecher wurde auf ein Podest gesetzt und durch volles Scheinwerferlicht denkmalhaft heroisiert. Die revolutionären Akzente drückten nun nicht mehr den Kampf gegen die Herrschenden aus, sondern gegen die fremde Besatzungsmacht im Lande. Geßler war nicht mehr der Drangsalierer der Bauern, sondern nur noch der gewalttätige Vertreter einer fremden Militärmacht. Aus den Bauern waren Patrioten geworden. Diese Wirkung ließ sich durch Hervorkehren und Unterdrücken gewisser Stellen sowie durch Weglassen anderer erzielen. Und wie wurde sie erzielt! Am Schluß der zweiten ‹Wilhelm-Tell›-Premiere im Jahre 1923 sang das Publikum stehend das Deutschlandlied» (vgl. F. Kortner: Aller Tage Abend).

William Shakespeare
«Richard III.».
Staatliches Schauspielhaus
Berlin, 1920.
(Fritz Kortner als Richard III.)

William Shakespeare
«Richard III.».
(Bühnenbild: Emil Pirchan)

Am 13. April 1923 inszenierte Jeßner «Faust I» von Goethe (Eugen Klöpfer als Mephisto; Bühne: César Klein); am 23. September 1923 «Überteufel» von Hermann Essig; am 19. Oktober 1923 im Schiller-Theater «Ein Volksfeind» von Ibsen; am 13. Januar 1924 im Schiller-Theater «Maria Magdalena» von Friedrich Hebbel; am 2. Februar 1924 «Die Empörung des Lucius» von Carl Theodor Bluth; am 25. April 1924 «König Nicolo» von Wedekind (Alexander Granach in der Titelrolle); am 10. und 11. Oktober 1924 «Wallenstein» von Schiller (Werner Krauß in der Titelrolle); am 31. Dezember 1924 «Charleys Tante» von Brandon Thomas (Werner Krauß in der Titelrolle); am 16. Mai 1925 «Rheinische Rebellen» von Arnolt Bronnen; am 17. Oktober 1925 «Hannibal» von Grabbe (Werner Krauß in der Titelrolle); am 29. Januar 1926 «Ostpolzug» von Bronnen (Fritz Kortner als Alexander); am 20. Februar 1926 «Duell am Lido» von Hans J. Rehfisch; am 26. März 1926 «Herodes und Mariamne» (Fritz Kortner als Herodes; Bühne: Traugott Müller); 4. September 1926 «Amphitryon» von Kleist; am 3. Dezember 1926 «Hamlet» von Shakespeare (Fritz Kortner in der Titelrolle; Bühne: Caspar Neher).

An der «Hamlet»-Inszenierung wurde in besonders exponierter Weise Jeßners aktualisierender Umgang mit einem klassischen Werk demonstriert. Jeßner schreibt, daß es ihm dabei um den Versuch ging,

«[...] ein ewig gültiges Dichtwerk vom Blickpunkt einer gewandelten Weltanschauung aus zu geben. Die Wandlung bestand in einer Abkehr von psychologischen Gesichtspunkten. Was konnte uns heute noch nach soviel ästhetisch-wissenschaftlichen Kommentaren und nach so erschöpfenden Spitzenleistungen der Schauspielkunst (Kainz!) die *Psychologie* der Hamlet-Figur interessieren?! Die Grammophonplatte von ‹Sein oder Nichtsein› ist ausgewalzt. Die Melancholie des Dänenprinzen ist sprichwörtlich und somit Klischee geworden.

Der Hamlet von heute bedurfte weniger des Smokings und der Bügelfalte als eines neuen Stichwortes. Und dieses Stichwort hieß: ‹Etwas ist faul im Staate Dänemark.› Hier liegt der Angelpunkt für das Leid Hamlets. Hier der Grund seiner Einsamkeit. Hier das Martyrium, an dem er zugrunde geht. Der Rachegedanke für seinen Vater ist nur der greifbare Antrieb seines Gebarens. Denn hier wurde unter unzähligen Untaten eine – und zwar die gravierendste – offenbar, die die Morschheit jenes Königshofes entlarvte – die Morschheit der Gesinnung und des Zeremoniells, hinter dem sich der Zerfall verbarg. Deshalb mußte dieses Zeremoniell und sein Exponent Polonius besonders penetrant gesetzt werden. Deshalb mußte die Panik dieses Zeremoniells im Moment der Entlarvung besonders sichtbar werden. (Und aus diesem, und nicht etwa rein dekorativem Grunde war das Hoftheater in all seinem Prunk und all seiner Gala-Atmosphäre aufgebaut.) Deshalb mußte die Falschheit, wo sie sich nicht zu verbergen vermag, in Gestalt der Höflinge Güldenstern und Rosenkranz besonders hervorgekehrt werden.

Niemand kann zu Recht behaupten, diese Anschauung hätte Shakespeare ‹vergewaltigt›. Denn es ist nichts darin, was nicht im ‹Hamlet› enthalten wäre. Nur die Beleuchtung sozusagen hat gewechselt» (vgl. L. Jessner: Schriften).

Am 6. Mai 1927 inszenierte Jeßner «Florian Geyer» von Gerhart Hauptmann; am 4. Februar 1928 «Die Weber» von Hauptmann; am 13. März 1928 «Prinz Louis Fer-

William Shakespeare «Hamlet». Staatliches Schauspielhaus Berlin, 1926
(Bühnenbild: Caspar Neher)

William Shakespeare «Hamlet». Regie: Leopold Jeßner (Fritz Kortner
als Hamlet, Albert Florath als Totengräber)

dinand» von Fritz von Unruh; am 7. September 1928 am Schiller-Theater «Gas I»
von Georg Kaiser; am 12. Oktober 1928 «Egmont» von Goethe (Eugen Klöpfer in
der Titelrolle, Rudolf Forster als Alba); am 4. Januar 1929 «Ödipus» von Sophokles (Fritz Kortner in der Titelrolle; Bühne: Hans Poelzig); am 3. Mai 1929 «König
Johann» von Shakespeare; am 3. November 1929 «Don Carlos» von Schiller (Fritz
Kortner als Philipp II.); am 31. Dezember 1929 «Harte Bandagen» von Ferdinand
Reyher; am 16. Februar 1930 «Die Südpolexpedition des Kapitän Scott» von Reinhard Goering; am 14. April 1930 «Wird Hill amnestiert?» von Lion Feuchtwanger;
am 3. Juni 1930 «Gustav Adolf» von Strindberg; am 7. Oktober 1930 am Theater
am Schiffbauerdamm «Jud Süß» von Paul Kornfeld (Ernst Deutsch in der Titelrolle, Erich Ponto als Remachingen); am 23. Dezember 1930 «Die Jungfrau von
Orleans» von Schiller (Tony van Eyck in der Titelrolle); am 17. April 1931 «Emilia
Galotti» von Lessing (Hildegard Büren als Emilia, Hans Otto als Prinz, Friedrich
Kayßler als Odvardo, Maria Koppenhöfer als Orsina, Aribert Wäscher als Mari-
nelli; Bühne: Teo Otto); am 7. Juni 1931 «Hans Herzenstod» von G. B. Shaw; am
26. Juni 1931 «Das Nürnbergische Ei» von Walter Harlan; am 27. und 29. Oktober
1931 «Wallenstein» von Schiller (Werner Krauß in der Titelrolle); am 19. Januar
1932 «Othello» von Shakespeare (Heinrich George in der Titelrolle, Werner
Krauß als Jago); am 29. April 1932 im Schiller-Theater «Die Räuber» von Schiller
(Bernhard Minetti als Franz, Veit Harlan als Spiegelberg; Bühne: Caspar Neher);
am 28. Oktober 1932 «Gabriel Schillings Flucht» von Gerhart Hauptmann; am
1. März 1933 – Jeßners letzte Inszenierung in Deutschland – «Rosse» von Richard
Billinger.

Die letzten Jahre der Intendanz Leopold Jeßners am Staatstheater waren
deutlich beeinträchtigt durch einen konzeptionellen Niedergang des Hauses, durch offensichtliche Schwächen in der Führungskraft des Intendanten; die «Jeßner-Krise» war zum Dauerthema der Theaterkritik geworden. Vor allem aber eskalierte die Agitation der nationalsozialistischen
Presse, für die Jeßner zum Inbegriff der «Verjudung» und «Bolschewisie-
rung» des Berliner Theaterlebens geworden war (vgl. K. H. Ruppel).
    Nach einer kurzen Übergangsphase, in der zunächst Ernst Legal
(1881–1955), dann Albert Patry und Franz Ulbrich die Leitung des
Staatstheaters innehatten, wurde im September 1934 Gustaf Gründgens
(vgl. Kap. 16) Intendant des Preußischen Staatstheaters.
    Jeßner ging im März 1933 in die Emigration. Er gründete ein Tournee-
Ensemble, das 1933/34 in Belgien, den Niederlanden und England Gastspiele gab. Aufgeführt wurden «Kabale und Liebe» von Schiller, «Heimat» von Hermann Sudermann und «Wilhelm Tell» von Schiller. 1936
inszenierte Jeßner in Tel Aviv an der Habima mit wenig Erfolg ebenfalls
den «Tell» und Shakespeares «Der Kaufmann von Venedig». Im gleichen
Jahr übernahm er eine Regiearbeit in Wien. Er emigrierte dann aber endgültig in die USA, wo er sich in Los Angeles niederließ. Zwei Inszenierungen kamen noch zustande (u. a. am 26. Mai 1939 «Wilhelm Tell»
mit dem Exil-Ensemble The Continental Players), die beim amerikani-

schen Publikum jedoch ohne positive Resonanz blieben. Jeßner zog sich resigniert vom Theaterleben zurück und starb am 30. Oktober 1945 in Hollywood.

1928 schrieb Felix Ziege in der von ihm herausgegebenen Festschrift zum 50. Geburtstag von Leopold Jeßner, zu der die gesamte Berliner Theaterprominenz beitrug: «Am 9. November 1918 begann ein neuer Zeitabschnitt der deutschen Geschichte. Ein Jahr später – am 12. Dezember 1919 – gab die neue Ära mit dem ‹Wilhelm Tell› ihre kulturelle Visitenkarte im ehemaligen Königlichen, nunmehr Staatlichen Schauspielhaus ab. Wie der 9. November 1918 für das politische Deutschland nicht Fortsetzung, sondern Beginn bedeutet, so ist der 12. Dezember 1919 der Anfang einer neuen Epoche der deutschen Theatergeschichte» (vgl. F. Ziege: Leopold Jessner und das Zeit-Theater).

Bibliographie

K. Th. Bluth: Leopold Jessner. Berlin 1928.

M. Brauneck: Theater im 20. Jahrhundert. Programmschriften, Stilperioden, Reformmodelle. Reinbek bei Hamburg 1982 u. 1986.

H. Fetting (Hg.): Leopold Jessner. Schriften. Theater der zwanziger Jahre. Berlin 1979.

J. Hans: Exiltheater: In: M. Brauneck/G. Schneilin (Hg.): Theaterlexikon. Begriffe und Epochen, Bühnen und Ensembles. Reinbek bei Hamburg 1986.

F. Kortner: Aller Tage Abend. München 1959.

P. Möhring: Leopold Jessner. Künstlerische Tätigkeit in Hamburg (Typoskript an der Hamburger Theatersammlung).

H. M. Müllenmeister: Leopold Jessner – Geschichte eines Regiestils. Diss. Köln 1958.

K. Pierwoß: Emil Pirchan. Diss. Wien 1970.

B. Reich: Im Wettlauf mit der Zeit. Berlin 1970.

G. Rühle: Theater für die Republik. 1917–1933. Frankfurt/M. 1967.

ders.: Theater in unserer Zeit (1980).

K. H. Ruppel: Großes Berliner Theater. Velber 1962.

E. Schepelmann-Rieder: Emil Pirchan und das expressionistische Bühnenbild (1964).

K. Völker: Fritz Kortner. Schauspieler und Regisseur. Berlin 1987 (= Stätten der Geschichte Berlins 27).

F. Ziege: Leopold Jessner und das Zeit-Theater. Berlin 1928.

———————— *Leopold Jeßner* ————————

Die künstlerische Verantwortung des Regisseurs, seine Rechte und Pflichten (1913)

[...] Regie ist Sache der Empfindung, Empfindungen aber vertragen eigentlich keine Indiskretion. Wenn wir trotzdem darüber debattieren, so mag in diesem Falle der Zweck die Mittel heiligen. – Festhalten wollen wir daran, daß zum Regisseur nicht der literarisch Gebildete, sondern nur der Regieempfindende berufen ist. Regieempfindung besitzt aber natürlich auch nicht der junge Mann, der durch den Reichtum seines Vaters in der Lage ist, sich an einem Theaterunternehmen mit vielleicht 100 000 Mark zu beteiligen und dafür das kontraktliche Recht der Regieführung erwirbt. Regieempfindend kann meines Erachtens nur der schauspielerisch Veranlagte sein, und ich gehe noch weiter und behaupte, daß der Regisseur Schauspieler gewesen sein muß. [...] So ist es auch die erste Pflicht des Regisseurs, den vollkommensten Einklang zwischen sich und dem Schauspieler zu ermöglichen, eines Blutes mit ihm zu werden. Der «gebildete Autokrat» im Wildeschen Sinne soll nicht versuchen, den Schauspieler sich ähnlich zu machen, ein Einklang kann noch nicht dadurch erreicht werden, daß sich der Schauspieler dem Regisseur assimiliert. Wohl soll der Schauspieler ihm folgen, von ihm lernen, aber auch der Regisseur vom Schauspieler. [...]

[...] Im Momente, da der Vorhang sich hebt, soll der Regisseur im Schauspieler aufgegangen sein. Für diese selbstlose Arbeit muß er ihm das Recht einräumen, bei der Besetzung der Rollen den Vertreter auszuwählen, aus dessen Persönlichkeit heraus er mit seinen Ideen die Figur des Dichters zu gestalten vermag. Das Recht der Rollenbesetzung ist ein heiliges Recht des Regisseurs. Ich stehe damit im Widerspruch zu den Forderungen der Deutschen Bühnengenossenschaft, die die Fachbezeichnung wieder einzuführen wünscht. Dem jugendlichen Helden soll unbedingt der «Carlos», dem Intriganten der «Franz Moor», der «Tartüffe» gehören. Ich halte diese bürokratische Festlegung für eine Schematisierung unserer Kunst. Wenn der Regisseur zwei Möglichkeiten hat, den «Tartüffe» zu inszenieren, so darf ihm der mit dem Intriganten abgeschlossene Vertrag kein Hindernis bieten. Es gibt natürlich noch ungezählte Beispiele viel differenzierterer Art – nein und nochmals nein –, der Begriff Individualität ist keine Phrase. Hier sollte der Regisseur einen energischen Kampf führen. Ich sage nochmals: es handelt sich um ein heiliges Recht, denn der gewissenhafte Regisseur, und ich spreche nur von einem solchen, wird sich jedesmal die Besetzung abringen. Mit der Besetzung ist ja oft die Hälfte der Arbeit geleistet, mit der Besetzung ist oft schon das Schicksal des zu interpretierenden Werkes entschieden, noch ehe die erste Probe beginnt. Und da der Regisseur dem Dichter und dem Theater gegenüber verantwortlich sein soll, so darf an diesem Rechte nicht gerüttelt werden. Dieses wird in einem fettgedruckten Paragraphen festgelegt werden müssen. Und mit aller Zähigkeit und allem Egoismus werden wir für diese Forderung kämpfen müssen. Ich sage Egoismus, denn Regie ist sonst Altruismus. Die Schauspieler seien ihrer Pflichten dem Regisseur gegenüber eingedenk, wie der Regisseur erkennen möge, daß er für das eherne Regiegesetz am besten wirkt durch ein dauerndes Plaidoyer für die künstlerischen Rechte der Schauspieler. Der Schauspieler ist der Lebende auf der Bühne. Ihm gehört das erste und letzte Wort – selbstverständlich das Wort des Dichters. [...]

In: Leopold Jessner: Schriften. Theater der zwanziger Jahre. Hg. v. Hugo Fetting. Berlin (DDR) (Henschelverlag Kunst und Gesellschaft) 1979, S. 144, 144–145, 146–147, 147.

Das Theater (1928)

Das Theater hat seine Gültigkeit als exklusive Unternehmung für den *Abend* mehr und mehr verloren. Es ist Kampfobjekt geworden, aller Parteien und gesellschaftlichen Schichten. Oft auch, das war aber schon früher, Austrag persönlicher Gegensätze!

Das Theater, meine verehrten Zuhörer, wie es sich heute darstellt, steht bereits hinter jenem großen Interpunktionszeichen, das die allgemeine Umwälzung der Kriegs- und Revolutionsjahre bezeichnet.

Es heißt einen noch gar nicht weit zurückliegenden und dennoch historisch anmutenden Zustand in Erinnerung bringen, wenn man sich vergegenwärtigt, daß das Theater einst die souveräne Stätte des Zaubers war, zu dessen Genüssen die Menschen hinströmten. Wollte man sich erheben, wollte man sich zerstreuen, wollte man erschüttert sein oder lachen, war man auf dieses *eine* Haus angewiesen, vor dem allabendlich die Bogenlampen verheißungsvoll sich entzündeten. Es war eine idyllische Zeit des Theaters.

Heute kommen auf ein Theaterhaus ungefähr 100 Lichtspielhäuser und auf 100 Lichtspielhäuser tausende Radioapparate. Und was ist eine Premiere im Vergleich zu einem Boxkampf zwischen dem italienischen Europameister und unserm deutschen Schmeling. Die Konkurrenzen des Theaters sind gewachsen. Man kann für eine Mark auf der Leinwand die

Welt umsegeln, man kann in seiner Stube vor einem Glase Wein, bequem im Lehnstuhl sitzend, vermittels eines Kopfhörers eine Opernaufführung über tausend Kilometer hinweg hören.

Damit ist durchaus nicht gemeint, daß das Theater in künstlerischer Beziehung vom Radio und Kino überholt wird. Das Kino befindet sich mit Ausnahme einiger Spitzenleistungen augenblicklich im Stadium des Leerlaufens. Das Radio allerdings noch im glücklichen Stadium der ersten Entwicklung. Aber auch wenn der Film wieder ins produktive Stadium gerät und das Radio zur höchsten Vollendung gekommen sein wird, glaube ich nie und nimmer an einen künstlerischen Schaden des Theaters, wenn auch ein großer Teil des Publikums absorbiert werden sollte. Das Theater wird immer das höhere Objekt bleiben, um das vielleicht weniger Menschen als heute, aber immer die besten, ringen werden: im schlimmsten Falle also eine Kostbarkeit, von wenigen ausgeführt und für wenige vorhanden. Das *kann* eintreffen, wohlgemerkt – es braucht nicht einzutreffen. Denn, je mehr das Theater an dem Akzent und mit dem Akzent der Zeit wirken wird, desto größer wird das Publikum sein, das dem Theater Interesse entgegenbringt.

Es ist nur nötig, zu wissen und sich darauf einzustellen, daß die Wirkungsmittel der Bühne in ihren *Voraussetzungen* sich geändert haben.

Es ist daher nicht zufällig, daß bei den wachsenden Zauberfähigkeiten der Filmtechnik das Theater sich von aller Zauberei *abkehrt* und den romantischen Effekten der Guckkastenbühne entsagt. Und es ist wiederum nicht zufällig, daß dies gerade auf eine Hochblüte der romantischen Effekte auf der Bühne folgt.

Die Geschichte bewegt sich im Kreislauf des Gegensätzlichen, auch die Geschichte der Bühnenkunst. Auf die Askese des Laubeschen Stils folgt die opulente Makart-Szene des Herzogs von Meiningen, darauf die spartanische, ganz nach innen gekehrte Geistigkeit Otto *Brahms,* die wiederum von den überfließenden Tafeln Max Reinhardts abgelöst wurde.

Diese überfließenden Tafeln trugen die erlesensten Genüsse der Vorkriegszeit und entfalteten zum letzten Mal den Reichtum einer noch unbekümmerten gesellschaftlichen Lustbarkeit.

Das Theater der Vorkriegsepoche war romantisch und materialistisch zugleich. Das Auge, an den Prunk gesellschaftlicher und militärischer Paraden gewöhnt, wünschte, diesen Prunk auf dem Theater wiederzufinden.

Der Krieg nun setzte an die Stelle bunter Uniformen die feldgraue Farbe... Der Materialismus der Lebenshaltung wurde zum Idealismus einer ethischen Forderung umgewandelt.

Kein Wunder, daß die Bühne aufhören mußte, Gesellschaftstheater zu sein, daß sie spartanisch wurde und nicht mehr den Schein, sondern den unverhüllten Tatbestand der Dinge in Angriff nahm. So wuchs mit der gleichen Notwendigkeit, mit der aus tiefgreifenden und umwälzenden Erschütterungen heraus das Gesicht der Zeit sich verwandelt hatte, auch dem Theater ein neues Gesicht. Statt des farbensatten Gemäldes, statt der photographischen Treue, trat die strenge Architektur in ihr Recht.

Und, wenn ich mir nun erlaube, Ihnen einige Beispiele aus eigener Arbeit anzuführen, so geschieht dies nicht etwa deshalb, weil ich mich selber für historisch nehme, sondern lediglich, um Ihnen die Entwicklung, von der hier die Rede ist, an einem mir besonders vertrauten Material aufzuweisen.

Als am 12. Dezember 1919 Schillers «Wilhelm Tell» im Staatlichen Schauspielhaus in Berlin in Szene ging, gab ein einziger Bergrücken, ins Überperspektivische auf die Bühne gestellt, die *Idee* der Alpenwelt statt ihrer *Illusion*. Und bar jedes kunstgewerblichen Requisits war jene Stufenbühne errichtet, die von Witzblättern und auch von solchen, die nicht Witzblätter sein wollten, fälschlich «Treppe» genannt wurde. Bis auf den heutigen Tag ist der Irrtum dieser Bezeichnung nicht ausgerottet. Treppen als integrierenden Bestandteil der Dekoration hat es zu allen Zeiten gegeben. Der Aufbau von Stufen aber, wie es hier geschah – als eine selbständige Architektur –, bedeutete eine Veränderung des Bühnenbodens, konform seiner Bestimmung, nicht mehr der Wiedergabe wechselnder Zimmer und Landschaft zu dienen, sondern der abstrakte Schauplatz mythischer Begebenheiten zu sein.

Diese Stufenbühne also war kein Experiment, vielleicht aber eine Demonstration – notwendig, um den Stil des Wesentlichen, den Stil der Präzision schaffen zu helfen.

Da sich wohl an einem Beispiel ausdrücken läßt, was hier gemeint ist, sei Shakespeares «Richard III.» als Paradigma jener *programmatischen* Darstellungsart herangezogen.

Sie kennen dieses Drama. Es hat zur Voraussetzung: London, Ermordungen, Hinrichtungen, Schlachten, Hof- und Krönungsgesellschaften. Die Meininger der 70er und 80er Jahre befolgten all dies getreulich und brachten Westminster und den Tower Londons, wie sie historisch sich darstellten, auf die Bühne. Die Schlachten wurden nach den Regeln damaliger Schlachtenkunst wiedergegeben und die Krönungsgesellschaften mit allen Zeremonien des historischen Hofreglements auf die Bühne gebracht.

Max Reinhardts Inszenierung verlegte das Schlachtengetümmel hinter die Szene. Denn schon vor dem Kriege glaubte das Publikum nicht mehr an den Ernst blutiger *Bühnenschlachten*. Schmetternde Fanfaren, aneinanderschlagende Speere sollten aber wenigstens die *Illusion* des Kampfes akustisch wiedergeben. Hofgesellschaften und Krönungszug wurden noch ganz mit den Mitteln der Meininger, nur nicht mehr in der malerischen Form der 70er oder 80er Jahre, sondern der des Impressionismus dargestellt.

Die neue programmatische These verlangte nich mehr die *Illusion*, sondern das *Symbol* des Darzustellenden. London und der Tower, d. h. nun: über einer grauen, schicksalhaft sich erhebenden Mauer ein blutiger Himmel... und jene Atmosphäre von Mord und Hinrichtung als Merkmale der Geschehnisse ist ins Bildhafte umgesetzt. Die Krönung Glosters findet auf jener gestuften Bühne statt, die ganz und gar mit rot, der Farbe des Blutes, ausgeschlagen ist. Auf der höchsten Stufe steht der Neugekrönte. Zu seinen Füßen gruppiert sich die Hofgesellschaft, nicht mehr als historische Wiedergabe einer Kamarilla jener Zeit, sondern im Zeichen des Symbols als einförmige, in Nepotismus erstarrte Gesellschaft in blutigroter Gewandung.

Die kommenden Schlachtenbilder entrollten sich ebenfalls auf dieser gestuften Bühne, *dargestellt* durch den Rhythmus unzähliger Pauken hinter der Bühne. Nicht aber um die Illusion einer wirklichen Schlacht vorzutäuschen, sondern um die *Dynamik* eines Schlachtenganges in seiner unheimlichen Spannung wiederzugeben.

Bis ins Kostüm hinein vollzieht sich diese symbolische Zeichnung. Die Partei Richmonds, das Heer, das für die Wahrheit kämpft, ist ganz in weiß gehüllt. Die Krieger Richards, der Blut vergießt um des Blutes willen, sind in rot gekleidet.

Den stärksten Ausdruck ihrer inneren Gesetzmäßigkeit fand diese programmatische Darstellung in der Szene des *Zusammenbruches*. Der Untergang Richards III. vollzieht sich, indem er dieselbe rotgestufte Bühne, auf der er als König im Höhepunkt seines Glanzes gestanden, halb entkleidet, zerrissen, verworren, ein Wahnsinniger bereits, von der obersten Stufe bis zur untersten torkelt, um dort von den weißen Kriegern erstochen zu werden.

Was nun den *Darsteller* betrifft, so bedeutet für ihn dieser Stilwandel eine sehr merkbare Erschwerung gegenüber der abgelaufenen Generation. Denn, während der frühere Schauspieler in der ganzen Buntheit der historischen Aufzüge und im Drum und Dran der Wiedergabe des Lebens mit all seinem *Requisitenreichtum* vieles verdecken konnte, was ihm an letzten Ausdrucksmitteln fehlte, so war der Darsteller nun ganz auf sich angewiesen im Dienste der Darstellung, in der es kein Kaschieren gibt, weil sie lediglich auf das Wesentliche eingestellt ist, auf die Präzision des Ausdrucks, die weder Schneuzen noch Husten, weder Pfeifen noch unmotivierte Gänge oder was es sonst an rettenden Notbehelfen gab, dulden kann.

Das einzige Mittel, das dem Schauspieler geblieben ist, und das er daher zum vollendetsten Instrument auszubilden gezwungen wurde, war die *Sprache*. Nicht fähig, mit den Wundern der Millionen Bogenlampen zu konkurrieren, jenem allabendlichen Straßenanblick, wollte das Theater ein Spezifikum seines Daseins retten, das nur allzusehr in Musik und Malerei zu verschwimmen in Gefahr war: das Wort des Dichters. Die klare Stufung der Bühne wurde auf das Wort übertragen. Die Rede wurde nun aufs äußerste diszipliniert, gerafft und geschliffen.

[...]

Worauf es nun ankam, war die *Versachlichung* dessen, was als Programm sich durchgerungen hatte. Auf die Verschmelzung des Neuerrungenen mit den ewigen Gültigkeiten der Bühne, auf die Verinnerlichung dessen, was nach außen hin plakatiert werden mußte, als es um Geltung rang, darauf kam es an.

Wenn eine Revolution ins Stadium des Evolutionären gekommen ist, wird die These immer in die Synthese übergeleitet werden. Diese Erscheinungsform darf nicht mit der des Kompromisses verwechselt werden. Die Synthese ist ein organisch bedingter Vorgang, während der Kompromiß ein unorganisches Ausweichenwollen bedeutet.

Als ich nach zehn jahren zum zweiten Mal den «Tell» einstudierte, machte ich aus der sogenannten «Treppe» eine schiefe Ebene, weil sich das Programmatische der Stufenbühne bereits durchgesetzt hatte.

Es ist derselbe Grund, aus dem heraus ich bei der Inszenierung des «Wallenstein» auf alles Dogmatischbetonte verzichtete.

Wenige Stufen nur genügten jetzt, um die Gliederung der Bühne zu erhalten, für die im «Tell» und «Richard» ein ganzer Stufenbau vonnöten war. Auch die Askese des szenischen Bildes war nicht mehr erforderlich. Das Lager durfte die Atmosphäre eines holländischen Bildes haben. Die Schlösser zu Pilsen und Eger erhoben ihre Gewölbe ohne die photographische Genauigkeit der Meininger und ohne durch selbständige Reize abzulenken.

Auch die Kostüme hatten nicht mehr den Symbolcharakter; die Zeittracht war gewahrt, ohne historischen *Ballast* mitzuschleppen.

Und was die Sprache betrifft, so war sie ganz von den pathetischen Momenten befreit, deren kein sturmlaufendes Dogma entraten kann. Die *sachliche* Haltung des Worts war das einzig Zweckbestimmende. Auch die Monologe wollten keine Kabinettstücke der Vortragskunst mehr sein, sondern lediglich die Übermittlung der sich im Gehirn abspielenden Gedanken.

Wenn auch eine solche Synthese zuweilen eine scheinbare und vielleicht auch positive Annäherung an das Frühere ergibt, so wird diese Annäherung niemals eine Wiederholung bedeuten, sondern sich auf einer wesentlich anderen Ebene vollziehen.

Wie sehr sich auch die neue Dekoration dem realistischen Gedanken wieder nähert, so wird sie ihre Gliederung und ihr Aroma dennoch nicht aus der Ansichtspostkarte, sondern aus dem Sinn der Darstellung schöpfen.

Es ist soviel von dem Begriff der neuen Sachlichkeit die Rede gewesen, daß ich wohl eine Definition schuldig bin. Dieser Begriff, der bereits zum verbreiteten Schlagwort geworden ist, stammt, wie Sie wissen werden, aus der Malerei und wurde als Gegenbegriff zum Expressionismus geprägt. Nachdem nämlich die expressionistische Kunstäußerung von jeder Sachlichkeit abgesehen hatte, kehrte man nun zu ihren *Formen* zurück, ohne dadurch einer falschen Natürlichkeit zu verfallen. Im Gegenteil: das charakteristische Merkmal dieses neuen Stils liegt darin, *daß die Sache aus sich heraus, aus der Kühnheit ihrer letzten Ausnutzung gegeben wird und dadurch gerade in das Gebiet des Übernatürlichen gerät.*

Diese Sachlichkeit ist gegen das Wohlgefällige, gegen die «Stimmung», gegen das Falsch-Poetische. Sie ist, um vulgär zu sprechen, gegen die bibbernde Stimme des Schauspielers wie gegen die Limonadenfarbe des Lichtes. Sie will nicht an Sentimentalität, sondern ans Mark des Menschen greifen.

Jede Kunst, die nicht aus ihrer Zeit ist, hängt sozusagen wurzellos in einem luftleeren Raum und vermag bestenfalls oberflächliche Reize zu bieten.

Deshalb ist es widernatürlich, eine Kunstleistung von heute mit dem Maßstab einer überkommene Ästhetik beurteilen oder auch nur aufnehmen zu wollen.

Es gibt keinen anderen Maßstab hierfür als den des Zeitgeistes. Was aber die sogenannten ewigen Kunstwerke betrifft, so besteht ja ihre ewige, d. h. zeitlose Wirkung gerade darin, daß sie *jeder* Zeit das ihr Gemäße zu geben vermögen. Es heißt ihren Wert verkleinern, wenn man ihre Ewigkeit sozusagen in die Wolken schreibt und jeden Versuch, sie auf realem Boden zu manifestieren, als Verunglimpfung brandmarkt. Wenn man nun die Frage aufwirft, warum z. B. jetzt so wenig Klassiker aufgeführt werden, so lautet die Antwort: weil man instinktiv einer traditionsmäßigen Darstellung keinen Erfolg verspricht, aber ebenso weiß, daß einer Darstellung aus dem Geist der Zeit heraus meistens Ablehnung widerfährt.

Ist es nicht charakteristisch, daß jeder, der eine Klassikerinszenierung aus der Zeit heraus wagt, sich einer unübersehbaren Schar von Konfirmanden gegenübersieht, unter denen manche mit grauen Schläfen und klugen Hirnen ihren Goethe und Schiller umschlungen halten, in jenem altvertrauten Goldschnittband mit heimlichen Zeichen neben jedem Zitat?

[...]

Aber, meine Damen und Herren, es gibt ja im Grunde weder Klassiker noch moderne Autoren. Vom Theater aus gesehen gehört der Dichter eigentlich keiner Generation an. Es gibt hundertjährige, es gibt fünfzigjährige und zwanzigjährige Dichter der Gegenwart. Shakespeare, Schiller, Wedekind sind ebenso als Sprecher dieser Generation zu betrachten wie die Jüngsten.

Es hieße diese Worte falsch verstehen, wenn man sie als ein Umgehenwollen der Jüngsten auffaßt. Das leidenschaftliche Suchen nach jungen dichtenden Talenten gehört zu den vorwiegendsten Aufgaben des heutigen Theaters. Ja, es ist sogar die Pflege von «Ansätzen», insbesondere von Persönlichkeiten, wo noch nicht die Vollendung erreicht ist, unerläßliche Pflicht heutiger Dramaturgie.

Pflicht des Theaterleiters ist es, den Spielplan so auszubalancieren, daß das Theater sich leisten kann, junge Talente zur Diskussion zu stellen. Diese Ausbalancierung des Repertoires in diesem Sinne gehört zu den wichtigsten Aufbauarbeiten des heutigen Theaterleiters. Selbstverständlich wird es auch hier, wie überall in der Praxis, nicht immer möglich sein, den theoretischen Idealzustand zu erreichen. *Man kann eine Spielzeit noch so gut vorbereiten, und immer wird es Imponderabilien geben, die unvorhergesehen und zerstörend in den vorbestimmten Ablauf eingreifen.*

Wenn nun der Repertoireaufbau, meine Damen und Herren, eine der wichtigsten Forderungen des Theaters von heute bedeutet, so heißt die andere, immer wiederkehrende Forderung: Aufbau des Ensembles. Ohne mich im Gegensatz zu abgeschlossenen Tarifverträgen zwischen Bühnenverein und Bühnengenossenschaft stellen zu wollen, so sollte sich aus künstlerischen Notwendigkeiten heraus – die in der Zeit und ihren Ansprüchen begründet liegen – der Ensembleaufbau immer weniger nach «Fächern» und immer mehr nach Individualitäten vollziehen. Auch das festgefügteste Ensemble, das besondere Fachprotagonisten aufweist, wird immer wieder, wenn es der Individualitäten entbehrt, um diese oder jene Schauspieler vervollständigt werden müssen. Denn die Individualität des Schauspielers wird immer mehr zum A und O der theatralischen Kunst. Und wenn man heute von Regieterror spricht, so gibt es nur den einen: Respektlosigkeit vor der Individualität des Schauspielers. Regieführen heißt heute in der Hauptsache, die Eigenart des Schauspielers einer zwingenden Lenkung zu unterziehen. Menschen von verschiedenem Geblüt zusammenfassen, daß sie individuell bleiben und dennoch zur Einheit verwachsen.

Die Vokabel vom «Regievirtuosen» ist durchaus nicht jüngsten Datums. Im Jahre 1896 schrieb Maximilian *Harden*: «Befremdlich aber wäre es doch, wenn der erstarkte Sinn für edle Bühnendichtung nur den Dramen zugute gekommen wäre, die dem *Regievirtuosen* zu Paradezwecken dienten.»

Zu allen Zeiten wurde der *Regisseur* als der Selbstherrliche, gegen den Sinn der Dichtung für sich nur Wirkende hingestellt, der, ungeachtet des darzustellenden Werkes, lediglich sein Brillantfeuerwerk spielen ließ. Und diese Meinung ist nicht etwa die der zünftigen Kritik, sondern eines großen Teiles des Publikums, und sie ist nicht etwa neueren Datums, sondern ging vor hundert Jahren ebenso von Mund zu Mund wie vor 75 und vor 70 Jahren ebenso wie vor 25. Immer, wenn neue Bewegungen entstehen, wurde der Mann dieser Bewegung als der sogenannte Wundermann hingestellt, wobei es charakteristisch ist, daß der überlebte Wundermann gegen den neu emporkommenden als der legitim gewordene und durchaus gediegene ausgespielt wurde.

Der Regisseur aber ist gerade heute, im Zeitalter der neuen Sachlichkeit, im wahrsten Sinne des Wortes der *Diener des Werkes*. So soll es sein und so ist es.

Man hat heute mit starkem Erfolg dem Theater die technischen Errungenschaften dieser Zeit dienstbar gemacht. Ich nenne hier mit Achtung den Namen Piscator. Man hat den Film, man hat die Gelenkigkeit maschineller Funktionen in die Sphäre des Theaters einbezogen. Dies alles ist bestimmt produktiv und entwicklungsfähig. Man soll das Neue auf keinem Gebiet des Geistes und der täglichen Lebensführung von vornherein ablehnen. So bin ich auch der Ansicht, daß man, wo es auch immer herkommen möge, das für die Bühne Neuentdeckte betrachten und, wenn möglich, verwerten solle. Allerdings muß gesagt werden, daß das Technische auf der Bühne bestimmt nicht als Selbstzweck angesehen werden darf, da wir sonst einen Zustand beschwören, der dem l'art pour l'art auf anderer, eben auf technischer Ebene verflucht ähnlich sieht. Das Wort als wichtigster Faktor der dramatischen Dichtung muß erhalten bleiben. Die Bewegung darf es nicht überwuchern. Nur wenn Wort und Bewegung in eins verschmelzen, untrennbar miteinander verbunden, wird ein Höhepunkt theatralischen Ausdrucks verwirklicht sein.

Die Dinge des Theaters sind in Fluß. Nichts Falscheres, als von einer Stagnation zu sprechen, nichts Falscheres aber auch, als mit jedem Tag eine neue Theaterrevolution zu erwarten oder zu propagieren. Nach allen Großkampftagen muß es ein Atemholen geben, eine Möglichkeit des Ausbaues und der Vertiefung.

Dieser künstlerischen Weiterung, dieser Umschichtung der Ausdrucksformen auf der Bühne, entsprach die Umschichtung des Publikums.

Das Gesicht des Publikums hat sich seit 1914 entscheidend gewandelt. Man kann überhaupt heute nicht mehr dieses Gesicht auch nur im entferntesten auf eine Einheitlichkeit festlegen. Kriegsgewinn und -verlust und die daraus sich folgernde Inflation hat die Begriffe von Reich und Arm, von Gebildet und Ungebildet, von Gesellschaft und Volk durcheinander gewirbelt und bis zur Paradoxie entstellt. Es haben sich daher sozusagen große Behälter für die Teile des Publikums gebildet, die einer bestimmten Richtung eingeordnet werden können. Ich meine hiermit jene immer mächtiger werdenden Publikumsorganisationen, vor allem die der Freien Volksbühne und die des Bühnenvolksbundes. Das Thema dieser Organisationen ist nicht damit erschöpft, daß man die eine als mehr nach links, die andere als mehr nach rechts neigend charakterisiert, wie ja auch

DOKUMENTATION 203

überhaupt zu sagen ist, daß die politisch Rechtsstehenden in Angelegenheiten der Kunst oftmals auf der Linken zu suchen sind und umgekehrt. Charakteristisch aber ist, daß lediglich in den Vorstellungen dieser Besucherorganisationen ein wirklich einheitliches Gesicht des Publikums zu finden ist, das man an den laufenden Abenden vermißt. In den Großstädten haben sich die Theater nach dem jeweiligen Stadtteil richten müssen, in dem ihre Häuser stehen. So kommt es, daß z. B. in Berlin der Norden dem Volksbühnenpublikum, der Westen dem Gesellschaftspublikum gehört.

Durch all die hier angeführten Verbreiterungen und Komplikationen, die das Theater heute darstellt, hat sich in den letzten Jahren ein bis dahin dem Theater fremder Begriff herausgebildet, der der Theaterpolitik. Mit den Vereinigungen und Organisationen, die sich mit gesonderten, teilweise widersprechenden Interessen bildeten, wuchsen verzweigtere Probleme wirtschaftlicher, kultureller und nicht zuletzt *politischer* Art.

Und hier hören wir ein Wort, das ebenfalls zu jenen unheilvoll verwirrenden Vokabeln gehört, von denen ich sprach.

Politisch orientiert sein heißt heute: eine Beziehung zum allgemeinen Zeitausdruck haben.

Denn, wenn man jeder Zeit ein eigenes Gesicht nachsagt, so bedarf es nicht vieler Tüfteleien, um festzustellen, daß unsere Zeit eine eminent politische ist.

Kaum gibt es einen Zweig heutigen Lebens oder heutigen Wissens, der sich dieser Atmosphäre entziehen könnte. Ob wir an praktisch oder ideelich orientierte Fragen rühren – die Zeit verleiht ihnen automatisch ein politisches Gepräge.

So wird auch das Theater, sofern es nicht abseits der Zeit stehen will, in jenem großen weltanschaulichen Sinne politisch sein – so etwas, wie das Theater der Griechen in weltanschaulichem Sinne religiös war.

Es ist falsch, und dies kann nicht oft genug betont werden, Politik gleichbedeutend mit Parteigesinnung zu setzen. Das hieße, eine mögliche Konsequenz zur gewissen Voraussetzung zu machen. Und so darf auch der Begriff des politischen Theaters nicht mit dem des Parteitheaters verwechselt werden. Politisches Theater, das ist das Theater des allgemeinen *Zeitausdrucks*. Parteitheater, das ist das Theater des begrenzten Fraktionswillens.

Ein Stück vom parteipolitischen Standpunkt aus inszenieren heißt: es den Parteizwecken dienstbar machen.

Ein Stück als *objektiven Gesinnungsausdruck* zu inszenieren heißt: den darin enthaltenen *Tatbestand* aufrollen und das darin Erkannte allerdings rücksichtslos, ohne Beschönigung und ohne Vertuschung, hervorzukehren.

Wenn ich als ein mir naheliegendes Beispiel die «Hamlet»-Aufführung des Staatlichen Schauspielhauses anführe, so war hier der Versuch ge-

macht, ein ewiges Dichtwerk vom Blickpunkt einer gewandelten Weltanschauung aus zu geben. Die Wandlung bestand aus einer Abkehr von
psychologischen Gesichtspunkten. Was konnte uns heute noch nach so
viel ästhetisch-wissenschaftlichen Kommentaren und nach so erschöpfenden Spitzenleistungen der Schauspielkunst (Kainz) die *Psychologie* der
Hamlet-Figur interessieren? Die Grammophonplatte von «Sein oder
Nichtsein» ist ausgewalzt. Die Melancholie des Dänenprinzen ist sprichwörtlich und somit Klischee geworden.

Der Hamlet von heute bedurfte weniger des Smokings und der Bügelfalte als eines neuen Stichwortes. Und dieses Stichwort hieß: «Etwas ist
faul im Staate Dänemark». Hier liegt der Angelpunkt für das Leid Hamlets. Hier der Grund seiner Einsamkeit. Hier das Martyrium, an dem er
zugrunde geht. Der Rachgegedanke für seinen Vater ist nur der greifbare
Antrieb seines Gebarens. Denn hier wurde unter unzähligen Untaten
eine – und zwar die gravierendste – offenbar, die die Morschheit jenes
Königshofes entlarvte – die Morschheit der Gesinnung und des Zeremoniells, hinter dem sich der *Zerfall* verbarg. Deshalb mußte dieses *Zeremoniell* und sein *Exponent* Polonius besonders penetrant gezeigt werden.
Deshalb mußte die Panik dieses Zeremoniells im Moment der Entlarvung
besonders sichtbar werden. (Und aus diesem, und nicht etwa rein dekorativem Grunde war das «Hoftheater» auf der Bühne in all seinem Prunk
und all seiner Gala-Atmosphäre aufgebaut.) Deshalb mußte die Falschheit, wo sie sich auch nicht zu verbergen mag, in Gestalt der Höflinge
Güldenstern und Rosenkranz besonders hervorgekehrt werden.

Niemand kann zu Recht behaupten, diese Anschauung hätte Shakespeare «vergewaltigt». Denn es ist nichts darin, was nicht im «Hamlet»
enthalten wäre. Nur die Beleuchtung sozusagen hat gewechselt. So etwa,
als wenn man den Prinzen von Homburg nicht mehr als Hohenzollern-
Dithyrambus im Sinne der Siegesallee sieht, sondern als Verherrlichung
des *Staatsgedankens* – in Person des Großen Kurfürsten –, der autoritativ
bleiben muß über jede Handlung innerhalb des Staatsgefüges.

Und wenn sich in dieser «Hamlet»-Aufführung ein Irrtum eingeschli-
chen hat, so ist er weiß Gott nicht von der Darstellung ausgegangen, sondern vom Parterre: indem einige in einer durchaus nicht minutiösen Wiedergabe des höfischen Zeremoniells heute schon eine Karikatur zu sehen
glauben. Der eine Teil, weil er das, was abgelaufen hinter uns liegt,
a priori als Karikatur betrachtet, der andere Teil, weil er an alten Symbo-
len hängt, sich getroffen fühlt und, wie oft in solchen Fällen, empfind-
licher sieht als gewöhnlich.

[...]

Deshalb sei hier nochmals erklärt, daß zwar das Theater als Zeitausdruck fungieren muß, daß aber das Politische lediglich ein Mittel des
Künstlerischen ist und nicht seine Aufhebung, ähnlich wie im griechi-

schen Theater das Religiöse Attribut des Künstlerischen war und nicht Selbstzweck, ähnlich, wie das klassische Theater Goethes und Schillers nicht dergestalt als eine moralische Anstalt sich darstellte, daß das Lehrhafte darin überwog.

Das Theater von heute, um es noch einmal zusammenzufassen, zeichnet sich nicht so sehr durch Spielfertigkeit aus wie durch die dahinter stehende Gesinnung – eine Gesinnung, die über alle gesonderten und sich widersprechenden Interessen hinaus ein Theater verwirklicht, das all jene positiven Kräfte vereinigt, die im Herzen und Hirn eines Volkes als dessen nationales Gut lebendig sind.

In: Leopold Jessner: Schriften, S. 97–101, 101–103, 103–107, 107–108.

Regie (1929)

[...] Die Frage ist in Wirklichkeit eine viel tiefere, nämlich. «Ist die Regie als eine reproduktive oder produktive Kunst aufzufassen?» Sie werden gewiß von sich aus antworten: Regie ist eine reproduktive Kunst. Aber ich glaube, daß Sie diese Antwort nur zur Hälfte aufrecht erhalten können. Denn die Wiedergabe einer Dichtung auf der Bühne ist keineswegs etwa mit der Reproduktion einer Grammophonplatte zu vergleichen. Und der Regisseur, der sklavisch die gedruckte Dramendichtung auf die Bühne bringt, ist kein Regisseur. Der Prozeß, meine Damen und Herren, den die Arbeit des Regisseurs durchläuft, vollzieht sich vielmehr folgendermaßen: Für den Regisseur bedeutet das vorliegende Dichtwerk das Material seiner Arbeit. So ungefähr, wie für den Dichter die Wirklichkeit das Material bedeutet. Die Bühne nun – dies wird allzuoft vergessen – hat genau so ihre eigenen unverwechselbaren Gesetze wie die Dichtkunst. Diese Gesetze der Bühne aber sind für den Theatermann die letzthin maßgebenden. Deshalb muß der Regisseur das bereits geformte Werk der Dichtkunst zunächst einmal in seine einzelnen Bestandteile auflösen, um dann aus der Neuordnung dieser Bestandteile das *Bühnenwerk* zu formen. Aus diesem Arbeitsprozeß ergibt sich nun jene berechtigte Freiheit des Regisseurs dem Werk gegenüber. Diese Freiheit, die scheinbar auf Kosten des Dichters sich auslebt, schafft in Wirklichkeit für den Dichter, sofern er nicht ein Buch-, sondern ein Bühnendramatiker ist. Der neue Typ dieses – ich setze das Wort in Anführungsstrichen – «freien» Regisseurs ist der dramaturgische Regisseur. Er löste den ästhetischen Regisseur in seiner Wirksamkeit ab. Diese dramaturgische Regie wurde erstmalig in vielfach umkämpften Klassikerinszenierungen sichtbar.

Jedes klassische Werk hat eine Fabel. Wenn früher die Fabel des klassi-

schen Werkes in all ihren sinnlichen und psychologischen Tönungen übermittelt wurde, wenn die schwelgerischen Momente der Darbietung zur
Hauptszene wurden, wenn die romantischen Effekte der Illusionsbe-
schwörung richtunggebend waren – so heißt es nun, das Werk von der
herrschenden Idee aus anzupacken und von hier aus die Führung des
Ganzen vorzunehmen. Das heißt, von der übergeordneten Idee werden
nun die Kürzungen bestimmt. Die übergeordnete Idee wird für die Ausbalancierung der einzelnen Szenen wichtig. Die übergeordnete Idee muß
zum Tenor der Darstellung werden. Diese Idee, meine Damen und Herren, auf die der dramaturgische Regisseur den starken Akzent legt, kann
selbstverständlich niemals eine willkürlich gewählte oder eine gewaltsam
hineinkonstruierte sein. Die Idee, die der Inszenierung des einzelnen
klassischen Werkes zugrunde gelegt wird, wird immer mit den Strömungen des Zeitgeistes zusammenhängen.

Was die sogenannten ewigen Kunstwerke betrifft, so besteht ja – es
kann nicht oft genug wiederholt werden – ihre ewige, das heißt zeitlose
Wirkung gerade darin, daß sie für jede Zeit von Aktualitätswert sind. Es
heißt ihren Ewigkeitswert verkleinern, wenn man diese Ewigkeit sozusagen in die Wolken schreibt und jeden Versuch, sie auf realem Boden zu
manifestieren, als Verunglimpfung brandmarkt. [...]

Was nun die Inszenierung der zeitgenössischen Werke betrifft, so stehen die jungen Dichter charakteristischerweise immer mehr auf dem
Standpunkt, daß das von ihnen am Schreibtisch Geschaffene für das
Theater keineswegs die endgültige Konzeption bedeutet. Auch hier ist
der Regisseur immer mehr zum Dramaturgen geworden, der vor der ersten Arrangierprobe mit dem Dichter gemeinsam das Werk – sagen wir
ruhig – durchackert und die schon festen Bestandteile wieder auflockert,
erst aus dieser Auflockung heraus, das heißt aus den erforderlichen Stri-
chen, aus erforderlichen Umgruppierungen, aus erforderlichen Zudich-
tungen, das Werk für die Bühne reif macht. Und auch noch während der
Probe, man kann sagen bis zur Generalprobe, ist hier der Dichter Helfer
des Regisseurs, aus der tieferen Einsicht heraus, daß nur so der Regisseur
sein Helfer zu werden vermag. Immer stärker wird diese Allianz zwischen
Dichter und Regisseur. Und ich glaube, daß wir immer mehr dahin steuern, daß das Dichtwerk bereits in engstem Zusammenhang mit dem
Theater und mit dem Dramaturgen-Regisseur geschrieben wird. Diese
Allianz würde für beide Teile einen Zuwachs von produktiven Kräften für
das Theater bedeuten.

Man hat nun, meine Damen und Herren, dem Regisseur nicht nur die
Vergewaltigung des Dichtwerks zum Vorwurf gemacht, man hat ihm
ebenso vorgeworfen, daß er die schauspielerische Leistung erdrückt, daß
er das eigene Leben des Schauspielers sehr oft verkümmert, vernichtet,
daß er einen Terror über die Schauspielkunst ausübt. Hierzu ist folgendes

zu sagen: An dem Wendepunkt eines jeden Bühnenstils wird der Regisseur mehr als in anderen Zeiten seine Herrschaft über den Schauspieler ausüben. Und diese Herrschaft, meine Damen und Herren, wird oft berechtigt sein, sofern es sich nicht um eine willkürliche, sondern um eine gesetzgebende handelt. Dies ist das Entscheidende. Auch diese Entscheidung wird von dem Gesamtbild des Zeitgeistes abhängig sein. –

Was den Darsteller betrifft, so erzog ihn das Theater der letzten zehn Jahre zu spartanischer Einfachheit – denn die meisten Schauspieler besitzen wohl in sich die Wandlungsfähigkeit, mit der Zeit, wenn sie das Talent haben, mitzugehen. Während also der frühere Schauspieler oder der Schauspieler in früherer Zeit in der ganzen Buntheit der historischen Aufzüge und im Drum und Dran der Wiedergabe des Lebens, wie es immer so schön heißt, mit all seinem Requisitenreichtum vieles kaschieren, vieles verdecken konnte, was ihm an letzten Ausdrucksmitteln fehlte, so ist der Darsteller nun ganz auf sich angewiesen im Dienste einer Darstellung, in der es kein Kaschieren gibt, weil sie lediglich auf das Wesentliche eingestellt ist: auf die Präzision des Ausdrucks, die weder Schneuzen noch Husten, weder Pfeifen noch unmotivierte Gänge, oder was es sonst an rettenden Notbehelfen gab, dulden kann. Und wenn früher das Wort des Dichters allzusehr der Gefahr unterworfen war, in Musik und Malerei zu verschwimmen, so wird nun wieder die Sprache als das spezifische Instrument des Theaters zu präziser Klarheit entwickelt und noch entwickelt werden müssen. Die Gliederung des Bühnenraums wird auf das Wort übertragen; die Rede wird aufs äußerste diszipliniert, gerafft, gegliedert und geschliffen. Man hat zu Beginn dieses Stilwandels von Gliederpuppen, von Marionetten gesprochen.

Dies, meine Damen und Herren, bedeutet gewiß die bewußte Aufzwingung eines eigenen Regie-Willens im Interesse einer gesetzgeberischen Idee, die dahinter stand. Jeder programmatische Wille wird sich zunächst als weithin sichtbares Plakat äußern müssen. Und so war es auch hier. – Inzwischen, meine Damen und Herren, ist die Gliederung der Gruppen, inzwischen ist die Raffung der Sprache systematisch weiter entwickelt worden. Was pastos erschien, ist heute leichter, ist gelockert. Worauf es heute ankommt: Die Regie ist nicht mehr als Aufzwingung eines eigenen Willens zu betrachten. Der Regisseur ist nicht mehr so sehr mit einem Hammer und einem Meißel zu vergleichen, der das vorliegende Material bearbeitet. Der Regisseur ist heute vielmehr ein Horchender, ist vielmehr ein Bildner, der mit behutsamem Fingerspitzengefühl sein Material, den Schauspieler, zu formen versucht, indem er die einzelnen schauspielerischen Individualitäten und deren darstellerischen Ausdruck in Einklang zu dem Gesamtbild zu bringen versucht.

In: Leopold Jessner: Schriften, S. 172–173, 173–175.

Jewgeni B. Wachtangow, 1918

7

JEWGENI
BOGRATIONOWITSCH
WACHTANGOW

——————— *(1883–1922)* ———————

> «Ich bin endgültig davon überzeugt, daß das Stanislawski-System etwas Großartiges ist.»
>
> *Jewgeni B. Wachtangow, 1911*

> «...Ein Unbefriedigtsein mit der naturalistischen Lebens-Darstellung. Auch wenn sie Gutes bezweckt. Vielleicht ist das der erste Schritt zum Romantischen. Eine Wende. Mir schwebt auch so etwas vor. Irgendein Fest oder eine Feier der Gefühle, Erhabenes abbildend. Nicht die guten alten christlichen Gefühle. Man muß sich über die Erde erheben. Wenigstens eine halbe Elle. Vorläufig.»
>
> *Jewgeni B. Wachtangow, 1916*

> «Der Naturalismus auf dem Theater muß sterben...»
>
> *Jewgeni B. Wachtangow, 1921*

> «Deshalb sage ich phantastischer Realismus. Der phantastische Realismus existiert. Es muß ihn jetzt in jeder Kunstgattung geben.»
>
> *Jewgeni B. Wachtangow, 1922*

Wenige Wochen vor seinem Tode am 31. Mai 1922, Wachtangow starb mit 39 Jahren an Magenkrebs, nannte ihn Stanislawski den «zukünftigen Führer des russischen Theaters»; der zweite große Regisseur des Moskauer Künstlertheaters, Nemirowitsch-Dantschenkow, sagte in einer Gedenkrede auf den Verstorbenen: «...Er war im Begriff, ein neues Theater zu schaffen. Mit einer erstaunlichen Sensibilität hat er Züge des neuen Theaters aufgespürt. Er versuchte sie zu synthetisieren und mit dem Besten, was das Moskauer Künstlerische Theater hervorgebracht hat, zu vereinigen... Hier war eine Hand am Werk, die die Wege des morgigen Theaters großartig vorausgeahnt hat» (nach Wardetzky).

Waren Stanislawski (vgl. Kap. 2) und Meyerhold (vgl. Kap. 5) die großen künstlerischen Antipoden des russischen Theaters in den beiden Jahrzehnten um die Oktoberrevolution, so bildete das Theater Wachtangows die Synthese beider Richtungen. Er verband die grundlegenden Einsichten Stanislawskis in das Wesen der schauspielerischen Arbeit mit der Idee eines «bedingten», das heißt die Theaterhaftigkeit des Theaters konsequent ausspielenden Theaters, wie sie Meyerhold seit 1906 – im Gegensatz zu Stanislawskis Bühnennaturalismus – vertrat.

1919 notierte Wachtangow in seinen Aufzeichnungen: «Mit einer roten Linie zerteilte die Revolution die Welt in ein ‹Altes› und in ein ‹Neues›. Es gibt keinen Winkel im menschlichen Leben, den diese Linie nicht durchzogen hat.» Diese historische Erfahrung ist der Schlüssel für das künstlerische Werk Wachtangows. Jene Welt des «Alten» verkörperte sich für ihn, den Theaterkünstler, im künstlerischen und vor allem theaterpädagogischen Lebenswerk seines Lehrers Stanislawski, dem sich Wachtangow zeit seines Lebens tief verbunden wußte; zugleich aber arbeitete er auf das Theater einer «neuen Zeit» hin, das von der geschichtlichen Erfahrung der Kollektivität ausging. Aus dieser Erfahrung wurden auch die Grundlagen der Stanislawskischen Schauspielpädagogik überprüft und neu interpretiert. Diese Spannung bestimmte Wachtangows künstlerischen Lebensweg in jeder Phase.

Jewgeni B. Wachtangow wurde am 1. Februar 1883 in Wladikawkas geboren. Sein Vater besaß eine kleine Tabakwarenfabrik in Tiflis. Dort besuchte Wachtangow von 1894 bis 1903 das Klassische Gymnasium. Schon als Schüler beteiligte er sich an Theateraufführungen. Nach der Reifeprüfung begann er ein naturwissenschaftliches Studium an der Moskauer Universität, wechselte aber bald an die juristische Fakultät über. 1904/05 spielte er bei verschiedenen Laientheatergruppen, übernahm hier auch erstmals eine Regie (Gerhart Hauptmanns «Friedensfest»). 1906 gründete Wachtangow an der Moskauer Universität eine Studentenbühne und inszenierte dort als erste Aufführung am 15. Dezember Maxim Gorkis Stück «Sommergäste». Bald darauf begann er auch zu schreiben, vorwiegend Theaterkritiken.

1909 fiel die Entscheidung für eine professionelle Theaterlaufbahn. Wachtangow nahm Schauspielunterricht an der Dramatischen Schule von Alexander J. Adaschew. Sein wichtigster Lehrer war dort der Regisseur Leopold A. Sulerschitzki (1872–1916), der, wie Adaschew auch, seit 1908 an Stanislawskis MCHT engagiert war. An Adaschews Schauspielschule wurde konsequent nach Stanislawskis pädagogischem «System» gearbeitet. Wachtangow begleitete Sulerschitzki 1911 zu einer Regiearbeit (Maeterlincks «Der blaue Vogel») nach Paris. In sein Tagebuch notierte er am 10. Januar 1911:

«Zweite Probe. Sulerschitzki wird gelobt. Wenn er bei uns so vorspielen würde, hätte man ihn gewiß nicht gelobt. Ich bin endgültig davon überzeugt, daß das Stanislawski-System etwas Großartiges ist. Niemand nimmt mich zur Kenntnis. Das ist aber auch nicht verwunderlich. Abends waren wir im Moulin Rouge. Grenzenlos ekelhaft» (vgl. Jewgeni B. Wachtangow: Schriften).

Die kleine Notiz läßt zwei wesentliche Züge im Persönlichkeitsbild Wachtangows erkennen: sein Verhältnis zu seinen Lehrern, das stets durch einen sicheren Blick für das Wesentliche ihrer Arbeit, vor allem durch die Bereitschaft, das für richtig Erkannte zu übernehmen und weiterzuentwickeln, aber auch durch Eigenständigkeit und unbeirrbare Kritikfähigkeit geprägt war; und Wachtangows rigoroser Moralismus, der durch die christlich-humanistische Philosophie Leo Tolstois geprägt war und den er später auch in der fast sektenhaften Führung seines Studios in Form eines strengen Gemeinschaftsethos durchzusetzen versuchte: «Wenn wir uns mit Kunst beschäftigen, müssen wir selber besser werden.» Auch für Wachtangows Lehrer Sulerschitzki war die «sittliche Veredelung der Lebensweise» die Voraussetzung jeder wahren Künstlerschaft: «Das Theater ist das Fest aller guten Gefühle.»

1911 war das Jahr wichtiger Begegnungen, Wachtangows Eintritt in das Moskauer Theaterleben. Er lernte W. I. Nemirowitsch-Dantschenko und K. S. Stanislawski (10. März 1911) kennen, die beiden einflußreichsten Moskauer Theaterpersönlichkeiten dieser Zeit, die das künstlerische Profil des MCHT bestimmten. Stanislawski engagierte ihn (15. März) an diese Bühne, wo Wachtangow bald auch als Schauspieler auftrat, in einer Inszenierung von Tolstois Stück «Der lebende Leichnam» (Regie: Nemirowitsch-Dantschenko und Stanislawski).

Einen Monat nach dem Engagement an Stanislawskis Theater schrieb der Absolvent der Schauspielschule in sein Tagebuch:

«Ich möchte ein Studio gründen, wo wir alle lernen können. Das Prinzip: Alles selbst erlangen. Der Leiter ist alles. K. S. Stanislawskis System an sich selbst überprüfen. Das System aufnehmen oder verwerfen! Verbessern! Vervollständigen! Oder die Lüge beseitigen. Alle, die dem Studio beitreten wollen, müssen die Künste und vor allem die Theaterkunst lieben. Freude am Schöpferischen! Das Publikum vergessen! Für sich schöpferisch arbeiten! Für sich genießen. Sich selbst Richter sein. Ich würde vom ersten Tag an Unterricht in szenischer Bewegung, Sprecherziehung und Fechten einführen. Kunstgeschichte und Kostümgeschichte müßten gelehrt werden. Einmal in der Woche Musik hören. (Musiker einladen.) Alles zusammentragen, was im Kopf geboren wird. Alles Interessante, was gefunden wird, zusammentragen: Scherze, musikalische Skizzen, kleine Stücke» (vgl. Jewgeni B. Wachtangow: Schriften).

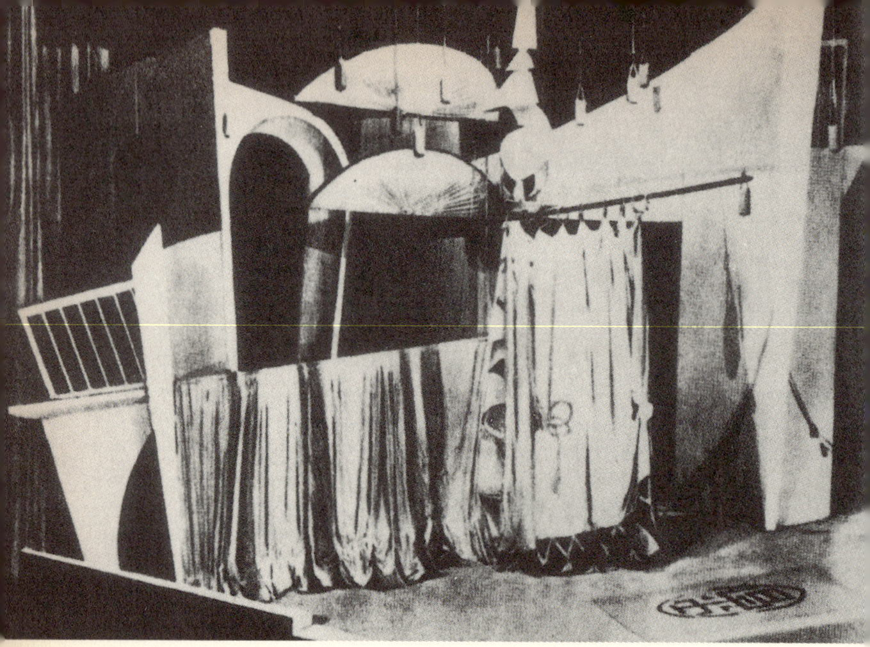

Carlo Gozzi «Prinzessin Turandot». 3. Studio des MCHT Moskau, 1922
(Regie: J. B. Wachtangow, Bühnenbild und Kostüme: J. J. Niwinski)

Wechsel der Dekoration durch die Zanni

Schauspieler kostümieren sich auf offener Bühne

Nachtszene (Skirina und Kalaf)

Diese Träume sollten sehr bald Wirklichkeit werden. Im August desselben Jahres beauftragte Stanislawski ihn mit der Bildung einer Arbeits-
gruppe, die den Zweck der Überprüfung seiner schauspielpädagogischen
Methode haben sollte. Aber auch außerhalb des MCHT arbeitete Wachtangow als Theaterlehrer und inszenierte kleinere Stücke. Ein Jahrzehnt
rastloser Arbeit begann.

Wenngleich die wesentlichen Grundlagen der pädagogischen und
künstlerischen Auffassung der Theaterarbeit Stanislawskis von Wachtangow nie in Frage gestellt wurden, so zeichneten sich doch relativ bald
eigenständige Züge ab, die Akzentverschiebungen erkennen ließen und
auf eine neue ästhetische Orientierung hinzielten, die sich den Ideen
Meyerholds, der sich 1902 von seinem Lehrer Stanislawski getrennt hatte,
annäherten. Auch der Einfluß von Nemirowitsch-Dantschenko, der Stanislawskis Idee eines «Theaters des Lebens» stets skeptisch gegenüber-
stand, spielte in diesem Zusammenhang eine entscheidende Rolle
(vgl. dazu Wardetzky).

Wieder vertraute Wachtangow dem Tagebuch (Notiz vom 14. April
1916) die ersten Zweifel an der Methode seines Lehrers an:

«Bei uns im Theater, im Studio und unter meinen Schülern ist die Sehnsucht nach
etwas Erhabenem zu verspüren. Ein Unbefriedigtsein mit der naturalistischen ‹Le-
bens-Darstellung›. Auch wenn sie Gutes bezweckt. Vielleicht ist das der erste
Schritt zum Romantischen. Eine Wende. Mir schwebt auch so etwas vor. Irgendein
Fest oder eine Feier der Gefühle, Erhabenes abbildend. Nicht die guten alten
christlichen Gefühle. Man muß sich über die Erde erheben. Wenigstens eine halbe
Elle. Vorläufig» (vgl. Jewgeni B. Wachtangow: Schriften).

Der Bühnennaturalismus Stanislawskis wurde als Beengung empfunden
(vgl. die Kontroverse Otto Brahm und Max Reinhardt), die die schöpferische Kraft des Theaters nicht zur Entfaltung kommen ließ. 1921 formulierte Wachtangow diese Kritik weitaus schärfer, nun freilich auch auf der
Höhe seiner eigenständigen theaterpolitischen Wirkungsmöglichkeiten:

«Das Theater des Lebens muß sterben. ‹Charakter›-Darsteller werden nicht mehr
gebraucht. Alle, die zur Charakterdarstellung befähigt sind, müssen die Tragik
(sogar die Komik) in jeder Charakterrolle aufspüren, und sie müssen lernen, auch
grotesk gestalten zu können.
    Der Stil der Moderne ist abgeschmackt.
    Werden die Säle Versailles', die antiken Terrassen der griechischen und römi-
schen Theater je als Plattheit und Abgeschmacktheit empfunden werden?
    Der Saal des Bolschoi Theaters, reich, theatergemäß und ganz in Samt und Gold
ausgestattet, wird er in den Augen künftiger Generationen jemals als abgeschmackt empfunden werden? Niemals.
    Der Naturalismus auf dem Theater muß sterben!

Oh, wie könnte man Ostrowski, Gogol, Tschechow inszenieren!
Ich möchte aufspringen und losrennen und herausrufen, was in mir entstanden
ist. Ich will *Die Möwe* inszenieren.
Theatergemäß. Wie es bei Tschechow steht» (vgl. Jewgeni B. Wachtangow:
Schriften).

Das «theatergemäße Theater» – dies war Wachtangows neues, eigenes
Programm: das Theater, das seine Theaterhaftigkeit nicht verbirgt – wie
Stanislawskis oftmals exzessiver Bühnenillusionismus –, sondern aus-
stellt, nicht «Theater des Lebens», sondern das «Leben als Theater», das
heißt verfremdet, kritisch reflektiert im ästhetischen Medium, das die
gängigen, die erwarteten, vorgestellten Bilder von der Wirklichkeit auf-
bricht, das den Zuschauer aktiviert, zur Stellungnahme befähigt.
  Die Entwicklung Wachtangows bis hin zu dieser Position vollzog sich in
nur wenigen Jahren. Am 15. Januar 1913 war das 1. Studio des MCHT mit
einer Inszenierung von Herman Heijermans Stück «In der Hoffnung auf
Segen» eröffnet worden. Wachtangow, dessen schauspielpädagogische
Experimentiergruppe (seit 1911) die wesentliche Vorarbeit geleistet
hatte, wurde neben Stanislawski und Sulerschitzki einer der Leiter des
Studios. Ziel des Studios war in erster Linie die Erprobung und Weiterentwicklung der schauspielpädagogischen Ideen Stanislawskis. Dieser
betonte später immer wieder, daß Wachtangow sein «System» am besten
verstanden habe und auch am effektivsten vermitteln könne.
  Neben seiner Lehrtätigkeit am Studio und an anderen Moskauer Theaterschulen übernahm Wachtangow ständig kleinere Rollen am MCHT als
Schauspieler und inszenierte dort auch selbst. Am 1. Studio des MCHT
war seine erste Regiearbeit Gerhart Hauptmanns «Friedensfest» (am
15. September 1913).
  Am 17. März 1914 trat Wachtangow mit seinem eigenen Studio, dem
Studentischen Dramatischen Studio, mit einer Inszenierung von Boris
K. Saizews «Gut der Lanins» an die Öffentlichkeit. Die Aufführung
wurde ein totaler Mißerfolg. Von der Leitung des MCHT wurde daraufhin Wachtangow verboten, diese Arbeit weiterzuführen. Sein weiteres
Engagement an diesem Studio mußte geheimgehalten werden. Inszenierungen meist kleinerer Stücke folgten im Rahmen der Vorspiel-
Abende, an denen das Studio, oft in kleinerem Kreis, die Ergebnisse seiner Arbeit vorstellte. Ab Juni 1916 wurde das Studentische Dramatische
Studio in Mansurow-Studio umbenannt; seit März 1917 nannte es sich
Moskauer Dramatisches Studio; Wachtangow übernahm 1918 nun auch
offiziell wieder die Leitung, nachdem die Arbeit des Studios durch die
Mitglieder des MCHT anerkannt wurde. Im September 1920 schließlich
wurde es als 3. Studio dem MCHT angegliedert, 1926 selbständiges Theater unter dem Namen Wachtangow-Theater.

1918 inszenierte Wachtangow Ibsens «Rosmersholm» (23. April) am
1. Studio des MCHT, am 15. September in seinem Studio Maeterlincks
«Das Wunder des Heiligen Antonius». Auf Vorschlag Stanislawskis übernahm er auch die künstlerische Leitung des 1917 in Moskau gegründeten
jüdischen Theater-Studios Habima (seit 1928 in Tel Aviv). Am 22. Oktober 1918 gründete Wachtangow im Auftrag des Rats der Arbeiterdeputier-
ten Moskaus das Moskauer Künstlerische Volkstheater; das Haus wurde
am 17. Dezember mit drei Inszenierungen des Wachtangow-Studios eröffnet. Das Künstlerische Volkstheater hatte kein eigenes Ensemble, es verfolgte ähnliche Ziele wie die Freie Volksbühnen-Bewegung in Deutschland in ihrer Gründungsphase: Theater «ausschließlich für Werktätige»,
wie Wachtangow in einem Brief an Stanislawski erläutert, der sich wegen
der Bezeichnung «künstlerisch», die auch seine Bühne trug, irritiert zeigte.

Wachtangows Arbeit war in den Jahren 1918/19 immer wieder durch
schwere Krankheit erheblich behindert, er litt an Magenkrebs und mußte
mehrfach operiert werden. Hinzu kamen Spannungen im Rat seines Studios und der schwieriger werdende Umgang mit Stanislawski. Trotz dieser
Belastungen übernahm Wachtangow weitere Funktionen im Moskauer
Theaterwesen; im Februar 1919 wurde er Leiter der Sektion Regie der
Theaterabteilung des Volkskommissariats für Bildung. An mehreren
Schauspielschulen Moskaus hielt er Vorlesungen über Schauspielmetho-
dik.

In dieser Zeit vollzog sich die Annäherung Wachtangows an Meyerhold, dem er anläßlich der Premiere von «Das Wunder des Heiligen Antonius» am Wachtangow-Studio erstmals begegnet war. Im Tagebuch
schrieb er: «Heute las ich Meyerholds Buch ‹Über Theater› und ... fiel
beinahe in Ohnmacht: diese Gedanken und Worte...» Wachtangows
Schüler Boris Jewgenjewitsch Sachawa (geb. 1896) schreibt über das Verhältnis Wachtangows zu Meyerhold:

«Es darf nicht vergessen werden, daß es trotz einer ganzen Reihe von Übereinstim-
mungen oder Berührungspunkten wesentliche Unterschiede zwischen Wachtangow und Meyerhold gibt. Die Unterschiede umfassen hauptsächlich die Zusammenarbeit des Regisseurs mit dem Schauspieler, also die Arbeitsmethode. Aus
Wachtangows Sicht kennt Meyerhold den Schauspieler nicht. Er kennt ihn nicht
aus der Sicht, aus der ihn Stanislawski kennt.

Stanislawski und Meyerhold! Der Beginn einer Synthese in der Theaterkunst.
Für die beide Namen als Symbol stehen dürfen, das ist Wachtangows Theater.
Stanislawski und Meyerhold, Inhalt und Form, die Wahrheit der Gefühle und die
theatergemäße Darstellung von Vorgängen, das wollte Wachtangow in seinem
Theater vereinigen. Wachtangows Theater will die organische Einheit der ‹ewigen›
Grundlagen der darstellenden Kunst mit der theatergemäßen Form, auf einen
Nenner gebracht durch ein zeitgemäßes Gefühl» (vgl. Jewgeni B. Wachtangow:
Schriften).

In den Jahren 1920/22 standen Regiearbeiten im Mittelpunkt. Wachtangow inszenierte in seinem Studio Tschechows «Hochzeit» (September 1920); am 29. Januar 1921 eine Variante von Maeterlincks «Das Wunder des Heiligen Antonius»; im 1. Studio des MCHT Strindbergs «Erik XIV.»; im September eine Variante von Tschechows «Hochzeit»; am 31. Januar 1922 Scholem Anskis (1863–1920) «Der Dybbuk» im Theater-Studio Habima; schließlich am 28. Februar 1922, drei Monate vor seinem Tod, seine bedeutendste Inszenierung: Carlo Gozzis (1720–1806) «Prinzessin Turandot» am 3. Studio des MCHT. Wachtangow konnte die Premiere selbst nicht mehr erleben; diese letzte Arbeit wurde sein größter künstlerischer Triumph. Stanislawski und Nemirowitsch-Dantschenko waren uneingeschränkt begeistert. Wachtangows «phantastischer Realismus» hatte seine glanzvollste, überzeugende Form gefunden.

Das Zeigen der Figur, ihres Gestus, ihrer Emotionalität, das war es, worauf Wachtangow seine Arbeit mit den Schauspielern angelegt hatte. Die Schauspieler sollten nicht die Rollen des Stücks darstellen, «sondern italienische Schauspieler, die diese Rollen spielen, die untereinander keine Verabredung getroffen haben und hier auf der Bühne völlig unerwartet einen Text zu improvisieren beginnen» (Boris Sachawa). Die Improvisationsästhetik der Commedia dell'arte wurde benutzt, um jene Brechung der Figuren zu erzeugen, die die aktuelle historische Erfahrung zur Reflexionsfolie gegenüber der Märchengeschichte, ihrer Tragik und ihrer Komik, werden ließ: die stilistische Entscheidung als analytisches Verfahren, das die Figuren für die Empfindungen des zeitgenössischen Publikums öffnet, dieses aber nicht in kopflose Suggestion verfallen läßt. Das Grundmuster dieser Ästhetik war das der poetischen Verfremdung, ähnlich wie später Brecht diese Technik einsetzte. Das «Theater des Erlebens», wie Stanislawski es in seiner Schauspielästhetik vertrat, hatte eine neue Dimension gewonnen: Die «Wahrheit der Empfindung» war theatergemäß gestaltet, verblieb nicht in der bloßen Kopie des alltäglichen Lebens. Wachtangow selbst prägte dafür den Begriff des «phantastischen Realismus».

Bibliographie

K. Antarowa: Studioarbeit mit Stanislawski. Berlin 1951.
D. Bablet (Hg.): Mise en scène années 20 et 30. Paris 1979 (= Les voies de la création théâtrale VII).
M. Brauneck: Theater im 20. Jahrhundert. Programmschriften, Stilperioden, Reformmodelle. Reinbek bei Hamburg 1982 u. 1986.
B. Brecht: Schriften zum Theater. Bd. 3. Frankfurt/M. 1963.
N. N. Evreinov: Histoire du Théâtre Russe. Paris 1947.
N. M. Gorchakov: The Theatre in Soviet Russia. New York 1957.

ders.: Vakhtangov, metteur en scène. Moskau 1959.

N. Gourfinkel: Stanislawski. Paris 1955.

C. Gray: Das große Experiment. Die russische Kunst 1863–1922. Köln 1974.

J. Gregor/R. Fülöp-Miller: Das russische Theater. Sein Wesen und seine Geschichte mit besonderer Berücksichtigung der Revolutionsperiode. Zürich/Leipzig/Wien 1928.

W. E. Meyerhold/A. J. Tairow/J. B. Wachtangow: Theateroktober. Hg. v. L. Hoffmann u. D. Wardetzky. Frankfurt/M. 1972.

J. Paech: Das Theater der russischen Revolution. Kronberg/Ts. 1974.

E. J. Poljakowa: Stanislawski. Leben und Werk des großen Theaterregisseurs. Bonn 1981.

R. Simonov: S. Vachtangovym. Moskau 1959.

J. B. Wachtangow: Schriften. Hg. v. D. Wardetzky. Berlin 1982.

—— Jewgeni B. Wachtangow ——

Mitschriften von Vorlesungen
im Dramatischen Studio (1914)

[...]

«Irgendwann einmal werden Stücke nicht mehr von Autoren geschrieben. Sie kennen sehr viele Stücke, aber sehr wenige Kunstwerke. Das künstlerische Produkt muß vom Schauspieler geschaffen werden.

Der Schauspieler muß die Figur in all ihren Situationen spielen können, nicht nur in dem Ausschnitt des Lebens der handelnden Person, die im Stück gegeben ist. Dieser Ausschnitt ist nur ein Teil. Man soll aber nicht einen Teil, sondern man soll das Ganze spielen. Der Schauspieler muß nicht wissen, was wird, wenn er auf die Bühne geht. Er muß so auf die Bühne gehen, wie wir im Leben zu einem Gespräch oder zu einer Begegnung gehen. Und wenn Sie selbständig arbeiten, sollen Sie nicht das betreffende Stück proben. Sie müssen überhaupt lernen, die Fakten zu bewerten. Der Schauspieler muß so erzogen sein, daß man ihm vor dem Auftritt nur zu sagen braucht, was er zu spielen hat: seine Vergangenheit, wie seine Beziehung zu den anderen ist, was seine Aufgaben sind. Dann muß er spielen können. Die Emotionen, Worte usw. kommen dann von selbst.

Das wäre echte Commedia dell'arte. Das ist das Ideal. Doch die Commedia dell'arte war immer bedingt. Kein Schauspieler hat es bisher gewagt, ohne einen Autor, ohne einen gelernten Text eine nicht bedingte Rolle, eine Charakterrolle, als Improvisation zu spielen. Begreifen Sie: An der Rolle arbeiten bedeutet nicht, am gegebenen Stück zu arbeiten. An der Rolle arbeiten bedeutet, die Verhältnisse, die sie verlangt, in sich selbst zu suchen.

[...]

Wenn ich eine solche Probe sehe, beginne ich zu zweifeln. Ich zweifle nicht an dem, was ich Ihnen geben kann, sondern daran, ob es einen Sinn hat, Ihnen Vorgaben zu machen. Nichts ist leichter zu schaffen als ein Kompromiß. Alle machen, was ich als Zeichnung vorgebe, und festigen sehr feinsinnig das vorgegebene Klischee. Dann wird alles gut sein. Nur wird dann in allem meine Arbeit zu sehen sein. Diese Zeichnung wird es nicht geben. Sie würde etwas Aufgezwungenes sein. Sie gehen nicht vom Wesen aus, und ich weiß von mir selbst, daß man vom Wesen ausgehen muß. Nur dann kommen wir zur Kunst. Wenn es das nicht gibt, wird entweder ‹Theater› oder pures Leben dabei herauskommen. Es darf aber weder das eine noch das andere sein, sondern es muß szenische Kunst erreicht werden. Sie entsteht dann, wenn der Schauspieler als Wahrheit nimmt, was er aus seiner Phantasie geschöpft hat.»

In: Jewgeni B. Wachtangow: Schriften. Aufzeichnungen, Briefe, Protokolle. Hg. v. Dieter Wardetzky. Berlin (DDR) (Henschel-Verlag Kunst und Gesellschaft) 1982, S. 189–190, 193–194.

Aus dem Tagebuch (Herbst 1917)

3. November 1917

Das Bewußte kann niemals etwas Künstlerisches hervorbringen. Künstlerisches wird vom Unbewußten hervorgebracht. In diesen Bereich des Unbewußten kann – neben seiner selbständigen Tätigkeit, ohne Hilfe des Bewußten und unabhängig vom Bewußten – mittels des Bewußten Material für die künstlerische Tätigkeit eingehen. In diesem Sinne ist jede Theaterprobe an einem Stück nur dann produktiv, wenn dabei Material für die nächste Probe gesucht und gefunden wird: Zwischen den Proben vollzieht sich im Unbewußten die schöpferische Tätigkeit der Aneignung des gefundenen Materials. Aus nichts wird nichts. Deshalb kann man ohne zu arbeiten, «aus der Eingebung heraus», keine Rolle spielen.

Die Eingebung entsteht in dem Moment, wo das Unbewußte die Materialien der vorangegangenen Arbeit zusammengesetzt und dem Ganzen, ohne Dazutun des Bewußten, aber mit Abruf durch das Bewußte, eine geschlossene Form gegeben hat.

Das Feuer, das diesen Moment begleitet, ist ein so natürlicher Zustand, wie die Wärme, die bei der Verbindung bestimmter chemischer Elemente zu einer neuen Form entsteht, natürlich ist. Elemente, die sich vereinigen und in anderer Form sichtbar werden, bringen im Augenblick des Sichtbarwerdens einen Energiefluß hervor. Er erwärmt, beleuchtet und beseligt die Form. Alles, was bewußt ausgedacht wird, hat kein Feuer. Alles, was im Unbewußten geschaffen und unbewußt formiert wurde, wird von diesem Energiefluß begleitet, der vor allem ansteckend wirkt. Die ansteckende Wirkung, das heißt das unbewußt Mitreißende, ist auch ein Anzeichen für Begabung.

Wer bewußt seinem Unbewußten Nahrung gibt und unbewußt die Ergebnisse des Unbewußten darstellt, ist begabt.

Wer unbewußt diese Nahrung verarbeitet und unbewußt darstellt, ist ein Genie. Wer bewußt darstellt, ist ein Handwerker. Wem das Vermögen fehlt, bewußt oder unbewußt etwas ins Unbewußte aufzunehmen und es dennoch wagt, etwas darzustellen, ist unbegabt. Er hat kein eigenes Gesicht. Denn wer eine Null in den Bereich des Unbewußten einzubringen hat, in den Bereich der Kunst, kann nur eine Null darstellen.

In: Jewgeni B. Wachtangow: Schriften, S. 59.

Aufzeichnungen zur Regiearbeit an Ibsens «Rosmersholm» (1918)

[...]

Für das Wichtigste halte ich, solche Bedingungen zu schaffen, unter denen der Schauspieler im vollen Maße «sein Gesicht» bewahren kann, Bedingungen, unter denen der Schauspieler, der die Bühne betritt, sich überhaupt nicht dafür interessiert, wie heute diese oder jene Phrase, diese oder jene Stelle klingen wird. Nicht mal annähernd. Er muß davon überzeugt sein, daß er bis ins letzte, bis in seine Gedanken, bis in sein Innerstes er selbst bleibt und nach Möglichkeit sogar sein Gesicht ungeschminkt zeigen kann. Er muß lediglich die wichtigsten Züge in seinem Gesicht ein wenig hervorheben und das wegnehmen, was stört. [...] Der Schauspieler muß sich durch inneren Antrieb verwandeln. Zur wichtigsten Bedingung wird der *«Glauben»* daß er, der Schauspieler, *in Bedingungen und Beziehungen* gesetzt ist, die vom Autor gefordert werden, daß er *das braucht,* was die Figuren des Stückes benötigen. Wenn der Schauspieler die Figur gut begreift, die er zu spielen hat, und *begreift,* daß die vom Autor angegebenen Schritte logisch sind und nicht anders sein können, wenn danach der Schauspieler von dem Gedanken *verführt* wird, selbst in diese Bedingungen gestellt zu sein, wenn er etwas im Stück und an der Rolle *liebgewinnt* (kein Mitleid), wenn er schließlich und endlich davon *überzeugt* ist, wovon die entsprechende Figur im Stück überzeugt ist, und das *Bedürfnis* verspürt, einige Stunden in der Atmosphäre von Rosmersholm zu verbringen, und sich auf das *Fest* vorbereitet, das das Schöpferische in der Kunst ist, dann wird er bereits verwandelt sein und wird sich in nichts mehr verlieren.

Ich will nicht, daß ein Schauspieler immer gleich schwach oder stark eine bestimmte Stelle seiner Rolle spielt. Ich will, daß beim Schauspieler heute jenes Gefühl und jener Erregungsgrad natürlich, wie von selbst, entsteht, in dem er heute wahrhaftig ist. Selbst wenn heute eine Stelle im Vergleich zu gestern schwach sein wird. Dafür wird es die Wahrheit sein, wird es unbewußt logisch sein. Und im gesamten, wahrhaftigen Fluß der Ereignisse wird diese Stelle nicht untergehen. [...]

Ich wollte, daß die Schauspieler die ganze Vorstellung über improvisieren.

Sie wissen doch, wer sie sind und in welcher Beziehung sie zu den anderen handelnden Personen stehen. Sie haben gleiche Gedanken und ein gleiches Streben. Sie wollen das gleiche. Warum sollen sie dann nicht leben, das heißt nicht handeln können. Nichts zum Klischee werden lassen. Jede Probe ist eine neue Probe. Jede Aufführung ist eine neue Aufführung.

[...]

In: Jewgeni B. Wachtangow: Schriften, S. 60, 61.

Aus dem Tagebuch (Oktober 1918)

Das Wichtigste für den Regisseur ist, an die Seele des Schauspielers heranzukommen. Er muß dem Schauspieler raten können, wie er das, was er braucht, finden kann. Es reicht nicht, daß man den Schauspielern Farben gibt, daß man ihnen den Text aufschließt, man muß ihnen darüber hinaus, für sie nicht bemerkbar, den praktischen Weg, wie die Aufgabe zu lösen ist, weisen können.

«Sie haben die und die Aufgabe.» Doch der Schauspieler weiß oft nicht, wie lösen. Mit einfachen und einleuchtenden Mitteln muß man erklären können, wie die Aufgabe zu lösen ist. Die Sache ist in den meisten Fällen klar: Entweder erfüllt der Schauspieler das Objekt nicht, oder er begreift organisch nicht die Aufgabe, oder das Wesentliche ist nicht stark genug, oder der Schauspieler geht vom Wort aus, oder er hat sich von der durchgehenden Handlung weit entfernt, oder er ist verkrampft usw. usf.

Regisseur und Lehrer müssen überzeugt sein. Sie dürfen nur das vertreten, was sie wissen, und niemals versuchen, wissend zu scheinen. In solchen Fällen müssen sie direkt, bestimmt und ehrlich sagen: Ich weiß es nicht. Sie müssen begründen, warum sie es nicht wissen.

Die Erziehung des Schauspielers muß darin bestehen, daß man sein Unterbewußtsein mit vielfältigen Fähigkeiten anreichert: frei, konzentriert, ernst, gestisch, artistisch, handlungsfähig, ausdrucksstark, beobachtend, schnell beim Einsatz der Mittel zu sein usw. Mit einem derartigen Vorrat an Mitteln wird das Unterbewußtsein aus dem ihm eingegebenen Material ein beinahe vollkommenes Werk schmieden.

Eigentlich müßte dann der Schauspieler gemeinsam mit seinen Partnern lediglich den Text analysieren, sich zu eigen machen, auf die Bühne gehen und die Figur erschaffen.

Das ist der Idealfall. Dazu müßten dem Schauspieler alle notwendigen Mittel (Fähigkeiten) anerzogen worden sein.

Der Schauspieler muß unbedingt improvisieren können. Darin besteht sein Talent. In den Theaterschulen wird Gott weiß was gelehrt. Aber der schwerwiegendste Fehler der Schulen ist, daß sie *ausbilden,* wo man *erziehen* muß.

[...]

Der Schauspieler muß sich nicht mit Bewegung befassen, um gut tanzen zu können, um schöne Gesten finden zu können oder schöne Körperhaltungen, sondern damit er seinem Körper ein Gefühl für Plastizität mitzuteilen vermag (anerzieht). Und Plastizität ist ja nicht nur in Bewegung zu finden, es gibt sie auch in einem Stück Tuch, das niederfällt, selbst in der Oberfläche eines erstarrten Sees, in einer ruhig schlafenden Katze, in hängenden Girlanden und in einer unbeweglichen Marmorstatue.

Die Natur kennt nichts, was keine Plastizität aufweist: die Brandung der Wellen, das Wiegen der Zweige, der Lauf des Pferdes (sogar einer Schindmähre), der Wechsel von Tag zu Abend, ein plötzlicher Schauer, der Vogelflug, die Ruhe in den Bergen, das tosende Herabstürzen des Wassers, der schwere Tritt des Elefanten, die mißgestaltete Form des Nilpferdes – all das ist Plastizität. Da gibt es nichts Konfuses, Verklemmtes, Linkisches, Verkrampftes, Angelerntes, Trockenes. Es gibt nichts Unbewegliches oder gar Totes in einem schlafenden Kater. Aber wieviel, mein Gott, wieviel Unbewegliches liegt in einem übereifrigen Jüngling, der davonstürzt, um der Geliebten ein Glas Wasser zu holen. Der Schauspieler muß sich lange und fleißig bewußt mit Plastizität befassen, damit er sich später unbewußt körperlich auszudrücken versteht: im Vermögen, ein Kostüm zu tragen; in der Lautstärke; in der Fähigkeit, sich physisch (durch die äußere Form sichtbar) in die Gestalt der darzustellenden Figur zu verwandeln; in der Fähigkeit, rationell seine Muskeln einsetzen zu können; in der Fähigkeit, aus sich alles Mögliche zu modellieren; im Gestikulieren; mit der Stimme; in der sprachlichen Musikalität; in der Logik der Gefühle.

In: Jewgeni B. Wachtangow: Schriften, S. 75, 77–78.

Aus einem Gespräch Wachtangows mit Xenia Iwanowna Kotlubai und Boris Sachawa (1922)

Wachtangow:
[...]

«Von allen russischen Regisseuren ist Meyerhold der einzige, der Gespür für das Theatergemäße hat. Seinerzeit war er ein Prophet und wurde deshalb nicht anerkannt. Er war den anderen mehr als zehn Jahre voraus. Meyerhold tat das gleiche wie Stanislawski. Auch er beseitigte das, was theatralisch abgeschmackt war. Doch er tat es mit theatergemäßen Mitteln.

Das stilisierte Theater war notwendig, um die theatralischen Abgeschmacktheiten zu zerstören, zu vernichten. Indem Meyerhold die theatralischen Abgeschmacktheiten beseitigte, fand er zum wirklichen Theater.

Indem Konstantin Sergejewitsch von der wirklichen Wahrheit begeistert war, brachte er die Wahrheit des Lebens auf die Bühne. Er suchte die theatergemäße Wahrheit in der Wahrheit des Lebens. Meyerhold dagegen kam über das stilisierte Theater, das er jetzt ablehnt, zum wirklichen Theater. Doch indem Meyerhold sich für die theatergemäße Wahrheit begeisterte, beseitigte er die Wahrheit der Gefühle. Diese Wahrheit aber muß es im Meyerhold-Theater wie im Stanislawski-Theater geben.

Begeistert von der Wahrheit, brachte Stanislawski die Wahrheit des Lebens auf die Bühne. Meyerhold hingegen hat, als er die Wahrheit des Lebens von der Bühne beseitigte, in seiner Begeisterung auch die theatergemäße Wahrheit des Gefühls beseitigt. Das Gefühl ist auf dem Theater wie im Leben das gleiche. Nur die Mittel, oder die Methoden, diese Gefühle herzustellen, sind unterschiedlich. Das Rebhuhn ist zu Hause wie im Restaurant das gleiche. Es wird nur im Restaurant so gereicht und zubereitet, daß es theatergemäß wirkt. Zu Hause hingegen wird es nach Hausmacherart, nicht theatergemäß, zubereitet. Konstantin Sergejewitsch verabreicht die Wahrheit als Wahrheit, Wasser als Wasser, ein Rebhuhn als Rebhuhn. Meyerhold hingegen beseitigte völlig die Wahrheit. Es blieb das Gericht, die Art und Weise der Zubereitung, doch es wurde kein Rebhuhn gekocht, sondern Papier. Es entstand ein papierenes Gefühl. Meyerhold ist ein Könner. Er serviert meisterhaft. Wie im Restaurant. Man kann es nur nicht essen. Indem Meyerhold theatralische Abgeschmacktheit durch das stilisierte Theater zerstörte, kam er zu der Formel: Der Zuschauer darf keinen Augenblick lang vergessen, daß er im Theater ist. Indem Konstantin Sergejewitsch die Abgeschmacktheiten zerstörte, kam er zu der Formel: Der Zuschauer muß vergessen, daß er im Theater ist. Eine vollkommene Schöpfung der Kunst ist ewig. Als Schöpfung der Kunst bezeichnen wir ein Werk, in dem Inhalt, Form und Material harmonisieren. Konstantin Sergejewitsch fand sich lediglich in Harmonie mit den Stimmungen der russischen Gesellschaft jener Zeit. Doch nicht alles, was zeitgenössisch ist, ist ewig. Meyerhold hatte nie ein Gespür für das ‹Heute›. Doch er fühlte das ‹Morgen›. Konstantin Sergejewitsch hatte nie ein Gespür für das ‹Morgen›. Er fühlte nur das ‹Heute›. Man muß jedoch das ‹Heute› im morgigen Tag und das ‹Morgen› im heutigen Tag aufspüren.»

Sachawa: «Ich denke, wir sollten heute über das Theatergemäße, über das wirklich Theatergemäße reden.»

Wachtangow: «Gut. Ich suche auf dem Theater nach zeitgenössischen Methoden, um der Inszenierung eine Form zu geben, die theatergemäß empfunden wird. Nehmen wir zum Beispiel alltägliche Lebensumstände: Ich werde sie zu gestalten versuchen. Jedoch nicht so, wie sie das Künstlerische Theater gestaltet, durch Darstellung der alltäglichen Lebensgewohnheiten auf der Bühne durch die Wahrheit des Lebens. Ich will eine ausdrucksstarke Form finden, die theatergemäß ist und, weil sie theatergemäß ist, ein künstlerisches Werk darstellt. Auf die Art und Weise, wie alltägliche Lebensumstände vom Künstlerischen Theater dargestellt wurden, entsteht kein künstlerisches Werk. Das hat nichts mit künstlerischem Schaffen zu tun. Es ist lediglich eine feinfühlige und gekonnt gemachte, scharfe Wiedergabe von Lebensbeobachtungen. Das, was ich mache, möchte ich als ‹phantastischen Realismus› bezeichnen. Weshalb gefällt Ihnen das nicht, Xenia Iwanowna?»

Kotlubai: «Es gefällt mir nicht, weil Wachtangow den Begriff auf seine wirkliche und eigentliche Bedeutung für die Bühne zurückbringen sollte. Für mich ist das, was Sie phantastischen Realismus nennen wollen, einfach Realismus.»

[...]

Wachtangow: «Ich könnte das, wonach ich suche, nicht als phantastischen, sondern als theatergemäßen Realismus benennen. Doch das wäre schlechter. Auf dem Theater muß alles theatergemäß sein. Das versteht sich von selbst.»

Kotlubai: «Ich bin überzeugt, daß es irgendwo den Begriff des Realismus definiert gibt. Sie, Boris Jewgenjewitsch [Sachawa], sagen, daß der realistische Künstler Wichtiges von Unwichtigem unterscheidet. Ich halte das für völlig falsch. Realismus in der Kunst, und auf dem Theater im besonderen, ist für mich die Fähigkeit des Künstlers, das wiederzuschaffen und erneut entstehen zu lassen, was er vom Material, das ihn beseelt, erhält. Das Material liefert dem realistischen Meister einen bestimmten Eindruck, eine bestimmte Idee, die er dann in seiner spezifischen Kunstgattung durch Mittel, die einzig und allein ihm bekannt sind, vergegenständlicht.»

Wachtangow: «Sie wollen also sagen, daß Boris Jewgenjewitsch Realismus falsch definiert hat. Sie glauben, daß Realismus ein neues, anderes Schaffen ist, mit einem Material, das dem der Realität überhaupt nicht ähnelt. Ein Beispiel: Was ist *Das Leben des Menschen* von Andrejew auf der Bühne des Künstlerischen Theaters?»

Kotlubai: «Meiner Meinung nach ist das kein wirklicher Realismus, und zwar aus folgenden Gründen: Es ist der Versuch, den symbolischen Gehalt des Stückes mit den gleichen symbolischen Mitteln, die der Autor gebraucht hat, auf die Bühne zu übertragen. Es ist nicht die Neuschaffung eines symbolischen Stückes durch die Bühne. Alles, was bei

Andrejew geschrieben steht, wurde in reinster Gestalt auf die Bühne übertragen.»

Wachtangow: «Das stimmt nicht. Alle Figuren, die dort handeln, wurden nicht von Andrejew, sondern vom Regisseur geschaffen. Andrejew hat nicht vorgeschrieben, der soll dick sein und der soll soundso sprechen. Andrejew hat den Text geschrieben. Der Schauspieler, der Künstler schafft die Figur. Er kleidet sie so, wie er es für richtig hält. Er versieht sie mit einer bestimmten (in diesem Fall schematischen) Art und Weise des Sichbewegens. Er sucht heraus, wie sie geht, wie sie spricht, wie sie sitzt usw. *Das Leben des Menschen* und *Das Drama des Lebens* sind phantastischer Realismus.»

Sachawa: «Ist *Nachtasyl* Ihrer Meinung nach Naturalismus?»

Wachtangow: «Natürlich ist das reinster Naturalismus. Das Theater hat Gorki falsch inszeniert. Meines Erachtens ist er ein Romantiker. Das Theater hat ihn nicht romantisch, sondern naturalistisch inszeniert.

Xenia Iwanowna, Sie sagen, daß wir nach dem Realismus suchen. Da haben Sie ein Beispiel. In der 2. Szene des *Dibuk* (in der Hochzeitsszene) war es erforderlich, eine kleine Szene einzufügen, die einen Sprung in der Bühnenzeit rechtfertigte. Es mußte für den Zuschauer eine bestimmte Zeit vergehen, damit die Kapelle zum Bräutigam kommen konnte. Es hätte sonst so ausgesehen, als wäre das Orchester eben weggegangen und schon wieder zurück. Ich habe deshalb eine kleine Szene zwischen zwei Mädchen, die die Kapelle beobachteten, hinzugefügt. Tschechowsche Atmosphäre: Sie sprangen auf Bänke, schauten zu, klatschten in die Hände. Es entstand eine wunderbare Szene. Diese Szene gefiel auch allen Schauspielern sehr. Sie spürten selbst, daß hier etwas von Tschechows Atmosphäre entstand. Ich mußte jedoch diese Szene herausschmeißen, denn sie ging in der Art und Weise ihrer Lösung hart an dem gesamten Stück vorbei. Es gibt jetzt sogar einen Terminus: die ‹Dibuk-Methode›. Was ist *Turandot*?»

Kotlubai: «Das ist wirklicher Realismus».

Wachtangow: «Das ist phantastischer Realismus. Zeigen Sie mir ein Stück, das *Turandot* ähnelt. Vielleicht Bloks *Balagantschik* bei Meyerhold. Dort jedoch spielten die Schauspieler nicht Schauspieler, und das ist der ganze Witz. Dort wurde Theater ausgestellt. Die Kulissen waren als Kulissen da. Dort stand eine Souffleurbude. Doch das alles war vom Autor angegeben. Die Schauspieler waren die Figuren, die der Autor so geschildert hatte. Schauspieler-Theater gab es im Altertum, bei Shakespeare, bei Molière. Heute zeigen nur noch einige große Schauspieler, während sie spielen, daß sie spielen: die Duse, Schaljapin, Salvini. Der Realismus entnimmt aus dem Leben nicht alles, sondern nur, was er für die Wiedergabe einer bestimmten Szene braucht. Er stellt auf die Bühne nur Dinge, die mitspielen. Doch er nimmt die Wahrheit des Lebens. Er zeigt wirkliche Gefühle. Manchmal zeigt er auch Kleinigkeiten. Dann entsteht Naturalismus, denn Kleinigkeiten nehmen heißt abfotografieren. Puschkin im Künstlerischen Theater, das ist Realismus. Haben Sie da oder im *Fjodor* Kleinigkeiten gesehen?

Dabei könnte man dem Fürsten in *Fjodor* kleinliche Details geben, und dann würden alltägliche Lebensumstände zu sehen sein, das heißt, es würde Naturalismus entstehen. Manchmal sind diese Kleinigkeiten vom Autor gar nicht vorgesehen. Aber der nach der naturalistischen Methode arbeitende Regisseur führt sie ein. Wenn Sie von der Straße kommen und es schneit, wird Sie ein naturalistischer Regisseur unbedingt zwingen, daß Sie sich im Vorraum abklopfen und dabei vor sich hin sprechen.

Man kann ein Stück realistisch oder nach der Methode des phantastischen Realismus inszenieren. Letzteres ist besser, denn es ist eine Schöpfung, die dem Verständnis aller Völker zugänglich ist.»

In: Jewgeni B. Wachtangow: Schriften, S. 152–153, 154, 155–156.

Alexander J. Tairow, 1923

8

ALEXANDER
JAKOWLEWITSCH
TAIROW

(1885–1950)

«Theater ist Theater.

Diese einfache Wahrheit sollte endlich eingesehen werden. Die Stärke des Theaters liegt im Dynamismus der szenischen Handlung. Der Handelnde ist der Schauspieler. Seine Stärke ist seine Meisterschaft.

Die Meisterschaft des Schauspielers ist der höchste, echte Inhalt des Theaters.

Die emotionale Erfülltheit der Meisterschaft ist der Schlüssel zu ihrem Dynamismus.

Das szenische Gebilde ist Form und Wesenheit ihres Ausdrucks.

Der Rhythmus ist ihr organisatorisches Prinzip.

Und noch einmal: Theater ist Theater.

Der einzige Weg, der dahin führt, daß diese scheinbare Selbstverständlichkeit einst eine frohe Erfüllung finde, ist: die Theatralisierung des Theaters.»

Alexander J. Tairow, 1921

*D*ie Theaterentwicklung im vorrevolutionären Rußland war – vergleichbar der westeuropäischen Situation – geprägt durch die Krise, in die der Naturalismus der Bühne, die herrschende Theaterästhetik seit dem ausgehenden 19. Jahrhundert, geraten war. Diese künstlerische Erstarrung konnte auch durch die antinaturalistischen Impulse der Stilbühne nicht dauerhaft aufgebrochen werden; vielmehr verfiel diese Bewegung selbst bald in unkünstlerischen Dogmatismus und kunstgewerbliche Verflachung.

René Fülöp-Miller schildert vor dem Hintergrund dieser Problematik den Ansatz der Tairowschen Theaterreform:

«Im Jahre 1912 traten fast gleichzeitig drei Reformatoren auf, die auf verwandten Wegen eine Erneuerung des russischen Theaters anstrebten; es waren dies Ewreinoff, Mardschanoff und Tairoff; Ewreinoff veröffentlichte damals ein Buch, ‹Das

Theater an sich›, in welchem er zur Rettung des Theatralischen als eines heiligen Gutes der Menschheit aufrief. Schon im Jahre 1908 hatte Ewreinoff, als er am Kommissarschewski-Theater die Nachfolgerschaft Meyerholds als Regisseur angetreten hatte, einen Artikel ‹Apologie des Theatralischen› verfaßt, in welchem er für die Form als den alleinigen Gehalt der Kunst eingetreten war. Er forderte, ‹das verkrüppelte Äußere des Lebens› müsse sich in ‹unerhörte, nie geschaute Schönheit› wandeln, das Theater habe ein ‹neuer Lehrmeister zu werden, der das Leben theatralisch gestaltet›. In seinem Buche ‹Das Theater an sich› führte er dann diese Gedanken näher aus und meinte, die Phantasie des Zuschauers bedürfe nur eines Ansporns, um sich ihre eigene Welt zu erdichten; dieser Ansporn gehe aber verloren, wenn das Theater alles so darstelle, wie es im Leben wirklich ist.

‹Für das Publikum des Theaters›, schrieb Ewreinoff, ‹ist Phantasie notwendig, nicht aber Naturalismus, ein Bild des Gegenstandes, nicht aber dieser selbst, eine Vorstellung von der Handlung, nicht aber die Handlung als solche. Jedes Theater ist eine Art von Trug, und gerade darin liegt sein eigentliches Wesen. Das Theater hat seinen eigenen Realismus, der mit dem Realismus des Lebens nicht das mindeste gemein hat . . .›

Was Ewreinoff forderte, war also die Befreiung der Phantasie aus den Banden einer allzu gegenständlichen Darstellung, die eben dadurch, daß sie jeden Gedanken vollständig aussprach, keine Möglichkeit für die dichterische Erfindung des Zuschauers mehr offen ließ. Ewreinoff unternahm auch den Versuch, seine Gedanken praktisch zu verwirklichen und er gründete zu diesem Zwecke sein ‹Altes Theater›, eine Bühne, an welcher ältere Stücke der Weltliteratur in möglichst freier Form aufgeführt werden sollten. Hierbei bemühte sich Ewreinoff auch, den theatralischen Stil von ehedem nachzuahmen, denn er war der Meinung, die früheren Jahrhunderte hätten die Bühne noch ganz richtig als ein rein künstlerisches Ausdrucksmittel behandelt, und gerade die Primitivität der Inszenierung habe dem Zuschauer genügenden Spielraum für die Entfaltung seiner eigenen Phantasie gelassen. An diesem ‹Alten Theater› wirkten verschiedene Dekorationsmaler aus dem Kreise der Stilbühne, doch sorgte Ewreinoff dafür, daß sie sich lediglich auf Andeutungen der Szenerie beschränkten. Alle Aufführungen dieser Bühne waren beseelt von einem Geist des rein Theatralischen, wie er den Theorien Ewreinoffs entsprach und der den sonst gepflegten streng naturalistischen oder stilisierten Tendenzen gegenüber eine unbestreitbare Neuerung bedeutete.

Parallel mit diesen Versuchen Ewreinoffs hatte auch der junge Regisseur Alexander Tairoff eine ähnliche Befreiung der Bühne vom Zwange der Gegenständlichkeit unternommen. Tairoff hatte im Jahre 1912 der Bühne endgültig den Rücken kehren wollen, denn diese hatte, seiner Überzeugung nach, alles eingebüßt, was an ihr lebendig und künstlerisch wertvoll sein konnte. Da kam er jedoch durch Zufall mit dem reichen Theater-Enthusiasten Mardschanoff in Berührung, der damals eben im Begriffe stand, ein ‹Freies Theater› zu gründen; an dieser Bühne sollten die besten Kräfte Rußlands und des Auslandes sich zu einer Reform des Schauspielwesens zusammenfinden.

Was Mardschanoff anstrebte, war die Befreiung von jener Spezialisierung, die den Sänger vom Schauspieler, den Tänzer vom Akrobaten getrennt hatte; Mardschanoff wollte das ‹Synthetische Theater› schaffen, an welchem gleichzeitig Tragödien, Schwänke, Opern und Pantomimen dargestellt werden sollten. Ihm schwebte das Ideal eines universellen Künstlers vor, der zugleich Sänger, Tänzer und Schauspieler sein sollte. Er behauptete, diesen Typus habe es in früheren Zeiten gegeben, im klassischen Altertum sowohl, als auch im Mittelalter und noch bis in die jüngste Vergangenheit; erst der psychologisierende Naturalismus habe eine künstliche Trennung zwischen diesen ursprünglich zusammengehörigen Formen des Mimus geschaffen. Gerade in dieser Einengung des Darstellers auf ein bestimmtes Gebiet sah nun Mardschanoff die Ursache alles theatralischen Verfalles, und so suchte er diese Einschränkung wieder aufzuheben. An die Stelle des Opernsängers sollte nach und nach der ‹Opernschauspieler› treten, der ein wahrhaft dramatisches Können mit musikalischen Fähigkeiten zu verbinden wisse; auch der Tänzer sollte über die Ausdrucksmittel des Schauspielers verfügen, so wie ihnen allen gewisse akrobatische Fähigkeiten eigen sein müßten.

Das ‹Freie Theater›, zu welchem Mardschanoff solche ‹synthetische Schauspieler› heranziehen wollte, hatte nur sehr kurzen Bestand, doch ist der an ihm zum erstenmal verwirklichte Gedanke auch weiterhin lebendig geblieben und hat sich vor allem in dem Theater Tairoffs weiter entwickelt. Tairoff war von Mardschanoff als Regisseur gewonnen worden, und seine kurze Tätigkeit am ‹Freien Theater› hatte genügt, um in ihm die Überzeugung zu wecken, daß es doch möglich sein müsse, einen neuen Bühnenstil zu finden.

Im Jahre 1914, schon nach Ausbruch des Krieges, eröffnete Tairoff seine eigene Bühne, das ‹Moskauer Kammertheater›, eine der interessantesten Erscheinungen des russischen Theaterlebens vor der Revolution. Das Grundprinzip Tairoffs war vor allem die völlige Abwendung von den Leitsätzen des Naturalismus sowohl, als von jenen der Stilbühne; was er wollte, war zunächst der Protest gegen diese beiden Richtungen.

Denn auch er war seit langem zu der Erkenntnis gelangt, daß sowohl die naturalistische als auch die stilisierende Bühne den Schauspieler zu völliger Bedeutungslosigkeit herabgedrückt habe: Auf dem Theater Stanislawskis sei der Darsteller nichts weiter als eine ‹lebende Grammophonplatte›, deren Aufgabe nur darin liege, den Text des Dichters möglichst naturgetreu vorzubringen; auf der Stilbühne wieder bedeute der Schauspieler weiter nichts als eine Kleiderpuppe, einen Farbenfleck.

‹Wir stützten uns›, erzählt Tairoff selbst, ‹zunächst nur auf den negativen Grundgedanken, daß unser Weg nicht der des naturalistischen Theaters und nicht der einer Stilbühne sein könne.› Dieser ‹Protest an sich› entsprach vollkommen dem noch unbewußten revolutionären Gefühl, das damals weite Kreise der bürgerlichen Gesellschaft erfaßt hatte. Auch in Europa hatte das erste Jahrzehnt des zwanzigsten Jahrhunderts eine neue Generation von Menschen hervorgebracht, deren ganzes Fühlen und Streben ein einziger Protest war: Protest gegen die Tradition, gegen alle Vergangenheit und gegen alle Gegenwart. Vielleicht in einer dumpfen Vorahnung der herannahenden Katastrophe, hatten sich damals fast überall Leute zusammengefunden, deren Bestreben es war, zunächst alle bestehenden Formen radikal zu vernichten, damit aus ihren Trümmern eine neue und bessere Kunst hervorgehen könne. So entstand die Formel des ‹Protestes an sich› als der einzig möglichen Haltung gegenüber den Erscheinungsformen der damaligen Zeit. In der allgemeinen Ratlosigkeit, welche neuen Wege nunmehr einzuschlagen seien, schien dieser Generation nur der eine Grundsatz festzustehen, daß die ‹neuen Wege› auf jeden Fall von Grund auf anders zu sein hätten, als alle bis dahin begangenen.

In Europa war dies die Zeit des Futurismus und später des Expressionismus, als man versuchte, die Malerei und die Dichtung ihres bisherigen Sinnes und ihrer Bedeutung zu berauben, die ‹zur Formelhaftigkeit erstarrte Sprache der Kunst› zu zerschlagen, damit neue und wieder ursprüngliche Naturtalente erstehen könnten. Diese Richtungen griffen sehr bald auch nach Rußland über und fanden dort ihren stärksten Ausdruck in der Revolutionierung des Theaters, die von Tairoff zuerst mit Erfolg durchgeführt worden ist.

Zum Unterschied von den Richtungen des Naturalismus und der Stilbühne suchte Tairoff das ‹entfesselte Theater› zu schaffen, das ganz auf die Bedürfnisse des Schauspielers und seiner Kunst zugeschnitten sein sollte. Seiner Meinung nach war die Krisis des Theaters letzten Endes ‹das unausbleibliche und logische Ergebnis aus dem erschreckenden Verfall der schauspielerischen Meisterschaft›. Er erklärte, die Kunst des Schauspielers sei die schwierigste von allen Künsten, denn nur in ihr allein sei der Schöpfer gleichzeitig identisch mit dem zu bearbeitenden Material. Angesichts der ungeheuren Schwierigkeiten, die sich aus diesem wechselseitigen Verhältnis zwischen dem Schauspieler als dem Subjekt und zugleich als dem Objekt seiner Kunst ergeben, sei es nicht zu verwundern, daß nirgends sonst so viel Dilettantismus am Werke sei wie gerade in der Schauspielkunst. Es genüge nicht, sich zum Schauspieler berufen zu fühlen oder ‹Talent› zu haben; Voraussetzung jedes Erfolges sei vielmehr eine ungeheure technische Studienarbeit, die allein zur völligen Beherrschung des Körpers und aller physischen Ausdrucksmittel führe.

Die von dem naturalistischen Theater angestrebte Lebenswahrheit sei der Tod der Schauspielkunst, denn sie beraube das Erleben jedes schöpferischen Prinzips und übertrage es damit aus dem Gebiete der Kunst auf jenes der Psychopathologie. ‹Um lebenswahr zu empfinden, muß man kein Schauspieler sein, denn das echte Erleben ist durchaus kein spezifisches Merkmal der Bühne. Bei einiger Beobachtungsgabe und leichter nervöser Erregbarkeit kann ein jeder sich das zur Unmittelbarkeit Nötige aneignen; dazu gehört keine schöpferische Tat, es genügt vielmehr, das gesunde menschliche Schamgefühl weit genug zu überwinden, um vor dem Publikum das zu tun, was man besser mit sich allein abmachte.›

Im Gegensatz zu der naturalistischen Form des theatralischen Ausdrucks, behauptete Tairoff, habe die Bühnenemotion ihre Säfte nicht aus dem wirklichen Leben zu ziehen, sondern aus dem erschaffenen Leben jenes szenischen Gebildes, das der Schauspieler aus dem Zauberreich der Phantasie zum Dasein erwecke. Die Wirkung des Schauspielers habe in der künstlerischen Sphäre vor sich zu gehen, nicht aber in der persönlichen.

Eine der wesentlichen Voraussetzungen für diese rein künstlerische Wirkung des Schauspielers erblickte Tairoff nun in der vollen Beherrschung des Körpers, der ‹äußerlichen Technik›, denn jede Emotion verliere ihre Wirkung, wenn sie durch eine unrichtige äußere Form gestört werde. Da es in der Kunst keine Zufälligkeiten zu geben habe, dürfe der Schauspieler auch den Ausdruck seiner Empfindung nicht dem Zufall überlassen.

Eine weitere These Tairoffs ging dahin, das ‹entfesselte Theater›, das Theater der reinen Schauspielkunst, müsse auch von jenen Schranken befreit werden, in welchen es bisher durch die Literatur gehalten worden sei. Er behauptete, niemals habe die Literatur das Theater hervorgebracht, das Verhältnis zwischen den beiden Kunstgattungen sei vielmehr stets umgekehrt gewesen. Auch das neue Theater werde nicht von den Dichtern geschaffen werden, es werde vielmehr aus sich selbst erstehen und damit erst eine neue Literatur im Gefolge haben. Diese Ansicht führte ihn logischerweise zur freien Stegreifkomödie, wie sie in der alt-venezianischen ‹Commedia dell'arte› ihre schönste Blüte erlebt hatte. In dieser Kunst sah Tairoff einen Höhepunkt des freien, durch keine Theorien und durch keine Literatur eingeengten Theaters. So bemühte er sich, auf die italienische Bühnenkunst vor Goldoni zurückgreifend, die ‹Commedia dell'arte› mit ihren typischen Figuren in modernisiertem Sinne neu zu beleben.

Dabei mußte notwendig das gedankliche Element der Dichtung fast völlig zurückgedrängt werden, mußte das Theaterspiel seinen Zusammenhang mit der geschriebenen Literatur verlieren; dies aber entsprach ganz und gar dem damaligen Streben der Erneuerer auf allen Gebieten nach der Zertrümmerung jeder festen Form.

Das Repertoire des ‹Moskauer Kammertheaters› war denn auch ziemlich bunt und wahllos angelegt. Da alles nur vom Standpunkt des theatralischen Spektakels beurteilt wurde, schien der Inhalt der gespielten Stücke fast gleichgültig, denn es kam ja nur auf den ästhetischen Ausdruck an. So schuf Tairoff mit seiner Bühne den russischen Expressionismus in der Theaterkunst.

Als erste Aufführung des ‹Kammertheaters› erschien das indische Schauspiel ‹Sakuntala›, zu welchem P. Kusnetzoff die Dekorationen entworfen hatte. Entsprechend dem Bestreben, jeder naturalistischen Wirkung aus dem Wege zu gehen, vermied es Tairoff ängstlich, allzu deutliche Anklänge an das alt-indische Theater hervorzurufen; auch die malerische Inszenierung beschränkte sich auf leise Andeutungen des Lokalkolorits.

Im Laufe der zwei folgenden Jahre wirkten am ‹Kammertheater› abwechselnd neben Kusnetzoff auch die Maler Lariononoff, Gonscharoff und Sudeikin; im Jahre 1916 begannen dort Lentuloff und die Malerin Exter ihre Tätigkeit, die in der Folgezeit zu den eigentlichen Hauskünstlern Tairoffs werden sollten.

Einer der grundlegenden Ansprüche Tairoffs an die Inszenierung bestand darin, daß der statische Raum der realistischen und der stilisierten Bühne in einen dynamisch erfüllten Raum verwandelt werde. Zu diesem Zweck erschien ihm besonders eine ganz neuartige Behandlung des Bühnenbodens erforderlich, und gerade darin bestand die in dekorativer Hinsicht wichtigste Reform des ‹Kammertheaters›. Während bis dahin, von seltenen Ausnahmen abgesehen, die Dekorationskünstler ihre Aufmerksamkeit immer nur den Hintergründen, Kulissen, Versatzstücken und Kostümen zugewendet hatten, veranlaßte Tairoff seine Mitarbeiter dazu, nun auch den Bühnenboden nicht einfach als ebene Fläche zu belassen, ihn vielmehr in eine Anzahl verschieden hoher, horizontaler oder geneigter Ebenen zu zerlegen. Dadurch sollte eine räumliche Tiefenwirkung erzielt und zugleich jeder Schauspieler gleichsam auf ein eigenes Postament erhoben werden.

Die Malerin Exter entwickelte bald eine besondere Technik in der Anordnung solcher plastischer Dekorationen, stilisierter kubischer Formen, großer und kleiner Kegel, Pyramiden und Stufenreihen. Aus derartigen Elementen wurde von nun an die Bühne des ‹Kammertheaters› aufgebaut, wobei die Grundformen in der Regel sehr einfach waren, ihre Belebung hingegen durch eine große Mannigfaltigkeit von Farbschattierungen erzielt wurde. Auf diese Weise sollte jene unkünstlerische Flächenhaftigkeit, jene Zerlegung des Bühnenbildes in eine Reihe hintereinanderliegender paralleler Ebenen ohne verbindende Tiefenführung, überwunden werden, wie sie sich als einer der größten Mängel des rein stilisierenden Theaters ergeben hatte. Für grundlegend erachtete Tairoff das Gesetz, daß auf jeden Fall der Schauspieler auf der Bühne den Primat habe, und daß die Kunst des Malers nur dazu diene, jene Atmosphäre zu schaffen, mit deren Hilfe der Schauspieler sein Können voll zu entfalten vermöge. Dabei sollte nicht die Natur nachgebildet, sondern jene ‹theatralische Wahrheit› angestrebt werden, von welcher Tairoff meinte, sie sei vielleicht in höherem Sinne wahrhaftig als die Wahrheit des Lebens. Das ‹Kammertheater› sollte eben in jeder Hinsicht, den Worten Gauguins gemäß, die ‹große Wahrheit der künstlerischen Lüge› verkünden.

Als Reaktion gegen das stilisierende Theater und gegen den Naturalismus hatte das Bürgertum somit unmittelbar vor der großen politischen Revolution in den Reformen Ewreinoffs, Mardschanoffs und besonders Tairoffs noch eine künstlerische Form gefunden: das ‹theatralisierte Theater›, das den Schauspieler und seine Kunst in den Mittelpunkt aller Betrachtung zu rücken bestrebt war.

Tairoffs ‹Kammertheater› stellt die letzte in Rußland entstandene Form der bürgerlichen Theaterentwicklung und zugleich den Beginn der Bühnenrevolution dar. Aus dem Protest hervorgegangen, war seine Gesinnung revolutionär, doch vermochte Tairoff sich nicht aus der Befangenheit im Ästhetischen zu befreien, ja er trieb vielmehr diese Ästhetisierung des Theaters durch das völlige Vernachlässigen aller literarischen Werte noch weiter, als dies vor ihm die Stilbühne getan hatte.

Als, schon nach der Revolution, das Ensemble des ‹Moskauer Kammertheaters› in Paris gastierte, schrieb André Antoine, die Kunst dieser Truppe bedeute den gefährlichsten Angriff auf das europäische Theater. ‹Alles bei diesen Vorstellungen›, meinte er, ‹Dekorationen, Kostüme und die Art der Interpretation, zielt auf die Zerstörung unserer dramatischen Kunst ab. Die russischen Schauspieler, die hier als Missionäre auftreten, werden von unserer kühlen Ablehnung um so weniger überrascht sein, als wir nie ermangelt haben, auf ihre oft originellen Ideen aufmerksam zu machen und ihre interessanten Tendenzen zu betonen. Es geht aber nicht an, daß wir uns vollkommen vernichten lassen.›

So erschien die Kunst Tairoffs dem Westen als die eigentliche Vertreterin des revolutionären russischen Theaters; in Wahrheit aber beruhte diese Auffassung auf einem völligen Mißverständnis. Es mochte wohl den Anschein haben, als strebe das ‹Kammertheater› die Zerstörung der bürgerlichen Kunst an; sie ist jedoch niemals über die bürgerliche Ideenwelt hinausgekommen. Ebenso, wie der aus dem Geist des Futurismus und des Expressionismus geborene ‹Protest an sich›, war auch das aus diesem Protest hervorgegangene ‹Kammertheater› nur innerhalb der bürgerlichen Gesellschaftsordnung als revolutionär zu bezeichnen. Nach dem Ausbruch des wirklichen Umsturzes mußte es in Rußland selbst die Führung bald an andere und radikalere Reformatoren abgeben» (vgl. J. Gregor/R. Fülöp-Miller: Das russische Theater).

Alexander J. Tairow wurde am 24. Juni 1885 unter dem Namen Kornblit in Romny geboren. Sein Vater war Lehrer. 1904 begann er mit dem Studium der Rechtswissenschaften in Kiew, wo er auch erste Kontakte zu Theatertruppen aufnahm. 1906 war er bereits am Dramatischen Theater der V. F. Kommissarshewskaja (1864–1910) in Petersburg engagiert, wo er den Regisseur Meyerhold (vgl. Kap. 5) kennenlernte, der im gleichen

Kostüm-Skizzen von Alexandra Exter für Tairows Inszenierung der «Salome»
von Oscar Wilde

Jahr an diese Bühne (bis 1907) engagiert wurde. Tairow trat in Meyerholds Inszenierungen von M. Maeterlincks «Schwester Beatrix» (22. November 1906) und von A. Bloks «Balagantschik» (30. Dezember 1906) als Schauspieler auf. Kurze Zeit (1907/08) arbeitete Tairow bei einer Wandertruppe, wo er auch Regie führte. Nachdem er 1912 sein Studium abgeschlossen hatte, ließ er sich in Moskau als Anwalt nieder und hielt seine Theaterlaufbahn an sich für beendet. Als er jedoch dem Regisseur Konstantin Alexandrowitsch Mardschanow (1872–1933) begegnete, schloß er sich spontan dessen 1913 gegründeten Freien Theater an. Tairow inszenierte an dieser Bühne die Pantomime «Der Schleier der Pierette» (nach A. Schnitzlers «Der Schleier der Beatrice»). Mardschanows Idee eines «synthetischen Theaters» entsprach in vielem den Vorstellungen Tairows, der nur ein Jahr später, 1914, zusammen mit seiner Lebensgefährtin, der Schauspielerin Alice Koonen (1889–1974), ein eigenes Theater gründete, das Moskauer Kammertheater.

Tairow eröffnete am 12. Dezember 1914 sein Kammertheater mit einer Inszenierung von Kalidasas «Sakuntala», einem altindischen Mysterienspiel; die Bühnengestaltung übernahm die Malerin Alexandra Alexandrowna Exter (1884–1949). Weitere wichtige Inszenierungen waren: 1914 «Der Fächer» von Goldoni; 1916 «Thamyra Kitharedes» von Annensky (Bühne: A. Exter); 1917 «Salome» von O. Wilde (Bühne: A. Exter) und «König Arlecchino» von R. Lothar; 1918 «Der Tausch» von P. Claudel; 1919 «Adrienne Lecouvreur» von Scribe/Legouvé (Bühne: B. Ferdinandow); 1920 «Maria Verkündigung» von P. Claudel (Bühne: A. Wesnin) und «Prinzessin Brambilla» nach E. T. A. Hoffmann (Bühne: G. Jakulow); 1921 «Romeo und Julia» von Shakespeare (Bühne: A. Exter) und «Phädra» von Racine (Bühne: A. Wesnin); 1922 «Giroflé – Giroflà» von Lecocq (Bühne: G. Jakulow); 1923 «Der Mann der Donnerstag war» von Krischanowsky (nach G. K. Chesterton; Bühne: A. Wesnin); 1924 «Die heilige Johanna» von G. B. Shaw (Bühne: W. und G. Stenberg) und «Gewitter» von A. N. Ostrowski (Bühne: W. und G. Stenberg und K. Medunetsky); 1925 «Kukirol» von einem Autorenkollektiv; 1926 «Der haarige Affe» (Bühne: A. Tairow) und «Gier unter Ulmen» von O'Neill, «Der Tag und die Nacht» von Lecocq, «Sirocco» von V. Zak/ N. Dantsiger; 1927 «Othello» von Shakespeare (Bühne: A. Exter) und «Antigone» von W. Hasenclever; 1928 «Die Purpurinsel» von M. Bulgakow und «Die Verschwörung Ebenbürtiger» von M. Lewidow; 1929 «Alle Kinder Gottes haben Flügel» von O'Neill und «Tarpowa» von Semenow; 1930 «Die Dreigroschenoper» von B. Brecht; 1931 «Die Feuerlinie» von N. Nikitin und «Sonate pathétique» von Kulish; 1932 «Der unbekannte Soldat» von L. Perwomajski; 1933 «Die Optimistische Tragödie» von W. W. Wischnewski; 1934 «Kukirol» von C. Maas; 1940 «Madame Bovary» nach dem Roman von G. Flaubert (mit A. Koonen als Emma); 1941 «Das Bataillon geht nach Westen» von Mdiwani; 1944 «Vor den Mauern Leningrads» von Wischnewski. Nach 1945 inszeniert er u. a. von Gorki «Der Alte» und Tschechows «Die Möwe».

Das Ensemble des Kammertheaters machte 1923, 1925 und 1930 Tourneen nach Westeuropa und Lateinamerika. Am Deutschen Theater Berlin gastierte Tairows Kammertheater am 7. April 1923 mit «Salome», am 9. April mit «Prinzessin Brambilla», am 10. April mit «Giroflé – Giroflà»

E. T. A. Hoffmann «Prinzessin Brambilla». 3. Studio
des Moskauer Kammertheaters, 1920

Alexandre Ch. Lecocq «Tag und Nacht», 1926 (Szene aus dem 3. Akt)

238 ALEXANDER JAKOWLEWITSCH TAIROW

(unter dem Titel «Die Zwillingsschwestern»), am 14. April mit «Phädra» und am 17. April mit «Adrienne Lecouvreur» (unter dem Titel «Moritz von Sachsen»). Tairow leitete das Moskauer Kammertheater bis zu seiner Schließung 1949. In der Folge der Durchsetzung der kulturpolitischen Doktrin des Sozialistischen Realismus unter Stalin änderte sich seit etwa Mitte der 30er Jahre auch das Programm dieser Bühne; es wurden vorwiegend zeitgenössische Autoren der linientreuen Richtung inszeniert.

Auf den Ende der 20er Jahre von den kulturpolitischen Instanzen forciert vorgetragenen Vorwurf, sein Theater sei zu abstrakt und trage zum Aufbau der sozialistischen Gesellschaft nichts bei, entgegnete Tairow im Vorwort zur zweiten Auflage seiner «Aufzeichnungen» 1927:

«Die Zeit der Abstraktionen ist vorbei.

Unsere Epoche stellt konkrete Anforderungen und verlangt konkrete Rede und Antwort, so kompliziert die von ihr in den Vordergrund gerückten Probleme auch scheinen mögen.

Es konkretisieren sich auch die Aufgaben des neuen Theaters, das ein würdiger Wortführer der neuen Epoche werden soll und gleich den anderen Künsten bestrebt ist, die Grundrisse ihres Stils festzulegen.

Die Grundsätze, die wir beim Aufbau des Theaters anstrebten, leiden, bei aller Richtigkeit ihrer Grundlagen – einer Richtigkeit, die durch die unerhörte Umwertung aller Werte, deren Zeugen wir selbst sind, noch bestätigt wird – ganz zweifellos an einer gewissen Abstraktheit.

Dies beruht auf zwei Ursachen:

Erstens entstanden sie zu einer Übergangszeit, da es noch unmöglich war, sich mit genügender Klarheit in den grandiosen Ausmaßen und Umrissen der neu aufkeimenden Epoche zurechtzufinden.

Zweitens wurden sie im Kampfe gegen das alte Theater geschmiedet, und in einem solchen Kampfe fehlt es meistens an Muße zur Konkretisierung der Aufgaben; wichtig waren vor allen Dingen die hauptsächlichsten Losungsworte, unter denen die Begründer des neuen Theaters sich zusammenschließen wollten. Der Zeitpunkt der Konkretisierung solcher Losungsworte tritt später ein.

Jetzt ist dieser Zeitpunkt da.

Einer Konkretisierung bedürfen heute alle Teile des ungeheuren Theaterlabyrinthes. Nicht nur die speziell theatralischen Elemente – wie die Kunst des Schauspielers, des Regisseurs usw. –, sondern auch die Elemente der dem Theater verwandten Künste, wie die Kunst des Malers und des Bühnendichters.

Die Liebe eines Romeo und seiner Julia packt die Zuschauermasse von heute nicht mehr, und zwar aus dem Grunde, weil die Hindernisse, die sich ihr entgegenstellen, allzu abstrakt erscheinen. Die Liebe von Ebbi und Iben hingegen (in O'Neills ‹Liebe unter Ulmen›) ergreift den Zuschauer, gerade weil sie auf ihrem Wege den Kampf mit dem Besitzerinstinkt zu bestehen hat – ein Hindernis, dessen Aktualität von absoluter und augenfälliger Konkretheit ist.

Diese Konkretheit des ureigensten Lebensmarks eines Stückes dient wiederum dem Schauspieler als vortrefflicher Stoff, da seine ureigensten Aufgaben auf diese Weise dem konkreten Leben unserer Epoche Aug' in Auge gegenübertreten.

Auf diesem Grundsatz muß auch die Arbeit des Regisseurs basieren: konkrete Gefühle, in konkretem Kampfe aufeinanderprallend, sich in konkreten Erschütterungen, Worten und Gesten äußernd.

Die Prägnanz der Aufgaben führt zu lakonisch-prägnanter Form der Regie-Partitur und der schauspielerischen Gestaltung, sowie zu einer prägnanten und ebenso lakonischen Konstruktion des Bühnenbodens.

Hieraus erwächst ein eigenartig knapper und konzentrierter Rhythmus der ganzen Aufführung, deren Ausdrucksfähigkeit und Wirkung auf den Zuschauer zu den sichtbaren Anstrengungen auf der Bühne in umgekehrtem Verhältnis stehen muß.

Hier liegt einer der wichtigsten Schlüssel zu jenem neuen, konzentrierten, k o n-kreten Realismus, der einzig und allein Anspruch erheben darf, der echte Stil unserer Zeit zu werden» (vgl. A. J. Tairow: Das entfesselte Theater).

Alexander Tairow starb am 25. September 1950 in Moskau, vom Sowjetstaat – wie Konstantin Stanislawski auch – mit den höchsten Auszeichnungen geehrt.

Bibliographie

J. Apuskin: Kamerni Teatr. Moskau 1927.
D. Bablet (Hg.): Mise en scène années et 20 et 30. Paris 1979 (= Les voies de la création théâtrale VII).
A. Baskshy: The Path of the Modern Russian Stage. London 1916.
M. Bradshew (Hg.): Soviet Theatre 1917–1941. New York 1954.
M. Brauneck: Theater im 20. Jahrhundert. Programmschriften, Stilperioden, Reformmodelle. Reinbek bei Hamburg 1982 u. 1986.
H. Carter: The New Theatre and Cinema of Soviet Russia. London 1934.
K. Derzavin: Kniga o Kamernom teatre. 1914–34. Leningrad 1934.
A. Efros (Hg.): Kamerni Teatr. Moskau 1934.
N. N. Evreinow: Histoire du Théâtre Russe. Paris 1947.
N. A. Gorchakow: The Theatre in Soviet Russia. New York 1957.
N. Gourfinkel: Théâtre Russe Contemporain. Paris 1931.
C. Gray: Das große Experiment. Die russische Kunst 1863–1922. Köln 1974.
J. Gregor/R. Fülöp-Miller: Das russische Theater. Sein Wesen und seine Geschichte mit besonderer Berücksichtigung der Revolutionsperiode. Zürich/Leipzig/Wien 1928.
J. Macleod: The New Soviet Theatre. London 1943.
W. E. Meyerhold/A. J. Tairow/J. B. Wachtangow: Theateroktober. Beiträge zur Entwicklung des sowjetischen Theaters. Frankfurt/M. 1972.
A. B. Nakov: Alexandra Exter. Ausstellungskatalog Galerie Jean Chauvelin. Paris 1972.
J. Paech: Das Theater der russischen Revolution. Kronberg/Ts. 1974.
J. Rühle: Theater und Revolution. Von Gorki bis Brecht. München 1963 (Neufassung des Buches «Das gefesselte Theater», Köln 1957).
O. M. Sayler: The Russian Theatre. London 1923.
A. Tairow: Das entfesselte Theater. Aufzeichnungen eines Regisseurs. Potsdam 1923 (2. Aufl. mit einem Vorwort v. A. Tairow: 1927; Neuauflage, hg. von P. Pörtner mit einem Vorwort von P. Pörtner. Köln/Berlin 1964).

───── *Alexander J. Tairow* ─────

Das entfesselte Theater (1923)

Die Literatur im Theater

Wir wissen, daß die Blütezeiten des Theaters dann eintraten, wenn das Theater auf geschriebene Stücke verzichtete und sich seine eigenen Szenarien schuf.

Zweifellos wird das von uns ersehnte Theater, an dessen Verwirklichung wir arbeiten, früher oder später ebenfalls dazu gelangen.

Schon jetzt läßt sich das durch einige von uns angestellte Versuche, von denen ich später erzählen werde, beweisen.

Doch damit das Theater seine eigenen Szenarien schaffen und verwirklichen kann, muß der neue Typus des Meisterschauspielers entstehen, der seine Kunst bis zur Vollendung beherrscht; denn dann geht das ganze Schwergewichtszentrum auf ihn und auf seine in sich selbst ruhende Kunst über; es ist notwendig, daß die ganze Schauspielergenossenschaft aus solchen Meisterschauspielern besteht, die durch eine gemeinsame Schule und eine einheitliche Theaterkultur schöpferisch miteinander verbunden sind.

Die Erschaffung eines solchen Theaters, einer derartigen kraftvollen Genossenschaft ist natürlich nicht Sache weniger Tage oder Jahre, sondern Sache einer ganzen Generation. Vielleicht vollzieht sich dieser Prozeß auch schneller; es ist schwer, etwas Bestimmtes darüber auszusagen. Eines aber ist sicher: Er vollzieht sich nicht in der Stille der Studierstuben, sondern im leibhaftigen Pulsieren des Theaters, in dessen Opferfeuer alle alten Traditionen zu einer schöpferischen Form umgegossen werden können.

Wenn aber dem so ist, wenn das ‹Spiel weitergeht›, so ist es nötig, vorläufig temporäre Auswege zu finden und sie so anzuwenden, daß man sich dem vorgesteckten Ziele mehr und mehr nähert.

Wenn das Theater im gegenwärtigen Augenblick noch nicht soweit ist, völlig auf geschriebene Stücke verzichten zu können, so muß es sich ihrer wenigstens so bedienen, wie es der vor ihm stehenden Aufgabe entspricht.

Das Verhältnis des Theaters zur Literatur besteht also darin, daß es sie auf seiner gegenwärtigen Entwicklungsstufe als *Material* benutzt.

Nur ein derartiges Verhältnis zur Literatur ist ein echt theatralisches, denn sonst hört das Theater unweigerlich auf, als auf sich selbst gestellte Kunst zu existieren, und verwandelt sich in einen besseren oder schlechteren Diener der Literatur, in eine Grammophonplatte, die die Ideen des Autors wiedergibt.

Es gilt bekanntlich für einen Regisseur als höchstes Lob, wenn ihm gesagt wird: «Sie haben Shakespeare richtig interpretiert», oder: «Wie wundervoll haben Sie das Wesen Molières getroffen.»

Des Menschen Wille ist sein Himmelreich. Mir aber würde ein solches Lob wie ein Begräbnislied in den Ohren klingen.

Gordon Craig hat tief unrecht, wenn er in seinem ersten Dialog auf die Frage nach der Rolle, die der Regisseur im Theater spiele, zur Antwort gibt: «Was seine Arbeit ist? Ich will es Ihnen sagen. Seine Pflicht als *Ausdeuter des Dramatikers* besteht gleichsam darin, daß er das Manuskript des betreffenden Werkes aus den Händen des Dramatikers empfängt und ihm gelobt, *es getreu, dem Sinne des Textes gemäß, zu interpretieren.*»

Ist die Bedeutung des Theaters wirklich die, *ein Werk getreu zu interpretieren?*

Nein, die Aufgabe des Theaters ist eine gewaltige und autonome: Es muß – unter Benutzung des Werkes, seinen eigenen szenischen Absichten entsprechend – *ein neues und eigenwertiges Kunstwerk schaffen.*

Haben nicht letzten Endes alle echten Künstler, die an die Macht ihrer Kunst glaubten, so gehandelt? Haben nicht selbst alle ausgezeichneten Dramatiker so gehandelt, die vom Volke geschaffene Mythen und alte Legenden oder die von unbekannten Dichtern verfaßte Sagen der Heiligen Schriften zu Stoffen ihrer Werke machten? Hat dieser Umstand ihre Werke etwa ihres künstlerischen Eigenwertes beraubt? Hat er sie zu ähnlichen Rechtfertigungen wie Gordon Craig getrieben, der versichert, er möchte dramatische Dichtungen überhaupt nicht mehr aufgeführt sehen, denn «diese Werke werden, so will mich bedünken, vom Theater *entstellt*»?

Hat denn Shakespeare, der geniale Shakespeare, in diesem Falle etwa nicht die italienische Novelle von *Romeo und Julia* entstellt, als er ein Drama aus ihr schuf? Man wird, wenn man den Novellentext mit dem Texte Shakespeares vergleicht, nicht sagen können, daß Shakespeare alles getreu aus der Novelle übernommen habe, sowohl die Ereignisse selbst wie ihre Abfolge, ihren Schauplatz oder die Namen der handelnden Personen. Shakespeare hat das alles also ‹entstellt›, er hat es in seiner schöpferischen dramatischen Phantasie umgewandelt, und so entstand ein *neues* schönes dramatisches Werk.

Und nur durch einen ähnlichen ‹Enstellungsprozeß›, d. h. durch eine Verwandlung im Schaffensfeuer des Theaters, kann ein neues *Bühnenkunstwerk* geboren werden.

Doch wenn Gordon Craig unrecht hat, so spricht ein anderer ‹Theaterrevolutionär›, Ws. Meyerhold, einfach Ungeheuerlichkeiten aus. In

seinem [...] Essay schreibt er: «*Das neue Theater* wird *aus der Literatur* erwachen. *Immer* (?) war es die Literatur, die beim Umbruch der dramatischen Formen die Initiative ergriff. *Die Literatur schafft das Theater.*»
Ist dem wirklich immer so gewesen?

Ist etwa die von Meyerhold so sehr geliebte *Commedia dell'arte* von der Literatur erschaffen worden?

Und Molière, der tatsächlich im Endresultat durch seine Literatur (seine Theaterstücke) ein Theater geschaffen hat, ist er nicht seinerseits eine Schöpfung des Scaramouche und seiner Truppe?

Man lese nach, was Louis Moland über Molière in seinem Buche *La vie de Scaramouche* schreibt:

«Als die Italiener spielten, wurde Molière in den Schuldturm geworfen. Nach seiner Freilassung verließ er Paris. 1658 kehrte er zurück und traf wieder mit Scaramouche und seiner Truppe zusammen. Er teilte sich mit ihm in den Saal Petit Bourbone: viermal in der Woche fanden Molières Aufführungen statt, dreimal spielten die Italiener. Beide Truppen lebten in großer Eintracht. Molière, der damals sechsunddreißig Jahr alt war und sich auf dem Gipfel seines Schaffens befand, übernahm viel von den berühmten italienischen Schauspielern. Seine Feinde benutzten das, um ihm Vorwürfe zu machen.» Villier schreibt über Molière: «Wenn Sie den Elomire gut spielen wollen, so stellen Sie einen Menschen dar, der die Züge Scaramouches, Trivelins, Arlechinos und des Dottore vereint. Möge Scaramouche seinen Gang, seinen Bart, seine Grimassen fordern und die andern all das, was ihrem Kostüm und ihrem Spiel entlehnt ist.»

Und ist die Kunst Goldonis etwa nicht im hohen Grade eine Schöpfung der *Commedia dell'arte*?

Wie kann man nach alledem behaupten, daß die Literatur das Theater schuf?

Vielleicht beziehen sich die Worte Meyerholds aber nur auf das zeitgenössische Theater. In diesem Falle hat er zweifellos teilweise recht, denn das naturalistische Theater befand sich, wie schon gesagt, völlig im Banne der Literatur, und die Stilbühne war, der Versicherung Meyerholds zufolge, ebenfalls von diesem Banne nicht frei (Maeterlinck, Ibsen usw.). Aber weder das naturalistische Theater noch die Stilbühne sind echte Theater, die eine autonome Theaterkunst kultivieren. Vielleicht sind sie es gerade aus dem Grunde nicht, weil sie von der Literatur erschaffen worden sind, ganz zu schweigen davon, daß die Literatur, die diese Theater geschaffen hat, gar kein Recht auf das Theater besitzt.

Im römischen Theater war es zur Zeit des Titus Andronicus Sitte, daß zwei Schauspieler gleichzeitig ein und dieselbe Rolle innehatten – ein Mime und ein Rezitator. Auf diese Weise wurde durch pantomimische Darstellung erprobt, ob das betreffende Werk wirksam und also für das Theater verwendbar wäre.

Weder Tschechow, der im naturalistischen Theater eine ganze Epoche schuf, noch Maeterlinck, der – Meyerhold zufolge – bis zu einem gewissen Grade der Vater der Stilbühne ist, würden eine derartige Prüfung im Feuer des Theaters überstehen.

Wie hätten sie also ein echtes Theater schaffen können?

Jenes neue echte Theater, das wir anstreben und von dem ich hier rede, *wird nicht von der Literatur, sondern von neuen Meisterschauspielern* geschaffen, dem es schon jetzt, bei seinen ersten Schritten, in dem ihm von der Literatur angewiesenen Rahmen zu eng wird.

Im Verlaufe unserer Entwicklung sind wir schon heute vor die Notwendigkeit gestellt, uns unseren Stoff *außerhalb* der bestehenden dramatischen Literatur zu suchen, denn deren Formen erweisen sich als zu eng für unsere szenischen Konstruktionen.

[...]

Wenn dieses interessante Forschungsergebnis ein übriges tut, unsere Ansicht zu bestätigen, daß *das Theater und der Schauspieler imstande waren, ihre Kunst ohne geschriebene Dramen auszuüben,* so gibt es andererseits unbestreitbare Hinweise darauf, daß in der Blütezeit des Theaters, als die Schauspieler sich selber ihr Szenarium und die zu seiner Verwirklichung notwendigen Reden schufen, diesen immer noch der *Dichter* helfend zur Seite stand, der ihre Reden in Versform kleidete, wenn das angestaute Pathos ihrer Emotion danach verlangte.

Und das tat der «Einheit» des von ihnen geschaffenen Bühnenkunstwerkes nicht den geringsten Abbruch.

Im Gegenteil, solange der Schauspieler noch nicht seine Meisterschaft verloren und der Dichter sich noch nicht in einen Dramatiker verwandelt hatte, vermochte die Hilfe des Dichters die Kunst des Schauspielers um eine neue Schönheit, um die Meisterschaft der rhythmischen Rede, zu bereichern.

Im Kammertheater wird augenblicklich der Versuch angestellt, den Dichter zu einer solchen Mitarbeit am aktiven Erschaffen des Stücks durch das Theater heranzuziehen, und es kann sein, daß noch in dieser Saison der einzige autoritative Richter in allen schöpferischen Angelegenheiten – die lebendige Theatervorstellung – unsere Ansicht bestätigt.

Das Auffinden des für den beabsichtigten theatralischen Einfall nötigen literarischen Materials und seine dem Charakter der geplanten Vorstellung entsprechende Umformung erweist sich also als das zweite Moment im schöpferischen Prozeß einer vom Spielleiter in Angriff genommenen Aufführung.

In: Alexander J. Tairow: Das entfesselte Theater. Köln/Berlin (Kiepenheuer & Witsch) 1964 (= Collection Theater Werkbücher Band 1. Hg. v. Marianne Kesting u. Tankred Dorst), S. 123–127, 130–131.

Die szenische Atmosphäre

Das die vorbereitende Arbeit des Spielleiters abschließende Moment ist die Ausarbeitung des der Aufführung entsprechenden Bühnenraumes, d. h. jener *szenischen Atmosphäre*, in der der Schauspieler agieren muß.

Diese Aufgabe ist natürlich von allergrößter Bedeutung, denn diese oder jene szenische Atmosphäre vermag entweder dem Schauspieler behilflich zu sein, seine schöpferische Absicht zum Ausdruck zu bringen, oder sie kann ihn – im Gegenteil – kategorisch hemmen und aktiv daran verhindern, seine Pläne zu verwirklichen.

Die Aufgabe, eine szenische Atmosphäre zu schaffen, ist keine neue, denn noch niemals hat ein Schauspieler im luftleeren Raum agiert, und es ergab sich folglich immer die Notwendigkeit, eine Basis für die Auswirkung der durch ihn zu verkörpernden Handlung zu schaffen.

In der Antike bildete die Arena des Amphitheaters diese Basis, im Mittelalter waren es die Stufen, die Fassade, das Innere der Dome oder das Brettergerüst auf dem Jahrmarkt, in unserer Zeit ist es die Guckkastenbühne.

Dementsprechend löste jede Epoche die Aufgabe der szenischen Atmosphäre auf ihre Weise. Doch fand diese Aufgabe auch in ein und derselben Zeit häufig mehrere diametral entgegengesetzte Lösungen, je nachdem, welche Prinzipien diesem oder jenem Theater, dieser oder jener Theaterrichtung zugrunde lagen.

[...]

Als wir das Kammertheater gründeten, fühlten wir deutlich die Notwendigkeit, uns von der erstickenden Hegemonie der bildenden Kunst zu befreien, den Schauspieler etwas anderes sein zu lassen als jenen dekorativen Farbfleck, zu dem er letzten Endes geworden war, und das dekorative Panneau, das schon beinahe dicht hinter die Rampe gespannt wurde, in den Hintergrund zu rücken, um den Schauspieler aus der ihn in Bann schlagenden Fläche loszulösen und ihm Raum zur freien Betätigung seiner autonomen Kunst zu schaffen.

Auf der Suche nach einer Lösung des Problems der szenischen Atmosphäre nahmen wir lange zu einer ganzen Reihe von Palliativmitteln Zuflucht, kombinierten und reformierten die gemalten Skizzen, bis ich endlich bei der Einstudierung des *Thamyra Kitharedes* unwiderleglich einsah, daß dieses Problem nicht gelöst werden konnte, solange man auf gemalte Skizzen angewiesen war.

Und gleichwie die Stilbühne das Modell verbrennen und zertreten mußte, um sich aus den Banden des naturalistischen Theaters zu befreien, so waren wir genötigt, die gemalten Skizzen *zu vernichten und zu zerreißen*, um dem Theater seine althergebrachte dynamische Wesenheit wiederzugeben.

Bei der Einstudierung des *Thamyra Kitharedes* überzeugte ich mich endgültig von der Notwendigkeit einer rhythmisch sich auswirkenden Lösung der Aufführung, von der Notwendigkeit, dem Schauspieler die größte Bewegungsfreiheit zu geben, und gestaltete zu diesem Zwecke den Bühnenboden zu einer Basis um, die diese Bewegungsfreiheit überhaupt erst real ermöglichte.

Indem ich also das Schwergewicht meiner Versuche auf den Bühnenboden verlegte, kehrte ich naturgemäß zum Bühnenraum und damit auch zum Modell zurück. Es versteht sich von selbst, daß das nicht das Modell des naturalistischen Theaters war, sondern ein *Neumodell*, das mir bei meinem Suchen nach einer echten szenischen Atmosphäre als sicherer Kompaß dienen sollte.

Um seine Kunst sichtbar kundzutun, muß der Schauspieler sein Material benutzen können. Dieses Material ist sein Körper. Der Körper des Schauspielers ist dreidimensional und kann sich folglich nur im dreidimensionalen Raum auswirken. Daraus ergibt sich die Notwendigkeit, dem Schauspieler – den ihm gestellten Aufgaben entsprechend – den nötigen Aktionsraum und die richtige szenische Atmosphäre zu schaffen. Die Atmosphäre kann nur durch eine bestimmte Kubatur hergestellt werden. Und als Vorbild für diese Kubatur kann nur das Bühnenmodell dienen.

Der Schauspieler offenbart seine Kunst durch seinen Körper.

Die Bühne muß also so beschaffen sein, daß sie den Körper des Schauspielers in bezug auf die Formen, die er anzunehmen hat, unterstützt, sie muß dem Rhythmus seiner Bewegungen und Gebärden angepaßt sein.

Daraus folgt, daß die Hauptaufmerksamkeit bei der Ausgestaltung der Bühne sich in jeder Inszenierung auf den *Bühnenboden* zu richten hat, auf die sogenannten ‹Bretter›, denn auf ihnen hat der Schauspieler sich zu bewegen und seine schöpferischen Absichten in sichtbarer Form zu verwirklichen.

Der bildende Künstler hat deshalb, wenn er für die Bühne arbeitet, sich auf den Bühnenboden zu konzentrieren; das ihn so sehr anziehende Hintergrundpanorama kommt erst in zweiter Linie in Betracht.

Bis jetzt pflegte der bildende Künstler den Bühnenboden vollkommen zu vernachlässigen und sich mit dem ganzen Reichtum seiner Phantasie dem Hintergrunde und den Kulissen zuzuwenden, die er so sorgsam und prunkvoll ausgestaltete, daß man annehmen konnte, die Bühne sei nicht für Schauspieler, sondern für Wundervögel bestimmt gewesen, die in den Lüften ihr Wesen treiben.

Es galt also unter allen Umständen, den Künstler von diesen Teilen der Bühne, die nur eine untergeordnete Rolle spielen, abzulenken und ihn dazu zu bringen, gemeinsam mit dem Spielleiter den Bühnenboden auszugestalten.

Wie muß der Bühnenboden aber gestaltet sein? Welche Prinzipien liegen seiner Ausgestaltung zugrunde?

Zunächst muß eine gebrochene Ebene dargestellt werden. Der Boden darf keine gleichmäßige Fläche bilden, sondern muß, im Zusammenhang mit den Aufgaben der einzustudierenden Aufführungen, in mehrere verschieden hohe horizontale oder schiefe Flächen zerschlagen werden. Denn ein ebener Boden ist offenkundig ausdruckslos: er gestattet keine Gliederung der Aufführung, er gibt dem Schauspieler nicht die Möglichkeit, seine Bewegungen zur vollen Entwicklung zu bringen und sein ganzes Material auszunutzen.

[...]

Die Ausgestaltung der Bühne, oder besser: die Ausgestaltung des Bühnenbodens, muß also auf der rhythmischen Absicht jeder geplanten Inszenierung basieren.

Wenn wir indessen den Bühnenboden brechen und mit verschieden hohen Flächen arbeiten, geraten wir von selbst aus der Sphäre der horizontalen Konstruktion in die Sphäre der vertikalen Konstruktion, wobei sich häufig die Notwendigkeit ergeben kann, nicht nur solche vertikalen Konstruktionen vorzunehmen, die den Bewegungen des Schauspielers gleichsam als Basis dienen, sondern auch gänzlich anders geartete, die eine selbständige und für uns bedeutsame Rolle spielen.

Welches ist das Prinzip dieser Konstruktionen?

Die vertikalen Konstruktionen dienen in der Hauptsache den Aufgaben des *Maßstabes*: sie sollen den Gestalten der Schauspieler – den Absichten der jeweiligen Inszenierung gemäß – einen bestimmten Maßstab verleihen und so den angestrebten Eindruck auf den Zuschauer unterstützen.

Man stelle sich vor, wir hätten ein Mysterium zu inszenieren, in dem sich der Schauspieler gleichsam im Chaos des Alls zu verlieren hätte, um als ein geringes Atom, als ein Staubkörnchen im ungeheuren Weltenraum zu erscheinen: dazu müssen wir so grandiose vertikale Konstruktionen schaffen, daß die Gestalt des Schauspielers, an ihnen gemessen, nichtig und verloren erscheint.

Wenn es dagegen unsere Aufgabe ist, beispielsweise in einer Harlekinade die Größe und Gewalt der Schauspielergestalt in ihren funkensprühenden Bewegungen und in ihrem alle umgebenden Planeten aus der Bahn schleudernden Übermut zu zeigen, so müssen die vertikalen Konstruktionen so beschaffen sein, daß die agierende Gestalt den Eindruck erweckt, einem Gulliver zuzugehören.

Dank den vertikalen Konstruktionen muß also die Gestalt des Schauspielers vor den Augen des Publikums bald zusammenschrumpfen und bald anwachsen, je nachdem die schöpferische Absicht des Spielleiters es erfordert.

An dieser Stelle ist es wohl nicht mehr nötig, davon zu sprechen, daß die Konstruktionen auf der Bühne dreidimensional sein müssen, denn nur dann können sie mit dem dreidimensionalen Körper des Schauspielers harmonieren.

Hier interessiert uns indessen etwas anderes. Wir fragen nach der Art jener dreidimensionalen Formen, die das Baumaterial der Bühnenkonstruktionen bilden.

[...]

Die Kunst stellt nicht die Natur dar.

Sie schafft sich ihre eigene Natur.

«Ich anerkenne keine Wahrheit außer der Wahrheit der künstlerischen Lüge», sagt Gauguin.

Es geht uns nichts an, daß dieser oder jener Berg im Laufe der Jahrtausende unter dem Einfluß des atmosphärischen Druckes und anderer Erscheinungen gerade diese und keine andere Form angenommen hat.

Ich, der Schöpfer der Bühne, dringe in das Innere der sichtbaren Erscheinungen ein und entnehme dem wunderbaren Vorgang der Weltschöpfung diejenigen Urkristalle, in deren schöpferischer Harmonisierung das Geheimnis der Heiterkeit und Macht meiner Kunst beschlossen ist.

Diese Urkristalle sind die geometrischen Grundformen, die uns als Material zum Bühnenaufbau dienen.

Diese Konstruktionen rufen natürlich keinerlei lebenswahre Illusionen hervor, dafür sind es aber in Wahrheit freie und schöpferische Formen, die keine anderen Gesetze anerkennen, als die der inneren, aus der rhythmischen Handlungsstruktur der Inszenierungen geborenen Harmonie.

Vom Standpunkt der Lebenswahrheit aus können diese Konstruktionen als fiktiv erscheinen. In Wirklichkeit sind sie aber real. Sie sind real vom Standpunkt der Theaterkunst aus, denn sie bieten dem Schauspieler eine reale Aktionsbasis und stehen in schönem Einklang mit der Realität seines Materials.

[...]

Das von mir gestellte Problem der dynamischen Umschwünge kann entweder durch allerlei technische Vorkehrungen oder durch das aktive Eingreifen des *Lichts* in die Handlung gelöst werden.

Die Rolle des Lichts auf der Bühne ist von uns noch lange nicht genügend gewürdigt, und die in ihm versteckten Geister sind bis auf den heutigen Tag noch nicht aus den hermetisch verschlossenen elektrischen Lampen befreit worden.

Während der Arbeit am *Thamyra Kitharedes* hatte ich das Glück, einen Zauberer des Lichts kennenzulernen, der dessen wunderbare Geheimnisse kannte und mit der Generosität des echten Künstlers bereit war, mich im Interesse meiner Arbeit in sie einzuweihen.

Ich spreche vom Maler Salzmann.

Die von ihm auf der Bühne des Kammertheaters vorgenommenen Teil-
versuche und die Anwendung seines erstaunlichen Systems auf dem Bühnenmodell des *Thamyra Kitharedes* gewährte uns unvergeßliche Augenblicke.

Der Bühnenguckkasten, der zum fast unvermeidlichen Grab so vieler
Versuche geworden ist, weitete sich in stummer Ohmacht vor den gewaltigen Lichtströmen, die das Modell erfüllten, und schon begannen die
Wände zu schwinden, und die flutende Atmosphäre des Lichts veränderte – dem geringsten Druck des Hebels gehorchend – ihre Färbung.

[...]

Ich sagte schon, daß der bildende Künstler bei der Gestaltung der
szenischen Atmosphäre der natürliche Helfer des Spielleiters sei. Und
A. Lentulow ist, was er inzwischen hoffentlich schon selbst eingesehen
haben wird, jedenfalls im Unrecht, wenn er in einem seiner Dispute
über das Theater behauptete, ich vertriebe den bildenden Künstler aus
dem Theater. Nein, ich vertreibe ihn ganz gewiß nicht, im Gegenteil,
ich rufe ihn heran, biete ihm aber andere, bisher noch nicht gestellte
Aufgaben. Ich wünsche, daß er die Bühne zum Ruhme ihres einzigen
rechtmäßigen Herrschers – des Schauspielers – betrete, daß er ihn nicht
durch seine Kunst zurückdränge, sondern in schöpferischer Kameradschaft mit dem Spielleiter jene szenische Atmosphäre schaffe, in der
die Kunst des Schauspielers in all ihrer Fülle sich selber finden und offenbaren könnte.

Diese Atmosphäre kann nur der rhythmische Aufbau des Bühnenbodens sein.

Das Theater bedarf deshalb nicht eines Malkünstlers, sondern eines
Baukünstlers.

Einem solchen Künstler gewährt das neue Theater ganz besonders
schöne und lockende Möglichkeiten.

Wenn ich vom Baukünstler sprach, den das neue Theater nötig hätte, so
will ich damit nicht gesagt haben, daß es unbedingt ein Architekt sein
muß.

Er kann ebensowohl Architekt als auch Maler oder Bildhauer sein,
wenn er nur das Handlungselement des Theaters erfaßt hat und seine
Lösung durch rhythmische und farbige Aufbauten anstrebt.

Denn unsere baulichen Aufgaben haben mit den Forderungen dieses
oder jenes architektonischen Stiles nichts zu tun und erheben überdies
auch Ansprüche auf echte farbige Kompositionen.

Die Farbe spielt auf der Bühne eine bedeutende und schöne Rolle. Und
wenn ich mich dagegen wehre, daß die Bühne in eine Bildergalerie verwandelt wird, so wünsche ich noch weniger, sie der farbigen Ausdruckskraft zu berauben, die ohne Zweifel den Schauspieler wie den Zuschauer

zu inspirieren und der ganzen szenischen Atmosphäre eine vollendete künstlerische Harmonie zu verleihen vermag.

Aber gleichwie der ganze Bühnenaufbau auf den rhythmischen und plastischen Absichten der jeweiligen Inszenierungen beruht, so muß auch die Farbenkomposition des Bühnenaufbaus dem Gesamtplan der beabsichtigten Aufführungen entsprechen.

[...]

In: Alexander J. Tairow: Das entfesselte Theater, S. 135, 138–140, 144–145, 146, 154–155, 155–156.

Das Kostüm

[...]

Das wahre Theaterkostüm ist kein Gewand, bestimmt, den Schauspieler zu schmücken, ist kein Modellkostüm für den Stil dieser oder jener Epoche, ist kein Modenbild aus einer alten Zeitschrift. Und der Schauspieler ist keine Puppe und kein Mannequin, dessen Hauptzweck es ist, das Kostüm so vorteilhaft wie nur möglich vorzuführen.

Nein, das Kostüm ist die zweite Haut des Schauspielers, etwas untrennbar mit ihm Verbundenes; es ist die sichtbare Maske seines szenischen Gebildes, die so vollkommen mit ihm verwachsen sein muß, daß man, gleichwie man aus einem Gedicht kein Wort entfernen kann, ebenfalls nicht imstande sein dürfte, auch nur das geringste an ihr zu ändern, ohne das ganze Gebilde zu entstellen.

Das Kostüm ist ein neues Mittel zur Bereicherung der Ausdruckskraft der schauspielerischen Gebärde, die mit Hilfe eines richtigen Kostüms eine ganz besondere Prägnanz und Schärfe oder auch Weichheit und Geschmeidigkeit erhalten muß, je nachdem der schöpferische Grundplan es erfordert.

Das Kostüm ist das Mittel, den ganzen Körper, die ganze Gestalt des Schauspielers noch beredter und klingender zu machen, ihr Schlankheit und Leichtigkeit oder Starrheit und Schwere zu verleihen.

Wo gibt es denn heute solche Kostüme?

Wir haben in den letzten Jahren zwar viele glänzende Skizzen gesehen, aus denen wir uns über die Kostüme aller Zeiten und Völker (im Phantasiespiegel des Künstlers) unterrichten konnten; wir haben zwar eine lange Reihe schöner Farbkompositionen bewundert, an denen man die Technik und die Richtung der heutigen Malerei studieren konnte: wahre Theaterkostüme haben sich indessen kaum darunter befunden.

Das Kostüm für den Schauspieler muß vom heutigen Künstler erst geschaffen werden, in derselben Weise, wie seinerzeit die unsterblichen Kostüme Arlechinos und Pierrots geschaffen worden sind.

Worin besteht ihre Unsterblichkeit? Sind sie denn wirklich so schön? Nein, in dieser Hinsicht stehen sie vielen Kostümen unserer heutigen Künstler nach.

Ihre Unsterblichkeit besteht darin, daß sie organisch mit ihren szenischen Urbildern verschmolzen sind und daß es ebensowenig möglich ist, Arlechino seines Kostüms zu berauben, wie ihm die Haut abzuziehen.

In der Tat, wenn man das Bild Arlechinos beschwört, so überzeugt man sich davon, daß dieser Händelsucher, Schalk und Abenteurer eines solchen Kostüms, das seinen ganzen Körper wie ein Handschuh umschließt, bedurfte, um das funkelnde Feuerwerk seiner kaleidoskopischen, raschen und heftigen Bewegungen losprasseln zu lassen.

Und das Pierrotkostüm, dieses weiße schöne Kostüm mit den langen Ärmeln, die die Arme Pierrots wie Trauerweidenzweige erscheinen lassen, ist es nicht organisch mit dem innersten Innern der Pierrotgestalt verbunden, dieses Dichters und melancholischen Liebhabers mit den weichen, fließenden Bewegungen, die sich bald erschöpft am Boden hinschleppen, bald kraftlos zum Himmel hinauflangen.

Von solchen Kostümen muß man ausgehen, wenn man sich mit der Erfindung von Bühnenkostümen beschäftigen will.

Ich schlage nicht vor, sie zu restaurieren. Die Gestalten des heutigen und zukünftigen Theaters sind komplizierter als die Gestalten Pierrots und Arlechinos, und ihre Kostüme müssen andersartige sein; sie müssen aber auf demselben einzig richtigen Prinzip beruhen – dem Prinzip des Einklangs mit der Handlungswesenheit der vom Schauspieler erschaffenen szenischen Gestalt.

Alle übrigen Elemente – des Stils, der Epoche, des Milieus usw. – müssen vor diesem Prinzip zurücktreten und dürfen nur als Begleiterscheinungen in das Grundmotiv aufgenommen werden.

Wie seltsam es auch scheinen mag: selbst unser heutiges formloses Leben hat *ein* Kostüm hervorgebracht, das organisch mit der Gestalt verschmolzen ist – das Kostüm des Fliegers oder Kraftwagenführers.

In der Tat – ist dieses Kostüm mit den Wickelgamaschen, der Lederjoppe und -hose, dem gegen Wind und Sonne schützenden Mützenschirm und der Brillenhalbmaske, die es gestattet, auch bei schnellster Vorwärtsbewegung ins Weite zu schauen –, ist dieses ganze Kostüm nicht innerlich mit dem Menschen unseres maschinellen und elektrischen Zeitalters verwachsen?

[...]

Wenn er sich auch sonst nicht viel mit Anatomie abgegeben hat, muß der Künstler doch bis zu einem gewissen Grade mit dem menschlichen Körperbau vertraut sein. Schließlich soll ja nicht der Schauspieler zum Kostüm passen, sondern das Kostüm zum Schauspieler.

Diese einfache Wahrheit darf nicht vergessen werden, und man muß mit ihr beim Schaffen des Bühnenkostüms rechnen, wenn es sich auch nicht darum handelt, daß das Kostüm wie ein Besuchsrock zu sitzen hat. In jedem Falle muß selbst bei den exzentrischsten und phantastischsten Kombinationen immer die Gestalt des betreffenden Schauspielers in Betracht gezogen werden, denn sie ist das hauptsächlichste Material seiner Schöpfungen.

In: Alexander J. Tairow: Das entfesselte Theater, S. 158–160, 161.

Berthold Viertel, 1944

9

BERTHOLD VIERTEL

(1885–1953)

«Jede Inszenierung beginnt als große Liebe. Wie schlecht
das Stück auch sein mag...»

Berthold Viertel, 1927

Am 28. Juni 1885 wurde Berthold Viertel in Wien geboren. Er studierte dort Philosophie und Geschichte an der Universität und
schlug den Weg eines Literaten ein. Erste Veröffentlichungen expressio-
nistischer Lyrik erschienen 1913 («Die Spur») und 1921 («Die Bahn»);
später folgten die Komödie «Die schöne Seele» und der Roman «Das
Gnadenbrot» (1927); 1941 und 1946 weitere Gedichtsammlungen. Ab
1910 schrieb Viertel regelmäßig in Zeitschriften, überwiegend Literatur-
und Theaterkritiken, Essayistisches zu Kunst- und Zeitfragen (vgl. die
umfassende Bibliographie von Gert Heidenreich in «Schriften zum
Theater»).

Seine Theaterlaufbahn begann 1911. Viertel wurde Dramaturg an der
Wiener Volksbühne und entdeckte bald auch seine Regieambitionen. Als
Regisseur arbeitete er seit der Spielzeit 1913/14. Er inszenierte an der
Wiener Volksbühne u. a.

(dem Verzeichnis der Regiearbeiten Viertels im Anhang von «Schriften zum
Theater» sind die folgenden Daten überwiegend entnommen): am 6. Mai 1913
«Alles um Geld» von Herbert Eulenberg (mit Fritz Kortner, der mit der Rolle des
Vinzenz seinen «Durchbruch» in einer tragenden Rolle schaffte, und Ernst
Deutsch); im Mai 1913 «Paria» von August Stindberg; am 16. November 1913
«Die lange Jule» von Carl Hauptmann (mit Rudolf Forster und Jürgen Fehling);
an der Residenzbühne im Oktober 1913 «Bürger Schippel» (Rudolf Forster in der
Titelrolle).

1912 bis 1914 arbeitete Viertel auch bei dem Wiener Kabarett Simplicissi-
mus als Autor und Darsteller. 1914 ging er als Journalist und Kritiker nach
Prag; er verkehrte dort im Prager Literatenkreis u. a. mit Franz Kafka
und Max Brod. 1918 wurde er Feuilletonchef beim «Prager Tagblatt». Im
Herbst des gleichen Jahres erhielt er ein Engagement an das Sächsische
Landestheater Dresden als Regisseur (1919–22).

In Dresden inszenierte Viertel u. a. am 16. Januar 1919 «Bürger Schippel» von Sternheim; am 6. März 1919 «Dies Irae» von Anton Wildgans; am 7. Juni 1919 «Kaiser Karls Geisel» von Gerhart Hauptmann; am 1. September 1919 «Was ihr wollt» von Shakespeare; am 9. Oktober 1919 die Uraufführung von «Das bist du» von Friedrich Wolf; am 23. Oktober 1919 «Klein Eyolf» von Henrik Ibsen; am 23. Dezember 1919 «Spiel des Lebens» von Knut Hamsun (mit Erich Ponto, Hans Wahlberg, Rudolf Schröder, Paul Paulsen); am 29. Januar 1920 «Des Meeres und der Liebe Wellen» von Grillparzer; am 29. Februar 1920 «Gas» von Georg Kaiser; am 5. September 1920 «Der Verschwender» von Ferdinand Raimund; am 28. Oktober 1920 die Uraufführung von «Jenseits» von Walter Hasenclever; am 24. März 1921 «Rausch» von August Strindberg; am 14. Mai 1921 die Uraufführungen von «Die Heidebraut» und «Erwachen» von August Stramm; am 16. Juni 1921 «Ein Sommernachtstraum» von Shakespeare; am 1. Dezember 1921 «König Richard II.» von Shakespeare (mit Friedrich Lindner, Adolf Müller, Rudolf Schröder); am 13. April 1922 «Von morgens bis mitternachts» von Georg Kaiser (mit Erich Ponto). Viertel machte sich in diesen Dresdener Jahren einen Namen als Regiespezialist für die expressionistische Dramatik.

1922 wechselte Viertel nach Berlin. Er inszenierte zunächst an der Volksbühne, dann am Deutschen Theater am 20. Februar 1922 «Die Wölfe» von Romain Rolland (mit Werner Krauß, Wilhelm Dieterle, Eugen Klöpfer, Aribert Wäscher; Ausstattung: John Heartfield); sein künstlerischer Durchbruch in Berlin wurde am 11. März 1922 die Inszenierung von «Judith» von Friedrich Hebbel (mit Agnes Straub, Heinrich George, Hans Schweikart; Bühne: Ernst Schütte); am 14. Mai 1922 an der Jungen Bühne des Deutschen Theaters «Vatermord» von Arnolt Bronnen (mit Alexander Granach, Agnes Straub, Hans Heinrich von Twardowski, Elisabeth Bergner; vgl. auch Bertolt Brecht, Kap. 15); am 14. November 1922 «König Richard II.» von Shakespeare (mit Alexander Moissi, Elisabeth Bergner, Heinrich George, Alexander Granach, Gertrud Eysoldt, Hans Schweikart); am 24. April im Großen Schauspielhaus «John Gabriel Borkman» von Ibsen (mit Fritz Kortner).

«Jenseits von Trust und Startum, Betrieb und Organisation», gründet Viertel 1923 ein eigenes Ensemble, die Kollektivbühne Die Truppe, mit der er acht Stücke inszeniert:

am 12. September 1923 «Der Kaufmann von Venedig» von Shakespeare (mit Fritz Kortner als Shylock, Johanna Hofer, Leonard Steckel); am 6. Oktober 1923 «Vom Teufel geholt» von Hamsun; am 15. November 1923 «Nebeneinander» von Georg Kaiser (mit Rudolf Forster, Leonard Steckel, Aribert Wäscher; Bühne: George Grosz); am 2. Dezember 1923 «Vinzenz oder Die Freundin bedeutender Männer» (mit Rudolf Forster, Sybille Binder, Leonard Steckel); am 8. Januar 1924 «Kaiser Jones» von Eugene O'Neill (mit Oscar Homolka, Heinz Hilpert, Aribert Wäscher; Bühne: Friedrich Kiesler); am 25. März 1924 «Traumtheater/Traumstück» von Karl Kraus. Es war die letzte Produktion der Truppe, die sich bereits nach einem halben

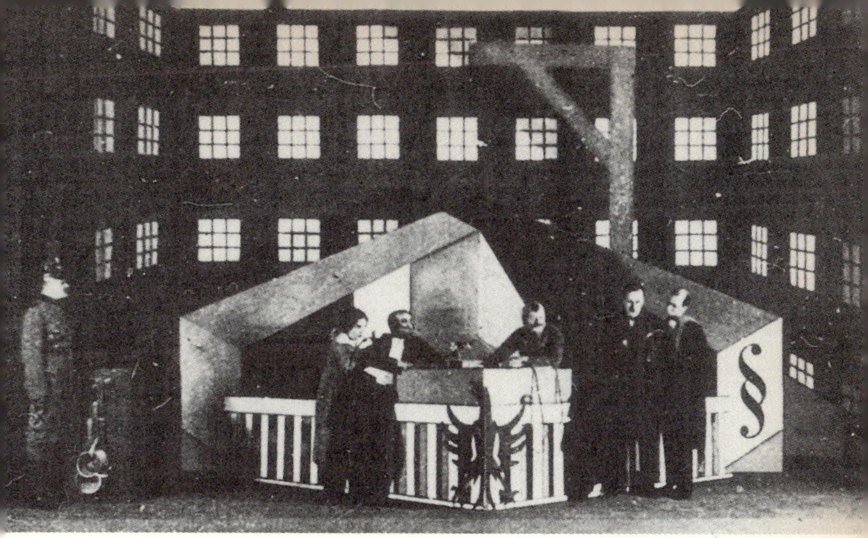

Georg Kaiser «Nebeneinander».
Theater «Die Truppe» Berlin, 1923 (Bühne: George Grosz)

Eugene O'Neill «Gier unter Ulmen». Lessing-Theater Berlin, 1925

Eugene O' Neill
«Kaiser Jones».
Die Truppe.
Lustspielhaus Berlin
1924
(Bühne: Friedrich
Kiesler)

Jahr auf Grund finanzieller Schwierigkeiten auflösen mußte. Neben Viertel inszenierte bei der Truppe auch Heinz Hilpert.

Viertel arbeitete in den folgenden Jahren als freier Regisseur am Berliner
Lessingtheater und am Kleinen Theater Berlin, wo er am 14. Oktober
1925 «Gier unter Ulmen» von O'Neill (mit Paul Wegener, Gerda Müller,
Lothar Müthel; Bühne: Traugott Müller), den «Dybbuk» von Salomon
Anski und am 18. September 1926 «Das Grabmal des unbekannten Soldaten» von Paul Raynal (mit Albert Steinrück) inszenierte.

Für die Spielzeit 1926/27 war Viertel am Düsseldorfer Schauspielhaus engagiert
und inszenierte am 18. September 1926 erneut Raynals «Das Grabmal des unbe-

kannten Soldaten» (mit Ernst Ginsberg, Ehmi Bessel); am 20. November 1926 «Bürger Schippel» von Sternheim; am 21. Dezember 1926 «Maria Stuart» von Friedrich Schiller (mit Salka Steuermann-Viertel); am 31. Dezember 1926 von Marcel Achard «Wollen Sie spielen mit mir?» (mit Ehmi Bessel, Fritz Reiff, Rudolf Fernau); «Die Hose» von Carl Sternheim; «Razzia» von Hans J. Rehfisch am 26. Februar 1927; am 14. April 1927 «Ignorabimus» von Arno Holz.

Viertel ging wieder nach Berlin. In den Kammerspielen des Deutschen Theaters inszenierte er am 30. Mai 1927 «Papiermühle» von Georg Kaiser (mit Grete Mosheim, Heinz Rühmann, Lothar Müthel).

Ende 1927 erhielt Viertel von dem Filmregisseur Friedrich Murnau eine Einladung nach Hollywood. Nach Abschluß der Regiearbeiten von Ibsens «Peer Gynt» am 6. Januar 1928 (mit Werner Krauß, Johanna Hofer, Blandine Ebinger; Bühne: Oscar Strnad) – es war Viertels letzte Regiearbeit in Deutschland – ging er zusammen mit seiner Frau Salka Steuermann-Viertel im Februar 1928 in die USA. Was zunächst als dreijähriger Arbeitsaufenthalt geplant war, endete schließlich in der Emigration. Nach einem kurzen Aufenthalt in New York übersiedelte Viertel nach Kalifornien, wo er in Los Angeles lebte. Über Viertels Arbeit im Exil berichtet ausführlich Salka Viertel in ihrer Autobiographie «Das unbelehrbare Herz»; Salka Viertel war Drehbuchautorin zahlreicher Filme von Greta Garbo. Viertel übernahm Regiearbeiten und schrieb Drehbücher für Fox, Warner Brothers und Paramount. Als Serge Eisenstein 1930 Hollywood besuchte, hielten Viertel und seine Frau Salka engen Kontakt mit ihm. Nachdem Viertels Vertrag mit Paramount nicht verlängert wurde, reiste er 1932 nach Europa, um im Filmgeschäft wieder Fuß zu fassen. Stationen dieser Reise waren London, Paris, Wien, Berlin. In London konnten schließlich zwei Regieprojekte realisiert werden, «Little Friend» (1933) und «The Passing of the Third Floor Back» bei Gaumont british. Anfang 1933 erhielt er in Berlin den Regieauftrag für die Verfilmung von Falladas Erfolgsroman «Kleiner Mann – was nun?»; die Musik dazu sollte Kurt Weill komponieren. Bei Hitlers Machtübernahme mußte der Jude Viertel endgültig emigrieren. Er lebte vorübergehend in Wien, Prag, Paris und wieder in London; 1939 kehrte Viertel in die USA zurück und ließ sich in New York nieder. Er arbeitete dort bei Exilzeitschriften und war Mitbegründer des Aurora Verlags. Anfang der 40er Jahre inszenierte er an kleineren deutschsprachigen Bühnen in New York, u. a. an der Tribüne für freie deutsche Literatur und Kunst in Amerika im Januar 1942 vier Szenen von «Furcht und Elend des Dritten Reiches» von Bertolt Brecht, am 7. Februar 1942 «Die Rassen» von Ferdinand Bruckner, eine Kundgebung gegen Rassenverfolgung und Intoleranz; am 18. Mai 1942 eine Lesung von Szenen aus Goethes «Faust II». Am Theatre of All Nations (New York) inszenierte Viertel am 12. Juni 1945 «The private Life of the Master Race», eine englische Übersetzung von Brechts «Furcht und Elend»; Brecht hatte darauf bestanden, daß Viertel – an Stelle von Erwin Piscator (vgl. Kap. 14) – die Regie übernahm. Am 11. Mai 1947 inszenierte Viertel «Die letzten Tage der Menschheit» von Karl Kraus als Leseaufführung.

Im gleichen Jahre ging Viertel wieder nach Europa zurück. Zürich war die erste Station seiner Regiearbeit nach der Emigration. Er inszeniert am Züricher Schauspielhaus am 21. Oktober 1948 «Zu viel Geld» von G. B. Shaw (mit Will Quadflieg, Maria Becker, Walter Richter, Erwin Kalser, Therese Giehse; Bühne: Teo Otto) und am 1. Dezember 1948 «Hedda Gabler» von Ibsen (mit Maria Becker in der Titelrolle; Bühne: Teo Otto); 1952 inszenierte er noch einmal in Zürich: «Der Preispokal» von Sean O'Casey (am 8. November 1952).

Für den zurückgekehrten Emigranten war die Situation an den Theatern in Deutschland befremdlich; er notiert 1949:

«Als ich, nach langjähriger Abwesenheit, nach zwanzig Jahren vertrauten Umgangs mit dem amerikanischen und englischen Theater und Film, im Jahre 1947 die deutschsprachigen Klassikervorstellungen in Berlin, Düsseldorf und Wien besuchte, wurde ich eines neuen Tones gewahr, der mich erschreckte und entmutigte. Was sich hier herauskristallisiert und offenbar eingebürgert hatte, war eine seltsame Mischung: eine wurzellose Ekstase oder eine kalt prunkende Rhetorik, die das Offizielle, Repräsentative der Darstellung betonte und überbetonte, in jäher Abwechslung mit einer sich ins allzu Leise, Private und Unterprivate flüchtenden Diskretion. Manie und Depression folgten einander ohne Übergang und ohne Zwischentöne. Als ich später bei einem Vortrag auf Schloß Leopoldskron das Phänomen beschrieb und es mit anderen, mir vom Radio her bekannten Ausdrucksformen des ‹Dritten Reiches› in Verbindung brachte, versicherten mir in Deutschland verbliebene jüngere Studenten der Theaterwissenschaft, die wohl das Interregnum, aber nicht mehr die Vorzeit (also meine Zeit), erlebt hatten, daß sie den auch jetzt noch, wenn auch mit geänderten Vorzeichen herrschenden Stil längst nach dem für die Kundgebungen der Reichskanzlei charakteristischen Formalismus Reichskanzleistil zu nennen pflegten. Ich behielt den Namen bei.

Sprechchöre, Führerreden (in Deutschland und Italien) pflegten diesen Berserkerton einer gewaltsamen Rhetorik, die überschrie, wo sie überreden wollte; die dem Hörer auf die Nerven ging und ihn mehr physisch, durch die Brachialgewalt der Stimmittel überwältigte als geistig überzeugte; sie erschwerte, ja vereitelte das eigentliche Zuhören, das Horchen auf den Sinn der Rede, das Achten auf Inhalt und Gehalt. Aber nicht nur schaltete diese Art Pathetik das selbständige Denken des Zuhörers aus, wenn es sich darum handelte, ihm bestimmte Gedankengänge durch herausgeschmetterte, kolbenschlagartig wiederholte Begründungen beizubringen und ihm gewisse Texte und Formulierungen einzuhämmern, sie beeinträchtigte auch das Gefühl, indem sie es überrumpelte, überbot und überdröhnte. Aber dieser Paroxysmus, der dem Schauspieler Schaum auf die Lippen treten ließ, erregte tatsächlich die Bewunderung des Publikums, das die losknallenden Tiraden regelmäßig mit lebhaftem Beifall quittierte.

Marcel Achard
«Wollen Sie mit mir spielen?»
Schauspielhaus
Düsseldorf, 1926

Friedrich Schiller
«Maria Stuart».
Schauspielhaus
Düsseldorf, 1926

Unwillkürlich erinnerten die leisen Stellen an die erzwungene Diskretion einer Zeit, in der die Freiheit der Meinung einer scheuen Geheimnistuerei gewichen war, und nicht nur der politische Widerspruch, sondern auch das Privat-Menschliche, das sich nicht gleichschalten ließ, Zuflucht im Flüstern, im Versteck abgeschlossener Räume suchen mußte. Gerade das eigenartige Verhältnis von offiziellem und privatem Ton schien mir für diesen Ausdrucksstil so überaus bezeichnend zu sein. Eine natürliche Balance zwischen beiden bestand durchaus nicht. Und die Folge war eine Verarmung der Ausdrucksmöglichkeiten, geistig, und der Ausdrucksmittel, technisch genommen» (vgl. Berthold Viertel; Schriften zum Theater).

Von 1949 an arbeitet Viertel überwiegend in Wien. Er inszenierte am Akademietheater und am Burgtheater.

Am Akademietheater u. a.: am 22. Januar 1949 «Die Glasmenagerie» von Tennessee Williams (mit Helene Thimig, Käthe Gold, Curd Jürgens, Josef Meinrad; Bühne: Teo Otto); am 29. Oktober 1949 «Die Kronbraut» von Strindberg (mit Käthe Gold, Hedwig Bleibtreu, Max Paulsen, Curd Jürgens, Werner Krauß); am 24. Februar 1951 «Die Cocktail Party» von T. S. Eliot (mit Attila Hörbiger, Ewald Balser); am 20. April 1951 «Endstation Sehnsucht» von Williams (mit Käthe Gold, Maria Kramer, Curd Jürgens); am 8. März 1952 «Herbert Engelmann» von Gerhart Hauptmann und Carl Zuckmayer (mit O. W. Fischer, Curd Jürgens, Josef Meinrad, Hans Thimig); am 14. Mai 1952 «Die Möwe» von Tschechow. Am Burgtheater: am 22. Juni 1949 «Major Barbara» von Shaw (mit Rudolf Forster); am 17. März 1950 «König Richard II.» von Shakespeare (Bühne: Caspar Neher); am 23. Dezember 1951 «Othello» (Bühne: Teo Otto); am 27. September 1952 «Die Ratten» von Gerhart Hauptmann (mit Attila Hörbiger) und am 28. Februar 1953 – Viertels letzte Regiearbeit – «Antonius und Cleopatra» von Shakespeare (mit Ewald Balser und Käthe Gold).

1949/50 arbeitete Viertel auch an Berliner Theatern; mit dem Berliner Ensemble – Brecht wollte ihn für die ständige Mitarbeit als Regisseur gewinnen – inszenierte er am 23. Dezember 1949 «Wassa Schelesnowa» von Maxim Gorki (Bühne: Teo Otto; Therese Giehse in der Titelrolle) und am Schloßparktheater «Endstation Sehnsucht» von Williams (mit Peter Mosbacher, Angelika Hauff, Marianne Hoppe, Franz Nicklisch; Bühne: Ita Maximowna).

Am 10. August 1951 hatte Viertel bei den Salzburger Festspielen Heinrich von Kleists «Der zerbrochene Krug» inszeniert (mit Oscar Homolka, Therese Giehse; Bühne: Rochus Gliese).

Von 1922 bis 1950 arbeitete Viertel immer wieder auch beim Film, vorwiegend in der Zeit der Emigration; er führte Regie und schrieb Drehbücher. Sein erster Film war «Nora» nach Henrik Ibsen (mit Fritz Kortner und Lucie Höflich). Erwähnenswert ist sein Experimentalfilm «Das Abenteuer eines Zehnmarkscheins» (1926) nach einer Idee des Filmtheoretikers Béla Balázs.

Grundzug aller Regiearbeiten Berthold Viertels für das Theater war seine bedingungslose Hingabe an das dichterische Werk: Werktreue, die die Inszenierung aus der schöpferischen Untersuchung der Sprachform entwickelt; Regie ist in seinen besten Inszenierungen nicht in ihren «Einfällen» präsent, sondern in der inszenatorischen Erschließungsarbeit am Text. Brecht, der mit Viertel freundschaftlich verbunden war, nannte ihn einen «Fanatiker des Theaters». Viertel starb am 24. 9. 1953 in Wien.

Bibliographie

H. Jhering: Von Reinhardt bis Brecht. 3 Bde. Berlin 1961.

B. Lesák: Die Kulisse explodiert. Friedrich Kieslers Theaterexperimente und Architekturprojekte 1923–1925. Wien 1988.

B. Viertel: Die Spur. Leipzig 1913.

ders.: Karl Kraus. Ein Charakter und die Zeit. Dresden 1921.

ders.: Die Bahn. Gedichte 1900–1920. Hellerau 1921.

ders.: Die schöne Seele. Eine Komödie. Hellerau 1925.

ders.: Das Gnadenbrot. Hellerau 1927.

ders.: Fürchte dich nicht. Neue Gedichte. New York 1941.

ders.: Der Lebenslauf. Gedichte. New York 1946.

ders.: Der Lebenslauf. Gedichte. Berlin 1947.

ders.: Dichtungen und Dokumente. Gedichte. Prosa. Autobiographische Fragmente. Hg. v. E. Ginsberg. München 1956.

ders.: Schriften zum Theater. Hg. v. G. Heidenreich. München 1970.

Übersetzungen von Berthold Viertel

Euripides: Die Bacchantinnen des Euripides. Hellerau 1925.

Tennessee Williams: Die Glasmenagerie. Ein Spiel der Erinnerung (Bühnenmanuskript). Basel 1947.

Arthur Miller: Alle meine Söhne. Schauspiel in drei Akten (Bühnenmanuskript). Berlin o. J.

Chang Heng: Knochen auf dem Wege. In: Sinn und Form II (1950), Heft 2.

Tennessee Williams: Camino Real. Ein Stück in 16 Stationen. Frankfurt/M. 1954.

Tennessee Williams: Endstation Sehnsucht. Die Glasmenagerie. Frankfurt/M. 1954.

Tennessee Williams: Die tätowierte Rose. Frankfurt/M. 1956.

Tennessee Williams: Der steinerne Engel (Sommer und Rauch). Frankfurt/M. 1961.

S. Viertel: Das unbelehrbare Herz. Ein Leben in der Welt des Theaters, der Literatur und des Films. Mit einem Vorwort von Carl Zuckmayer. Hamburg/Düsseldorf 1970.

K. Völker: Fritz Kortner. Schauspieler und Regisseur. Berlin 1987 (= Stätten der Geschichte Berlins, Bd. 27).

—— Berthold Viertel ——

Theaterwirkung (1913)

Im Schauspieler ist der lebendige Mensch, der Körper des Individuums künstlerisches Instrument geworden. Und der wirkliche, überzeugende Schauspieler ist schon deshalb ein Künstler, weil seine Wirkungen in ihm werden, weil er sie nicht kalten Blutes und mit frei schaltender Absichtlichkeit fabrizieren kann. Er kann sich zu einem genauen, willigen und selbstbeherrschten Instrument jener bildnerischen Naturkraft erziehen, die ihn von innen herausbewegt. Er kann alles Können und alle gute Sicherheit erlernen, die zum Gewerbe gehören, wie sich ja jeder Künstler das Fachliche, die Beherrschung seiner besonderen Mittel oft mühsam genug erwerben muß. Aber das Wichtigste ist und bleibt beim Schauspieler wie bei jedem anderen Künstler die tiefe Nachgiebigkeit gegen jenes Ahnen und Drängen, das aus der Unwillkürlichkeit, aus den Nerven, dem Blut, dem Gemüt kommt. Der Schauspieler muß erst selbst ein Bezauberter gewesen sein, bevor er bezaubern kann. Der Rausch des Spielers auf der Szene ist wie der jedes ausübenden Künstlers ein nüchterner Rausch, eine traumwandlerische Sicherheit, anders als der Rausch des Zuschauers, des Empfängers. Das künstlerische Gebilde hat sich in vielen Augenblicken gesammelt, bevor es als ein abgeschlossenes Ganzes ausströmen kann. Es gibt Schauspieler, die zitternd hinter der Kulisse stehen, sie haben jedes Wort ihrer Rolle ‹vergessen› und ihre Knie tragen sie nicht. Kaum aber treten sie auf die Szene, so sind sie mit einem Schlage sicher, überlegen, alle ihre Einfälle von ehedem schießen ihnen wieder zu und jeder an seinem Ort, sie verschwenden förmlich Witz, Beredsamkeit, lebendiges Detail, und scheinen zu beherrschen, wo sie doch eigentlich die Beherrschten sind.

[...]

Für den großen Schauspieler ist denn auch seine Kunst Selbstzweck. Man kann ihn in den Dienst einer Dichtung stellen, aber er wird auch das elendeste Machwerk zum Anlaß seiner Wirkungen nehmen, wenn es ihm nur irgendwelche Anlässe bietet. Der geniale Italiener Novelli verstümmelt Shakespeare, um sich die Rollen selbstherrlich zurechtzumachen. Und Girardi ist köstlich auch in der idiotischsten Operette. Diese beiden Künstler sind so groß, daß mit ihnen der Humor selbst, die Tragik auf der Bühne leben, gleichgültig, ob nun ein Textfabrikant oder ein dramatischer Zauberer die Geister beschwört.

Es ist überhaupt das Wesen der Theaterillusion, daß sie aus dem armseligsten Material gewonnen werden kann. Das alberne Rührstück erpreßt dem verständigen Mann wohltätige Tränen, und die Hanswurstiade wird vom Gelächter sonst geschmackvoller und kritischer Leute belohnt. Hier kommt es auf die überrumpelnde Wirkung des Augenblicks an, die tiefst verborgene Naivität wird hervorgelockt. Man muß eben wieder kindlich werden, um in dieses Himmelreich zu kommen, und meistens tut man ein übriges und wird sogar kindisch – um eines sorglosen, vergnüglichen Abends willen. Die bereitwillige Empfänglichkeit des Zuschauers kommt hier weit besser davon als die immer wache, lauernde Kritik.

Man schäme sich nicht der raschen Tränen und des locker sitzenden Gelächters! Wer vernünftig bleiben will, gehe zur Wissenschaft. [...]

In: Berthold Viertel: Schriften zum Theater. Hg. v. Gert Heidenreich unter Mitarbeit von Manfred Nöbel. Mit einem Geleitwort von Herbert Jhering. München (Kösel) 1970, S. 417–418, 418.

Regie – Interpretation (1925)

Richtiger: Regie *und* Interpretation. Regie ist längst nicht mehr dasselbe wie Interpretation. Ein Auseinander-Fallen (in den besten Augenblicken ein Auseinander-Wachsen) der beiden Begriffe, das eine Problematik unserer Zeit bedeutet, weit hinaus über das Problematische unseres Theaters. Regie, die Theatervorstellung schaffend, ist dem Wortwerk des Dramatikers gegenüber so eigenmächtig, so selbständig, so verselbständigend, so eigenlebendig und eigengesetzlich geworden, daß es oft heißen muß: Regie *oder* Interpretation. – So daß schon das Wort ‹Interpretation› in diesem Bereiche heute wieder neu klingt und sein bloßes Aussprechen hier und dort aufhorchen machen könnte. Der Regisseur als Interpret. [...]

Reinhardt selbst war und blieb in soundso vielen Fällen ein idealer Interpret. Ich erinnere nur an seinen ‹Clavigo›, seine ‹Stella› – zuletzt an die leichte Hand eines Kammermusikanten, deren Fingerspitzen entlang die sechs Personen einen Pirandello suchten. – Interpretation bleibt die Regie, solange sie den Willen, die Linie einer Dichtung wahrt, mag sie zuende dichten oder denken, steigern oder mildern, verzeitlichen oder verewigen nach Herzenslust. Jede noch so kühne Art der Deutung ist noch Interpretation, jede neue Beleuchtung, jede vom Sinn des Werkes besessene Verkörperung. Aber Reinhardt hat auch jene andere Gattung der Regie gepflegt und populär gemacht (und damit vielleicht überhaupt erst Regie als eine selbständige Kunst durchgesetzt), der das dramatische

Werk, das Textbuch nur ein Anlaß, ein Vorwand sogar für die Entfaltung eines Spiels der Bühnenkräfte an und für sich ist. Die Wiedererweckung des autonomen Komödiantentums, seine Emanzipation vom Text, ein Stegreifspiel zwischen den Zeilen und oft gegen den Sinn der Vorlage, das Phänomenale des Theaters, sein eigenes Ereignis geworden: das alles geht für unseren Zeit- und Ortssinn auf Reinhardt zurück. Magie der Bühne, die Zaubereien der Illusion, der Szeniker als Diktator, als Star! – Die Masse und ihr abergläubischstes Mirakel, griechisches und mittelalterliches Kulturtheater als Regie wiedergekehrt! Das waren so die Lokkungen, die einen modernen Theatermenschen vom geduldigen und strengen Dienst um so weiter fortführen mochten, als die formauflösende Dekadenz des Dramatikers ihn selbst herrisch werden ließ.

Der so entstandene Typus des Regisseurs beherrscht heute die Bühne – überall, wo ein neuer fanatischer Wille das Theater ergriffen hat. Allerdings geht es ihm nicht mehr nur um das Spiel seiner Kräfte – sondern um eine Neuwertung des Dramatischen, um eine Utopie des Dramas, dem aus vorhandenen Ansätzen eine Form gebaut werden soll – um eine ideale Forderung, die aus der Zeit heraus der Zeit vorgreift und entschlossen ist, sich möglichst unabweisbar zu verdichten. Am weitesten entfernt von einer Interpretation arbeiten heute die Russen, Taïrow und insbesondere Meyerhold (obwohl auch da in manchem Glücksfall sich die wagemütigste szenische Gestaltung zuletzt doch mit einer Interpretation im besten Sinne des Wortes deckt). In Rußland wird die Umwertung des Theaters von dem großen Bruch der russischen Revolution mit aller europäischen Bildungskultur ungeheuer gefördert. Dabei zeigen sich (für unser Auge) riesenhafte Ansätze eines neuen kollektivistischen Theaters, mögen sie auch zunächst in artistische Schnörkel auslaufen! – Dieses Theater entwickelt sich zunächst jenseits des Dichterischen. – Wir aber bauen noch, wenn auch in einem erneuernden, elementarisierenden Sinn am individualistischen Drama und bleiben tief verpflichtet zur Interpretation des dramatischen Dichters. Wir kämpfen, Schauspieler und Szeniker, im Schatten Shakespeares, dessen Masken einer Allmenschlichkeit der Bühne uns nicht loslassen, um neuen Inhalt und seine eindeutige Form! Unsere höchste Hoffnung ist die Selbstermächtigung des Dramatikers, der den schöpferischen Willen der Zeit vollziehen und das ganze Theater zu seinem lebendigen Interpreten machen wird.

In: Berthold Viertel: Schriften zum Theater, S. 444, 446–447.

Die schöpferische Tätigkeit des Regisseurs
(um 1925)

[...] Was dem heutigen Theater ganz bestimmt am wenigsten abgeht, ist der Star. Im Gegenteil zeigt sich die unheilvolle Neigung, alles und jedes zum Startum emporzubieten. Es scheint manchmal, als ob wir nurmehr Stars hätten und der letzte Star, den wir gefunden haben, und den wir wieder loswerden zu wollen beginnen, ist der Regisseur, der sogar einen gewalttätigen Anreger modernen Bühnenstils, den Maler, mit Haut und Haar verschlungen hat, der den Schaupsieler zum Instrument und die dramatische Dichtung zum Textbuch, in dem er willkürlich schaltet, zu degradieren droht. Hier springt übrigens wieder ein Gegensatzpaar der letzten Jahre hervor, indem die Erneuerung des Theaters zwischen zwei Polen schwankte, zwischen der Absolutierung des Wortes und der Neuerrichtung eines optischen Weltbildes. Innerhalb des Schauspielerischen selbst zeigt sich eine letzte Zuspitzung zwischen dem individualistischen Mimiker und dem Tänzer und Akrobaten. Und sogar noch der Mimiker zerfällt wieder in den Charakteristiker der Sprache und in den, möchte ich sagen: Filmschauspieler der Bühne. Um es an all diesen Spaltungen und Gegensätzen noch nicht genug sein zu lassen, muß vorgestellt werden, daß heute die größte Interesselosigkeit des Publikums für das Theater, was eben die Heranzüchtung von Zugkräften, das Startum, bedingt, und andererseits die Überwucherung der üppigen Schau den Revue-Charakter erzwingt, daß also zugleich mit dieser Theatermüdigkeit der großen Masse in dieser Zeit so fanatisch wie noch niemals der Kampf um den Kunstwert der Bühne geführt wird und sich bei jedem neuen Ereignis in regelrechten Schlachten austobt. Es steht also der nur noch schaulustigen Menge ein mit strengstem Theaterwillen geladener Kreis und viele solche Kreise – der Theaterentwertung die Überbetonung des Theaterwerts – gegenüber. Was sich auch darin ausdrückt, daß die Theaterwerte überall mit Leidenschaft diskutiert werden und die Frage, ob denn überhaupt das Theater all diese Leidenschaft wert sei, zu einer brennenden geworden ist. Ich brauche nicht erst zu sagen, daß sich diese vielfältige Problematik im Wirtschaftlichen des Gebietes genau abmalt. Und ich will nur erwähnen, wie sehr sie für den Soziologen und Politiker von der Gesellschaftskrise bedingt ist. Nicht nur für den Klassenkämpfer, auch für den Kulturphilosophen bedeutet der heutige Zustand des Theaters teils Agonie einer Gesellschaft und ihrer Kultur, teils die Bemühung um die Geburtshilfe neuer soziologischer und geistiger Fundamente.

Es genügt, einen Blick in dieses Chaos zu werfen, die überall hervordrohende Anarchie der Kräfte zu fühlen, um sofort die heute besondere Notwendigkeit des Regisseurs zu verstehen. Daß der Regisseur sich abgezweigt und vorangestellt hat, daß seine Funktion so viel schöpferische

Kräfte des Theaters an sich gezogen hat, daß er zu seinem schöpferischen Eigenleben gelangt ist, bedeutet zunächst wohl, daß wir es heute, und nicht nur im Theater, so ungemein schwer haben, zur Einheit zu gelangen. Der Regisseur ist der Vereinheitlicher der verschiedenen Vitalitäten und Ideen, der verschiedenen Kunstgattungen, die auf der Bühne gegeneinander kämpfen und miteinander verschmelzen. Wie wir den Regisseur heute sehen und erleben, produziert er die lebendige Einheit, indem er die Gegensätze hervorlockt, ermutigt und bestärkt, um sie auf höherer Ebene aufzuheben. Wie das Werk des Dichters eine Wortwelt ist, ist das Werk des Regisseurs die Erscheinungswelt der Vorstellung, gebaut aus den Vitalitäten der Bühne, in Raum und Licht mit einer Physik des Imaginären, in Zeit und Idee mit einer Verkörperung des Geistigen durch Verbindung und Verschmelzung der Genialität des Schauspielers mit den dichterischen Intentionen in der Aufdeckung, Anwendung und Bewährung aller Gesetze, die das Leben der Bühne regeln und eine Hierarchie der Kräfte erreichen, den Zufall ausschalten und einbeziehen, das Natürliche erhöhen und das Geistige veranschaulichen.

Naturgemäß müßte der Dramatiker auch der berufene Regisseur sein, wie er es vielleicht auch ursprünglich mit Selbstverständlichkeit war und wie er sich auch immer wieder bis in die letzte Zeit von Goethe bis Tschechow, Hauptmann, Strindberg und Wedekind erprobt und bewährt hat. Der Dramatiker müßte mindestens sein eigener Dramaturg und Regisseur und sogar auch sein eigener Schauspieler, sein eigener Protagonist sein, wenn sich hier nicht mit der Konsequenz einer bedeutungsvollen Entwicklung das eingestellt hätte, was wir heute ‹Arbeitsteilung› nennen, was eine Individualisierung, Distanzierung und Differenzierung ohnegleichen bedeutet und die höhere Mathematik des modernen Lebens und Strebens ergibt. Daß Aug und Ohr sich gegeneinander stellen, daß der Mensch des produktiven Wortes nicht zugleich der Augenmensch des lebendigen Bildes sein muß, ist uns selbstverständlich, sogar zu sehr selbstverständlich geworden, ebenso selbstverständlich wie die Abspaltung des Musikalischen und zugleich ebenso selbstverständlich wie das moderne Bedürfnis, alle Gegensätzlichkeit mit letzter Intensität ineinander zu organisieren. Der alle Geister aller Musen rief und ruft, ist und bleibt der Dramatiker. Sein Wortwerk enthält bereits alle Intention: Bühne, Regie und Schauspielerei. Von der Verwirklichung in der Praxis der Szene aber hat sich der Autor immer mehr zurückgezogen, ja oft flieht er sie, um sie nicht zu stören, und überläßt sein Werk einer Gesetzmäßigkeit, die ihn zwar als eine Hoffnung allebendiger Verkörperung inspiriert hat, deren Verwirklichung ihn aber, ob sie auch seinem Traum gilt, persönlich ausschließt. Das alles erhärtet die Notwendigkeit der Regie, erhebt aber noch immer nicht den Regisseur, wie es die Entwicklung getan hat, über die Anonymität, macht ihn wohl zu einer selbständigen Instanz und verschafft ihm die Kompetenzen und Rechte einer solchen, aber erklärt nicht seine persönliche Produktivität und setzt ihn nicht durch als einen individuellen Schöpfer, wie sie es mit dem Schauspieler längst getan hat.

Der große Befreier der schauspielerischen Individualität, der sie legitim gemacht und geadelt hat, der von ihr aus das Weltbild des Theaters neu fundiert hat, heißt Shakespeare. Shakespeare, zugleich der Schöpfer des individualistischen Dramas, der Allmimiker, produktivster Dramaturg aller Zeiten, der aber alles, Schauplatz und Regie, in den Schauspieler verlegt hat, sodaß dem Minimum an Regiebemerkungen ein Minimum an Gegenständlichkeit der Bühne entsprechen konnte. Hier ist alles wortgewordener Schauspieler, hier enthält der Text eine neuentdeckte, ewig überraschende Fülle kreatürlicher Gebärde, und er spiegelt so sehr dramatisch beleuchtet Welt, Natur, Gegenständlichkeit, daß alle Dekoration entbehrlich wird. Dieser Durchbruch dramatischen Menschentums ist so gewaltig, daß hier, vom Regisseur gar nicht zu reden, beinahe der Dichter anonym geblieben wäre. Dieses charakterologische Riesenwerk wird immer die unerschöpfliche Erneuerung der Schauspielerei bleiben und sie wird noch immer jedes Versuchs der regiemäßigen Vereinheitlichung spotten. Und jede andere Zeit wird Shakespeare nur mit Opfern spielen, jeder Stil wird an ihm wachsen, um ihn ärmer zu machen. Die Einheit und das Maß der Shakespeareschen Bühnenwelt ist das schauspielerische Genie, die mimische Vollpersönlichkeit, und deshalb wird mit Rechte alle Schauspieleremanzipation immer wieder von Shakespeare ausgehen. Shakespeares Folgen für das deutsche Theater sind unendliche, aber er ergibt keine Tradition. Er ergibt keinen Stil. Die großen Stile und Traditionen aber, ob es nun die des griechischen Theaters oder das spanische Theater des Calderon oder die französische Klassik sein mag, fesselten die Schauspielerei zur Konvention und kannten nur den anonymen Regisseur. Es mag in Zwischenzeiten der Maler und der Architekt geherrscht haben, und das heißt dann immer, daß das Theater seine innere Größe verliert, daß sein glühender Kern sich umkrustet.

In: Berthold Viertel: Schriften zum Theater, S. 423–425.

Rede über das Theater (1949)

[...]

Darüber will ich zunächst nur feststellen, daß – wie sich in der Praxis des Theaters zeigt – das Wesen des Publikums sich nicht in einer Summe der einzelnen Zuschauer erschöpft und als solche erfaßt werden kann. Das Publikum hat – auch heute noch, und heute erst recht wieder – die

Charaktereigenschaften eines Kollektivwesens. Sogar wenn es sich – wie
bei manchen Generalproben – aus Kennern zusammensetzt, wird es
durch das Spiel auf der Bühne kollektiviziert, es reagiert zugleich düm-
mer und klüger als der Einzelne, es kann durch die Kraft der Schauspielerei verschmolzen und reguliert werden und wird den Einzelnen, wenn er
sich nicht mit seinem gesammelten kritischen Bewußtsein dagegen-
stemmt, mitreißen und jedenfalls in seinem Empfinden affizieren. Man
denke etwa an Aufführungen der ‹Neunten Sinfonie›, die als ein Werk
höchster dramatischer Kraft anzusprechen ist, und man wird sich den bay-
rischen König, der sich, als einem einzelnen Zuschauer, die Opern Wagners vorspielen ließ, kaum vorstellen können. Es war der Theatrarch Max
Reinhardt, der mir gegenüber einige Jahre nach der russischen Revolution die Äußerung tat, wie sehr er Stanislawski darum beneide, daß dieser
in den Arbeitern und Bauern Rußlands ein frisches, naives, noch unver-
dorbenes, ein elementares Publikum besitze, das an den dramatischen
Darbietungen einen ganz anderen Anteil nehme, als eine bereits bla-
sierte, kennerhafte Menge von gewöhnten und verwöhnten Theatergän-
gern, die sich vornehme, mehr auf das Wie als auf das Was zu achten, die
von vornherein den Gegenstand der Handlung weniger ernst nehme als
das Wie der Ausführung. Was er damit aussprach, war sein Glaube an das
Publikum als ein Plastikum, bei dem der Zustand theatralischer Empfänglichkeit umso schwerer zu erreichen ist, je größer seine Voreinge-
nommenheit ist. [...]

Es ist aber das Publikum nicht nur ein Plastikum, mit dem dramatisch
verfahren wird – das geknetet und geballt, aufgerüttelt und gerührt, belu-
stigt und geschockt, überrascht und überwältigt oder ins Einverständnis
gezogen, in die theatralische Verschwörung mitverwickelt wird –: es ist
selbst Verursacher und Mitschöpfer und -Töpfer, Mitproduzent. Es inszeniert sein Interesse, [...] es wirkt – vergleichsweise – wie ein *vacuum clea-
ner*, der Sinn und Seele aus Stück und Vorstellung saugt. Insofern war ein
seiner Wirkungen sicherer Theatermann wie Reinhardt sich nicht klar
darüber, was er wünschte, wenn er russische Arbeiter und Bauern vor sich
im Parkett versammeln wollte. Das Publikum ist jenes X, das in die Glei-
chungen der Theaterwissenschaft so schwer einzusetzen ist. Was eine
auch nur beschreibende, historisierende Theaterwissenschaft so fragwür-
dig macht, ist das Unwiederholbare gewesener Theatervorstellungen, die
von noch ephemererem Charakter sind als historische Vorgänge überhaupt. Der Sprechfilm macht es heute möglich, Vorstellungen als Kon-
serve aufzubewahren, wenigstens für geraume Zeit. Freilich würden sie
unverhältnismäßig bald unverständlich werden. Das erleben wir an alten
Filmen. Nicht nur das Kostüm veraltet, sondern auch die Gestik, der Ausdruck, das Pathos. Wir wissen das sowohl aus den Stummfilmen als auch
von den phonographischen Platten her, die theatralische Leistungen einer

jüngeren Vergangenheit festgehalten haben. Sarah Bernhardt im Film, ja sogar die Duse, ein Sprecher moderner Art wie Kainz, dessen Schüler und Nachfahren noch heute auf unseren Bühnen anzutreffen sind, erregen Befremdung und Enttäuschung, wenn nicht eine unwiderstehliche Heiterkeit, die im Film allerdings auch mit dem rapiden Veralten der Technik, nicht zuletzt der Technik der Menschendarstellung, zu tun haben. Was im Film, auch im Sprechfilm nicht wiederzugeben ist, die psychophysische Gegenwart der Schauspieler, bezieht sich vor allem auf das Fehlen des Publikums, auf die Abwesenheit der Zeitgenossen, die den vielköpfigen Widerpart des Schauspielers gebildet haben. Schon der einzelne Schauspieler oder Sprecher, und wäre er eine große Individualität, wirkt wie die Detailstudie eines Gemäldes. Erst das Ensemble gibt ein ganzes Bild. Typologisch ist jedes Schauspielerensemble von den Vertretern der jeweiligen, zeitentsprechenden Menschheit besetzt. Das ist es auch, was der Arbeit des Regisseurs eine besondere Bedeutung gibt. Dieses, als ein Theaterensemble, ist in seiner nach allen Richtungen ausstrahlenden Gegenwart durch den Sprechfilm nicht zu reproduzieren. Aber auch der einzelnen, in figura festgehaltenen Schauspielerindividualität fehlt die Ergänzung durch das Publikum, die den Darsteller und Protagonisten erst zu vollem Leben bringt. Der Kampf des Schauspielers um seine Bühnenexistenz und Wirkung, sein Ringen mit dem Publikum gibt dem Vorgang erst seine Spannung, er potenziert den Darsteller, die Kräfte, die er im Publikum erweckt hat, strömen ihm wieder zu, auch den durch ihn zu besiegenden Widerstand braucht er zu seiner vollkommenen Aktualisierung ebenso wie das Verständnis, die Sympathie, die Zustimmung, die zum Triumph sich steigern kann. Bühnensiege werden oft, nicht mit Unrecht, gewonnene Schlachten genannt. Dieser Vergleich trifft auch die eigentümliche, unvergleichliche Urgenz der Theaterarbeit. Es geht in ihr um Leben und Tod, um Leibesnot und Seelenheil. Diese Polarität zwischen dem Schauspieler und dem Publikum wird, meines Wissens, in der Theorie zu wenig beachtet. Die Trance des Schauspielers, in deren Bann er seine Rolle ausschöpft, erlaubt ihm eine gesteigerte Hellhörigkeit und Hellsichtigkeit in seinem Feldzug gegen das Publikum. Das Publikum spielt die größte Rolle, für und gegen den, der im Stück die große Rolle spielt: es ist der vielköpfige Partner des Helden. Der Naturalismus, mit seiner weggenommenen vierten Wand, wodurch der Einblick in ein Innenleben auf der Bühne gewährt wird, die Theorie Stanislawskis und seiner noch immer weiterwirkenden Schule, überhaupt die Anschauung von der möglichst vollkommenen Identifizierung des Schauspielers mit der durch ihn verkörperten Gestalt beschränkt den freiwilligen Zuschauer (ganz) auf die Funktion eines unfreiwilligen Zeugen. Erst der Expressionismus, besonders in seiner Zweigart des Aktivismus und später das epische Theater, hat mit dieser Anschauung grundsätzlich gebrochen, und bei Brecht ist sie am klarsten überwunden. Brecht geht zum anderen Extrem, wenn er verlangt, daß der Schauspieler neben seine Rolle trete, sie sowohl spiele als auch dem Publikum erkläre und demonstriere, allerdings nicht als der Privatmann Zettel, der seinen Kopf bisweilen, dem Publikum zuzwinkernd, aus dem Eselskopf herausstreckt, sondern in seinem Amte als bewußter Gestalter der dem Stück zugrunde liegenden Idee, als Ansager der historischen und sozialen Bezüge, als ein repräsentativer Zeitgenosse zwischen dem Dichter und dem Publikum. Brecht setzt bei alledem die genaueste Einfühlung des Schauspielers in die Figur, die er spielt, voraus, sie ist auch für ihn ein wesentlicher Teil der Theaterarbeit. Die Spaltung des Darstellers zwischen dargestelltem Charakter und auf diesen hinweisenden Erläuterer ist nur als technischer Behelf in einem speziellen Stück, das für solche Zwecke konzipiert ist, denkbar. Aber die überlegene, gestaltende Planung der Rolle und ihre bewußte Durchführung vor dem Publikum macht das Wesen schöpferischer Leistung des Schauspielers aus und unterscheidet sie sowohl von den Spielen der Kindheit wie von allem naiven Figurantentum. Das Mimische und Szenische ist eben, wie schon anfangs gesagt, eine Sprache, in der etwas mitgeteilt wird, (im höchsten Fall) in einer Handlungsfolge von geistiger, dichterischer Bedeutung. Daß dabei das heute so gerne berufene Unbewußte mittätig ist, das Instinktive kleiner und großer Art, wird dadurch nicht abgeleugnet. Handelt es sich doch um menschliche Verhaltensweisen bei jedem schauspielerischen Schritt. Sie können in sehr verschiedener Weise geweckt und gelenkt werden. Schließlich sind sie einem Organismus, dem des Dramas, eingeordnet und im höchsten Fall vom Dramatiker vorgezeichnet. Zwischen dem Wissen um Sinn und Gehalt dessen, was ein Schauspieler darstellt, und dem lückenlosen, körperlichen Darleben ist Raum für einen schöpferischen Prozeß, der in der bedeutenden Schauspielerei nicht nur als reproduktiv angesprochen werden kann, und den bis ins letzte Detail bewußt zu machen, kaum möglich und auch nicht wünschenswert wäre. Viel Strömendes würde dadurch gehemmt, Unwillkürliches, die Möglichkeiten der Eingebung, ja die eigentliche Spiellaune können unterbunden und ausgeschaltet werden. In der Praxis der Bühne ergibt sich immer wieder dieses Beieinander und Ineinander von willentlich Gespieltem und unwillkürlich Getroffenem, von Natur und Organisation, von Können und Kunst. In der Vorstellung waltet schließlich ein – wenn auch noch so sorgfältig vorbereiteter und eingeübter – Automatismus, der ein ihn begleitendes Bewußtsein, ein ständiges Mitdenken und Mitfühlen, eine noch in Trance mögliche Kontrolle nicht ausschließt. In der Vorstellung muß, was dargestellt wird, zur zweiten Natur geworden sein, zu Gegenwart und Existenz, die aber wiederholbar sein müssen, zu einer aus Menschenwesen bestehenden Maschine, die, angedreht, immer wieder abläuft und einem objektiven Spielwerk gleichkommt, obwohl sie von Blut und Nerven genährt wird. Der Schauspieler ist Bildhauer und Statue in einer Person, und erst seitdem es den Film gibt, kann er sich spielen sehen und sich aus dieser Einsicht heraus korrigieren. Aber die Erfahrung hat – mich wenigstens – gelehrt, daß ihm solche Selbstbetrachtung und Bespiegelung auch zum Schaden gereichen und ihn in seiner Weiterentwicklung lähmen und jedenfalls beeinträchtigen kann.

Denn dieses, worin der Grund für solche Gefährdung liegen mag, ist der wesentliche Unterschied zwischen Schauspielerei im Film und der im Theater. Im Film repräsentiert die Kamera den Zuschauer. Sie sucht den Schauspieler auf: ihre und seine Chance ist, wenn sie in ihn eindringen kann, ohne Widerstand zu finden. Je passiver er sich verhält, umso besser liest sie, an seinem Blick, an dem spärlichen Spiel seiner Muskeln, seiner Miene seine innersten Regungen, seine gedanklichen und emotionellen Reaktionen ab. Auf der Bühne dagegen stellt der Schauspieler in den Leerraum zwischen sich und dem Zuschauer die Gestalt hinaus, die er, sie sich einbildend, ausbildet nach der Vision, die er von ihr hat und die er im Publikum von ihr hervorruft. Er verhält sich dabei aktiv, gleichgültig, ob er viel oder wenig tut. Daß er sich selbst nicht zusehen kann, konzentriert ihn ebenso wie die Verdunklung des Zuschauerraumes, welche die einzelnen Gesichter im Parkett zur dunklen Masse des Publikums zusammenfließen macht. Das Auge des Publikums ist ein kollektives Subjekt, das an der Schöpfung des Schauspielers fühlend mitwirkt, nicht aber das herzlose Objektiv eines Apparates, der von einem indiskret beobachtenden Auge gelenkt wird, das auf verräterische Zeichen Jagd macht.

In dieser Weise bedingt das Publikum, als ein wesentlicher Faktor, die Aktualisierung des Schauspielers, sein sich Ausleben und sein schöpferisches Vollenden: die Probe auf das Exempel für das, was auf der Theaterprobe geschaffen und erarbeitet wurde. [...]

(Vortrag auf dem Schloß Leopoldskron)

In: Berthold Viertel: Schriften zum Theater, S. 468, 468–471.

Jürgen Fehling, 1924

10

JÜRGEN FEHLING

(1885–1968)

> «Ich bin nicht gewillt, solange ich als Regisseur Dichtergut auf dem Theater verwalte, mich einzustellen nach dem jeweiligen Geschmack der Theaterbesucher – anders ausgedrückt: Ich suche nicht die bequemste Wirkung. Ich traue den Dichtern, die ich spielen möchte, den Schauspielern, die ich haben möchte, und mir die Kraft zu, das Publikum zu führen.»
>
> *Jürgen Fehling, 1925*

> «Die Anklage ist die Geburt des Theaters.»
>
> *Jürgen Fehling, 1953*

Jürgen Fehling wurde am 1. März 1885 in Lübeck geboren. Studium der Theologie und Rechtswissenschaft von 1903 bis 1908 in Berlin; 1909 Schauspielunterricht bei Paul Wegener und Friedrich Kayßler in Berlin. 1910 erstes Engagement am Neuen Schauspielhaus am Nollendorfplatz in Berlin; 1910 am Märkischen Wandertheater, 1912 an der Neuen Freien Volksbühne Berlin, 1913 an der Neuen Wiener Volksbühne, 1916 an den Wiener Kammerspielen, 1918 an der Berliner Volksbühne am Bülowplatz (Direktion: Friedrich Kayßler); am 22. März 1919 führte Fehling an dieser Bühne erstmals Regie: Nikolai Gogols «Die Heirat» mit Lucie Mannheim, der Lebensgefährtin dieser Jahre, als Tichonowa. Sein erster großer Regie-Erfolg war Shakespeares «Komödie der Irrungen» am 28. Januar 1921; auch in den folgenden Spielzeiten profilierte sich Fehling immer wieder mit erfolgreichen Komödien-Inszenierungen: Raimund, Nestroy, Shaw, Hans Sachs, Tieck («Der gestiefelte Kater», am 30. Dezember 1921). Bemerkenswert war seine Uraufführung von Ernst Tollers «Masse Mensch» am 29. September 1921.

Jürgen Fehling und seine Lebensgefährtin Lucie Mannheim (1899 bis 1976) wurden 1922 an Leopold Jeßners Staatstheater Berlin (mit den drei Bühnen: dem Schauspielhaus am Gendarmenmarkt, dem Schiller-Theater und dem Kleinen Haus in der Nürnberger Straße) engagiert. Fehling schrieb etwa zu dieser Zeit über sein Verhältnis zum Publikum:

«Ich habe, so lange ich Regie führe, an die besten Instinkte des Publikums appelliert, und habe, soweit keine mir unüberwindlichen Schwierigkeiten meine Ar-

Ernst Toller «Masse Mensch». Volksbühne Berlin, 1921

beitsabsichten durchkreuzten, an der Volksbühne wie am Staatstheater meinen Optimismus bewährt gesehen, daß das Publikum dem Sinn des Theaters durchaus nicht verloren ist: Es wünscht *Erschütterung* (im Gegensatz zur *Bewegung* des Tages), und es wird vom darstellerisch *aufrichtig* Gemeisterten erschüttert. Ohne diesen Glauben könnte ich keine einzige Probe mehr abhalten. Ich bin nicht gewillt, solange ich als Regisseur Dichtergut auf dem Theater verwalte, mich einzustellen nach dem jeweiligen Geschmack der Theaterbesucher. Anders ausgedrückt: Ich suche nicht die bequemste Wirkung. Ich traue den Dichtern, die ich spielen möchte, den Schauspielern, die ich haben möchte, und mir die Kraft zu, das Publikum zu führen.

Die Aufgabe aller um die Existenz des ernsten Theaters Bemühten scheint mir ganz klar: mit allen Kräften und oberhalb aller persönlichen Rücksichten sich da auf der ganzen Linie einzusetzen, wo die herrische Gebärde der tiefsinnigen Theaterkunst dem gedankenausweichenden Erlahmungsprozeß, der West-Europa zu befallen droht, entgegengesetzt wird. Es gilt Kampf, nicht Anpassung. Ich kann mir kein schöneres Terrain für männlichen Geist denken. Aber die Verräter dieses Geistes sind allerorts mächtig, und der Dienst an ihm erfordert Ernst und Opfer. Und das sind heute allerdings verwegene Forderungen» (vgl. G. Ahrens: Das Theater des deutschen Regisseurs Jürgen Fehling).

Am Berliner Staatstheater arbeitete Fehling kontinuierlich bis Mai 1944. Jeßner wurde 1930 als Intendant abgelöst von Ernst Legal («Jeßner-Krise»); 1932 verließ die Jüdin Lucie Mannheim, Fehlings Hauptdarstellerin, Deutschland; 1932 wurde Albert Patry Intendant des Staatstheaters; am 1. März 1933 übernahm Franz Ulbrich, der seit 1924 Intendant des Deutschen Nationaltheaters in Weimar war, die Staatlichen Schauspielbühnen; im September 1934 wurde Gustaf Gründgens (vgl. Kap. 16) Intendant des Preußischen Staatstheaters Berlin. Seit 1939 war die Schauspielerin Joana Maria Gorvin Fehlings Lebensgefährtin und erste Schauspielerin vieler seiner Inszenierungen. 1943/44 war die letzte Spielzeit für die Berliner Bühnen. Am 1. September 1944 wurden die deutschen Bühnen geschlossen, bis auf wenige Sonderaufführungen. Das Schauspielhaus am Gendarmenmarkt wurde 1945 zerstört.

Zwischen 1922 und 1945, der Zeit seines Engagements am Staatstheater, inszenierte Fehling (die folgenden Daten nach G. Ahrens: «Das Theater des deutschen Regisseurs Jürgen Fehling» und «Jürgen Fehling. Der Regisseur 1885–1968») auch an der Tribüne Berlin (Ernst Toller: «Der entfesselte Wotan», am 23. Februar 1922); am Münchner Künstlertheater (1927); am Lessing-Theater Berlin (Louis Verneuil: «Herr Lamberthier», am 29. September 1928); an der Berliner Krolloper (Richard Wagner: «Der fliegende Holländer», am 15. Januar 1929); am Raimund-Theater Wien (1932); an der Städtischen Oper Berlin (1932); an der Staatsoper Berlin (Richard Wagner: «Tannhäuser», am 12. Februar 1933); am Deutschen Künstler-Theater Berlin (1934); am Staatlichen Schauspielhaus Hamburg (Friedrich Schiller: «Don Carlos», am 28. Februar 1935, mit Karl Wüstenhagen als Philipp, Ehmi Bessel als Eboli, Werner Hinz als Marquis von Posa, Gustav Knuth als Großinquisitor, Bühne: César Klein [1876–1954]; Gotthold Ephraim Lessing: «Minna von Barnhelm», am 11. Mai 1935, mit Werner Hinz als Tellheim, Ehmi Bessel in der Titelrolle, Bühne: César Klein; Friedrich Hebbel: «Kriemhilds Rache», am 29. Februar 1936, mit Werner Hinz als Gunther, Gustav Knuth als Hagen Tronje, Bühne: Karl Gröning [1897–1980]); am Schiller-Theater Berlin (Heinrich von Kleist: «Prinz Friedrich von Homburg», am 6. Februar 1940, mit Heinrich George als Kurfürst von Brandenburg, Horst Caspar in der Titelrolle, Bühne: Josef Fenneker; Wolfgang Goetz: «Der Kampf ums Reich», am 1. Mai 1940; Max Halbe: «Der Strom», am 18. Oktober 1940); am Theater der Stadt Straßburg (1942 und 1943).

Siegfried Melchinger nennt Jürgen Fehling «eines der großen Theatergenies der Epoche», ein Wort, das sich vor allem auf die 15 Arbeitsjahre, mehr als 100 Inszenierungen, am Berliner Staatstheater bezieht. Fehling war hier die schöpferische Antithese zu Reinhardts neuromantischem Repräsentationstheater gleichermaßen wie zu Jeßners politischer Didaktik oder gar zu Piscators politischem Theater. Fehling – ein großer Bewunderer Stanislawskis (vgl. Kap. 2) – stand vielmehr in der Tradition von Otto Brahm (vgl. Kap. 1), dessen psychologischen Realismus er öffnete und weiterführte zu einem Realismus der Wahrheitssuche, der in der inszenatorischen Arbeit an der Gottsucher-Dramatik Ernst Barlachs, an Shakespeare, Kleist und Grabbe seine große künstlerische Form fand. – Herbert Jhering schrieb:

«Fehling fängt da an, wo die meisten aufhören. Er beginnt in Gewittern und Stürmen. Er drückt keine Wirkung weg und zieht sich nicht hinter eine matte Vermenschlichung zurück. Er stellt sich den Gefahren der Dichtung. Wenn ein Werk in abgerissenen Szenen gebaut ist, täuscht er keine ebenmäßige Komposition vor. Er betont das Fragmentarische und verdeckt keine ‹Schwächen›. Er klärt nicht das Dunkle und lichtet nicht das Verhängte. Nicht durch freundliche Landschaften schreiten die leidenden und Schicksal fordernden Helden, sondern durch Schroffen und Klüfte. Das Grauen wird betont und der Schrecken lastet. So erhält auch seine Komik ihre Leidenschaft, und der Humor kann ausbrechen wie ein Vulkan. In herrlichen ‹Nebenwerken› entdeckt er das elementare Theater, und die Sprache Shakespeares und Kleists geht im rollenden Gang ihrer Perioden» (vgl. G. Ahrens: Das Theater des deutschen Regisseurs Jürgen Fehling).

Fehling inszenierte am Staatstheater Berlin u. a. (die folgenden Daten nach «Das Theater des deutschen Regisseurs Jürgen Fehling» und «Jürgen Fehling. Der Regisseur»):

Seine erste Inszenierung am 25. Oktober 1922 Molières «George Dandin» und «Arzt wider Willen», Bühne: César Klein; am 22. November 1922 Gerhart Hauptmanns «Hanneles Himmelfahrt» mit Lucie Mannheim in der Titelrolle; am 1. Februar 1923 Heinrich von Kleists «Das Käthchen von Heilbronn» mit Lucie Mannheim in der Titelrolle, Bühne: Caspar Neher (es war Nehers erste Theaterarbeit); am 23. Mai 1923 Ernst Barlachs «Der arme Vetter» mit Heinrich George (1893–1946) als Siebenmark, Bühne: Rochus Gliese (1891–1978); am 23. Oktober 1923 Lessings «Minna von Barnhelm» mit Agnes Straub (1890–1941) in der Titelrolle; am 31. Dezember 1923 Shakespeares «Viel Lärm um nichts», Bühne: Emil Pirchan; am 8. April 1924 Friedrich Hebbels «Die Nibelungen» mit Agnes Straub als Kriemhild, Heinrich George als Hagen Tronje, Alexander Granach (1890–1949) als Etzel, Bühne: Emil Pirchan; am 24. September 1924 Gerhart Hauptmanns «Fuhrmann Henschel» mit Heinrich George in der Titelrolle, Bühne: Rochus Gliese; am 4. Dezember 1924 Bertolt Brechts «Leben Eduards des Zweiten von England» mit Agnes Straub (1890–1941) als Anna, Werner Krauß (1884–1959) als Mortimer (erste Zusammenarbeit von Krauß und Fehling); am 4. April 1925 Ernst Barlachs «Die Sündflut» mit Heinrich George als Noah, Lucie Mannheim als Awah; am 20. Juni 1925 Max Halbes «Jugend» mit Lucie Mannheim als Annchen, Veit Harlan als Hartwig; am 14. Oktober 1925 Arthur Schnitzlers «Weihnachtseinkäufe» und «Liebelei» mit Lucie Mannheim als Christine; am 3. Dezember 1925 Shakespeares «Romeo und Julia» mit Lucie Mannheim als Julia; am 4. Mai 1926 Hans Henny Jahnns «Medea» mit Agnes Straub in der Titelrolle; am 16. Oktober 1926 Jakob Michael Reinhold Lenz' «Die Soldaten» mit Lucie Mannheim als Marie, Bühne: César Klein; am 21. Dezember 1926 Anton Tschechows «Drei Schwestern» mit Lucie Höflich als Mascha, Lina Lossen als Olga, Lucie Mannheim als Irina; am 11. Juni 1927 Shakespeares «Maß für Maß»; am 15. Oktober 1927 Else Lasker-Schülers «Die Wupper» mit Lucie Höflich (1883–1956) als Frau Sonntag, Lothar Müthel als Eduard, Bühne: César Klein; am 17. November 1927 Shakespeares «Der Kaufmann von Venedig» mit Fritz Kortner (vgl. Fritz Kortner, Kap. 13) als Shylock und Elisabeth Bergner als Porzia, Bühne:

César Klein; am 14. Dezember 1927 Heinrich von Kleists «Robert Guiskard» und Georg Büchners «Woyzeck» mit Lucie Mannheim als Marie, Bühne: Hermann Krehan; am 11. Mai 1928 Goethes «Clavigo» mit Lothar Müthel in der Titelrolle, Bühne: Emil Pirchan; am 28. November 1928 Lion Feuchtwangers «Die Petroleum-Inseln», mit Maria Koppenhöfer als Miß Deborah Gray, Bühne: Caspar Neher; am 18. März 1930 Shakespeares «Liebes Leid und Lust»; am 25. Mai 1930 Grabbes «Scherz, Satire, Ironie und tiefere Bedeutung» mit Paul Bildt als Schulmeister; am 15. Oktober 1930 Henrik Ibsens «Nora» mit Lucie Mannheim in der Titelrolle, Lothar Müthel als Doktor Rank; am 6. Dezember 1930 Ernst Barlachs «Der Blaue Boll» mit Heinrich George in der Titelrolle; am 5. Mai 1931 Georg Kaisers «König Hahnrei»; am 9. September 1931 Nikolai Gogols «Die Heirat» mit Lucie Mannheim als Tichonowa; am 22. November 1931 Arthur Schnitzlers «Liebelei» mit Lucie Mannheim als Christine; am 17. Dezember 1931 Richard Billingers «Rauhnacht» mit Werner Krauß als Kreuzhalter, Bühne: Rochus Gliese; am 31. Dezember 1931 Günther Bibos und Emil Rameaus «Die göttliche Jette», mit Lucie Mannheim in der Titelrolle; am 6. Mai 1932 Frank Wedekinds «Der Liebestrank» mit Heinrich George als Mogoschin, Maria Koppenhöfer als Gemahlin; am 8. Oktober 1932 Friedrich Schillers «Wilhelm Tell» mit Werner Krauß in der Titelrolle, Bernhard Minetti als Geßler, Bühne: Caspar Neher; am 17. Mai 1933 Paul Ernsts «Der heilige Crispin», Bühne: Teo Otto; am 23. September 1933 Friedrich Grieses «Mensch aus Erde gemacht» mit Heinrich George als Hans Biermann, Bühne: Traugott Müller; am 21. Dezember 1933 Hanns Johsts «Propheten» mit Heinrich George als Luther, Bernhard Minetti als Eck, Bühne: Traugott Müller; am 26. Oktober 1934 Eugène Scribes «Das Glas Wasser» mit Käthe Gold als Königin Anna, Gustaf Gründgens als Vicomte von Bolingbroke; am 30. November 1934 Hans Rehbergs «Der große Kurfürst» mit Eugen Klöpfer in der Titelrolle; am 11. September 1935 Nikolai Gogols «Der Revisor» mit Bernhard Minetti als Chlestakoff, Bühne: Rochus Gliese; am 16. November 1935 Hanns Johsts «Thomas Paine» mit Lothar Müthel in der Titelrolle, Bühne: Traugott Müller; am 31. Dezember 1935 Don Augustin Moretos «Donna Diana», Bühne: Traugott Müller; am 26. September 1936 Ferdinand Raimunds «Die gefesselte Phantasie»; am 5. Dezember 1936 Dietrich Christian Grabbes «Don Juan und Faust» mit Gustaf Gründgens als Don Juan, Käthe Dorsch als Donna Anna, Eugen Klöpfer als Faust, Bernhard Minetti als Ritter, Bühne: Rochus Gliese; am 2. März 1937 Shakespeares «König Richard der Dritte» mit Werner Krauß in der Titelrolle, Bernhard Minetti als Buckingham, Bühne: Traugott Müller.

Die Aufführung wurde von der Kritik als Markstein des modernen Regietheaters gefeiert. Paul Fechter schrieb im «Berliner Tageblatt»:

«Was bleibt als Erinnerung an den ‹Richard den Dritten› im Staatstheater? Der Raum und die veränderte Beziehung zwischen Mensch und Raum. Wie in Grabbes ‹Don Juan und Faust› stellt Herr Fehling und sein Helfer Traugott Müller den Raum fast nackt und unverhüllt zur Schau. Nicht wie früher zuweilen als hohen Raum unter dem Kuppelhorizont, unter dem sich Menschenmassen und Fahnen auf allerhand Stufen erhoben, sondern als dreidimensionalen Raum mit besonderer Betonung der Tiefendimension. Man blickt in die Bühne wie in ein umgekehr-

Ernst Barlach «Die Sündflut». Staatstheater Berlin, 1925 (Albert Steinrück
als Calan, Heinrich George als Noah)

tes Stereoskop: ein fast ins Endlose stoßender riesiger Raumgang, ganz hell, fast
weiß, mit leicht ansteigendem Boden, leicht absinkender Decke, seitlich mit glat-
ter, heller Bespannung, die, ebenfalls etwas abgeschrägt, in die Tiefe führt, gibt er
eine Ferne, Weite und Größe, wie man sie auf der Bühne noch nicht erlebt hat.

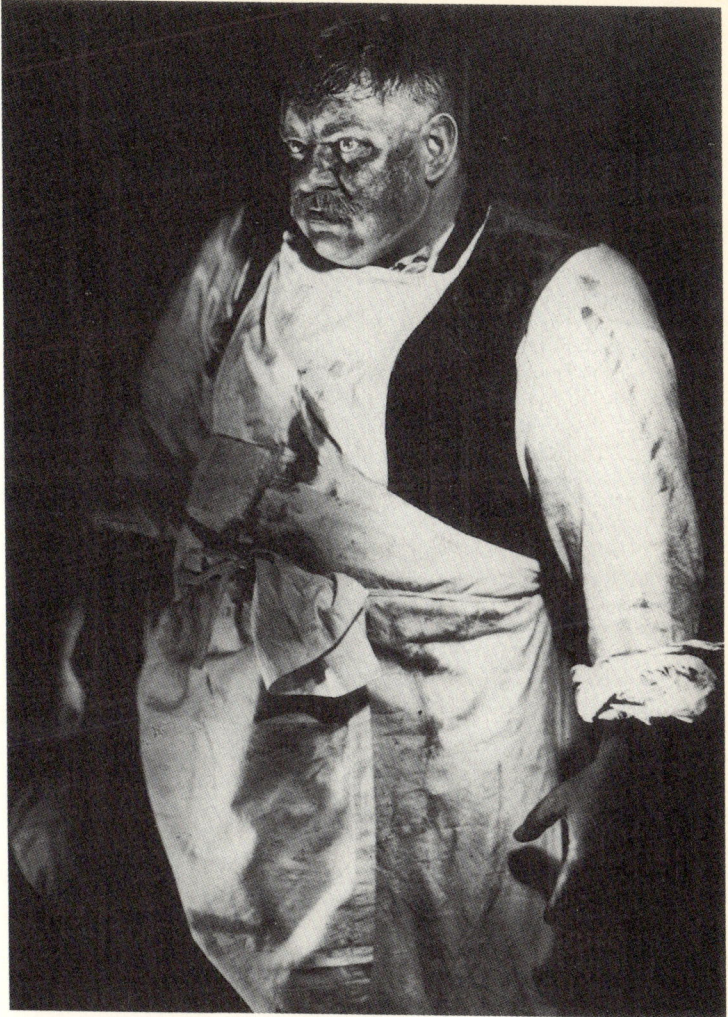

Friedrich Griese «Mensch aus Erde gemacht». Staatstheater Berlin, 1933
(Heinrich George als Hans Biermann)

Gegliedert ist diese Raumwucht nur durch eine Reihe von sieben oder acht leicht
klassizistischen, dunklen Soffitenbalken, die mit dicken Schnüren silhouettiert
sind: so entsteht ein Raumbild von hart betonter Perspektive, das halb an frühe
Italiener, halb an die Valori plastici erinnert.

In diesem Raum aber stehen, gehen, schreiten die Schauspieler: in diesem Raum ringen Menschen – und was sie tun und sagen, wird klein und winzig gegenüber dieser Riesenleere. Fern im Hintergrund taucht ein Bote auf – ein kaum wahrnehmbarer Schatten: er läuft und läuft; endlich ist er vorne – und steht nicht minder klein, verloren unter der schweigenden Wucht des hellen, weißen Raums. Herr Fehling mußte schon aus Notwehr alle seine Gestalten schwarz und winterlich wie aus einer uralten Macbethwelt kommen lassen: so lebten sie aus dem Gegensatz zum Weiß des Raums wenigstens etwas stärker.

Was ergibt sich daraus? Daß der Zuschauer das Schicksal all dieser Kleinen, im Unendlichen Verlorenen viel stärker, unentrinnbarer empfindet, als wenn die Menschen kammerspielmäßig groß im kleinen Raum vor ihn treten. Auf seinem Thron sitzt ein kranker König: um ihn sind Menschen – aber um all das ist Raum, ist ein Sinnbild der Welt, groß, ungerührt, unbewegt von all dem, was da unten geschieht. Auf einer einsamen Bank sitzen drei Mütter, denen das Schicksal und Richard alles nahm: sie werden klein, verloren, hilflose Geschöpfe in der eisigen Weite dieses weißen kalten Raums, der ihr Los wie ein Nichts, wie ein kaum zu Beachtendes riesenhaft stumm umfängt. Die Tragödie bekommt eine Erweiterung ins Große, in den Weltraum: der kleine Mensch mit seinem kleinen Leid wächst in der Einsamkeit, die der Raum um ihn breitet, zu einer bisher kaum erlebten Größe der Verlassenheit. Das Drama greift in den Raum und wird von ihm weitergetragen. Es bedürfte kaum der Wolken im Stil Munchs, die in den Szenen im Freien die schwarzen Soffitenvorhänge, von Szene zu Szene tiefer herabsinkend, verhüllen: das Entscheidende ist und bleibt der Raum.

Was ergibt sich daraus weiter? Daß man nicht nur Schicksal und Handlung, sondern so etwas wie einen ganzen Lebensvorgang erlebt. Herr Fehling hat das Problem des Raums und der Räume gesehen und ist auf ein ausgezeichnetes Divisionsverfahren verfallen, das etwa den Arbeiten mit Glas in Architekturklassen der Kunstschulen entspricht. Dort baut man, um das Raumgefühl des Schülers zu entwickeln, Kuben, Kästen, kleine Räume aus Glasscheiben; hier wird der riesige Raum durch parallel hintereinander herabhängende grobe Gazewände in Räume aufgeteilt, ohne aufzuhören, Raum zu sein. Die Drehbühne addiert wie ein schlechter Architekt, Kuben und Räume; Herr Fehling teilt seinen einen großen Innenraum in eine Reihe fast abstrakter Innenräume auf, die untereinander durch in den Achsen gegeneinander verschobene Türöffnungen in Verbindung stehen. Den Rahmen der Türen bilden jeweils helle Metallrohre – wie denn auch die übrige englische Schloßeinrichtung den Stahlmöbeln nicht ferne ist. Die Wände um diese Türen aber sind durchsichtig, lichtdurchlässig: man sieht die Menschen längst im Raum, verschleiert, fern, bevor sie durch die Räume den Schauplatz vorn betreten. Das Geschehen des Dramas gleitet als Vorgang durch den Raum, bevor es sich am Ort der Handlung im Räumlichen rein darstellt.

Das ist zuweilen, etwa wenn zuerst die alte Königin Margaretha kommt, bildhaft und in der Raumentwicklung von phantastischer Wirkung. Schatten schweben heran, werden Menschen, entschweben wieder zu Schatten – man ist in den Bannkreis der Gestaltung selbst hineinbezogen. Sodann muß das Licht auf eine neue Weise mithelfen. Während es sonst mit scharfem Dasein an sich die Gestalten in seinen Kegel hineinreißt, aus dem Raum heraussaugt, bleibt es hier an den kaum vorhandenen Gazewänden verfestigt. Helle, rötliche, gelbe, weißliche Lichtflekken erhellen die dünnen Raumgrenzen, fallen von ihnen auf die schattenhaften

William Shakespeare «Richard III.». Staatstheater Berlin, 1936
(Werner Krauß in der Titelrolle)

Menschen, verengen und vergrößern je nach ihrer Verteilung die Abstände. Der
Riesenraum wird vom Licht noch einmal aufgeteilt und die Wirklichkeit der Menschen bald gemildert, bald verstärkt. Margaretha mit ihrem Grünewald-Kopf ist
ein helles Gespenst, die Mörder grauenhafte Schatten: das Licht wird Funktion des
Raums, der Raum Funktion des Lichts, und das Drama zieht unter beiden in einer

wunderlich vergrößerten Welt zugleich ausgeweitet und zusammengedrängt seine
Bahnen – Tragödie des Grauens und ein Lied von den Kleinen, die im Unermeß-
lichen verloren ihre Schattenbahnen dahinwandern» (vgl. Jürgen Fehling. Der
Regisseur).

In der «BZ am Mittag» schrieb Otto Ernst Hesse über diese Inszenierung:

«Es ist nicht möglich, auch nur alle Höhepunkte der genialen Inszenierung zu schildern. Sie sind die Werbung um Elisabeth, die Verzweiflung des todkranken schrei-
enden Königs auf dem Thron, die lügnerische Szene Richards auf dem hochange-
bauten Altar, die großartige Szene der drei Flüche sprechenden Frauen und die
Szene des Angsttraumes, die das Grausigste und zugleich Herrlichste ist, was je
einem Regisseur gelang, mit den Totenmaskenerscheinungen der Ermordeten, mit
den verfallenden Körpern und ihrer tänzerisch morosen Führung: Bilder, die für
immer im Auge haften werden. Spät kommt Richard, nach der Breite der bösen
Taten, zur Zerrissenheit und der Entkräftung durch das erwachende Gewissen.
Werner Krauß, verwachsen, hinkend, mit fast irr flackerndem Auge, oft sein riesi-
ges Schwert schleppend, legt die Morde zunächst mit der Exaktheit eines Mathe-
matikers an. Dann gewinnt er Lust am Verstellungsspiel, Lust an der Macht, die er
ausstrahlt. Er übertölpelt die Feinde und die Freunde, er zwingt alle in seinen
Bann, bald ein guter, bald ein gewaltiger Kommandeur, bald ein Schmeichler. Bis
das Gewissen erwacht, bis der Teufel in ihm von der Jenseitsfurcht unsicher gemacht wird, ein Satan, dem der Fluch der Mutter und die Erscheinungen der
Mordsopfer die Tatkraft lähmten: eine vielfältige, unerhört klug disponierte, in
dämonischer Verhaltenheit flackernde Leistung. [...]
    Über fünf Stunden dauert der Abend. Das Publikum folgt gebannt der Regielei-
stung, die zu den Ruhmesblättern des Staatstheaters ein neues herrliches hinzu-
fügt. Mit Recht folgt den Schlußrufen der dankbaren Zuhörerschaft zuerst Jürgen
Fehling, der dann seinen Haupthelfer Werner Krauß und die übrigen Darsteller,
die lange gefeiert werden, auf die Bühne führt» (vgl. Jürgen Fehling. Der Regisseur).

Am 23. Dezember 1937 inszenierte Fehling Heinrich von Kleists «Das Käthchen von
Heilbronn» mit Käthe Gold in der Titelrolle; am 6. Mai 1938 George Bernard Shaws
«Frau Warrens Gewerbe», Bühne: César Klein; am 3. Dezember 1938 Friedrich
Hebbels «Maria Magdalena» mit Käthe Gold als Klara, Friedrich Kayßler als Mei-
ster Anton, Bühne: César Klein; am 5. Mai 1939 Shakespeares «König Richard der
Zweite» mit Gustaf Gründgens in der Titelrolle, Bernhard Minetti als Bolingbroke,
Bühne: Traugott Müller; am 24. April 1941 Shakespeares «Julius Caesar» mit Wer-
ner Krauß in der Titelrolle, Gustav Knuth als Marcus Antonius, Bühne: Traugott
Müller; am 7. Mai 1942 Knut Hamsuns «Abendröte» mit Werner Krauß als Ivar
Kareno; am 3. Dezember 1942 Gerhart Hauptmanns «Der Biberpelz» mit Werner
Krauß als Wehrhahn, Elisabeth Flickenschildt als Frau Wolff; am 9. Mai 1944 Her-
mann Sudermanns «Johannisfeuer» mit Paul Wegener als Vogelreuter, Marianne
Hoppe als Marikke, Joana Maria Gorvin als Trude. Dies war Fehlings letzte Arbeit
am Staatstheater – das Ende einer theatergeschichtlichen Ära.

Else Lasker-Schüler «Die Wupper». Staatstheater Berlin, 1927
(Bühne: César Klein)

Friedrich Schiller «Don Carlos». Deutsches Schauspielhaus Hamburg, 1935
(Bühne: César Klein)

Nach Kriegsende, im Juni 1945, gründete Fehling in Berlin die «Jürgen-Fehling-Theater-Gesellschaft» (vgl. Jürgen Fehling. Der Regisseur); die erste Aufführung fand bereits am 6. Oktober 1945 in einem Zehlendorfer Kino statt: Goethes «Urfaust» mit Konrad Wagner als Faust, O. E. Hasse als Mephisto, Joana Maria Gorvin als Margarethe. Nach einer zweiten Produktion, Paul Raynals «Das Grabmal des unbekannten Soldaten» am 24. Januar 1946, mußte das Theater schließen, da die Schauspieler Engagements an staatlichen Bühnen fanden.

Der Versuch, Fehling an das Deutsche Theater Berlin (Intendanz: Wolfgang Langhoff) zu binden, schlug fehl; gleichermaßen zerschlugen sich Pläne, Fehling die Direktion des Berliner Hebbel-Theaters zu übergeben. An diesem Theater inszenierte er am 7. Januar 1948 Jean-Paul Sartres «Die Fliegen» mit Joana Maria Gorvin als Elektra, Kurt Meisel als Orest, O. E. Hasse als Jupiter. Für diese Inszenierung erhielt Fehling den Kritikerpreis der Zeitschrift «Athena».

Da es Fehling nicht gelang, mit einer Berliner Bühne eine längerfristige Bindung einzugehen, übersiedelte er zusammen mit Joana Maria Gorvin nach München. Er inszenierte dort am Theater am Brunnenhof Hebbels «Maria Magdalena» (18. Mai 1949), Ibsens «Nora» (22. März 1950) und Federico Garcia Lorcas «Dona Rosita oder Die Sprache der Blumen», jeweils mit Joana Maria Gorvin in der Hauptrolle; am Münchener Residenztheater inszenierte er Ludwig Tiecks «Ritter Blaubart». Mit keiner der drei Inszenierungen vermochte Fehling das Münchner Publikum noch die Intendanz des Staatsschauspiels zu überzeugen; die «Blaubart»-Premiere artete zu einem handfesten Theaterskandal aus.

Seine letzte Inszenierung war Friedrich Schillers «Maria Stuart» am 27. September 1952 am Berliner Schiller-Theater mit Joana Maria Gorvin in der Titelrolle, Elisabeth Flickenschildt als Elisabeth und Martin Held als Leicester. Ein erneuter Versuch einer dauernden Existenzsicherung in Berlin mißlang wiederum. Fehling verfiel zunehmend in Depressionen, eine klinische Behandlung wurde nötig. Letzte Arbeitsversuche, Ende 1953 in Frankfurt an Fritz Rémonds Theater und im November 1959 in München – er sollte dort Strindbergs «Fräulein Julie» inszenieren –, mußten abgebrochen werden.

Fehling und Joana Maria Gorvin übersiedelten nach Hamburg. Am 6. März 1960 arrangierte Gustaf Gründgens im Deutschen Schauspielhaus eine Feier zu Fehlings 75. Geburtstag. Der Gefeierte resümierte die Erfahrungen seines Theaterlebens: «Alles Theater deutscher Sprache und deutschen Wetters ist (ob Poesie oder Tragödie) in Wirklichkeit Totentanz. Die Anmut, die Gewalt des Todes ist die große Hexerei des Theaters. Solange Menschen leben und sterben und den Tod fürchten, wird es Theaterspiel geben. Ritter, Tod und Teufel heißt die Dreifältigkeit dieser schönen Sache.» – Fehling starb am 14. Juni 1968 in Hamburg.

Daß Jürgen Fehling unter den «Regieklassikern» des deutschen Theaters im 20. Jahrhundert wohl die «genialischste und genialste Persönlichkeit» war, wie Carl Zuckmayer schrieb, ist nahezu einmütig der Tenor aller, die sich heute um eine würdigende Annäherung an die Regiekunst dieses Theatervisionärs bemühen. Gewiß aber war er – Rudolf Noelte nennt ihn den «unopportunistischsten», den «protestantischsten Regisseur» – auch derjenige, dessen Werkbesessenheit die meisten Reibungsflächen bot.

Bibliographie

G. Ahrens (Hg.): Das Theater des deutschen Regisseurs Jürgen Fehling. Berlin 1985.

R. Biedrzynski: Schauspieler, Regisseure, Intendanten. Berlin 1944, S. 9–28.

H. Brenner: Die Kunstpolitik des Nationalsozialismus. Reinbek bei Hamburg 1963.

H. Curjel: Experiment Krolloper 1927–1931. München 1975.

B. Drews: Heinrich George. Ein Schauspielerleben. Reinbek bei Hamburg 1959.

J. Fehling: Die Magie des Theaters. Äußerungen und Aufzeichnungen mit einem Essay von S. Melchinger. Velber 1965 (Reihe Theater heute 17).

Jürgen Fehling. Der Regisseur (1885–1968). Katalog 121 der Akademie der Künste. Berlin 1978.

G. Gründgens: Briefe, Aufsätze, Reden. Hg. v. M. Badenhausen u. P. Gründgens-Gorski. Hamburg 1967.

H. Jhering: Der Kampf ums Theater. Dresden 1922.

ders.: Regie. Berlin 1943.

ders.: Zwei Regisseure, zwei Welten. Jürgen Fehling und Heinz Hilpert zum Geburtstag. In: Theater heute 6 (1965), Heft 3, S. 18–20.

F. Kortner: Aller Tage Abend. München 1959.

W. Krauß: Das Schauspiel meines Lebens. Stuttgart 1958.

R. Lehnhardt: Die Lucie-Mannheim-Story. Remagen/Rolandseck 1973.

E. Lüth: Hamburger Theater 1933–1945. Hg. v. d. Theatersammlung der Universität Hamburg. Hamburg 1962.

L. Mannheim: Über Jürgen Fehling. In: Theater heute 2 (1968), Heft 8, S. 14–17.

S. Melchinger: Jürgen Fehling. Ein Versuch. In: J. Fehling: Die Magie des Theaters, S. 6–44.

H. Müllenmeister: Leopold Jessner. Diss. phil. Köln 1956.

R. Noelte: Jürgen Fehlings Erbe. In: Theater heute. Jahresheft 1970, S. 30–32.

G. Rühle (Hg.): Theater für die Republik 1917–1933. Im Spiegel der Kritik. Frankfurt/M. 1967.

K. H. Ruppel: Berliner Schauspiel 1936–1942. Berlin 1943.

ders.: Großes Berliner Theater 1936–1943. Velber 1962.

M. Steinbeck: Jürgen Fehlings «Tannhäuser» von 1933. Rekonstruktion einer Inszenierung an der Staatsoper Berlin. In: Kleine Schriften der Gesellschaft für Theatergeschichte. Berlin 1967 (Heft 22).

Die Wahrheit lachend wissen (1931)

Frage: «*Suchen Sie als Regisseur den Schauspieler M. und die Schauspielerin K. ‹auf ihre letzte Formel›, auf eine gemeinsame und damit vielleicht für einen Dritten gültige Formel zu bringen?*»

Fehling: «Ich muß sie jenseits alles Artistischen, ja, jenseits der Vorstellung, die sie von sich selbst haben, auf den Grundbestand ihres Wesens und ihrer Erlebnisfähigkeit zurückführen. Das klingt vermessen, erklärt sich aber selbstverständlich. Ich habe den Überblick über das Gesamtgefüge des Ensembles und über die Partitur der Dichtung. Ich habe den Abstand, den der einzelne Darsteller zu sich und seiner Rolle nicht gewinnen kann. Also hole ich aus dem von sich selbst noch nicht erkannten, von sich selbst noch nicht ‹wahr› gesehenen Schauspieler M. mit allen seinen Zufälligkeiten den einmaligen M. – es muß schon gesagt sein –, die ewige Persönlichkeit M. heraus. Dasselbe versuche ich an der Rolle. Ich enthülle ihre Einmaligkeit, ihre Unverlierbarkeit im Reiche der geistigen Schöpfung. Und indem ich den Schauspieler mit der Rolle, beide in ihrem Kern, in dem, was ihnen wesentlich ist, verschmelze und ihnen in dieser Verbindung mit Verwandlung eine neue körperliche Wirklichkeit gebe, dir und mir verwandt, entsteht ein neues Wesen, das allmenschlichere Züge trägt und sich an die Allgemeinheit des Publikums wenden darf, das nach so umfassender Menschlichkeit verlangt. Dieser Vorgang wiederholt sich nun mit sieben Schauspielern und sieben Rollen. Neue Existenzen stehen auf, die lieben, leiden und sich freuen wie wir. Aber sie sind nicht mehr zufällig und vereinzelt, sondern vorgedrungen zu den Gesetzen menschlichen Wesens und Lebens überhaupt. Dadurch üben sie ihre Macht über das Publikum drunten aus: Sie wollen nicht mehr verstanden werden, sondern wollen wissen, daß sich das Publikum in ihnen verstanden fühlt. Dafür gibt dieses Publikum sein Geld aus: Menschlichkeit zu finden, in der es umschlossen ist. In jenen Urbildern von Menschen sieht der einzelne Mensch sich in seiner Person und Situation ins Riesengroße, Einmalige herausgerissen und gesteigert. Welche Verwegenheit, welcher Größenwahn ... In jenen Urbildern sieht er aber auch sich und seine Zufälligkeit aufgelöst und umgeformt. Er gibt sich in ihnen selbst auf. Er weiß, daß genau wie er Hunderte um ihn sitzen und dasselbe wie er von den wahren Menschen auf der Bühne erfahren. So ordnet er sich ein in einen großen Zusammenhang, in dem das Private und das Allgemeine ineinander verflochten sind. Welche Selbstlosigkeit und welche Bescheidenheit. Es läßt sich nur so zugespitzt sagen: Im Erfahren der Wahrheit über den Menschen sucht das Publikum Befriedigung für seinen Übermut und für seine Demut.»

Frage: *«Bleibt das Publikum nicht dennoch ein kühler Betrachter? Kann sich jene Herausstellung des Ursprünglichen, die der Regisseur am Schauspieler und an der Rolle vornimmt, auch auf das Publikum übertragen?»*

Fehling: «In dem neuen Urbild der Gestalt auf der Bühne kann sich der Zuschauer spiegeln. Er wird nicht erzogen. Er wird nicht verbessert. Er sieht sich nur in einem Spiegel, vor dem er erkennen kann, daß etwas an ihm derangiert ist. Dann kann er sich selbst in Ordnung bringen. Der Mensch des deutschen Publikums will diese Spiegelung im anderen, während das romanische Publikum etwa eine solche Gegenüberstellung gar nicht wahrnehmen könnte, sondern es für das Natürlichste von der Welt hielte, wenn alle Anwesenden allmählich die Rollen einfach reihum spielten – man darf nicht nur von einem Spiegel reden, den der Deutsche verlangt. Der Ausdruck Porträt ist zutreffender. In ihm sieht der Zuschauer einen fertigen Menschen, der ihn umschließt, ‹fertig› nicht im Sinne von ‹vollendet›, sondern ‹erfüllt›. Das ist das Wunder, das der Mensch aus dem Publikum sucht: Erlösung durch Erfüllung seines Wesens. Der Mensch wird wieder zu Adam, wird wieder ursprünglicher Mensch. Das Wesen und den Wert des Menschen begreifen, heißt aber Gott entscheidend erfahren. Auf dem Theater gilt es, zu Menschen menschlich zu reden, vor Menschen menschlich zu handeln und dadurch den Mann, die Frau im Publikum in einen Zustand zu bringen, in dem jedes unmittelbar vor seinem Schöpfer steht – allein, ersterschaffen und doch alle Menschlichkeit und Menschheit in sich begreifend. Ohne diese Erfahrung könnte kein Mensch sich einordnen in sein Schicksal und in seine Pflicht. Das Publikum sichert sich diese Erfahrung für sein Rang-, Parkett- oder Galerie-Billett.»

Frage: *«Sehen Sie das Theater nicht zu sakral an? Setzt Ihre Meinung vom Publikum nicht voraus, daß man nur ernste Dichtungen dargestellt sehen möchte? Und lehrt die Praxis nicht gerade, daß Komödien den stärksten Zuspruch finden?»*

Fehling: «Ein Ernst, der sich erdrückend gibt, würde das Publikum aus den Theatern heraustreiben. Das Publikum ahnt gar nicht die ganze Tiefe, die sich in seinem Willen kundgibt, die Wahrheit, die Erlösung und das Wunder im ‹Amüsement› zu finden. Das bedenke man wohl. Die Leiden, die Lasten, die Verfehlungen und die Verfehltheiten, mit denen es sich auseinanderzusetzen hat, sollen ihm nicht mehr im Vordergrund stehen. Sie sollen sich auflösen in jener Zutraulichkeit, mit der das Urbild des Menschen auf der Bühne und der Zuschauer sich verständnisvoll zublinzeln, sollen aufgehoben sein in dem Vertrauen, mit dem Gott und der erste Mensch sich anblicken, der Gottes Ebenbild ist. Der Jammer und die Jämmerlichkeit, das Unglück und die Bosheit sind nicht mehr so wichtig. Der Kampf mit dem Leiden und den Leidenschaften ist durch das Theater auf eine andere Ebene verlegt, in der man ihn genießt, über die etwas Paradiesisches hinweht. Die Komödie scheint mir die Sinnerfüllung des Theaters zu bedeuten: Sie enthüllt trotz wahrhaftiger Lebensspiegelung den Scheincharakter ‹aller Leiden dieser Zeit, die nicht wert sind der Herrlichkeit, die an uns soll offenbart werden›. Die Komödie verwandelt Fluch und Kampf in Spiel – nicht in artistische Spielerei, die ablenkt und zerstreut, um uns nachher die Tatsachen der Wirklichkeit nur noch härter spüren zu lassen –, sondern sie verwandelt sie in ein Spiel, in dem Kräfte sich entfalten und frei gemacht werden, damit sie sich selbst wieder anordnen, weil ihnen die Fähigkeit zu dieser heiteren und schönen Anordnung innewohnt. Da bedarf es nicht der Erschütterung durch das Tragische, ist der Zugriff des Pädagogen unangebracht. Die Komödie zeigt die Schönheit des schmerz- und schuldbeladenen Menschen. Das Publikum will nicht angegruselt sein und im Erschauern die Wahrheit über den Menschen und die Offenbarung Gottes in ihr erfahren. Dieser Hang zur Erschütterung ist unfromm und oberflächlich. Denn er zeigt, daß der Mensch mit Ernst noch nicht gesättigt ist und sentimentale Steigerungen schätzt. Der Mensch aus dem Publikum will aber heiter verliebt gemacht werden in sich selbst – den Schuldigen und Ringenden und Leidenden.»

Frage: *«Wird nicht der Mensch, das Leben, das Theater oberflächlich, wenn vom ganzen Kampf nur dieses Spiel übrigbleibt, nur diese Flucht in den Humor? Heißt das nicht einen heroischen Vorzug verweichlichen und verniedlichen?»*

«Die Wahrheit lachend wissen, dem Gott, verborgen und offenbart in eins, geliebt und gefürchtet zugleich – lachend gegenübertreten zu wollen, das ist fraglos heroisch – und kindlich. Und nichts liegt der Verniedlichung ferner als die Kindlichkeit. Der Humor der Komödie ist auch nicht ablenkend, nicht leer – er ist streitbar und männlich, weil in ihm die Gegensätze zwischen Gericht und Gnade zur Einheit gemacht werden. Die Spannung zwischen diesen tiefen Gegensätzen löst sich im Spiel. Sie stießen sich anscheinend daran, daß ich sagte: Das Publikum will verliebt gemacht sein in sich selbst. Dahinter steht doch, daß der Mensch durch das Theater Gott, den er wieder und wieder anklagt, nichts als dankbar sein möchte. Dahinter steht doch ferner das Zutrauen, daß das ‹Jammertal der Erde›, was auch auf ihr geschehe, der ‹Garten Eden› sein kann. Das Publikum nimmt nicht an, daß es aus dem Theater herauskommt und nun eine veränderte Welt vorfindet. Aber es weiß, daß im Theater, auf der Bühne und – im letzten Akt – im Zuschauer selbst ein Vorgang sich abspielt, in dem Gott das Übel nicht von der Person, sondern die Person vom Übel reißt.»

Frage: «*Ist es nun nicht fast so, daß das Theater nur dem religiösen Menschen etwas bedeuten kann?*»
Fehling: «Das hieße Mauern künstlich aufrichten. Man läßt doch nicht von der Bühne herunter eine Liturgie lesen oder ein Dogma lehren. Der Mensch, der nicht fromm ist, wird ganz genauso das Wesentliche am Menschen und das Ursprüngliche an den Kräften, die ihn tragen oder die ihn vernichten, suchen.»

In: Jürgen Fehling: Die Magie des Theaters. Äußerungen und Aufzeichnungen mit einem Essay von Siegfried Melchinger. Velber bei Hannover (Friedrich Verlag) 1953, S. 62–64.

Für die Guckkastenbühne (1953)

[...] Die Guckkastenbühne ist die Stilisierung der Szene schlechthin. Alle Bemühungen, sie uns madig zu machen, kann nur aus der Tatsache entspringen, daß heutige Theaterregisseure die enorme geistige Schöpfung, die die Erfindung der Guckkastenbühne bedeutete – und für alle Zeiten in Europa bedeuten wird, solange Shakespeare, Lenz, Raimund und Schiller die reizvollsten Partiturenschreiber europäischen Theaters sein werden –, nicht erfassen können. Daß Koch und seine Gleich- oder Ähnlichgesinnten die Guckkastenbühne, ihren Tiefsinn und ihre Noblesse, ihre unheimliche optische und akustische Gewalt nicht verstehn und darum nicht zu nutzen vermögen, will ich gern zugeben. Die Guckkastenbühne wird die soziologischen Kinderkrankheiten, die in jeder Theatergeneration ausbrechen (eine Theatergeneration währt zehn Jahre), im wahrsten Sinne spielend überwinden. (Wie sie's immer getan hat.)
[...]
Wenn es die Antiguckkastianer ärgern sollte, daß ich auf ihr ideologisches Vokabular nicht eingehe, so versichere ich ihnen, ich befleißige mich bewußt, im Sachlichen, schrecklich Schönen zu verweilen und nicht ins «Theoretische» mich je verlocken zu lassen. Selbstverständlich trägt die Theorie (und nicht die Praxis) auch das Theatralische. Aber Koch vertritt keine Theorie – er ist nur noch nicht so weit in den Bezirk des Theaterspiels vorgestoßen, wo alle seine Anliegen nebensächlich werden gegenüber der Verpflichtung, der Schönheit der Menschengebärde und der menschlichen Rede nachzuspüren mit einer Leidenschaft, die alle Rahmenfragen überrennt und einzig abzielt auf die Verherrlichung der Schöpfung, auf die Lobpreisung der Wahrheit. Nicht mitzudisputieren, mitzulieben bin ich da.

Der theaterspielende deutsche Mensch, der theaterspielsuchende deutsche Zuschauer wird sich nie um jene Fragen scheren, die in ihrem aufdringlichen Refrain nur ablenken von dem Großen, um das es seit je im Theater in Wahrheit geht: von dem mächtigen großen Halleluja, das Shakespeare und Schiller, auf der europäischen Bühne protestantisch, aber zugleich tief barock, für alle die Theaternaturen zubereitet haben, die mit der Sprache seit Luther, mit dem Sprachgefälle von Shakespeare, Calderón, Klopstock, Schiller und Raimund aus den Mündern mutbegabter, begnadeter Schauspieler die exemplarischen Beseligungen und Tröstungen zu reißen vermögen, die über aller Vernunft sind.

In: Jürgen Fehling: Die Magie des Theaters, S. 69, 69.

Autor, Dichtung und Regisseur (1953)

[...] Ich will aber Folgendes erzählen, und das gehört zum Süßesten, was ich erlebt habe. Barlach hat einen so großartigen Mann wie Jessner als Zeitgenossen gehabt, und Jessner (einer der klügsten und großartigsten Leute, wir waren immer spinnefeind, aber das hindert mich gar nicht, ihn zutiefst zu verehren und für die größte Theaterpersönlichkeit zu halten, der ich in meiner Laufbahn begegnet bin, ich meine als Leiter) fuhr, von Barlach eingeladen, vier Wochen bevor er seine Proben zur ersten Barlach-Premiere Berlins begann (den «Echten Sedemunds») nach Güstrow. Und dieser Götterzwerg, dieser hysterische Prophet, Barlach (von dem nur die Literatur bleiben wird, während schon heute seine Plastik einigermaßen kunstgewerblich wirkt) wartete wie ein Primaner mit Herzklopfen auf Herrn Jessner aus Berlin. Und (Jessner hat mir das genau erzählt) hat ihn sofort drei Stunden durch Güstrow geführt, hat gesagt, sehen Sie mal, das ist das Mädchen, was in meinem Stück im Rollstuhl fährt. Das ist der alte Sedemund, sehen Sie mal, hier wohnt der junge Sedemund, er ist augenblicklich in der Kneipe, wir wollen mal hingehen, wir setzen uns an den Nebentisch. Hier ist diese Straße, das ist der zweite Akt, das ist der erste Akt, also er hat ihm alles gezeigt. Und Jessner beglückte die Genialität dieses Mannes und seine eifrige, naive und zu gleicher Zeit raffinierte Geistigkeit; fuhr zurück, tat das alles ab und machte eine sehr expressive, seinem Theaterstil, seinem ihm innewohnenden Wesen entsprechende Aufführung. Die sah nun Barlach in der Premiere, war vollkommen entsetzt und ging zu seinem Verleger Cassirer und sagte: «Liebster, das ist nun doch nicht recht. Der Jessner mag ein sehr guter Mann sein, ich fand ihn reizend, wir haben uns sehr gut vertragen den Tag in Güstrow, aber alles hab ich ihm gezeigt und nischt hat er behalten.» Er hat sich dann geschworen, sich niemals mehr ein Tier vom Theater anzusehen, geschweige denn eine Vorstellung von sich. Und als ich den «Armen Vetter» gemacht hatte und einen sehr starken Erfolg hatte (immerhin basiert meine Börsengeltung im inneren Sinne auf meinen Barlach-Erfolgen), als ich dann fünf Jahre danach den «Blauen Boll» gemacht hatte (der übrigens nicht so gut war wie der «Arme Vetter», aber mir viel mehr Ruhm gebracht hat, mir, nicht Barlach, also gewissermaßen meine Konjunktur am Theatermarkt verstärkt hat), da schrieb ihm Cassirer, der das alles natürlich verfolgt hatte (da war Jessner schon nicht mehr da, sondern das war Legals Intendanz): «Kommen Sie jetzt, dieser Fehling aus Lübeck ist, glaube ich, ein sehr guter Sachwalter und es wird Ihnen gefallen, vergessen Sie mal den Ärger von damals, von wegen Sedemunds.» Und nach fünf brieflichen Bitten, etwa zur dreißigsten Aufführung vom «Blauen Boll», erschien tatsächlich Barlach in Berlin. Barlach mit einem grünen Kaisermantel. Ein verschrobenes, merkwürdiges Männchen mit einem wilden Adlerblick. Und die beiden aßen bei Hiller ausgezeichnet um sechs zu Abend. Cassirer war selig, jetzt kommt endlich Barlach und das ist doch sehr wichtig und wird wahrscheinlich applaudieren. Und dann gingen sie los, zehn Minuten vor halb acht, um halb acht begann die Vorstellung, und als sie an der Ecke von der Friedrichstraße und den Linden waren, kniff plötzlich Barlach Cassirer energisch in den Popo und sagte: «Nee, Mensch wir gehen in den Wintergarten, ich traue dem Kerl nicht, das wird wieder so ein Jessner sein!» Und sie gingen in den Wintergarten und Barlach fuhr ab und hat in seinem Leben nie mehr ein Stück von sich gesehen.

Warum erzähle ich Ihnen das? Es geht alles nicht so, wie Sie sich das denken, es kommt der richtige Autor nicht und biedert sich mit dem Theatermann an, es kommt der richtige Theaterdichter nicht und guckt sich den Theaterbetrieb an. Die größten Dramen sind unter restloser Ignorierung der Möglichkeiten und Wahrscheinlichkeiten des Theaters geschaffen. Grabbe ist da groß, wo fast keiner ihn inszenieren kann. Und das Himmlischste und Sinnlichste, was die deutsche Bühne hat, Schiller, ignoriert vollkommen alles, was Sie heute Theaterwissenschaft, Theatererfahrung usw. nennen. Das sind alles Unmöglichkeiten, die sich im Wunder des Lebens, im großen Handicap großer Geister vollziehen. Das kann man nicht steuern, das kann man nicht schablonieren, das kann man nicht abstimmen, ich werd' den Deubel tun, mit meinem Barlog mich unterhalten, wie ich den «Lear» machen will! Glauben Sie denn nicht, daß die schwersten Uraufführungen die Klassiker sind? Glauben Sie denn wirklich, daß wir Modernes spielen müssen, um das Theater zu retten und vorwärtszutreiben? Ich glaube, daß es unendlich viel schwerer und wichtiger ist, «Wilhelm Tell» in seiner Herrlichkeit zu zeigen, als Dürrenmatt oder Frisch. [...]

[...] Mir hat ein Schüler, ein gläubigster Schüler von Bert Brecht erzählt, daß er jetzt «Coriolan» vorbereitet, der aber ein Mann des Volkes
und alles andere, nur kein Aristokrat ist. Weiter hat derselbe Mann, der
bei Brecht den Mephisto gespielt hat, gesagt: er hat mich aufgefordert,
den Mephisto wie einen dummen Kofferträger zu spielen. Glauben Sie
um Gottes Willen, daß ich weiß, was der Brecht für ein ausgezeichneter
Kopf ist! Aber er hält uns alle für dumm und Sie lassen es sich gefallen.
Merken Sie denn nicht, wie der schummelt? Wie dieser begabteste Fassa-
denkletterer seit dreißig Jahren sich nichts Neues hat einfallen lassen?
Seine ersten Sachen sind ja zehnmal so potent, wie alles, was er heute
schreibt! Unfaßlich, daß der kluge Ihering nach wie vor schlecht schläft,
weil «Galilei» noch nicht aufgeführt worden ist. Die «Mutter Courage»,
die einen so ungeheuren Kassenerfolg überall erzielt, ist wirklich nichts
anderes, als «Glaube und Heimat» mit etwas Strindberg. Diese Wachs-
tuchballaden sind doch albern gegenüber der politischen Not, Sorge und
Gefahr, die uns alle bewegt. Das ist für Sie alle das Beleidigendste, daß er
es für selbstverständlich hält, daß Sie ihm zur Seite treten. Warum tun Sie
das? Und daß er Kasse macht, kommt daher, weil Sie vor ihm strammste-
hen und weil das Publikum glaubt, es müßte sich zu etwas halten, das für
fein gehalten wird, und das in Wirklichkeit niemals für fein gehalten
würde, wenn Sie nicht dem Publikum sagten: Das ist das Beste, was im
Laden ist, das müssen Sie bewundern! Die Raffkes schwärmen für
Brecht. Kein Humanist kann für Brecht schwärmen, kann höchstens
seine Taschenspielereien bewundern. Ich habe gar nichts gegen Brecht, er
ist ein Rattenfänger und hochbegabt, aber er ist unernst und er ist unwahr.
Er hört da auf, wahr zu sein, wo er bei der Wahrheit nicht richtig liegen
würde.

Glauben Sie mir eines, es ist nicht an dem, daß Fehling seine Art hat,
ich bin wirklich zu alt, um so eitel zu sein, um meinen Typ durchsetzen zu
wollen. Im Gegenteil, ich halte es für ein großes Malheur, daß ich länger
als zehn Jahre beim Theater war. Ich bin der Meinung, wirkliches Leben
ist nur, wenn man alle zehn Jahre einen anderen Beruf hat. Aber es ist mir
nicht vorstellbar, was allerdings, rundum, meine Kollegen mit vorexerzie-
ren, dieser Blaustiftkompromiß, dieses «Ich muß doch mal sehen, wie das
da wird, eben war die Uraufführung, ich muß mal sehen, was ich davon
brauchen kann.» Ich verstehe nicht, daß, wenn man den Auftrag bekommt, eine Partitur zu machen, man hingeht und erst einmal ansieht,
wie es der andere gemacht hat...

Ich persönlich glaube, daß noch nicht gespielte Partituren überhaupt
nur Regisseure lesen können. Das ist nämlich im Grunde die Grundkraft
und der einzige Seltenheitswert. Viel, viel wichtiger wie alles, was ich auf
der Probe leisten kann, ist die Tatsache, daß ich glaube, ich kann ein Stück
lesen! Wer das kann, ist ein großer Regisseur. Das ist viel wichtiger, als

alle Schauspielerbehandlung, alle Proben, Fleiß und Probenleidenschaft. Ich glaube, daß ich Barlach höre, richtig höre.

Denn das Wichtige am Theater scheint mir zu sein (und das hängt eben sehr mit der dramaturgischen Frage zusammen): Ich muß drauf kommen, was meint Shakespeare! Ich muß drauf kommen, was meint Dürrenmatt! In dem Augenblick, wo ich (innerhalb der ersten zehn Proben pflegt es gewöhnlich zu geschehen) weiß, was der gemeint hat, ist eigentlich die Sache für mich nicht mehr interessant. Dann kommt meine Pflicht. Da sitze ich ab, indem ich versuche, es den Leuten beizubringen und die Sache über die Rampe kommen zu lassen. Aber das Phantastische, das Lebendige ist die Frage: Weiß ich, was Shakespeare will? Höre ich ihn? Das ist gewöhnlich ein Größenwahnsinn von mir, wenn ich einen Augenblick mir einrede, daß fünf Leute jemals einen «Richard III.» so hören, wie ich ihn höre und wie ich ihn zeigen wollte. Man kann nicht lebendiges Theater machen, ohne selber auf jeder Probe zutiefst erstaunt zu sein, über alles was man auf der vierten Probe nicht wußte und was auf der fünften Probe entsteht. Und dann muß man die Möglichkeit haben (und die haben alle Regisseure, die mehr wert als zehntausend Mark sind), dem Schauspieler, der sich naiv dem Regisseur anvertraut, zu verbergen, daß ich fortgesetzt zickzack gehe, daß ich fortgesetzt mir widerspreche, um ihn meinen geistigen Arbeitsprozeß und meine Abenteuerei nicht merken zu lassen, so daß er, durch den Generalnenner meiner Vitalität und meiner Leidenschaft gefesselt, mit Wonne alle Serpentinen mitmacht. Wer das nicht kann, ist eben kein Regisseur.

Ich will nicht von mir reden. Ich will davon reden, daß kein Dramaturg zürnen soll, wenn ein Regisseur sagt: Lassen Sie mich bloß in Ruh! Ich weiß noch gar nicht, wie das Stück ist, Sie wissen es überhaupt nicht! Hoffentlich begreifen Sie es auf der Premiere! Es ist nicht im Geringsten unhöflich, was ich hier sage, sondern das ist die Arbeitsteilung, die Gott den Menschen gegeben hat, der eine kann das, der andere kann das. Der Dramaturg ist nicht der Discontierer, er ist auch nicht der Prophet des Dichters, sondern er soll dafür sorgen, daß Erarbeitetes geehrt, bedankt und vor Verzerrung und vor Blamage künftig bewahrt bleibt. Er hat die erarbeitete Vorstellung zu verfechten und er hat für sie Propaganda zu machen. Er hat aber nicht die Mittel, den Dichter zu entdecken, das kann er gar nicht. Wenn er das könnte, wäre er schon längst Intendant. Wer Dichter entdecken kann, ist schwerreich. Daß ich es nicht bin, ist eine gewisse Bockigkeit von mir.

Ich komme zum Schluß. Stellen Sie bitte ein für allemal alles ab, was wissentlich oder unwissentlich in Ihnen eine Übersichtlichkeit und eine bürgerliche Ordnung in dem schlüssigen, gewittrigen Klima des Theaters erstrebt, wünscht, voraussetzt oder fordert. Wie so eine Vorstellung zustandekommt, ist jedesmal eigentlich fast unbegreiflich. Ich fahre ins

Theater im halben Schlaf, setze mich ins Parkett, wache auf und springe an beim ersten falschen Ton, der von der Bühne her mich beleidigt. Genauso, wie ich das ganz massiv von mir sage, daß sich das so vollzieht, vollzieht sich auch die Tatsache, ob ich auf ein Stück fliege oder nicht. Will sagen, ob ich der richtige Mann bin, um das Werk (ob Meisterwerk oder nicht, ist ganz gleich) propagieren und mit meinen Regiegedanken dauernd befestigen zu können. Das sind ganz seltsame Dinge. Nichts deprimiert mich mehr, als mit Dichtern zu sprechen, sie reden immer Blödsinn über ihre großartigen Arbeiten. Ich habe erlebt, daß die wunderbarsten Dichter die idiotischsten Besetzungsvorschläge und die unverantwortlichsten Striche machten und die größten wahnsinnigsten Eitelkeiten besaßen über das, was (jedenfalls nach meinem innigsten Glauben, und der Erfolg gab mir recht) überflüssig oder weniger wichtig war. Sie sehen in mir allerdings einen Anarchisten Ihrer Welt gegenüber. Denn mich interessiert nach der Premiere nur noch ein einziges Wort der Außenwelt und das heißt: Ausverkauft!

In: Jürgen Fehling: Die Magie des Theaters, S. 71–72, 73–75.

Regisseur, Dramaturg, Publikum (1953)

Das Publikum ist entscheidend für das Theater, und das Publikum hat recht. Und ich habe noch nie gesehen, daß eine bedeutende theatralische Leistung nicht (falls der Intendant Courage, wirkliche Courage und Konsequenz hatte) nicht jedes Publikum bekam. Vielleicht nicht das erstemal. Es ist eine Frage männlichen Mutes und humanistischer Bildung, im Theater mit allem zaubern zu können, was Zauber hat; und ich beschwöre Sie, glauben Sie mir ollem Seemann, das Publikum will schlemmen. Die meisten Kritiker wollen es nicht und können es nicht. Das Publikum schlemmt im Augenblick, wo es in die Ecke gedrängt wird von einer Macht, die es gar nicht definieren kann, die es gar nicht begreift, die aber es ergreift. Der Deutsche will am Galgen hängen, er will zappeln unter der Gewalt des Zaubers, der sich da oben entzündet! Und ich bin Karsch zutiefst dankbar, daß er wenigstens (vieles trennt mich in seiner Betrachtung der Kunst von meiner Überzeugung) einer ist, der glücklich im Theater sein kann. Schlemmen im Theater nenne ich, beseligt sich vergewaltigen lassen. Es gibt kein Überzeugen im Theater, es gibt auch kein Belehren und kein Bilden im Theater, es gibt nur Zaubern und vergewaltigen durch die Kraft der Talente. Heute heißt ja alles Genie. Polgar hat einmal gesagt: Bert Brecht, der bekanntlich soviel Talent zum Genie hat.

[...] Ich habe Dramaturgie immer empfunden als die nachträgliche Untermauerung meiner sehr unbewußt, aber sehr mächtig sich regenden Triebe zum Spiel und zum Zaubern. Das nennen Sie Dramaturgie, warum ich eigentlich in dieser Weise funktioniere. Ich hatte also in mir sozusagen die Bewußtseinskontrolle, und diese Bewußtseinskontrolle benamste, was ich vorher ganz unbewußt vollzogen hatte.

Ich halte Dramaturgie überhaupt nicht für Pädagogik, nicht im geringsten für Literaturverantwortung usw., sondern ich halte Dramaturgie für die doppelte Buchführung sozusagen des vitalsten Theatertriebes. Der Dramaturg ist in jedem Theatermenschen drin. Die diese Veranlagung, diese Gabe ausschließlich pflegen, werden dann Dramaturgen, aber im Grunde – das werden Sie mir zugeben – möchten sie am liebsten «Wallenstein» inszenieren, oder Stücke schreiben. Ich glaube, daß es ganz selten ist, daß jemand wirklich sein Dramaturgentum als den Gipfel und die beste Verwertung seiner Gaben und die beglückendste Gebärde seines Lebens empfindet. Sie alle wollen Spiel beeinflussen, vorbereiten. Am liebsten würden sie mitspielen. Wer nicht das Bühnentürl als die Pforte Gottes beneidet, wer nicht den Romeo oder den Hamlet beneidet, ist kein wirklicher Theatermann, ganz gleich, ob er Bühnenarbeiter, Intendant, Dramaturg oder was immer ist. Leider können es in jedem Jahrhundert nur zwei oder drei; aber ein Dramaturg, der sich nicht am liebsten schminken möchte, der nicht davon träumt, daß es ihm gelingen möge, den «Armen Vetter» zu dichten, der ist kein richtiger Dramaturg. [...]

In: Jürgen Fehling: Die Magie des Theaters, S. 77–78, 78–79.

Louis Jouvet
(in Jean de La Fontaines «La Coupe Enchantée», 1941)

LOUIS JOUVET

«Und der Schauspieler vermag nicht zu denken.
Das ist seine Stärke. Denken ist das Gegenteil seines Berufes,
seiner Exerzitien.»

Louis Jouvet

*L*ouis Jouvet wurde am 24. Dezember 1887 in Crozon in der Finistère geboren; sein Vater war Bauingenieur. Bereits mit acht Jahren las der Knabe Molière und zitierte Molièresche Wendungen in den Spielen mit seinen Freunden. 1902 starb der Vater, und die Familie übersiedelte nach Rethel in den Ardennen, wo die Familie der Mutter lebte. Mit 15 Jahren trat Louis erstmals bei einer Schultheateraufführung als Schauspieler auf. Die Schauspielerei wurde von da an für den unsicheren, mit sich beschäftigten Jungen ein Mittel der Selbstbestätigung, und bald träumte er von einer Laufbahn am Theater.

1905 begann er auf Drängen seines Onkels eine Lehre als Apotheker, die er 1909 abschloß. Jouvet zog nun aus der Provinz nach Paris, wo er ein Studium der Pharmazie begann (bis 1913) und gleichzeitig Schauspielunterricht nahm. In Paris wurde er mit dem aktuellen Theaterleben bekannt, insbesondere mit André Antoines (1858–1943) Théâtre Libre (gegründet 1887) und Aurélien-François-Marie Lugné-Poës (1869–1940) Théâtre de l'Œuvre (gegründet 1893), den beiden Hauptvertretern der Moderne, des naturalistischen und des symbolistischen Theaters. Jouvet schloß sich bald einer kleinen Theatergruppe an. Daneben sammelte er einen Kreis gleichgesinnter junger Leute um sich, mit denen er 1907 die Zeitschrift «La Foire aux Chimères» herausgab, die in ihrer ersten Nummer einen Aufruf zur Gründung eines Theaters abdruckte, dessen weit gestecktes Ziel eine Art jugendbewegte Lebensform war. Das Unternehmen kam zustande und erhielt den Namen Groupe (seit 1909 Théâtre) d'Action d'Art. Jouvets erste Rolle in einer Inszenierung (14. Juni 1908) einiger Szenen von François Ponsard war der Danton. Eine Tournee in die Provinz wurde unternommen. Die freie Theatergruppe arbeitete unter dem Protektorat der Université Populaire du Faubourg-Saint-Antoine.

1910 machte Jouvet die Bekanntschaft des Regisseurs Léon Noël, an dessen Schauspielkursen er teilnahm. Schließlich wurde Jouvet im Sommer 1910 an Noëls Theatertruppe engagiert und spielte bald eine Reihe kleinerer Rollen in Theatern am Stadtrand von Paris. In dieser Zeit entdeckte er sein Interesse an der Regiearbeit, studierte Theatertechnik, Theatergeschichte, belegte Kurse an der Ecole Nationale des Arts Décoratifs und erweiterte sein Kunstverständnis durch intensive Museumsbesuche.

Am 26. Juli 1910 schließlich wurde er von Jacques Rouché an dessen berühmtes Théâtre des Arts engagiert. Sein erster Auftritt war die Rolle des Père Jossima in «Die Brüder Karamasow» (von Jacques Copeau und Jean Croué) nach dem Roman von Dostojewski. Jouvet lernte hier Jacques Copeau (1879–1949) kennen, eine für seine weitere künstlerische Entwicklung entscheidende Begegnung.

Jouvet entwickelte in der Arbeit bei Rouché bald so viel Selbstvertrauen, daß er sich zutraute, ein eigenes Theater zu mieten. Er übernahm im Sommer 1912 das Théâtre du Château d'Eau, zusammen mit seinem Freund Camille Corney. Da der Erfolg jedoch ausblieb, gab man das Theater wieder auf.

Im September 1912 heiratete Jouvet in Kopenhagen eine Dänin, die er wenige Monate zuvor kennengelernt hatte. Nach seiner Rückkehr nach Paris im Frühjahr 1913 besuchte er Copeau, der ihn an seine im Frühjahr 1913 neu gegründete Reformbühne, das Théâtre du Vieux-Colombier, engagierte.

Jouvet und Copeau ging es um ein «theatralisches Theater», das sich von den Zwängen des Kommerz ebenso wie von dem Geschmack des Publikums frei hielt; es ging ihnen vor allem auch um eine Erneuerung des künstlerischen Ethos der Schauspielkunst.

Copeau hatte in der zeitgenössischen Kunstszene bereits einen Namen als Reformdenker. 1909 hatte er zusammen mit André Gide, Jean Schlumberger, André Ruyters und Henri Ghéon die Zeitschrift «Nouvelle Revue Française» gegründet, die zum wichtigsten publizistischen Forum dieser Bewegung wurde.

«Der zentrale Gedanke von Copeaus Theaterreform war die ‹Retheatralisierung› des Theaters. Der Begriff meint die Erneuerung des Theaters aus seinen ursprünglichen, einfachsten Mitteln und bezeichnet Gegenpositionen zum naturalistischen Illusionstheater, dem die unkünstlerische Verdoppelung der Wirklichkeit vorgeworfen wurde, wie zum großen Ausstattungsstück, bei dem aufwendige Kostüme und spektakuläre Bühnenaufbauten die Aufmerksamkeit der Zuschauer auf sich ziehen. Zudem galt diese Art des Theaters wegen seiner hohen Kosten als der Inbegriff des kommerzialisierten und mithin künstlerisch korrumpierten Theaterbetriebs, gegen den alle Theaterreformer dieser Jahre mit Vehemenz ankämpften. Copeau vertrat einen formstrengen Theatersymbolismus in der schauspielerischen Technik, in Dekorationen und Bühnenbau. Ziel seiner Arbeit war die getreue Interpretation der Klassiker der dramatischen Literatur; aus dieser Tradition bezog Copeau auch die geistige Inspiration seiner Theaterreform. Mit dieser literarischen Orientierung unterscheidet er sich deutlich von seinem großen Vorbild Adolphe Appia (1862–1928), für den stets das Musiktheater als Gesamtkunstwerk im Mittelpunkt seiner Arbeit stand.

Copeau entwickelte eine Einheitsbühne, die Elemente der Volkstheatertradition aufnahm, eine Art Synthese aus den Bestrebungen der Stilbühnenbewegung und der Commedia dell'arte. Eine zentrale Rolle spielte für ihn die Ausbildung seiner Schauspieler. Die Truppe lebte in einem dem Théâtre du Vieux-Colombier angegliederten Studio als Gemeinschaft zusammen. Ähnlich wie in Dalcrozes Hellerauer Institut ging es bei der pädagogischen Arbeit um die Ausbildung des ‹ganzen Menschen›. Copeau betrieb das gymnastische Training bereits mit Kindern. Die Nähe der Theaterreform zur Lebensreformbewegung dieser Jahrzehnte wird auch hier wieder deutlich. Theaterarbeit war für Copeau stets mehr als nur Profession, sie war immer auch Lebensprogramm. Copeau vertrat diesen Anspruch mit unerhörtem Pathos. Das Théâtre du Vieux-Colombier, mit dem er zahlreiche Gastspielreisen ins Ausland – unter anderem in die USA – unternahm, leitete Copeau bis 1924. 1923 kam es in Paris zur Zusammenarbeit mit Stanislawski; dann zog sich Copeau aus gesundheitlichen Gründen bis 1930 nach Pernand-Vergelesses zurück und betrieb nur noch Studioarbeit mit seiner Truppe (‹Le Copeau›). Einige Gastspiele wurden in den Niederlanden, der Schweiz, Belgien und England gegeben. 1930 gründete er die ‹Compagnie des Quinze›, mit der er bei Volksfesten und auf Jahrmärkten auftrat und Theater im Stil der Commedia dell'arte machte. Mit dieser Truppe veranstaltete Copeau Tourneen durch Frankreich und Italien. Gelegentlich inszenierte er auch an der Comédie-Française, deren Direktor er 1940 war» (vgl. M. Brauneck: Theater im 20. Jahrhundert).

Programmatisch formulierte Copeau seine Reformideen in der Schrift «Die Erneuerung des Theaters» von 1913; Jouvets Vorstellungen entsprechen dem weitgehend:

«Unter Inszenierung verstehen wir: den Entwurf einer dramatischen Aktion. Das ist das Zusammenwirken der Bewegungen, der Gesten und Haltungen, der Einklang von Gesichtsausdruck, Sprechen und Schweigen; es ist die Totalität des szenischen Spektakels, der ausgeht von einem einzigen Gedanken, der sie entwirft, ordnet und mit sich in Einklang bringt. Der Regisseur entwickelt unter den Spielern jenes verborgene aber sichtbare Band, jene wechselseitige Sensibilität und geheimnisvolle Korrespondenz der Beziehungen, deren Fehlen bewirkt, daß ein Drama, selbst wenn es von ausgezeichneten Schauspielern aufgeführt wird, das Wesentliche seines Ausdrucks verliert. Dies alles zu erreichen, ist die Aufgabe des Regisseurs [...].

Es ist aber nicht so, daß wir unempfindlich wären gegenüber der Kunst, mittels Farbe, Form und Licht eine dramatische Atmosphäre zu schaffen. Drei Jahre ist es jetzt her, daß wir der glücklichen Initiative M. Jacques Rouchés Beifall gespendet haben, der sich bemüht hatte, mit Hilfe vorzüglicher Maler das Bühnenbild mit einer neuen ästhetischen Qualität auszustatten. Wir haben um diese Bemühungen gewußt, wir haben die Projekte und Inszenierungen Meyerholds, Stanislawskys, Dantschenkos in Rußland verfolgt; Max Reinhardts, Littmanns, Fuchs' und Erlers in Deutschland; Gordon Craigs und Granville-Barkers in England. Sicher, es scheint unzweifelhaft, daß sich zur Stunde in ganz Europa alle Theaterkünstler in einem einig sind: in der Verdammung des realistischen Bühnenbildes, das dazu neigt, die Illusion der Dinge selbst herzustellen; und: in der Schwärmerei für ein stilisiertes oder synthetisiertes Bühnenbild, das darauf abzielt, die Illusion (beim Zuschauer) anzuregen. Die neuen Methoden stellen aber zu hohe Ansprüche, [...] als daß man sie heute noch uneingeschränkt vertreten könnte, ohne sich der Lächerlichkeit auszusetzen. [...] Wir sind Gegner jener übertriebenen Stilisierung und haben nicht die Absicht, irgend etwas gegen den Verstand und den guten Geschmack zu unternehmen. Folglich, das sei eingestanden, haben uns die Ideen der Meister, die ich weiter oben erwähnte, manchmal durch ihre Pedanterie und Schwerfälligkeit geradezu schockiert [...]. Es mit dieser oder jener attraktiven Formel zu halten, heißt immer, sich für das Theater eigentlich nur nebenbei zu interessieren. Sich für die Erfindungen der Ingenieure und Elektriker zu begeistern, heißt [...], in welcher Form auch immer mit Tricks zu arbeiten. Alte oder neue, wir lehnen sie alle ab! Gut oder schlecht, rudimentär nur oder vervollkommnet [...], wir verneinen die Bedeutung jedweder Maschinerie (für das Theater)! Man mag die Erklärung solcher Prinzipien verdächtig finden: man wird uns vorhalten, daß wir auf der kleinen Bühne des Théâtre du Vieux-Colombier ja gezwungen sind, auf die Vorteile einer reichen Dekoration zu verzichten. Wir können aber freimütig erwidern, daß wir uns freuen, uns mit einem solchen Mangel an Hilfsmittel zufrieden geben zu müssen. Wir würden ihren Gebrauch verweigern, auch wenn sie uns angeboten würden, denn wir haben die tiefe Überzeugung, daß es verheerend für die dramatische Kunst ist, von einem großen Aufgebot (an Maschinerie) Gebrauch zu machen. Es macht nervös, verbraucht alle Kraft, begünstigt die Bequemlichkeit und das Malerische und läßt das Drama als Ausstattungsstück enden. Wir glauben nicht, daß man, ‹um den ganzen Menschen in seinem Leben darzustellen›, ein Theater benötigt, ‹wo die Dekorationen von unten auftauchen können und blitzschnelle Szenenwechsel erfolgen›, noch, daß schließlich die Zukunft unserer Kunst an ‹eine Frage des Mechanismus› gebunden sein soll. Hüten wir uns davor, von irgend etwas Abstriche zu machen! Man darf nicht die szenischen Konventionen mit den dramatischen Konventionen verwechseln. Die einen zerstören, heißt nicht, die anderen zu befreien. Ganz im Gegenteil! Die Zwänge der Bühne und ihre Künstlichkeit werden uns disziplinieren und zwingen, die ganze Wahrheit in den Gefühlen und Handlungen unserer Personen zu konzentrieren. Mögen die anderen Richtungen vergehen; uns aber lasse man für das Neue Theater ein nacktes Brett!» (vgl. M. Brauneck: Theater im 20. Jahrhundert).

An Copeaus Theater arbeitete Jouvet bis Oktober 1922. Einer seiner engen Freunde in der Truppe wurde Charles Dullin (1885–1949), der wie er als Schauspieler engagiert war.

In der Eröffnungs-Inszenierung des Vieux-Coombier am 22. Oktober 1913 spielte Jouvet in dem Stück «Une Femme tuée par la douceur» von Thomas Heywood den Cranwell und in Molières «L'Amour Médecin» den Macroton.

Weitere Rollen waren u. a. (die folgenden Daten nach Liebowitz Knapp): der Uladislas in Alfred Mussets «Barberine» (18. November 1913); Maître Simon in Molières «L'Avare» (23. November 1913); Le Docteur in Molières «La Jalousie du Barbouillé» (1. Januar 1914), es war Jouvets Durchbruch als Schauspieler; Sir Andrew Agnecheek in Shakespeares «The Twelfth Night». 1914 mußte Jouvet (bis 1917) zur Armee. Nach seiner Rückkehr begleitete er Copeau auf der Amerika-Tournee des Vieux-Colombier und spielte in New York sich selbst (Jouvet als Rolle) in Copeaus Einakter «Impromptu du Vieux-Colombier» (27. November 1917); Géronte in Molières «Les Fourberies de Scapin» (27. November 1917); Brid'Oison in Beaumarchais' «Le Mariage de Figaro» (21. Oktober 1918); Sganarelle in Molières «Le Médecin Malgré Lui» (25. November 1918); Ulric Brendel in Ibsens «Rosmersholm» (2. Dezember 1918); Josselin in La Fontaines und Champmeslés «La Coupe Enchantée» (17. Februar 1919); Philinte in Molières «Le Misanthrope» (17. April 1919). Wieder in Paris den Autolycur in Shakespeares «A Winter's Tale» (10. Februar 1920); Truchard in Emile Mazauds «La Folle Journée» (1. Juli 1920); den Prinzen in Tolstois «L'Amour Livre d'or» (7. März 1922); Le Grand Prêtre in «Saül» von André Gide (16. Juni 1922).

Jouvet, der sich am Vieux-Colombier zum ausgesprochenen Molière-Spezialisten entwickelt hatte, hat für zahlreiche Inszenierungen von Copeau auch das Bühnenbild entworfen und war bei vielen Aufgaben der Theaterleitung Copeaus «rechte Hand».

Im Oktober 1922 trennte sich Jouvet von Copeau und übernahm – auf Einladung von Jacques Hébertot – die Technische Direktion des Théâtre des Champs-Elysées. Das Haus hatte zwei Bühnen, ursprünglich auch eine bedeutende Kunstgalerie, in der die Avantgarde der Zeit, Picasso, Braque u. a. ausstellte. Als Jouvet an das Haus kam, wurde aus der Galerie eine Studio-Bühne. Jouvet war zeitweilig für den Spielbetrieb von drei Bühnen verantwortlich.

Seine erste Inszenierung an der Comédie des Champs-Elysées war «Monsieur le Trouhadec saisi par la débauche» von Jules Romains am 12. März 1923. Jouvet entwarf, wie in vielen seiner Inszenierungen, das Bühnenbild und spielte auch die Titelrolle. Am 14. Dezember 1923 war die Premiere von Jouvets größtem Bühnenerfolg (1298 Aufführungen), von Jules Romains' «Knock; ou le triomphe de la médecine». Wieder spielte er die Titelrolle.

In der Leitung des Theaters übernahm er von Copeau die Praxis der verbilligten Eintrittspreise für Abonnenten. Nach einer Phase der Entfremdung und zum Teil öffentlich ausgetragener Spannungen zwischen Copeau und Jouvet kam es im September 1924 zur Erneuerung der alten Freundschaft. Jouvet übernahm einen Teil der Truppe des Vieux-Colom-

Bühnenentwurf
zu Marivaux
«La Surprise de
l'Amour», 1920

bier; Copeau zog von Paris weg. Im gleichen Jahr vergab Hébertot das
Studio des Champs-Elysées an Gaston Baty.

Im Januar 1926 hielt Jouvet auf Einladung des Pelman Instituts auf dem
Internationalen psychologischen Kongreß in Paris einen Vortrag mit dem
Titel «Technique du Théâtre: Le Métier Théâtral». Im Mittelpunkt stand
die Explikation seiner Idee des «moment dramatique», jenes Wunders
(«miracle»), das für Jouvet die Kunst des Theaters ausmacht.

Zur Durchsetzung jener von Copeau inspirierten künstlerischen Erneuerung des Theaters schlossen sich am 6. Juli 1927 die vier führenden
(fast gleichaltrigen) Pariser Regisseure und Theaterleiter zu einer reform-
programmatischen Allianz zusammen. Die Gruppe nannte sich «Cartel».
Es waren Gaston Baty (1885–1952) mit dem Studio des Champs-Elysées,
Charles Dullin mit dem Théâtre de l'Atelier, Louis Jouvet mit der Comédie des Champs-Elysées und Georges Pitoëff (1887–1939) mit dem
Théâtre des Mathurins. In Jouvets Büro wurde eine Grundsatzerklärung
für alle Fragen des Berufstheaters unterzeichnet, in der sich die vier – bei
strikter Wahrung ihrer Selbständigkeit – auf gemeinsame künstlerisch-
moralische Prinzipien und ein gemeinsames Vertreten dieser Prinzipien in
der Öffentlichkeit verpflichteten. Vereinbart wurde auch die gegenseitige
finanzielle Unterstützung, sollte eine der Bühnen in Schwierigkeiten ge-

raten. Das Cartel war als eine Art Syndikat für alle Fragen des Theaterwesens konzipiert.

Jouvet inszenierte an der Comédie des Champs-Elysées, seinem Theater, u. a.: am 14. Dezember 1923 «Amédée et les Messieurs en rang» von Jules Romains; am 6. Oktober 1924 vom gleichen Autor «La Scintillante» (Jouvet als Vicomte); am 24. Oktober 1924 «La Folle Journée» von Emile Mazard; vom gleichen Autor am 8. Dezember 1924 «Marlborough s'en va-t-en guerre» (Jouvet in der Titelrolle); von Jules Romains am 31. Januar 1925 «Le Mariage de M. Le Trouhadec» (Jouvet in der Titelrolle); von den Brüdern Quintero «L'Amour qui passe» am 17. April 1925; am 30. April 1925 von Crommelynck «Tripes d'or» (Jouvet als Muscar); am 9. Oktober 1925 von Jules Romains «Démétrios» (Jouvet in der Titelrolle); am 9. Oktober 1925 von Charles Vildrac «Madame Béliard»; am 26. April 1926 «Bava l'Africain» von Bernard Zimmer (Jouvet in der Titelrolle); am 5. Oktober 1926 von Jules Romains «Le Dictateur»; am 28. Dezember 1926 von Sutton Vane «Outward Bound» (Jouvet als Tom Prior); am 5. April 1927 von Gogol «Der Revisor» (Jouvet als Klestakoff); am 12. Oktober 1927 von Jean Sarment «Léopold le Bien-Aimé» (Jouvet in der Titelrolle).

1928 wurde für Jouvets Theaterlaufbahn ein entscheidendes Jahr; am 3. Mai inszenierte er «Siegfried» von Jean Giraudoux (1882–1944). Jouvet hatte den Autor bereits 1926 kennengelernt; ihre Zusammenarbeit sollte sich über Jahre hin als außerordentlich produktiv erweisen. Giraudoux' dramatischer Stil brachte Jouvets Schauspielkunst zur pointiertesten Entfaltung; andererseits arbeitete Jouvet mit Giraudoux auch an der Dramaturgie von dessen Stücken.

Von Giraudoux inszenierte Jouvet an der Comédie des Champs-Elysées noch: am 8. November 1929 «Amphitryon 38» (Jouvet als Mercure); am 1. März 1933 «Intermezzo» (Jouvet als Le Contrôleur); am Théâtre Pigalle inszenierte er Giraudoux' «Judith» (Jouvet als Le Garde). Alle Stücke wurden große Publikumserfolge.
    Außerdem inszenierte Jouvet an seinem Theater bis zu seinem Weggang u. a.: am 30. Januar 1929 «Suzanne» von Stève Passeur (Jouvet als Crété); am 18. April 1929 «Jean de la lune» von Marcel Achard (Jouvet als Jef); am 30. April 1930 «Le Prof d'Anglais» von Régis Gignoux (Jouvet als Valfine); am 29. Oktober 1931 «Un Taciturne» von Roger Martin du Gard (Jouvet als Armand); am 3. Februar 1932 «Domino» von Marcel Achard (Jouvet in der Titelrolle); am 18. November 1932 «La Margrave» von Alfred Savoir (Jouvet in der Titelrolle); am 8. Dezember 1933 «Pétrus» von Marcel Achard (Jouvet in der Titelrolle) und am 11. April 1934 von Jean Cocteau «La Machine infernale» (Jouvet als Le Berger de Laïus).
    Am Théâtre Pigalle inszenierte Jouvet u. a.: am 25. Oktober 1930 «Donogoo-Tonka» von Jules Romains; am 19. Dezember 1931 vom gleichen Autor «Le Roi Masqué»; am 3. Februar 1931 von Molière «Le Médecin malgré lui» (Jouvet als Sganarelle).

Molière «Die Schule der Frauen», 1936.
(Jouvet in der Rolle des Arnolphe)

1932 ging die Comédie des Champs-Elysées auf eine zweimonatige Tournee durch Frankreich, nach Italien, Belgien und in die Schweiz: «Die
Tour war ein Triumph» (Liebowitz Knapp).

1934 trennte sich Jouvet von der Comédie des Champs-Elysées und

übernahm das zentraler gelegene Athénée Théâtre, das er – als Athénée Théâtre Louis Jouvet – am 8. Oktober mit «Amphitryon 38» eröffnete; die erste Neuproduktion hatte am 14. November 1934 Premiere: «Tessa», ebenfalls von Jean Giraudoux (Jouvet als Lewis Dodd).

Weitere Giraudoux-Stücke inszenierte Jouvet am Athénée: am 22. November 1935 «La Guerre de Troie n'aura pas lieu» (Jouvet als Hector); am 22. November 1935 «Supplément au Voyage de Cook» (Jouvet als Outourou); am 13. Mai 1937 «Electre» (Jouvet als Le Mendiant); am 4. Dezember 1937 «L'Impromptu» (Jouvet als Jouvet); am 4. Mai 1939 «Ondine» (Jouvet als Chevalier Hans); schließlich am 22. Dezember 1945 «La Folle de Chaillot» (Jouvet als Chiffonnier).

Von Molière inszenierte Jouvet am Athénée: am 9. Mai 1936 «L'Ecole des Femmes» (Jouvet als Arnolphe; in seiner – neben Dr. Knock – erfolgreichsten Rolle mit 446 Aufführungen); am 24. Dezember 1947 «Dom Juan ou Le Festin de Pierre» (Jouvet als Dom Juan); am 27. Januar 1950 «Le Tartuffe» (Jouvet in der Titelrolle). – Ein großer Publikumserfolg wurde am 25. März 1938 «Le Corsaire» von Marcel Achard.

Außerdem inszenierte Jouvet an der Comédie-Française u. a. am 15. Februar 1937: «L'Illusion» von Corneille; am 13. Oktober 1938 «Cantique des Cantiques» von Giraudoux; am Théâtre Marigny mit Jean-Louis Barrault am 18. Februar 1949 «Les Fourberies de Scapin» von Molière (Jouvet als Géronte).

Von Mai 1941 bis Februar 1945, der Zeit der Besetzung Frankreichs durch die deutsche Armee, ging Jouvet mit seinem Theater auf Südamerika-Tournee; Auftritte in Rio de Janeiro, dort am 16. Juni 1942 Giraudoux' «L'Apollon de Marsac» mit Jouvet in der Titelrolle, und Buenos Aires. 1945 erschien sein Bericht «Prestige et Perspectives du Théâtre Français: Quatre Années de Tournée en Amérique Latine».

Von 1933 bis 1951 arbeitete Jouvet bei 31 Filmen mit, zumeist als Schauspieler, gelegentlich aber auch als Regisseur.

Im Oktober 1934 wurde er als Professor an das Pariser Konservatorium berufen. 1935 publizierte er einen grundlegenden Essay über die Schauspielkunst in der Encyclopédie française mit dem Titel «L'Interprétation Dramatique». 1937 wurde Jouvet Vorsitzender der Société d'Histoire du Théâtre. In den Jahren nach 1945 veröffentlichte er zahlreiche Artikel in Zeitschriften und schrieb Vorworte zu Studien; immer wieder stand Molière im Mittelpunkt seines Interesses. In den 50er Jahren erschienen «Réflexions du Comédien» (1951) und posthum «Ecoute, Mon Ami» (1952) und «Témoignages sur le Théâtre» (1952).

Nach seiner Rückkehr aus Südamerika richtete Jouvet im Herbst 1945 das Athénée wieder ein. Er eröffnete mit seinem größten Vorkriegserfolg, mit Molières «L'Ecole des Femmes». Seine erste Neuproduktion war Giraudoux' «La Folle de Chaillot» am 19. Dezember 1945; diese Inszenierung war sein eigentlicher Neuanfang. Die Aufführung wurde ein sensationeller Erfolg. Jouvets führende Stellung im Pariser Theaterleben der Nachkriegszeit, das bereits von einer neuen Generation von Schauspielern und Regisseuren geprägt war, schien eindrucksvoll demonstriert. Dennoch spürte Jouvet in den folgenden Jahren bald eine zunehmende Distanz zwischen seinem Theater und dem Pariser Publikum.

Jean Giraudoux «Der trojanische Krieg findet nicht statt», 1925
(Jouvet in der Rolle des Hector)

Eine letzte große Bestätigung wurden seine Tourneen 1950 nach Südfrankreich, Belgien, Holland, Portugal, Spanien, Nordafrika und in die
Schweiz und 1951 nach Kanada und USA. Jouvet zeigte «Knock» und
«L'Ecole des Femmes», seine beiden erfolgreichsten Vorkriegsinszenie-
rungen.

Jouvets Konzentration in seinen letzten Arbeitsjahren auf die Klassik,
auf Molière insbesondere, war eine programmatische Entscheidung für
die Bewahrung einer kulturellen Tradition und eines künstlerischen
Ethos des Theaters, die Jouvet durch mannigfaltige Tendenzen jener Zeit
gefährdet sah. Diese Haltung war verbunden mit einer deutlichen Hin-
wendung zum Religiösen; Jouvet reagierte damit wohl auf die Erfahrung
von persönlicher Vereinsamung und Krankheit. Er starb am 16. August
1951 in seinem Theater. Über 30 000 Menschen nahmen an der Begräbnis-
feier teil.

Jouvet ist bis heute eine Kultfigur des französischen Theaters. Er war in erster Linie Schauspieler und Regisseur, jedoch auch Bühnentechniker und Bühnenbildner, hingegen kein Theoretiker des Theaters; aber er war ein Erneuerer des Theaters aus der Kraft seiner Tradition. Die Schauspielkunst war für ihn – jenseits aller Reflexion – ein Akt schöpferischer Intuition, die Kunst der Imagination, im Grunde ein mystischer Vorgang, der sich dem Verstehen entzieht, der den Schauspieler bis zur völligen Aufgabe seiner Persönlichkeit, ja, bis zur physischen Verformung in der Rollenverkörperung aufgehen läßt. Theaterkunst war für Jouvet aber immer auch Sprachkultur, Musikalisierung der Sprache, Entfaltung des rhythmischen Raums der Sprache. Er verstand seine Aufgabe als Theaterleiter in jener umfassenden Weise, die die pädagogische Arbeit mit seinen Schauspielern und die künstlerische Arbeit in der Inszenierung als unauflösbare Einheit ansah: der Regisseur als Menschenführer und Menschenformer.

Bibliographie

F. Anders: Copeau et le Cartel des Quatre. Paris 1959.

D. Bablet: Copeau et le Théâtre théâtral. In: Maske und Kothurn 15 (1969).

C. Borgal: Jacques Copeau. Paris 1960.

M. Brauneck: Theater im 20. Jahrhundert. Programmschriften, Stilperioden, Modelle. Reinbek bei Hamburg 1982 u. 1986.

C. Cézan: Louis Jouvet et le Théâtre d'Aujourd'hui. Paris 1948.

J. Copeau: Impromptu du Vieux-Colombier. Paris 1917.

ders.: Accord Jacques Copeau – Louis Jouvet. In: Comoedia. 17. Sept. 1924.

ders.: Souvenirs du Vieux-Colombier. Paris 1931.

ders.: La Mise en scène. In: Encyclopédie française. Paris 1935.

ders.: L'Art du Comédien (L'Interprétation Dramatique). In: Encyclopédie française, Bd. XVII (1935).

ders.: Le Théâtre populaire (Bibliothèque du Peuple). Paris 1941.

ders.: Notes sur l'Edifice Dramatique. In: Architecture et Dramaturgie 1950.

ders.: L'Appel du théâtre à la poesie ... Catalogue de l'exposition à la Bibliothèque Nationale Paris. Paris 1963.

ders.: Régistres I–VI. Paris 1974 ff.

C. J. Davis: Copeau (1879–1949). Diss. Univ. of Manchester 1974.

M. Doisy: Jacques Copeau ou l'absolu dans l'art. Paris 1954.

Ch. Dullin: Souvenirs et notes de travail d'un acteur. Paris 1940.

G. Giraudoux: Louis Jouvet et le théâtre d'aujourd'hui. In: Beaux Arts, 28. Jan. 1938.

J. Hort: Les Théâtres du Cartel. Genf 1934.

L. Jouvet: Le Théâtre et le Cinéma. In: Le Moniteur, 20. Febr. 1935.

ders.: Prestige et Perspectives du Théâtre Français: Quatre Années de Tournée en Amérique Latine. Paris 1945.

ders.: Hommage à Jacques Copeau. In: Les Nouvelles Littéraires, 10. Febr. 1949.

ders.: Le Point de Vue du Metteur en Scène. In: La Revue d'Histoire du Théâtre IV (1951).

ders.: Réflexions du Comédien. Paris 1951.

ders.: On est Metteur en Scène comme on est Amoureux. In: Les Lettres françaises, 23. Aug. 1951.

ders.: Témoignages sur le Théâtre. Paris 1952.

ders.: Ecoute, Mon Ami. Paris 1952.

ders.: Ecoute, mon ami. Das Rätsel Theater. Ins Deutsche übertragen v. A. Schoenhals. Hamburg 1955.

M. Kurtz: Jacques Copeau. Biographie d'un Théâtre. Paris 1950.

B. Liebowitz Knapp: Louis Jouvet. Man of the Theatre. New York 1957.

J. Lipnitzki: Images de Louis Jouvet. Préface de Jean-Louis Barrault. Notice biographique de Claude Cézan. Paris 1952.

J.-M. Loubier: Louis Jouvet. Biographie. Paris 1986.

Louis Jouvet. Exposition. Bibliothèque Nationale. Paris 1961.

Revue d'Histoire du Théâtre I–II (1952) u. I–II (1953).

J. Rouché: L'Art théâtral moderne. Paris 1924.

J. Sarment: Charles Dullin. Paris 1950.

G. Schlocker: Das «Vieux-Colombier» oder die Schule des reinen Theaters. In: Antares 7 (1959).

S. Waxman: Antoine and the Théâtre Libre. Boston 1926.

Der Beruf des Theaterleiters (1951)

[...]

Regieführen bedeutet, in den Schrecken der Unterdrückung und den Wonnen der Angst zu leben. Es ist, wie Paul Valéry gesagt hat, «die Tragödie der Vollstreckung».

[...]

Regieführen bedeutet, die geistigen Güter des Autors zu verwalten und zugleich den Bedürfnissen des gegenwärtigen Theaters Rechnung zu tragen. Es bedeutet, die Sicht eines Abends und die der Ewigkeit einzunehmen.

Es bedeutet, den Text eines Stückes wie eine Zauberformel zu studieren und im Einverständnis mit seinem Autor die Geisterbeschwörung zu vollziehen.

[...]

Es bedeutet, nach den Regeln des Dichters zu leben.

Es bedeutet, sich auf die Götter der Bühne, auf das Geheimnis des Theaters einzulassen.

Es bedeutet, ehrlich und liebenswert zu sein in der Kunst des Gefallens. Und manchmal bedeutet es auch, sich zu täuschen.

[...]

Regieführen bedeutet schließlich, dem Autor zu dienen, ihn mit einer totalen, blinden Hingabe zu unterstützen und sein Werk ohne Vorbehalt zu lieben. Es gilt, jenen Ton, jene Atmosphäre, jene seelische Verfassung zu treffen, die den Dichter bei der Konzeption und beim Schreiben bewußt oder unbewußt beherrscht haben, diese lebhafte, sprudelnde Quelle, die den Zuschauer anrühren und bis ins Mark treffen muß. Es gilt, das Körperliche mit Hilfe des Geistigen zu verwirklichen. Es bedeutet, in einer bestimmten Weise mit dem Werk umzugehen, mit den Orten, der Ausstattung und mit den Darstellern, mit dem Dichter und, als letztem Punkt, mit dem Publikum, für das es bestimmt ist. Als Beauftragter des Publikums überwacht der Regisseur die Beziehungen zwischen der Bühne und dem Saal, zwischen dem Schauspiel und den Zuschauern. Er ist es, der die Darsteller und die Zuschauer zusammenführt, sie sehen und hören macht.

Er sorgt für jenen Raum, jenen geometrischen Ort, an dem die aktiven und passiven Schauspieler, die Bühne und der Saal zusammentreffen, an dem der Zuschauer in den Darsteller eindringt und sich, selbst Schauspieler, mit ihm identifiziert, an dem der Darsteller sich in seinem Zuschauer und Zuhörer widerspiegelt und so sein Bedürfnis nach Erprobung und Hingabe befriedigt. Er nutzt die Aufmerksamkeit für ein geheimnisvolles Bündnis, eine Gemeinschaft, in der die Mimesis des Schauspielers und die des Zuschauers einander entsprechen und befriedigen. Als Mittler zwischen Bühne und Zuschauerraum bestimmt er vorausschauend Rezeption und Emission.

Jean Giraudoux, Autor des Stücks «Kein Krieg in Troja», hat einmal mit Bescheidenheit gesagt, daß nicht der Autor sein Stück schreibe, sondern das Publikum, dem der Autor lediglich die notwendigen Elemente hierfür bereitstelle. «Das Publikum», so Giraudoux, «hört und kombiniert nach Belieben, ganz, wie es seiner Phantasie und seiner Sensibilität entspricht.» Er vergleicht ein dramatisches Werk mit einer Fayence, deren wahre Farben und Dessin erst nach dem Brennen erkennbar sind. Diese Feuerprobe ist die Vollendung durch die Wirklichkeit, durch den Kontakt mit einem Publikum.

[...]

So fasse ich also zusammen: Die Inszenierung verlangt in meinen Augen Handwerk, Geist und Herz, eine sich allem Menschlichen öffnende Sensibilität. Nicht mehr und nicht weniger.

Es gibt keine Theorie der Inszenierung, und es wird sie auch niemals geben. Theorien sind die Frucht der Erfahrung, und im Theater wiederholt sich Erfahrung nie.

Es gibt zwei Arten von Regisseuren: solche, die alles von einem Stück erwarten, weil das Werk für sie das Wesentliche bedeutet, und solche, die alles von sich erwarten, weil für sie das Werk nur ein Anlaß ist.

Es gibt zwei Arten von Dramen und zwei Arten von Autoren.

Da ist zunächst das theatralische oder Schautheater, das vor allem auf das Spiel, den Rhythmus, die Musik, die Linien, die Farben, die Augen oder den Schauspieler Wert legt und dem sich der Regisseur freudigen Herzens hingeben kann. Hierzu gehören die Mimodramen der römischen Verfallzeit, ein Teil des Jahrmarkttheaters, das Ballett, ein Teil der Oper und die Operette, das Märchen und das Melodram, alle Produktionen, in denen der Schauspieler, der Sänger, die Ausstattung und die Technik den Kern der Unterhaltung ausmachen.

Es gibt außerdem das Theater der Dramatiker und Dichter, das auf den Text Wert legt und Schauelemente nur als Ergänzung zuläßt. Zu diesem poetischen Theater gehören die griechischen Tragödiendichter Aischylos, Sophokles, Euripides, dann Seneca, der mit Shakespeare wiedergeborene Humanismus, Klassiker wie Corneille, Racine, Molière, außerdem Marivaux, Beaumarchais, Musset; sie, die einer unserer Regisseure in einem Anflug von Zorn einmal ‹für das Theater schreibende Literaten› genannt hat, bilden die Höhepunkte der dramatischen Kunst.

Es gibt Werke von Dauer, und es gibt andere, die eine Saison nicht überstehen. Das Schreiben und Entwerfen von Werken wird immer von der jeweiligen Mode geprägt. Zu *Klassikern* werden sie, wenn sie jene Allgemeingültigkeit erreichen, in der es allein um das *Menschliche* geht. In ihnen ist die Inszenierung bereits enthalten. Die Aufgabe des Regisseurs besteht darin, die Reaktion des Stückes auf seine Vorschläge zu beobachten und ihm seine Ideen einzugeben, ohne daß es verändert oder entstellt wird.

Im Gegensatz hierzu ist die Inszenierung von Schautheater eine äußerliche. Das Werk schwimmt im Erfindungsreichtum und Beiwerk. Der Text ist nur noch Vorwand oder Stütze für den Schauspieler, das szenische Spiel, die Ausstattung. Der Regisseur, der vor allem aus dem Fundus des Theaters oder seiner Phantasie schöpft, ist häufig einem Tanzmeister vergleichbar.

[...]

Selbst dem bedeutendsten Regisseur wird es niemals gelingen, die Träume und Phantasien auch nur des geringsten unter seinen Zuschauern auf der Bühne zu verwirklichen.

Eigentlich übernimmt ein Stück seine Inszenierung selbst; es genügen Aufmerksamkeit und ein gewisses Maß an persönlicher Zurückhaltung, um ihren Werdegang und ihre Arbeit mit den Schauspielern zu verfolgen: Ihr Einfluß bleibt Geheimnis; sie stellt sie auf die Probe, läßt sie wachsen oder kleiner werden, nimmt sie an oder weist sie ab, führt, verzerrt oder verwandelt sie. Mit Beginn der Proben wird ein echtes Stück lebendig, so wie Holz arbeitet, Wein gärt, Teig aufgeht. Es nimmt Schwung, und der zugleich erschrockene, hingerissene und ohnmächtige Regisseur schaut wie der Zauberlehrling zu, wie es allmählich mit den zum Leben erwachten Darstellern in Bewegung gerät und seine Anweisungen aufgreift, abstößt oder mit sich fortträgt in einem wirklichen Entstehen und Aufblühen.

[...]

Professionell sein heißt authentisch sein. Es ist die einzige Art, wahr zu sein, eine Tugend der Wahrheit zu besitzen und zu praktizieren. Denn es zählt nur das Wahre, das heißt, es zählt, was eingebunden ist und eine Wurzel hat.

[...]

In: Louis Jouvet: Réflexions du Comédien. Paris (Librairie théâtrale) 1951, S. 206–207, 207–208, 208–209, 209, 211–212, 212–215, 216–217, 219.
(Übersetzung von Barbara Müller-Wesemann)

Ecoute, mon ami (1952)

Hör zu, mein Freund.
  Ich selber bin es, an den ich mich wende.
  «Man muß seine Gefühle gedanklich erfassen.» Nachdem man sie aus-
gesondert, gesiebt, erprobt, geeicht und kritisch beobachtet hat, muß
man sie in der Folge durchdenken, festlegen, mit Mienenspiel oder
Stimmfall niederschreiben. Blind folgt das Gedächtnis diesem Vorgang,
und der Körper erhellt, durchlichtet sich, erwärmt sich und kühlt ab, zieht
sich zusammen in dieser besessenen Hitze. Dann klart in dieser Durch-
leuchtung, in diesem Licht das Gehirn auf; Ausgangspunkt aber ist das
Gefühl.
  Das ist unser Beruf.
  [...]
  Durch die Anderen wurde ich mir selbst klar.
  Darf ich meinerseits ihnen Auskunft geben?
  Unbeständig, bewegt von allem, was um uns ist, den leichtesten, den
geringsten Einflüssen stark unterworfen, zugänglich *allem, was besonders
oberflächlich, was Außenseite ist, Wesen des Reagierens,* trifft uns das
Oberflächliche am meisten und erregt uns am stärksten.
  Das Oberflächliche ist es, was uns in der Tiefe erregt.
  Nur mit der Oberfläche rührt uns die Tiefe an; aber, richtig ausge-
drückt, gut gezeichnet, ist die Oberfläche auch fruchtbar, auch wirksam
durch die Wirkungen, die sie erzeugt. Das ist das Theater, und dieses
Oberflächige ergibt den Eindruck der Tiefe.

DAS DRAMATISCHE IST TIEFE UND DUNKLE UNRUHE. Es ist Ergebnis
und Ursache dieses Richtung-Suchens, dieses Wesens der Leute vom
Theater.
  Wir sind in Erregung, gedrängt, begierig nach Unruhe, nach Reiz; und
erliegen wir nicht der Wirkung solchen Zustandes, solchen Aufruhrs in
unsrem Innern, so fallen wir einer neuen, einer anderen Unbeständigkeit
anheim.
  [...]
  Will der Schauspieler in die Tiefe steigen, so wird er schwer und er-
trinkt. Er muß, *bei aller Anteilnahme*, an der Oberfläche bleiben. Dort
hat er die meisten Chancen und Möglichkeiten, auf Herz und Geist des
Zuschauers mit vollem Gewicht zu wirken.
  Das ist die SPIELREGEL, welche Diderot als Rätsel aufgegeben hat.
  Als *gewandter Herausforderer* ist es weder seine Natur noch sein Handwerk, tiefgründig zu sein.
  [...]
  Für den Komödianten ist es ein Bedürfnis, *sich* zur Schau zu stellen.

Anfangs ist das eine Lust der reinen Eitelkeit und des verwegenen Dünkels.

Sie dauert (manchmal) bis zum Tod.

Wirst Du Dir aber eines Tages darüber klar, dann hast Du das Entscheidende unseres Berufes entdeckt; vielleicht ist das sein wesentliches Ziel, sein Endzweck.

Denn dann wirst Du verstehen, dann wirst Du auf dem Wege des Begreifens sein, daß das Entscheidende zur Ausübung dieses Berufes darin liegt:

Sɪᴄʜ sᴇʟʙsᴛ ᴀᴜꜰᴢᴜɢᴇʙᴇɴ,

ᴜᴍ ᴢᴜ sɪᴄʜ sᴇʟʙsᴛ ᴅᴜʀᴄʜᴢᴜsᴛᴏssᴇɴ.

Dann wirst Du begreifen, daß die alberne Narrheit eines «Nᴀᴍᴇɴs» und Deines lästigen «Iᴄʜ» Dich beherrscht, und daß Du, um eine Persönlichkeit zu werden, erst Dich entpersönlichen mußt. Und daß die höchste Persönlichkeit aus Unpersönlichkeit kommt, aus Destillierung und Sublimierung des eigenen Selbst.

Quer durch den gewundenen Pfad des dramatischen Geschehens.

Ich bin von der Auslegung besessen.

Man muß sich beschränken und auch seine Erkenntnisse begrenzen. Eine Umgrenzung des eigenen Selbst muß gefunden werden, eine Abgrenzung gezogen werden um sich selbst.

In endlosem Forschen verliert man sich.

Ein Weg muß gefunden werden, keine Fragen zu stellen, sich selber keine zu stellen. Damit diese *Leere* erreicht wird, *dieser Zustand, der dem Dramatischen Voraussetzung ist*, wo man in sich den inneren Sinn eines Satzes, einer Szene heraufsteigen fühlt, den innerlichen, den innersten Sinn, den ein gesprochener Satz, eine gespielte Szene einem bringt.

[...]

Um Theater zu spielen, ist zunächst eine Konvention vonnöten; sie ist zu jedem Zeitabschnitt verschieden – es sind die Spielregeln, und die ändern sich je nach den Beteiligten.

Autor, Schauspieler und Publikum bedürfen einer gemeinsamen Konvention, müssen sich gemeinsam klarwerden über die Regeln oder das Verfahren auf dieser Suche nach der *Illusion*.

Diese Konvention schafft eine *Tradition*, eine Gewohnheit, ein geistiges Klima, das seinerseits das Ausführungs-Verfahren ordnet und je nach Umständen, Örtlichkeit und Publikum abwandelt.

Die Tradition (nicht Traditionen) ist ein geistiger Status; die Traditionen sind die Ergebnisse daraus; ihre Wirksamkeit ist relativ.

Das Große Theater, das Klassische, berührt mich durch seine menschliche, seine dramatische *Tradition*, diese Fülle, die es ohne Ende, ewig sich angleichend, zugänglich und wirksam macht – wie immer auch die *Traditionen* sein mögen, denen man es anpaßt, die *Konventionen*, in die es gezwängt wird.

[...]

Es geht darum, vom Abstrakten ab und zur Empfindung hin zu kommen. – «Sich inkarnieren»; in diesem Sinne kann das Wort aufgefaßt werden. Ein Schauspieler inkarniert niemals einen Helden, er kann allenfalls «sich inkarnieren», mit den Zügen und in der Art, ein *«Charakter»*, eine *«Rolle»* zu sein oder darüber auszusagen; – seltener schon ist das bei einer *herausragenden Gestaltung*.

Und dann muß man vom *«Persönlichen»* zu einer Art *«Unpersönlichkeit»* kommen, die mehr und mehr notwendig wird in dem Maße, als man zur dramatischen Wesenheit gelangen will.

Man kann auch sagen – seltsamer Widerspruch in sich –: je mehr eine Rolle abstrakt ist, je mehr sie sich zur Wesenheit des Dramas erhebt – Held oder Hauptfigur –, desto verschiedenartiger kann man sie besetzen, desto mehr unterliegt sie der Mannigfaltigkeit der Schauspieler.

[...]

Denn wissen kann man nichts über das Theater, viel weniger noch als über irgend etwas sonst.

Es gibt nichts Falscheres und es gibt nichts Wahreres als das Theater.

Das ist sehr kompliziert.

Aber es ist das einzige wohltätige Rätsel im Leben der Menschen, das einzige wirksame.

Alles am Theater ist verwirrt und verwickelt.

Alles ist Spiegelung.

Und der Schauspieler vermag nicht zu denken.

Das ist seine Stärke.

Denken ist das Gegenteil seines Berufes, seiner Exerzitien.

[...]

Geltung hat nichts, als daß man sich ganz verausgabt. Es ist ein sportlicher, ein körperlicher Beruf.

Alles ist verdächtig, bis auf den Körper und seine Empfindungen.

Man soll nichts zergliedern.

Das Theater ist ein Kreuzweg, ein Zusammenfluß, eine Kloake, und es ist auch eine gegenseitige Durchdringung von Elementen.

[...]

In: Louis Jouvet: Ecoute, mon ami. Das Rätsel Theater. Ins Deutsche übertragen von Albrecht Schoenhals. Hamburg (Kurt Wesemeyer) o. J., S. 5, 10, 11, 12–13, 15–16, 17, 22, 40.

Erich Engel

12

ERICH ENGEL

(1891–1966)

> «Wer heute als Regisseur vor der Aufgabe steht, eine Vor-
> stellung vor das Publikum zu bringen, kann seine Insze-
> nierung nur auf zwei Zielpunkte richten: 1. die Sinnlichkeit,
> 2. den Sinn.»
>
> *Erich Engel, 1928*

> «Wir müssen dem Schauspieler das Lusterlebnis verschaf-
> fen: ich habe ein Hirn.»
>
> *Erich Engel*

Als Sohn eines Hamburger Kaufmanns wurde Erich Engel am 14. Februar 1891 geboren. Schon früh erwachte sein Interesse an Literatur
und Kunst. Nach einer kurzen Zeit als Lehrling in einem Hamburger Kaf-
feegroßhandel nahm er Schauspielunterricht an Leopold Jeßners (vgl.
Kap. 6) Schauspielschule. Jeßner arbeitete von 1904 bis 1915 als Regisseur am Hamburger Thalia Theater; er wurde Engels großes Vorbild und
bestimmte auch das Ziel von dessen beruflicher Laufbahn: Regisseur zu
werden. Nur zur Vorbereitung darauf sollte die Schauspielausbildung dienen; im Hinblick auf diesen künftigen Beruf erarbeitete sich Engel ein
umfassendes Wissen in Literatur, Kunstgeschichte und Philosophie. Er
war ein systematischer Arbeiter bereits in jungen Jahren; dieser Charak-
terzug wurde später auch dem Regisseur Engel immer wieder zugeschrie-
ben: Herbert Jhering nannte ihn als Regisseur einen «Mathematiker»,
den «Mediziner» und «geistigen Ordner»; Brecht bewunderte Engels
«wissenschaftliche Methode» der Regieführung, Carl Zuckmayer sprach
von der «gedanklichen Kühle» seines Regiestils.

In Hamburg gehörte Engel in den Jahren um 1910 einem literarischen
Zirkel an, der ihn mit jungen Malern, Bildhauern, Musikern und Schauspielern zusammenbrachte. 1911 führte Engel Regie bei einer freien
Theatertruppe, die ein Weihnachtsmärchen in einigen Berliner Vororten
aufführte. Eine Zeitlang war er als Schauspieler mit einer Wandertruppe
in Thüringen unterwegs. Etwa 1913 inszenierte er – selbst noch als Schauspielschüler bei Jeßner eingeschrieben – auf einem der berühmten Hamburger Künstlerfeste Hugo von Hofmannsthals lyrischen Einakter «Der

Bertolt Brecht «Im Dickicht der Städte».
Deutsches Theater Berlin, 1924 (Bühne: Caspar Neher)

Tor und der Tod». Die Kriegsjahre verbrachte Engel, wegen schwacher
Gesundheit frontuntauglich, in einer Kaserne in seiner Heimatstadt.

1918 erfolgte der entscheidende Schritt in seiner Theaterlaufbahn.
Erich Ziegel (1876–1950), bis dahin Oberspielleiter im Deutschen Schauspielhaus in Hamburg unter der Direktion von Geheimrat Max Grube,
engagierte Engel als Dramaturgen und angehenden Regisseur an seine
neu gegründeten Hamburger Kammerspiele am Besenbinderhof. Ziegels
Kammerspiele waren bald eine der interessantesten Bühnen Deutschlands, die sich insbesondere für die Durchsetzung der zeitgenössischen
Theaterliteratur engagierten. Fritz Kortner (vgl. Kap. 13) wie auch Gustaf Gründgens (vgl. Kap. 16) gehörten dem Ensemble der politisch links-
liberal orientierten Bühne an.

Das Programm der Kammerspiele, das auch für das künstlerisch-intel-
lektuelle Profil des jungen Engel prägend war, formuliert Erich Ziegel,
ganz im Pathos der Sprache jener bewegten Zeit, unter dem Titel «Ausblick» im ersten Heft der «Blätter der Hamburger Kammerspiele», die
den programmatischen Namen «Der Freihafen» tragen:

«Die Hamburger Kammerspiele wollen dem lebendigen Geiste dienen. Wollen in einer Zeit, da die vom Stofflichen Bestimmten sich grauenvoll ad absurdum führen, Forderung und Weltvision der Wertvollsten zu eindringlicher Gestaltung bringen. Kein starres Programm wird den Spielplan der Bühne beengen. Was wertvoll genug ist, in das Bewußtsein der Heutigen einzugehen, soll eine Stätte finden. Mögen solche Werte vergangenen Zeiten entstammen oder aus glühender Gegenwart geboren sein.

Diese hohe Aktualität, dieses Bestreben, ohne philologische Experimentiersucht und dienerische Verbeugung vor ehrwürdiger Patina an der Formung des neuen Weltbildes tätigen Anteil zu nehmen, ist einzige Norm, die anerkannt wird. Verbannt seien dekorative Unzulänglichkeiten und pöbelhafte Mache. Dreifach bejaht die Schöpfung der Welterfüllten.

Jedes Kunstwollen strebt nach utopischem Ziel der Weltverbesserung. Wenn die Frage möglich war, ob eine Theatergründung während des Weltkrieges gerechtfertigt werden könne, wenn es Menschen gibt, die in solchem Geschehnis nur eine örtliche Begebenheit sehen und sich zur Verneinung berechtigt glauben wegen scheinbarer Inkongruenz zwischen lokaler Angelegenheit und Weltkatastrophe, dann muß es auch erlaubt sein, von jener Utopie zu reden, trotz Gefahr anmaßlicher Wirkung.

Dynastien, Systeme und Personen sind für den Ausbruch des Unheils verantwortlich gemacht. Die Einsicht, so benannten Anlässen käme nur symptomatische, keineswegs ursächliche Bedeutung zu, war lange den Tiefsten vorbehalten. Heute bricht die Erkenntnis Bahn, das Grundverhalten aller müsse eine Umschaltung erfahren.

Vom Glauben an die technische Welterlösung besessen, haben sich Generationen einer nihilistischen Geschäftigkeit geopfert. Doch die ungeheure Maschinerie der Betriebsamkeit zur Lusterhöhung des Menschen ersonnen, ist über seine Herrschaft hinausgewachsen und stellt ihre Eigenforderung. Nun schnurrt die Mechanik zurück und Millionen verbluten in ihrem Zahnwerk. Ein einziger Trost, eine einzige beglückende doch verpflichtende Erkenntnis bricht strahlend aus den Trümmern:

Die Logik der Geschehnisse führt zur Katastrophe, solange materialistischer Ungeist in sinnloser Emsigkeit werkschaftet.

Welcher Art war die Kunst, die jener technischen Besessenheit parallel lief? Nicht Peitsche oder Harfe war sie, sondern Spiegel. Nicht Antrieb oder Beseelung erstrebte sie, sondern Verdopplung. Der Weltgeist, dessen Gefäß der Dichter sein soll, verträufelte in den Kapillargefäßen der Psychologie, die Kurve idealen Wollens wurde umgebogen zu flacher Kausalität. Statt es zum Stoff zu entwerten, welcher der Bewältigung harrt, sah man im wirklichen Leben Bewältigendes, das den Menschen meistert. Daher die pedantische Verknüpfung von Ursache und Wirkung, die Begründungssucht, die Betonung des Milieueinflusses. Verklammert an die Erde wurde das Ethos Geschmacksache. Ein neues Fatum wurde beschworen, das nicht mehr aus den Himmeln dräute, sondern sumpfhaft die Glieder hemmte.

Wenige Große entrannen die Vergewaltigung einer entgötterten Zeit. Strindberg und Wedekind seien hier in Ehrfurcht genannt.

Die Fordernden und Entfachenden dürfen nicht, wie jene, in qualvollen Jahren

des Verkanntseins kostbare Kräfte verlieren. Uns ward das Glück stürmisch beja-
hender junger Dichtung. Wenn irgendwo liegt im Geiste der lebenden Künstler
und Dichter die Gewähr kraftvoller Zukunft Deutschlands beschlossen. Vom Realismus in die Vereinsamung gestoßen, erhebt sich die junge Dramatik wieder in die
leuchtende Allgemeingültigkeit der Idee. Aus Leiden und Verantwortung erwachsen Bekenntnis und Zielsetzung. Über die Stätte unmenschlicher Wirrnis klingt die
Hymne des Menschlichen. So gerichtetem Geiste wollen die Hamburger Kammerspiele ein Freihafen werden. Dem ewig Lebendigen treu, dem Werdenden zugewandt.

Die eigentliche Kunst des Theaters, fester umstrickt von Tradition, folgt noch
zögernd dem Auftrieb der Schwesterkünste. Sammlung, Sichtung und Steigerung
solcher versprechenden Talente unter Zucht und Auswirkung wesenhafter Regie
ist Aufgabe, der nur ein Theater mit Hingabe dienen kann, das nicht von übernom-
menem Publikum beschwert und richtunghemmender Vergangenheit, den festen
Glauben an den Sieg der Werte hegt.

Auf diesen Sieg bauen, heißt an das Publikum glauben.

Neugestaltung älterer Dramatik bedeutet: den verwandelten Sinnen der Heutigen das urhaft Wirkende fühlbar machen. Den Lebenden dienen heißt: den
Ariadnefaden weiterreichen, der aus dem Labyrinthe führt.

Mit der beispiellosen Verteidigung gegen eine Welt ist erst ein Bruchteil jener
Aufgabe verwirklicht, die unserm Geschlechte beschieden. Es gilt sich des Sieges
wert zu erweisen. Nur Völkern, die unablässig um Vertiefung ringen, ist eine wur-
zelstarke Zukunft sicher. An tausend Orten muß die Flamme des deutschen Geistes geschürt werden, bis durch die Nacht, die Mißgunst und Unwissen um unsern
Namen gefügt, verheißungsvoll das ewig junge deutsche Antlitz bricht.

Auf bescheidenem Platz wollen die Hamburger Kammerspiele an dieser hohen
Mission arbeiten. Wollen Verkündigung bringen, Einkehr und Aufschwung» (vgl.
Der Freihafen. Blätter der Hamburger Kammerspiele. 1. Jahrgang, Heft 1.
S. 1–3).

Die wesentlichen Stationen des Theaterlebens Erich Engels wurden neben Hamburg und München vor allem Berlin. Die Daten seiner Regiearbeiten hat Thea Lenk (vgl. Erich Engel, Schriften) zusammengetragen:

An den Hamburger Kammerspielen inszenierte Engel von 1919 bis 1921 insgesamt
19 Stücke (später, am 23. Januar 1926, noch einmal: Jules Romains' Komödie
«Dr. Knock» mit Gustaf Gründgens in der Titelrolle), u. a.: als erste Arbeit am
13. Februar 1919 «Das Herzwunder» von Wilhelm von Scholz; am 4. April 1919
«Die Schauspielerin» von Heinrich Mann; am 16. Mai 1919 «Seeschlacht» von
Reinhard Goering; am 28. Mai 1919 «Totentanz II» von August Strindberg; am
8. Oktober 1919 «Der Ring» von Harry Kahn; am 29. Januar 1920 «Gas I» von
Georg Kaiser; am 4. März 1920 «Der Doppelkopf» von Wilhelm von Scholz; am
9. April 1920 «Die Verführung» von Paul Kornfeld; am 20. Mai 1920 «Juana» von
Georg Kaiser; am 1. September 1920 «Die Wandlung» von Ernst Toller; am 27. Ok-
tober 1920 «Gas II» von Georg Kaiser; am 27. April 1921 «Himmel und Hölle» von
Paul Kornfeld; am 21. Mai 1921 «Kerker und Erlösung» von Otto Zoff; am 4. Juni

Bertolt Brecht
«Die Dreigroschenoper».
Theater am Schiffbauerdamm
Berlin, 1928

1921 die drei Einakter «Der Tyrann» und «Die Unschuldige» von Heinrich Mann und «Die Zensur» von Frank Wedekind; am 7. September 1921 «Der König» von Hanns Johst; am 24. November 1921 «König Nicolo» von Frank Wedekind.

Entsprechend der Ausrichtung dieser Bühne waren sämtliche Regiearbeiten Engels Inszenierungen zeitgenössischer Autoren. In dieser Hamburger Zeit lernte Engel Fritz Kortner kennen, der 1918 als Schauspieler an die Kammerspiele engagiert wurde; beide verband eine lange, spannungsreiche Freundschaft.

Der Wechsel nach München (1922) als Oberspielleiter am Staatstheater brachte eine deutliche Neuorientierung. Engel inszenierte am 27. Februar 1922 am Prinzregententheater Shakespeares «Hamlet», am gleichen Haus noch am 24. November 1922 «Julius Caesar» und am 15. November 1923 «Macbeth». Im Münchner Residenztheater inszeniert er am 12. August 1922 «Der Snob» von Carl Sternheim mit Gustav Waldau als Christian Maske sowie die Uraufführung von Bertolt Brechts «Im Dickicht» am 9. Mai 1923 mit Erwin Faber als Garga, Otto Wernicke als Shlink, Maria Koppenhöfer als Marie, Charlotte Krüger als Jane; Bühne: Caspar Neher. An den Münchner Kammerspielen inszeniert er am 28. Juli 1921 «Die Verführung» von Paul Kornfeld und am 6. Oktober 1925 «Dr. Knock» von Jules Romains mit Kurt Horwitz in der Titelrolle. Die vierte Münchner Bühne, an der Engel in diesen Jahren arbeitete, war das Münchner Künstlertheater. Dort inszenierte er am 6. Juli 1922 «Scherz, Satire, Ironie und tiefere Bedeutung» von Christian Dietrich Grabbe, am 22. August 1923 «Maß für Maß» von William Shakespeare.

1923 wurde Engel als künstlerischer Leiter an die Reinhardt-Bühnen nach Berlin (Direktion: Friedrich Hollaender) engagiert. Er verpflichtete seinerseits Bertolt Brecht und Carl Zuckmayer für ein Jahr als Dramaturgen an das Deutsche Theater.

Engel inszenierte am Deutschen Theater als erste Arbeit am 22. Dezember 1923 Grabbes «Scherz, Satire, Ironie und tiefere Bedeutung» mit Fritz Kortner als Teufel; am 29. Februar 1924 «Dantons Tod» von Georg Büchner mit Fritz Kortner als Danton, Ernst Gronau als Robespierre, Rudolf Fernau als St. Just; am 29. Oktober 1924 Bertolt Brechts «Dickicht» mit Walter Frank als Garga, Fritz Kortner als Shlink, Bühne: Caspar Neher; am 27. Februar 1925 Shakespeares «Coriolans'» mit Fritz Kortner in der Titelrolle, Bühne: Caspar Neher; am 19. Mai 1925 Jules Romain «Dr. Knock» mit Eugen Klöpfer in der Titelrolle; am 28. Mai 1925 von George Bernard Shaw «Man kann nie wissen»; am 8. Januar 1926 an den Kammerspielen des Deutschen Theaters «Lysistrata» nach Aristophanes; am 23. März 1926 am großen Haus «Mord» von Walter Hasenclever; am 24. April 1926 wieder an den Kammerspielen «Weekend» von Noël Coward; am großen Haus am 2. September «Androklus und der Löwe»; am 25. März 1927 «Der Arzt am Scheideweg».

Caldéron de la Barca «Dame Kobold». Deutsches Theater Berlin, 1940

Einige Jahre später, das Deutsche Theater wurde seit der Machtübernahme durch die Nationalsozialisten von Heinz Hilpert geleitet, inszenierte Erich Engel dort am 30. Oktober 1935 Shakespeares «Maß für Maß»; am 26. März 1937 Shakespeares «Coriolan» mit Ewald Balser in der Titelrolle, Bühne: Caspar Neher; am 25. Februar 1938 Shakespeares «Der Sturm»; am 6. September 1938 von George Bernard Shaw «Mensch und Übermensch»; am 6. Mai 1939 Shakespeares «Othello» mit Ewald Balser in der Titelrolle; am 31. Januar 1940 Calderóns «Dame Kobold»; am 12. Dezember 1941 Shaws «Man kann nie wissen».

In seiner Berliner Zeit vor 1933 bzw. 1945 inszenierte Engel auch am Staatlichen Schauspielhaus (Intendanz: Leopold Jeßner), u. a. am 22. Oktober 1926 Frank Wedekinds «Lulu»; am 2. Februar 1927 Paul Kornfelds «Kilian oder die gelbe Rose»; am 2. April 1928 von Henrik Ibsen «Gespenster» mit Fritz Kortner als Oswald; am 12. Juni 1928 Lion Feuchtwangers «Kalkutta, 4. Mai» mit Rudolf Forster als Warren Hastings; außerdem am Berliner Schillertheater am 7. Mai 1927 von Frank Wedekind «Musik»; am 11. November 1927 Franz Grillparzers «Weh dem, der lügt»; an der Berliner Volksbühne am 4. Januar 1928 Bertolt Brechts «Mann ist Mann»

mit Heinrich George als Galy Gay, Helene Weigel als Begbick, Bühne: Caspar
Neher; am Theater in der Königgrätzer Straße (Direktion: Victor Barnowsky) u. a.
am 15. September 1928 Hermann Ungars «Der rote General» mit Fritz Kortner in
der Titelrolle; an der Berliner Komödie; und am Theater am Schiffbauerdamm
(Direktion: Ernst Josef Aufricht) u. a. am 31. August 1928 die legendäre Uraufführung von Bertolt Brechts «Die Dreigroschenoper» mit Erich Ponto als Jonathan
Peachum, Rosa Valetti als Frau Peachum, Roma Bahn als Polly, Harald Paulsen
als Macheath, Kurt Gerron als Brown, Lotte Lenya als Jenny, Kate Kühl als Lucy,
Ernst Busch als Smith; Bühne: Caspar Neher.

Nach 1945 arbeitete Erich Engel zunächst in München und übernahm
die Intendanz der Kammerspiele (1945–1947). Am 4. Dezember 1945
inszenierte er dort von Thornton Wilder «Unsere kleine Stadt» mit Axel
von Ambesser als Spielleiter; am 31. Mai 1946 Shakespeares «Der
Sturm» mit Friedrich Domin als Prospero; am 30. Oktober 1946 von
Axel von Ambesser «Das Abtrünnige in Herrn Gerstenberg»; am
21. März 1947 von Jules Romains «Dr. Knock»; am 2. Juli 1947 «Eurydike» von Jean Anouilh mit Maria Nicklisch in der Titelrolle, Peter Lühr
(1906–1988) als Orpheus, Maria Koppenhöfer (1901) als Mutter, Bruno
Hübner als Vater.
    Engel übersiedelte 1949 nach Berlin und trat in eine enge Arbeitsbezie-
hung zu Bertolt Brecht (vgl. Kap. 15) und dem Berliner Ensemble.

Zusammen mit Brecht inszenierte er am Deutschen Theater am 11. Januar 1949
Brechts «Mutter Courage und ihre Kinder» mit Helene Weigel in der Titelrolle,
Angelika Hurwicz als Kattrin, Paul Bildt als Koch, Werner Hinz als Feldprediger,
Paul Esser als Feldhauptmann, Bühne: Teo Otto; wieder zusammen mit Brecht am
8. November 1949 Brechts «Herr Puntila und sein Knecht Matti» mit Leonard
Steckel als Puntila, Erwin Geschonneck als Matti, Bühne: Caspar Neher; am Theater am Schiffbauerdamm (Berliner Ensemble) am 15. Januar 1957 Brechts «Leben
des Galilei» mit Ernst Busch in der Titelrolle, Regine Lutz als Virginia, O. E. Fuhrmann als Papst, Angelika Hurwicz als Frau Sarti, Bühne: Caspar Neher; Brecht
war während der Probenzeit zum «Galilei» am 14. August 1956 gestorben. Ebenfalls am Schiffbauerdamm-Theater inszenierte er am 23. April 1960 Brechts «Dreigroschenoper» mit Norbert Christian als Jonathan Peachum, Regine Lutz als Polly,
Wolf Kaiser als Macheath, Bühne: Karl von Appen (1900–1981); und gemeinsam

Bertolt Brecht «Herr Puntila und sein Knecht Matti».
Deutsches Theater Berlin (Berliner Ensemble), 1949
(Leonard Steckel als Puntila)

Bertolt Brecht «Leben des Galilei». Berliner Ensemble, 1956
(Ernst Busch als Galilei)

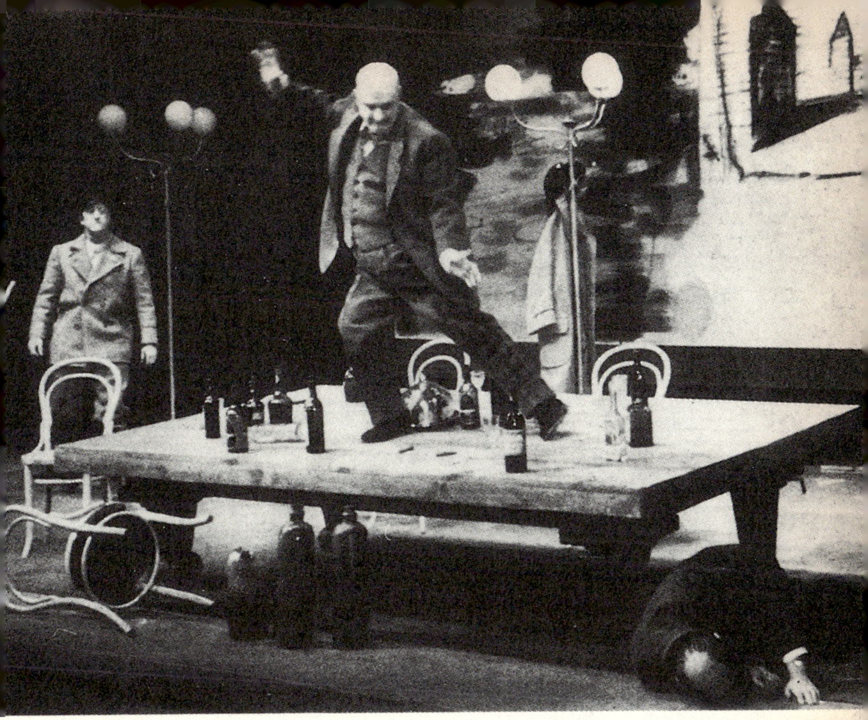

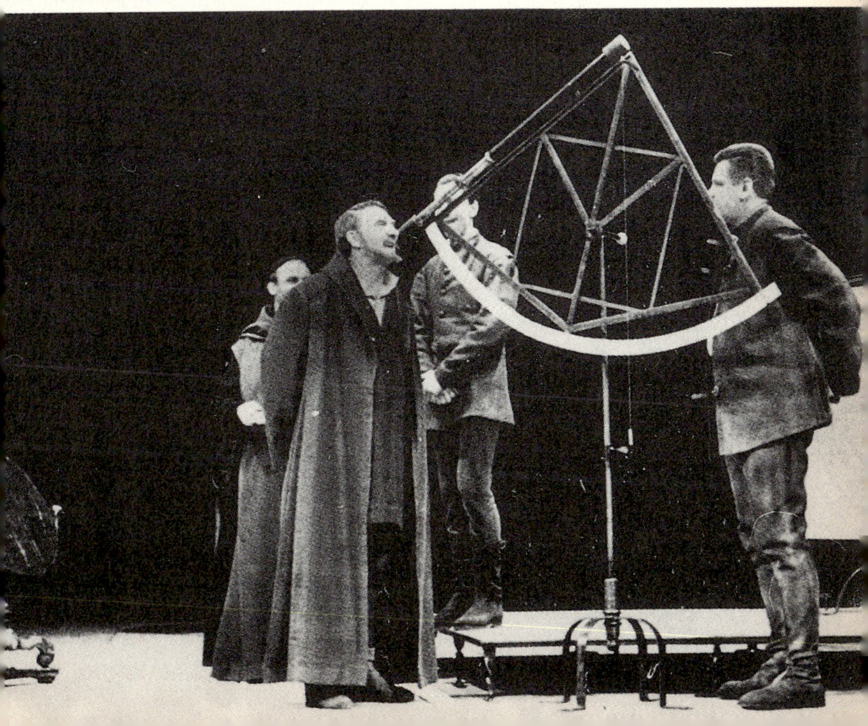

mit Wolfgang Pintzka Brechts «Schweyk im zweiten Weltkrieg» mit Martin Flör-
chinger in der Titelrolle.

Engel hat von 1931 bis 1958 bei 37 Filmen Regie geführt; populär (von
1932–1942) waren seine Unterhaltungsfilme mit Jenny Jugo; besonders
hervorzuheben ist der Film «Affaire Blum», eine DEFA-Produktion von
1948.

   Engel war dem Typus nach ein Regisseur, der von der Dramaturgie her
kam und selbst nicht als Schauspieler auftrat – wie die meisten der hier
versammelten ‹Regie-Klassiker›. Er war der Denker unter den Regisseuren. Herbert Jhering verglich ihn zu Recht mit Otto Brahm; er schreibt
über Erich Engel 1943:

«Die wissenschaftliche Methode seiner Regie, seine Art, zu zerlegen und darzulegen, mag manchmal auch das gewachsen Dichterische als poetisches Ornament
verwerfen. Aber sie grenzt doch seine Kunst klar und scharf nach zwei Seiten ab,
gengen den Flüsterrealismus und gegen die stilistische Erstarrung. Erich Engel
nimmt den Zuschauer an der Hand und führt ihn durch das ganze Schauspiel. [...]
   Seine Fähigkeit ist, klar zu disponieren, ohne die Gliederung zu unterstreichen,
die Form zu wahren, ohne zu stilisieren. Seine Methode ist auf den dramatischen
Vorgang, auf den Ablauf gerichtet, also eine dramaturgische Methode. Schon deshalb läßt sie keine Einfrostung in Gesten und Posen zu, kein Verharren in stilisierten Gebärden. Sie verlangt den Fluß, das Weiterschreiten, also auch die Melodie
und den lockeren Rhythmus. Sie schafft eine geistige Realität.
   Die Ratio als formbildendes Element: sie durchdringt Wesen und Ausdruck der
Personen, lichtet das Gefühl, klärt die Gedanken auch der Dümmlinge und gibt
ihrer trüben Welt einen Schimmer des Lichts. Sie verbreitet Kühle» (vgl. H. Jhering: Regie).

Bertolt Brecht einschließend, schreibt Fritz Kortner über die Regiearbeit
von Erich Engel: Es war «ein Fahnden nach dem möglichen Menschen.» –
Engel starb am 10. Mai 1966 in Berlin.

Bibliographie

B. Brecht: Theaterarbeit. Dresden 1952.

ders.: Schriften zum Theater 2. Frankfurt/M. 1967 (= Gesammelte Werke 16).

E. Engel: Schriften. Über Theater und Film (Red. Thea Lenk). Berlin 1971.

ders.: Schriften über Theater und Marxismus. Berlin 1972.

H. Jhering: Regie. Berlin 1943.

F. Kortner: Aller Tage Abend. München 1959.

M. Kuschina (Hg.): 100 Jahre Deutsches Theater Berlin 1883–1983. Berlin 1983.

K. H. Ruppel: Großes Berliner Theater 1935–1945. Berlin 1962.

K. Völker: Fritz Kortner. Schauspieler und Regisseur. Berlin 1987 (= Stätten der Geschichte Berlins, Bd. 27).

──── *Erich Engel* ────

Szenische Kunst (1920)

Das Theater hat halluzinativen, visionären Charakter.

Fünfhundert Menschen sitzen in einem dunklen Saal, dessen Hinterwand sich hebt und in dessen Ausschnitt für zwei Stunden mit denkbar intensivster Ausschließlichkeit Seeleneindruck jener fünfhundert dargestellt wird. Diese Betrachter löschen durch bewußte Konzentration jedes Nebeneinander aus und sind nichts als Empfänger der optischen und akustischen Kräfte, die dort im Rahmen wachwerden. Ihre (wenn auch durchschnittliche) Wesenheit kann über Höhen und Untiefen eines Genies gerissen werden und ahnungshaft die Spannweite menschlicher Größe empfinden. Die Rechtfertigung menschlichen Daseins vor dem Geiste – dem einfachen Menschen sonst unfaßbar – kann blitzhaft für Sekunden enge Horizonte zerspellen. Und trügen die Vielzuvielen nichts davon als das Empfinden (eignen Unwerts und) der Ehrfurcht, so würden sie die erste Stufe erreicht haben, die aufwärts führt.

Das Theater kann seine zauberhafte Wirkung erst ganz entfalten, wenn das halluzinative Element in ganzer Stärke erkannt und ausgenutzt wird. Seine Aufgabe ist, Geistiges zu versinnlichen, nicht Wirklichkeit nachzubilden, nicht Geistiges zu verdinglichen. Seine Mittel sind in Raum und Zeit, Wort, Gebärde, Ton, Licht und Farbe.

Das zeitliche Element entzieht sich einer allgemeinen Betrachtung, da Sprachrhythmisches am Einzelfall behandelt werden müßte, um so mehr wird vom Raume zu reden sein.

Der viereckige Ausblick des Guckkastens ist kein Wirklichkeitsausschnitt, sondern eine astrale Ebene. Das hier erscheinende Sichtbare, sei es Mensch, sei es Requisit, sei es Dekoration, hat durch sein bloßes Vorhandensein in diesem hellen exponierenden Rahmen eine überbetonte Wirklichkeit, es beansprucht hier eine Interessenfülle, die es außerhalb des Rahmens nicht annähernd so stark entfesseln könnte.

Die gesteigerte Wirklichkeit und die daraus resultierende erhöhte Rezeptivität des Betrachters kann aber nur dann von länger anhaltender Wirkung sein, wenn nicht die Betrachtung alsbald durch geflissentliche Naturnachahmung des Bühnenbildes in bekannte und vertraute Bahnen gelenkt wird. (Denn mit nichts ist der ehrfurchtslose Mensch schneller bei der Hand als mit der Zerstörung eines überdurchschnittlich starken Erlebens durch die Reflexion). Wo also das Bühnenbild mit der Wirklichkeit konkurriert, verzichtet es zugunsten einer oberflächlichen Glaubhaftigkeit auf innere Wahrheit. Ja, mit dem Heben des Vorhangs bemüht es sich, sofort das Himmelsgeschenk des visionären Charakters zu zerstören. Anstatt daß Geistiges sich entfalte, der Zuschauer nicht nur quallos, sondern genießend einer (dichterischen) Intuition teilhaftig werde, betont das Materielle sein Gewicht, wird das Publikum zum indiskreten Beobachter einer Begebenheit gestempelt.

Alle Kunst hat nur einen Sinn: sie will erlösen. Und zwar nicht für ein paar Stunden dem «grauen Alltag» entführen, sondern *radikal* und *absolut.* Kunst ist der vermessene, tollkühne Versuch, Weltschöpfertum mit menschlicher Schöpferkraft zu identifizieren. Wenn der Geschaffene schöpferisch wird, so ereignet sich jenes ungeheure Moment der Spiegelung, jenes katastrophenhafte Ereignis, das wir Kunst nennen.

Kunst ist die Rechtfertigung unseres Daseins.

Alle Kunst ist in ihrer Entstehung katastrophenhaft.

Das Wesentliche einer Aufführung ist nicht die Verdinglichung einer dramatischen Textunterlage, sondern ist die Verwirklichung eines schöpferischen Vorgangs.

Das veristische Bühnenbild ergibt deshalb eine quälende Dissonanz, weil der Vergeistigungsprozeß (Stilisierungsprozeß) innerhalb der räumlichen Gegenstände nicht mitgemacht wird.

Das expressionistische Bühnenbild läßt die geistige Aktivität in die Materie einströmen, bezieht sie in sich ein.

Die Verzerrung des realen Räumlichen wirkt als ein Moment in der Zeit, da die Materie beständig vor unseren Augen gespannt, deformiert wird. Durch die dadurch bewirkte Inanspruchnahme des Zeitempfindens selbst für das Räumliche ist eine erhöhte psychische Aufnahmefähigkeit, Disposition, für das geistig Vorganghafte gegeben. (Illustration: Bühnenbild Neppach – Martin).

Es kommt nur auf die seelische Verfassung (Begabung) des einzelnen an, ob er ein solches Bild gespenstisch oder geistig empfindet (Geist und Gespenst können sprachlich ja auch füreinander eingesetzt werden); irgendwo müssen also der große helle und der kleine dunkle Begriff ineinanderströmen. Dabei erhebt sich die Frage: Entspricht wirklich dem expressionistischen Bild ein psychischer Erlebnisablauf von stärker geistig imprägnierter Art oder wirkt es erst geistig durch die Relation auf das Wirkliche (durch den dauernden Vergleich mit der Realität). Empfindet also ein Blindgeborener, sehend gemacht und als erstes Objekt in dunklem Zimmer ein expressionistisches Bild wahrnehmend, dieses Bild in unserem Sinne richtig.

Das dynamisch Geistige, Bewirkende ist das Wesentliche des expressionistischen Bildes, nicht etwa das verzerrte räumliche Produkt.

In: Erich Engel: Schriften. Über Theater und Film (Redaktion: Thea Lenk). Berlin (DDR) (Henschelverlag Kunst und Gesellschaft) 1971, S. 15–16.

Möglichkeiten der Regie (1933)

Es gibt wohl kaum eine Betätigung, über deren Wesen so unklare Vorstellungen herrschen, wie über die Arbeit eines Filmregisseurs. Wenn man auch vom allgemeinen Publikum nicht verlangen kann, daß es sich Gedanken macht über die Fehler und Vorzüge jener anonymen Person, deren Name einmal im Vorspann auftaucht, so ist es doch befremdlich, daß es sogar auch unter denjenigen, die sich kritisch mit dem Film befassen, einige – wenn auch wenige – gibt, die von der Arbeit des Regisseurs schlechthin keine Ahnung haben. So war ich vor einigen Jahren in Wien anläßlich eines Gesprächs mit einigen weiblichen Vertretern der dortigen Filmkritik aufs höchste verblüfft über die Ahnungslosigkeit und die Naivität ihrer Fragen.

Ich versuchte damals, die Arbeit des Regisseurs durch den Vergleich mit der Leistung eines Dirigenten aufzuhellen. Vergleiche stimmen bekanntlich niemals, aber dieser läßt sich doch eine ganze Strecke weit durchführen. Dirigent und Regisseur nämlich haben beide jene merkwürdige Arbeitsweise, bei welcher Schöpfung und Nachschöpfung fast unentwirrbar ineinander verwoben sind. Beide setzen eine künstlerische Vorarbeit – das eine Mal eine Partitur, das andere Mal das Drehbuch – in eine wesensgerechte Erscheinungsform um. Beide müssen ihre Vorlage aus eigener Erlebnistiefe durchdringen, mit eigener Vorstellungskraft beseelen. Sie müssen dem kompositorischen Bau gerecht werden, die Gewichtsverteilung beherrschen, die Tempi bestimmen, die Nuancen herausarbeiten. Sie müssen aus ihrem Ensemble ein Höchstmaß an Verständnis, Empfindung und schmiegsamer Ausdruckskraft herauszuholen verstehen; ihr Erlebnisraum muß sowohl die dramatische Wucht wie die lyrische Zartheit umfassen.

Die Zusammenarbeit zwischen Regisseur und Darsteller ist für den Laien ein besonders unklares Kapitel. Er meint, es gäbe da doch eine Fülle begabter Schauspieler, die aus eigenem Vermögen zu vollkommenen Leistungen gelangen könnten. Er überlegt sich nicht, daß der in der Situation stehende Schauspieler unmöglich den genauen Wirkungsgrad seines Ausdrucks beurteilen kann. Der Darsteller ist außerdem notwendig auf seine eigene Rolle konzentriert und kann nicht bei jeder Szene den

Gesamtablauf des Filmes im Auge behalten. Er kann es um so weniger, als ja die Szenen meistens nicht in der Reihenfolge gedreht werden, in der sie später im fertigen Film erscheinen. Er braucht also einen Berater, der sich durch seine Stellung außerhalb der Szene diesen Gesamtüberblick bewahren kann. – Außer dieser mehr dramaturgischen Überwachung des Ablaufes wird der Regisseur sich kritisch und beratend zu der Wahl der Ausdrucksmittel selbst verhalten müssen. Mit eherner Gleichmäßigkeit ist ja das menschliche Wesen geneigt, seine Arbeit nach dem Gesetz des geringsten Widerstandes zu leisten. Viele Schauspieler – darunter selbst hochbegabte – versuchen immer wieder mit naheliegenden, konventionellen und ausprobierten Wirkungen auszukommen. Was einmal gewirkt habe – so erwägen sie –, werde auch das nächste Mal seine Wirkung tun. Das Gesetz der echten künstlerischen Leistung aber steht geradezu im Gegensatz zu dem oben erwähnten Gesetz: es besteht nämlich in der *spielenden Bewältigung des größten Widerstandes.*

Ein bedeutender Kritiker prägte einmal den Satz: «Jede dramatische Situation ist einmalig.» Diese tiefe, wahre Feststellung ist das Todesurteil für jede Leistung, die der bloßen Routine entspringt. In der Tat gibt es nicht zwei Situationen, denen durch das gleiche schauspielerische Ausdrucksmittel entsprochen werden könne. Gewiß kehren in den dramatischen Abläufen aller Drehbücher gewisse typische Grundsituationen immer wieder, aber das Typische verwirklichen heißt noch nicht, die Situation gestaltet zu haben. So ähnlich die einzelnen Situationen einander auch sein mögen, so gibt es in ihnen doch immer eine Fülle von Besonderem und Einmaligem, die eine immer wieder neue und ursprüngliche Schöpfung verlangt.

Zwar ist das Publikum meistens schon zufrieden, wenn eine oberflächliche Glaubwürdigkeit erzielt worden ist, es hält sich an den stofflichen Inhalt; es interessiert sich für das, *was* geschieht und fragt nicht viel nach der *Form* des Geschehens. Künstlerische Beurteilung aber fragt auch nach dem *Wie.* Sie verlangt vom Regisseur Treffsicherheit, Transparenz und Durchdringungskraft der Darstellung. Nur dort erst, wo die inhaltlichen Reize eines Stoffes auch mit einer gewissenhaften seelischen Gestaltung verbunden sind, erhebt sich der Film zum Range eines Kunstwerkes. Der Regisseur, der seinen Beruf ernst nimmt, wird also abwehrend mit dem Flammenschwert dastehen, zwar nicht vor dem Tor des Paradieses, aber vor der Wüste des Hergebrachten und Konventionellen. Er weiß natürlich, daß auch ausprobierte Mittelchen oft zu Erfolgen führen; aber er weiß auch, daß, wenn im Bereich der Kunst nicht immer wieder die Forderung nach dem Außerordentlichen erhoben wird, auch ein gutes allgemeines Durchschnittsniveau rasch absinken muß.

Der vorher zum Vergleich herangezogene Dirigent hat es in einem wesentlichen Punkte leichter als der Regisseur: er kann mit absoluter Präzision über den Ausdruck seiner Kunstmittel gebieten. Es gibt allerdings Regisseure, die ihre Darsteller ebenfalls wie bloße Instrumente benutzen möchten. Diese Regisseure – ich möchte sie die *subjektiven* nennen – versuchen, ihre persönliche Formvorstellung durch Suggestion oder Autorität dem Ensemble aufzuzwingen. Sie wollen eine am Schreibtisch konzipierte Vorstellung verwirklichen und erreichen dabei oft Wirkungen von großer Geschlossenheit und Durchschlagskraft. Der lebende Schauspieler ist aber kein bloßes Instrument. Darum bin ich der Meinung, daß ein anderer Typ – man könnte ihn den *objektiven* Regisseur nennen – auf die Dauer zu nachhaltigeren Wirkungen kommen muß. Nur jene Arbeitsprozesse nämlich, die mechanisch ablaufen, sind durch planmäßige, straffe Energie auf ihre Maximalleistung steigerbar. Wo aber bei einer Kollektivarbeit die künstlerische Phantasie und Intuition jedes *einzelnen* eine wesentliche Rolle spielen, muß ein starr festgehaltener Plan einengend und leistungsvermindernd wirken.

Dieser Einsicht folgend, hat sich jener andere Regietyp herausgebildet, der prinzipiell mit den schöpferischen Möglichkeiten seines Ensembles rechnet, der seine eigenen Vorstellungen mit denen seiner Schauspieler zu bereichern sucht. Er kann, ohne unsicher zu werden, von seiner ursprünglichen Vorstellung abweichen und wird in verständnisvoller Zusammenarbeit Wege suchen, die sowohl dem Werke wie den Darstellern gerecht werden. Er bleibt nicht starr in seinen Absichten; vielmehr wird er – improvisatorisch beweglich – auf immer neuen Wegen zu neuen, unvorhergesehenen Formen vordringen. Dabei kann seine Arbeitsweise nach außen hin einen ebenso autoritären Charakter haben wie die des subjektiven Regisseurs; aber seine Energie zielt nicht so sehr auf unbedingte Erfüllung der eigenen Vorstellung, als vielmehr auf restlose Ausschöpfung der schauspielerischen Möglichkeiten. – Diese Arbeitsart erfordert meiner Meinung nach mehr Phantasie und Überlegenheit; sie verlangt auch die seltene Bereitschaft, die Eigenart des anderen zu erkennen und gelten zu lassen; vor allem aber auch die Fähigkeit, ihm durch klare Ratschläge zur reineren und kraftvolleren Ausprägung seiner eigenartigen schauspielerischen Möglichkeiten zu verhelfen. Bei solcher Berücksichtigung der künstlerischen Freiheit des einzelnen doch eine rechte Führung des Ganzen einhalten zu können, ist wesentlich schwieriger als die Befolgung eines vorgenommenen Planes. Das Eingehen auf die Phantasie des anderen kann allerdings auch leicht Verwirrung in die notwendige Leitlinie bringen. Hier immer wieder einen Ausgleich zu schaffen, einen neuen Vorschlag sowohl in seiner Form wie in seiner Auswirkung zu berücksichtigen und dabei doch die Führung des Ganzen nicht aus der Hand zu verlieren, ist eine Anforderung, die eine immer wache Einfallsfülle verlangt.

In: Erich Engel: Schriften, S. 125–127.

Erfordernisse des neuen Theaters (1947)

Wenn ich jetzt einige wenige Forderungen aufzähle, die ich an eine geläuterte Darstellungsart zu stellen mich berechtigt glaube, so müssen sie erstens notwendigerweise beschämend unzulänglich ausfallen, und zweitens wird nicht ohne weiteres ersichtlich werden, wieso sie der oben aufgestellten Gesamtabsicht dienen können, nämlich jener Absicht, durchleuchtete Wirklichkeit zu repräsentieren. Da aber in meinen geglückten Inszenierungen eben diese Forderungen weitgehend verwirklicht waren und in den Besprechungen mit überraschender Einstimmigkeit der Begriff der Transparenz aufgetaucht war, so waren es eben doch wohl jene Forderungen, die dieses Resultat, auf das es mir angekommen war, erzeugt hatten. Ich muß mich im wesentlichen auf einen Zentralsatz beschränken, und leider ist eine solche Abbreviatur dem Mißverständnis ausgesetzt. Dieser Zentralsatz heißt: Man soll nicht Theater aus dem Gefühl spielen, sondern aus der Phantasie. Der eine oder andere wird vielleicht denken, es handle sich dabei um eine prinzipielle Ausmerzung des Gefühls. Das ist natürlich ein grobes Mißverständnis. Denn Phantasie und Gefühl schließen sich nicht etwa gegenseitig aus, sondern fordern sich vielmehr heraus. Und zwar sollte die Phantasie im Laufe der Probenarbeit so geschult und eingespielt sein, daß sie im Falle des Gelingens das Gefühl mit absoluter Sicherheit heraufbeschwört. Nur wenn die Phantasie in Dominanz steht, kann der Schauspieler der Einmaligkeit jeder Situation gerecht werden. Nur dann kann er die Routine und Klischeehaftigkeit des Ausdrucks vermeiden, die ihn immer wieder veranlassen will, mit bereits erprobten Mitteln an neue Aufgaben heranzugehen.

Der Weg zu einer immerwährenden inneren Phantasiebeteiligung führt an einem Gefahrenpunkt vorbei. Die Umleitung von der subjektiven Beteiligung am Rohstoff des Gefühls muß den Umweg über den Verstand gehen. Ich sage, sie muß diesen Weg gehen, denn es gibt keinen anderen. Die Gefahr besteht nun darin, daß die Einschaltung des Verstandes das Gefühl abdrosselt und jener Verschmelzungspunkt nicht erreicht wird, wo das entsteht, was Kleist «Die zweite Naivität» nennt... Ist in einer Aufführung dieses Ziel auch nur annähernd erreicht, so entsteht eine Schwerelosigkeit, die bedeutungsgefüllter ist als alle Schwere, eine Klangfülle, die noch in der Tragik beglückt, eine Farbigkeit, die von innen her leuchtet. Es entsteht jene Objektivität, die gemeinschaftsbildend ist, da sie aus einer Sphäre stammt, in der alle Individuen sich finden können. Aus der Phantasie heraus spielen heißt für den Schauspieler, umfassende Zuständlichkeiten in sich zu erzeugen, Zuständlichkeiten, die mit natürlicher Notwendigkeit einen neuen Gestus erzeugen und ebenso notwendig eine andere Sprachführung mit sich bringen, als gemeinhin auf der Bühne gesprochen wird.

In dem einen Falle nimmt der Schauspieler den Inhalt in sein Wesen auf. Er aktualisiert die Einmaligkeit des Vorganges, das einzige Mittel zur wirklichen Faszination. Im anderen Fall nimmt er den Inhalt, grob und übertrieben gesagt, nur in den Mund. Zwar tut er den Rohstoff des Gefühls hinzu, aber es entsteht nicht der Zauber des schöpferischen Vorgangs.

Wie groß der Unterschied zwischen den beiden Vorgängen ist, merkt man als Regisseur sehr drastisch an der Sperrung, die sofort gegen die Forderung echter Verwesentlichung einsetzt. Die Zumutung, auf den bequemen Weg einer im besten Fall geschmackvoll gelenkten Routine zu verzichten und sich dem dauernden Wagnis einer spontanen Verwirklichung auszuliefern, stößt auf schwere Widerstände. Anstatt Träger einer Rolle zu sein, fühlt er sich plötzlich ernsthaft vor die Forderung gestellt, Zentrum seiner Rolle zu werden.

In: Erich Engel: Schriften, S. 28–29.

Der Bühnenbildner (1959)

Man kann – so glaube ich – an den Gestalter von Bühnenbildern eine Reihe präziser Forderungen stellen, wenn seine Arbeit der Gesamtarbeit der am Bühnenwerk beteiligten Künstler dienen soll. Das Bühnenbild darf nicht als malerisches Eigenwerk auftrumpfen. Es soll nicht als «Bild» im eigentlichen Sinne wirken. Aber es ist auch nicht Architektur. Es schafft nicht Bauwerke, sondern Räume.

Diese Räume müssen Spiel-Räume sein. Das heißt, sie sind den Anforderungen eines Spieles unterstellt. Sie müssen in ihrer Klarheit und Gliederung der Klarheit und der Gliederung von dichterischen Sinngehalten dienen und der Entfaltung szenischer Abläufe zu möglichst müheloser Erfassung verhelfen.

Auf keinen Fall soll das Bühnenbild symbolisieren.

Noch immer sieht man Bühnenbildner sich um diese flache, abscheuliche «Tiefsinnigkeit» bemühen.

Das Bühnenbild sollte – obgleich realistisch bleibend – niemals ins Naturalistische abgleiten.

Wo die Illusion einer «echten» Wirklichkeit angestrebt wird, verschwindet das Wesentliche hinter Belanglosigkeiten. Täuschende Naturähnlichkeit anstreben heißt in jeder Kunstbemühung Fälschung und Verdeckung der echten Wesensgehalte.

Ebensowenig aber darf das Bühnenbild ins Formalistische ausarten. Als mein guter Freund, der Regisseur Berthold Viertel, herumexperimentierend einmal eine Aufführung von Shakespeares «Kaufmann von Venedig» in einer solchen Dekoration versucht hatte, bat er mich um mein Urteil. Ich glaube, ich habe ebenso simpel wie zutreffend das Falsche solcher Bemühungen charakterisiert; ich sagte ihm: Dein Maler verlangt, daß ich seine Dekoration und deine Schauspieler gleichzeitig mit zwei verschiedenen Betrachtungsarten erfasse. Das erzeugt ein quälendes Spaltungsgefühl und dient weder dem Stück noch den Schauspielern, sondern schadet beiden.

Der Bühnenbildner treibt zuweilen im Mißverstehen seiner Aufgabe falsche Dramaturgie, indem er einzelne dramaturgische Elemente überbetont. Das Bühnenbild muß aber bei aller präzisen Durchbildung der Bühnenräume soweit indifferent bleiben, daß es dem *ganzen* Spielverlauf zugute kommt. Zu den vielen Forderungen, die noch an dieses schwierige und komplizierte Kunstwerk – oder soll man besser sagen: an diese Werkkunst – gestellt werden müssen, sei hier nur noch von einer Aufgabe gesprochen: der leichten Verwandelbarkeit.

Das ist nicht, wie man zu glauben geneigt sein könnte, nur eine Forderung der Technik und des Verlangens nach raschem Umbau. Die leichte Verwandelbarkeit ist eine deutlich spürbare, wenn auch nicht als solche bewußt werdende ästhetische Eigenschaft. Wie massive, lastende Solidität des Szenenbaus die Phantasie lähmt und das Vorstellungsvermögen fixiert, so vermag das Bild, das den Charakter der Skizze mit Absicht nicht ganz überwunden hat, die Phantasie in leichtem Fluß zu halten.

Beweglichkeit der Phantasie herstellen heißt, den Willen zur Veränderung aufrufen, heißt schöpferisch machen. Anregung der schöpferischen Produktionskraft ist aber eine wesentliche, wenn nicht *die* Hauptaufgabe aller künstlerischen Bemühungen.

In: Erich Engel: Schriften, S. 34–35.

Fritz Kortner als Geßler in Friedrich Schiller «Wilhelm Tell».
Staatliches Schauspielhaus Berlin, 1923

13

FRITZ KORTNER

(1892–1970)

> «So gibt er Gestalten unserer Zeit derart selbstverständlich – klar, geschlossen – sicher, daß Kritik kaum möglich ist, nur Bejahung oder Ablehnung des Ganzen.»
>
> *Kurt Pinthus, 1928*

> «Kortner ... ist tatsächlich exemplarisch in seiner Fähigkeit, sich nicht anzupassen.»
>
> *Bertolt Brecht, 1941*

> «Unter allen Einwänden gegen meine Inszenierungen war der gegen die Darstellung des Helden am leidenschaftlichsten. Wahrscheinlich hat die von mir inspirierte Darstellung gegen den herrschenden Begriff vom Heroischen verstoßen...»
>
> *Fritz Kortner, 1959*

*F*ritz Nathan Kortner wurde am 12. Mai 1892 in einem Wiener Außenbezirk geboren; sein Vater war der Juwelier Juda Kohn. «Die Jahre bis zu seinem Eintritt in die Schule verlebte das häßliche, eigenbrötlerische, verschlossene Kind allein und mit sich selbst beschäftigt, ohne Freunde und Gefährten» (Ludwigg). Ein Schlüsselerlebnis für den Jungen wurde ein Theaterbesuch im Wiener Burgtheater; zu seinem fünfzehnten Geburtstag hatte er eine Karte für Schillers «Räuber» bekommen. Josef Kainz spielte den Franz Moor. «Schlagartig wurde ich theaterhörig», erinnert sich Kortner in seiner Autobiographie «Aller Tage Abend» (1959). Sein Entschluß, Schauspieler zu werden, stand unbeirrbar fest.

1908 wurde er an der Wiener Akademie für Darstellende Künste aufgenommen. Sein Lehrer Ferdinand Gregori hatte keinen Augenblick Zweifel an dem überragenden Talent des jungen Kortner, der in seinem äußeren Erscheinungsbild freilich so gar nicht den Erwartungen entsprach, die man von einem jungen Bühnenhelden hatte. Kortner: «Mein Vater hatte sich inzwischen durch das Lesen von Klassikern, von Theaterstücken und durch Theaterbesuche mit meiner Berufswahl so angefreundet, daß er das Prüfungsresultat vor dem Akademiegebäude stehend abwartete.» Als einziger erhielt Kortner das vom Burgtheater ausgesetzte Stipendium für besonders begabte Schauspielschüler; 1910 schloß er die Ausbildung ab.

Nach seinem ersten Engagement am Hof- und Nationaltheater Mannheim (1910/11) durch Gregori, der im gleichen Jahr die Mannheimer Intendanz übernahm, und einem frühen Startversuch in Berlin bei Max Reinhardt am Deutschen Theater (1911/13) – beide Engagements wurden auf Wunsch Kortners vorzeitig gelöst – wurden die entscheidenden Stationen seiner Laufbahn als Schauspieler: Wien, Hamburg und Berlin.

Unter der Regie von Max Reinhardt (vgl. Kap. 4) spielte Kortner von März 1911 bis Januar 1913 in elf Inszenierungen durchweg kleinere Rollen; zumeist waren es Nachbesetzungen bereits laufender Inszenierungen, so den vierten Chorführer in Sophokles/Hofmannsthals «König Ödipus», wobei er seinen ersten Auftritt anläßlich einer Rußland-Tournee des Deutschen Theaters im Moskauer Ciniselli Zirkus hatte. Weitere Nachbesetzungen waren Valentin in Goethes «Faust I», Horatio in Shakespeares «Hamlet» oder der Offizier der Leibwache in Friedrich Schillers «Don Carlos». Die Hauptrollen spielten in diesen Inszenierungen Paul Wegener, Alexander Moissi und Albert Bassermann, den Kortner außerordentlich verehrte.

In wesentlichen Rollen trat Kortner unter der Regie von Max Reinhardt erst Mitte der 20er Jahre im Theater in der Josefstadt in Wien auf: als Wurm in Schillers «Kabale und Liebe» (9. April 1924) und als Shylock in Shakespeares «Der Kaufmann von Venedig» (26. Mai 1924).

Die Berliner Zeit blieb für den jungen, schon sehr selbstbewußten, spielwütigen Kortner unbefriedigend, obwohl die Arbeit mit Max Reinhardt ihn außerordentlich beeindruckte: «Was ich da aber noch sehen und lernen konnte, erwies sich als das Fundament, auf dem ich später aufbaute [...] Ich hatte eine kurze Woche Reinhardtscher Probenanspannung erleben dürfen. Sie bestätigte meine frühe Ahnung, daß soviel Hingabe der unerläßliche Tribut sei, den das Außerordentliche fordert. Diese acht Moskauer Probentage gestatteten mir einen kurzen Einblick in die Werkstätte eines Erlesenen. Viel zu kurz für meine erwachende Arbeitsfreude» (vgl. F. Kortner: Aller Tage Abend).

Kortner wurde von Berthold Viertel (vgl. Kap. 9) an die Wiener Volksbühne engagiert und spielte dort den Vinzenz in Herbert Eulenbergs «Alles um Geld» (6. Mai 1913), die erste Hauptrolle, die ihm den Durchbruch als Schauspieler brachte.

Zehn Jahre später arbeitete er wieder unter der Regie von Viertel am Staatstheater Berlin: in der Titelrolle von Henrik Ibsens «John Gabriel Borkman» (24. April 1923) und an der Berliner Kleinbühne Die Truppe den Shylock in Shakespeares «Der Kaufmann von Venedig» (12. September 1923; mit Johanna Hofer als Porzia).

Der für Kortners Laufbahn entscheidende Wechsel von den Neben-

Friedrich Hebbel «Herodes und Mariamne».
Münchner Kammerspiele, 1952

rollen ins große Rollenfach des ‹ersten Charakterspielers› kam – nach seinem eindrucksvollen Auftritt an der Wiener Volksbühne – durch sein Engagement an das Deutsche Volkstheater Wien zustande, das Carl Wallner leitete. Dort spielte er vornehmlich unter der Regie von Wallner und Herbert Jhering: u. a. den Franz Moor in Friedrich Schillers «Die Räuber» (25. September 1916); den Shylock in Shakespeares «Der Kaufmann von Venedig» (30. Oktober 1916); den König Philipp in Friedrich Schillers «Don Carlos» (4. Dezember 1916); den Knecht Nikita in Leo Tolstois «Die Macht der Finsternis» (24. April 1917); den König Herodes in Friedrich Hebbels «Herodes und Mariamne» (18. Oktober 1917).

1918 wechselte er nach Hamburg; Kortner kam in ein künstlerisches Umfeld, das erstmals auch seinem konzeptionellen Anspruch, den er mit seiner Rollengestaltung verband, voll entsprach:

«In Hamburg war ich in wenigen Tagen elektrisiert und gebannt von wohltuend sinnvollen Proben, die Erich Ziegel leitete, von seinem Dramaturgen Erich Engel und einer jungen Schauspielerin Gertrud. Die ‹Kammerspiele› waren ein avantgardistisches Theater, gegen die Betriebstheater ankämpfend. Es gab deren zwei formidable: das ‹Deutsche Schauspielhaus› und das ‹Thalia-Theater›. Beide traditionsbelastet und abonnementgesichert. Die ‹Kammerspiele›, in schmissiger Opposition, geldknapp und talentreich» (vgl. F. Kortner: Aller Tage Abend).

Unter der Regie von Erich Ziegel spielte Kortner an den Hamburger Kammerspielen u. a. den Herrn von *** in Georg Kaisers «Der Brand im Opernhaus» (16. November 1918); den Vater in Walter Hasenclevers «Der Sohn» (Dezember 1918); den Veit Kunz in Frank Wedekinds «Franziska» (25. Januar 1919); den Jacques in Shakespeares «Wie es euch gefällt» (Januar 1919); den Schigolch in Frank Wedekinds «Die Büchse der Pandora» (4. März 1919).

Noch einmal arbeitete Kortner mit Ziegel an dessen Hamburger Bühne. Als Gast spielte er den Karl Hetmann in Frank Wedekinds «Hidalla oder Die Moral der Schönheit» (12. Dezember 1922; mit Johanna Hofer als Fanny Kettler, Miriam Horwitz als Berta Launhart, Erich Ziegel als Cotrelly). Letztlich aber war Berlin das Ziel einer Theaterkarriere, wie Kortner sie sich vorstellte; zusammen mit dem Freund Karlheinz Martin, Regisseur am Hamburger Thalia-Theater, erfolgte der Aufbruch.

Mit Martin (1888–1948) als Regisseur spielte Kortner an der Berliner «Tribüne» den Friedrich in Ernst Tollers Stück «Die Wandlung» (30. September 1919). Unter Martins Regie arbeitete er in den 20er Jahren noch in einer Reihe weiterer Inszenierungen. Er spielte am Deutschen Volkstheater Wien in Shakespeares «Othello» die Titelrolle (September 1922); am Staatstheater Berlin den Karl Hetmann in Frank Wedekinds «Hidalla oder Die Moral der Schönheit» (8. Dezember 1922); am Lessing-Theater

Berlin den Zar Paul in Alfred Neumanns «Der Patriot» (22. Februar 1927; mit Paul Wegener als Graf Peter von der Pahlen). Am Deutschen Theater Berlin spielte Kortner – in der Regie von Martin – den Kaiser Sigismund in Julius Hays «Gott, Kaiser und Bauer» (23. Dezember 1932; mit Paul Wegener als Papst Johannes). Es war Kortners letzte Arbeit in Deutschland vor der Machtübernahme der Nationalsozialisten. Die Aufführung wurde nach acht Vorstellungen auf Grund antisemitischer Hetzkampagnen, die sich vornehmlich gegen Kortner richteten, von der Leitung des Deutschen Theaters abgesetzt. Kortner ging nach Wien, bald darauf ins Exil, zunächst nach London, 1937 nach New York, 1941 nach Hollywood.

In den Berliner Jahren zwischen 1919 und 1932 erreichte Kortner den Höhepunkt in seiner Laufbahn als Schauspieler. Diese Zeit war wesentlich geprägt durch seine Zusammenarbeit mit Leopold Jeßner (vgl. Kap. 6) am Staatstheater, dem Theater am Gendarmenmarkt. Seine erste Rolle in diesem Hause, der Geßler in Schillers «Wilhelm Tell» (12. Dezember 1919, mit Albert Bassermann in der Titelrolle), wurde für Kortner ein sensationeller Erfolg.

In dem von Heinz Ludwigg 1928 herausgegebenen Band «Fritz Kortner» (in der Reihe «Die Kunst der Bühne») zeichnet Jeßner ein umfassendes Porträt seines ersten Protagonisten:

«Die ‹Tell›-Premiere kam mit ihrem denkwürdigen Theaterskandal. Und hier war es mit dem Tell Albert Bassermanns, Fritz Kortners Geßler, der dem Publikum so sehr den Atem benahm, daß es über allen Protest gegen das Neuartige dieser Aufführung hinaus in Bann gehalten wurde.

Denn hier hatte Berlin nicht nur einen Protagonisten mehr, sondern ein neuer Typ des Schauspielers stand auf der Bühne als Exponent der neuen Spielweise, die sich an jenem ‹Tell›-Abend auszuwirken versuchte.

Man wollte nicht mehr ein Werk in seiner naturalistischen Ausmalung, oder, durchdrungen von noch so zauberhaften romantischen Effekten darstellen. Auf die Enthüllung des Tatbestandes kam es an und auf die rücksichtslose Darstellung dessen, was als Wesen des aufzuführenden Werkes erkannt war. Statt der malerisch betonten Dekoration und der photographischen Treue des Ortes trat die strenge Architektur, von Witzblättern gern als ‹Treppe› bezeichnet, in ihr Recht. Der äußern Architektur des Bühnenaufbaues entsprach die innere Architektur der Darstellung, die mit großen Linien den sachlichen Tatbestand umriß.

Diese veränderte Spielweise hatte selbstverständlich auch eine veränderte schauspielerische Struktur zur Folge. Dadurch, daß dem Schauspieler jegliches Requisit des naturalistischen oder romantischen Theaters genommen war, mußte er ganz und gar für sich und lediglich aus dem Tatbestand heraus mit dem einzigen Mittel des Wortes sich auswirken. Die Magie, die von seinem Körper und von dem gesprochenen Wort ausging, war das allein Entscheidende und Überzeugungskräftige seiner Leistung.

Wenn Kortner als Geßler seine Worte schneidend in die Masse der Umstehenden warf, und diese Worte lediglich mit kurzen Zuckungen einer Reitpeitsche begleitete, so machte diese Darstellung in ihrem sachlichen Fanatismus das ganze Geschehen: die Erhebung eines bedrückten Volkes auf eine Art verständlich, die das Alpenglühn und das Kuhgeläut nur als etwas Sekundäres anerkennen konnte.

Es war der Typ des Zeitschauspielers, der in Fritz Kortner seinen ersten Darsteller gefunden hatte. Wedekinds ‹Marquis von Keith›, seine nächste Rolle, stellte den Vabanquespieler der Inflation, den Bankrotteur der Übergangszeit auf die Bühne.

Und als dieser Schauspieler dann Shakespeares ‹Richard III› gab, so wurde hier dem Publikum nicht mehr ein schleimiger, hinkender Intrigant vorgeführt, sondern der neue ‹Held›, der von Ehrgeiz gestachelt, bis zur letzten Stufe des Throns über Leichen weg emporsteigt. [...]

Wenn man heute soviel von der politischen Darstellungsweise eines Werkes spricht, so darf man Fritz Kortner als den ersten politischen Schauspieler bezeichnen.

Politisch: in jenem überparteilichen Sinne des Lassalleschen Wortes: ‹Aussprechen, was ist!› Ohne Beschönigung, ohne Vertuschung: in konsequenter Aufhellung des Tatbestandes» (vgl. H. Ludwigg: Fritz Kortner).

Unter der Regie von Leopold Jeßner spielte Kortner nach dem Geßler:

die Titelrolle in Frank Wedekinds «Der Marquis von Keith» (12. März 1920; mit Lothar Müthel als Scholz, Tilla Durieux als Gräfin Werdenfels); die Titelrolle in Shakespeares «König Richard III.» (5. November 1920; mit Lothar Müthel als Heinrich, Rudolf Forster als Buckingham, Johanna Hofer als Anna); den alten Sedemund in Ernst Barlachs «Die echten Sedemunds» (1. April 1921); den Verrina in Friedrich Schillers «Die Verschwörung des Fiesco zu Genua» (6. Mai 1921; mit Ernst Deutsch als Fiesco); die Titelrolle in Shakespeares «Othello» (11. November 1921; mit Albert Steinrück als Jago, Johanna Hofer als Desdemona); die Titelrolle in Shakespeares «Macbeth» (10. November 1922). Nach einer Unterbrechung der Zusammenarbeit von circa drei Jahren spielt Kortner den Alexander in Arnolt Bronnens «Ostpolzug» (29. Januar 1926); den Limal in Hans J. Rehfischs «Duell am Lido» (20. Februar 1926); den Herodes in Friedrich Hebbels «Herodes und Mariamne» (26. März 1926; mit Lina Lossen als Mariamne, Helene Weigel als Salome); die Titelrolle in Shakespeares «Hamlet» (3. Dezember 1926); wieder nach einer längeren Unterbrechung die Titelrolle in Sophokles' «König Ödipus» (4. Januar 1929); den König Philipp in Friedrich Schillers «Don Carlos» (2. November 1929).

Neben Jeßner war in diesen Berliner Jahren Erich Engel (vgl. Kap. 12), mit dem Kortner seit seinem Engagement an den Hamburger Kammerspielen, an denen Engel als Dramaturg arbeitete, freundschaftlich verbunden war, sein wichtigster Regie-Partner.

Unter Engels Regie spielte Kortner am Deutschen Theater Berlin: den Teufel in Dietrich Christian Grabbes «Scherz, Satire, Ironie und tiefere Bedeutung» (22. Dezember 1923); die Titelrolle in Georg Büchners «Dantons Tod» (29. Fe-

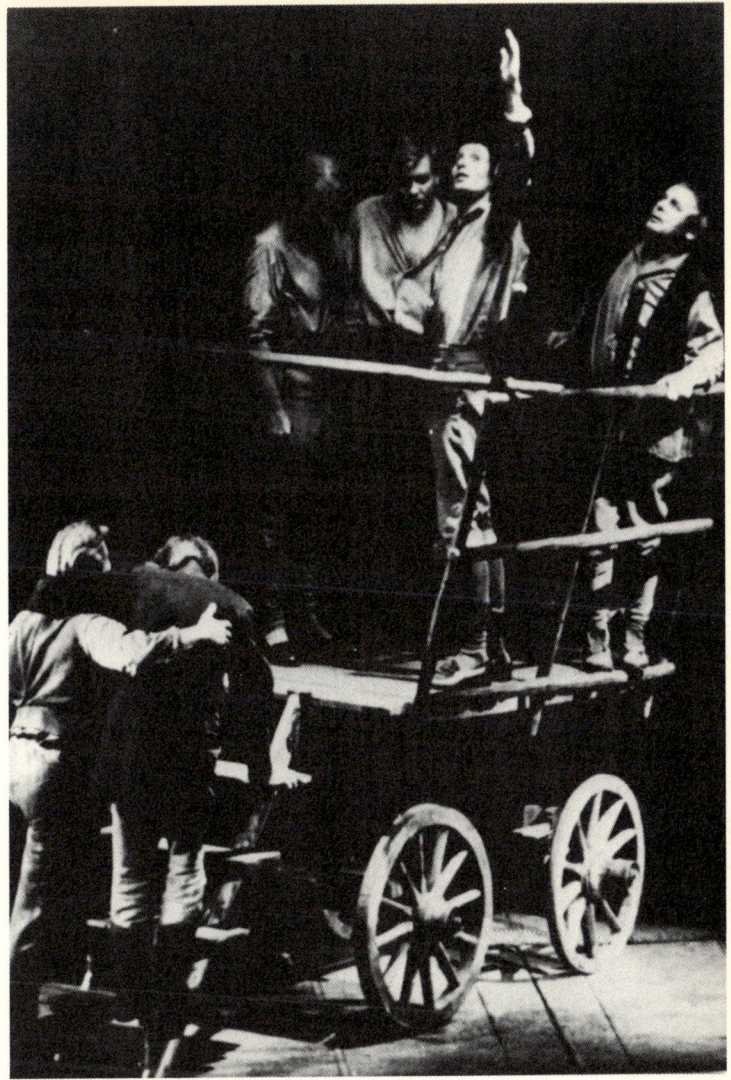

Georg Büchner «Dantons Tod». Münchner Kammerspiele, 1959
(Bühne: Caspar Neher)

bruar 1924); den Shlink in Bertolt Brechts «Dickicht» (29. Oktober 1924); die Titelrolle in Shakespeares «Coriolan» (27. Februar 1925; mit Agnes Straub als Vo-
lumnia); – am Staatstheater Berlin den Dr. Schön und Jack the Ripper in Frank
Wedekinds «Lulu» (11. Oktober 1926; mit Gerda Müller als Lulu); den Oswald in
Henrik Ibsens «Gespenster» (12. April 1928; mit Lucie Höflich als Frau Alving); –
am Theater in der Königgrätzer Straße (Berlin) den Podkamjenski in Hermann
Ungars «Der rote General» (16. September 1928); – am Lessing-Theater die Titelrolle in Alfred Neumanns «Haus Danieli» (21. März 1930; mit Käthe Dorsch als
Großherzogin und Gustaf Gründgens als Großherzog).

Seit 1915 arbeitete Kortner mit großem Erfolg auch beim Film, in erster
Linie als Schauspieler, gelegentlich auch als Drehbuchautor und Regisseur.

Klaus Völker verzeichnet in seiner Dokumentation «Fritz Kortner. Schauspieler
und Regisseur» – der auch die Daten für Kortners Theaterarbeit entnommen sind –
70 Stummfilme: u. a. «Hintertreppe» (1921, Regie: Leopold Jeßner); «Nora»
(1922/23, Regie: Berthold Viertel); «Schatten» (1923, Regie: Arthur Robison);
«Primanerliebe» (1927, Regie: Robert Land); «Die Geliebte des Gouverneurs»
(1927, Regie: Friedrich Feher); «Maria Stuart» (1927, Regie: Friedrich Feher,
künstlerische Oberleitung: Leopold Jeßner); «Die Büchse der Pandora» (1928/29,
Regie: G. W. Pabst); außerdem 31 Tonfilme, davon sieben in England und neun in
den USA produzierte: u. a. «Danton» (1931, Regie: Hans Behrend); «Der Mörder
Dimitri Karamasoff» (1931, Regie: Fedor Ozep, Dialogregie: Erich Engel); «Little
Friend» (1933, Regie: Berthold Viertel); «Der Ruf» (1948/49, Regie: Josef
v. Baky); «Die Stadt ist voller Geheimnisse» (1954, Regie: Fritz Kortner) und
«Sarajevo» (1955, Regie: Fritz Kortner).

Die Arbeit des Regisseurs verstand Kortner als einen «Prozeß der Kraft-
übertragung» (Aller Tage Abend). Wie deutlich der künftige Regisseur
Kortner bereits in der Arbeitsweise des Schauspielers Kortner erkennbar
war, beschreibt 1928 Friedrich Zelnik in dem Beitrag «Fritz Kortner, der
Filmschauspieler von heute und der Regisseur von morgen»:

«Nicht in jedem Schauspieler steckt ein Regisseur, es gibt sehr viele ‹Nur Schauspieler›, die erst in der Hand eines organisierenden Regisseurs zu leuchten beginnen.
    Fritz Kortner ist der Leiter seines eigenen Talentes und hier sind die Wurzeln des
künftigen ‹Regisseurs Kortner› deutlich spürbar. Kortner versteht es, sein eigenes
Talent zu organisieren, zu wägen, polternd zu raffen und zu lösen.
    Man muß ihn nur bei der Arbeit beobachten, wie sein Auge kritisch auf seiner
Umgebung festliegt, wie er mitlebt, mitarbeitet, wie er helfend dem Regisseur
beispringt und Freude daran hat, Knoten zu lösen und Tempi zu führen» (vgl.
H. Ludwigg: Fritz Kortner).

William Shakespeare «Der Sturm».
Schillertheater Berlin, 1968

Kortner nahm als Schauspieler häufig auf die Regiekonzeption der Inszenierungen, in denen er auftrat, wesentlichen Einfluß; für viele Arbeiten dürfte sein Anteil praktisch als der eines Mitregisseurs gelten. Dies
traf in besonderer Weise für seine Zusammenarbeit mit Erich Engel zu.
Aber auch Leopold Jeßner räumte ihm «großzügig und gleichzeitig nutz-
nießerisch» – wie Kortner in seiner Autobiographie schreibt – «ein an-
onymes Mitbestimmungsrecht» bei den Vorbereitungen zu seinen Inszenierungen ein. So weist Kortner darauf hin, daß die berühmte Treppe in
«Richard III.» eigentlich seine Idee war, die er Jeßner als «Dekorations-
skizze» vorgelegt habe.

Die erste eigene Theaterregie übernahm Kortner im amerikanischen
Exil. Am 23. Februar 1940 inszenierte er im National Theatre in New
York «Another Sun», ein Stück, das er zusammen mit der Journalistin
Dorothy Thompson geschrieben hatte. So war auch seine erste Thea-
terarbeit nach der Rückkehr aus dem Exil die Inszenierung seines Stücks
«Donauwellen» (15. Februar 1949) an den Münchner Kammerspielen.

Unter anderer Regie trat Kortner nur noch in vier Inszenierungen auf: als Willy
Lohmann in «Der Tod des Handlungsreisenden» von Arthur Miller (31. Mai 1950,
Regie: Helmut Käutner am Berliner Hebbel-Theater, mit Johanna Hofer als
Linda); als Rappelkopf in «Der Alpenkönig und der Menschenfeind» von Ferdi-
nand Raimund (5. Januar 1952, Regie: Gustaf Gründgens am Schauspielhaus Düs-
seldorf); als Krapp in «Das letzte Band» von Samuel Beckett (15. November 1961,
Regie: Hans Schweikart an den Münchner Kammerspielen) und als Shylock in der
Fernsehinszenierung von Shakespeares «Der Kaufmann von Venedig» (mit Sabine
Sinjen als Porzia, Regie: Otto Schenk), am 2. März 1969 im 1. Programm gesendet.

Eine Intendanz hat Kortner nie übernommen. Die wesentlichen Bühnen
seiner Regietätigkeit waren die Münchner Kammerspiele (Intendant:
Hans Schweikart) und das Berliner Schillertheater (Intendant: Boleslaw
Barlog).

Außerdem inszenierte er am Residenztheater in München (u. a. Shakespeares «Julius Caesar», 4. März 1955, Bühne: Caspar Neher, und «Heinrich IV.», 6. Juni
1956; Goethes «Faust I», 11. Dezember 1956 mit Gerd Brüdern als Faust, Karl
Paryla als Mephisto, Bühne: Caspar Neher; Büchner: «Dantons Tod», 9. Juli 1959
mit Hans Christian Blech als Danton, Karl Paryla als Robespierre), am Hebbel-
Theater in Berlin (Strindberg: «Der Vater», 1. Februar 1950; Schiller: «Don Car-
los», 3. Dezember 1950), am Deutschen Schauspielhaus in Hamburg (u. a. Goethe:
«Clavigo», 23. November 1969, mit Thomas Holtzmann in der Titelrolle, Rolf
Boysen als Carlos), am Kleinen Haus der Städtischen Bühnen Frankfurt (Frisch:
«Graf Öderland», 4. Februar 1956), am Wiener Burgtheater (u. a. Shakespeare:
«Othello», 6. Dezember 1966) und – seine letzte Arbeit – am Theater in der Josef-
stadt (Lessing: «Emilia Galotti», Mai 1970). Für das Fernsehen (NDR) inszenierte

G. E. Lessing «Minna von Barnhelm». Münchner Kammerspiele, 1951
(Regie: F. Kortner, Bühne: Wolfgang Znamenacek) (Foto: Hildegard Steinmetz)

er nach Aristophanes «Die Sendung der Lysistrata» (17. Januar 1961); mit Barbara
Rütting, Romy Schneider, Karin Kernke und Ruth Maria Kubitschek).

Klaus Völker schreibt über «Fritz Kortner und seine Intendanten»: er
«war ein ‹schwieriger› Partner für die Intendanten und Dramaturgen der
Theater, an denen er spielte und inszenierte; nur wer wußte, mit wem er
sich da eingelassen hatte und auch Mißerfolge und Irrwege mitzuverant-
worten oder mitzugehen bereit war, konnte auch wieder mit Kortner
rechnen. Dessen Eigensinn entsprang nicht irgendwelchen Launen oder
eitler Selbstüberschätzung. Er war ein Arbeitsfanatiker und ein besesse-
ner Wahrheitssucher.» Dennoch kam es an den Müncher Kammerspielen
zu 17 Inszenierungen (vgl. K. Völker: Fritz Kortner), von denen viele zu
den Höhepunkten in der Geschichte dieses Hauses gehören.

Am 15. Februar 1949 inszenierte Kortner dort sein Stück «Donauwellen»; bald
darauf Strindbergs «Der Vater» am 8. Oktober 1949, er selbst in der Rolle des
Rittmeisters, Maria Wimmer als Laura; am 6. November 1951 dann Lessings
«Minna von Barnhelm» mit Horst Caspar als Tellheim und Maria Wimmer als
Minna. Zusammen mit Maria Wimmer in den Titelrollen folgte am 6. Mai 1952
Friedrich Hebbels «Herodes und Mariamne», am 24. Februar 1953 Tennessee Wil-
liams' «Die tätowierte Rose»; am 18. September 1953 Ibsens «Gespenster»; mit

Heinz Rühmann als Estragon und Ernst Schröder als Wladimir am 27. März 1954 Becketts «Warten auf Godot»; Christopher Frys «Das Dunkel ist Licht genug» am 24. Mai 1955; Shakespeares «Was ihr wollt» am 20. Juli 1957 (mit Peter Arens als Orsino, Rudolph Rhomberg als Rülp, Karl Lieffen als Bleichwang, Curt Bois als Malvolio, Karl Paryla als Narr, Anton Reimer als Fabio und Bruni Löbel als Maria); am 8. April 1961 Shakespeares «Timon von Athen» (mit Romuald Pekny in der Titelrolle; am 18. Juni 1962 «Othello» mit Rolf Boysen in der Titelrolle und Romuald Pekny als Jago); Shakespeares «König Richard III.» am 10. Juli 1963; am 30. September 1963 Büchners «Leonce und Lena»; am 11. April 1964 Kortners Stück «Zwiesprache»; Schillers «Kabale und Liebe» am 25. März 1965 mit Helmut Lohner als Ferdinand und Christiane Hörbiger als Luise; Strindbergs «Fräulein Julie» am 6. Juli 1967 mit Ingrid Andree in der Titelrolle, Rolf Boysen als Jean. Martin Walsers «Zimmerschlacht» am 7. Dezember 1967 war Kortners letzte Inszenierung an den Kammerspielen.

Zehn Inszenierungen kamen am Schillertheater zustande, obwohl die Arbeit am Schauplatz Berlin für Kortner auch mit mancher persönlichen Enttäuschung, ja Verbitterung verbunden war.

Seine erste Regiearbeit am Schillertheater war «Der Preispokal» von Sean O'Casey am 20. Juni 1953 mit Hans-Dieter Zeidler als Harry Heegan, Joana Maria Gorvin als Susie Monican; es folgten «Hamlet» am 13. März 1957 mit Martin Held als Claudius, Erich Schellow in der Titelrolle; Joana Maria Gorvin als Ophelia; Schillers «Die Räuber» am 20. Februar 1959; Molières «Don Juan» am 13. Februar 1960 mit Martin Held in der Titelrolle; am 23. März 1962 «Andorra» von Max Frisch mit Klaus Kammer als Andri, Heidemarie Theobald als Barblin; Shakespeares «Was ihr wollt» am 9. Oktober 1962; von Friedrich Hebbel «Maria Magdalena» am 31. März 1966 mit Carl Raddatz als Meister Anton, Berta Drews als seine Frau, Gisela Stein als Klara; «Der Sturm» am 8. Mai 1968 mit Martin Held als Prospero und «Antonius und Cleopatra» am 31. März 1969 mit Thomas Holtzmann als Marcus Antonius, Maria Wimmer als Cleopatra.

Versucht man, dieses Lebenswerk, des Regisseurs wie des Schauspielers Kortner, zu resümieren, so läßt sich keine ästhetische Formel finden, unter die es sich fügt. Es bleibt sperrig gegenüber jedem Stil, lebt aus der fanatisch genauen Befragung des dichterischen Textes, aus der Betroffenheit zeitgenössischer Erfahrung. Pinthus formuliert es bereits 1928 für den Schauspieler Kortner – und der Regisseur arbeitet aus dem gleichen rebellischen Kraftzentrum: «Er schafft nicht aus der Phantasie, sondern aus dem Hirn den Ausdruck, der, zugleich ins Sprachliche und Körperliche umgesetzt, auf sparsamste, exakteste Formel gebracht, hervorbricht [...] Auch die lyrische Passage bringt er hirnlich geordnet. Auch im Gefühlsausbruch ist immer noch die harte Präzision und gehämmerte Unheimlichkeit der Maschine» (vgl. H. Ludwigg: Fritz Kortner).

Kortner selber charakterisierte sich wohl am genauesten, als er im Ok-

tober 1964 in einem Brief an Teo Otto (1904–1968), den geschätzten Bühnenbildner, bezogen auf sich und Peter Brook – im künstlerischen Werk
gewissermaßen «Sohn und Fortsetzer» (Kortner) – das Stichwort für
beide gab: «Jude und Rebell gegen das privilegiert Konventionelle...»

Bibliographie

F. Kortner: Aller Tage Abend. München 1959.

ders.: Die Sendung der Lysistrata. München 1961.

ders.: Die Zwiesprache. Schauspiel. München 1964.

ders.: Letzten Endes. Fragmente. Hg. von Johanna Kortner. München 1971.

ders.: Theaterstücke. Nacht und Nebel. Donauwellen. Hg. von M. Brand. Köln
1981.

H. Ludwigg (Hg.): Fritz Kortner. Mit einem Vorwort von A. Kerr. Berlin 1928.

C. Landsittel (Hg.): Kortner anekdotisch. München 1967.

M. Brand: Fritz Kortner in der Weimarer Republik. Annäherungsversuche an die
Entwicklung eines jüdischen Schauspielers in Deutschland. Rheinfelden 1981.

A. Zweig: Fritz Kortner. In: Juden auf der deutschen Bühne. Berlin 1928.

W. Kaul/R. G. Scheuer (Red.): Fritz Kortner. Berlin 1970 (= Schriftenreihe Deutsche Kinemathek Berlin Nr. 21).

K. Völker: Fritz Kortner. Schauspieler und Regisseur. Berlin 1987 (= Stätten der
Geschichte Berlins, Bd. 27).

Aller Tage Abend (1959)

Menschendarsteller wie diese Brahmschauspieler...

[...] Ich sah «Gespenster» in der Aufführung des Brahmschen Lessing-theaters. Wenige Minuten nach Aufgehen des Vorhangs sprang der nie bisher erlebte Begriff «Regie» in mein Bewußtsein, packte mich und ließ mich nicht mehr los. Ich sah und hörte und verschlang Albert Basser-mann, der den Oswald spielte. Unter der Magie Oskar Sauers spürte und erlebte, zitterte und bangte ich um das mütterlichste, wärmste Frauenge-schöpf, in dessen Mutterschoß sich ausweinen zu dürfen mir eine hohe Gnade schien, nach dem ich mich sehnte, nun eben, wie ein Kind nach der Mutter. Und dieser Albert Bassermann! Er spielte alle meine Ängste, meine Komplexe, alles von mir bis dahin Erlebte und Erlittene. Er schluchzte so erbarmungswürdig unser aller Jugendangst, unser aller Neurose seiner Lehmann-Mutter in den breiten Schoß. Wie hautnah war das alles und doch so allgemein gültig. Nie hatte ich solche Verfinsterung durch das Schicksal, solche Bedrohtheit, solches Ausgesetztsein des Men-schen begriffen und erlitten.

Den Bann, in den wir geschlagen wurden, hatte das Wiener Publikum auch in der Annäherung bisher noch nicht erlebt. Als Kammerherrn Al-vings Asyl brannte, sprang das Publikum panikergriffen von den Sitzen und strebte den Ausgängen zu. Es dauerte Minuten, bis die Fluchtpanik als Reaktion auf die vorhergegangene Aufgepeitschtheit beschwichtigt werden konnte. Engstrand und Regine, wie lebensnah und über unser Leben aussagend waren sie. Eine tiefe Verbeugung heute noch vor Imma-nuel Reicher und Ida Orloff. Welcher junge Mann des anbrechenden, auf ihn niederprasselnden technologischen Zeitalters würde nicht seinen wir-ren, erschreckten Kopf in den Lehmann-Mutterschoß legen und seine Zeitangst ausschluchzen wollen wie Bassermann. Dieses Bassermann-Schluchzen war ungeheuerlich in jeder Beziehung. Nie vorher hätte sich ein Schauspieler gestattet, so viel Zeit dafür zu beanspruchen. Nach einer kurzen Besänftigung brach es immer wieder erneut los, immer kreatür-licher werdend, immer haltloser, immer mehr innere Dämme einreißend. Der ganze Körper schluchzte, der im Schoß vergrabene Kopf, als wollte er dort hinein, zurück, woher er kam. Von seinen zuckenden Schultern bis in seine Beine ging dieser Schluchzkatarakt. Als auch die Brutwärme der

Lehmann seinem Elend keine Linderung geben konnte, stand er auf, ging nach hinten zu einer Tür und heulte die Tür an, an die er seine Stirn schlug wie an die Klagemauer. Das ist nun etwa fünfzig Jahre her, und ich weiß es noch so genau. Ich weiß auch noch, daß ich nachts durch die Wiener Straßen fieberte und mir die Stadt vorzustellen versuchte, in der solches Theater gereift war. [...] Wo es solches Theater gibt, dorthin gehöre ich, entschied ich bei Morgengrauen. Verflogen waren alle Ambitionen, k. u. k. Hofschauspieler zu werden. Menschendarsteller wie diese Brahmschauspieler wollte ich sein. [...]

Sehr bald nach dieser aufwühlenden, aus meiner Entwicklung nicht wegzudenkenden Brahmschen «Gespenster»-Aufführung ging ich zur Burgtheaterinszenierung dieses Stückes. Nun hatte ich ja bei den Berlinern Zusammenleben erlebt, mitgelebt. Nichts davon im Burgtheater! Die Schauspieler sprachen über eine tiefe Kluft hinweg. Brahms Schauspieler waren Menschen in Greifweite und Hautnähe, mit dem Menschenlaut der Stunde begabt; der Rhythmus ihres Herzschlags wurde der unsrige, die wir, Eindringlingen gleich, im Hause Alving, indiskret, hinter einem Möbelstück gewissermaßen versteckt, die intimen Vorgänge belauschten und wie durch eine Türspalte beobachten konnten. Wüßten die Menschen, die da im Zimmer der Frau Alving ihre Tragödie lebten, daß Fremde sie beobachteten, sie würden, so schien es meiner überhitzten Phantasie, betroffen schweigen und verschwinden. Die Burgtheateraufführung war aus Marmor. Selbst mein geliebter Kainz kam gegen die Marmorkälte der gedämpften Klassizismen seiner Mutter, von Hedwig Bleibtreu gespielt, nicht auf. Sie gab sich spürbare Mühe, die Standard steigerungsrhetorik der Burg, die sie souverän und klangvoll beherrschte, mit dem Ibsendämpfer zu sordinieren. Das war die einzige Konzession, die ihr das sie behelligende moderne Theater abzwang. Die totale Umstellung, das Selbstvergessen, das unerläßlich gewesen wäre, das mit angehaltenem Atem Hineinhorchen in einen neuen Dramatiker und durch das so Erlauschte die Darstellungsmittel neu zu beleben, dieses Goethesche «Stirb und Werde» brachte sie nicht auf. [...]

Otto Brahm befreite mich aus meiner jugendlich beschränkten Einstellung zu Theater und Umwelt. Ein Klassiker-Abend war für mich, wenn ich es mir überlege, eine Aneinanderreihung großer Darstellungsmomente gewesen. Was zwischen diesen Höhepunkten lag, was sie herbeiführte, dem begegnete ich nur mit einem vagen, stumpfen Hinhören, wie vorher in der Schule dem Unterricht. Die Frage, ob der Held im Recht sei, beschäftigte mich nicht. Daß er Teil eines Ganzen ist, eines Theaterstückes, eines Vorgangs, erregend und erschütternd, wie es bis dahin nur die Stretta für mich war, das hatte mein jugendlich dösendes Kunstempfinden noch nicht zur Kenntnis genommen. Ich war völlig teilnahms-

los jenem Teil der Aufführung gegenüber, in dem der Star nicht para-
dierte. Wenn er auftrat, riß er mich aus meinem Halbschlaf, in den ich
immer wieder während seiner Abwesenheit verfiel.

Erst die Brahmsche «Gespenster»-Aufführung öffnete mir Augen und
Ohren, Hirn und Gemüt für das Drama an sich und seine Gesamtdarstel-
lung, und sie erweckte mein literarisches Interesse. Bis dahin hatte mich
zum Beispiel Kainz' Tantris in Ernst Harts «Tantris der Narr», eine
pseudo-tragische Mache, eine poetische Doublee-Kostbarkeit mit
Sprachperlen solcher Art, ebenso – wenn nicht gar mehr – gepackt als
Tasso, dessen Sprache nicht so dulJöh- und schlagerhaft eingängig war wie
die des Tantris. Nicht daß ich in meinem Urteil ein schlechtes literarisches
Niveau gehabt hätte, ich hatte noch gar keines. Ich war stück-taub und
-blind. Die Zeit war vorüber, in der ich dem Elan und der Ausbruchskraft,
der Vehemenz und der rhetorischen Steigerung um ihrer selbst willen erlag, ohne Beachtung der sie auslösenden Anlässe. Ich fing an, hellhörig zu
werden für die Echtheit der Beweggründe, ich wurde kritisch, und die
erwachende Skepsis machte mich empfindlich gegen die Wehleidigkeit,
die sich als Schmerz präsentierte, und ich wurde begierig zu erfahren,
welcher Art die bewegenden Kräfte waren, die eine Rebellion – die eines
einzelnen oder vieler –, für deren Stoßkraft ich so empfänglich war, auslö-
sten. Brahm brachte mich um den Sumpfgenuß des unverbindlichen
Schmerzes und um die träge Lust der rührseligen Anteilnahme, also um
den Kunstdunst, der so viele ein Leben lang umnebelt.

Auge und Ohr klammerten sich nicht mehr nur an den Hauptdarsteller.
Es war, als ob ein Scheinwerfer sich gedreht hätte und ich plötzlich Menschen erblickte, die immer verschwommen im Dunkel gestanden hatten
und nun Gestalt annahmen. Ich begriff und belächelte einen Pastor Manders, ich lachte über Engstrand. Ich wollte mehr davon. Dieses Bedürfnis
führte mich in die Vorstadttheater Wiens, die ich, blöder Burgtheater-
eleve, der ich war, infiziert durch den Überheblichkeitsdünkel des Burg-
theatermilieus, bisher kaum besucht hatte.

In: Fritz Kortner: Alle Tage Abend. München (Kindler Verlag) 1959,
S. 66–67, 68, 71–72, 73–75.

Ich befasse mich heute als Regisseur...

[...]

Ich befasse mich heute als Regisseur mit diesem Kampf der Impulse
innerhalb ein und desselben Menschen. Selbstverständlich gibt es eine
a priori-Kräfteverteilung zu Gunsten des einen oder des anderen Trie-
bes. Ins Schauspielerische übertragen heißt das, das Gute hat kein Ge-

sicht für sich allein, und das Böse auch nicht. Die Teufelsfratze ist kein Menschengesicht und das Engelsangesicht auch keines. Wie im Sport die Tafel den Verlauf des Matches anzeigt, so muß der Stand des Turniers zwischen den Trieben vom Gesicht des Schauspielers ablesbar sein. Der sich stetig verändernde Ausdruck spiegelt die wechselvolle innere Kampflage. Verrät das Gesicht nichts von diesem Duell, bietet es nur Gutes oder Böses an, so heißt das, im Innern wird der Kampf der Impulse nicht ausgetragen. Das schwarz-weiße Bös-oder-Gut-Theater ist ein Theater der falschen Aussage. Es entkörpert das Gute, weil es den Schatten des Bösen unterschlägt, das Böse, weil es die Aufhellung, die das Gute auch noch in der Niederlage hinterläßt, durchzuschimmern verhindert. [...]

In: Fritz Kortner: Aller Tage Abend, S. 82.

> *Im Klassiker kann es keine Verfremdung geben...*

[...]
Die äußerliche Stilisierung, die der Dekoration überlassene, umgeht die wirkliche Modernisierung des Theaters, die weitgehend eine geistige Prozedur ist und nur zum geringen Teil eine Sache des Dekors. Die geistige Durchdringung besonders des klassischen Stückes bewirkt einen entschlackten Sprech- und Körper-Ausdruck der Schauspieler, der wiederum erst die inneren Zusammenhänge des Stückes und seinen Zusammenhang mit unserer Zeit freilegt.
[...]
Im Klassiker – und Brecht wußte das – kann es keine Verfremdung geben, da die ohnehin weit zurückliegenden Vorgänge und Menschen aus der sowieso schon zu großen Entfernung näher an uns herangeholt werden müssen, damit wir in ihnen und ihrer Umwelt uns Nahverwandtes wahrnehmen können. Die Menschen im klassischen Drama sind zu weit entfernte Verwandte, um uns nahezugehen. Jene Menschen müssen aus der Abstraktion der Zeitferne in konkret anschauliche Nähe gebracht werden, um für uns Heutige begreifbare Gestalten zu sein. Ihre Sprache muß trotz des unantastbaren Gefüges ihrer Gebundenheit dem heutigen Ohr Orientierungssignale durch realistische Tonfälle vermitteln. Der Körperausdruck und die Gestik müssen den inneren Vorgang für uns Heutige verständlich optisch verdolmetschen und trotz ihrer Anpassung an die Sprachgebundenheit, an die Gewandung, an die Lebenssitten und -Utensilien den damaligen Alltag durch die Ausdrucksformen des heutigen kommunizieren. Erst, wenn diese verwandtschaftliche Einbezogenheit mit uns hergestellt ist, kann der Zuschauer zu dem Bessergeratenen

oder noch nicht so heruntergekommenen Seinesgleichen von damals auf-
sehen.

Lebensumstände und Verhaltungsweise des Menschen haben sich im
Laufe von Jahrhunderten zu den unsrigen entwickelt. Die Darstellung
darf das Resultat dieser Entwicklung, nämlich das heutige Stadium jener
Formen, nicht unterschlagen. Der Liebling der Götter ist keine Kreatur
Gottes. Der menschgezeugte Mensch ist einer, auch wenn er aus der Zeit
der Götter stammt. Daher handelt es sich beim Aufführen von Klassikern
um das Vergegenwärtigen der Vergangenheit und nicht um das Entrücken
der ohnehin entrückten Gestalten und ihrer Lebensumstände. Es muß
eine Brücke geschlagen werden vom Damals zum Heute.

Über diese Brücke, auf uns zukommend, nähert sich der damalige
Mensch dem heutigen. Einmal nahe gekommen, wird auch die Größe
jenes Menschen mit heutigen Maßstäben gemessen. Von den tagtäglichen
Gewohnheiten hebt sich das ungewöhnliche Leben ab. Der Held ist nicht
unangefochten tugendhaft, erst die Auseinandersetzung zwischen gefähr-
deter Tugend und innerer Stärke ist dramatisches Leben. Die Tugend
wird zum Laster, sowie sie mit überheblichem Heldenstolz den Zweifel an
ihrer Existenz ausschließt. Der moralische Mensch unterscheidet sich
vom unmoralischen nicht dadurch, daß er ohne Laster ist, sondern daß er
Herr seiner Anfechtungen wird. Das übliche Bühnenheldengebaren sagt
nichts über diesen Kampf aus. Es vermittelt nur eine fast geckenhafte
Selbstzufriedenheit und Überheblichkeit eines sich so viel besser dünken-
den, also dünkelhaften Menschen.

Der Held am Theater, soll er nicht ins Nebulose, ins Unfaßbare entrük-
ken, muß sich immer wieder als realer Mitmensch legitimieren. Sein Verhalten wird sich in dem ausdrücken, was uns vertraut ist: im Essen, Trinken, Liegen, sogar im Gähnen. Daß es unsereiner auf der Bühne ist, der
sich in des Lebens Wirrnissen und Gefahren beispielgebend benimmt,
hebt ihn über sich selbst, hebt uns über uns hinaus; nicht das erhabene
Gehabe, angesichts dessen der heutige Zuschauer ausrufen müßte: «Hab
dich nicht so!»

Das authentische Verhalten des überdurchschnittlichen Menschen dul-
det keinen aufgetakelten Theaternimbus. Die eingeborene Autorität des
für das Spielen des Außerordentlichen begabten Schauspielers drückt
sich am unmittelbarsten durch ein unbetontes Gehaben aus. Ein Schauspieler, der erst die Stufen zum Thron, mit Zepter und Krone bewaffnet,
erklimmen muß, um majestätisch zu wirken, gehört eigentlich zur Schar
der Untertänigen. Nur der geborene Untertan reckt und spreizt sich,
wenn er das Königliche im Menschen darzustellen hat. Wobei das Königliche im Menschen nicht immer in der Person des Königs zu suchen ist.
Der die Beziehungen zwischen den Bühnengestalten ordnende Regisseur
wird den Eindruck, den der außerordentliche Mensch erzeugen soll, nicht

ausschließlich der Persönlichkeit des betreffenden Darstellers überlassen, sondern betonen, in welchem Maß die ihn umgebenden Gestalten von ihm beeindruckt sind.

In: Fritz Kortner: Aller Tage Abend, S. 479, 484–486.

Die Sache des Helden muß untersucht werden...

[...]

Unter allen Einwänden gegen meine Inszenierungen war der gegen die Darstellung des Helden am leidenschaftlichsten. Wahrscheinlich hat die von mir inspirierte Darstellung gegen den herrschenden Begriff vom Heroischen verstoßen.

Bei der Interpretation einer Heldenfigur leitet mich die Erkenntnis, daß Heroismus keine selbständige und den Menschen ausfüllende Eigenschaft ist, sondern eine Verhaltungsweise, die von den Fähigkeiten des Menschen und den Lebensumständen, auf die sie stoßen, diktiert wird. Die Unbeirrbarkeit, mit welcher der Mensch seine überragende, überpersönliche, gemeinnützliche Leistung durchzusetzen versucht, verlangt Kampfmaßnahmen, die der allgemeinen Vorstellung vom Heroismus entsprechen. Auch der Partisan, der die Leistung oder die Idee eines anderen als gesellschaftsfördernd erkennt, kämpft für deren Durchsetzung mit den gleichen Mitteln. Die außerordentlichen Fähigkeiten mobilisieren Kräfte für ihre Durchsetzung und erzeugen «heldisches Verhalten». Der Held gehorcht dem Diktat seines Gewissens und verkriecht sich nicht vor dem etwaigen Einsatz seines Lebens.

Die Sache des Helden muß untersucht werden. Fällt er nämlich für eine schlechte Sache, die er für eine gute hält, ist er ein Dummkopf. Fällt er für sie und erkennt fallend, daß sie seines Einsatzes unwürdig war, ist er eine tragische Figur. Fällt er für eine gerechte Sache, überzeugt, daß nur sein Tod ihr dient und nicht sein Weiterleben, wie im Falle Galilei, dann ist er mein Mann.

Die wahllose Verherrlichung des blutvergießenden Helden ist blutrünstig. Es ist auch eine Frage der politischen Überzeugung, ob die heutige Bühne die Animierdame für skrupelloses, daher beschwingtes Heldentum sein soll. Die Forderung, den Helden vor allem schwungvoll zu spielen, entstammt der Weigerung, die Gründe, die ihn zur heroischen Tat, die meistens eine Bluttat ist, auf ihre moralische Stichhaltigkeit, auf ihre Unausweichlichkeit zu prüfen. Der auf Schwung und Tirade bestehende Zuschauer will sich überrumpeln, seine moralischen Bedenken gar nicht erst aufkommen lassen, er will Wachs in den blutigen Heldenhänden sein. Dieser Zuschauer verkriecht sich vor der Verantwortung, die das prüfende Gewissen ihm auferlegen würde. Er will die Heldentat genießen, sich an ihr erregen, auch physisch.

Orgiastisch wird diese Hingabe an den Helden aber erst, wenn er auch physisch verführerisch ist. Darum besteht der lüsterne Zuschauer auf einem großgewachsenen, schönen gliedermächtigen Helden. Der athletische Heldenkörper legt den Betörten auf den Rücken. Die Heldenverehrerschaft will sich hingeben und nicht überzeugt werden. Der nur im Schwunge darzustellende Held sollte von der modernen Bühne disqualifiziert werden. Heldentum sollte nun endlich unter die Lupe genommen werden, gerade das Heldentum. Auf der Bühne und im Leben, überall und insbesondere hierzulande. Der lustbetonte Heldenverehrer wehrt sich gegen eine Darstellung seines geliebten heldischen Verführers, die Zweifel am verübten Heldentum wachrufen könnte und den so gern Verzückten zur Stellungnahme zwingen würde. Daher die Vehemenz der Ablehnung des so gearteten Betrachters gegen die ihn nicht bis zur Besinnungslosigkeit betörende, verführende, sein Bewußtsein ausschaltende Darstellung des Helden.

Der Held ist ein Gelegenheitsarbeiter und kein Akkordarbeiter. Held sein ist kein Beruf, der Held muß einen haben. Hat er keinen, so ist er arbeitslos. Arbeitslose Helden sind eine Gefahr. Held sein ist nicht abendfüllend. Denn es füllt auch keines vollsinnigen Menschen Tage aus. Der wahren Natur des Menschen mit heldischen Möglichkeiten kommt eine unverblendete mißtrauische Darstellung näher als eine idealisierende. Die idealisierende Darstellung entstammt einer Rekrutenhaltung dem Vorgesetzen gegenüber. Der Held ist für den Schauspieler und Regisseur kein militärischer Vorgesetzter. Das substantiell Autorative des Heldenmenschen muß der untersuchungsrichterlichen Betrachtung des heutigen Theatermannes standhalten. In der Verhimmelung zu strahlen, ist läppisch. Die wahre Leuchtkraft des Menschen überstrahlt die dunklen Schatten der objektiven Gestaltung.

[...]

In: Fritz Kortner: Aller Tage Abend, S. 491–493.

Letzten Endes (1971)

Shakespeare inszenieren...

[...]

Die Anbiederung an den heutigen Jargon ist kein legitimer Weg, Shakespeare heutig zu machen; Shakespeare zu übersetzen und zu inszenieren heißt, das an der Vergangenheit Unvergängliche zu beleuchten.

Ein Shakespeare-Stück erhält sich über Jahrhunderte, weil in ihm nur weniges sterblich, es also unsterblich ist, daher für das jeweilige Heute seit Jahrhunderten lebt. Und jedem Heute erscheint ein anderes Stück Unsterblichkeit heutig.

Viele der Stücke Shakespeares sind solch erlauchter Art. Nicht jedoch die Übertragungen in eine andere, in diesem Fall die deutsche Sprache. Sie veralten. Sie müssen erneuert werden. Je mehr eine heutige Übertragung auf das Originalwerk, das ja älter als die existierenden Übersetzungen ist, zurückgeht, desto jünger wird sie. Das erfordert unter anderm die Fähigkeit, die Sprache, in der Shakespeare schrieb, lesen zu können und das deutsche Äquivalent zu finden. Die Anbiederung an den heutigen Jargon ist kein legitimer Weg, sondern ein banaler Ausweg ins Vulgäre, eine unerlaubte Anwanzung an die plebejischen Instinkte eines durch die Unterhaltungsindustrie verderbten Publikumsgeschmacks. Wenn Übersetzer und Inszenator es auf diese Instinkte abgesehen haben, sieht sich das Publikum in seinen schlimmsten Geschmacks- und Geistesverkommenheiten bestätigt und sieht sich von oben herab, also autoritativ bestätigt. Dieses Rendezvous mit dem Abbild der eigenen Verkommenheit löst Jubel aus. Bühne und Auditorium liegen sich in den Armen.

Das Publikum jedoch, in seiner Gesamtheit feminin reagierend, ist verführbar selbst zum Guten. Auch das hat eine Chance.

Wenn der Publikumssucht nach dem Vulgären, die es sich ja nicht eingesteht, gar im Namen Shakespeares gefrönt wird, wenn der eigentliche Inhalt eines Stückes, das den Mißbrauch der Oberen in Amt und Würden, die Gaunerhaftigkeit und Existenzlist der Unteren zeigt, vertuscht wird und die Inszenierung sich gegen Geschichtliches hermetisch verschließt, statt dessen aus der Bühnengosse des betreffenden Stadttheaters vom jeweiligen Amüsier-Platzl die Rinnsale hereinsickern läßt in eine unflätige, alles andere wegspülende Bordell-Gaudi, dann wird aus «Maß für Maß» ein lokaler Bierrummel mit immer noch einer Maß.

Dabei bleiben Shakespeare oder Molière oder Nestroy – der durch Dialekt am Weltruhm Verhinderte – auf der Strecke in dieser entfesselten Bühnenunterwelt, die als Tribut an das «Großstädtische» und als Empfehlung für die Kritik im standard-modernistischen Dekor ihr Unwesen treibt. So umstellt, belauert und beargwöhnt fühlt sich unsereins, daß uns schon beim Entstehen solcher Abwehrimpulse, spätestens bei ihrem Auftauchen im Bewußtsein und gar beim Formulieren, die lebensbeherrschende Frage auftaucht: Wird ein derartiges Verhalten nicht als undeutsch betrachtet? Etwa als jüdisch?

[...]

In: Fritz Kortner: Letzten Endes. Fragmente. Hg. v. Johanna Kortner. München (Kindler Verlag) 1971, S. 44–46.

Überrumpelungstheater...

[...]

Ich war Jeßners Mitarbeiter. Schon in seiner vierten Inszenierung, in «Macbeth», erkannte ich, daß wir auf einen Holzweg geraten waren, Gefahr liefen, dem Überrumpelungstheater, das wir im Grunde getrieben hatten, zu erliegen. Durch Brecht und Engel bedrängt, besannen wir uns auf die Darstellung des Wesentlichen. Das Überrumpelungstheater erreichte seinen Höhepunkt, und ich erlag ihm als Zuschauer noch einmal, als der Russe Tairow seine Aufführung «Giroflé und Giroflà» in Berlin zeigte. So hinreißend und betörend dieser Abend war, Tairows entfesseltes Theater gab sich bald selber auf. Wann immer das Theater krank ist, in seinen Krisenphasen krampfhaft nach einem Ausweg tappt, greift es in Verzweiflung nach dem Überrumpelungstheater. Aber wie oft kann schon das Theater überrumpeln? Der Überrumpelte ist sehr bald auf seiner Hut. Dann setzt sein Widerstand ein, und er wendet sich ab. Um ihn wiederzugewinnen, muß das Theater wesentlich werden. Um wesentlich zu werden, braucht das Theater den wesentlichen Regisseur, die wesentlichen Schauspieler und einen sich dem Wesentlichen fügenden Bühnenmaler.

[...]

In: Fritz Kortner: Letzen Endes, S. 54–55.

Silhouette Erwin Piscator, 1927

14

ERWIN PISCATOR
(1893–1966)

> «Der Mensch auf der Bühne hat für uns die Bedeutung einer
> gesellschaftlichen Funktion.»
>
> *Erwin Piscator, 1929*

> «Der Regisseur kann gar nicht bloßer ‹Diener am Werk›
> sein, da dieses Werk nicht etwas Starres und Endgültiges ist,
> sondern, einmal in die Welt gesetzt, mit der Zeit verwächst,
> Patina ansetzt und neue Bewußtseinsinhalte assimiliert.»
>
> *Erwin Piscator, 1929*

> «Die Bedeutung des Theaters als moralische Anstalt wird
> wieder deutlich.»
>
> *Erwin Piscator, 1965*

*D*er Bruch, den der Hitler-Faschismus für die deutsche Theaterkultur
bedeutet, läßt sich wohl an keinem künstlerischen Lebensweg so
deutlich ablesen wie an dem von Erwin Piscator. Der politische Moralist
des Theaters, Symbolfigur für ein «politisches Theater» – wohl mehr
noch als der literarischere Brecht –, war stets eine in das deutsche Thea-
terkunstverständnis schwer integrierbare Figur. In den Jahren der
Weimarer Republik, der «Republik der Außenseiter», schien dieser
Standpunkt dem Zeitcharakter gemäß; als Piscator in den 50er Jahren
versuchte, im deutschen Theater wieder Fuß zu fassen, war er eine Irrita-
tion für Ost und West. Hansgünther Heyme schildert – parteilich und mit
Bitterkeit – die Situation aus seiner Sicht:

«Wie war nur anzukommen gegen eine Anouilh-verseuchte Theaterlandschaft,
ohne notwendige Trauerarbeit nach den Kriegen, ohne merkliches Konzept, die
Dinge ändern zu wollen? Man lese es nach bei Hensel, bei Kaiser, bei Rühle – die
dies unmoralische Theater mitverantworteten und nun süßlich bitter und heute
auch ein wenig säuerlich beschreiben. Brecht war gen Osten verdammt, man bewunderte ihn gern par distance, Piscator krebste unschädlich in eigenen Landen
dahin, nur Kortner feierte man partiell. Mit schlechtem Gewissen lobte man in ihm
den zurückgekehrten Juden, den herrlichen Nörgler, den großen liberalen Querlie-
ger. Er war so angenehm böse. Und, man konnte mit dem Querkopf handeln. Man
zwang sein *Leonce und Lena* von fünf auf dreieinhalb verkraftbare, konsumierbare
Stunden herunter. Man richtete sich's mit ihm.

Piscator vermochte auch nicht, es lag an seiner Qualität, die kongenialen Mitstreiter für seine Produktionen zu finden. Zu gut, zu total hatte er stets vorgearbeitet. Niemand vermochte ihm zu folgen. Neher, den ich bei *Danton* an Barlogs Berliner Schiller-Trübungsanstalt erleben durfte, verweigerte sich. Ich war der einzig reitende Bote zwischen Dahlem, Nehers Villa, und Charlottenburg, Piscators Pension. Er arbeitete mit Piscator am *Danton*, doch sprach nicht mit ihm. Der brechtisch-historische Imperativ hatte ihn dahin gebracht. Von Dahlem aus verdiente er nur Geld – auch im Osten. Es war ihm gegönnt. Doch er war nicht helfend auf Piscator zu-, nicht eingegangen. Er hatte das alte Brennen Piscators auf Verdeutlichung der Dinge (Projektionen, Filme, kommentierendes Theater) nicht mehr neu umsetzen können. Die fernöstlichen Pappmonster am Schiffbauerdamm waren ihm näher als die Nähe, die Piscator um politischer Wirksamkeit willen schmerzlich suchte. Und die Schauspieler. Wie mühte sich Piscator mit Zeidler, mit Schellow um Texte, um Dialoge, um Denken! Um eine historische und damit heutige Analyse des Büchnerschen Materials. Nur, Erwin Kaiser als Souffleur, eine Wonne! Ansonsten...» (vgl. E. Piscator: Zeittheater).

Der aufklärerische Impuls, den Piscator mit seiner Arbeit stets verband, wurde vom Theater dieser Jahre nicht angenommen.
   Zeittafel zur Biographie (vgl. E. Piscator: Zeittheater):

1893   17. Dezember: Erwin Friedrich Max Piscator wird in Ulm, Kreis Wetzlar, als Sohn einer protestantischen Familie aus Hessen geboren. Zu seinen Vorfahren zählt der Theologieprofessor und Bibelübersetzer Johannes Piscator, der um 1600 seinen Namen Fischer latinisiert hatte.

1899–1913 Schüler in Marburg, Besuch des Gymnasiums.

1913–1915 Volontär am Münchner Königlichen Hof- und Nationaltheater. Daneben Studium der Germanistik, Kunstgeschichte und Philosophie an der Münchner Universität. Einer seiner Lehrer ist Artur Kutscher.

1914   Piscator spielt den Hauptmann Astolf in der «Hermannsschlacht» von Kleist.

1915–1917 Soldat an der Westfront (Ypernbogen).

1917–1918 Leitung eines Fronttheaters. Veröffentlichung von Gedichten in Franz Pfemferts Zeitschrift «Aktion». Begegnung mit Wieland Herzfelde, dem Herausgeber der «Neuen Jugend» und späteren Leiter des Malik-Verlags.

1918   Mitglied des Soldatenrates seiner Einheit.

1919   Zusammen mit George Grosz, John Heartfield, Wieland Herzfelde, Richard Huelsenbeck und Rudolf Schlichter Beteiligung am Berliner DADA. – Engagement an die Königsberger Kammerspiele, Intendant Leopold Jeßner. – Im Sommer Tournee mit «Faust». – Im Herbst mit Oskar Lucian Spaun Gründung und Leitung des Theaters «Das Tribunal».

1920   Inszenierungen: «Gespenstersonate» von Strindberg (am 10. Januar), «Tod und Teufel» von Frank Wedekind (20. Januar), «Variété» von Heinrich Mann (20. Januar), «Schloß Wetterstein» von Frank Wede-

kind (30. Januar), «Den Zentaur» von Georg Kaiser (17. Februar). –
Gründung des «Proletarischen Theaters» in Berlin. Die Spielorte sind
Säle in den Arbeitervierteln: «Der Krüppel» von Karl August Wittfo-
gel, «Vor dem Tore» von Ladislaus Sas, «Rußlands Tag» von einem
Autoren-Kollektiv (drei Einakter, aufgeführt am 14. Oktober; Bühne:
John Heartfield), «Die Feinde» von Maxim Gorki (10. November),
«Prinz Hagen» von Upton Sinclair (5. Dezember).

1921   Die letzten Aufführungen des «Proletarischen Theaters»: «Wie lange
noch – Du Hure bürgerliche Gerechtigkeit?» (12. Februar) und «Die
Kanaker» (17. April) von Franz Jung.

1922   Mit Hans José Rehfisch Übernahme des Central-Theaters in Berlin:
«Die Kleinbürger» von Maxim Gorki (29. September) und «Die Zeit
wird kommen» von Romain Rolland (17. November).

1923   «Die Macht der Finsternis» von Leo Tolstoi (19. Januar).

1924   Erste Regie an der Berliner Volksbühne (Theater am Bülowplatz) mit
dem Stück «Fahnen» von Alfons Paquet (Uraufführung am 26. Mai).
Engagement an die Volksbühne. – Im Auftrag der KPD: «Revue Roter Rummel» (22. November), in Sälen aufgeführt. – An der Volksbühne: «Unterm karibischen Mond» von Eugene O'Neill (21. Dezember).

1925   An der Volksbühne: «Wer weint um Juckenack?» von Hans José Rehfisch (1. Februar), «Segel am Horizont» von Rudolf Leonhard
(14. März; Bühne: Traugott Müller), «Hilfe! Ein Kind ist vom Himmel
gefallen!» von Wilhelm Schmidtbonn (2. Mai). – «Trotz alledem!», historische Revue zur Eröffnung des Parteitages der KPD (12. Juli;
Bühne: John Heartfield; Musik: Edmund Meisel) im Großen Schauspielhaus. – «Die fröhliche Stadt» von Hanns Johst (September),
Gastregie an den Kammerspielen München.

1926   An der Berliner Tribüne «Michael Hundertpfund» von Eugen Ortner
(17. Januar; Bühne: César Klein). – An der Volksbühne: «Sturmflut»
von Alfons Paquet (20. Februar), «Das trunkene Schiff» von Paul
Zech (21. Mai; Bühne: George Grosz). – Gastinszenierung der
«Räuber» von Friedrich Schiller am Staatstheater (11. September;
Bühne: Traugott Müller; Musik: Edmund Meisel). – An der Volksbühne «Nachtasyl» von Maxim Gorki (10. November). – Gastinszenierungen in München («Rausch» von August Strindberg am 7. Juni)
und Hamburg («Sturmflut» von Alfons Paquet am 26. September).

1927   An den Münchner Kammerspielen «Das gastliche Haus» von Heinrich Mann (21. Januar). – Am Berliner Theater erwerbsloser Büh-
nenangehöriger «Die Weber» von Gerhart Hauptmann (15. Februar). – Nach der Uraufführung von «Gewitter über Gottland» von
Ehm Welk (23. März; Bühne: Traugott Müller) in der Volksbühne
Bruch mit dem Vorstand und Lösung des Vertrags. – Eröffnung
eines eigenen Hauses am Nollendorfplatz (erste Piscator-Bühne)
mit der Uraufführung des Stücks «Hoppla, wir leben!» von Ernst
Toller mit Chansontexten von Walter Mehring (3. September;
Bühne: Traugott Müller; Projektionen: John Heartfield). «Raspu-

Friedrich Schiller «Die Räuber». Deutsches Theater Berlin, 1926
(Bühne: Traugott Müller; Erwin Faber als Franz Moor)

tin, die Romanows, der Krieg und das Volk, das gegen sie aufstand»
von Alexej Tolstoi und P. Schtschegolew, bearbeitet von Erwin Piscator, Felix Gasbarra, Leo Lania und Bertolt Brecht (10. November;
Bühne: Traugott Müller). – Zum Ensemble der Piscator-Bühne gehören: Sybille Binder, Tilla Durieux, Helene Weigel, Ernst Busch, Ernst
Deutsch, Gustav Fröhlich, Fritz Genschow, Paul Graetz, Erwin Kaiser, Fritz Kortner, Max Pallenberg, Leonard Steckel und Hermann
Vallentin.

1928   «Die Abenteuer des braven Soldaten Schwejk» von Max Brod und
        Hans Reimann, bearbeitet von Piscator, Gasbarra, Lania und Brecht
        (23. Januar; Bühne: George Grosz). – «Konjunktur» von Leo Lania
        (10. April; Bühne: Traugott Müller; Musik: Kurt Weill) im Lessing-
        Theater, der Dependance der Piscator-Bühne. – Zusammenbruch der
        ersten Piscator-Bühne.

1929   Gastregie im Theater an der Königgrätzer Straße Berlin: «Rivalen»
        von Maxwell Anderson und Laurence Stallings, freie Bearbeitung
        durch Carl Zuckmayer (20. März; Bühne: Caspar Neher). – Eröffnung
        der zweiten Piscator-Bühne am Nollendorfplatz mit der Uraufführung
        von «Der Kaufmann von Berlin» von Walter Mehring (6. September;
        Bühne: László Moholy-Nagy); am 14. September «Die Räuber» von
        Friedrich Schiller (Bühne: E. Piscator). Bald danach: Zusammen-
        bruch der zweiten Piscator-Bühne. Mit dem Piscator-Kollektiv Urauf-
        führung von «§ 218 (Frauen in Not)» von Carl Credé (23. November;
        Bühne: Traugott Müller) im Apollotheater Mannheim, anschließend
        Deutschland-Tournee. – Mit Felix Gasbarra Publikation des Buches

Das politische Theater. «Des Kaisers Kulis» von Theodor Plievier (31. August; Bühne: Traugott Müller), Uraufführung im Lessing-Theater.

1931   Eröffnung der dritten Piscator-Bühne im Wallner-Theater mit «Tai Yang erwacht» von Friedrich Wolf (15. Januar; Bühne: John Heartfield; Choreographie: Jean Weidt); «Frau in Front» von Anatol Gletow. – Reise in die Sowjetunion zu Dreharbeiten für den Film «Der Aufstand der Fischer von St. Barbara» nach einer Novelle von Anna Seghers. Uraufführung als geschlossene Veranstaltung 1934 in Moskau. Wiederaufführung 1937 in Paris, 1960 in der BRD.

1934–1936   Präsident des Internationalen Revolutionären Theaterbundes.

1936   Zusammenkunft mit Max Reinhardt in Salzburg. Reise nach Paris. Am 4. Dezember wird Piscator von Lluis Companys, dem Präsidenten der katalonischen Generalität, wahrscheinlich auf Anregung des Theaterkommissars J. Carner i Ribalta, nach Katalonien eingeladen. Er erläutert in einer Pressekonferenz am 10. Dezember sein Konzept eines «Fronttheaters» und hält im Theater von Barcelona einen Vortrag zum Thema «Totale Mobilmachung der Kunst».

1938–1951   Reise in die USA. Gründung des Dramatic Workshop an der New School for Social Research in New York. Es unterrichteten u. a. Erwin Kalser, Lee Strasberg, Carl Zuckmayer, Hans J. Rehfisch, Kurt Pinthus, John Gassner, Brooks Atkinson, Hanns Eisler, Hans Sondheimer. Schüler waren u. a. Tennessee Williams, Arthur Miller, Marlon Brando, Harry Belafonte, Tony Curtis, Judith Melina, Julian Beck. Leitung des President Theatre und des Rooftop Theatre; die meisten Inszenierungen entstehen unter Piscators künstlerischer Oberaufsicht (Supervisor).

1940   «Saint Joan» von Shaw (10. März) am Belasco Theatre in Washington D. C. – «King Lear» (14. Dezember) von Shakespeare am Studio Theatre des Dramatic Workshop.

1941   «The Circle of Chalk» von Klabund (3. Dezember) an der Central Needle Trades High School New York.

1942   «War and Peace» nach Tolstoi (20. Mai).

1943   «Emilia Galotti» von Lessing (18. Januar), «A Meeting» von B. Fayans (8. April), «The Cause of It All» von L. N. Tolstoi (8. April), «A Marriage Proposal» von Tschechow (8. April) im Rahmen der Vorlesungsreihe March of Drama am Dramatic Workshop. – «Lidice» von Heinrich Mann (3. April) und «Zeitgenössisches Bilderbuch» von Brecht (3. April) am New Yorker Hunter College. – Am 6. Juni «Rally of Hope», eine Solidaritätsveranstaltung im Madison Square Garden New York zwischen jüdischen Kindern in den USA und jenen in den vom Faschismus unterdrückten Ländern Europas, die «Have to Find a Country Free». Am Rooftop Theatre «Mourning Becomes Electra» von O'Neill (15. Oktober). «Saint Joan» von Shaw (29. Oktober) und «Gas I» von Georg Kaiser (19. November) am Studio Theatre des Dramatic Workshop. – «Hello Out There» von William Saroyan für TV New York Station W 2 XWV.

1944   «Hannele's Way to Heaven» von Gerhart Hauptmann (21. Januar) am Dramatic Workshop im Rahmen der Vorlesungsreihe March of Drama. – «Last Stop» von Irving K. Davis (4. September) am Ethel Barrymore Theatre New York. – «Salomon the King and Shalmei the Cobler» von Sammy Groneman am Masters Institute Riverside Drive. – Gedächtnisveranstaltung für Romain Rolland an der New School of Social Research.

1945   Am Dramatic Workshop: «Twelfth Night» von Shakespeare (25. Juni); «Dark Eyes» von Elena Miramova und Eugenie Leontovich (7. Juli); «Claudia» von Rose Franken (9. Juli); «Circle of Chalk» von Klabund (16. Juli); «The Corn is Green» von Emlyn Williams (30. Juli); «Tonight We Improve» von Pirandello (6. August); «Doctor Sganarelle» von Milton Levine (13. August); «Private Lives» von Nöel Coward (20. August); «The Women» von Clare Boothe (23. August).

1946   In der Times Hall «Bar Kochba» von Saul Tchnerichowsky (9. Juni).

1947   «The Flies» von Sartre (16. April) am President Theatre des Dramatic Workshop. – «Twelfth Night» von Shakespeare (10. August) am Placid Manor Lake Placid. – «Nights of Wrath» von Armand Salacron (26. November) am President Theatre des Dramatic Workshop.

1948   Am Dramatic Workshop: «All the King's Men» von Robert Penn Warren (17. Januar); «Chaff» von Ferdinand Bruckner (17. März); «A Meeting» von B. Fayans (8. April); «The Cause of It All» von L. N. Tolstoi (8. April) und «A Marriage Proposal» von Tschechow (8. April) im Rahmen der Vorlesungsreihe March of Drama.

1949   «Outside the Door» von Wolfgang Borchert (1. März) am President Theatre des Dramatic Workshop.

1950   Am Dramatic Workshop: «The Scapegoat» von John F. Matthews (19. April); «The Burning Bush» von Heinz Herald und Geza Herczeg (16. Dezember).

1951   «Macbeth» von Shakespeare (28. Februar) am Dramatic Workshop. – Bedrohung durch den McCarthy-Ausschuß zur Untersuchung antiamerikanischer Umtriebe.
Rückkehr nach Deutschland. – «Virginia» von Fritz Hochwälder (4. Dezember) am Deutschen Schauspielhaus in Hamburg.

1951–1962   Gastregisseur in der BRD, der Schweiz, in Italien, Schweden und den Niederlanden.

1952   «Nathan der Weise» von Lessing am Schauspielhaus Marburg (14. Mai); «Die Liebe der vier Obersten» von Peter Ustinov am Schauspielhaus Zürich (11. September); «Leonce und Lena» von Büchner (27. Oktober) am Stadttheater Gießen; «Dantons Tod» von Büchner am Schauspielhaus Marburg (2. November).

1953   «Androklus und der Löwe» von Shaw in Den Haag (1. Januar); «Heimkehr» von Ilsi Langner (16. Februar) für den Westdeutschen Rundfunk; «Das heilige Experiment» von Fritz Hochwälder (14. Februar) in Den Haag; «Macbeth» von Shakespeare (1. September) am Staatstheater Oldenburg; «Im Räderwerk» von Sartre (27. September) an den Städtischen Bühnen Frankfurt am Main.

1954   «Cäsar und Cleopatra» von Shaw (15. Juni) in Den Haag; «Hexen-

Franz Jung «Heimweh». Piscator-Bühne (Studio) Berlin, 1927

Ehm Welk «Gewitter über Gottland». Theater am Bülowplatz Berlin, 1927

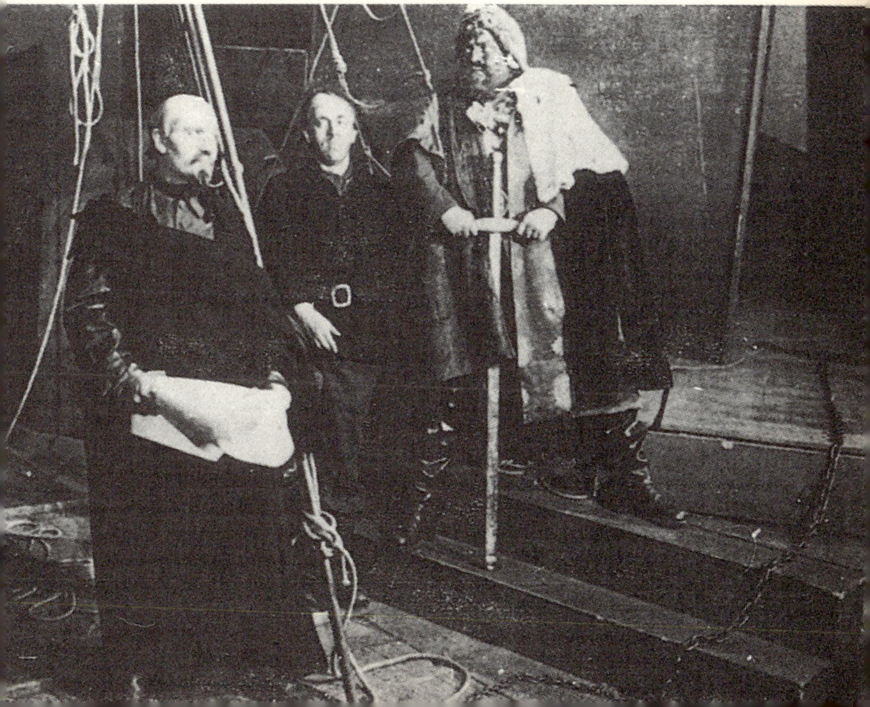

Friedrich Wolf
«Tai Yang erwacht».
Piscator-Kollektiv.
Wallner Theater
Berlin, 1931

jagd» von Arthur Miller im Nationaltheater Mannheim (20. September) und am Landestheater Tübingen (12. November).

1955   «Hexenjagd» von Miller (8. Februar) am Volkstheater Göteborg; «Krieg und Frieden» von A. Neumann, E. Piscator und G. Prüfer (20. März) am Berliner Schillertheater (Musik: Boris Blacher); «Hexenjagd» von Miller (20. April) am Schauspielhaus Marburg; «Im Räderwerk» von Sartre (15. Juni) am Landestheater Tübingen; «Krieg und Frieden» (19. September) am Landestheater Darmstadt; «Requiem für eine Nonne» von Faulkner (10. November) am Schloßparktheater Berlin; «Der Fall Pinedus» von Paolo Levi (30. Dezember) am Nationaltheater Mannheim.

1956   «Im Räderwerk» von Sartre (18. Januar): Fernsehinszenierung für den Hessischen Rundfunk; «Requiem für eine Nonne» von Faulkner (16. Februar) am Volkstheater Göteborg. – Am 25. Februar Wahl zum Ordentlichen Mitglied der Deutschen Akademie der Darstellenden Künste. – «Dantons Tod» von Büchner (4. Mai; Bühne: Caspar Neher) am Schillertheater Berlin; «Krieg und Frieden» von A. Neumann, E. Piscator und G. Prüfer (24. Juni) am Landestheater Tübingen. – Am 26. Oktober Wahl zum korrespondierenden Mitglied der Deutschen Akademie der Künste zu Berlin (DDR). – «Krieg und Frieden» (20. November) an den Vereinigten Städtischen Bühnen Krefeld-Mönchengladbach.

1957 «Die Räuber» von Schiller (13. Januar) am Nationaltheater Mannheim; die Einakter «Er ist an allem schuld» von L. N. Tolstoi, «Der Bär» und «Der Heiratsantrag» von Tschechow (16. Mai) am Schloßparktheater Berlin; «Wie du mich willst» von Pirandello (28. Juni) am Landestheater Tübingen; «Krieg und Frieden» von A. Neumann, E. Piscator und G. Prüfer (25. Oktober) in Upsala; «Totentanz I und II» von August Strindberg am Hamburger Thalia Theater (24. November; Bühne: Fritz Brauer).

1958 «Trauer muß Elektra tragen» von Eugene O'Neill (12. Januar) an den Bühnen der Stadt Essen; «Requiem für eine Nonne» von Faulkner (26. April) an den Bühnen der Stadt Essen; «Göttinger Kantate» von Günther Weisenborn (18. Mai) in der Liederhalle Stuttgart; «Wilhelm Tell» von Schiller (7. Juni) am Nationaltheater Mannheim; «Gas I und II» von Georg Kaiser (28. September) am Bochumer Schauspielhaus; «Gas I und II» (24. November) für den Hessischen Rundfunk; «Hexenjagd» von Miller (23. November) an den Bühnen der Stadt Essen.

1959 «Die Räuber» von Schiller (24. Februar) an den Bühnen der Stadt Essen; «Nebeneinander» von Georg Kaiser (4. Mai) am Thalia Theater Hamburg; «Biedermann und die Brandstifter» von Max Frisch (22. Mai; Bühne: Paul Walter) am Nationaltheater Mannheim; «Don Carlos» von Schiller (26. September) an den Münchner Kammerspielen; «Totentanz I und II» von August Strindberg (21. November) an den Bühnen der Stadt Essen.

1960 «Mutter Courage und ihre Kinder» von Brecht (20. Februar) am Staatstheater Kassel; «Die Eingeschlossenen» von Sartre (2. Mai) an den Bühnen der Stadt Essen; «Rosamunde Floris» von Boris Blacher (21. September; Bühne: Hans-Ulrich Schmückle) an der Städtischen Oper Berlin; «1913» von Carl Sternheim (17. November) an den Münchner Kammerspielen; «Die Eingeschlossenen» (24. November) am Schauspielhaus Marburg.

1961 «Becket oder Die Ehre Gottes» von Jean Anouilh (5. Januar) an den Bühnen der Stadt Essen; «Die Eingeschlossenen» von Sartre (9. Februar) am Landestheater Tübingen; «Der staubige Regenbogen» von Hans Henny Jahnn (17. März) an den Städtischen Bühnen Frankfurt a. M.; «1913» von Carl Sternheim (13. September) an den Städtischen Bühnen Frankfurt a. M.; «Der Tod des Handlungsreisenden» von Miller am Theater am Kurfürstendamm, dem Haus der Freien Volksbühne Berlin (6. Oktober); «1913» (29. Oktober) an den Bühnen der Stadt Essen.

1962 «Flüchtlingsgespräche» von Brecht (15. Februar) an den Münchner Kammerspielen; «1913» von Carl Sternheim (17. Februar) am Landes-

theater Tübingen; «Der Balkon» von Jean Genet (31. März) an den Städtischen Bühnen Frankfurt a. M.
Berufung zum Intendanten der Freien Volksbühne Berlin. – «Die Atriden-Tetralogie» von Gerhart Hauptmann (7. Oktober) am Theater am Kurfürstendamm, dem Haus der Freien Volksbühne Berlin; ebendort «Die Grotte» von Jean Anouilh (16. Dezember).

1963   «Der Stellvertreter» von Rolf Hochhuth (20. Februar; Bühne: Leo Kerz) am Theater am Kurfürstendamm, dem Haus der Freien Volksbühne Berlin; Eröffnung des neuen Hauses der Freien Volksbühne Berlin mit «Robespierre» von Romain Rolland (1. Mai; Bühne: Hans-Ulrich Schmückle; Musik: Boris Blacher); «Die Räuber» von Giuseppe Verdi (18. Juni) am Teatro Communale in Florenz; «Der Stellvertreter» (21. Oktober) für den Hessischen Rundfunk; «Der Kaufmann von Venedig» von Shakespeare (1. Dezember; Bühne: Hans-Ulrich Schmückle) an der Freien Volksbühne Berlin.

1964   «Der Teufel und der liebe Gott» von Sartre (21. Mai) an den Städtischen Bühnen Frankfurt a. M.; «Salome» von Richard Strauss (31. Mai; Bühne: Hans-Ulrich Schmückle) am Teatro Communale Florenz; «Mohrenwäsche» von Herbert Asmodi (18. Juni) an der Freien Volksbühne Berlin; «In der Sache J. Robert Oppenheimer» von Heinar Kipphardt (11. Oktober; Bühne: Hans-Ulrich Schmückle) an der Freien Volksbühne Berlin; ebendort «Androklus und der Löwe» von Shaw (16. September).

1965   «In der Sache J. Robert Oppenheimer» von Kipphardt (19. Januar) am Théâtre Royal du Parc in Brüssel. – Wahl zum Mitglied der Abteilung Darstellende Kunst der Akademie der Künste. – «Fuhrmann Henschel» von Gerhart Hauptmann (1. April) an der Freien Volksbühne Berlin; ebendort «Nekrassow» von Sartre (14. Juni); «Die Ermittlung» von Peter Weiss (Ring-Uraufführung am 19. Oktober; Bühne: Hans-Ulrich Schmückle; Musik: Luigi Nono).

1966   «Aufstand der Offiziere» von Hans Hellmut Kirst (2. März; Bühne: Hans-Ulrich Schmückle) an der Freien Volksbühne Berlin.
Am 30. März stirbt Piscator in Starnberg; am 6. April erfolgt die Beisetzung auf dem Waldfriedhof an der Potsdamer Straße in Berlin-Zehlendorf.

Wie kein anderer der Großen seiner Zunft war der Regisseur Piscator präsent im Konstruktiven seiner Inszenierungen, in den demonstrativen Arrangements; Piscator war ein Ingenieur der Szene. Dieser Zugriff galt vor allem dem dichterischen Werk, besonders den Klassikern, wo es darum ging, große Zeiträume zu überbrücken. Im Anschluß an seine Inszenierung von Schillers Drama «Die Räuber» (1926) – im gleichen Jahr und im gleichen Haus wie Jeßners «Hamlet»-Inszenierung (vgl. Kap. 6) – schreibt Piscator «Grundsätzliches» und Aufrührerisches zu diesem Problem:

Robert Penn Warren
«All the King's Men».
Dramatic Workshop
New York, 1948

Max Frisch
«Biedermann und
die Brandstifter».
Nationaltheater
Mannheim, 1959
(Bühnenentwurf:
Paul Walter)

1

«Bei der Beurteilung der Berechtigung oder Nichtberechtigung zur Umformung klassischer Bühnenwerke für die Bedürfnisse des modernen Theaters begeht man einen Fehler, wenn man Parallelen zu anderen Gebieten der Kunst zieht. Tatsächlich haben wir noch immer zu Werken der Malerei und der Plastik ein rein museales Verhältnis. Leider! Das Bühnenwerk dagegen muß, was nicht mehr bestritten wird, über das rein historische, ethymologische Interesse hinaus in das Erlebnisgebiet der jeweiligen Publikumsgeneration gerückt werden.

2

Zum Unterschied von einem lyrischen Gedicht, das seine Zeitlosigkeit dem einmaligen Anschlagen einer Gefühlsseite verdankt, die durch die Jahrhunderte weiterschwingt, ist das dramatische Kunstwerk eine Schöpfung, die äußerlich ihre Zeitgebundenheit (mit wenigen Ausnahmen ‹Tod des Empedokles›) durch die Abhängigkeit von allen Elementen des Tages, der Gesellschaft, der wirtschaftlichen Probleme besitzt. (Das Theater aller Kulturepochen stand und fiel von je mit seiner ‹Aktualität›.) Die Zeit, die über das Werk hinweggeht, läßt nun jeweils die einen oder anderen Elemente des Stückes klarer hervortreten oder in den Schatten versinken. Jede lebende Epoche findet in der vergangenen ihre kongruenten Bestandteile, die sie wieder ans Licht zieht.

3

Der Regisseur kann gar nicht bloßer ‹Diener am Werk› sein, da dieses Werk nicht etwas Starres und Endgültiges ist, sondern, einmal in die Welt gesetzt, mit der Zeit verwächst, Patina ansetzt und neue Bewußtseinsinhalte assimiliert. So erwächst dem Regisseur die Aufgabe, jenen Standpunkt zu finden, von dem aus er die Wurzeln der dramatischen Schöpfung bloßlegen kann. Dieser Standpunkt kann nicht erklügelt und nicht willkürlich gewählt werden: nur insoweit der Regisseur sich als Diener und Exponent seiner Zeit fühlt, wird es ihm gelingen, den Standpunkt zu fixieren, den er mit den entscheidenden, das Wesen der Epoche formenden Kräften gemeinsam hat.

4

Wie kann dieser Standpunkt nun beschaffen sein? Er kann artistisch oder weltanschaulich bestimmt sein. Nur im letzteren Falle wird jenes Verhältnis zum Kunstwerk gefunden, das über den Einzelfall hinaus für die Träger der werdenden Zeit zwingend ist. Der artistische bleibt dagegen nicht nur äußerlich, sondern muß sich in willkürlichen Kombinationen verlieren.

5

Wo beginnt diese Willkür? In unserer Schwäche. In unserer Unklarheit. In unserem Schwanken, in dem Nichtbekennen des einmal gedanklich und empfindungsgemäß Erreichten. In der Spekulation aufs Geschäft, auf die Anerkennung, auf die Originalität. In unserem Ausweichen vor dem Absoluten, das immer und in jeder Sekunde ein Bekenntnis verlangt. In dem Kaschieren vorhandener Erlebnis- oder Phantasielücken. In dem Umgehen des Direkten, das die Tat verlangt, in der Flucht in die ‹Lösung›, die zur Nuance wird.

6

Das Theater war in seiner Blütezeit immer etwas mit der Volksgemeinschaft zutiefst Verbundenes, heute aber, wo die breiten Massen des Volkes zum politischen Leben erwacht sind und mit Recht fordern, die Form des Staates mit ihren Inhalten zu füllen, ist das Schicksal des Theaters, wenn es nicht eine pretiöse Angelegenheit für die oberen Fünfhundert sein soll, auf Gedeih und Verderb mit den Notwendigkeiten, Forderungen und Schmerzen dieser Masse verbunden. Es hat letzten Endes keine andere Aufgabe, als den Menschen, die ins Theater strömen, all das bewußtzumachen, was noch mehr oder minder unklar und verworren in ihrem Unterbewußtsein schlummert» (vgl. E. Piscator: Das Politische Theater).

Piscators Regie aktualisiert, arbeitet den Zeitbezug heraus. Das Zeitstück ist der Dramentypus, der dem Regisseur Piscator am meisten entsprach, der wohl auch seine künstlerisch überzeugendsten Arbeiten ermöglichte.

Im experimentellen Erproben der bühnentechnischen Möglichkeiten liegt ein entscheidendes Verdienst Erwin Piscators. Die perfekte Theatermaschinerie, die Walter Gropius 1928 mit Piscator zusammen im Entwurf eines «Totaltheaters» konzipiert hatte (vgl. M. Brauneck: Theater im 20. Jahrhundert), das «große Licht- und Raumklavier» für den «universellen Spielleiter», wie Gropius später schreibt, wäre für Piscator das kongeniale Regie-Instrumentarium gewesen. In der vermeintlichen Fixiertheit auf das Technische der Bühne aber sahen die Kritiker Piscators auch die Begrenztheit von dessen Theater. So notiert Brecht im «Messingkauf» über das «Theater des Piscator» ein recht ambivalentes Resümee, doppelbödig, was dem angespannten Verhältnis der beiden durchaus entsprach:

«Piscator war einer der größten Theaterleute aller Zeiten. Er hat das Theater elektrifiziert und fähig gemacht, große Stoffe zu bewältigen. Für die Schauspielkunst hatte er zwar nicht so wenig Interesse, wie seine Feinde behaupteten, aber doch weniger, als er selber sagte. Vielleicht teilte er ihre Interessen nicht, weil sie seine nicht teilten. Jedenfalls hat er ihnen keinen neuen Stil gegeben, wenn er auch nicht schlecht vorspielte, besonders die kleinen scharfen Rollen. Er gestattete mehrere Spielarten zugleich auf seiner Bühne und zeigte dabei keinen besonderen Geschmack. Es schien ihm leichter, die großen Stoffe kritisch zu bewältigen vermittels ingeniöser und grandioser szenischer Prästationen als vermittels der Schauspielkunst. Seine Liebe zur Maschinerie, die ihm viele vorwarfen und einige allzuhoch anrechneten, zeigte er nur, soweit sie ihm gestattete, seine szenische Phantasie zu betätigen. Er bewies durchaus Sinn für das Einfache – was ihn auch veranlaßte, den Schauspielstil des Stückeschreibers als seinen Intentionen am besten dienend zu bezeichnen –, da das Einfache seinem Ziel entsprach, nämlich in großer Weise das Getriebe der Welt bloßzulegen und nachzubauen, so daß seine Bedienung erleichtert würde» (vgl. Brecht: Schriften zum Theater 5).

Bibliographie

K. Boeser/R. Vatková (Hg.): Erwin Piscator. Eine Arbeitsbiographie in 2 Bdn. Berlin 1986 (= Stätten der Geschichte Berlins 11).

M. Brauneck: Theater im 20. Jahrhundert. Programmschriften, Stilperioden, Reformmodelle. Reinbek bei Hamburg 1982 u. 1986.

H.–J. Fiebach: Die Darstellung kapitalistischer Widersprüche und revolutionärer Prozesse in Erwin Piscators Inszenierungen von 1920–1931. Untersuchungen zur theaterhistorischen Rolle Erwin Piscators in der Weimarer Republik. Diss. phil. Berlin (DDR) 1965.

ders.: Die Herausbildung von E. Piscators «Politischem Theater» 1924/25. In: Weimarer Beiträge 13 (1967), S. 179–227.

H. Goertz: Erwin Piscator in Selbstzeugnissen und Bilddokumenten. Reinbek bei Hamburg 1974.

R. Hagen: Das politische Theater in Deutschland zwischen 1918 und 1933. Diss. München 1958.

H. Jhering: Reinhardt, Jeßner, Piscator oder Klassikertod? Berlin 1929.

ders.: Reinhardt, Jeßner, Piscator oder Klassikertod? Berlin 1929.

ders.: Von Reinhardt bis Brecht. Vier Jahrzehnte Theater und Film. 3 Bde. Berlin 1958.

F. W. Knellessen: Agitation auf der Bühne. Das politische Theater der Weimarer Republik. Emsdetten 1970.

P. Kupke: Zu den Inszenierungen Piscators 1920 bis 1933. Diplomarbeit an der Theaterhochschule. Leipzig 1956.

M. Ley-Piscator: The Piscator Experiment. Southern Illinois University Press, Carbondale 1967.

E. Piscator: Das Politische Theater. Unter Mitarbeit von Felix Gasbarra. Berlin 1929.

ders.: Krieg und Frieden. Nach dem Roman von Leo Tolstoi für die Bühne nacherzählt und bearbeitet von Alfred Neumann, Erwin Piscator und Guntram Prüfer. Hamburg 1955.

ders.: Il teatro politico. Prefazione e traduzione di Alberto Spaini. Rom 1960.

ders.: Politiché divaldo. Táto kniha vznikla v spolupráci s Gasbarrom. Bratislava 1962.

ders.: Le théâtre politique. Texte français d'Arthur Adamov avec la collaboration de Claude Sebisch. Paris 1962.

ders.: Das Politische Theater. Neubearbeitet von Felix Gasbarra. Mit einem Vorwort von Wolfgang Drews. Reinbek bei Hamburg 1963 u. 1979.

ders.: Das Politische Theater. Schriften I. Faksimiledruck der Erstausgabe 1929. Veröffentlichung der Deutschen Akademie der Künste zu Berlin. Hg. von Ludwig Hoffmann. Berlin 1968.

ders.: Aufsätze – Reden – Gespräche. Schriften II. Veröffentlichung der deutschen Akademie der Künste zu Berlin. Hg. von Ludwig Hoffmann. Berlin 1968.

ders.: Amerikanische Tragödie. Nach dem Roman «An American Tragedy» von Theodore Dreiser für die Bühne eingerichtet von Erwin Piscator. Berlin o. J.

ders.: Theater der Auseinandersetzung. Ausgewählte Schriften und Reden. Frankfurt/M. 1977.

ders.: Theater – Film – Politik. Ausgewählte Schriften. Hg. v. Ludwig Hoffmann. Berlin 1980.

FRANKREICH

«Der Stand des Schauspielers ...

...galt bei den Römern für schimpflich, bei den Griechen für ehrbar. Heute denken wir über sie im Grunde immer noch wie die Römer, verkehren aber mit ihnen wie die Griechen.»

Jean de La Bruyère (1645–1696)

Und heute, dreihundert Jahre nach La Bruyère? – Bewertungen können genauso beständig sein wie Werte: der Pfandbrief ist auch schon über zweihundert Jahre alt.

Pfandbrief und Kommunalobligation

Meistgekaufte deutsche Wertpapiere - hoher Zinsertrag - bei allen Banken und Sparkassen

Verbriefte  Sicherheit

ders.: Briefe aus Deutschland 1951–1966 an Maria Ley-Piscator. Hg. von Henry Marx. Köln 1983.

ders.: Zeittheater. «Das Politische Theater» und weitere Schriften von 1915 bis 1966. Ausgew. u. bearb. v. M. Brauneck u. P. Stertz. Mit einem Nachwort v. H. Heyme. Reinbek bei Hamburg 1986.

Erwin Piscator 1893–1966. Ausstellungskatalog der Akademie der Künste Berlin. Berlin 1971 (englischsprachig 1979).

J. Radkau: Die deutsche Emigration in den USA. Düsseldorf 1971.

B. Reich: Im Wettlauf mit der Zeit. Erinnerungen aus fünf Jahrzehnten deutscher Theatergeschichte. Berlin 1970.

G. Rühle: Theater für die Republik. Frankfurt/M. 1967.

ders.: Die zehn Taten des Erwin Piscator. In: Theater heute 12 (1971), Nr. 11, S. 3–7.

Theater im Exil 1933–1945. Ausstellungskatalog der Akademie der Künste Berlin. Berlin 1973.

Theater der Weimarer Republik. Ausstellungskatalog des Kunstamts Kreuzberg und des Instituts für Theaterwissenschaft der Universität Köln. Berlin 1977.

—— *Erwin Piscator* ——

Rechenschaft 1 (1929)

[...]

Im Gegensatz zum bürgerlichen Theater, das aufgehört hatte, gesellschaftsbildend zu sein, und nur noch dem Unterhaltungsbedürfnis einer Oberschicht diente, war die Piscator-Bühne ein Theater, das wieder einem gesellschaftlichen Zweck diente, nämlich eine im Aufsteigen begriffene Klasse geistig zusammenzufassen. Der Ausgangspunkt ihrer Arbeit war nicht mehr ästhetische Wertung der Welt, sondern der Wille, sie zu verändern.

Damit vollzieht sich zugleich eine Änderung seiner Mittel. An Stelle des Privaten tritt das Allgemeine, an Stelle des Besonderen das Typische, an Stelle des Zufälligen das Kausale. Das Dekorative wird abgelöst vom Konstruktiven. Dem Emotionellen wird als gleichwertig das Rationelle beigeordnet, und das Sensuelle wird durch das Pädagogische, das Phantastische durch die Wirklichkeit, das Dokument, abgelöst. (D. h. nicht, daß unser Theater auf irgendeines der bürgerlichen Theatermittel verzichtet, sondern daß es sie, entsprechend der veränderten Zielrichtung, gleichfalls ändert oder anders gebraucht.)

Konkret gesprochen: die Struktur der bürgerlichen Bühne genügt nicht, um die Wesensänderung des Theaters zum Ausdruck zu bringen. Die Form der bürgerlichen Bühne geht in Trümmer. Was Sie in meinen sämtlichen Aufführungen erlebt haben, waren keine Regieleistungen, sondern die Zertrümmerungsaktionen der von der bürgerlichen Gesellschaft geschaffenen *Theaterform*. Aber noch etwas anderes ging dabei in Trümmer, die von der bürgerlichen Gesellschaft geschaffene oder anerkannte *Dramatik*. Die Umarbeit der Stücke, die mir so oft zum Vorwurf gemacht worden ist, entsprang nicht meinem besonderen Sadismus gegen Autoren, sondern der Notwendigkeit, diese Stücke, deren Problematik im besten Fall psychologisierend war, nach der sozialen, ökonomischen und politischen Seite hin *zu vertiefen*.

Im Stadium eines in voller Entwicklung begriffenen Prozesses, noch ohne irgendwelche greifbaren Resultate, begann die Piscator-Bühne ihre Arbeit. Sie war sich nur der Notwendigkeit bewußt, das Theater in seiner Funktion grundsätzlich anders zu handhaben als bisher, sie besaß bestenfalls eine neue Dramaturgie, aber keine neuen Dramen, und vor allen Dingen *nicht die Technik*, die notwendig gewesen wäre, um der Form des bürgerlichen Theaters eine neue, revolutionäre Form entgegenzusetzen.

Inmitten eines Trümmerfeldes, in dem die Spuren eines neuen Grundrisses eben erst sichtbar wurden, gingen wir an das Wagnis. Viele rieten ab. Uns erschien es als historische Pflicht, die wir selbst unter den ungünstigsten Umständen zu erfüllen hatten. Und wenn wir heute zurückblicken, so müssen wir sagen, daß das Wagnis, trotz seines Scheiterns, nicht umsonst gewesen ist. Eine neue Ära des Theaters brach damit an, und diese Ära steht im Zeichen des Kampfes um die Neuordnung aller menschlichen Beziehungen.

Aus den beiden Hauptmängeln, dem *Mangel einer Architektonik* und dem *Mangel einer neuen Dramatik*, sind die beiden Hauptresultate des Theaters entstanden: *die Bühnengestaltung* und *die Dramaturgie*.

Die Bühnengestaltung, die in meinen vier Inszenierungen: «Hoppla», «Rasputin», «Schwejk» und «Konjunktur» vier verschiedene Formen annahm, entsprang nicht «einer rastlosen technischen Phantasie auf der Suche nach immer neuen Sensationen», sondern orientierte sich, so merkwürdig es klingen mag, nach dem *historischen Materialismus* von *Karl Marx*. Es waren *marxistische Bühnenbauten*. Sowohl die lichttransparente Etagenbühne von «Hoppla» wie die Segment-Globus-Bühne im «Rasputin» entstanden aus dem Zweck, jede einzelne Szene in Verbindung zu setzen mit dem universellen gesellschaftlichen Geschehen und sie damit *ins Historische zu steigern*. Die technische Bereicherung der Bühne durch das *selbständige Spielgerüst*, das bereits den Raum der Guckkastenbühne verließ und wie beim «Rasputin» in einen freien Spielraum hinausstrebte, war sozusagen nur Nebenprodukt, wenn auch kein zufälliges. (Denn eine technische Revolution, sei es auf der Bühne oder sonstwo, steht immer in kausaler oder paralleler Beziehung zu einer gesellschaftlichen Umwälzung.) – Nicht minder wichtig war der Bühnenbau im «Schwejk» und in «Konjunktur», wo beide Male immer deutlicher ein *dynamisches* Prinzip sich durchsetzte: in der *Rollbühne* oder laufendem Band und im *dramatisch-dynamischen Spielaufbau*. Während das erstere gegenüber den pathetischen Bauten von «Hoppla» und «Rasputin» ein *komisches* Moment der revolutionären Theaterarchitektonik darstellt, bedeutet die zweite Form, bei der an Stelle der statischen Dekoration ein wirklicher Bühnen*aufbau* vor den Augen der Zuschauer, durch die Handlung des Stückes bedingt und selbst die Handlung des Stückes bedingend, tritt, eine wirkliche *Dialektik*, d. h. Wechselwirkung des dramatischen und technischen Geschehens.

Im selben Sinne ist der Film zu verstehen, nicht als interessante Bereicherung der Regiemittel, sondern als Mittel, die historischen großen Beziehungen des dramatischen Stoffes sichtbar zu machen und das Stück selbst einzugliedern in einen historischen Ablauf. Von den gleichen Gesichtspunkten gingen wir bei der Ausarbeitung unserer *Dramaturgie* vor. Entsprechend den gesellschaftlichen Bedingungen der Klasse, aus der heraus das Theater erwachsen ist, steht nicht mehr im Mittelpunkt der Handlung das private Schicksal einer Einzelperson mit seinen moralischen, seelischen oder Triebkonflikten. *Auch die Funktion des Menschen hat sich gewandelt. Die gesellschaftliche Seite* seiner Existenz steht im Vordergrund. Wo er auftritt, da tritt mit ihm zugleich seine *Klasse* oder Schicht auf. Wo er in Konflikt gerät, moralisch, seelisch oder triebhaft, gerät er in Konflikt mit der *Gesellschaft*. Eine Zeit, in der die Beziehungen der Allgemeinheit untereinander, die Umordnung aller Verhältnisse auf der Tagesordnung stehen, kann auch den Menschen nur sehen in seiner Stellung zur Gesellschaft, als *politisches* Wesen. Diese Überbetonung des Politischen mag in gewisser Weise zu einer Karikatur des Menschen führen, an der nicht wir schuld sind, sondern die Disharmonie der heutigen menschlichen Zustände, die jede Lebensäußerung zu einer politischen macht.

Diesen Zustand zu überwinden, die Disharmonie aufzulösen, das menschlich Große darzustellen in einer Epoche, die den Menschen in Wirklichkeit zur Karikatur gemacht hat, mit einem Wort idealistisch zu wirken, ist nicht die Aufgabe des Theaters und der Dramatik. Ihre Aufgabe ist es, diese Diskrepanz zu steigern zu einem Element der *Anklage*, des *Umsturzes* und der *Neuordnung*.

Als Prototyp seiner Klasse ist der Mensch zugleich auch Träger der geschichtlichen Entwicklung. Diese Entwicklung, nicht das interessante Einzelschicksal, sondern das gültige Allgemeinschicksal einer ganzen Zeit bildet den Vorwurf der neuen Dramatik. Der Held ist nicht mehr der einzelne, sondern die Epoche. Damit gewinnt an Stelle der Fabel das *Dokument* eine entscheidende Bedeutung (das zugleich ein Wirkungselement ist, dem sich niemand mehr entziehen kann).

Von diesen Gesichtspunkten aus haben wir die Dramen, die unserem Zweck wenigstens auf halbem Wege entgegenzukommen schienen, zu bearbeiten versucht. Vieles mußte mangelhaft bleiben und «ewige Kunstwerke» sind gewiß nicht damit geschaffen worden. Was geschaffen worden ist, ist ein Weg, eine Richtung, eine Vorform. Eine Vorarbeit für die kommenden Ver-Dichter unserer Zeit. Neben diesen Resultaten, die der Bildung einer neuen revolutionären Theaterkultur zugute kommen, steht auf der Plusseite unserer Abrechnung die unmittelbare politische Wirkung, die das Theater ausgeübt hat. Es würde den ganzen Abend füllen, wenn ich allein die politische Auslösung unserer Aufführungen innerhalb der Presse feststellen wollte. In richtiger Erkenntnis der Situation wurden namentlich von einem Teil der Rechtspresse die Aufführungen als politische und nicht mehr rein theatralische Ereignisse gewertet, und ihre Besprechung siedelte vom Feuilleton in den Leitartikel über. Die Kritik war nicht länger imstande, ästhetische Urteile zu fällen, sondern sah sich gezwungen, politisch Stellung zu nehmen. Nicht mehr das

Stück, sondern die Tatsachen des Stückes gerieten in den Vordergrund der Debatte, und gerade das hatten wir gewollt. Eine politische Auflockerung von Schichten, die bisher indifferent gewesen waren, war das Ergebnis. Und über den Rahmen Deutschlands hinaus ein enormer Prestigegewinn des sozialistischen Gedankens durch den Widerhall, den dieses Theater, das als kommunistisch bezeichnet wurde, in der ganzen Welt auslöste.

[...]

In: Erwin Piscator: Aufsätze–Reden–Gespräche. Hg. v. Ludwig Hoffmann. Berlin (DDR) (Henschelverlag Kunst und Gesellschaft) 1968 (= Erwin Piscator Schriften 2. Veröffentlichungen der Deutschen Akademie der Künste zu Berlin), S. 50–53.

Objektive Spielweise (1949)

Sie möchten also Schauspieler werden? Lassen Sie mich Ihnen zuerst eine kleine Geschichte erzählen, die vor gar nicht langer Zeit ein junger Schauspieler erlebte. Der junge Schauspieler war niemand anderer als ich selbst. Ich war gerade 17 Jahre alt. Es war meine erste Berührung mit der Wirklichkeit: dem Krieg.

Wir waren nach Ypern vorgestoßen. Die Deutschen hatten gerade mit ihrer Frühjahrsoffensive von 1915 begonnen. Zum erstenmal wurde Gas verwendet. Die englischen und die deutschen Geschütze dröhnten gegen die trostlosen, grauen Himmel. Unsere Kompanie war fast bis zum letzten Mann vernichtet. Wir brauchten dringend Ersatz. Fortwährend wurden wir zwischen Reservestellung und Frontlinie hin und her gejagt. Als die ersten Granaten fielen, wurde der Befehl gegeben, nach vorn vorzurücken und sich einzugraben. Während es den anderen gelang, schaffte ich es nicht. Der Kommandeur kam zu mir gerannt und schrie: «Um Gottes willen, vorwärts!» – «Ich kann nicht», antwortete ich. Ungeduldig wollte er wissen, was ich vor dem Krieg gewesen sei. «Schauspieler», antwortete ich.

Angesichts der berstenden Granaten erschien mir das Wort «Schauspieler», das ich mühsam hervorstieß – dieser Beruf, um den ich gekämpft hatte, mein Ideal vom Theater, das für mich das höchste und wesentlichste Ziel gewesen war –, so dumm, so lächerlich, so falsch und der Situation, in der ich mich befand, so unangemessen, daß ich mich weniger vor den umherfliegenden Granaten fürchtete, als mich schämte, solch einen Beruf gewählt zu haben.

Eine kleine Episode, aber sie ist in mir lebendig geblieben. Von da an wollte ich mich von der herkömmlichen Meinung befreien, daß Kunst nichts mit der Wirklichkeit zu tun habe und nicht stark genug sei, uns zu helfen, ihr gewachsen zu sein. Ich suchte überall die Wahrheit, um mich meines Berufes nicht schämen zu müssen. Ich habe nach ihr hinter der vierten Wand von Max Reinhardts magischem Theater gesucht, hinter den Abstraktionen der Naturalisten, in den offenen Gefilden der Expressionisten und im Romantizismus der Mitleidsliteratur. Ich brauchte das Gefühl, daß es die Kunst mit jeder Situation und mit jedem Problem aufnehmen kann und daß wir Künstler durch sie die Fähigkeit erlangen, wirkliches Leben auf die Bühne zu bringen. Ich versuchte, ein solches Theater zu schaffen, und ich erkannte, daß es eine neue Einstellung zum Theaterspiel erfordert.

Bitte begleiten Sie mich in dieses Theater und beteiligen Sie sich an dem, was ich als Einführungslektion in die Schauspielkunst bezeichnen möchte. Ich werde auf dem Platz des Regisseurs sitzen, den ich während der Proben einnehme. Meistens befindet er sich mitten im Parkett. Setzen Sie sich neben mich. Halten Sie mich nicht für den Regisseur, sondern für jemanden aus dem Publikum – den Menschen, für den Sie spielen wollen. Erzählen Sie mir, was Sie von Ihrem Spiel erhoffen und erwarten und was Ihrer Meinung nach die Hoffnungen und Erwartungen des Publikums sein könnten. Beschreiben Sie die Zusammensetzung des Publikums, für das Sie spielen werden. War es vor hundert Jahren dasselbe? Warum ist es in diesem Jahr oder – nehmen wir an – heute abend so?

Wenn Sie mir das alles erklärt haben, steigen Sie langsam auf die Bühne. Sehen Sie sich beim Gehen um – erfühlen Sie den Weg – geben Sie beim Hinaufsteigen acht. Unterhalten Sie sich dabei weiter mit mir. Sagen Sie etwas – irgend etwas. Sprechen Sie über den Abend, über das Spiel, über das Wetter. Spüren Sie, wie dieser kleine Weg die Stufen hinauf allmählich Ihre ganze Persönlichkeit emporgehoben hat? Jawohl, Sie haben sich aus dem Publikum erhoben, aber Sie sind nicht weit von mir fortgerückt. Sie und ich – wir sind die beiden Pole in diesem Theater, die beiden Partner für den Augenblick. Verlieren Sie nicht die Verbindung zu mir, denn bald werden wir zu dritt sein – Sie und ich und ein imaginärer Partner im Zentrum der Bühne. Jetzt sind Sie angekommen. Begeben Sie sich zum günstigsten Platz auf der Bühne. Wo ist er? Rechts, links oder in der Mitte? Wo fühlen Sie sich überlegen? Gehen Sie zu der Stelle, auf der Sie sich mir überlegen fühlen.

Konzentrieren Sie Ihre ganze Aufmerksamkeit auf mich. Vergessen Sie nicht, daß Sie mich nicht nur von Ihrer Anwesenheit, sondern auch von Ihrer Existenz überzeugen müssen. Selbstverständlich können Sie sich von mir abwenden, aber vergessen Sie nicht, daß ich immer da bin und daß wir nur als eine Einheit erfolgreich sein können. *Es gibt kein Theater ohne Publikum.* Wer auch immer Ihnen erzählt hat, Sie könnten sich hinter einer unsichtbaren «vierten Wand» verstecken, hat Sie falsch informiert. Ich bin ein Teil Ihrer «Sache» – des Spiels –, die Sie zeigen und energisch vertreten wollen – mit dem gleichen Interesse und der gleichen Leidenschaft, in der ich an ihr teilhabe. Je echter, je überzeugender Sie spielen, desto mehr dienen Sie Ihrer «Sache» – der Überzeugung des Publikums durch den Schauspieler –, desto mehr dienen Sie der Schauspielkunst.

Was immer Sie auch tun, Ihre Aufmerksamkeit muß ununterbrochen auf das Zentrum des Theaters – also auf mich – gerichtet sein. Ich weiß, daß das recht verwirrend klingen mag, weil Ihnen beigebracht worden ist, daß das Zentrum der Aufmerksamkeit der Mittelpunkt der Bühne sei. Erinnern Sie sich an die hübsche Geschichte, die Stanislawski erzählt? Seine Schüler konnten sich nicht von der Angst vor dem Publikum befreien, deshalb ging er auf die Bühne und gab vor, jemand hätte seinen Schuhabsatz verloren. Sofort war jeder mit seinen Schuhen beschäftigt, und der reale Vorgang half ihnen, sich freizumachen und das Publikum zu vergessen. Dieser Einfall half den Schülern tatsächlich, das Publikum zu vergessen und ihre Furcht, die jeder junge Schauspieler erlebt, zu verlieren.

Glauben Sie, daß solch ein Trick notwendig ist? Ich finde, solche Kunstgriffe sind nicht theatergerecht und, wie alle Tricks, nicht ganz ehrlich. Es würde Sie ungeheure Anstrengungen kosten, mich von der «vierten Wand» und der Philosophie des «Als ob» zu überzeugen, die den Zuschauer dazu bewegen soll, restlos an Ihre Aufrichtigkeit zu glauben und Sie für ganz «natürlich» zu halten. Sind wir jemals ganz natürlich auf der Bühne? Sprechen Sie dort nicht sofort lauter als im wirklichen Leben, auch wenn Sie allein in einem Raum auf der Bühne sind? Warum schreien Sie, wenn Ihr Partner nur um Armeslänge von Ihnen entfernt ist, während Sie Ihre geheimsten Gefühle offenbaren? Denken Sie an all die seltsamen Haltungen, die Sie einnehmen. Achten Sie nicht dauernd darauf, nicht verdeckt zu werden und Ihren Partner nicht zu verdecken? Glauben Sie wirklich an den gemalten Baum hinter sich oder an die todbringende Ladung des Gewehrs, das Sie auf einen anderen Menschen richten? Warum diese Verstellung, wenn Sie wirklich glauben, daß Sie allein auf der Bühne sind, eingeschlossen von vier Wänden, und es kein Publikum gibt, das Sie überzeugen wollen? Es ist nicht wahr, daß der Mittelpunkt Ihrer Aufmerksamkeit im Zentrum der Bühne liegt. Wenn Sie für ein Publikum spielen, muß es auch der Mittelpunkt Ihrer Aufmerksamkeit sein. *Sie* wissen das, und das *Publikum* weiß es auch. Wenn wir uns darüber einig sind, können wir zum nächsten Punkt kommen.

Sie haben eine Aufgabe. Ihre Aufgabe ist es, mich zu unterhalten, und während Sie mich unterhalten, müssen Sie auch mein Lehrer sein. Meine Neugierde wächst mit dem Interesse, das Sie in mir geweckt haben, und sie verstärkt meinen Wunsch, mit gleicher Intensität nicht nur über Sie, sondern auch über das Wunder Welt, in das Sie mich einführen, etwas zu erfahren. Täuschen Sie sich nicht selbst, indem Sie glauben, mich aus-schließen zu können. Ich kann Ihr Freund oder Ihr Feind sein, aber nie-mals kann ich nichtexistent sein. Gelingt es Ihnen, mich in den zwei Auf-führungsstunden zu Ihrem Schüler zu machen, waren Sie erfolgreich.

Verstehen wir die Technik des Schauspielers aus dieser Verbindung zum Publikum, dann können wir dazu übergehen, über die Beziehung des Schauspielers zu anderen Schauspielern nachzudenken. Sie wissen, selbst wenn Sie sich allein auf der Bühne befinden, einen Monolog sprechend, sind Sie in Wirklichkeit nicht allein. Sie können Ihre Rolle nicht einfach aus sich heraus spielen. Die anderen Schauspieler – Ihre Partner – umge-ben Sie selbst dann, wenn sie nicht auf der Bühne sind. Sie existieren durch jene ebenso wie durch sich selbst. Ohne deren Aufschlüsse über Sie, ohne deren Beziehungen zu Ihnen würde das Publikum einen sehr schwachen Eindruck von Ihrem Charakter erhalten. Das ist logisch, aber ich vermute, Sie haben sehr oft gehört, daß Sie sich und Ihren Charakter in sich selbst finden müßten, in einer Art «splendid isolation». Niemals können Sie sich selbst finden, wenn Sie nicht gelernt haben, wie Sie auf Ihren Partner reagieren müssen. Um sich selbst zu finden, müssen Sie aus sich herausgehen. Sie werden sagen, daß es nur ein kleiner Schritt vom Reagieren zum Handeln sei. Ja – aber ein sehr entscheidender. Ihre Re-aktion ist spontan. Sie kommt aus Ihrer Aufrichtigkeit, ohne die Sie nie-mals schöpferisch sein würden. Aber diese Re-aktion ist passiv und muß ausgelöst werden, um Handlung zu werden, die wiederum Ihrem Charak-ter den Anschein von Realität gibt.

Jetzt nehmen wir etwas Neues in Angriff. Sie, der Schauspieler, im Ver-hältnis zu sich selbst, zu Ihrem Körper, Ihrer Stimme und Ihrer Rolle im Stück. Ich weiß, Sie wollen mir sagen, Sie brauchten für eine spontane Reaktion Ihre «vierte Wand». Sie müßten mich, das Publikum, verges-sen. Ich glaube nicht, daß Sie das müssen. Für mich ist es immer sehr verwirrend, wenn ich sehe, daß das Auge des Schauspielers über die Köpfe des Publikums hinweggleitet, als wären wir überhaupt nicht vor-handen. Über solch ein Verhalten bin ich immer etwas beschämt, weil es mir für den Schauspieler erniedrigend erscheint. Er verliert den Kontakt zum Publikum und bringt sich selbst in eine falsche, untergeordnete Lage. Beachten Sie, wie sich die Situation sofort ändert, wenn sein Blick auf das Publikum fällt. Die ganze Bühne scheint lebendig zu werden. Die Unmit-telbarkeit dieses Blicks erzeugt Aufrichtigkeit zwischen dem Schauspieler und dem Publikum, stellt den so wichtigen Kontakt und eine größere Realität der Handlung wieder her.

Noch ein Wort zur Realität der Handlung. Wie unterschiedlich ist die Realität in Stücken von Tschechow oder Ibsen und einem Musical von Gershwin, Weill oder Rodgers und Hammerstein! Es gibt verschiedene

Methoden, um Realität im Theater zu erzeugen. Die subjektive und die objektive Spielweise sind zwei Methoden, um einen wirklichkeitsgetreuen Charakter auf der Bühne zu schaffen. Mit objektiver Spielweise meine ich nicht die theatralische und selbstbewußte Darstellung von vor fünfzig Jahren, die jede Gefühlsregung katalogisiert hatte. Ich meine auch nicht die neue Schauspieltechnik, die Brecht eingeführt hat und die er «Verfremdung» nennt. Objektives Theaterspielen ist aus Bühnenexperimenten entstanden.

Ich versuchte zum Beispiel, nach dem Krieg ohne Geld vor einem Arbeiterpublikum auf einer sehr leeren Bühne zu spielen. Was konnten wir tun, um der leeren Bühne den für das Spiel notwendigen Hintergrund zu geben? Wir spannten kleine Projektions-Leinwände auf, auf die der Hintergrund gemalt wurde. Bald fanden wir, daß sich die Bühne großartig dafür eignete, den Hintergrund zu erweitern oder zu verkleinern. Wir gaben die notwendigen Kommentare einfach dadurch, daß wir bei Beginn des Spiels über das Jahr oder die Ereignisse informierten. Diese Kommentare stellten einen sehr engen Kontakt zum Publikum her. Tatsächlich, es gefiel dem Publikum, mit den Menschen auf der Bühne verbunden zu sein; es wurde dadurch sein Theater, mit einem besonderen Stil, der auch dem Stil des Stückes entsprach, aber keine neue Technik um der Technik willen bedeutete. Es war ein Weg, uns mit den uns zur Verfügung stehenden Mitteln einfach auszudrücken, ein Weg, um verstanden zu werden. Mehr wollten wir nicht. Merkwürdig genug, dieses Experiment gab dem Schauspieler eine neuartige Freiheit. Alles Unwahre aus den Jahren seiner romantischen Berufsauffassung fiel fort. Er warf es weg, als er plötzlich die neuen Möglichkeiten entdeckte, als er sich der Tatsache gegenübersah, er selbst sein zu können und gleichzeitig ein verwandter Teil des Ganzen. Diese Experimente der Nachkriegsjahre waren keineswegs der Versuch, eine neue Kunstform zu schaffen oder gegen die herrschenden oder herkömmlichen Theaterformen zu revoltieren. Alles war so natürlich wie unsere neue Wirklichkeit des Lebens. Es war kein Expressionismus – es war kein neues formales Theater. Es war genau die Art Theater, die den Menschen jener Zeit entsprach.

Später, mit mehr Geld, hatte ich größere Möglichkeiten und auch ein größeres Theater. Ich fand neue Bühnenbildner und Ingenieure und konnte das Theater technisch befreien. (Die Arenabühne, Gropius, das Totaltheater, das laufende Band und die Drehbühne.) So wurde ein neuer, freier Stil für die Schauspieler Wirklichkeit. Aus dem Experiment war eine Methode geworden. Ich nannte sie das epische Theater.

Natürlich verlangte das epische Theater neue Schauspieler. Ich konnte den klassischen Deklamations-Schauspieler, der in seine Stimme verliebt ist und sich nicht dafür interessiert, was er sagt, sondern nur dafür, wie er es sagt, nicht länger brauchen. Ebensowenig konnte ich den Tschechow-

Schauspieler akzeptieren, der sich selbst hinter der «vierten Wand» hyp-
notisierte. Nach Brechts Ansicht reicht Stanislawski nicht mehr aus, brauchen wir eine neue Art des Theaterspielens, die die Bühnenvorgänge dem
Zuschauer verfremdet und ihn dem Spiel gegenüber eine fragende und
kritische Haltung einnehmen läßt. Brecht hatte recht, wenn er forderte,
daß wir der Handlung gegenübergestellt und nicht durch Einfühlung ein-
gewickelt werden sollen. Aber Brechts «Verfremdung» beruhte auf dem
klassischen Theater des Orients, was den Begriff romantisiert. Ich stimme
zu, daß die «Verfremdung» unsere Intelligenz beansprucht und uns in
engeren Kontakt zu den Tatsachen bringt. Ich wollte jedoch die gesamte
menschliche Persönlichkeit erfassen. Intelligenz und Gefühl will ich nur
trennen, um sie auf höherer Ebene wieder zu vereinen. Wenn wir ein
intelligentes Publikum wünschen, für das das Theater mehr als bloße Unterhaltung ist, müssen wir die «vierte Wand» auf der Bühne niederreißen.
Der Film hat es schon längst getan. Wir wollen nicht, daß der moderne
Schauspieler seine Gefühle hinter der «vierten Wand» improvisiert, sondern wir wünschen, daß er uns diese Gefühle kommentiert, indem er
nicht nur ein Resultat spielt, sondern auch den Gedanken, der zu diesem
Resultat führte. Wir wollen die Wurzeln sehen und nicht nur die Frucht,
den Samen und nicht die Pflanze allein. Um das zu erreichen, benötigt der
moderne Schauspieler äußerste Kontrolle, damit er von seinen Gefühlen
nicht überwältigt wird. Er braucht das, was ich «die neue Objektivität»
genannt habe.

Maler, Musiker und Schriftsteller kennen diese Objektivität, ohne die
kein wirkliches Kunstwerk geschaffen wurde. Sie haben es natürlich viel
leichter als der Schauspieler, der Subjekt und Objekt zugleich ist. Der
Schauspieler ist das Instrument, er ist der Pinsel, das Papier, der Ton.
Schopenhauer beschreibt diese Objektivität sehr genau: «Niemand ist in
der Lage, sein eigenes Bild im Spiegel mit dem Blick der Verfremdung zu
sehen, die die Hauptbedingung für Objektivität ist. Der wirklich objektive Blick ist bei letzter Analyse nur möglich durch den moralischen Egoismus eines tief gefühlten Nicht-Ich, das es möglich macht, alle Fehler zu
sehen, ohne jeden Vorbehalt, das Bild wie es ist, wirklich getreu und
wahr.»

Für den Schauspieler ist tatsächlich *das Publikum* der Spiegel. Aber das
getreue und wahre Bild kann nur von beiden – Schauspieler und Publikum – geschaffen werden. Sie, der Schauspieler, werden der Spiegel, in
dem sich das Publikum selbst sehen kann. Es ist Ihre Pflicht, ihm zu helfen, zu den richtigen Schlußfolgerungen zu gelangen und das unwahre
und schmeichelhafte Bild des «Ich» zu zerstören. Das Publikum als Ihr
Spiegel, mein Schauspieler, und Sie als der Spiegel des Publikums!

Die Bühne selbst wird Ihnen helfen, diese neue Objektivität zu erreichen. Wenn ich zum Beispiel die Globusbühne in «Rasputin» in Segmente

teile, Dokumentarfilme verwende und auf die Seitenwände Kommentare zu den historischen Ereignissen projiziere, hilft die Bühne auch dem Schauspieler, eine neue Realität zu erlangen, eine neue Objektivität. Alle die neuen szenischen Erfindungen, die ich benutzte, brachten neue Dimensionen für den Schauspieler mit sich.

Aber ich sehe Sie zögern, erschreckt und ein wenig niedergeschlagen. Ich glaube, ich weiß, warum. Sie möchten mich nach dem Zauber, dem Geheimnis, der Atmosphäre und der Zauberformel, der Illusion und dem Traum fragen, die das Theater zu einem Magneten für den Schauspieler werden lassen? Werfen wir all das beiseite, wenn wir den modernen Schauspieler auffordern, nach Objektivität zu streben? Soll er seine Subjektivität aufgeben, die ihn zu einem wesentlichen emotionellen Teil des Geschehens macht? Auf keinen Fall! Je objektiver er wird, um so mehr Erfolg wird er haben, seine höchst persönliche (subjektive) Form zu finden. Der kühne und schöne Bau eines Monologs ergänzt den Text. Subjektives und objektives Spiel ergeben zusammen die höchste Form der Darstellung. Sie können es zum Beispiel an der Arbeit von Laurence Olivier sehen. Lassen Sie mich noch einmal wiederholen: Wenn ich über die neue objektive Spielweise spreche, meine ich nicht die kalte Routine des üblichen Theaters. Ich denke nicht an die schrecklichen Erzeugnisse des kommerziellen Theaters, das den Schauspieler erniedrigt und ihn in einen elenden Automaten, einen Nachbeter und nicht in einen Schöpfer verwandelt, in einen Handwerker bestenfalls, doch nicht in einen Künstler. Nur der Schöpfer im Schauspieler ist bedeutend, der Handwerker nicht. Nichts ist ohne den Schöpfer.

Aber wo ist die moderne Bühne, auf der wir diese moderne Spielweise verwenden können? Existiert sie? Sie haben recht, daran zu zweifeln. Weder in London, Paris, Moskau, noch in New York gibt es ein modernes Theater, das unserem modernen Leben entspricht, das die von uns entwickelten Mittel benutzt, das die neusten Erfindungen unserer Tage kennt. Unser modernes Theater ist der Film, ist das Radio und das Fernsehen. Aber noch gibt es Hoffnung für «the old magic box» Theater. Wir können es ändern. Wir können seine verriegelten Türen öffnen, mit den feststehenden und herkömmlichen Techniken brechen, das «one-set theatre» zerstören. Wir können alles einführen, was die Wissenschaft während der Entwicklung der menschlichen Produktivität geschaffen hat. Wir können mit der kleinen Zauberlaterne für erwachsene Kinder aufhören und aus ihr ein Fernrohr machen.

Das ist es, was meiner Meinung nach das epische Theater und seine Schauspieler erreichen können. Diese neue Objektivität wird nicht zu einem neuen Formalismus oder zur Orthodoxie führen. Im Gegenteil, sie wird das Theater von erstarrten Formen befreien. Einfach ausgedrückt, verschafft das epische Theater dem herkömmlichen Theater einen neuen

Ausblick, neuen Raum, und es bereichert den Schauspieler mit dieser neuen Freiheit. Drei Jahrhunderte lang wurde er zwischen den Kulissen der Guckkastenbühne gefangengehalten. Jetzt kann er sich wieder, wie im Shakespeare-Theater, auf der Simultanbühne bewegen; er kann, wie die Griechen, die halbe oder ganze Arena benutzen, er kann sich dem Publikum nähern, wie bei der Großaufnahme im Film. Sie können vom modernen Menschen, der in zwei Tagen um die Welt fliegt, nicht erwarten, daß er zwei Stunden geduldig dieselbe Kulisse anstarrt. Das wäre, wie wenn wir uns mit einem Viktorianischen Zimmer begnügen und bei Kerzenschein lesen würden! Das neue Theater gibt dem Schauspieler neue Dimensionen, die durch die bewegliche Bühne hervorgerufen werden, durch das Drehen und Senken aller Teile der Bühne. (Ein Beispiel dafür, wenn auch nur ein primitives, war meine Inszenierung des «Braven Soldaten Schwejk».) Diese Dimensionen werden dem Schauspieler nicht hinderlich oder mechanisch, sondern so natürlich und notwendig wie im wirklichen Leben sein. Denken Sie an die ganze Maschinerie, die der moderne Mensch für seinen Komfort benötigt, die er frei und zwanglos benutzt.

Der epische Schauspieler ist eine Art Erzähler. Ich meine damit nicht den Erzähler, der außerhalb der Bühne bleibt und sich direkt an das Publikum wendet. Doch auch solch ein formales Ansprechen und Kommentieren ist möglich, wenn er weiß, wie er sich zur selben Zeit in seine Rolle versetzen muß. Während er lässig über die Bühne schlendert, wird er eine Art Ausstellungsführer sein, der alle Bilder kennt, die er zeigt. Er ist der Dirigent, der jede Note aller Instrumente kennt, jede Stimme unterstreicht und gleichzeitig das Gemeinsame der Komposition zum Ausdruck bringt. Die Klarheit, mit der er sich seinem Gegenstand nähert und ihn veranschaulicht, soll seinen Partner auf der Bühne und mich, den dritten Partner im Publikum, überzeugen. Der epische Schauspieler ist nicht länger der Abklatsch eines Charakters, sondern eignet sich «human proportion» an, wird dreidimensional. Er hat viele Partner. Er wird die Dekoration zu seinem Partner machen, den anderen Schauspieler oder Kommentator, wenn nötig, und er selbst ist beides: Schauspieler und Kommentator. Dasselbe wird mit the prop geschehen, the prop, der sicher nicht länger nur eine Hilfe ist, sondern ein plastisches Detail des vollkommenen menschlichen Ausdrucks.

Es ist interessant, daß Schauspieler, die ich für bedeutend halte, die instinktiv episches Theater spielen, auch Regisseure sind. Um einige zu erwähnen: Laurence Olivier, Jean-Louis Barrault, Louis Jouvet. Auch Molière und auch Shakespeare. Diese großen Schauspieler können für einen Augenblick in einem außergewöhnlichen Monolog groß philosophieren und im nächsten durch ein erlösendes Lächeln das Publikum von diesen ernsthaften Gedanken befreien. Kurz darauf zerstreuen sie das Publikum mit bestimmten, zur Handlung gehörenden Einfällen, bringen es zum Lachen oder zum Weinen, wie es der Augenblick gerade erfordert. Mit einem Wort – sie stellen einen lebendigen Menschen in einer lebendigen Situation dar, an der sie ebenso wie das Publikum interessiert sind. Sie handeln in dem Bewußtsein, daß das Leben wichtiger ist als das Schauspiel, daß aber zur gleichen Zeit, in diesem bestimmten Augenblick, es kein würdigeres Beispiel vom Leben gibt als dieses bestimmte kleine Stück Leben in diesem Schauspiel. Darin äußert sich die Begrenztheit des Theaters im Gegensatz zur Unbegrenztheit des Lebens.

In dieser Einheit von Vernunft und Gefühl, von Geist, Empfindung und Sinneseindruck – wird der Schauspieler sein schöpferisches Genie für die Bühne entdecken – die Kunst der Darstellung. Durch die Einheit von subjektivem und objektivem Spiel ist er nicht nur ein Objekt in der Hand des Dramatikers, sondern selbst ein Schöpfer. Indem er sich objektiviert, wird er zum Subjekt und – von beidem beherrscht – lebendig.

In: Erwin Piscator: Aufsätze–Reden–Gespräche, S. 158–166.

Darstellung und Dichtung (1959)

[...]

Diese Bemerkungen führen uns zur Arbeit des Regisseurs. Man kann getrost sagen, daß Otto Brahm, Stanislawski, Gordon Craig, Antoine, Max Reinhardt, Leopold Jeßner, Karl Heinz Martin, Jürgen Fehling das Theater ebenso stark beeinflußt und verändert haben wie die großen Dichter, jedenfalls mehr als Hunderte längst vergessene Bühnenautoren; Beweis genug, daß das Schöpferische keineswegs allein beim Autor zu finden ist. Der erste Mitarbeiter des Autors auf der Bühne, im Film, im Fernsehen ist natürlich der Regisseur. Um zum Stück und seiner Gestaltung zu gelangen, muß er für sich und seine Mitarbeiter eine genaue Analyse des Stücks erarbeiten und wird so zum ersten konstruktiven Kritiker des Autors.

Wie einigen von Ihnen bekannt sein wird, galt ich früher als Vergewaltiger des Autors. So gibt es eine Anekdote über Friedrich Wolfs Stück «Tai Yang erwacht». Danach kommt der Schauspieler Ernst Busch ins Foyer gelaufen und ruft dem todtraurigen Wolf zu: «Friedrich, komm schnell herein, gerade wird ein Satz von Dir gesprochen!» Aber in Wirklichkeit war es so, wie es sich mit Ernst Toller zutrug: «Schau mal», sagte ich ihm, «nicht ich schreibe das Stück um, sondern das Stück schreibt sich selbst um. Komm her, setz Dich hin, hör mir zu.» Walter Mehring allerdings kam am Schluß der Proben zum «Kaufmann von Berlin» mit einem gewaltigen Verband um die rechte Hand und behauptete, er habe sich den Finger vergiftet, er könne leider nicht mehr schreiben.

Aber die Interessen von Regisseur und Autor sind identisch: nämlich das Stück zum Erfolg zu bringen. Daraus entsteht die Konzeption des Stückes, der Stil der Aufführung, die Form des Bühnenbildes. Hier ist der Bühnenbildner nicht außer acht zu lassen, er wirkt als Katalysator, er kann wenigstens so wirken.

Alle großen Regisseure haben umfangreiche Regiebücher ausgearbeitet und oft riesige Vorarbeiten geleistet. Darunter sind Meisterwerke, Partituren, die nicht nur äußerlich im Rahmen der Aufführung die Darstellung, Licht und Dekoration behandeln, sondern die geistige Struktur, die Katharsis, die Botschaft herausarbeiten. Stanislawski brauchte für die Inszenierung eines Stückes Monate und Jahre. An einem bestimmten Stück arbeitete er drei bis vier Jahre und ließ drei verschiedene Dekorationen herstellen. Am Ende zeigte er das Stück nicht – es entsprach nicht seinen Anforderungen an eine Inszenierung. Meyerhold inszenierte die «Kameliendame» und arbeitete an den ersten beiden Akten etwa ein Jahr. Dann verließ er Moskau, um in Leningrad ein anderes Stück zu inszenieren. Nach seiner Rückkehr sollte der dritte Akt probiert werden. Statt dessen kam ein Telegramm: «Wir beginnen wieder mit dem ersten, ich habe ihn völlig umgearbeitet.» Das wäre hypertroph, wenn es nicht zeigte, wie ernsthaft eine Aufführung vorbereitet wurde und wie sehr diese Vorbereitung auch anerkannt wurde, denn auch dazu waren Gelder vom Staate notwendig. Vielleicht sollte man noch auf die geradezu besessene Arbeit des Amerikaners Laughton hinweisen, der aus eigenen Mitteln die Vorbereitung eines «König Lear» über vier Jahre bestritt, der ein Jahr lang mit Brecht am «Galilei» arbeitete, ihn umformend, so daß der Text in der Aufführung aufging «wie das Pulver im Feuerwerk» (nachzulesen in «Aufbau einer Rolle»).

Ich selbst versuche, mich an die bei uns übliche Vorbereitungszeit von durchschnittlich vier bis sechs Wochen zu halten. Um aber den Schauspielern die Themen nahezubringen, erziehe ich sie nicht nur zum Auswendiglernen ihrer Rollen. Leider kommt hier in Deutschland ein Stück dann heraus, wenn der Schauspieler gerade eben seinen Text kann, aber keineswegs die geistige Funktion seiner Rolle beherrscht – daher Kortners Kampf um die Probezeit, der sehr wohl zu verstehen ist. Und das bei unseren phantastischen Subventionen, die eigentlich verwendet werden müßten, um wirkliche, tiefe künstlerische Leistungen zu erzielen!

[...]

In: Erwin Piscator: Aufsätze–Reden–Gespräche, S. 257–258.

Bertolt Brecht, 1938

aus: Hans Bunge (Hg.): «Brechts Lai-Tu. Erinnerungen und Notate von Ruth Berlau», 1985
© Luchterhand Literaturverlag GmbH, Darmstadt

BERTOLT BRECHT

━━━━━━━━ *(1898–1956)* ━━━━━━━━

«Dem kannscht dein Stück schon geben, Arnolt; unter einer
Bedingung: ich mach' die Regie.»
Bertolt Brecht zu Arnolt Bronnen, im Frühjahr 1922

«Es ist dem Schauspieler nach meiner Meinung gänzlich unmöglich, dem rauchenden Mann im Parkett ein unnatürliches, krampfhaftes und veraltetes Theater vorzumachen.»
Bertolt Brecht, ca. 1926

«Es ist eine wichtige Aufgabe des Probenleiters, alle sche-
matischen, gewohnten, konventionellen Lösungen von
Schwierigkeiten zu entlarven. Er muß Krisen entfesseln.
Natürlich darf er nicht davor zurückschrecken, zuzugeben,
daß er nicht immer ‹die› Lösung weiß und parat hat. Das
Vertrauen der Mitwirkenden zu ihm muß eher darin begrün-
det sein, daß er imstande ist, herauszubringen, was ‹keine›
Lösung ist.»
Bertolt Brecht

Wenngleich der Weg des jungen Brecht zur Theaterregie etwas unge-
stüm verlief, so doch mit bemerkenswerter Konsequenz in der künstlerischen Linie. Ohne nennenswerte Lehrzeit am Theater, ohne Vor-
übungen in der Provinz; Berlin sollte es sein, die bedeutendsten Bühnen,
die besten Schauspieler – für seine Stücke. Der Neuling trat auf wie einer,
der genau wußte, was er wollte; mit einem Rundumschlag sollte die
abendländische Schauspielkunst reformiert, das «alte», das «aristote-
lische» Theater abgeschafft werden. Diesem provokanten Anspruch
versperrten sich freilich zunächst die Theater, verweigerten sich die
Schauspieler. Der umstrittene Regisseur Brecht hatte jedoch den Stücke-
schreiber, dessen Genie sich viel eher durchgesetzt hatte, zum Bundesge-
nossen: Im November 1922 wurde ihm für «Trommeln in der Nacht» der
Kleist-Preis verliehen – ein knappes halbes Jahr nach seinem ersten miß-
glückten Regieversuch an der Jungen Bühne in Berlin.

Ein perfekter Inszenator aber war der Brecht dieser Jahre jenseits aller
Theatererfahrung: der Freundeskreis in Augsburg, die literarischen

Selbstbildentwürfe, Wedekind, Villon, Rimbaud – Szenarien einer ambi-
tionierten antibürgerlichen Revolte.

Die biographischen Daten: Eugen Berthold Friedrich Brecht wurde am
10. Februar 1898 in Augsburg geboren; der Vater war Direktor einer Pa-
pierfabrik. Ab 1913 erscheinen erste literarische Versuche in der Schüler-
zeitung «Die Ernte», dann in den «Augsburger Neuesten Nachrichten».
1917 Notabitur. Am 2. Oktober 1917 Immatrikulation an der Philosophischen Fakultät der Universität München; im Sommersemester 1918
schrieb sich Brecht für Medizin ein. Im Mai/Juli 1918 entstand das erste
Stück, der «Baal». Von Oktober 1918 bis Januar 1919 Militärdienst in
einem Augsburger Lazarett. Januar/Februar 1919 «Trommeln in der
Nacht»; im Herbst dieses Jahres eine Reihe von Einaktern, u. a. «Die
Kleinbürgerhochzeit» (Uraufführung am 11. Dezember 1926 am Schauspielhaus Frankfurt; Regie: Melchior Vischer, Bühne: Ludwig Sievert).

Vom 21. Februar bis 13. März 1920 war Brecht erstmals in Berlin. Im
Herbst 1921 Arbeit an dem Stück «Dickicht»; im gleichen Jahr wurde die
Gedichtsammlung «Bertolt Brechts Hauspostille» abgeschlossen. Zweite
längere Berlinreise vom 7. November 1921 bis 26. April 1922. Brecht
lernte dort Arnolt Bronnen kennen. Mit dessen Stück «Vatermord» unternahm er im Frühjahr 1922 seinen ersten Regieversuch. Das Stück
sollte an der Jungen Bühne aufgeführt werden. Es kam zum Abbruch der
Proben, da Brecht die Schauspieler (u. a. Heinrich George) durch seine
zynischen Kommentare über ihre Spielweise völlig entnervte. Berthold
Viertel (vgl. Kap. 9) führte die Proben, zum Teil mit anderer Besetzung,
zu Ende. Die Aufführung wurde ein Erfolg. Brecht hatte sich mit diesem
Skandal seinen Ruf in der Berliner Theaterszene gründlich verdorben.
Kaum ein Theaterleiter riskierte es, ihm erneut eine Regie zu übergeben;
er galt als streitsüchtig und arrogant. Arnolt Bronnen berichtet über ein
Gespräch mit Leopold Jeßner, dem Intendanten des Preußischen Staatstheaters, der Bronnens neuestes Stück aufführen wollte und dem Bronnen als seine Zusagebedingung Brecht als Regisseur vorschlug («Der
Brecht muß Regie führen»): «Jeßner kratzte sich am Kreutz und ging
lange und nachdenklich durch das kleine, sehr dunkle und sehr plüschige
Zimmer. Dann sagte er, und es klang ebenso unentschieden wie es entschieden gemeint war: ‹Bronnen, das kann ich nicht machen›» (A. Bronnen: Tage mit Bertolt Brecht).

Am 29. September 1922 erfolgte die Uraufführung von «Trommeln in
der Nacht» an den Münchner Kammerspielen (Regie: Otto Falckenberg;
Bühne: Otto Reigbert); im Oktober war Brecht für kurze Zeit Dramaturg
an diesem Theater. Am 3. November heiratete er Marianne Zoff in München (Scheidung 1927); Ende des Monats erhielt er den Kleist-Preis. Im
Dezember begegnete er der Schauspielerin Helene Weigel (1900–1971)
in Berlin. Im Frühjahr 1923 hielt sich Brecht wieder in Berlin auf. Am

Bertolt Brecht «Der Hofmeister» (Bearbeitung nach J. M. R. Lenz).
Berliner Ensemble, 1950 (Hans Gaugler als Läufer)

stellerkongreß zur Verteidigung der Kultur in Paris teil und hielt dort ein
Referat. Am 7. Oktober 1935 reiste er nach New York; die Theatre Union
bereitete eine Aufführung seines Stücks «Die Mutter» (Regie: Victor
Wolfson) vor. Da Brecht, der als «Bewerter» der Regie angereist war, mit
der Konzeption dieser Inszenierung nicht einverstanden war, kam es zu
einem bis an die Grenze von Handgreiflichkeiten gehenden Skandal.

Brecht und der ihn begleitende Eisler erhielten Hausverbot (vgl. J. K.
Lyon: Bertolt Brecht in Amerika). Am 4. November 1936 Uraufführung
von «Die Rundköpfe und die Spitzköpfe» in den Riddersalen in Kopenhagen (Regie: Per Knutzon). Anfang 1937 entstand das Stück «Die Gewehre der Frau Carrar», Uraufführung am 16. Oktober 1937 in dem Salle
Adyar in Paris (Regie: Slatan Dudow; Helene Weigel in der Titelrolle).

Am 1. Mai 1938 Uraufführung des Lehrstücks «Die Ausnahme und die
Regel» in Givat Chaim, einem Kibbuz in Palästina (Regie: Alfred Wolf;
Bühne: Anatol Gurewitsch; Musik: Nissim Nissimov). Am 21. Mai 1938
fand die Uraufführung von «Furcht und Elend des Dritten Reiches» im
Salle Iéna in Paris statt (Regie: Slatan Dudow; Musik: Paul Dessau).
Ende 1938 schloß Brecht die Arbeiten an der ersten Fassung von «Leben
des Galilei» ab; 1939 Arbeiten an den Dialogen zum «Messingkauf»; das
Stück «Der gute Mensch von Sezuan» entstand im März 1939.

Im Mai 1939 übersiedelte Brecht nach Schweden (Wohnsitz auf der
Insel Lidingö). Er schrieb dort «Mutter Courage und ihre Kinder» (Sep-
tember/Oktober) und das Radiostück «Das Verhör des Lukullus». – Im
Juli 1940 übersiedelte er mit seiner Familie nach Finnland; im September
wurde dort «Herr Puntila und sein Knecht Matti» (nach Hella Wuolijoki)
fertiggestellt. Brecht beteiligte sich mit diesem Stück an einem finnischen
Dramatikerwettbewerb, 1940 entstanden die «Flüchtlingsgespräche». Im
März und April 1941 schrieb er das Stück «Der aufhaltsame Aufstieg des
Arturo Ui». Die Uraufführung von «Mutter Courage und ihre Kinder»
fand am 19. April 1941 am Züricher Schauspielhaus statt (Regie: Leopold
Lindtberg; Bühne: Teo Otto; Musik: Paul Burkhard; Therese Giehse in
der Titelrolle).

Im Mai 1941 reiste Brecht mit seiner Familie und der schwerkranken
Mitarbeiterin Margarete Steffin über Moskau und Wladiwostok nach Los
Angeles. Margarete Steffin starb in Moskau. Brecht wohnte zunächst in
Hollywood, dann in Santa Monica. Er arbeitete an zahlreichen Filmpro-
jekten, von denen jedoch keines zustande kam. 1942 schrieb Brecht zu-
sammen mit Fritz Lang und John Wexley das Drehbuch für den Film
«Hangman Also Die» (Uraufführung im März 1943, Regie: Fritz Lang;
Musik: Hanns Eisler). In New York inszenierte Berthold Viertel Szenen
aus «Furcht und Elend des Dritten Reiches». Mit Lion Feuchtwanger arbeitete Brecht an «Die Gesichte der Simone Machard».

Am 4. Februar 1943 erfolgte die Uraufführung von «Der gute Mensch
von Sezuan» am Züricher Schauspielhaus (Regie: Leonard Steckel;
Bühne: Teo Otto; Maria Becker als Shen Te). Brecht lebte für drei Monate in New York, zusammen mit Ruth Berlau. Am 9. September 1943
Uraufführung von «Leben des Galilei» am Züricher Schauspielhaus (Regie: Leonard Steckel; Bühne: Teo Otto; Musik: Hanns Eisler; Leonard
Steckel in der Titelrolle). Von November 1943 bis März 1944 hielt sich

Bertolt Brecht
«Mutter Courage und ihre Kinder».
Berliner Ensemble (Neueinstudierung 1951)

rechts:
Angelika Hurwicz als Katrin

Brecht wieder in New York auf. Er schrieb hier das Stück «Der kauka-
sische Kreidekreis». Von Dezember 1944 bis April 1945 arbeitete er mit
Charles Laughton an einer neuen Fassung von «Leben des Galilei». Im
Mai reiste er nach New York, um die Proben von «Furcht und Elend des
Dritten Reiches» zu «überwachen». Es kam wegen der Konzeption der
Inszenierung zum Streit mit Erwin Piscator; Berthold Viertel führte die
Regie zu Ende. 1946 erneut mehrmonatiger Aufenthalt in New York. Im
Juni 1947 begannen die Proben zu «Galilei»; Premiere war am 30. Juli
1947 im Coronet Theatre in Hollywood (Regie: Joseph Losey und Bertolt
Brecht, Charles Laughton in der Titelrolle). Brecht wurde im September
1947 vor den «Ausschuß für unamerikanische Betätigung» geladen; das
Hearing fand am 30. Oktober statt. Einen Tag später verließ Brecht die
USA und flog nach Paris; wenige Tage später reiste er nach Zürich weiter.

Am 15. Februar 1948 fand die Uraufführung von Brechts Bearbeitung
der «Antigone des Sophokles» am Stadttheater in Chur statt. Die Inszenierung, die Brecht zusammen mit Caspar Neher erarbeitet hatte, ist als
«Antigone-Modell» ausführlich dokumentiert; sie war auch als Versuch
gedacht, mit dem Jugendfreund und Mitarbeiter aus der Zeit vor dem Exil
(Neher war nicht emigriert, hatte sich auch zeitweilig in seiner Arbeit von
Brecht gelöst und mehr dem Musiktheater zugewandt) wieder eine Form
der Zusammenarbeit zu finden. Helene Weigel spielte die Titelrolle, Hans
Gaugler als Kreon, Hans Sanden als Tiresias, Jan Steinberg als Hämon.
«Der kaukasische Kreidekreis» wurde am 4. April 1948 in englischer Sprache am Nourse Little Theatre in Northfield (Minnesota) uraufgeführt (Regie: Henry Goodman). Am 5. Juni 1948 Uraufführung von «Herr Puntila
und sein Knecht Matti» am Züricher Schauspielhaus (Regie: Kurt Hirschfeld; Bühne: Teo Otto; Leonard Steckel als Puntila, Gustav Knuth als
Matti). Im August 1948 schloß Brecht die Arbeiten an seinem theoretischen Hauptwerk, dem «Kleinen Organon für das Theater», ab; es erschien 1949 in dem Brecht-Sonderheft der Zeitschrift «Sinn und Form».

Am 17. Oktober 1948 reisten Brecht und Helene Weigel über Prag nach
Ost-Berlin. Nach der deutschen Erstaufführung von «Mutter Courage
und ihre Kinder» am 11. Januar 1949 am Deutschen Theater (Regie: Ber-
tolt Brecht und Erich Engel; Musik: Paul Dessau; Bühne: Teo Otto und
Heinrich Kilger; Helene Weigel in der Titelrolle, Angelika Hurwicz als
Katrin, Paul Bildt als Koch, Werner Hinz als Feldprediger) kam es zur
Gründung des Berliner Ensembles. Brecht konnte nun seine Theater-
arbeit erstmals auch in der Praxis kontinuierlich entwickeln, Theorie und
Praxis aneinander überprüfen, und dies mit einem kongenialen Ensemble
und Mitarbeiterstab, die seine Ideen aufnahmen und umzusetzen in der
Lage waren. Mitbegründerin und offizielle Leiterin war Helene Weigel;
eröffnet wurde das Berliner Ensemble mit der Inszenierung von «Herr
Puntila und sein Knecht Matti» am 12. November 1949 (Regie: Brecht

und Erich Engel; Musik: Paul Dessau; Bühne: Caspar Neher; Leonard Steckel als Puntila, Erwin Geschonneck als Matti, Annemarie Hase als Köchin und Sängerin). Erst nach einigen Jahren, am 19. März 1954, erhielt das Ensemble das Theater am Schiffbauerdamm als eigenes Haus; zuvor fanden die Aufführungen im Deutschen Theater statt. Der Band «Theaterarbeit», herausgegeben vom Berliner Ensemble, Helene Weigel, dokumentiert in sechs Modellinszenierungen die Arbeit der Jahre 1949 bis 1951.

Seine Einschätzung der theater- und kulturpolitischen Situation Deutschlands nach dem Zusammenbruch des Hitlerfaschismus formulierte Brecht in einer Rede im Mai 1951 auf dem gesamtdeutschen Kulturkongreß in Leipzig; sie bestimmte auch die künstlerische Linie der Arbeit des Berliner Ensembles:

«Als wir nach Beendigung des Hitlerkrieges wieder darangingen, Theater zu machen, bestand die größte Schwierigkeit vielleicht darin, daß der Umfang der Zerstörung, die stattgefunden hatte, weder den Künstlern noch dem Publikum bekannt zu sein schien. Bei den Fabriken, die in Schutt lagen, bei den Wohnhäusern ohne Dächer war es offenbar, daß eine besondere Anstrengung verlangt wurde, aber was das Theater betraf, bei dem doch mehr zerstört war, als Bauarbeit allein wieder aufrichten konnte, schien niemand viel mehr zu verlangen oder viel mehr zu bieten, als ein Weitermachen, etwas erschwert durch das Fehlen von Brot und Kulissen. Dabei war der Niedergang ungeheuerlich. Die Roheit und die Dummheit triumphierten, sichtlich eisern entschlossen, ihre Blütezeit zu überleben.

Und sie machten sich besonders breit bei der Wiedergabe unserer edelsten Kunstwerke. Der Niedergang wurde aber nicht gesehen, weil mit ihm zusammen ein ebenso ungeheuerlicher Niedergang der Beurteilung gegangen war.

Der schnelle Verfall der Kunstmittel unter dem Naziregime ging anscheinend nahezu unmerklich vor sich. Daß die Beschädigung an den Theatergebäuden soviel sichtbarer war als die an der Spielweise, hängt wohl damit zusammen, daß die erstere beim Zusammenbruch des Naziregimes, die letztere aber bei seinem Aufbau erfolgte. So wird tatsächlich noch heute von der ‹glänzenden Technik› der Göringtheater gesprochen, als wäre solch eine Technik übernehmbar, gleichgültig, auf was da ihr Glanz nun gefallen war. Als ob eine Technik, die der Verhüllung der gesellschaftlichen Kausalität dient, zu ihrer Aufdeckung verwendet werden könnte!

Als wir nach Beendigung des Hitlerkrieges wieder darangingen, Theater zu machen, Theater im Geist des Fortschritts und der Versuche, gerichtet auf die Veränderung der Gesellschaft, die so sehr dringend war, waren die Kunstmittel des Theaters, welche so lange Zeit zu ihrer Ausbildung brauchen, so gut wie zerstört durch den Geist des Rückschritts und der Abenteuer. Das Poetische war ins Deklamatorische entartet, das Artistische ins Künstliche, Trumpf war Äußerlichkeit und falsche Innigkeit. Anstatt des Beispielhaften gab es das Repräsentative, anstatt der Leidenschaft das Temperament. Eine ganze Generation von Schauspielern war ausgewählt nach falschen Gesichtspunkten, ausgebildet nach falschen Doktrinen.

Wie sollte man mit so depraviertem, geistig wie technisch ruiniertem Theater die neuen Aufführungen für die neuen Zuschauer veranstalten?

Wie sollte damit der neue Mensch konstituiert werden, der diesem Erdteil so sehr vonnöten ist? Wie die große Fabel, aufzeigend die Drehpunkte der so nötigen gesellschaftlichen Veränderung? Wie die Umwelt gestaltet werden, neuerdings aus einer fixierten Größe eine variable geworden? Wie eine Dramatik der Widersprüche und dialektischen Prozesse aufgestellt werden, eine Dramatik, nicht objektiv? Wie sollte die neue positiv kritische Haltung des neuen Publikums der Produzierenden hergestellt werden?

Die Frage enthält schon die Antwort. Nicht durch besonders leichte Aufgaben konnte das verkommende Theater wieder gekräftigt werden, sondern nur durch die allerschwersten. Kaum mehr imstande, seichteste Unterhaltung herzustellen, hatte es noch eine letzte Aussicht, wenn es sich Aufgaben zuwandte, die ihm nie gestellt worden waren; unzulänglich in sich selbst, als Theater, mußte es sich anstrengen, auch noch seine Umwelt zu verändern. Es konnte hinfort seine Abbildungen der Welt nur noch zu gestalten hoffen, wenn es mithalf, die Welt selbst zu gestalten.

In dem Teil Deutschlands, in dem die einen von Ihnen zu Hause, die anderen zu Gaste sind, werden große Anstrengungen auf dem Gebiet des Theaters unternommen. Lassen Sie mich Ihnen versichern, daß sie nicht nur für diesen Teil Deutschlands unternommen werden. Und lassen Sie mich Ihnen versichern, daß wir, die sie unternehmen, wissen, wie fruchtlos sie letzten Endes bleiben müßten ohne die Anstrengungen der andern Teile Deutschlands. Die Losung der Klassik gilt noch immer: Wir werden ein nationales Theater haben oder keines...» (vgl. Theaterarbeit).

Brecht erhielt am 12. April 1950 die österreichische Staatsbürgerschaft. An den Münchner Kammerspielen inszenierte er am 8. Oktober 1950 «Mutter Courage und ihre Kinder», die Titelrolle spielte Therese Giehse. Die Oper «Das Verhör des Lukullus» wurde am 17. März 1951 an der Deutschen Staatsoper Berlin uraufgeführt (Regie: Wolf Völker; Bühne: Caspar Neher; in der Titelrolle Alfred Hülgert).

Noch zu Brechts Lebzeiten entstanden mit dem Berliner Ensemble, das zahlreiche Gastspiele auch im Ausland gab und bald weltweit als eine der künstlerisch bedeutendsten Bühnen galt, – außer den schon genannten folgende Inszenierungen:

1949 «Wassa Schelesnowa» von Maxim Gorki (Regie: Berthold Viertel); am 15. April 1950 «Der Hofmeister», Brechts Bearbeitung der Tragikomödie von J. M. R. Lenz (Bühne: Caspar Neher; Hans Gaugler in der Titelrolle, Ernst Kahler als Pastor Läuffer, Erwin Geschonneck als Geheimrat von Berg, Annemarie Hase als Aristokratin, Friedrich Gnaß als Gutsbesitzer, Joachim Teege als Fritz, Friedrich Maurer als Dorfschullehrer, Regine Lutz als Gustchen von Berg, Angelika Hurwicz als Zimmerwirtin); am 10. Januar 1951 «Die Mutter» (Regie: Bertolt Brecht; Musik: Hanns Eisler; Bühne: Caspar Neher; Helene Weigel in der Titelrolle, Ernst Kahler als Sohn Pawel, Gerhard Bienert als Lehrer, außerdem Ernst Busch, Erwin Geschonneck, Friedrich Gnaß, Angelika Hurwicz, Gert Schaefer, Carola Braunbock, Eleonore Zetzsche); am 24. März 1951 von Gerhart Haupt-

Bertolt Brecht «Herr Puntila und sein Knecht Matti».
Berliner Ensemble, 1949 (Bühne: Caspar Neher; Prolog)

Bertolt Brecht «Die Mutter».
Berliner Ensemble, 1951 (Bühne: Caspar Neher)

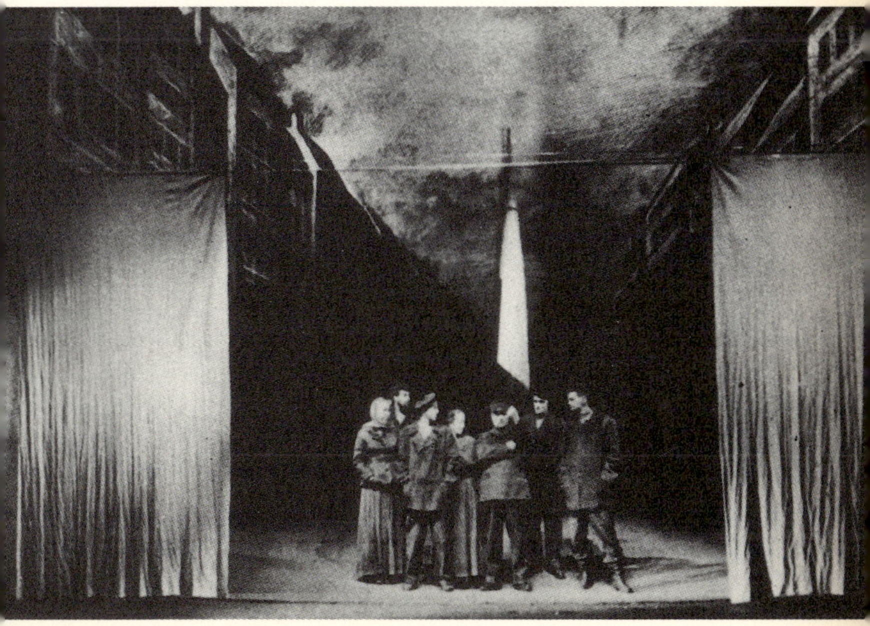

mann «Biberpelz und roter Hahn» (Regie: Egon Monk; jeweils mit Therese Giehse in der Hauptrolle); 1952 «Der zerbrochene Krug» von Kleist (Regie: Therese Giehse), «Urfaust» von Goethe (Regie: Egon Monk) und Brechts «Die Gewehre der Frau Carrar (Regie: Egon Monk); am 23. November Brechts «Der Prozeß der Jeanne d'Arc zu Rouen» nach einem Hörspiel von Anna Seghers (Regie: Benno Besson); am 23. Mai 1953 «Katzgraben» von Erwin Strittmatter (Regie: Bertolt Brecht; Bühne: Karl von Appen; Friedrich Gnaß als Kleinschmidt, Angelika Hurwicz als Frau Kleinschmidt, Erwin Geschonneck als Großmann, Helene Weigel als Frau Großmann); am 14. März 1954, zum Einzug des Berliner Ensembles in das Theater am Schiffbauerdamm, Brechts Bearbeitung von Molières «Don Juan» (Regie: Benno Besson; Erwin Geschonneck in der Titelrolle); am 1. April 1954 «Hirse für die Achte» von Lo Ding, Tschang Fan und Tschu Dschinnan (Regie: Manfred Wekwerth); am 7. Oktober 1954 Brechts «Der kaukasische Kreidekreis» (Regie: Bertolt Brecht; Bühne: Karl von Appen; Musik: Paul Dessau; Angelika Hurwicz als Grusche, Ernst Busch als Azdak, Helene Weigel als Frau des Gouverneurs, Erwin Geschonneck als Gouverneur, Raimund Schelcher als Soldat); am 12. Januar 1955 «Winterschlacht» von Johannes R. Becher (Regie: Bertolt Brecht und Manfred Wekwerth; Musik: Hanns Eisler; Bühne: Karl von Appen; Ekkehard Schall als Hörder, Raimund Schelcher als Nohl); am 19. September 1955 «Pauken und Trompeten» von George Farquhar in der Bearbeitung von Brecht (Regie: Benno Besson; Bühne: Karl von Appen); am 11. Mai 1956 «Der Held der westlichen Welt» von John M. Synge (Regie: Manfred Wekwerth und Peter Palitzsch; Musik: Hanns Eisler; Bühne: Karl von Appen; Heinz Schubert als Christopher Mahon). – Während der Proben zu «Leben des Galilei» starb Brecht am 14. August 1956. Erich Engel führte die Arbeit zu Ende; Premiere war am 15. Januar 1957 (Bühne: Caspar Neher; Musik: Hanns Eisler; Ernst Busch in der Titelrolle, Jochen Scheidler als Andrea, Angelika Hurwicz als Frau Sarti, Wolfgang Lohse als Ludovico, Peter Kiwitt als Kurator, Regine Lutz als Virginia, Gert Schaefer als Federzoni, Friedrich Gnaß als Dicker Prälat, Ernst-Otto Führmann als Kardinal Barberini / Urban VIII., Norbert Christian als Kardinal Inquisitor, Ekkehard Schall als Balladensänger).

Neben Helene Weigel und Elisabeth Hauptmann waren Benno Besson, Peter Palitzsch und Manfred Wekwerth (1960 bis 1969 Chefregisseur, seit 1977 Leiter des Berliner Ensembles) Brechts wichtigste Mitarbeiter.

Theoretische Reflexionen begleiten im Werk Brechts die Arbeit des Stückeschreibens von Anfang an (vgl. M. Brauneck: Theater im 20. Jahrhundert); sie finden in den 77 Thesen des «Kleinen Organons für das Theater» ihre systematischste Form. Begriffe wie «episches Theater» oder «Verfremdung» verbinden sich wie Markenzeichen mit dem Brechttheater, bergen aber zugleich die Gefahr zu enger Begriffskorsette, die der dialektischen Dynamik dieser Ästhetik nicht gerecht werden. Grundlegender als diese eher auf stilistisch-strukturelle Merkmale zielenden Charakterisierungen führt die Auseinandersetzung mit der philosophischen Dimension der Ästhetik des Brechtschen Theaters zu dessen konstitutiven Elementen.

LEBEN UND WERK 403

Zwei Begriffe stehen im Zentrum der ästhetischen Theorie Brechts, aus deren dialektischem Verhältnis sich die künstlerische Form und der erkenntniskritische Impuls seines Theaters, aber auch dessen Utopiegehalt herleiten. Es sind die aufeinander bezogenen Begriffe des Vergnügens und der Produktivität, wie sie insbesondere im «Kleinen Organon» die theaterästhetische Reflexionsbewegung in Gang setzen, den Bereich des Ästhetischen in seiner Grundbedeutung der sinnlichen Erkenntnis und des sinnlichen Vergnügens mit der Perspektive gesellschaftlicher Arbeit verbinden. Produktivität bezeichnet dabei nicht nur ein technisches Mittel der Naturbewältigung, sondern ist zugleich ein vernünftiges, von kapitalistischen Fesseln befreites gesellschaftliches Verhältnis, ist gesellschaftliche und individuelle Selbstverwirklichung. Darum kann Brecht im 20. Abschnitt des «Kleinen Organon» die utopische Formulierung wagen, daß in einem kommenden Zeitalter Produktivität und Vernügen konvergieren, daß beide nicht mehr von einander getrennt sein werden. Die Irrationalität der Produktion, wie Brecht sie zuvor beschreibt und die diese Trennung verursacht, rührt allein von deren gesellschaftlicher Organisation her. Aus dem Diktat der Entfremdung aber folge, so Brechts Hoffnung, der Impuls zur Veränderung. Damit wird die Erkenntnis zur Quelle des Vergnügens, läßt die Subjekte zu sich selbst finden. Die «große Leidenschaft des Produzierens», wie es bei Brecht heißt, real also die Selbstbefreiung und Selbstverwirklichung des unterdrückten, entfremdeten Subjekts, wird im Theater antizipiert als produktive Haltung gegenüber der Gesellschaft. Produktivität als Thema und Hauptquelle der Unterhaltung im Theater ist Verwirklichung von Produktivität in «der leichtesten Weise der Existenz», wie sie Kunst nun einmal darstelle. «Das Theater des wissenschaftlichen Zeitalters vermag die Dialektik zu Genuß zu machen» und trägt so bei «zur größten aller Künste, der Lebenskunst», heißt es am Ende des «Kleinen Organon».

Manfred Wekwerth sieht in der Konvergenz von produktiver Arbeit und Genuß aber nicht nur das treibende Spannungsmoment der Brechtschen Ästhetik, sondern auch das inspirierende Moment einer Haltung, die der Dialektiker Brecht in seiner Arbeit auch auslebte; er schreibt:

«Dort also, wo viele verwirrt den Abgrund für das Theater fürchteten, fand Brecht den Grund. Gerade in dem Widerspruch zwischen dem Komplizierten und dem Einfachen sah er die Möglichkeit des erneuten Aufbruchs: ins wissenschaftliche Zeitalter. Vermittelt durch einen neuen Begriff des Genusses, kann nun auch auf dem Theater begonnen werden, vorsichtig die Schranken zwischen dem Notwendigen und dem Überflüssigen, zwischen der Arbeit und dem Genuß abzubauen.

Nicht, daß die eine Seite durch die andere ersetzt würde, was nur ein Auswechseln wäre, sondern daß die eine durch die andere erscheint.

Wir haben in den vergangenen Jahren bei Brecht sehr viel nur die eine Seite betont (wahrscheinlich, weil sie durch das verkommene bürgerliche Theater so hartnäckig verleugnet wurde), daß Theater produktive menschliche Arbeit sei wie jede andere. Wir sprachen viel von der Produktivität des Theaters. Nun sollten wir auch über die andere Seite reden, auch, um die erste besser zu verstehen. Denn vornehmstes Anliegen des Theaters ist nicht die Welt zu verändern, sondern das Verändern *zur Lust* zu machen. Nur über den Genuß findet das Theater Eingang in produktive Arbeit. Aber auch nur über die produktive Arbeit findet das Theater seine Genüsse, die unserem Zeitalter gemäß sind.

Das klingt paradox, und viele Generationen des Theaters haben es für ein Paradoxon gehalten. Sie konnten nicht glauben, daß etwas nützlich sein kann und zugleich Luxus. Daß es zur produktiven Arbeit gehört, ohne selbst Arbeit zu sein. Auf vielen Wegen und Umwegen versuchte man, das Paradoxon des Theaters zu lösen. Das Merkwürdige war nur: Hatte man das Paradoxon gelöst, verschwand nicht der Widerspruch, sondern das Theater. Denn entweder verlangt man vom Theater, es soll unmittelbar nützlich sein (politisch, moralisch, ökonomisch), dann erreicht man zwar eine nützliche Wirkung, aber nicht mehr als Theater – oder man verneint einen unmittelbaren Nutzen, dann erreicht man zwar eine Wirkung als Theater, weiß aber nicht mehr, wozu. Kein Geringerer als Schiller verspürte die Unerträglichkeit dieses Paradoxons, als er zwar auf der Bühne nur das ‹durch den Verstand reflektierte Bild› zuließ, es aber beklagte als Verlust ‹naiver Dichtung›, der unmittelbaren Genüsse also.

Der Verdacht kam auf, daß dies gar kein Paradoxon ist, sondern das Theater selbst. Denn daß es zur produktiven Arbeit gehört, ohne selbst Arbeit zu sein, und daß es nützlich ist, indem es Luxus bleibt, schafft nicht das Theater aus der Welt, sondern verschafft ihm eigentlich erst den Platz im wissenschaftlichen Zeitalter. Es spricht für den Humor des Dialektikers Brecht, daß er sein Theater gerade dort ansiedelte, wo andere die hölzerne Maschinerie, die wenigen Sitzplätze und die Späße des Theaters schon auf den Schuttplatz werfen wollten.

Ich behaupte, daß bei allem philosophischen Anspruch das Theater Brechts nur zu verstehen ist, wenn man es versteht als Versuch, unserer Zeit ebenso naive Genüsse zu verschaffen wie Shakespeare der seinen, ja, daß sein philosophischer Anspruch gerade darin besteht. Aber gerade das setzt voraus, daß wir wissen, was unsere Genüsse sind.

Da Theater in der von Arbeit freien Zeit stattfindet (und da die freie Zeit zunimmt), kam man zu dem ebenso einleuchtenden wie falschen Schluß, es sei vornehmstes Anliegen des Theaters, mit seinen Genüssen die Freizeit zu gestalten. Bei dem Versuch, das Theater des Kapitalismus zu überwinden, übersah man, daß Freizeit, die das Gegenteil von Arbeit ist, selbst Produkt des Kapitalismus ist. Denn Freizeit als ein Bei-sich-sein des Menschen (Genuß) und Arbeit als ein Außer-sich-sein (Pflicht) ist nichts anderes als ein zäher Rest der Entfremdung. Und Genüsse verschaffen zu wollen, indem man die Arbeit mehr und mehr verdrängt zugunsten der Freizeit, heißt die Akzeptierung der kapitalistischen These, daß der Mensch nur außerhalb der Arbeit seine Genüsse findet.

Brecht: ‹Arbeit zur Beseitigung von Arbeit ist eine ganz jämmerliche Pensionistenidee! In Wirklichkeit müssen nur alle Leute instand gesetzt werden, es sich leisten zu können, um der Arbeit willen zu arbeiten. ... Vom Standpunkt des So-

Bertolt Brecht «Die Mutter».
Berliner Ensemble, 1951
(Bühne: Caspar Neher)

Helene Weigel
in der Titelrolle

zialismus aus müssen wir, meiner Meinung nach, diese Aufteilung, *Mittel* und *Zweck*, *Produzieren* und *Lebensstandard*, aufheben. Wir müssen das Produzieren zum eigentlichen Lebensinhalt machen und es so gestalten, es mit so viel Freiheit und Freiheiten ausstatten, daß es an sich verlockend ist.›

Brecht will mit seinem Theater nicht die Freizeit verlängern, die Freiheit *von* Arbeit, sondern die befreite Arbeit. Er haßte das sogenannte Freizeittheater oder Leute, die Kunst und Kultur nur als Lohn für gute Arbeit verteilen, oder als Spaßmacher nehmen, der nach getaner Arbeit auf andere Gedanken bringt. Brecht verlachte auch jene, die Glück und Befriedigung des Menschen außerhalb der Arbeit in ‹vorproduktiven Tätigkeiten› (Marcuse) oder außerhalb der ‹Industriezivilisation› (Richta) suchen. Sein Theater soll vergnügliche Stätte der befreiten Arbeit sein, worin der Mensch – Zuschauer wie Schauspieler – sich produzierend als Mensch bestätigt, das heißt, seine produktive Lebenstätigkeit nicht unterbricht oder vergißt, sondern gesteigert genießt, auch, um sich für neue Lebenstätigkeit allseitig zu reproduzieren.

Hier wird er nicht eines anachronistischen Genusses wegen seine größte Leistung, die wissenschaftliche Gesellschaft, verschmähen müssen, hier wird sie selbst zu neuem, ihm adäquatem Genuß: Das ist die Umarbeitung der Wissenschaft in Vergnügen, der Abstraktion in Erlebnis, des Nutzens in Spiel und des Spiels in Nutzen, der Kenntnisse in Naivität, der Logik in Spaß. Ohne sie gäbe es weder die frühe Lyrik Brechts von dem ‹Einzug der Menschheit in die großen Städte› noch den späten ‹Galilei›, die ‹Mutter› nicht, noch den ‹Kreidekreis›. Nur so ist letzten Endes der ‹Messingkauf› zu verstehen und die ‹Dialektik auf dem Theater›. Nicht nur der Inhalt des ‹Kleinen Organon›, ebenso Rhythmik und Syntax sind der Wissenschaft entnommen wie der Name Organon selbst. Verfremdungseffekte, Drehpunkte, Produktivität, Impulse, historische Felder, ja, der Hexameter des Lukrez ebenso wie die Bewunderung der Eleganz Einsteinscher Formeln: Dies alles entriß Brecht gierig der Wissenschaft seiner Zeit. Und noch in den letzten Jahren ließ er nicht locker, die Fusion schweren Wassers zu Helium, bekannt unter dem Namen Wasserstoffbombe, in ihrer für Wissenschaftler erschreckenden unwissenschaftlichen Betrachtungsweise zu zeigen, was die gesellschaftlichen Folgen betrifft. Hier wollte Brecht Wissenschaftlern die wissenschaftliche Haltung lehren, und wir sehen, für wie wenig identisch er dies hielt. Als er starb, lag auf dem Tischchen neben seinem Bett Lenins Fragment ‹Zur Frage der Dialektik›. Wir hatten es ihm wenige Tage zuvor gebracht. Brecht war süchtig nach neuen Gedanken. Neid erfaßte ihn auf alles, was er nicht wußte. Der Versuchung zu denken hielt er nicht stand.

Aber für ihn ging es um mehr als nur um Resultate von Gedanken. Sowenig er Gesetze und Logik verschmähte, sowenig waren sie ihm schon Inhalt des Denkens. Denken war für Brecht ein Verhalten und zwar ein gesellschaftliches. Denkend konnte er arbeiten, diskutieren, phantasieren, Witze machen, planen, ins Blaue reden, inszenieren, lachen, zornig sein usw.

Am allerwenigsten ging es ihm um die Anhäufung von Wissen. Viele Bücher durchflog er (manche, über die er sprach, las er überhaupt nicht). Vieles vergaß er. Vieles ließ er sich erzählen über das, was andere gelesen oder aufgelesen hatten. Anhäufung von Wissen: Das war bei Brecht unmittelbares Umschlagen in einen Haufen von Verhalten, deren liebstes ihm das Verändern war» (vgl. M. Wekwerth: Theater und Wissenschaft).

Bibliographie

H. Arendt: Der Dichter Bertolt Brecht. In: Die neue Rundschau 1950, S. 53 ff.

Aufbau einer Rolle. Galilei. Berlin 1956 (= Modellbücher des Berliner Ensembles 2).

W. Benjamin: Versuche über Brecht. Frankfurt/M. 1966.

A. Bergstedt: Das dialektische Darstellungsprinzip des ‹Nicht–Sondern› in neueren Stücken Bertolt Brechts. Phil. Diss. Potsdam 1963.

M. Brauneck: Theater im 20. Jahrhundert. Programmschriften, Stilperioden, Reformmodelle. Reinbek bei Hamburg 1982 u. 1986.

B. Brecht: Gesammelte Werke. Bd. I–XX. Frankfurt/M. 1967.

ders.: Texte für Filme I, II. Berlin/Weimar 1971.

ders.: Arbeitsjournal. Bd. I und II. Frankfurt/M. 1973.

Bertolt Brecht. Caspar Neher. Ausstellungskatalog d. Hessischen Landesmuseums Darmstadt. Bearb. von H. Ragaller und H. J. Weitz. Darmstadt 1963.

Bertolt Brecht. Sonderband I, II. München 1972/73 (Edition Text + Kritik).

Brecht im Gespräch. Diskussionen. Dialoge. Interviews. Hg. v. W. Hecht. Frankfurt/M. 1975.

Brecht in Augsburg: Hg. v. W. Frisch u. K. W. Obermeier. Frankfurt/M. 1976.

A. Bronnen: Tage mit Brecht. München 1960.

H. Brüggemann: Literarische Technik und soziale Revolution. Reinbek bei Hamburg 1973.

Th. Buck: Brecht und Diderot. Tübingen 1971.

H. Bunge: Fragen Sie mehr über Brecht. Hanns Eisler im Gespräch. München 1970.

K. Csipák: Probleme der Volkstümlichkeit bei Hanns Eisler. München/Salzburg 1975.

M. Dietrich: Episches Theater? In: Maske und Kothurn 2 (1956), S. 97–124 und 301–334.

A. Dümling: Laßt euch nicht verführen. Brecht und die Musik. München 1985.

G. v. Einem/S. Melchinger (Hg.): Caspar Neher. Velber 1966.

H. Engberg: Brecht auf Fünen. Wuppertal 1974.

M. Esslin: Brecht. Das Paradox des politischen Dichters. 2. Aufl. d. durchges. Aufl. München 1972.

F. Ewen: Bertolt Brecht. Hamburg/Düsseldorf 1970.

F. Fiebach: Von Craig bis Brecht. Berlin 1975.

I. Fradkin: Bertolt Brecht. Frankfurt/M. 1974.

W. Gersch: Film bei Brecht. Bertolt Brechts praktische und theoretische Auseinandersetzung mit dem Film. München 1975.

R. Grimm: Bertolt Brecht. Die Struktur seines Werks. Nürnberg 1959.

ders. (Hg.): Episches Theater. Köln/Berlin 1966.

E. Hauptmann: Notizen über Brechts Arbeit 1926. In: Sinn und Form. 2. Sonderheft Bertolt Brecht. Berlin 1957.

W. Hecht: Brechts Weg zum epischen Theater. Berlin 1962.

ders.: Aufsätze über Brecht. Berlin 1970.

ders.: Sieben Studien über Brecht. Frankfurt/M. 1972.

F. Hennenberg: Dessau–Brecht. Musikalische Arbeiten. Berlin (DDR) 1963.

W. Hinck: Die Dramaturgie des späten Brecht. 5. durchges. Aufl. Göttingen 1971.

H. Hultberg: Die ästhetischen Anschauungen Bertolt Brechts. Kopenhagen 1962.

H. Jhering: Bertolt Brecht und das Theater. Berlin 1959.

H. Karasek: Bertolt Brecht. Der jüngste Fall eines Theaterklassikers. München 1978.

H. Kaufmann: Drama der Revolution und des Individualismus. In: Weimarer Beiträge 1961, S. 316 ff.

ders.: Bertolt Brecht. Geschichtsdrama und Parabelstück. Berlin 1962.

ders.: Krisen und Wandlungen der deutschen Literatur von Wedekind bis Feuchtwanger. Berlin/Weimar 1969.

M. Kesting: Bertolt Brecht in Selbstzeugnissen und Bilddokumenten. Hamburg 1959.

dies.: Das epische Theater. Stuttgart 1959.

V. Klotz: Bertolt Brecht. Versuch über das Werk. Darmstadt 1975.

J. Knopf: Bertolt Brecht. Ein kritischer Forschungsbericht. Frankfurt/M. 1974.

ders.: Brecht-Handbuch. Theater. Eine Ästhetik der Widersprüche. Stuttgart 1980.

L. Kofler: Entfremdung und «episches Theater». In: ders.: Zur Theorie der modernen Literatur. Neuwied/Berlin-Spandau 1962, S. 27–62.

J. K. Lyon: Bertolt Brecht in Amerika. Frankfurt/M. 1984.

S. Melchinger: Der Bühnenbauer Caspar Neher und die Theatergeschichte des XX. Jahrhunderts. In: G. v. Einem/S. Melchinger (Hg.): Caspar Neher. Velber 1966, S. 7–33.

W. Mittenzwei: Bertolt Brecht. Von der «Maßnahme» bis zu «Leben des Galilei». Berlin/Weimar 1965.

ders.: Gestalten und Gestaltung im modernen Drama. Berlin/Weimar 1969.

ders.: Brechts Verhältnis zur Tradition. Berlin 1973.

ders.: Das Leben des Bertolt Brecht oder Der Umgang mit den Welträtseln. 2 Bde. Frankfurt/M. 1987.

K.-D. Müller: Die Funktion der Geschichte im Werk Bertolt Brechts. Studien zum Verhältnis von Marxismus und Ästhetik. Tübingen 1967.

Mutter Courage und ihre Kinder. Berlin 1958 (= Modellbücher des Berliner Ensembles 3).

C. Neher: Das moderne Bühnenbild. In: H. Rutz: Neue Oper. Wien 1947, S. 59–64.

Caspar Neher. Ausstellung im Schaezlerpalais zu Augsburg 1964. Augsburg 1964.

K. Palm: Vom Boykott zur Anerkennung. Brecht und Österreich. Berlin 1984.

H. Rischbieter: Bertolt Brecht. 2 Bde. Velber 1966.

H. M. Ritter: Das gestische Prinzip bei Bertolt Brecht. Köln 1986.

H. Rosenbauer: Brecht und der Behaviorismus. Bad Homburg/Berlin/Zürich 1970.

K. Rülicke-Weiler: Die Dramaturgie Brechts. Theater als Mittel der Veränderung. Berlin 1968.

D. Schmidt: Baal und der junge Brecht. Eine textkritische Untersuchung zur Entwicklung des Frühwerks. Stuttgart 1966.

A. Schöne: B. Brecht. Theatertheorie und dramatische Dichtung. In: Euphorion 52, 1958, Bd. III.

K. Schuhmann: Der Lyriker Bertolt Brecht. München 1971.

E. Schumacher: Die dramatischen Versuche Bertolt Brechts 1918–1933. Berlin 1955.

ders.: Drama und Geschichte. Bertolt Brechts «Leben des Galilei» und andere Stücke. Berlin 1968.

ders.: Brecht-Kritiken. Hg. v. Ch. Neubert-Herwig. Berlin 1977.

R. Steinweg: Das Lehrstück. Brechts Theorie einer politisch-ästhetischen Erziehung. Stuttgart 1972.

Theaterarbeit. Sechs Aufführungen des Berliner Ensembles. Düsseldorf 1952.

Theater in der Deutschen Demokratischen Republik 4: Brecht und das Theater in der DDR. Hg. vom Internationalen Theaterinstitut. Zentrum der DDR. Berlin 1957.

K. Völker: Brecht-Chronik. Daten zu Leben und Werk. München 1971.

ders.: Verzeichnis sämtlicher Stücke, Bearbeitungen und Fragmente zu Stücken von Bertolt Brecht. In: Text + Kritik. Sonderband Bertolt Brecht II. München 1973.

ders.: Bertolt Brecht. Eine Biographie. München 1976.

M. Voigts: Brechts Theaterkonzeptionen. München 1977.

P. Wagner: Das Verhältnis von Fabel und Grundgestus in Bertolt Brechts Theorie des epischen Theaters. In: Zeitschrift für deutsche Philologie 89 (1970).

K. Weill: Ausgewählte Schriften. Frankfurt/M. 1975.

M. Wekwerth: Notate. Über die Arbeit des Berliner Ensembles 1956 bis 1966. Frankfurt/M. 1967.

ders.: Schriften. Arbeit mit Brecht. Hg. v. L. Hoffmann. Berlin 1973.

ders.: Theater und Wissenschaft. Überlegungen für das Theater von heute und morgen. München 1974.

ders.: Brecht – Berichte. Erfahrungen. Polemik. München 1976.

ders.: Theater in Diskussion. Berlin 1982.

J. Willett: Das Theater Bertolt Brechts. Eine Betrachtung. Reinbek bei Hamburg 1964.

M. Wyss: Brecht in der Kritik. Rezensionen aller Brecht-Uraufführungen sowie ausgewählter deutsch- und fremdsprachiger Premieren. Mit einführenden und verbindenden Texten von H. Kindler. München 1977.

Über experimentelles Theater (1939)

[…]

Die Einfühlung ist ein Grundpfeiler der herrschenden Ästhetik. Schon in der großartigen Poetik des Aristoteles wird beschrieben, wie die Katharsis, das heißt die seelische Läuterung des Zuschauers, vermittels der *Mimesis* herbeigeführt wird. Der Schauspieler ahmt den Helden nach (den Oedipus oder den Prometheus), und er tut es mit solcher Suggestion und Verwandlungskraft, daß der Zuschauer ihn darin nachahmt und sich so in Besitz der Erlebnisse des Helden setzt. Hegel, der meines Wissens die letzte große Ästhetik verfaßt hat, verweist auf die Fähigkeit des Menschen, angesichts der vorgetäuschten Wirklichkeit die gleichen Emotionen zu erleben wie angesichts der Wirklichkeit selber. Was ich Ihnen nun berichten wollte, ist, daß eine Reihe von Versuchen, vermittels der Mittel des Theaters ein praktikables Weltbild herzustellen, zu der verblüffenden Frage geführt haben, ob es zu diesem Zweck nicht notwendig sein wird, die Einfühlung mehr oder weniger preiszugeben.

Faßt man nämlich die Menschheit mit all ihren Verhältnissen, Verfahren, Verhaltensweisen und Institutionen nicht als etwas Feststehendes, Unveränderliches auf und nimmt man ihr gegenüber die Haltung ein, die man der Natur gegenüber mit solchem Erfolg seit einigen Jahrhunderten einnimmt, jene kritische, auf Veränderungen ausgehende, auf die Meisterung der Natur abzielende Haltung, dann kann man die Einfühlung nicht verwenden. Einfühlung in änderbare Menschen, vermeidbare Handlungen, überflüssigen Schmerz und so weiter ist nicht möglich. Solange in der Brust des König Lear seines Schicksals Sterne sind, solange er als unveränderlich genommen wird, seine Handlungen naturbedingt, ganz und gar unhinderbar, eben schicksalhaft hingestellt werden, können wir uns einfühlen. Jede Diskussion seines Verhaltens ist so unmöglich, wie für den Menschen des zehnten Jahrhunderts eine Diskussion über die Spaltung des Atoms unmöglich war.

Kam der Verkehr zwischen Bühne und Publikum auf der Basis der Einfühlung zustande, dann konnte der Zuschauer nur jeweils so viel sehen, wie der Held sah, in den er sich einfühlte. Und er konnte bestimmten Situationen auf der Bühne gegenüber nur solche Gefühlsbewegungen haben, wie die «Stimmung» auf der Bühne ihm erlaubte. Die Wahrnehmungen, Gefühle und Erkenntnisse des Zuschauers waren denjenigen der auf der

Bühne handelnden Personen gleichgeschaltet. Die Bühne konnte kaum Gemütsbewegungen erzeugen, Wahrnehmungen gestatten und Erkenntnisse vermitteln, welche auf ihr nicht suggestiv repräsentiert wurden. Der Zorn des Lear über seine Töchter steckte den Zuschauer an, das heißt, der Zuschauer konnte, zuschauend, nur ebenfalls Zorn erleben, nicht etwa Erstaunen oder Beunruhigung, also andere Gemütsbewegungen. Der Zorn des Lear konnte also nicht auf seine Berechtigung hin geprüft oder mit Voraussagen seiner möglichen Folgen versehen werden. Er war nicht zu diskutieren, nur zu teilen. Die gesellschaftlichen Phänomene traten so als ewige, natürliche, unänderbare und unhistorische Phänomene auf und standen nicht zur Diskussion. Wenn ich hier den Begriff «Diskussion» gebrauche, so meine ich damit nicht eine leidenschaftslose Behandlung eines Themas, einen reinen Verstandesprozeß. Es handelte sich nicht darum, den Zuschauer gegen den Zorn des Lear lediglich immun zu machen. Nur die direkte Überpflanzung dieses Zorns mußte unterbleiben. Ein Beispiel: Der Zorn des Lear wird geteilt von seinem treuen Diener Kent. Dieser verprügelt einen Diener der undankbaren Töchter, der auftragsgemäß einen Wunsch Lears abzuweisen hat. Soll nun der Zuschauer unserer Zeit diesen Learschen Zorn teilen und, im Geiste an der Verprügelung des seinen Auftrag ausführenden Dieners teilnehmend, sie gutheißen? Die Frage lautete: Wie kann die Szene so gespielt werden, daß der Zuschauer im Gegenteil in Zorn über diesen Learschen Zorn gerät? Nur ein solcher Zorn, mit dem der Zuschauer aus der Einfühlung herausstürzt, den er überhaupt nur empfinden, der ihm überhaupt nur einfallen kann, wenn er den suggestiven Bann der Bühne bricht, ist sozial in unseren Zeiten zu rechtfertigen. Tolstoi hat gerade darüber ausgezeichnete Dinge gesagt.

Die Einfühlung ist das große Kunstmittel einer Epoche, in der der Mensch die Variable, seine Umwelt die Konstante ist. Einfühlen kann man sich nur in den Menschen, der seines Schicksals Sterne in der eigenen Brust trägt, ungleich uns.

Es ist nicht schwer, einzusehen, daß das Aufgeben der Einfühlung für das Theater eine riesige Entscheidung, vielleicht das größte aller denkbaren Experimente bedeuten würde.

Die Menschen gehen ins Theater, um mitgerissen, gebannt, beeindruckt, erhoben, entsetzt, ergriffen, gespannt, befreit, zerstreut, erlöst, in Schwung gebracht, aus ihrer eigenen Zeit entführt, mit Illusionen versehen zu werden. All dies ist so selbstverständlich, daß die Kunst geradezu damit definiert wird, daß sie befreit, mitreißt, erhebt und so weiter. Sie ist gar keine Kunst, wenn sie das nicht tut.

Die Frage lautete also: Ist Kunstgenuß überhaupt möglich ohne Einfühlung oder jedenfalls auf einer andern Basis als der Einfühlung?

Was konnte eine solche neue Basis abgeben?

Was konnte an die Stelle von *Furcht* und *Mitleid* gesetzt werden, des

klassischen Zwiegespanns zur Herbeiführung der aristotelischen Katharsis? Wenn man auf die Hypnose verzichtete, an was konnte man appellie-
ren? Welche Haltung sollte der Zuhörer einnehmen in den neuen Theatern, wenn ihm die traumbefangene, passive, in das Schicksal ergebene
Haltung verwehrt wurde? Er sollte nicht mehr aus seiner Welt in die Welt
der Kunst entführt, nicht mehr gekidnappt werden; im Gegenteil sollte er
in seine reale Welt eingeführt werden, mit wachen Sinnen. War es möglich, etwa anstelle der Furcht vor dem Schicksal die Wissensbegierde zu
setzen, anstelle des Mitleids die Hilfsbereitschaft? Konnte man damit
einen neuen Kontakt schaffen zwischen Bühne und Zuschauer, konnte
das eine neue Basis für den Kunstgenuß abgeben?

Ich kann die neue Technik des Dramenbaus, des Bühnenbaus und der
Schauspielweise, mit der wir Versuche anstellten, hier nicht beschreiben.
Das Prinzip besteht darin, anstelle der Einfühlung die *Verfremdung* her-
beizuführen.

Was ist Verfremdung?

Einen Vorgang oder einen Charakter verfremden heißt zunächst einfach, dem Vorgang oder dem Charakter das Selbstverständliche, Bekannte, Einleuchtende zu nehmen und über ihn Staunen und Neugierde
zu erzeugen. Nehmen wir wieder den Zorn des Lear über die Undank-
barkeit seiner Töchter. Vermittels der Einfühlungstechnik kann der
Schauspieler diesen Zorn so darstellen, daß der Zuschauer ihn für die
natürlichste Sache der Welt ansieht, daß er sich gar nicht vorstellen kann,
wie Lear nicht zornig werden könnte, daß er mit Lear völlig solidarisch
ist, ganz und gar mit ihm mitfühlt, selber in Zorn verfällt. Vermittels der
Verfremdungstechnik hingegen stellt der Schauspieler diesen Learschen
Zorn so dar, daß der Zuschauer über ihn staunen kann, daß er sich noch
andere Reaktionen des Lear vorstellen kann als gerade die des Zornes.
Die Haltung des Lear wird verfremdet, das heißt, sie wird als eigentüm-
lich, auffallend, bemerkenswert dargestellt, als gesellschaftliches Phänomen, das nicht selbstverständlich ist. Dieser Zorn ist menschlich, aber
nicht allgemein menschlich, es gibt Menschen, die ihn nicht empfänden.
Nicht bei allen Menschen und nicht zu allen Zeiten müssen die Erfahrungen, die Lear macht, Zorn auslösen. Zorn mag eine ewig mögliche Reaktion der Menschen sein, aber dieser Zorn, der Zorn, der sich so äußert
und seine solche Ursache hat, ist zeitgebunden. Verfremden heißt also
Historisieren, heißt Vorgänge und Personen als historisch, also als ver-
gänglich darstellen. Dasselbe kann natürlich auch mit Zeitgenossen geschehen, auch ihre Haltungen können als zeitgebunden, historisch, ver-
gänglich dargestellt werden.

Was ist damit gewonnen? Damit ist gewonnen, daß der Zuschauer die
Menschen auf der Bühne nicht mehr als ganz unänderbare, unbeeinfluß-
bare, ihrem Schicksal hilflos ausgelieferte dargestellt sieht. Er sieht: dieser

Mensch ist so und so, weil die Verhältnisse so und so sind. Und die Verhältnisse sind so und so, weil der Mensch so und so ist. Er ist aber nicht nur so vorstellbar, wie er ist, sondern auch anders, so wie er sein könnte, und auch die Verhältnisse sind anders vorstellbar, als sie sind. Damit ist gewonnen, daß der Zuschauer im Theater eine neue Haltung bekommt. Er bekommt den Abbildern der Menschenwelt auf der Bühne gegenüber jetzt dieselbe Haltung, die er als Mensch dieses Jahrhunderts der Natur gegenüber hat. Er wird auch im Theater empfangen als der große Änderer, der in die Naturprozesse und die gesellschaftlichen Prozesse einzugreifen vermag, der die Welt nicht mehr nur hinnimmt, sondern sie meistert. Das Theater versucht nicht mehr, ihn besoffen zu machen, ihn mit Illusionen auszustatten, ihn die Welt vergessen zu machen, ihn mit seinem Schicksal auszusöhnen. Das Theater legt ihm nunmehr die Welt vor zum Zugriff.

[...]

Ist dieser neue Darstellungsstil nun *der* neue Stil, ist er eine fertige, überblickbare Technik, das endgültige Resultat aller Experimente? Antwort: Nein. Er ist *ein* Weg, der, den *wir* gegangen sind. Die Versuche müssen fortgesetzt werden. Das Problem besteht für alle Kunst und ist riesig. Die Lösung, die hier angestrebt wird, ist nur *eine* der vielleicht möglichen Lösungen des Problems, das so lautet: Wie kann das Theater zugleich unterhaltend und lehrhaft sein? Wie kann es aus dem geistigen Rauschgifthandel herausgenommen und aus einer Stätte der Illusionen zu einer Stätte der Erfahrungen gemacht werden? Wie kann der unfreie, unwissende, freiheits- und wissensdurstige Mensch unseres Jahrhunderts, der gequälte und heroische, mißbrauchte und erfindungsreiche, änderbare und die Welt ändernde Mensch dieses schrecklichen und großen Jahrhunderts sein Theater bekommen, das ihm hilft, sich und die Welt zu meistern?

In: Bertolt Brecht: Schriften zum Theater I. Hg. v. Suhrkamp Verlag in Zusammenarbeit mit Elisabeth Hauptmann. Frankfurt (Suhrkamp Verlag) 1967 (= Gesammelte Werke in 20 Bänden. Bd. 15), S. 298-303, 305.

Kurze Beschreibung einer neuen Technik der Schauspielkunst, die einen Verfremdungseffekt hervorbringt (1952)

Im folgenden soll der Versuch gemacht werden, eine Technik der Schauspielkunst zu beschreiben, die auf einigen Theatern angewandt wurde, um darzustellende Vorgänge dem Zuschauer zu verfremden. Der Zweck dieser Technik des *Verfremdungseffekts* war es, dem Zuschauer eine untersuchende, kritische Haltung gegenüber dem darzustellenden Vorgang zu verleihen. Die Mittel waren künstlerische.

Voraussetzung für die Anwendung des V-Effekts zu dem angeführten Zweck ist, daß Bühne und Zuschauerraum von allem «Magischen» gesäubert werden und keine «hypnotischen Felder» entstehen. Es unterblieb daher der Versuch, die Atmosphäre eines bestimmten Raumes auf der Bühne (abendliches Zimmer, Straße im Herbst) zu schaffen, sowie der Versuch, durch einen abgestimmten Rhythmus des Sprechens Stimmung zu erzeugen; das Publikum wurde weder durch die Entfesselung von Temperament «angeheizt», noch durch ein Spiel mit angezogenen Muskeln «in Bann gezogen»; kurz, es wurde nicht angestrebt, das Publikum in Trance zu versetzen und ihm die Illusion zu geben, es wohne einem natürlichen, uneinstudierten Vorgang bei. Wie man sehen wird, muß die Neigung des Publikums, sich in eine solche Illusion zu werfen, durch bestimmte Kunstmittel neutralisiert werden.

Die Voraussetzung für die Hervorbringung des V-Effekts ist, daß der Schauspieler das, was er zu zeigen hat, mit dem deutlichen Gestus des Zeigens versieht. Die Vorstellung von einer vierten Wand, die fiktiv die Bühne gegen das Publikum abschließt, wodurch die Illusion entsteht, der Bühnenvorgang finde in der Wirklichkeit, ohne Publikum statt, muß natürlich fallengelassen werden. Prinzipiell ist es für die Schauspieler unter diesen Umständen möglich, sich direkt an das Publikum zu wenden.

Der Kontakt zwischen Publikum und Bühne kommt für gewöhnlich bekanntlich auf der Basis der *Einfühlung* zustande. Auf die Herbeiführung dieses psychischen Aktes konzentriert sich die Bemühung des konventionellen Schauspielers so vollständig, daß man sagen kann, er erblicke das Hauptziel seiner Kunst nur darin. Schon unsere einleitenden Bemerkungen zeigen, daß die Technik, die den V-Effekt hervorbringt, der Technik, die die Einfühlung bezweckt, diametral entgegengesetzt ist. Der Schauspieler ist durch sie gehalten, die Herbeiführung des Einfühlungsaktes nicht zu betreiben.

Jedoch braucht er bei seiner Bemühung, bestimmte Personen abzubilden und ihr Verhalten zu zeigen, nicht völlig auf das Mittel der Einfühlung zu verzichten. Er benützt dieses Mittel eben so weit, als jede beliebige Person ohne schauspielerische Fähigkeiten und schauspielerischen Ehrgeiz es benützen würde, um eine andere Person darzustellen, das heißt ihr Verhalten zu zeigen. Dieses Zeigen des Verhaltens anderer Personen geschieht tagtäglich bei unzähligen Gelegenheiten (Zeugen eines Unfalles machen das Verhalten des Verunglückten neu Hinzutretenden vor, Spaßmacher imitieren den komischen Gang eines Freundes und so weiter), ohne daß die betreffenden Leute versuchen, ihre Zuschauer in irgendeine

Illusion zu versetzen. Jedoch fühlen sie sich immerhin in die Personen ein, um ihre Eigenheiten sich anzueignen.

Der Schauspieler wird, wie gesagt, diesen psychischen Akt ebenfalls benützen. Er wird aber, im Gegensatz zu der üblichen Art des Theaterspielens, wo der Akt bei der Vorführung selber vollzogen wird, und zwar zu dem Zweck, den Zuschauer zu einem gleichen Akt zu bewegen, den Akt der Einfühlung nur in einem Vorstadium, irgendwann bei der Rollenarbeit in den Proben, vollziehen.

Damit ein allzu «impulsives», reibungsloses und unkritisches Gestalten der Personen und Vorgänge vermieden werde, können mehr als üblich Proben am Tisch abgehalten werden. Der Schauspieler soll jedes zu frühe Sicheinleben unterlassen und möglichst lange als Leser (nicht als Vorleser) fungieren. Eine wichtige Prozedur ist das *Memorieren der ersten Eindrücke*.

Der Schauspieler soll seine Rolle in der Haltung des Staunenden und Widersprechenden lesen. Nicht nur das Zustandekommen der Vorgänge, von denen er liest, auch das Verhalten seiner Rollenfigur, das er erfährt, muß er auf die Waagschale legen, in ihrer Besonderheit begreifen; keine darf er als gegeben, als eine, die «gar nicht anders ausfallen konnte», die «bei dem Charakter dieser Person erwartet werden müßte», hinnehmen. Bevor er die Worte memoriert, soll er memorieren, worüber er gestaunt und wobei er widersprochen hat. Diese Momente hat er nämlich festzuhalten in seiner Gestaltung.

Geht er auf die Bühne, so wird er bei allen wesentlichen Stellen zu dem, was er macht, noch etwas ausfindig, namhaft und ahnbar machen, was er nicht macht; das heißt, er spielt so, daß man die Alternative möglichst deutlich sieht, so, daß sein Spiel noch die anderen Möglichkeiten ahnen läßt, nur eine der möglichen Varianten darstellt. Er sagt zum Beispiel: «Das wirst du mir bezahlen», und er sagt *nicht*: «Ich verzeihe dir das.» Er haßt seine Kinder, und es steht *nicht* so, daß er sie liebt. Er geht nach links vorn und *nicht* nach rechts hinten. Das, was er *nicht* macht, muß in dem enthalten und aufgehoben sein, was er macht. So bedeuten alle Sätze und Gesten Entscheidungen, bleibt die Person unter Kontrolle und wird getestet. Der technische Ausdruck für diese Verfahren heißt: *Fixieren des Nicht – Sondern*.

Der Schauspieler läßt es auf der Bühne nicht zur *restlosen Verwandlung* in die darzustellende Person kommen. Er ist nicht Lear, Harpagon, Schwejk, er *zeigt* diese Leute. Er bringt ihre Aussprüche so echt wie möglich, er führt ihre Verhaltungsweise vor, so gut es ihm seine Menschenkenntnis erlaubt, aber er versucht nicht, sich (und dadurch andern) einzubilden, er habe sich hiermit restlos verwandelt. Schauspieler werden wissen, was gemeint ist, wenn man als Beispiel für eine Spielweise ohne restlose Verwandlung das Spiel des Regisseurs oder des Kollegen, der ihnen eine besondere Stelle vormacht, anführt. Da es sich nicht um seine eigene Rolle handelt, verwandelt er sich nicht völlig, er unterstreicht das Technische und behält die Haltung des bloß Vorschlagenden bei.

Ist die restlose Verwandlung aufgegeben, bringt der Schauspieler seinen Text nicht wie eine Improvisation, sondern wie ein Zitat. Dabei ist es klar, daß er in dieses Zitat alle Untertöne, die volle menschliche, konkrete Plastik der Äußerung zu geben hat; wie auch die Geste, die er vorzeigt und die nunmehr eine Kopie darstellt, die volle Leiblichkeit einer menschlichen Geste haben muß.

Drei Hilfsmittel können bei einer Spielweise mit nicht restloser Verwandlung zu einer Verfremdung der Äußerungen und Handlungen der darzustellenden Person dienen:

1. *Die Überführung in die dritte Person.*
2. *Die Überführung in die Vergangenheit.*
3. *Das Mitsprechen von Spielanweisungen und Kommentaren.*

Das Setzen der Er-Form und der Vergangenheit ermöglicht dem Schauspieler die richtige distanzierte Haltung. Der Schauspieler sucht außerdem Spielanweisungen und kommentarische Äußerungen zu seinem Text und spricht sie auf der Probe mit («Er stand auf und sagte böse, denn er hatte nicht gegessen:...» oder «Er hörte das zum erstenmal und wußte nicht, ob es die Wahrheit war...» oder «Er lächelte und sagte allzu sorglos:...»). Das Mitsprechen der Spielanweisungen in der dritten Person bewirkt, daß zwei Tonfälle aufeinanderstoßen, wodurch der zweite (also der eigentliche Text) verfremdet wird. Außerdem wird die Spielweise verfremdet, indem sie tatsächlich erfolgt, nachdem sie schon einmal in Worten bezeichnet und angekündigt wurde. Das Setzen der Vergangenheit dabei stellt den Sprecher auf einen Punkt, von dem aus er auf den Satz zurücksieht. Damit wird der Satz ebenfalls verfremdet, ohne daß der Sprecher einen unrealen Standpunkt einnimmt, denn er hat ja, im Gegensatz zum Zuhörer, das Stück zu Ende gelesen und kann also vom Ende her, von den Folgen her, über den Satz besser urteilen als dieser, der weniger weiß, dem Satz fremder gegenübersteht.

Durch dieses kombinierte Verfahren wird der Text bei den Proben verfremdet, und er bleibt es im allgemeinen dann bei der Aufführung. Für die eigentliche Sprechweise ergibt sich schon aus der direkten Beziehung zum Publikum die Notwendigkeit und Möglichkeit zur Variierung im Hinblick auf die größere oder geringere Bedeutung, die den Sätzen verliehen werden soll. Ein Beispiel bietet das Sprechen von Zeugen vor Gericht. Die Unterstreichung, das Festlegen der Personen auf ihre Äußerungen muß zu besonderer artistischer Wirkung gebracht werden. Erfolgt die Wendung zum Publikum, so muß es eine volle Wendung und darf nicht das «Beiseitesprechen» oder die Monologtechnik des alten Theaters sein.

Um aus der Versform den vollen V-Effekt herauszuholen, tut der Schauspieler gut, den Inhalt der Verse bei der Probe zuerst in vulgärer Prosa wiederzugeben, unter Umständen zugleich mit der für die Verse bestimmten Geste. Eine kühne und schöne Architektur der Sprachformen verfremdet den Text. (Prosa kann verfremdet werden durch ihre Übersetzung in den heimischen Dialekt des Schauspielers.)

Über Gestik wird weiter unten gehandelt, jedoch ist hier zu sagen, daß alles Gefühlsmäßige nach außen gebracht werden muß, das heißt, es ist zur Geste zu entwickeln. Der Schauspieler muß einen sinnfälligen, äußeren Ausdruck für die Emotionen seiner Person finden, womöglich eine Handlung, die jene inneren Vorgänge in ihm verrät. Die betreffende Emotion muß heraustreten, sich emanzipieren, damit sie groß behandelt werden kann. Besondere Eleganz, Kraft und Anmut der Geste ergibt den V-Effekt.

Meisterhaft in der Behandlung der Geste ist die chinesische Schauspielkunst. Dadurch, daß der chinesische Schauspieler seine eigenen Bewegungen sichtbar beobachtet, erzielt er den V-Effekt.

Was der Schauspieler an Gestik und Versbau und so weiter abliefert, muß fertig sein und den Stempel des Geprobten und Abgeschlossenen tragen. Es muß der Eindruck der Leichtigkeit entstehen, welcher der der überwundenen Schwierigkeiten ist. Auch seine eigene Kunst, seine Meisterung des Technischen, muß der Schauspieler dem Publikum leichtzunehmen gestatten. In vollendeter Weise führt er dem Zuschauer den Vorgang vor, wie er sich seiner Meinung nach in Wirklichkeit abspielen oder abgespielt haben mag. Er verbirgt nicht, daß er ihn einstudiert hat, sowenig der Akrobat sein Training verbirgt, und er unterstreicht, daß dies seine, des Schauspielers Aussage, Meinung, Version des Vorgangs ist.

Da er sich mit der Person, die er darstellt, nicht identifiziert, kann er ihr gegenüber einen bestimmten Standpunkt wählen, seine Meinung über sie verraten, den Zuschauer, der auch seinerseits nicht eingeladen wurde, sich zu identifizieren, zur Kritik der dargestellten Person auffordern.

Der Standpunkt, den er einnimmt, ist ein *gesellschaftskritischer Standpunkt*. Bei seiner Anlage der Vorgänge und Charakterisierung der Person arbeitet er jene Züge heraus, die in den Machtbereich der Gesellschaft fallen. So wird sein Spiel zu einem Kolloquium (über die gesellschaftlichen Zustände) mit dem Publikum, an das er sich wendet. Er legt es dem Zuschauer nahe, je nach seiner Klassenzugehörigkeit diese Zustände zu rechtfertigen oder zu verwerfen.

Es ist der Zweck des V-Effekts, den allen Vorgängen unterliegenden gesellschaftlichen Gestus zu verfremden. Mit sozialem Gestus ist der mimische und gestische Ausdruck der gesellschaftlichen Beziehungen gemeint, in denen die Menschen einer bestimmten Epoche zueinander stehen.

Die Formulierung des Vorgangs für die Gesellschaft, seine Ausrichtung, die der Gesellschaft den Schlüssel einhändigt, wird erleichtert durch das Ausfindigmachen von Titeln für die Szenen. Diese Titel müssen einen historischen Charakter haben.

Wir kommen hiermit zu einem entscheidenden Technikum, der *Historisierung*.

Der Schauspieler muß die Vorgänge als historische Vorgänge spielen. Historische Vorgänge sind einmalige, vorübergehende, mit bestimmten Epochen verbundene Vorgänge. Das Verhalten der Personen in ihnen ist nicht ein schlechthin menschliches, unwandelbares, es hat bestimmte Besonderheiten, es hat durch den Gang der Geschichte Überholtes und Überholbares und ist der Kritik vom Standpunkt der jeweilig darauffolgenden Epoche aus unterworfen. Die ständige Entwicklung entfremdet uns das Verhalten der vor uns Geborenen.

Der Schauspieler nun hat diesen Abstand zu den Ereignissen und Verhaltungsweisen, den der Historiker nimmt, zu den Ereignissen und Verhaltungsweisen der Jetztzeit zu nehmen. Er hat uns diese Vorgänge und Personen zu verfremden.

Vorgänge und Personen des Alltages, der unmittelbaren Umgebung, haben für uns etwas Natürliches, weil Gewohntes. Ihre Verfremdung dient dazu, sie uns auffällig zu machen. Die Technik des Irritiertseins gegenüber landläufigen «selbstverständlichen», niemals angezweifelten Vorgängen ist von der Wissenschaft sorgfältig aufgebaut worden, und es besteht kein Grund, warum die Kunst diese so unendlich nützliche Haltung nicht übernehmen sollte. Es ist eine Haltung, die sich für die Wissenschaft aus dem Wachstum der menschlichen Produktivkraft ergab, und sie ergibt sich für die Kunst aus eben demselben Grund.

Was das Emotionelle betrifft, so ergaben die Versuche mit dem V-Effekt in den deutschen Aufführungen des epischen Theaters, daß auch durch diese Spielweise Emotionen erregt wurden, wenn auch Emotionen anderer Art als die des üblichen Theaters. Eine kritische Haltung des Zuschauers ist eine durchaus künstlerische Haltung. Die Beschreibung des V-Effektes wirkt bei weitem unnatürlicher als die Ausführung desselben. Selbstverständlich hat diese Spielweise nichts zu tun mit der landläufigen «Stilisierung». Der Hauptvorzug des epischen Theaters mit seinem V-Effekt, der den einzigen Zweck verfolgt, die Welt so zu zeigen, daß sie behandelbar wird, ist gerade seine Natürlichkeit und Irdischkeit, sein Humor und sein Verzicht auf alles Mystische, das dem üblichen Theater noch aus alten Zeiten anhaftet.

In: Bertolt Brecht: Schriften zum Theater I, S. 341-348.

Gustaf Gründgens als Christian Maske in Carl Sternheim «Der Snob».
Schauspielhaus Düsseldorf, 1948

GUSTAF GRÜNDGENS

(1899–1963)

> «Auf dem Theater ist der Mensch
> das Maß aller Dinge.»
> *Gustaf Gründgens, 1954*
>
> «Ich kann nicht anders als sachlich
> Zeile für Zeile inszenieren.»
> *Gustaf Gründgens, 1963*

Keine Persönlichkeit des deutschsprachigen Theaters in diesem Jahrhundert pflegte so riskanten Umgang mit der politischen Macht wie Gustaf Gründgens, der Generalintendant des nationalsozialistischen Staatstheaters Berlin. Bis heute ist Gründgens umstritten, wird sein Versuch, deutsche Theaterkultur in der finstersten Zeit deutscher Geschichte vor dem Niedergang zu bewahren, kontrovers beurteilt. Gegner und Parteigänger finden sich quer durch alle Lager, bei den Emigranten wie bei denen, die in jenen Jahren in Deutschland geblieben sind, bei der Generation der unmittelbar Betroffenen wie bei den sich – heute der Verantwortung der Geschichte stellenden – ‹Nachgeborenen›. Klaus Manns Roman «Mephisto», der in der Figur des Schauspielers Hendrik Höfgen sich mit Gustaf Gründgens auseinandersetzt, verstellt von diesem vielschichtigen Psychogramm mehr, als er aufdeckt.

Die Faszination des Schauspielers Gründgens scheint in dieser zwiespältigen Sicht unbestritten. Als Regisseur gilt er als Repräsentant eines Theaters, das im Dienst an der großen dramatischen Literatur seine vornehmste Aufgabe sah, eines Theaters, das die schauspielerische Individualität zu seiner wesentlichsten Produktivkraft machte.

Gustaf Gründgens wurde am 22. Dezember 1899 in Düsseldorf geboren: «Vom Vater her aus Aachen, von der Mutter her aus Köln stammend... Beide Familien hatten ihre große Zeit... Was blieb, war die äußere Fassade, die angeblich gehalten werden mußte, und mich letzten Endes zwang, schon von meinem fünfundzwanzigsten Lebensjahr ab meine Eltern zu ernähren...» Von 1909 bis 1916 besuchte er das Comenius-Gymnasium in Düsseldorf-Oberkassel. 1916 ging er, siebzehnjährig, als Kriegsfreiwilliger an die Westfront. 1917 wurde er Mitglied der Fronttheatertruppe Saarlouis; 1918 übernahm er die Leitung des Fronttheaters, das nach Thale im Harz verlegt und nach Kriegsende in Bergtheater umbenannt wurde. 1919/20 ging Gründgens an die Düsseldorfer Hochschule für Bühnenkunst unter der Leitung von Louise Dumont (1862 bis 1932) und Gustav Lindemann (1872-1960). Seine Lehrer dort waren Peter Esser und Elsa Dalands. In seinem Abschlußzeugnis heißt es: «Herr Gustav Gründgens [...] besitzt ein ungewöhnliches Talent für die sinnfällige Ausformung der seelischen Struktur problematischer Naturen; seine starken Ausdrucksmittel sind mit energischem Willen gepaart und gut diszipliniert. Das nervöse Temperament, das der leisesten Anregung folgt, weist zunächst auf erfolgreiche Gestaltungen aus der modernen Literatur, ohne Beschränkung auf die Verkörperung nur jugendlicher Personen. Bei einem ungestörten Verlauf der Entwicklung dürfte der Gestaltungskraft Herrn Gründgens' das ganze Gebiet kompliziertester Charakterrollen in der klassischen dramatischen Literatur offen stehen» (vgl. Gustaf-Gründgens-Ausstellung).

1920/21 erhielt Gründgens ein Engagement an den Städtischen Bühnen in Halberstadt; er spielte dort 25 Rollen, übernahm die Regie in einigen Tanzpantomimen und trat auch als Tänzer auf. 1921/22 war er an den Vereinigten Städtischen Theatern Kiel engagiert (35 Rollen). Nur kurz blieb 1922/23 sein Engagement am Theater in der Kommandantenstraße in Berlin. In dieser Zeit trat er auch im Kabarett «Größenwahn» auf. Diese ersten Bühnenjahre waren eine Zeit des Suchens; das vielseitige Talent des spielbesessenen Gründgens erprobte sich in allen Sparten.

1923 erfolgte der entscheidende Schritt in seiner Bühnenlaufbahn. Der Dreiundzwanzigjährige wurde von Erich Ziegel an dessen Hamburger Kammerspiele engagiert, in diesen Jahren die wohl bedeutendste deutschsprachige Bühne, die sich für die Durchsetzung der zeitgenössischen Dramatik einsetzte. Erich Engel arbeitete hier als Oberspielleiter, u. a. Fritz Kortner als Schauspieler. Gründgens, der mit dem Antritt des Hamburger Engagements die Schreibweise seines Vornamens änderte, nun Gustaf mit «f», nicht mehr mit «v», blieb in Hamburg bis 1928. Unter Ziegels Führung fand er sein eigentliches künstlerisches Profil. Später, 1935, holte Gründgens Ziegel an das Staatstheater Berlin, um dessen jüdische Frau, die Schauspielerin Miriam Horwitz, vor der Nazi-Verfolgung zu schützen (vgl. Kap. 12).

An den Hamburger Kammerspielen trat Gründgens u. a. in folgenden Rollen auf (vgl. P. Möhring): erstmals am 8. September 1923 als Maler in Hugo Wolfgang Philipps Stück «Der Clown Gottes» (Regie: Clemens Schuberth); am 7. Oktober 1923 als Geisterbeschwörer in Shakespeares «Komödie der Irrungen» (Regie: Erich Ziegel); am 20. Februar 1924 in der Titelrolle von «Palme oder Der Gekränkte» von Paul Kornfeld; am 14. August 1924 als Herzog von Rotenburg in

«Franziska» von Frank Wedekind (Regie: Erich Ziegel); am 6. September 1924 als Bleichwang in Shakespeares «Was ihr wollt» (Regie: Erich Ziegel); am 27. September 1924 als Acke in Georg Kaisers «Kolportage» (Regie: Gustaf Gründgens); am 13. November 1924 als Versucher in August Strindbergs «Nach Damaskus» (Regie: Erich Engel); am 13. Dezember 1924 als Thamal in Franz Werfels Stück «Spiegelmensch» (Regie: Friedrich Brandenburg); am 25. Februar 1925 als Bluntschli in Bernard Shaws «Helden» (Regie: Gustaf Gründgens); am 23. März 1925 als Gonzaga in Lessings «Emilia Galotti» (Regie: Erich Ziegel); am 9. April 1925 in der Titelrolle von Carl Sternheims «Oscar Wilde» (Regie: Friedrich Brandenburg); am 4. Juli als Dr. Jura in Hermann Bahrs «Das Konzert» (Regie: Gustaf Gründgens); am 21. August 1925 als Christian Maske in Carl Sternheims «Der Snob» (Regie: Friedrich Brandenburg); am 5. September 1925 als Leonce in Büchners «Leonce und Lena» (Regie: Gustaf Gründgens); am 20. September 1925 als Angelo in Shakespeares «Maß für Maß» (Regie: Erich Ziegel); am 22. Oktober 1925 als Jakob in Klaus Manns «Anja und Esther» (Regie: Gustaf Gründgens); am 19. Dezember 1925 als John Tanner in Shaws «Mensch und Übermensch» (Regie: Erich Ziegel); am 23. Januar 1926 die Titelrolle in Jules Romains' «Dr. Knock»; am 18. März 1926 den Jacques in Shakespeares «Wie es Euch gefällt» (Regie: Erich Ziegel); am 1. September 1926 den Moritz Stiefel in Wedekinds «Frühlings Erwachen» (Regie: Gustaf Gründgens); am 25. September 1926 als Ssawin in Alfons Paquets «Sturmflut» (Regie: Erwin Piscator); am 5. Oktober 1926 den Moncrieff in «Bunbury» von Oscar Wilde (Regie: Gustaf Gründgens); am 25. Dezember 1926 als Aristeus und Pluto in Offenbachs «Orpheus in der Unterwelt» (Regie: Gustaf Gründgens); am 26. März 1927 den Advokat in August Strindbergs «Traumspiel» (Regie: Gustaf Gründgens); am 25. April 1927 den Allan in Klaus Manns «Revue zu Vieren» (Regie: Gustaf Gründgens); am 11. September 1927 die Titelrolle in Shakespeares «Cäsar und Cleopatra»; am 15. Oktober 1927 die Titelrolle in Shakespeares «Hamlet» (Regie: Hanns Lotz); am 12. November 1927 die Titelrolle in Arthur Schnitzlers «Anatol» (Regie: Gustaf Gründgens); am 25. Dezember 1927 als Paris und Filmschauspieler in Offenbachs «Die schöne Helena» (Regie: Gustaf Gründgens); am 19. Januar 1928 die Titelrolle in Georg Büchners «Dantons Tod» (Regie: Gustaf Gründgens); am 19. April 1928 als Christian Maske in Sternheims Komödie «Der Snob» (Regie: Gustaf Gründgens). Insgesamt spielte Gründgens 71 Rollen in diesen fünf Jahren in Hamburg.

Bei 32 Inszenierungen führte er Regie, zum erstenmal am 26. August 1924 in Mirabeaus «Geschäft ist Geschäft», dann u. a., außer den schon genannten Inszenierungen, in denen er auch als Schauspieler auftrat, am 26. Februar 1926 in Otto Alfred Palitzschs «Regina im Glas»; am 26. Oktober 1926 in Shaws «Androklus und der Löwe»; am 16. Juni 1927 in Heinrich Lautensacks «Die Pfarrhauskomödie»; am 11. September 1927 in Shakespeares «Cäsar und Cleopatra«; am 1. April 1928 in Hans Henny Jahnns «Der Arzt, sein Weib, sein Sohn».

Im September 1925 lernte Gründgens Klaus und Erika Mann kennen. «Herkunft, Lebensart, Weltläufigkeit» des prominenten Geschwisterpaars faszinierten den jungen Schauspieler (vgl. Spangenberg). Im April verlobten sich Gründgens und Erika Mann. Gründgens war inzwischen Spielleiter an den Hamburger Kammerspielen; Erich Ziegel hatte das

Deutsche Schauspielhaus in Hamburg übernommen. Im Juli 1926 erfolgte die Heirat, 1928 wurde die Ehe geschieden.

1926 trat Gründgens im Theater in der Josefstadt in Wien auf als Florindo in Hofmannsthals «Cristinas Heimreise». Die Wiener Presse nannte ihn einen «Hans Albers mit Tristan-Niveau». Gründgens begegnete hier erstmals Max Reinhardt (vgl. Kap. 4).

Als er Hamburg verließ, charakterisierte Otto Schnabel Gründgens in den Hamburger Nachrichten folgendermaßen: «Prototyp dekadenter Jünglinge und Neurastheniker, hat er sich aus einer gewissen Einseitigkeit zu einem immer größeren Radius entwickelt – von Palme, dem Ewig-Gekränkten bis gar zum Hamlet. Das Morbide, Brüchige des modernen Nervenmenschen bekam immer mehr Farbe in seiner technisch von Mal zu Mal reiferen Gestaltung. Und auch als Regisseur zeigte er nicht bloß Sinn für parodistische Einfälle. Geist und Geschmackskultur drückt sich in allen seinen Inszenierungen aus [...].»

Ende der Spielzeit 1927/28 ging Gründgens nach Berlin; Max Reinhardt engagierte ihn ans Deutsche Theater. Er übernahm in diesen Jahren zahlreiche Rollen auch im Film und führte immer wieder selbst Regie (vor allem bei Komödien und Operetten) am Deutschen Theater, am Berliner Theater, am Theater in der Josefstadt in Wien, an der Kroll-Oper Berlin, an den Kammerspielen des Deutschen Theaters, am Theater am Nollendorfplatz, am Lessingtheater, dem Nelson-Theater, am Theater am Schiffbauerdamm, am Theater am Kurfürstendamm, an der Berliner Staatsoper, am Theater im Admiralspalast und an der Städtischen Oper Berlin.

An den Reinhardt-Bühnen spielte Gründgens u. a. am 6. September 1928 den Afremow in Tolstois «Der lebende Leichnam»; am 23. Oktober 1928 den Ottfried in Ferdinand Bruckners «Die Verbrecher» (Regie: Heinz Hilpert); am 15. Februar 1929 den Pistol in Shakespeares «Die lustigen Weiber von Windsor» (Regie: Heinz Hilpert); am 24. Januar 1930 den Frederick in W. S. Maugham/Mimi Zoffs «Victoria» (Regie: Max Reinhardt); am 29. Januar 1930 den Bacon in Bruckners «Elisabeth von England»; am 10. Juni 1930 den Orest in Goethes «Iphigenie» (Regie: Richard Beer-Hofmann).

Mehrfach trat Gründgens in diesen Jahren auch auf Kabarett-Bühnen und in Revuetheatern auf und führte dort auch Regie: am 25. Dezember 1930 mit Ernst Busch und Grethe Weiser in der Nelson-Revue «Glück muß der Mensch haben». Am 25. Januar 1931 inszenierte er an der Berliner Kroll-Oper Mozarts «Die Hochzeit des Figaro»; am 15. Dezember 1931 an der Berliner Staatsoper Mozarts «Cosi fan tutte» und am 22. September 1932 von Richard Strauss «Der Rosenkavalier». Die musikalische Leitung hatte jeweils Otto Klemperer.

1932 wechselte Gustaf Gründgens an das Berliner Staatstheater. Seine erste Rolle an dieser Bühne war der Mephisto in Lothar Müthels (1896 bis

Klaus Mann «Revue zu Vieren». Stadttheater Leipzig, 1927
(v. r. n. l. Erika Mann, Klaus Mann, Gustaf Gründgens)

1965) Inszenierung von Goethes «Faust I» (Werner Krauß als Faust,
Käthe Gold als Margarethe) am 2. Dezember 1932; für Gründgens war
dies der entscheidende Durchbruch ins klassische Rollenfach. Er wurde
von Publikum und Kritik emphatisch gefeiert. Einen Tag nach der Premiere schrieb Herbert Jhering (1888-1977) im Berliner Börsen-Courier:

«Eins kann man nicht leugnen: Spannung erzeugt ein Schauspieler wie Gustaf
Gründgens, wo immer er auftritt. Es ist nicht leicht, die reservierte Haltung eines
Staatstheaterparketts zu durchschlagen. Dieses Publikum hat schon manchen
müde gemacht. Gründgens wirbelt durcheinander. Er setzt sich durch. Er reizt auf.
Aber er zwingt die Leute zuzuhören, ja oder nein zu sagen. Die Durchbrechung
der Langeweile ist im Staatstheater ein Ereignis. Womit aber erreicht Gründgens
diese Wirkung? Was spielt er? Den Mephisto? Gründgens spielt den Agenten
Fausts, einen Manager Schmelings, einen Stellenvermittler der Hölle. Er agitiert
und treibt an, ein Demagoge, ein Unterhändler. Er engagiert Faust für eine Weltreise und versucht seinen Champion in Form zu bringen. Er macht ihm gute Laune
durch Zauberkunststücke. Er ist der Theremin, der in Auberbachs Keller Töne aus
der Luft greift. Gründgens inszeniert mit dem Schüler eine komische Oper nebst
Tanz- und Springeinlagen. Er ist Regisseur, der den Mitspielenden und dem Publikum vormacht, wie Giampietro und Kainz einige Mephisto-Szenen gespielt hätten.
Er ist Festarrangeur auf einem Wohltätigkeitsbasar. Er ist Rundfunkansager, der
über die neueste Station von Fausts Wanderung berichtet. Er ist Reporter und
Ballettmeister. Er ist Feuilletonredakteur, der den Text des Mitarbeiters Goethe

‹einrichtet› (fast alle Stellen fette Borgis, ein Achtel durchschossen). Er ist Kabarettsänger und Charleys Tante. Er blitzt und funkelt. Er spielt hundert Variationen über das Thema Mephisto, aber niemals das Thema selbst. Er spielt Bemerkungen zum Mephisto, witzige Fußnoten gegen die Goethe-Philologen, aber niemals den neuen modernen Mephisto selbst» (vgl. Gustaf-Gründgens-Ausstellung).

1949 sagte Gründgens in einem Interview mit Werner Höfer über diese ersten Berliner Jahre: «Reinhardt, da hab ich eben Glück gehabt, er hat mich geholt und ich hab bei ihm gespielt und dann kam 32 der Mephisto am Staatstheater, und dann war ich eben am Staatstheater... Nun... da rutscht man so rein, und eines Tages hatte man das Staatstheater am Halse! Ich kann es nicht anders nennen...» (vgl. Gustaf Gründgens: Briefe, Aufsätze, Reden).

Als Gründgens ans Berliner Staatstheater kam – das vormalige Königliche Hoftheater war nach der November-Revolution 1918 als Preußisches Staatstheater (seit 1919) von Leopold Jeßner (vgl. Kap. 6) übernommen worden –, war Heinz Tietjen (1927 bis 1945) Generalintendant der Preußischen Staatsbühnen. Tietjen hatte Gründgens bereits 1932 als Regisseur an die Berliner Staatsoper verpflichtet. Seit Jeßners Weggang und bereits in dessen letzten Spielzeiten war das Staatstheater in einer Dauerkrise, die auch durch Jeßners Nachfolger, Ernst Legal, Albert Patry und schließlich Franz Ulbrich (zusammen mit dem gleichberechtigten Chefdramaturgen, Dramatiker und SS-Mitglied Hanns Johst) nicht behoben werden konnte.

Ulbrich und Johst wollten im April 1933 Gründgens' Vertrag nicht mehr verlängern. Göring, der als preußischer Ministerpräsident für die Staatstheater zuständig war und den Gründgens' Mephisto-Darstellung außerordentlich beeindruckt hatte, intervenierte und bestätigte dessen Vertrag. Im Oktober 1933 hatte Gründgens als Dr. Jura erneut einen überwältigenden Erfolg in Hermann Bahrs «Konzert». Seine Partnerin in dem Stück war Emmy Sonnemann, Görings Verlobte. Am 26. Februar 1934 schließlich beauftragte Göring den 35jährigen Gustaf Gründgens mit der künstlerischen Leitung des Staatstheaters; offenbar hatte hier auch Heinz Tietjen vermittelt. Gründgens erbat sich Bedenkzeit und beriet sich mit seinen Hamburger Freunden, Erich Ziegel und Mirjam Horwitz. Im März 1934 übernahm Gründgens die kommissarische Leitung des Staatstheaters, im September wurde er offiziell Intendant; 1937 Generalintendant und Staatsschauspieler.

Karl Heinz Ruppel vermittelt ein Bild der Berliner Theatersituation jener Jahre, in der sich die Verstrickung von Kunst und Politik unter dem NS-Regime so zugespitzt darstellt wie an keinem anderen Ort, und er akzentuiert die wesentlichen Linien von Gründgens' Arbeit am Staatstheater:

J. W. Goethe «Faust I». Faust-Film, Szene in Auerbachs Keller
(Foto: Rosemarie Clausen)

«Warum wurde Gründgens von Göring berufen? Bis Gründgens sie tatsächlich einnahm, dauerte es indessen noch mehr als zwei Jahre, und dann hieß die führende Stelle: Intendant des nationalsozialistischen Staatstheaters. Was konnte einen Mann wie Gründgens, dessen Kunstauffassung in allem das Gegenteil von dem war, was die braunen Kulturweibel erstrebten, der als Schauspieler ein Typ war, den sie nicht mochten – was konnte ihn bewegen, diesen Posten anzunehmen? Umgekehrt gefragt: Was brachte einen Göring dazu, sein Renommiertheater einem Gründgens anzuvertrauen? Einem ausgesprochenen Intellektuellen, da doch die Ausrottung der ‹Intelligenzbestien› – das Wort stammte aus dem Vokabular des ‹Angriffs› – die kulturpolitische Parole des Tages war? Einem Schauspieler, der nie ‹aufbauende› Helden gespielt hatte, sondern allenfalls innerlich gebrochene wie den Orest oder zweifelnde wie den Hamlet, dessen Ausdrucksskala keine ‹positiven› Werte wie Gläubigkeit, Heroismus, Zuversicht, Tatkraft (und was sonst noch den von den Nazis erfundenen ‹deutschen Menschen› ausmachte) markieren, sondern Skepsis, Ironie, witzige Impertinenz, Distanz und Kühle? Der nichts mehr verachtete als unkontrollierten Gefühlsüberschwang und Gemütstiefe – im Nazijargon: deutsche Seelenhaftigkeit – und nichts mehr schätzte als einen hochtrainierten Kunstverstand, Geistesklarheit und Formbewußtsein?

Es ist kaum anzunehmen, daß sich ein impulsiver Bulle wie Göring über diese Widersprüche viel Gedanken gemacht hat; es entsprang wohl zuvörderst seiner primitiven Freude an Pracht und Glanz, daß er sich für ‹seine› Theater die glänzendsten Namen holte: Furtwängler für die Oper, Gründgens fürs Schauspiel. [...]

Gustaf Gründgens erkannte als guter Psychologe sogleich, daß man diesen Besitzerstolz in den Dienst der Sache stellen konnte, um die es ihm ging – gutes, bestes Theater zu machen. Er sah in der desolaten Gesamtsituation, die von Goebbels und Funktionären seines Propagandaministeriums wie dem ‹Reichsdramaturgen› Dr. Rainer Schlösser und dem ‹Staatskommissar› Hans Hinkel beherrscht wurde, die Chance des Staatstheaters, sich deren Manipulationen unter dem Protektorat Görings entgegenzustellen. Die Tendenz, die von Goebbels und seinem Gesinde mit allen Kräften gefördert wurde, hieß – nicht nur beim Theater, sondern auf allen Kunstgebieten – Niveausenkung unter dem Motto der ‹Volksverbundenheit›. [...] Berlin, eine Welthauptstadt des Theaters, stand vor dem Absturz in tiefste Provinzialität; das Urbane sollte dem Vulgären, der Geist dem Amüsement, die Distinktion der Konfektion weichen. Wenn es überhaupt noch eine Möglichkeit gab, Berlins Ruf als Theaterstadt zu retten, so waren es in diesem Augenblick die der Kompetenz des Propagandaministeriums entzogenen Preußischen Staatstheater, die sie boten. [...]

Gründgens begann damit, daß er sein Haus vom Spielplan her gegen das Eindringen mediokrer Parteienliteratur absicherte, eindem er als vornehmste Pflicht des Staatstheaters herausstellte, das Erbe der europäischen Klassik zu hüten und zu pflegen. Was konnte er Besseres an Stelle der ‹Asphaltdramatiker› bieten, die nach der Behauptung der NS-Presse vordem das Repertoire beherrscht hatten? Daß er damit auch ihren eigenen Leuten den Weg auf die erste Bühne der Hauptstadt versperrte, nahm man im Goebbels-Lager zähneknirschend zur Kenntnis, aber der Propagandaminister selbst mußte zugeben, daß man in Berlin nicht ohne ein Theater sein könne, das dem Ausland vor Augen stellte, mit welchem Respekt das ‹Dritte Reich› der Weltliteratur begegnete und wie man ihre Meisterwerke im Bewußtsein der Nation lebendig erhalte. (Der Bücherverbrenner vom Platz vor dem Zeughaus wußte sich seiner Alibis zu bedienen, wo sie sich ihm auch anboten, selbst im Lager seines Rivalen Göring.) Das einzige Stück eines Linientreuen, das Gründgens noch ziemlich zu Beginn seiner Amtszeit spielte, war Hanns Johsts ‹Thomas Paine›, aber das war schon 1927 geschrieben, zu einer Zeit, als auch noch andere literarisch betonte Bühnen wie Falckenbergs Münchner Kammerspiele oder das Düsseldorfer Schauspielhaus Johst unter ihren Autoren hatten; die Aufführung in der Inszenierung Jürgen Fehlings mit Lothar Müthel in der Titelrolle und Gründgens als Louis XVI. wurde ein flammender Appell für die Menschenrechte und gegen Kolonialimperialismus – seltsam genug im Theater eines Regimes, das wie kein anderes imperialistischer Machtausübung huldigte. Dergleichen Umkehrungen der Tendenzen, denen das repräsentative Theater eines blanken Machtstaats eigentlich zu dienen gehabt hätte, gab es noch viele, und fast alle waren sie mit dem Namen Jürgen Fehling verknüpft. Es war vielleicht die größte Leistung des Staatstheater-Intendanten Gründgens, daß er Fehling an seinem Hause halten konnte. [...]

‹Richard III.› als Spiegelung der Naziherrschaft: Fehling war am meisten exponiert. Auf ihn richteten sich alle versteckten Angriffe gegen das Staatstheater zuerst. Ihn meinte man vor allem, wenn von der ‹subversiven› Einzelgängerei und dem ‹arroganten Individualismus› die Rede war, die sich dort unter der schützenden Hand des Intendanten Gründgens etablieren konnten. Die Goebbels-Clique suchte nach einem Grund, Fehling für ‹untragbar› zu erklären. Sie schien ihn gefunden zu haben, als Fehling den kühnsten Angriff wagte, der je auf der Bühne unter einer Tyrannei gegen die Tyrannei gewagt wurde – seine berühmte Inszenierung von Shakespeares ‹König Richard III.›. Die Spiegelung der Naziherrschaft mit ihren Lügen und Verrätereien, ihren Morden und Bluturteilen, war atemberaubend, Werner Krauß als Richard die Monumentalisierung des politischen Verbrechers – mehr Goebbels als Hitler –, der in Deutschland an der Macht war. Als die Mörder des Clarence im Kerker ihre Mäntel abwarfen und mit Koppel und Schulterriemen dastanden wie die Totschläger der SA, stockte den Zuschauern der Herzschlag. Vom Schluß, der die Befreier nach dem Sieg über Richard in einem gewaltigen, brausendem Tedeum vereinte, schrieb ich: ‹Richmond und seine Soldaten knien und singen. Die Stimmen scheinen aus allen Richtungen des Raumes zu kommen... Es ist der Augenblick der Sprachlosigkeit, in dem ein Land aus abenteuerlichster Unterdrückung, unmenschlichster Knechtung und viehischdumpfer Unterworfenheit wieder zur Freiheit erwacht, ein Augenblick, in dem die Erde Gesang wird.› Das war im März 1937. Die ersehnte Gelegenheit für den Zugriff gegen Fehling schien gekommen. Nicht nur mit Diplomatie, sondern mit der ganzen Entschiedenheit seiner Person und der ganzen Autorität seines Amtes konnte Gründgens ihn abwehren. Ja noch mehr, er zeigte fast demonstrativ seine Solidarität mit Fehling, indem er in dessen nächster Shakespeare-Inszenierung im Mai 1939 – ‹König Richard II.› – selbst die Titelrolle spielte, wiederum eine Gestalt, die in ihrem sublimen aristokratischen Narzißmus dem einfältigen Heroen-Ideal des Regimes in allem und jedem zuwider lief» – (vgl.: Gründgens – Schauspieler, Regisseur, Theaterleiter. Hg. von H. Rischbieter).

Die Angriffe aus dem Umfeld von Goebbels (besonders im «Völkischen Beobachter») spitzten sich in der ersten Jahreshälfte 1936 so zu (in der Presse wurde bereits gemeldet, Gründgens befinde sich im Konzentrationslager), daß dieser sich in die Schweiz absetzte und Göring sein Kündigungsschreiben übergeben ließ. Dieser bewog Gründgens jedoch zur Rückkehr nach Berlin und verbürgte sich für dessen Sicherheit: Gründgens wurde 1936 zum Preußischen Staatsrat berufen und war damit vor einer Verhaftung durch die Gestapo sicher.

Seine wichtigsten Inszenierungen und Rollen am Staatstheater waren: am 26. September 1934 Lessings «Minna von Barnhelm» (Paul Hartmann als Tellheim, Emmy Sonnemann in der Titelrolle, Gründgens als Riccaut, Bühne: Rochus Gliese); am 23. Dezember 1934 Shakespeares «König Lear» (Werner Krauß in der Titelrolle, Käthe Gold als Cordelia); am 7. November 1935 Goethes «Egmont» (Paul Hartmann in der Titelrolle, Friedrich Kayßler als Alba, Hermine Körner als Regentin, Käthe Gold als Klärchen, Bernhard Minetti als Brackenburg). Am 21. Januar 1936 spielte er die Titelrolle in Shakespeares «Hamlet» (Regie: Lothar Müthel); am 5. Dezember 1936 den Don Juan in Grabbes «Don Juan und Faust» (Regie: Jürgen Fehling). Er inszenierte am 9. Juni 1937 von Shakespeare «Was ihr wollt» (Bühne: Traugott Müller); am 29. September 1937 Lessings «Emilia Galotti» (Gründgens als Hettore Gonzaga, Marianne Hoppe in der Titelrolle); am 7. April 1938 von Hans Rehberg «Der Siebenjährige Krieg» (Gründgens als Friedrich der Große); am 29. Oktober 1938 die Rolle des Louis Dubedat in J. B. Shaws «Der Arzt am Scheideweg» (Regie: Wolfgang Liebeneiner); am 18. Dezember 1938 in der Staatsoper von Mozart «Die Zauberflöte» (musikalische Leitung: Herbert von Karajan); am 5. Mai 1939 die Titelrolle in Shakespeares «König Richard der Zweite» (Regie: Jürgen Fehling); am 4. April 1940 die Titelrolle in Schillers «Die Verschwörung des Fiesco zu Genua» (Regie: Karlheinz Stroux); am 4. Mai 1941 die Titelrolle in Shakespeares «Julius Cäsar» (Regie: Jürgen Fehling); am 11. Oktober 1941 inszenierte Gründgens Goethes «Faust I» und spielte den Mephisto (in der Titelrolle Paul Hartmann, Käthe Gold als Margarethe; Musik: Mark Lothar, Bühne: Rochus Gliese); am 30. Dezember von Shakespeare «Die lustigen Weiber von Windsor»; am 22. Juni 1942 Goethes «Faust II» (Gründgens als Mephisto); am 2. Januar 1943 spielte Gründgens den Orest in Goethes «Iphigenie» (Regie: Lothar Müthel).

Am 29. Juni 1944 inszenierte Gründgens Schillers «Die Räuber» (Gründgens als Franz Moor, Paul Wegener als Graf von Moor), seine letzte Inszenierung als Intendant des Staatstheaters. Um die politische Brisanz dieser Inszenierung nach Goebbels' Ausrufung des «totalen Kriegs» am 28. Februar 1943 im Berliner Sportpalast zu veranschaulichen – Gründgens hatte sich im Februar 1943 zum Militärdienst gemeldet (dazu Gründgens: es «war die einzige Möglichkeit des Protestes, die ich hatte, wenn ich nicht nach Buchenwald gehen wollte») –, sei hier ein Brief wiedergegeben, in dem Gründgens wegen der Anlage der Figur des Spiegelberg offiziell gerügt wurde:

«Berlin NW 7, den 30. Juli 1944

Sehr geehrter Herr Generalintendant!

Am 14. Juli sah ich im Schauspielhaus am Gendarmenmarkt Ihre packende Inszenierung von Schillers ‹Räubern›.

Es war vielleicht die beste Räuberaufführung, die ich je gesehen habe. Bedauert habe ich nur, daß aus der Rolle des S p i e g e l b e r g – ich glaube mit Ausnahme der Zitierung des Josephus – alle Stellen gestrichen waren, in denen Schiller auf die jüdische Rasse Spiegelbergs anspielt.

In den Räuberbanden des 18. Jahrhunderts spielten ja, wie historisch feststeht, Juden eine bedeutende Rolle. Darum lag es nahe, daß auch der junge Schiller wenigstens einen von seinen Räubern als Juden zeichnete. Interessanter Weise wählte er hierzu die verderbliche Gestalt, die es in raffinierter Weise fertig bringt, junge deutsche Studenten unter Ausnutzung und Irreführung ihrer idealistischen Gesinnung zur Gründung einer Räuberbande zu überreden.

Den Charakter dieses jüdischen Gauners hat Schiller überaus rasseecht dargestellt; Spiegelbergs Feigheit, sein Geltungstrieb, seine Weltverbesserer-Pose, sein Internationalismus (der sich mit zionistischen, national-jüdischen Anwandlungen durchaus verträgt), sein Antimilitarismus, sein sexueller Zynismus, sein demoralisierender Einfluß, sein auf Mord sinnender Haß gegen das echte Führertum Karls – das alles sind Wesenszüge, die aus der selbsterlebten Geschichte der letzten 30 bis 40 Jahre als typisch jüdisch nur zu gut in Erinnerung sind.

Daß Schiller in der Gestalt Spiegelbergs ganz bewußt einen jüdischen Gauner zeichnen wollte, ergibt sich aus den in der Anlage wiedergegebenen Textstellen. Schon der erste Satz, den Spiegelberg spricht und mit dem er Karl ausgerechnet die Lektüre des jüdischen Geschichtsschreibers Josephus empfiehlt, verrät Spiegelbergs Rasse. Völlig außer Zweifel gestellt wird sie dann durch Karls Anspielung und Spiegelbergs Eingeständnis, daß er beschnitten sei.

Wenn man sich in den Zeiten der Judenemanzipation und der Judenherrschaft begreiflicherweise gescheut hat, Spiegelberg nach dem Willen des Dichters als Juden auf die Bühne zu bringen, so dürfte heute, wo sich das nationalsozialistische Deutschland in einem Kampf auf Leben und Tod mit dem Weltjudentum befindet, aller Anlaß bestehen, diesen Verbrecher so darzustellen wie ihn Schiller haben wollte: Als Juden. In der Aufführung des Schauspielhauses ist jedoch, wenn ich mich recht erinnere, sogar der Feigheitsausbruch Spiegelbergs in der Kampfszene und die köstliche Zurechtweisung, die Schweizer dieser jüdischen Erbärmlichkeit erteilt, gestrichen. Das deutsche Theaterpublikum hat m. E. ein Anrecht darauf, daß eine politisch so hoch interessante und hoch aktuelle Angelegenheit bei einer Schiller-Aufführung im 5. Jahre unseres Krieges gegen das Weltjudentum nicht einfach unter den Tisch fällt. Ich suche vergebens nach Gründen, warum dies dennoch geschieht. Für einen guten Schauspieler wäre es m. E. eine sehr lohnende Aufgabe, den Spiegelberg einmal – ohne jede kitschige Übertreibung oder Karikierung aber lebensecht – als Juden vom Schlage etwa eines Kurt Tucholsky auf die Bühne zu stellen.

Heil Hitler!
gez. Dr. Fabricius
Reichstagsabgeordneter»

(vgl. Edda Kühlken, Die Klassiker-Inszenierungen von Gustaf Gründgens).

William Shakespeare «Hamlet». Deutsches Schauspielhaus Hamburg, 1963
(Bühne: Teo Otto; Maximilian Schell als Hamlet)
(Foto: Rosemarie Clausen)

Friedrich Hebbel «Gyges und sein Ring». Deutsches Schauspielhaus Hamburg,
1960 (Gustaf Gründgens als Kandaules, Joana Maria Gorvin als Rhodope)
(Foto: Rosemarie Clausen)

Gründgens' Karriere als Filmschauspieler oder -regisseur soll hier nicht rekonstruiert werden (vgl. Katalog «Gustaf-Gründgens-Ausstellung»); erwähnt seien aber seine Rollen als Schränker in Fritz Langs Film «M» (1931), als Baron Eggersdorf in Max Ophüls' «Liebelei» (1933), als Professor Higgins in Erich Engels (vgl. Kap. 12) Verfilmung von Shaws «Pygmalion» (1935), als Deburan in Hans Steinhoffs «Tanz auf dem Vulkan» (1938), die Titelrolle in Traugott Müllers Film «Friedemann Bach» (1941); die Rolle des Lord Chamberlain in Steinhoffs Propagandafilm «Ohm Krüger» (1941) übernahm Gründgens – gezwungenermaßen und demonstrativ – als dienstlichen Auftrag; nach dem Krieg, 1960, spielte Gründgens den Lord Bolingbroke in Helmut Käutners Verfilmung von Scribes Komödie «Das Glas Wasser». Weltweit bekannt wurde Gründgens in der Rolle des Mephisto durch die Verfilmung seiner «Faust»-Inszenierung 1960 (Regie: Peter Gorski; künstlerische Oberleitung: Gustaf Gründgens). Regie führte er u. a. 1934 bei «Die Finanzen des Großherzogs», 1937 «Capriolen», 1939 in «Der Schritt vom Wege» nach Theodor Fontanes Roman «Effi Briest» mit Marianne Hoppe in der Titelrolle.

Von 1936 bis 1946 war Gründgens mit der Schauspielerin Marianne Hoppe verheiratet; 1949 adoptierte er den Regisseur Peter Gorski; eine enge Vertraute und «adäquate künstlerische Partnerin» (Rischbieter: Theater-Lexikon) der späten Lebensjahre wurde Elisabeth Flickenschildt (1905-1977).

1945 wurde Gründgens von den Russen verhaftet und neun Monate im Lager Jamlitz interniert. Seine Entlassung erfolgte jedoch bereits im April 1946, da zahlreiche von den Nazis verfolgte Schauspieler in dem im März 1946 durchgeführten Prüfungsverfahren für Gründgens aussagten: Dieser habe während seiner Zeit als Intendant des Staatstheaters zahlreichen politisch Verfolgten geholfen, insbesondere die Verhaftung jüdischer Ensemblemitglieder oder deren Angehöriger durch die Gestapo verhindert (vgl. dazu Katalog der Gustaf-Gründgens-Ausstellung), vor allem sich nie an propagandistischen Aktionen für das Hitler-Regime beteiligt.

Der von der sowjetischen Besatzungsmacht eingesetzte Intendant des Deutschen Theaters, Gustav von Wangenheim (1895-1975), engagierte Gründgens bereits im März 1946 wieder an seine Bühne. Gründgens' erste Rolle war am 3. Mai 1946 Christian Maske in Carl Sternheims Komödie «Der Snob». Bis 1947 spielte Gründgens am Deutschen Theater Berlin. Mit Beginn der Spielzeit 1947/48 übernahm er die Generalintendanz der Städtischen Bühnen Düsseldorf (mit den Abteilungen Oper, Schauspiel, Operette und Ballett); bei der Umwandlung in eine Schauspiel-GmbH 1951 wurde Gründgens deren Geschäftsführer. In Düsseldorf trat er erstmals auf am 15. September 1947 in der Titelrolle von Sophokles' «König Ödipus» (Regie: Karlheinz Stroux).

Gründgens inszenierte in Düsseldorf u. a.: am 16. September 1947 Mozarts «Die Hochzeit des Figaro»; am 7. November 1947 von Jean-Paul Sartre «Die Fliegen» (Elisabeth Flickenschildt als Klytämnestra, Marianne Hoppe als Elektra); am 19. Oktober 1948 Sternheims «Der Snob» (Gründgens als Christian Maske); am 14. Januar 1949 Goethes «Torquato Tasso» (Gründgens in der Titelrolle); am 13. April 1949 Goethes «Faust I» (Gründgens als Mephisto, Paul Hartmann als Faust, Antje Weisgerber als Margarethe, Elisabeth Flickenschildt als Marthe; Bühne: Teo Otto); am 22. Dezember spielte er die Titelrolle in Shakespeares «Hamlet» (Regie: Ulrich Erfurth); am 10. Februar 1950 T. S. Eliots «Der Familientag»; am 9. Dezember 1950 vom gleichen Autor «Die Cocktail-Party» (Gründgens als Sir Henry Harvourt-Reilly); am 13. September 1951 (zur Eröffnung des neuen Schauspielhauses) Schillers «Die Räuber» (Gründgens als Franz Moor); am 5. Januar 1952 Raimunds «Der Alpenkönig und der Menschenfeind» (Fritz Kortner als Rappelkopf); am 20. April 1952 Pirandellos «Heinrich IV» (Gründgens in der Titelrolle); am 18. Oktober 1952 von Jean Cocteau «Bacchus» (Gründgens als Kardinal Zampi).

Im Dezember 1952 spitzten sich die öffentlichen Auseinandersetzungen um die «willkürliche Interpretation der Klassiker» zu; Gründgens unterschrieb das gegen solche «Experimente» gerichtete «Düsseldorfer Theatermanifest». Der Vorwurf der «Restauration» wurde in der Öffentlichkeit gegen ihn laut. – Am 12. September 1953 inszenierte er Schillers «Wallensteins Tod» (er spielte die Titelrolle); am 15. September 1954 von T. S. Eliot «Der Privatsekretär».

Mit Beginn der Spielzeit 1955/56 übernahm Gründgens die Intendanz des Deutschen Schauspielhauses Hamburg. Den Wechsel begründete er mit seiner Furcht vor Stagnation: «Ich glaube, wir Künstler müssen von Zeit zu Zeit das Milieu wechseln und uns vor neue Probleme gestellt sehen, wenn wir für unsere Aufgaben frisch bleiben wollen. Das gilt besonders für Intendanten.» Gründgens' Nachfolger in Düsseldorf wurde Karlheinz Stroux (1908-1985).

Am 1. September 1955 spielte Gründgens die Titelrolle in Schillers «Wallensteins Tod» (Regie: Ulrich Erfurth). Er inszenierte in Hamburg u. a. am 26. April 1956 «Thomas Chatterton» von Hans Henny Jahnn; am 21. April 1957 Goethes «Faust I», am 9. Mai 1958 «Faust II» (Gründgens als Mephisto, Will Quadflieg als Faust, Antje Weisgerber als Margarethe, Elisabeth Flickenschildt als Frau Marthe); am 29. September 1957 spielte Gründgens den Archie Rice in John Osbornes «Der Entertainer» (Regie: Heinz Hilpert); am 10. Januar 1958 inszenierte Gründgens «Dantons Tod» von Georg Büchner; am 26. Februar 1959 «Don Juan und Faust» von Christian Dietrich Grabbe; am 30. April 1959 Uraufführung von «Die heilige Johanna der Schlachthöfe» von Bertolt Brecht (in der Titelrolle Marianne Hiob, Hermann Schomberg als Mauler; Bühne: Caspar Neher); am 31. Mai 1959 Schillers «Maria Stuart»; am 4. September 1959 Shaws «Cäsar und Cleopatra» (Gründgens als Cäsar); am 10. November 1959 Schillers «Wallensteins Tod» (Gründgens in der

Gustaf Gründgens als Philipp II. in Friedrich Schiller «Don Carlos».
Deutsches Schauspielhaus Hamburg, 1962 (Foto: Rosemarie Clausen)

Titelrolle); am 21. November 1959 Lawrence Durrells «Sappho»; am 21. Mai 1960 von Friedrich Hebbel «Gyges und sein Ring» (Gründgens als Kandaules); am 21. Oktober 1960 spielte Gründgens den Prospero in Shakespeares «Der Sturm» (Regie: Gustav Rudolf Sellner); am 22. November 1960 von Strindberg «Fräulein Julie»; am 22. November 1961 von Laurence Durrell «Acties»; am 25. Dezember 1961 von Tirso de Molina «Don Gil von den grünen Hosen»; am 9. Mai 1962 von Hermann Bahr «Das Konzert» (Gründgens als Albert Heink); am 20. November 1962 Schillers «Don Carlos» (Gründgens als Philipp II.); am 18. Januar 1963 Strindbergs «Totentanz». Seine letzte Regiearbeit am 14. April 1963 war Shakespeares «Hamlet» (Maximilian Schell in der Titelrolle, Ella Büchi als Ophelia, Hermann Schomberg als Claudius, Marianne Hoppe als Königin Gertrude, Ullrich Haupt als Horatio; Bühne: Teo Otto).

Einige Gründgens-Inszenierungen wurden in Gastspielen auch im Ausland gezeigt, insbesondere «Faust I» (1949 in Edinburgh, 1959 in Leningrad und Moskau, 1961 in New York); gelegentlich inszenierte Gründgens als Gast an ausländischen Bühnen, 1950 und 1952 in Florenz, 1958 in Mailand und bei den Salzburger Festspielen. Insgesamt arbeitete er bei 31 Filmen als Schauspieler oder Regisseur mit. Ein Verzeichnis aller seiner Theater- und Filminszenierungen bzw. Rollen findet sich in dem von Heinrich Riemenschneider bearbeiteten Katalog der Gustaf-Gründgens-Ausstellung des Dumont-Lindemann-Archivs zu Gründgens' 80. Geburtstag.

Gründgens legte seine Hamburger Intendanz mit Ablauf der Spielzeit 1962/63 nieder; Oscar Fritz Schuh (1904-1984) wurde sein Nachfolger. Im September trat Gründgens eine Weltreise an. Er starb am 6. Oktober 1963 in Manila.

In einem am 10. Juli 1963 mit Günther Gaus im ZDF geführten Interview äußerte sich Gründgens zu seiner Auffassung der Arbeit des Regisseurs: «Wir sind immer wir. Damit meine ich: Fehling, Stroux oder Müthel. Wir sind nie Kleisterer von Fehlern gewesen, wir sind immer Enthüller von Schwächen gewesen. Nicht aus Absicht, sondern aus ... Werktreue. Ich kann nicht anders als sachlich Zeile für Zeile inszenieren.»

«Werktreue» ist wohl am ehesten der Begriff, der den Schlüssel zur Regiearbeit von Gustaf Gründgens darstellt, sein künstlerisches Ethos. Sein Theater perfektionierte eine Form des repräsentativen Klassizismus, der bürgerliche Lebensmaximen wie Ordnung, Pflicht, Klarheit in die künstlerische Arbeit umsetzte; es erhält seine besondere Prägung nicht zuletzt auch durch die Einzigartigkeit der kongenialen Verbindung von Schauspieler, Regisseur und Theaterleiter in der Person von Gründgens.

Bibliographie

R. Badenhausen: Gustaf Gründgens. Schauspieler, Regisseur, Theaterleiter 1899 bis 1963. In: Maske und Kothurn 9 (1963), H. 4, S. 320-325.

R. Biedrzynski: Gustaf Gründgens: In: ders.: Schauspieler, Regisseure, Intendanten. Heidelberg/Berlin/Leipzig 1944, S. 45-60.

R. Clausen: Schrift und Maske. Hamburg 1958.

dies.: Gustaf Gründgens' Faust in Bildern. Braunschweig 1960.

dies.: Theater. Gustaf Gründgens inszeniert. Hamburg 1960.

H. Daiber: Deutsches Theater seit 1945. Stuttgart 1976.

P. Fechter: Gustaf Gründgens als Hamlet – Brief von Gustaf Gründgens an Paul Fechter. In: Shakespeare-Jahrbuch Bd. 77. Weimar 1941.

ders.: Große Zeit des deutschen Theaters. Gütersloh 1950.

E. Flickenschildt: Kind mit roten Haaren. München 1971.

H. Goertz: Gustaf Gründgens in Selbstzeugnissen und Bilddokumenten. Reinbek bei Hamburg 1982.

Gründgens' Faust. Frankfurt/M. 1959.

G. Gründgens: Gedanken über Regie. In: Theater der Welt. (Wien) 1 (1937), S. 207-210.

ders.: Wirklichkeit des Theaters. Frankfurt/M. 1953.

ders.: Briefe, Aufsätze, Reden. Hg. von R. Badenhausen u. Peter Gründgens-Gorski. Hamburg 1967.

ders.: «Laßt mich ausschlafen». Hg. von R. Badenhausen. München 1982.

Gustaf-Gründgens-Ausstellung (Katalog) anläßlich seines achtzigsten Geburtstages am 22. Dezember 1979. Red. H. Riemenschneider. Hg. v. Dumont-Lindemann-Archiv, Düsseldorf. Düsseldorf 1980.

H. Holbe/Knorr/Spiegel: Gustaf Gründgens' Filme. Wien/Neu-Ulm 1978.

M. Jacobs: Deutsche Schauspielkunst – Zeugnisse zur Bühnengeschichte der Klassiker-Rollen. Berlin 1954.

H. Jhering: Gustaf Gründgens. In: ders.: Von Josef Kainz bis Paula Wessely. Schauspieler von gestern und heute. Heidelberg/Berlin/Leipzig 1942, S. 213 bis 222.

J. Kaiser: Der Schauspieler. In: Gründgens – Schauspieler, Regisseur, Theaterleiter. Hg. v. H. Rischbieter. Velber 1963, S. 117-124.

ders.: Triumph für Schiller und Gründgens. In: Theater heute 4 (1963), Nr. 1, S. 8-17.

ders.: Kleines Theatertagebuch. Reinbek bei Hamburg 1965.

F. Kortner: Aller Tage Abend. München 1959.

E. Kühlken: Die Klassiker-Inszenierungen von Gustaf Gründgens. Meisenheim a. G. 1972 (= Deutsche Studien. Bd. 15).

F. Luft: Gustaf Gründgens. Berlin 1958.

ders.: Gründgens und der Film. In: Gründgens – Schauspieler, Regisseur, Theaterleiter. Hg. v. H. Rischbieter. Velber 1963, S. 29-38.

K. Mann: Mephisto. Roman einer Karriere. Amsterdam 1936 u. Reinbek bei Hamburg 1981.

ders.: Der Wendepunkt. Ein Lebensbericht. Frankfurt/M. 1952.

S. Melchinger: Der Schauspieler und die Zeit. Am Beispiel von Gustaf Gründgens. In: S. Melchinger: Modernes Welttheater. Lichter und Reflexe. Bremen 1956.

ders.: Der Regisseur. In: Gründgens – Schauspieler, Regisseur, Theaterleiter. Hg. v. H. Rischbieter. Velber 1963, S. 125-142.

P. Möhring: Gustaf Gründgens' Hamburger Zeit 1923-1928 und Hamburger Gastspiele bis 1945 (Typoskript: Hamburger Theatersammlung).

A. Mühr: G. Gründgens – Aus dem Tagewerk eines Schauspielers. Berlin 1943.

ders.: Großes Theater. Begegnungen mit Gustaf Gründgens. Berlin 1952.

ders.: Rund um den Gendarmenmarkt – Von Iffland bis Gründgens. Oldenburg
1965.

ders.: Mephisto ohne Maske. Gustaf Gründgens. Legende und Wirklichkeit. Mün-
chen/Wien 1981.

J. Müller-Marein: Der Prinzipal. Gustaf Gründgens 25 Jahre Intendant. In: Die
Zeit 14 (1959), Nr. 8.

E. v. Naso: Ich liebe das Leben. Hamburg 1955.

T. Otto: Arbeit mit Gründgens. In: Gründgens – Schauspieler, Regisseur, Theaterleiter. Hg. v. H. Rischbieter. Velber 1963, S. 159-164.

G. Penzoldt: Der Intendant. In: Gründgens – Schauspieler, Regisseur, Theaterleiter. Hg. v. H. Rischbieter. Velber 1963, S. 143-158.

W. Quadflieg: Wir spielen immer. Erinnerungen. Frankfurt/M. 1976.

R. Ramin: Gustaf Gründgens – Bildnis eines Künstlers. Berlin 1933.

W. Rieck: Hendrik Höfgen. Zur Genesis einer Romanfigur Klaus Manns. In: Weimarer Beiträge 15 (1969), H. 4, S. 855-870.

C. Riess: Gustaf Gründgens – Eine Biographie. Hamburg 1965.

P. Rilla: Theaterkritiken. Berlin 1978.

H. Rischbieter (Hg.): Gründgens – Schauspieler, Regisseur, Theaterleiter. Velber
1963.

P. Rose: Gustaf Gründgens. In: ders.: Berlins große Theaterzeit. Schauspielerpor-
traits der zwanziger und dreißiger Jahre. Berlin 1969, S. 119-142.

G. Rühle: Theater für die Republik 1917-1933 im Spiegel der Kritik. Frankfurt/M.
1967.

K. H. Ruppel: Filmkünstler – bei näherer Bekanntschaft. 6. Gustaf Gründgens.
Vom Fronttheater zur Generalintendanz. Der Lebensweg eines großen Künstlers. In: Kölnische Illustrierte Zeitung 1938, S. 1632-1649.

ders.: Berliner Schauspiel 1936-1942. Berlin 1943.

ders.: Großes Berliner Theater. Velber 1962.

H. Schwab-Felisch: Das Düsseldorfer Schauspielhaus. Düsseldorf/Wien 1970.

E. Spangenberg: Karriere eines Romans. Mephisto, Klaus Mann und Gustaf
Gründgens. Ein dokumentarischer Bericht aus Deutschland und dem Exil 1925
bis 1981. München 1982.

G. Vielhaber/L. Strelow: Gründgens – Sieben Jahre Düsseldorf. Honnef 1954.

Regie (1937)

[…]

Ich gebe Ihnen die Versicherung: ich habe niemals darüber nachgedacht, was Regie ist: ich habe Regie geführt. Erst bei der Zusammenstellung dieses kleinen Vortrages fiel mir ein, daß darin wahrscheinlich schon meine Auffassung von Regie liegt. Jedenfalls gehöre ich nicht zu jenen Regisseuren, die am Schreibtisch oder über ihrem Regiebuch gestalten können und deren schöpferische Arbeit in wochen-, oft monatelangen Vorbereitungen besteht, deren Resultat ein bis ins kleinste ausgeführtes Regiebuch ist. Im Gegensatz zu diesen macht mich erst die praktische Arbeit auf der Bühne wirklich produktiv.

Also: ich denke nicht viel nach, wenn ich arbeite, oder besser gesagt, ich denke nicht viel vor, ehe ich anfange zu arbeiten. Es ist mir aber fast unmöglich, von dem ersten Eindruck, den ein Werk beim Kennenlernen auf mich macht, wieder abzukommen. Und das geht bei Stücken, deren künstlerische Absicht mir besonders entgegenkommt, so weit, daß ich gleich eine optische Vorstellung davon habe, von der ich ebenfalls nicht mehr abkomme, das heißt: ich sehe die eine Szene auf der linken Seite der Bühne spielen, ich sehe auf der rechten Seite einen Tisch und einen Stuhl. Ich bin, möchte ich sagen, der Sklave meiner ersten Vorstellung von dem zu inszenierenden Stück, die sich wohl verdichtet und vertieft, von der ich aber nicht mehr ab kann. Und das mag unter Umständen ein Fehler sein und dürfte keineswegs zum Prinzip erhoben werden. Mich jedenfalls bewahrt es – und das ist für meine Arbeit wohl das Entscheidende – vor allem Überlegen und Suchen, Tasten und Schwanken und Ausprobieren der einen oder der anderen Stilform oder Rollenauffassung. Es ist sicher, daß manche Dichtungen nicht so unmittelbar auf mich wirken, wie ich es eben zu schildern versucht habe. Aber wenn diese Wirkung nicht eintritt, inszeniere ich ein Werk nicht. Eigentlich ist mit dem Entschluß, ein Stück zu inszenieren, die Hauptarbeit geleistet, denn nun entwickelt sich alles fast automatisch. Jede Kritik dem Werk gegenüber hat aufgehört und ist der zärtlichen Fürsorge gewichen, die mich seine Stärke hervorheben und seine Schwächen überbrücken läßt.

Ich mache keine Regiebücher. Ich lasse das gedruckte Werk mit weißen Seiten durchschießen und einbinden, und es ist eine große Freude für mich, wenn es so, im Umfang verdoppelt und mit dem sachlichen Einband, den die Bibliothek des Staatstheaters den von ihr betreuten Büchern gibt, vor mir liegt. Aber wirklich in das Buch hineinschauen, das tu ich dann nicht mehr. Wenn ich es dann – gewöhnlich auf der dritten oder vierten Probe – verloren habe, bin ich eigentlich ganz froh. Denn nun hat sich das Werk von seiner Buchform ganz gelöst, und ich lerne es in der Form, für die es gedacht ist – nämlich durch Schauspieler gesprochen, auf der Bühne dargestellt – neu kennen.

Die wesentlichen Striche mache ich gleich bei der ersten Lektüre. Alles Weitere ergibt die praktische Arbeit auf der Bühne.

Meine Vorbesprechungen mit den Bühnenbildnern sind von einer bedauerlichen Dürftigkeit und Kürze. Ich erzähle ihnen meistens zwischen Tür und Angel, daß ich dieses Stück inszenieren will, ich erzähle ihnen von der Wirkung, die das Stück auf mich gemacht hat. Ich sage auch: ich sehe das Bühnenbild schwer oder streng, hell oder dunkel, das spielt in viel Holz oder da ist viel Himmel, und sage noch: im zweiten Bild muß ich links eine Treppe haben, im vorletzten Bild brauche ich einen ganz kleinen Raum, in dem letzten muß die Bühne so groß wie möglich sein, und alle Auftritte müssen von rechts kommen. – Aber große Besprechungen müssen sie von mir erpressen, wenn sie sie haben wollen. Scheinbar genügen diese kurzen Gespräche, denn nach einigen Skizzen und einigen ebenso kurzen Besprechungen, die mir lästig sind wie alles Theoretisieren, stehen dann gewöhnlich die Modelle der Bühnenbilder da, die, bis ins kleinste ausgeführt, dann auch sofort in Arbeit gegeben werden. Das Entscheidende bei diesem ganzen Arbeitsprogramm, das wirklich nicht beispielhaft sein soll, ist aber, daß ich weiß, wer meine Bühnenbildner sind, daß ich sie und ihre Möglichkeiten genau kenne und daß in der Zuerteilung des Auftrages an den einen oder anderen eigentlich schon meine Auffassung von dem Werk zum Ausdruck kommt.

Dasselbe gilt auch von der Besetzung eines Stückes. Sechzig Prozent der schöpferischen Regie sind mit der Besetzung bereits geleistet. Ich kenne auch meine Schauspieler und glaube zu wissen, was aus ihnen herauszuholen ist. Und damit, daß gerade dieser eine diese eine Rolle spielt, drückt sich meine Auffassung – ein Wort, das ich in diesem Zusammenhang gern vermieden hätte – schon aus.

[...]

[...] Und nun muß ich sagen, daß vielleicht nur die völlige Beherrschung der äußeren Form des Theaters, des Handwerklichen, diese meine Art, Regie zu führen, rechtfertigt. Man muß wahrscheinlich die Technik des Theaters so kennengelernt haben wie ich, nämlich: von Wanderbühnen, Sommertheatern über die kleinen und großen Provinztheater bis zu den Staatlichen Schauspielhäusern. Nur so lernt man sein Handwerk wirklich beherrschen, und nur wenn man das Handwerk wirklich beherrscht, kann man seiner Phantasie die Zügel schießen lassen. Wenn ich weiß, was ich ausdrücken will, weiß ich auch, wie ich es auszudrücken habe. Mir sind Regisseure, die nicht durch die Schule der Provinz gegangen sind, immer ein bißchen wie Kinder reicher Leute vorgekommen, denen alle Wünsche erfüllt werden konnten, deren Phantasie sich bis ins immer Maßlosere steigerte. Erst wenn man, wie ich, jahrelang seine Inszenierungen entweder in dem ‹braunen› oder in dem ‹schwarzen Zimmer› machen mußte, das die Direktion gerade hatte malen lassen, und genötigt war, aus dem einen Zimmer immer neue Variationen herauszuholen, kann man später den großen Apparat einer Bühne beherrschen und dabei das Gefühl für Maß und Form behalten. Die deutschen Provinzbühnen sind wesentliche Pflegestätten des schauspielerischen und – wie wir später sehen werden – des dichterischen Nachwuchses. Die lebendige Arbeit der Provinzbühne hat an der Theater-Kultur in Deutschland den lebhaftesten Anteil. Das habe ich am eigenen Leibe erfahren.

Und um nun endlich von mir wegzukommen und einen erneuten Versuch zu unternehmen, über das Thema Regie im allgemeinen zu sprechen:

Regie als theatralische Ausdrucksform ist niemals und darf niemals Selbstzweck sein, sondern immer nur Mittel zum Zweck. Der Regisseur ist der natürliche Vermittler zwischen dem Dichter und dem Publikum. Restlose Beherrschung des Apparates, auf dem er zu spielen hat, ist die erste Voraussetzung für jeden Regisseur. Dieser Apparat – und das ist vielleicht eines der Geheimnisse des Theaters – bezieht das während der Probenarbeit nicht vorhandene Publikum unbewußt mit ein. Nicht nur äußerlich, indem der Spielleiter optisch und akustisch alle Plätze und Ränge des Zuschauerraumes zu berücksichtigen strebt, sondern auch, indem er sich von einem gewissen Zeitpunkt seines Schaffens an, ohne sich dessen bewußt zu sein, selbst in die Rolle des Zuschauers versetzt, sich gegen Ende der Proben von seiner Arbeit zu lösen beginnt und sie betrachtend an sich vorüberziehen läßt, das Stück sozusagen mit den Nerven und Sinnen des Zuschauers aufnimmt. Das scheint mir eine zweite Fähigkeit zu sein, über die ein Regisseur verfügen muß. So ergibt sich, daß der Regisseur nicht nur Sachkenntnis braucht, sondern in einem noch höheren Grade Menschenkenntnis. Das gilt besonders von der Arbeit auf und mit der Bühne. Bedenken Sie, wie vieler Mitarbeiter er sich bedienen muß. Er hat für alle, vom Darsteller der großen Rolle bis zum Komparsen, vom technischen Direktor bis zum Maschinisten, vom Beleuchter bis zum Requisiteur den richtigen Ton zu finden, um sich – oder was wichtiger ist – um seinen Willen zum Werk durchzusetzen. Es gab eine Zeit, in der der Regisseur interessanter war, als er es – Gott sei Dank – heute ist. So wie es Schauspieler-Stars gab, so gab es Regie-Stars. Über die Schauspieler-Stars läßt sich reden. Vor allem Berlin ist von jeher ein so heißer Boden gewesen, daß selbst in den schlimmsten Theaterzeiten, von eini-

gen eklatanten Ausnahmen abgesehen, kein Schauspieler ein Star sein
konnte, der nicht wenigstens ein guter Schauspieler war. Regie-Star
konnte eine Zeitlang jeder Regisseur werden, der ein Stück auf jeden Fall
a n d e r s inszenierte: anders, als es gemeint war, und jedenfalls anders, als
es seine Vorgänger inszenierten.

So wichtig die Tätigkeit des Regisseurs für das Theater ist – sie ist für
die jeweilige Aufführung vielleicht die wichtigste –, so sehr hat gerade er
immer wieder hinter dem Werk, das er schafft, zurückzutreten. Der gute
Regisseur darf keine eigene Auffassung vom Werk haben, sondern es
muß sein Talent ausmachen, daß er die Auffassung des Dichters wiedergeben kann. Das Auseinanderfallen vieler guter Schauspieler-Ensembles
war nur eine Folgeerscheinung der Tätigkeit der Regie-Narren.

[...]

[...] Ich muß hier einschalten, daß ich das Nachahmen der Natur in der
Kunst für die lächerlichste und unwürdigste Bemühung halte, die ich
kenne. Man kann mir viel nachsagen, aber wenn einer von mir sagen
würde, ich wäre ein ‹natürlicher› Schauspieler, so würde er mich wirklich
kränken. [...]

In meinem kurzen Überblick habe ich einige häßliche Worte gegen die
sogenannte Natürlichkeit gebraucht. Ich bin Ihnen dazu vielleicht eine
Erklärung schuldig. Und was ich sagen möchte, ist sogar mehr als eine
bloße Erklärung: es ist mein Bekenntnis zur Kunst.

Alle Kunst ist Verwandlung. Indem der Künstler – gleichviel ob er
Schauspieler, Dichter, Maler oder Bildhauer ist – den natürlichen Stoff
anrührt, mit dem er arbeitet, muß dieser Stoff sich unter seinen Händen
verwandeln und jene Form annehmen, in der sich erst die Dinge der
Ewigkeit entwickeln, die das Wesen der Kunst ausmachen. Deshalb kann
kein Ding der Kunst ‹natürlich› sein, darf es nicht sein, anders ist es keine
Kunst mehr. Die letzte und höchste Form des fertigen Kunstwerkes
scheint mir aber zu sein, wenn es, aus seiner jenseitigen Verwandlung
zurückkehrend, die Selbstverständlichkeit der Natur annimmt, ohne naturalistisch zu werden, da es immer noch von dem Atem einer anderen
Welt bewegt wird.

[...]

[...] Kein Dichter schreibt ein Stück ohne Absicht, ganz gleich, ob
diese Absicht innerer Zwang ist des Dichter-sein-müssens, ob er sich des
Theaters bedient, um bewußt oder unbewußt seine Meinung vor der Welt
zu äußern, oder ob es seine primitive Absicht ist, nur ein Theaterstück zu
schreiben, das Erfolg hat. Jedenfalls: er will etwas. Wir am Theater wollen auch etwas. Durch den leidenschaftlichen Kampf, den jeder Schauspieler um eine Rolle führt, in der er sich ausdrücken kann, ist er ebenso
mit seinem aktiven Willen an dem Zustandekommen einer Theatervorstellung beteiligt wie der Regisseur, der auf Grund seiner Schau der Dinge

sich bemüht, seinen Inszenierungen einen dieser Schau adäquaten Stil zu geben, wie der Theaterleiter leidenschaftlich bemüht ist, mit jeder Aufführung seines Theaters der Kunst und immer wieder der Kunst zu dienen, wohl wissend, daß die Kunst ohne das Volk, aus dem sie kommt und für das sie geschaffen wird, nicht existieren kann.

Das alles hat möglicherweise wieder wenig mit dem Thema Regie zu tun. Aber es hat alles mit meiner Auffassung vom Theater zu tun, und in dieser meiner Auffassung vom Theater ist meine Auffassung von der Regie enthalten. Die Kunst des Theaters hat ihre eigenen Gesetze, wie jede Kunst. Und das, was wir in echtestem Sinne als natürlich empfinden, ist eine den Gesetzen des Theaters gehorchende Natürlichkeit. Und im Film ist es ganz genau dasselbe, nur daß sich dort das Gewicht anders verteilt und daß die Gesetze eben andere sind. Wir bestaunen, bewundern die große Natürlichkeit eines Gary Cooper und Clark Gable. Selbstverständlich sind diese Männer Wunder an Natürlichkeit, aber die Form, in der wir ihre Natürlichkeit zu sehen bekommen und bewundern, bestimmt ihr Regisseur, der sie einsetzt, ihr Lächeln auf den Zentimeter genau da einbaut, wo es die Dramaturgie des Filmes erfordert, der mit Licht und Schatten, Schnitt und Ton ihre Natürlichkeit formt. Und nun sind wir endlich bei dem Wort angekommen, an dem mir mehr liegt als an Wörtern wie: Auffassung, Stil und Persönlichkeit. Es ist der Begriff der Form, der gestaltenden Form, der unlösbar mit dem Begriff ‹Kunst› verbunden ist. Die strenge, knappe und klare Form auch für die Übermittlung einer Dichtung auf der Bühne zu finden, scheint mir das Talent, die Verpflichtung und den Auftrag des Regisseurs auszumachen. [...]

In: Gustaf Gründgens: Wirklichkeit des Theaters. Frankfurt (Suhrkamp Verlag) 1953, S. 32-50.

Auf der Suche
nach dem Gesicht des Theaters (1948)

[...]

Der größte Feind einer neuen Theaterentwicklung ist unsere Originalitätssucht; der Wunsch, neu zu sein um jeden Preis; auch um den Preis des Werkes, das wir zu interpretieren hätten. Wir haben nie das Glück einer kontinuierlichen Entwicklung unseres Theaters erlebt, wie zum Beispiel das französische Theater sie gehabt hat, wo zwischen den Künstlergenerationen Kameradschaft untereinander besteht. Eine Tatsache, die heftige künstlerische Fehden nicht ausschließt. Nur haben die jungen französischen Dichter und Schauspieler die Werke ihrer älteren Meister nicht verbrannt und die Meister selbst außer Landes gejagt, sondern sie haben frühere Leistungen weiterentwickelt und gegebenenfalls überwunden, auf jeden Fall haben sie auf ihnen gefußt.

Wir erleben, daß die Werke der modernen Franzosen, nachdem jahrelang kein Franzose bei uns gespielt wurde, wieder auf unseren Bühnen erscheinen; Werke, die in Frankreich Glieder einer Kette sind. Infolge einer jahrzehntelangen Abgeschlossenheit kennen wir die Zwischenglieder nicht und wissen nicht, wie das eine Werk aus einem der vielen anderen entstanden ist, wieviel Vorarbeit ein Dichter für einen anderen geleistet hat. Wir überschätzen infolgedessen den formalen Wert eines neueren Werkes als etwas Originales und geben diesem in unseren Inszenierungen eine Bedeutung, die dem französischen Autor ferngelegen hat. Er wollte gar nicht originell sein, wie es uns scheinen will. Er ist nur auf einem uns unbekannt gebliebenen Wege einen Schritt weitergegangen als sein Vorgänger.

So kommt es dann in den deutschen Aufführungen solcher Werke zu einer falschen Modernität. Es hat mir so gut gefallen, daß Sartre auf die Frage, ob die Aufführung der *Fliegen* in Paris klassisch oder romantisch gewesen sei, die Antwort gab: «Die Aufführung war entschieden klassisch und entsprach damit ganz meinen Absichten und meiner Auffassung.» Wenn Sartre eine moderne Pariser Aufführung klassisch nennt, so versteht er darunter gewiß nichts Historisierendes oder Akademisches, sondern er will sagen, daß die Aufführung geprägt und geformt war von der kontinuierlichen organischen Entwicklung der französischen Theaterkultur. Das Werk ist durchaus heutig und original; aber die Interpretation sieht der Autor als auf dem Boden der klassischen Theatertradition seines Landes stehend.

An einer solchen Tradition zu arbeiten ist für unser Theaterleben die wichtigste Aufgabe. Es gibt dafür auch in unserer Theatergeschichte viele Vorbilder, an die man anknüpfen kann.

Dafür kann man eine Forderung nicht oft genug wiederholen: daß werkgetreu inszeniert werden soll; das heißt, ein Werk ist so zu interpretieren, wie es vom Dichter gemeint ist. Unsere Arbeit ist nicht dann schöpferisch, wenn wir eine Dichtung vornehmen und uns mit ihr in Szene setzen, sondern unser Beruf beginnt dann, schöpferisch zu werden, wenn es gelingt, vom Dichter Geschautes und Gewolltes in einer Aufführung zu verdeutlichen oder gar zu steigern.

Ich finde es heute nicht so wichtig, ob in Deutschland gut oder schlecht Theater gespielt wird. Viel wichtiger ist, ob richtig oder falsch Theater gespielt wird. Ich habe neulich in einer kleinen Stadt gastiert, und was dort gespielt wurde, war recht und schlecht, aber unverwechselbar Goethes *Iphigenie*. Ich habe in einer großen Stadt die Aufführung eines modernen Werkes gesehen, und es war eine Demonstration spielleiterischer Eitelkeit und Ignoranz.

Ich kann zwischen Bühnenwerken in Worten oder Tönen keinen prinzipiellen Unterschied finden. Ihre Interpretation steht jedenfalls unter dem gleichen strengen Gesetz. Selbst der ich-besessenste Neuschöpfer am Dirigentenpult würde sich niemals mit Mozart und Beethoven, mit Strawinsky und Hindemith das erlauben, was mancher Spielleiter, der sich eben freigeschwommen hat, mit einem dramatischen Dichter anstellt. Und hier also mein Protest und meine Bitte: lieber weniger glänzend aber richtig, als faszinierend und falsch. Zunächst, bevor an eine Deutung gedacht wird, müssen die Noten gespielt werden. Das ist meine Begründung für die Forderung an die Kollegen vom Theater, werkgetreu zu inszenieren. Herbert Ihering hat in einem Aufsatz über Regie den Ausdruck ‹anwendbar› gebraucht: anwendbare Regie. Damit meint er eine Art von Regieführung, die nicht in der eigenen Handschrift eigenwillig und stark sein muß, dafür aber um so nützlicher für die Allgemeinheit des Theaters: anwendbarer. Eine Art Regie, die auch von anderen Regisseuren und Bühnen übernommen werden kann, ohne daß eine bloße Kopie entsteht. Es ist ein prinzipiell falscher Standpunkt, daß ein Spielleiter eine einmal gefundene Regielösung für ein Werk nicht übernehmen könne, sondern es sich schuldig wäre, eine andere zu suchen; auf solche Weise wird der bereits beschrittene Weg zu einer künftigen Tradition aus persönlicher Eitelkeit gleichsam durch Barrikaden persönlicher Auslegungen und Regie-Einfälle verbaut. Die Forderung nach anwendbarer Regie, nach stilbildender Regie also, scheint mir vordringlicher zu sein als die Suche nach unverwechselbaren, einmaligen Genies. Diese werden immer die großen Glücksfälle des Theaters bleiben; ihre Wirkung auf das Theater aber liegt in der Kraft ihrer Persönlichkeit, in der Größe ihrer Kunst, in der Unerbittlichkeit ihrer Forderung an sich und an die Kunst. [...]

In: Gustaf Gründgens: Wirklichkeit des Theaters, S. 183-188.

rowohlts enzyklopädie

Weitere Bücher zum Theater

Eugenio Barba
Jenseits der Schwimmenden Inseln
Reflexionen mit dem Odin-Theater. Theorie und Praxis
des Freien Theaters (415/DM 24,80)

Manfred Brauneck
Theater im 20. Jahrhundert
Programmschriften, Stilperioden, Reformmodelle
(433/DM 19,80)

Manfred Brauneck/Gérard Schneilin (Herausgeber)
Theaterlexikon
Begriffe und Epochen, Bühnen und Ensembles
(417/DM 29,80)

Martin Esslin
Das Theater des Absurden
Von Beckett bis Pinter (414/DM 16,80)

Volker Klotz
Bürgerliches Lachtheater
Komödie – Posse – Schwank – Operette (451/DM 16,80)

Erwin Piscator
Zeittheater
«Das Politische Theater» und weitere Schriften von 1915 bis 1966
Erweiterte Ausgabe (429/DM 22,80)

Susanne Schlicher
Tanztheater
Traditionen und Freiheiten (441/DM 24,80)

Von Manfred Brauneck (Herausgeber) sind ferner erschienen (rororo handbuch)

Weltliteratur im 20. Jahrhundert
(5 Bände/6283/DM 29,80)

Autorenlexikon deutschsprachiger Literatur des 20. Jahrhunderts
(3. Aufl./6302/DM 24,80)